Александр СОЛЖЕНИЦЫН

НА КРАЯХ

Рассказы и повесть

ВАГРИУС МОСКВА 2000

УДК 882-311.1
ББК 84Р7
С 60

Дизайн серии Т. Гусейновой

В оформлении обложки использована
картина Р.Сайфулина «Сто четвертая»

В тексте сохранены авторские орфография
и пунктуация

ISBN 5-264-00431-5

© Издательство «ВАГРИУС», 2000
© А.Солженицын, автор, 2000

РАССКАЗЫ
1959—1966

ОДИН ДЕНЬ ИВАНА ДЕНИСОВИЧА

В пять часов утра, как всегда, пробило подъём — молотком об рельс у штабного барака. Перерывистый звон слабо прошёл сквозь стёкла, намёрзшие в два пальца, и скоро затих: холодно было, и надзирателю неохота была долго рукой махать.

Звон утих, а за окном всё так же, как и среди ночи, когда Шухов вставал к параше, была тьма и тьма, да попадало в окно три жёлтых фонаря: два — на зоне, один — внутри лагеря.

И барака что-то не шли отпирать, и не слыхать было, чтобы дневальные брали бочку парашную на палки — выносить.

Шухов никогда не просыпал подъёма, всегда вставал по нему — до развода было часа полтора времени своего, не казённого, и кто знает лагерную жизнь, всегда может подработать: шить кому-нибудь из старой подкладки чехол на рукавички; богатому бригаднику подать сухие валенки прямо на койку, чтоб ему босиком не топтаться вкруг кучи, не выбирать; или пробежать по каптёркам, где кому надо услужить, подмести или поднести что-нибудь; или идти в столовую собирать миски со столов и сносить их горками в посудомойку — тоже накормят, но там охотников много, отбою нет, а главное — если в миске что осталось, не удержишься, начнёшь миски лизать. А Шухову крепко запомнились слова его первого бригадира Кузёмина — старый был лагерный волк, сидел к девятьсот сорок третьему году уже двенадцать лет, и своему пополнению, привезенному с фронта, как-то на голой просеке у костра сказал:

— Здесь, ребята, закон — тайга. Но люди и здесь живут. В лагере вот кто подыхает: кто миски лижет, кто на санчасть надеется да кто к *куму* ходит стучать.

Насчёт кума — это, конечно, он загнул. Те-то себя сберегают. Только береженье их — на чужой крови.

Всегда Шухов по подъёму вставал, а сегодня не встал. Ещё с вечера ему было не по себе, не то знобило, не то ломало. И ночью не угрелся. Сквозь сон чудилось — то вроде совсем заболел, то отходил маленько. Всё не хотелось, чтобы утро.

Но утро пришло своим чередом.

Да и где тут угреешься — на окне наледи намётано, и на стенах вдоль стыка с потолком по всему бараку — здоровый барак! — паутинка белая. Иней.

Шухов не вставал. Он лежал на верху *вагонки*, с головой накрывшись одеялом и бушлатом, а в телогрейку, в один подвёрнутый рукав, сунув обе ступни вместе. Он не видел, но по звукам всё понимал, что делалось в бараке и в их бригадном углу. Вот, тяжело ступая по коридору, дневальные понесли одну из восьмиведерных параш. Считается инвалид, лёгкая работа, а ну-ка поди вынеси, не пролья! Вот в 75-й бригаде хлопнули об пол связку валенок из сушилки. А вот — и в нашей (и наша была сегодня очередь валенки сушить). Бригадир и помбригадир обуваются молча, а вагонка их скрипит. Помбригадир сейчас в хлеборезку пойдёт, а бригадир — в штабной барак, к нарядчикам.

Да не просто к нарядчикам, как каждый день ходит, — Шухов вспомнил: сегодня судьба решается — хотят их 104-ю бригаду фугануть со строительства мастерских на новый объект «Соцгородок». А Соцгородок тот — поле голое, в увалах снежных, и, прежде чем что там делать, надо ямы копать, столбы ставить и колючую проволоку от себя самих натягивать — чтоб не убежать. А потом строить.

Там, верное дело, месяц погреться негде будет — ни конурки. И костра не разведёшь — чем топить? Вкалывай на совесть — одно спасение.

Бригадир озабочен, уладить идёт. Какую-нибудь другую бригаду, нерасторопную, заместо себя туда толкануть. Конечно, с пустыми руками не договоришься. Полкило сала старшему нарядчику понести. А то и килограмм.

Испыток не убыток, не попробовать ли в санчасти *косануть*, от работы на денёк освободиться? Ну прямо всё тело разнимает.

И ещё — кто из надзирателей сегодня дежурит?

Дежурит — вспомнил — Полтора Ивана, худой да долгий сержант черноокий. Первый раз глянешь — прямо страшно, а узнали его — из всех дежурняков покладистей: ни в карцер не сажает, ни к начальнику режима не таскает. Так что полежать можно, аж пока в столовую девятый барак.

Вагонка затряслась и закачалась. Вставали сразу двое: наверху — сосед Шухова баптист Алёшка, а внизу — Буйновский, капитан второго ранга бывший, кавторанг.

Старики дневальные, вынеся обе параши, забранились, кому идти за кипятком. Бранились привязчиво, как бабы. Электросварщик из 20-й бригады рявкнул:

— Эй, *фитили!* — и запустил в них валенком. — Помирю!

Валенок глухо стукнулся об столб. Замолчали.

В соседней бригаде чуть буркотел помбригадир:

— Василь Фёдорыч! В продстоле передёрнули, гады: было девятисоток четыре, а стало три только. Кому ж недодать?

Он тихо это сказал, но уж конечно вся та бригада слышала и затаилась: от кого-то вечером кусочек отрежут.

А Шухов лежал и лежал на спрессовавшихся опилках своего матрасика. Хотя бы уж одна сторона брала — или забило бы в ознобе, или ломота прошла. А ни то ни сё.

Пока баптист шептал молитвы, с ветерка вернулся Буйновский и объявил никому, но как бы злорадно:

— Ну, держись, краснофлотцы! Тридцать градусов верных!

И Шухов решился — идти в санчасть.

И тут же чья-то имеющая власть рука сдёрнула с него телогрейку и одеяло. Шухов скинул бушлат с лица, приподнялся. Под ним, равняясь головой с верхней нарой вагонки, стоял худой Татарин.

Значит, дежурил не в очередь он и прокрался тихо.

— Ще-восемьсот пятьдесят четыре! — прочёл Татарин с белой латки на спине чёрного бушлата. — Трое суток *кондея с выводом!*

И едва только раздался его особый сдавленный голос, как во всём полутёмном бараке, где лампочка горела не каждая, где на полусотне клопяных вагонок спало двести человек, сразу заворочались и стали поспешно одеваться все, кто ещё не встал.

— За что, гражданин начальник? — придавая своему голосу больше жалости, чем испытывал, спросил Шухов.

С выводом на работу — это ещё полкарцера, и горячее дадут, и задумываться некогда. Полный карцер — это когда *без вывода*.

— По подъёму не встал? Пошли в комендатуру, — пояснил Татарин лениво, потому что и ему, и Шухову, и всем было понятно, за что кондей.

На безволосом мятом лице Татарина ничего не выражалось. Он обернулся, ища второго кого бы, но все уже, кто в полутьме, кто под лампочкой, на первом этаже вагонок и на втором, проталкивали ноги в чёрные ватные брюки с номерами на левом колене или, уже одетые, запахивались и спешили к выходу — переждать Татарина на дворе.

Если б Шухову дали карцер за что другое, где б он заслужил, — не так бы было обидно. То и обидно было, что всегда он вставал из первых. Но отпроситься у Татарина было нельзя, он знал. И, продолжая отпрашиваться просто для порядка, Шухов, как был в ватных брюках, не снятых на ночь (повыше левого колена их тоже был пришит затасканный, погрязневший лоскут, и на нём выведен чёрной, уже поблекшей краской номер Щ-854), надел телогрейку (на ней таких номера было два — на груди один и один на спине), выбрал свои валенки из кучи на полу, шапку надел (с таким же лоскутом и номером спереди) и вышел вслед за Татарином.

Вся 104-я бригада видела, как уводили Шухова, но никто слова не сказал: ни к чему, да и что скажешь? Бригадир бы мог маленько вступиться, да уж его не было. И Шухов тоже никому ни слова не сказал, Татарина не стал дразнить. Приберегут завтрак, догадаются.

Так и вышли вдвоём.

Мороз был со мглой, прихватывающей дыхание. Два больших прожектора били по зоне наперекрест с дальних угловых вышек. Светили фонари зоны и внутренние фонари. Так много их было натыкано, что они совсем засветляли звёзды.

Скрипя валенками по снегу, быстро пробегали зэки по своим делам — кто в уборную, кто в каптёрку, иной — на склад посылок, тот крупу сдавать на индивидуальную кухню. У всех у них голова ушла в плечи, бушлаты запахнуты, и всем им холодно не так от мороза, как от думки, что и день целый на этом морозе пробыть.

А Татарин в своей старой шинели с замусленными голубыми петлицами шёл ровно, и мороз как будто совсем его не брал.

Они прошли мимо высокого дощаного заплота вкруг БУРа — каменной внутрилагерной тюрьмы; мимо колючки, охранявшей лагерную пекарню от заключённых; мимо угла штабного барака, где, толстой проволокою подхваченный, висел на столбе обындевевший рельс; мимо другого столба, где в затишке, чтоб не показывал слишком низко, весь обмётанный инеем, висел термометр. Шухов с надеждой покосился на его молочно-белую трубочку: если б он показал сорок один, не должны бы выгонять на работу. Только никак сегодня не натягивало на сорок.

Вошли в штабной барак и сразу же — в надзирательскую. Там разъяснилось, как Шухов уже смекнул и по дороге: никакого карцера ему не было, а просто пол в надзирательской не мыт. Теперь Татарин объявил, что прощает Шухова, и велел ему вымыть пол.

Мыть пол в надзирательской было дело специального зэка, которого не выводили за зону, — дневального по штабному бараку прямое дело. Но, давно в штабном бараке обжившись, он доступ имел в кабинеты майора, и начальника режима, и кума, услуживал им, порой слышал такое, чего не знали и надзиратели, и с некоторых пор посчитал, что мыть полы для простых надзирателей ему приходится как бы низко. Те позвали его раз, другой, поняли, в чём дело, и стали *дёргать* на полы из работяг.

В надзирательской яро топилась печь. Раздевшись до грязных своих гимнастёрок, двое надзирателей играли в шашки, а третий, как был, в перепоясанном тулупе и валенках, спал на узкой лавке. В углу стояло ведро с тряпкой.

Шухов обрадовался и сказал Татарину за прощение:

— Спасибо, гражданин начальник! Теперь никогда не буду залёживаться.

Закон здесь был простой: кончишь — уйдёшь. Теперь, когда Шухову дали работу, вроде и ломать перестало. Он взял ведро и без рукавичек (наскорях забыл их под подушкой) пошёл к колодцу.

Бригадиры, ходившие в ППЧ – планово-производственную часть, столпились несколько у столба, а один, помоложе, бывший Герой Советского Союза, взлез на столб и протирал термометр.

Снизу советовали:

— Ты только в сторону дыши, а то поднимется.

— Фуимется! – поднимется!.. не влияет.

Тюрина, шуховского бригадира, меж них не было. Поставив ведро и сплетя руки в рукава, Шухов с любопытством наблюдал.

А тот хрипло сказал со столба:

— Двадцать семь с половиной, хреновина.

И ещё доглядев для верности, спрыгнул.

— Да он неправильный, всегда брешет, — сказал кто-то. — Разве правильный в зоне повесят?

Бригадиры разошлись. Шухов побежал к колодцу. Под спущенными, но незавязанными наушниками поламывало уши морозом.

Сруб колодца был в толстой облéди, так что едва пролезало в дыру ведро. И верёвка стояла колóм.

Рук не чувствуя, с дымящимся ведром Шухов вернулся в надзирательскую и сунул руки в колодезную воду. Потéплело.

Татарина не было, а надзирателей сбилось четверо, они покинули шашки и сон и спорили, по скольку им дадут в январе пшена (в посёлке с продуктами было плохо, и надзирателям, хоть карточки давно кончились, продавали кой-какие продукты отдельно от поселковых, со скидкой).

— Дверь-то притягивай, ты, падло! Дует! — отвлёкся один из них.

Никак не годилось с утра мочить валенки. А и переобуться не во что, хоть и в барак побеги. Разных порядков с обувью нагляделся Шухов за восемь лет сидки: бывало, и вовсе без валенок зиму перехаживали, бывало, и ботинок тех не видали, только лапти да ЧТЗ (из резины обутка, след автомобильный). Теперь вроде с обувью подналадилось: в октябре получил Шухов (а почему получил — с помбригадиром вместе в каптёрку увязался) ботинки дюжие, твердоносые, с простором на две тёплых портянки. С неделю ходил как именинник, всё новенькими каблучками постукивал. А в декабре валенки подоспели — житуха, умирать не надо. Так какой-то чёрт в бухгалтерии начальнику нашептал: валенки, мол, пусть получают, а ботинки сдадут. Мол, непорядок — чтобы зэк две пары имел сразу. И пришлось Шухову выбирать: или в ботинках всю зиму навылет, или в валенках, хошь бы и в оттепель, а ботинки отдай. Берёг, солидолом умягчал, ботинки новёхонькие, ах! — ничего так жалко не было за восемь лет, как этих ботинков. В одну кучу скинули, весной уж твои не будут. Точно, как лошадей в колхоз сгоняли.

Сейчас Шухов так догадался: проворно вылез из валенок, составил их в угол, скинул туда портянки (ложка звякнула на пол; как быстро ни снаряжался в карцер, а ложку не забыл) и босиком, щедро разливая тряпкой воду, ринулся под валенки к надзирателям.

— Ты! гад! потише! — спохватился один, подбирая ноги на стул.

— Рис? Рис по другой норме идёт, с рисом ты не равняй!

— Да ты сколько воды набираешь, дурак? Кто ж так моет?

— Гражданин начальник! А иначе его не вымоешь. Въелась грязь-то...

— Ты хоть видал когда, как твоя баба полы мыла, чушка?

Шухов распрямился, держа в руке тряпку со стекающей водой. Он улыбнулся простодушно, показывая недостаток зубов, прореженных цынгой в Усть-Ижме в сорок третьем году, когда он доходил. Так доходил, что кровавым поносом начисто его проносило, истощённый желудок ничего принимать не хотел. А теперь только шепелявенье от того времени и осталось.

— От бабы меня, гражданин начальник, в сорок первом году отставили. Не упомню, какая она и баба.

— Та́к вот они моют... Ничего, падлы, делать не умеют и не хотят. Хлеба того не стоят, что им дают. Дерьмом бы их кормить.

— Да на хрена его и мыть каждый день? Сырость не переводится. Ты вот что, слышь, восемьсот пятьдесят четвёртый! Ты легонько протри, чтоб только мокровато было, и вали отсюда.

— Рис! Пшёнку с рисом ты не равняй!

Шухов бойко управлялся.

Работа — она как палка, конца в ней два: для людей делаешь — качество дай, для начальника делаешь — дай показуху.

А иначе б давно все подохли, дело известное.

Шухов протёр доски пола, чтобы пятен сухих не осталось, тряпку невыжатую бросил за печку, у порога свои валенки натянул, выплеснул воду на дорожку, где ходило начальство, — и наискось, мимо бани, мимо тёмного охолодавшего здания клуба, наддал к столовой.

Надо было ещё и в санчасть поспеть, ломало опять всего. И ещё надо было перед столовой надзирателям не попасться: был приказ начальника лагеря строгий — одиночек отставших ловить и сажать в карцер.

Перед столовой сегодня — случай такой дивный — толпа не густилась, очереди не было. Заходи.

Внутри стоял пар, как в бане, — на́пуски мороза от дверей и пар от баланды. Бригады сидели за столами или толкались в проходах, ждали, когда места освободятся. Прокликаясь через тесноту, от каждой бригады работяги по два, по три носили на деревянных подносах миски с баландой и кашей и искали для них места на столах. И всё равно не слышит, обалдуй, спина еловая, на́ тебе, толкнул поднос. Плесь, плесь! Рукой его свободной — по шее, по шее! Правильно! Не стой на дороге, не высматривай, где подлизать.

Там, за столом, ещё ложку не окунумши, парень молодой крестится. Бендеровец, значит, и то новичок: старые бендеровцы, в лагере пожив, от креста отстали.

А русские — и какой рукой креститься, забыли.

Сидеть в столовой холодно, едят больше в шапках, но не спеша, вылавливая разварки тленной мелкой рыбёшки из-под листьев чёрной капусты и выплёвывая косточки на стол. Когда их наберётся гора на столе — перед новой бригадой кто-нибудь смахнёт, и там они дохрястывают на полу.

А прямо на пол кости плевать — считается вроде бы неаккуратно.

Посреди барака шли в два ряда не то столбы, не то подпорки, и у одного из таких столбов сидел однобригадник Шухова Фетюков, стерёг ему завтрак. Это был из последних бригадников, поплоше Шухова. Снаружи бригада вся в одних чёрных бушлатах и в номерах одинаковых, а внутри шибко неравно — ступеньками идёт. Буйновского не посадишь с миской сидеть, а и Шухов не всякую работу возьмёт, есть пониже.

Фетюков заметил Шухова и вздохнул, уступая место.

— Уж застыло всё. Я за тебя есть хотел, думал — ты в кондее.

И — не стал ждать, зная, что Шухов ему не оставит, обе миски отштукатурит дочиста.

Шухов вытянул из валенка ложку. Ложка та была ему дорога, прошла с ним весь север, он сам отливал её в песке из алюминиевого провода, на ней и наколка стояла: «Усть-Ижма, 1944».

Потом Шухов снял шапку с бритой головы — как ни холодно, но не мог он себя допустить есть в шапке — и, взмучивая отстоявшуюся баланду, быстро проверил, что там попало в миску. Попало так, средне. Не с начала бака наливали, но и не доболтки. С Фетюкова станет, что он, миску стережа, из неё картошку выловил.

Одна радость в баланде бывает, что горяча, но Шухову досталась теперь совсем холодная. Однако он стал есть её так же медленно, внимчиво. Уж тут хоть крыша гори — спешить не надо. Не считая сна, лагерник живёт для себя только утром десять минут за завтраком, да за обедом пять, да пять за ужином.

Баланда не менялась ото дня ко дню, зависело — какой овощ на зиму заготовят. В летошнем году заготовили одну солёную морковку — так и прошла баланда на чистой морковке с сентября до июня. А нонче — капуста чёрная. Самое сытное время лагернику — июнь: всякий овощ кончается, и заменяют крупой. Самое худое время — июль: крапиву в котёл секут.

Из рыбки мелкой попадались всё больше кости, мясо с костей сварилось, развалилось, только на голове и на хвосте держалось. На хрупкой сетке рыбкиного скелета не оставив ни чешуйки, ни мясинки, Шухов ещё мял зубами, высасывал скелет — и выплёвывал на стол. В любой рыбе ел он всё, хоть жабры, хоть хвост, и глаза ел, когда они на месте попадались, а когда вываривались и плавали в миске отдельно — большие рыбьи глаза — не ел. Над ним за то смеялись.

Сегодня Шухов сэкономил: в барак не зашедши, пайки не получил и теперь ел без хлеба. Хлеб — его потом отдельно нажать можно, ещё сытей.

На второе была каша из магары. Она застыла в один слиток, Шухов её отламывал кусочками. Магара не то что холодная — она и горячая ни вкуса, ни сытости не оставляет: трава и трава, только жёлтая, под вид пшена. Придумали давать её вместо крупы, говорят — от китайцев. В варёном весе триста грамм тянет — и лады: каша не каша, а идёт за кашу.

Облизав ложку и засунув её на прежнее место в валенок, Шухов надел шапку и пошёл в санчасть.

Было всё так же темно в небе, с которого лагерные фонари согнали звёзды. И всё так же широкими струями два прожектора резали лагерную зону. Как этот лагерь, Особый, зачинали — ещё фронтовых ракет осветительных больно много было у охраны, чуть погаснет свет — сыпят ракетами над зоной, белыми, зелёными, красными, война настоящая. Потом не стали ракет кидать. Или дороги обходятся?

Была всё та же ночь, что и при подъёме, но опытному глазу по разным мелким приметам легко было определить, что скоро ударят развод. Помощник Хромого (дневальный по столовой Хромой от себя кормил и держал ещё помощника) пошёл звать на завтрак инвалидный шестой барак, то есть не выходящих за зону. В культурно-воспитательную часть поплёлся старый художник с бородкой — за краской и кисточкой, номера писать. Опять же Татарин широкими шагами, спеша, пересек линейку в сторону штабного барака. И вообще снаружи народу поменело, — значит, все приткнулись и греются последние сладкие минуты.

Шухов проворно спрятался от Татарина за угол барака: второй раз попадёшься — опять пригребётся. Да и никогда зевать нельзя. Стараться надо, чтоб никакой надзиратель тебя в одиночку не видел, а в толпе только. Может, он человека ищет на работу послать, может, зло отвести не на ком. Читали ж вот приказ по баракам — перед надзирателем за пять шагов снимать шапку и два шага спустя надеть. Иной надзиратель бредёт, как слепой, ему всё равно, а для других это сласть. Сколько за ту шапку в кондей перетаскали, псы клятые. Нет уж, за углом перестоим.

Миновал Татарин — и уже Шухов совсем намерился в санчасть, как его озарило, что ведь сегодня утром до развода назначил ему длинный латыш из седьмого барака прийти купить два стакана самосада, а Шухов захлопотался, из головы вон. Длинный латыш вечером вчера получил посылку, и, может, завтра уж этого самосаду не будет, жди тогда месяц новой посылки. Хороший у него самосад, крепкий в меру и духовитый. Буроватенький такой.

Раздосадовался Шухов, затоптался — не повернуть ли к седьмому бараку. Но до санчасти совсем мало оставалось, и он потрусил к крыльцу санчасти.

Слышно скрипел снег под ногами.

В санчасти, как всегда, до того было чисто в коридоре, что страшно ступать по полу. И стены крашены эмалевой белой краской. И белая вся мебель.

Но двери кабинетов были все закрыты. Врачи-то, поди, ещё с постелей не подымались. А в дежурке сидел фельдшер — молодой парень Коля Вдовушкин, за чистым столиком, в свеженьком белом халате — и что-то писал.

Никого больше не было.

Шухов снял шапку, как перед начальством, и, по лагерной привычке лезть глазами куда не следует, не мог не заметить, что Николай писал ровными-ровными строчками и каждую строчку, отступя от краю, аккуратно одну под одной начинал с большой буквы. Шухову было, конечно, сразу понятно, что это — не работа, а по левой, но ему до того не было дела.

— Вот что... Николай Семёныч... я вроде это... болен... — совестливо, как будто зарясь на что чужое, сказал Шухов.

Вдовушкин поднял от работы спокойные, большие глаза. На нём был чепчик белый, халат белый, и номеров видно не было.

— Что ж ты поздно так? А вечером почему не пришёл? Ты же знаешь, что утром приёма нет? Список освобождённых уже в ППЧ.

Всё это Шухов знал. Знал, что и вечером освободиться не проще.

— Да ведь, Коля... Оно с вечера, когда нужно, так и не болит...

— А что — оно? Оно — что болит?

— Да разобраться, бывает, и ничего не болит. А недужит всего.

Шухов не был из тех, кто липнет к санчасти, и Вдовушкин это знал. Но право ему было дано освободить утром только двух человек — и двух он уже освободил, и под зеленоватым стеклом на столе записаны были эти два человека и подведена черта.

— Так надо было беспокоиться раньше. Что ж ты — под самый развод? На!

Вдовушкин вынул термометр из банки, куда они были спущены сквозь прорези в марле, обтёр от раствора и дал Шухову держать.

Шухов сел на скамейку у стены, на самый краешек, только-только чтоб не перекувырнуться вместе с ней. Неудобное место такое он избрал даже не нарочно, а показывая невольно, что санчасть ему чужая и что пришёл он в неё за малым.

А Вдовушкин писал дальше.

Санчасть была в самом глухом, дальнем углу зоны, и звуки сюда не достигали никакие. Ни ходики не стучали — заключённым часов не положено, время за них знает начальство. И даже мыши не скребли — всех их повыловил больничный кот, на то поставленный.

Было дивно Шухову сидеть в такой чистой комнате, в тишине такой, при яркой лампе целых пять минут и ничего не делать. Осмотрел он все стены — ничего на них не нашёл. Осмотрел телогрейку свою — номер на груди поотёрся, каб не зацапали, надо подновить. Свободной рукой ещё бороду опробовал на лице — здоровая выперла, с той бани растёт, дней боле десяти. А и не мешает. Ещё дня через три баня будет, тогда и побреют. Чего в парикмахерской зря в очереди сидеть? Красоваться Шухову не для кого.

Потом, глядя на беленький-беленький чепчик Вдовушкина, Шухов вспомнил медсанбат на реке Ловать, как он пришёл туда с повреждённой челюстью и — недотыка ж хренова! — доброй волею в строй вернулся. А мог пяток дней полежать.

Теперь вот грезится: заболеть бы недельки на две, на три, не насмерть и без операции, но чтобы в больничку положили, — лежал бы, кажется, три недели, не шевельнулся, а уж кормят бульоном пустым — лады.

Но, вспомнил Шухов, теперь и в больничке отлёжу нет. С каким-то этапом новый доктор появился — Степан Григорьич, гонкий такой да звонкий, сам сумутится, и больным нет покою: выдумал всех ходячих больных выгонять на работу при больнице: загородку городить, дорожки делать, на клумбы землю нанашивать, а зимой — снегозадержание. Говорит, от болезни работа — первое лекарство.

От работы лошади дохнут. Это понимать надо. Ухайдакался бы сам на каменной кладке — небось бы тихо сидел.

...А Вдовушкин писал своё. Он вправду занимался работой «левой», но для Шухова непостижимой. Он переписывал новое длинное стихотворение, которое вчера отделал, а сегодня обещал показать Степану Григорьичу, тому самому врачу.

Как это делается только в лагерях, Степан Григорьич и посоветовал Вдовушкину объявиться фельдшером, поставил его на работу фельдшером, и стал Вдовушкин учиться делать внутривенные уколы на тёмных работягах да на смирных литовцах и эстонцах, кому и в голову никак бы не могло вступить, что фельдшер может быть вовсе не фельдшером. Был же Коля студент литературного факультета, арестованный со второго курса. Степан Григорьич хотел, чтоб он написал в тюрьме то, чего ему не дали на воле.

...Сквозь двойные, непрозрачные от белого льда стёкла еле слышно донёсся звонок развода. Шухов вздохнул и встал. Знобило его, как и раньше, но косануть, видно, не проходило. Вдовушкин протянул руку за термометром, посмотрел.

— Видишь, ни то ни сё, тридцать семь и две. Было бы тридцать восемь, так каждому ясно. Я тебя освободить не могу. На свой страх, если хочешь, останься. После проверки посчитает доктор больным — освободит, а здоровым — отказчик, и в БУР. Сходи уж лучше за зону.

Шухов ничего не ответил и не кивнул даже, шапку нахлобучил и вышел.

Тёплый зяблого разве когда поймёт?

Мороз жал. Мороз едкой мглицей больно охватил Шухова, вынудил его закашляться. В морозе было двадцать семь, в Шухове тридцать семь. Теперь кто кого.

Трусцой побежал Шухов в барак. Линейка напролёт была вся пуста, и лагерь весь стоял пуст. Была та минута короткая, разморчивая, когда уже всё оторвано, но прикидываются, что нет, что не будет развода. Конвой сидит в тёплых казармах, сонные головы прислоня к винтовкам, — тоже им не масло сливочное в такой мороз на вышках топтаться. Вахтёры на главной вахте подбрасывают в печку угля. Надзиратели в надзирательской докуривают последнюю цыгарку перед обыском. А заключённые, уже одетые во всю свою рвань, перепоясанные всеми верёвочками, обмотавшись от подбородка до глаз тряпками от мороза, — лежат на нарах поверх одеял в валенках и, глаза закрыв, обмирают. Аж пока бригадир крикнет: «Па-дъём!»

Дремала со всем девятым бараком и 104-я бригада. Только помбригадир Павло, шевеля губами, что-то считал карандашиком да на верхних нарах баптист Алёшка, сосед Шухова, чистенький, приумытый, читал свою записную книжку, где у него была переписана половина евангелия.

Шухов вбежал хоть и стремглав, а тихо совсем, и — к помбригадировой вагонке.

Павло поднял голову.

— Нэ посадылы, Иван Денисыч? Живы́? — (Украинцев западных никак не переучат, они и в лагере по отечеству да выкают.)

И, со стола взявши, протянул пайку. А на пайке — сахару черпачок опрокинут холмиком белым.

Очень спешил Шухов и всё же ответил прилично (помбригадир — тоже начальство, от него даже больше зависит, чем от начальника лагеря). Уж как спешил, с хлеба сахар губами забрал, языком подлизнул, одной ногой на кронштейник — лезть наверх постель заправлять, — а пайку так и так посмотрел и рукой на лету взвесил: есть ли в ней те пятьсот пятьдесят грамм, что положены. Паек этих тысячу не одну переполучал Шухов в тюрьмах и в лагерях, и хоть ни одной из них на весах проверить не пришлось, и хоть шуметь и *качать права* он, как человек робкий, не смел, но всякому арестанту и Шухову давно понятно, что, честно вешая, в хлеборезке не удержишься. Недодача есть в каждой пайке — только какая, велика ли? Вот два раза на день и смотришь, душу успокоить — может, сегодня обманули меня не круто? Может, в моей-то граммы почти все?

Грамм двадцать не дотягивает, — решил Шухов и преломил пайку надвое. Одну половину за пазуху сунул, под телогрейку, а там у него карманчик белый специально пришит (на фабрике телогрейки для зэков шьют без карманов). Другую половину, сэкономленную за завтраком, думал и съесть тут же, да наспех еда не еда, пройдёт даром, без сытости. Потянулся сунуть полпайки в тумбочку, но опять раздумал: вспомнил, что дневальные уже два раза за воровство биты. Барак большой, как двор проезжий.

И потому, не выпуская хлеба из рук, Иван Денисович вытянул ноги из валенок, ловко оставив там и портянки и ложку, взлез босой наверх, расширил дырочку в матрасе и туда, в опилки, спрятал свои полпайки. Шапку с головы содрал, вытащил из неё иголочку с ниточкой (тоже запрятана глубоко, на *шмоне* шапки тоже щупают: однова́ надзиратель об иголку накололся, так чуть Шухову голову со злости не разбил). Стежь, стежь, стежь — вот и дырочку за пайкой спрятанной прихватил. Тем временем сахар во рту дотаял. Всё в Шухове было напряжено до крайности — вот сейчас нарядчик в дверях заорёт. Пальцы Шухова славно шевелились, а голова, забегая вперёд, располагала, что дальше.

Баптист читал евангелие не вовсе про себя, а как бы в дыхание (может, для Шухова нарочно, они ведь, эти баптисты, любят агитировать, вроде политруков):

— «Только бы не пострадал кто из вас как убийца, или как вор, или злодей, или как посягающий на чужое. А если как христианин, то не стыдись, но прославляй Бога за такую участь.»

За что Алёшка молодец: эту книжечку свою так заса́вывает ловко в щель в стене — ни на едином шмоне ещё не нашли.

Теми же быстрыми движениями Шухов свесил на перекладину бушлат, повытаскивал из-под матраса рукавички, ещё пару худых портянок, верёвочку и тряпочку с двумя рубезками. Опилки в матрасе чудок разровнял (тяжёлые они, сбитые), одеяло вкруговую подоткнул, подушку кинул на место — босиком же слез вниз и стал обуваться, сперва в хорошие портянки, новые, потом в плохие, поверх.

И тут бригадир прогаркнулся, встал и объявил:

— Кон-чай ночевать, сто четвёртая! Вы-ходи!

И сразу вся бригада, дремала ли, не дремала, встала, зевала и пошла к выходу. Бригадир девятнадцать лет сидит, он на развод минутой раньше не выгонит. Сказал — «выходи!» — значит, край выходить.

И пока бригадники, тяжело ступая, без слова выходили один за другим сперва в коридор, потом в сени и на крыльцо, а бригадир 20-й, подражая Тюрину, тоже объявил: «Выходи!» — Шухов доспел валенки обуть на две портянки, бушлат надеть сверх телогрейки и туго вспоясаться верёвочкой (ремни кожаные были у кого, так отобрали — нельзя в Особлаге ремень).

Так Шухов всё успел и в сенях нагнал последних своих бригадников — спины их с номерами выходили через дверь на крылечко. Толстоватые, навернувшие на себя всё, что только было из одёжки, бригадники наискосок, гуськом, не домогаясь друг друга нагнать, тяжело шли к линейке и только поскрипывали.

Всё ещё темно было, хотя небо с восхода зеленело и светлело. И тонкий, злой потягивал с восхода ветерок.

Вот этой минуты горше нет — на развод идти утром. В темноте, в мороз, с брюхом голодным, на день целый. Язык отнимается. Говорить друг с другом не захочешь.

У линейки метался младший нарядчик.

— Ну, Тюрин, сколько ждать? Опять тянешься?

Младшего-то нарядчика разве Шухов боится, только не Тюрин. Он ему и дых по морозу зря не погонит, топает себе молча. И бригада за ним по снегу: топ-топ, скрип-скрип.

А килограмм сала, должно, отнёс — потому что опять в свою колонну пришла 104-я, по соседним бригадам видать. На Соцгородок победней да поглупей кого погонят. Ой, лють там сегодня будет: двадцать семь с ветерком, ни укрыва, ни грева!

Бригадиру сала много надо: и в ППЧ нести и своё брюхо утолакивать. Бригадир хоть сам посылок не получает — без сала не сидит. Кто из бригады получит — сейчас ему дар несёт.

А иначе не проживёшь.

Старший нарядчик отмечает по дощечке:

— У тебя, Тюрин, сегодня один болен, на выходе двадцать три?

— Двадцать три, — бригадир кивает.

Кого ж нет? Пантелеева нет. Да разве он болен?

И сразу шу-шу-шу по бригаде: Пантелеев, сука, опять в зоне остался. Ничего он не болен, *опер* его оставил. Опять будет стучать на кого-то.

Днём его вызовут без помех, хоть три часа держи, никто не видел, не слышал.

А проводят по санчасти...

Вся линейка чернела от бушлатов — и вдоль её медленно переталкивались бригады вперёд, к шмону. Вспомнил Шухов, что хотел обновить номерок на телогрейке, протискался через линейку на тот бок. Там к художнику два-три зэка в очереди стояли. И Шухов стал. Номер нашему брату — один вред, по нему издали надзиратель тебя заметит, и конвой запишет, а не обновишь номера в пору — тебе же и кондей: зачем об номере не заботишься?

Художников в лагере трое, пишут для начальства картины бесплатные, а ещё в черёд ходят на развод номера писать. Сегодня старик с бородкой седенькой. Когда на шапке номер пишет кисточкой — ну точно как поп миром лбы мажет.

Помалюет, помалюет и в перчатку дышит. Перчатка вязаная, тонкая, рука окостеневает, чисел не выводит.

Художник обновил Шухову «Щ-854» на телогрейке, и Шухов, уже не запахивая бушлата, потому что до шмона оставалось недалеко, с верёвочкой в руке догнал бригаду. И сразу разглядел: однобригадник его Цезарь курил, и курил не трубку, а сигарету — значит, подстрельнуть можно. Но Шухов не стал прямо просить, а остановился совсем рядом с Цезарем и вполоборота глядел мимо него.

Он глядел мимо и как будто равнодушно, но видел, как после каждой затяжки (Цезарь затягивался редко, в задумчивости) ободок красного пепла передвигался по сигарете, убавляя её и подбираясь к мундштуку.

Тут же и Фетюков, шакал, подсосался, стал прямо против Цезаря и в рот ему засматривает, и глаза горят.

У Шухова ни табачинки не осталось, и не предвидел он сегодня прежде вечера раздобыть — он весь напрягся в ожидании, и желанней ему сейчас был этот хвостик сигареты, чем, кажется, воля сама, — но он бы себя не уронил и так, как Фетюков, в рот бы не смотрел.

В Цезаре всех наций намешано: не то он грек, не то еврей, не то цыган — не поймёшь. Молодой ещё. Картины снимал для кино. Но и первой не доснял, как его посадили. У него усы чёрные, слитые, густые. Потому не сбрили здесь, что на *деле* так снят, на карточке.

— Цезарь Маркович! — не выдержав, прослюнявил Фетюков. — Да-айте разок потянуть!

И лицо его передёргивалось от жадности и желания.

...Цезарь приоткрыл веки, полуспущенные над чёрными глазами, и посмотрел на Фетюкова. Из-за того он и стал курить чаще трубку, чтоб не перебивали его, когда он курит, не просили дотянуть. Не табака ему было жалко, а прерванной мысли. Он курил, чтобы возбудить в себе сильную мысль и дать ей найти что-то. Но едва он поджигал сигарету, как сразу в нескольких глазах видел: «Оставь докурить!»

...Цезарь повернулся к Шухову и сказал:

— Возьми, Иван Денисыч!

И большим пальцем вывернул горящий недокурок из янтарного короткого мундштука.

Шухов встрепенулся (он и ждал так, что Цезарь сам ему предложит), одной рукой поспешно благодарно брал недокурок, а второю страховал снизу, чтоб не обронить. Он не обижался, что Цезарь брезговал дать ему докурить в мундштуке (у кого рот чистый, а у кого и гунявый), и пальцы его закалелые не обжигались, держась за самый огонь. Главное, он Фетюкова-шакала пересёк и вот теперь тянул дым, пока губы стали гореть от огня. М-м-м-м! Дым разошёлся по голодному телу, и в ногах отдалось и в голове.

И только эта благость по телу разлилась, как услышал Иван Денисович гул:

— Рубахи нижние отбирают!..

Так и вся жизнь у зэка. Шухов привык: только и высматривай, чтоб на горло тебе не кинулись.

Почему — рубахи? Рубахи ж сам начальник выдавал?.. Не, не так...

Уж до шмона оставалось две бригады впереди, и вся 104-я разглядела: подошёл от штабного барака начальник режима лейтенант Волково́й и крикнул что-то надзирателям. И надзиратели, без Волкового шмонавшие кое-как, тут зарьялись, кинулись, как звери, а старшина их крикнул:

— Ра-ас-стегнуть рубахи!

Волкового не то что зэки и не то что надзиратели — сам начальник лагеря, говорят, боится. Вот Бог шельму метит, фамильицу дал! — иначе, как волк, Волковой не смотрит. Тёмный, да длинный, да насупленный — и носится быстро. Вынырнет из барака: «А тут что собрались?» Не ухоронишься. Поперву он ещё плётку таскал, как рука до локтя, кожаную, кручёную. В БУРе ею сек, говорят. Или на проверке вечерней столпятся зэки у барака, а он подкрадётся сзади да хлесь плетью по шее: «Почему в строй не стал, падло?» Как волной от него толпу шарахнет. Обожжённый за шею схватится, вытрет кровь, молчит: каб ещё БУРа не дал.

Теперь что-то не стал плётку носить.

В мороз на простом шмоне не по вечерам, так хоть утром порядок был мягкий: заключённый расстёгивал бушлат и отводил его полы в стороны. Так шли по пять, и пять надзирателей навстречу стояло. Они обхлопывали зэка по бокам запоясанной телогрейки, хлопали по единственному положенному карману на правом колене, сами бывали в перчатках, и если что-нибудь непонятное нащупывали, то не вытягивали сразу, а спрашивали, ленясь: «Это — что?»

Утром что́ искать у зэка? Ножи? Так их не из лагеря носят, а в лагерь. Утром проверить надо, не несёт ли с собой еды килограмма три, чтобы с нею сбежать. Было время, так та́к этого хлеба боялись, кусочка двухсотграммового на обед, что был приказ издан: каждой бригаде сделать себе деревянный чемодан и в том чемодане носить весь хлеб бригадный, все кусочки от бригадников собирать. В чём тут они, враги, располагали выгадать — нельзя додуматься, а скорей чтобы людей мучить, забота лишняя: пайку эту свою надкуси, да заметь, да клади в чемодан, а они, куски, всё равно похожие, все из одного хлеба, и всю дорогу об том думай и мучайся, не подменят ли твой кусок, да друг с другом спорь, иногда и до драки. Только однажды сбежали из производственной зоны трое на автомашине и такой чемодан хлеба прихватили. Опомнились тогда начальники и все чемоданы на вахте порубали. Носи, мол, опять всяк себе.

Ещё проверить утром надо, не одет ли костюм гражданский под зэковский? Так ведь вещи гражданские давно начисто у всех отметены и до конца срока не отдадут, сказали. А конца срока в этом лагере ни у кого ещё не было.

И проверить — письма не несёт ли, чтоб через вольного толкануть? Да только у каждого письмо искать — до обеда проканителишься.

Но крикнул что-то Волковой искать — и надзиратели быстро перчатки поснимали, телогрейки велят распустить (где каждый тепло барачное спрятал), рубахи расстегнуть — и лезут перещупывать, не поддето ли чего в обход устава. Положено зэку две рубахи — нижняя да верхняя, остальное снять! — вот как передали зэки из ряда в ряд приказ Волкового. Какие раньше бригады прошли — ихее счастье, уж и за воротами некоторые, а эти — открывайся! У кого поддето — скидай тут же на морозе!

Так и начали, да неуладка у них вышла: в воротах уже прочистилось, конвой с вахты орёт: давай, давай! И Волковой на 104-й сменил гнев на милость: записывать, на ком что лишнее, вечером сами пусть в каптёрку сдадут и объяснительную напишут: как и почему скрыли.

На Шухове-то всё казённое, на, щупай — грудь да душа, а у

Цезаря рубаху байковую записали, а у Буйновского, кесь, жилетик или напузник какой-то. Буйновский — в горло, на миноносцах своих привык, а в лагере трёх месяцев нет:

— Вы п р а в а не имеете людей на морозе раздевать! Вы д е в я т у ю статью уголовного кодекса не знаете!..

Имеют. Знают. Это ты, брат, ещё не знаешь.

— Вы не советские люди! — долбает их капитан.

Статью из кодекса ещё терпел Волковой, а тут, как молния чёрная, передёрнулся:

— Десять суток строгого!

И потише старшине:

— К вечеру оформишь.

Они по утрам-то не любят в карцер брать: человеко-выход теряется. День пусть спину погнёт, а вечером его в БУР.

Тут же и БУР по левую руку от линейки: каменный, в два крыла. Второе крыло этой осенью достроили — в одном помещаться не стали. На восемнадцать камер тюрьма, да одиночки из камер нагорожены. Весь лагерь деревянный, одна тюрьма каменная.

Холод под рубаху зашёл, теперь не выгонишь. Что укутаны были зэки — всё зря. И так это нудно тянет спину Шухову. В коечку больничную лечь бы сейчас — и спать. И ничего больше не хочется. Одеяло бы потяжельше.

Стоят зэки перед воротами, застёгиваются, завязываются, а снаружи конвой:

— Давай! Давай!

И нарядчик в спины пихает:

— Давай! Давай!

Одни ворота. Предзонник. Вторые ворота. И перила с двух сторон около вахты.

— Стой! — шумит вахтёр. — Как баранов стадо. Разберись по пять!

Уже рассмеркивалось. Догорал костёр конвоя за вахтой. Они перед разводом всегда разжигают костёр — чтобы греться и чтоб считать виднее.

Один вахтёр громко, резко отсчитывал:

— Первая! Вторая! Третья!

И пятёрки отделялись и шли цепочками отдельными, так что хоть сзади, хоть спереди смотри: пять голов, пять спин, десять ног.

А второй вахтёр — контролёр, у других перил молча стоит, только проверяет, счёт правильный ли.

И ещё лейтенант стоит, смотрит.

Это от лагеря.

Человек — дороже золота. Одной головы за проволокой недостанет — свою голову туда добавишь.

И опять бригада слилась вся вместе.

И теперь сержант конвоя считает:

— Первая! Вторая! Третья!

И пятёрки опять отделяются и идут цепочками отдельными.

И помощник начальника караула с другой стороны проверяет.

И ещё лейтенант.

Это от конвоя.

Никак нельзя ошибиться. За лишнюю голову распишешься — своей головой заменишь.

А конвоиров понатыкано! Полукругом обняли колонну ТЭЦ, автоматы вскинули, прямо в морду тебе держат. И собаководы с собаками серыми. Одна собака зубы оскалила, как смеётся над зэками. Конвоиры все в полушубках, лишь шестеро в тулупах. Тулупы у них сменные: тот надевает, кому на вышку идти.

И ещё раз, смешав бригады, конвой пересчитал всю колонну ТЭЦ по пятёркам.

— На восходе самый большой мороз бывает! — объявил кавторанг. — Потому что это последняя точка ночного охлаждения.

Капитан любит вообще объяснять. Месяц какой — молодой ли, старый, — рассчитает тебе на любой год, на любой день.

На глазах доходит капитан, щёки ввалились, — а бодрый.

Мороз тут за зоной при потягивающем ветерке крепко покусывал даже ко всему притерпевшееся лицо Шухова. Смекнув, что так и будет по дороге на ТЭЦ дуть всё время в морду, Шухов решил надеть тряпочку. Тряпочка на случай встречного ветра у него, как и у многих других, была с двумя рубезочками длинными. Признали зэки, что тряпочка такая помогает. Шухов обхватил лицо по самые глаза, по низу ушей рубезочки провёл, на затылке завязал. Потом затылок отворотом шапки закрыл и поднял воротник бушлата. Ещё передний отворот шапчёнки спустил на лоб. И так у него спереди одни глаза остались. Бушлат по поясу он хорошо затянул бечёвочкой. Всё теперь ладно, только рукавицы худы и руки уже застылые. Он тёр и хлопал ими, зная, что сейчас придётся взять их за спину и так держать всю дорогу.

Начальник караула прочёл ежедневную надоевшую арестантскую «молитву»:

— Внимание, заключённые! В ходу следования соблюдать строгий порядок колонны! Не растягиваться, не набегать, из пятёрки в пятёрку не переходить, не разговаривать, по сторонам не оглядываться, руки держать только назад! Шаг вправо, шаг влево — считается побег, конвой открывает огонь б е з предупреждения! Направляющий, шагом марш!

И, должно, пошли передних два конвоира по дороге. Колыхнулась колонна впереди, закачала плечами, и конвой — справа и слева от колонны шагах в двадцати, а друг за другом через десять шагов, — пошёл, держа автоматы наготове.

Снегу не было уже с неделю, дорога проторена, убита. Обогнули лагерь — стал ветер наискось в лицо. Руки держа сзади, а головы опустив, пошла колонна, как на похороны. И видно тебе только ноги у передних двух-трёх да клочок земли утоптанной, куда своими ногами переступить. От времени до времени какой конвоир крикнет: «Ю-сорок восемь! Руки назад!», «Бэ-пятьсот два! Подтянуться!». Потом и они реже кричать стали: ветер сечёт, смотреть мешает. Им-то тряпочками завязываться не положено. Тоже служба неважная...

В колонне, когда потеплей, все разговаривают — кричи не кричи на них. А сегодня пригнулись все, каждый за спину переднего хоронится, и ушли в свои думки.

Дума арестантская — и та несвободная, всё к тому ж возвращается, всё снова ворошит: не нащупают ли пайку в матрасе? В санчасти освободят ли вечером? Посадят капитана или не посадят? И как Цезарь на руки раздобыл своё бельё тёплое? Наверно, подмазал в каптёрке личных вещей, откуда ж?

Из-за того, что без пайки завтракал и что холодное всё съел, чувствовал себя Шухов сегодня несытым. И чтобы брюхо не занывало, есть не просило, перестал он думать о лагере, стал думать, как письмо будет скоро домой писать.

Колонна прошла мимо деревообделочного, построенного зэками, мимо жилого квартала (собирали бараки тоже зэки, а живут вольные), мимо клуба нового (тоже зэки всё, от фундамента до стенной росписи, а кино вольные смотрят), и вышла колонна в степь, прямо против ветра и против краснеющего восхода. Голый белый снег лежал до края, направо и налево, и деревца во всей степи не было ни одного.

Начался год новый, пятьдесят первый, и имел в нём Шухов право на два письма. Последнее отослал он в июле, а ответ на него получил в октябре. В Усть-Ижме, там иначе был порядок, пиши хоть каждый месяц. Да чего в письме напишешь? Не чаще Шухов и писал, чем ныне.

Из дому Шухов ушёл двадцать третьего июня сорок первого года. В воскресенье народ из Поломни пришёл от обедни и говорит: война. В Поломне узнала почта, а в Темгенёве ни у кого до войны радио не было. Сейчас-то, пишут, в каждой избе радио галдит, проводное.

Писать теперь — что в омут дремучий камешки кидать. Что упало, что кануло — тому отзыва нет. Не напишешь, в какой бригаде работаешь, какой бригадир у тебя Андрей Прокофьевич Тюрин. Сейчас с Кильдигсом, латышом, больше об чём говорить, чем с домашними.

Да и они два раза в год напишут — жизни их не поймёшь. Председатель колхоза де новый — так он каждый год новый, их больше года не держат. Колхоз укрупнили — так его и ране укрупняли, а потом мельчили опять. Ну, ещё кто нормы трудодней не выполняет — огороды поджали до пятнадцати соток, а кому и под самый дом обрезали. Ещё, писала когда-то баба, был закон за норму ту судить и кто не выполнит — в тюрьму сажать, но как-то тот закон не вступил.

Чему Шухову никак не внять, это пишет жена, с войны с самой ни одна живая душа в колхоз не добавилась: парни все и девки все, кто как ухитрится, но уходят повально или в город на завод, или на торфоразработки. Мужиков с войны половина вовсе не вернулась, а какие вернулись — колхоза не признают: живут дома, работают на стороне. Мужиков в колхозе: бригадир Захар Васильич да плотник Тихон восьмидесяти четырёх лет, женился недавно, и дети уже есть. Тянут же колхоз те бабы, каких ещё с тридцатого года загнали, а как они свалятся — и колхоз сдохнет.

Вот этого-то Шухову и не понять никак: живут дома, а работают на стороне. Видел Шухов жизнь единоличную, видел

Да, да, была, была. Ковры.

колхозную, но чтобы мужики в своей же деревне не работали — этого он не может принять. Вроде отхожий промысел, что ли? А с сенокосом же как?

Отхожие промыслы, жена ответила, бросили давно. Ни по-плотницки не ходят, чем сторона их была славна, ни корзины лозовые не вяжут, никому это теперь не нужно. А промысел есть-таки один новый, весёлый — это ковры красить. Привёз кто-то с войны трафаретки, и с тех пор пошло, пошло, и всё больше таких мастаков *красилёй* набирается: нигде не состоят, нигде не работают, месяц один помогают колхозу, как раз в сенокос да в уборку, а за то на одиннадцать месяцев колхоз ему справку даёт, что колхозник такой-то отпущен по своим делам и недоимок за ним нет. И ездят они по всей стране и даже в самолётах летают, потому что время своё берегут, а деньги гребут тысячами многими, и везде ковры малюют: пятьдесят рублей ковёр на любой простыне старой, какую дают, какую не жалко, — а рисовать тот ковёр будто бы час один, не боле. И очень жена надежду таит, что вернётся Иван и тоже в колхоз ни ногой, и тоже таким красилём станет. И они тогда подымутся из нищеты, в какой она бьётся, детей в техникум отдадут, и заместо старой избы гнилой новую поставят. Все красили́ себе дома новые ставят, близ железной дороги стали дома теперь не пять тысяч, как раньше, а двадцать пять.

Хоть сидеть Шухову ещё немало, зиму-лето да зиму-лето, а всё ж разбередили его эти ковры. Как раз для него работа, если будет лишение прав или ссылка. Просил он тогда жену описать — как же он будет красилём, если отроду рисовать не умел? И что это за ковры такие дивные, что́ на них? Отвечала жена, что рисовать их только дурак не сможет: наложи трафаретку и мажь кистью сквозь дырочки. А ковры есть трёх сортов: один ковёр «Тройка» — в упряжи красивой тройка везёт офицера гусарского, второй ковёр — «Олень», а третий — под персидский. И никаких больше рисунков нет, но и за эти по всей стране люди спасибо говорят и из рук хватают. Потому что настоящий ковёр не пятьдесят рублей, а тысячи стоит.

Хоть бы глазом одним посмотреть Шухову на те ковры...

По лагерям да по тюрьмам отвык Иван Денисович раскладывать, что́ завтра, что́ через год да чем семью кормить. Обо всём за него начальство думает — оно будто и легче. А как на волю вступишь?..

Из рассказов вольных шоферов и экскаваторщиков видит Шухов, что прямую дорогу людям загородили, но люди не теряются: в обход идут и тем живы.

В обход бы и Шухов пробрался. Заработок, видать, лёгкий, огневой. И от своих деревенских отставать вроде обидно... Но, по душе, не хотел бы Иван Денисович за те ковры браться. Для них развязность нужна, нахальство, милиции на лапу совать. Шухов же сорок лет землю топчет, уж зубов нет половины и на голове плешь, никому никогда не давал и не брал ни с кого, и в лагере не научился.

Лёгкие деньги — они и не весят ничего, и чутья такого нет, что вот, мол, ты заработал. Правильно старики говорили: за что не доплатишь, того не доносишь. Руки у Шухова ещё добрые, смогают, неуж он себе на воле верной работы не найдёт?

Да ещё пустят ли когда на ту волю? Не навесят ли ещё *десятки* ни за так?..

Колонна тем временем дошла и остановилась перед вахтой широко раскинутой зоны *объекта*. Ещё раньше, с угла зоны, два конвоира в тулупах отделились и побрели по полю к своим дальним вышкам. Пока всех вышек конвой не займёт, внутрь не пустят. Начкар с автоматом за плечом пошёл на вахту. А из вахты, из трубы, дым не переставая клубится: вольный вахтёр всю ночь там сидит, чтоб доски не вывезли или цемент.

Напересек через ворота проволочные, и черезо всю строительную зону, и через дальнюю проволоку, что по тот бок, — солнце встаёт большое, красное, как бы во мгле. Рядом с Шуховым Алёшка смотрит на солнце и радуется, улыбка на губы сошла. Щёки ввалённые, на пайке сидит, нигде не подрабатывает — чему рад? По воскресеньям всё с другими баптистами шепчется. С них лагеря как с гуся вода. По двадцать пять лет вкатили им за баптистскую веру — неуж думают тем от веры отвадить?

Намордник дорожный, тряпочка, за дорогу вся отмокла от дыхания и кой-где морозом прихватилась, коркой стала ледяной. Шухов её ссунул с лица на шею и стал к ветру спиной. Нигде его особо не продрало, а только руки озябли в худых рукавичках да онемели пальцы на левой ноге: валенок-то левый горетый, второй раз подшитый.

Поясницу и спину всю до плечей тянет, ломает — как работать?

Оглянулся — и на бригадира лицом попал, тот в задней пятёрке шёл. Бригадир в плечах здоров, да и образ у него широкий. Хмур стоит. Смехуёчками он бригаду свою не жалует, а кормит — ничего, о большой пайке заботлив. Сидит он второй срок, сын Гулага, лагерный обычай знает напрожог.

Бригадир в лагере — это всё: хороший бригадир тебе жизнь вторую даст, плохой бригадир в деревянный бушлат загонит. Андрея Прокофьевича знал Шухов ещё по Усть-Ижме, только там у него в бригаде не был. А когда с Усть-Ижмы, из общего лагеря, перегнали пятьдесят восьмую статью сюда, в каторжный, — тут его Тюрин подобрал. С начальником лагеря, с ППЧ, с прорабами, с инженерами Шухов дела не имеет: везде его бригадир застоит, грудь стальная у бригадира. Зато шевельнёт бровью или пальцем покажет — беги, делай. Кого хошь в лагере обманывай, только Андрей Прокофьича не обманывай. И будешь жив.

И хочется Шухову спросить бригадира, там же ли работать, где вчера, на другое ли место переходить, — а боязно перебивать его высокую думу. Только что Соцгородок с плеч спихнул, теперь, бывает, процентовку обдумывает, от неё пять следующих дней питания зависят.

Лицо у бригадира в рябинах крупных, от оспы. Стоит против ветра — не поморщится, кожа на лице — как кора дубовая.

Хлопают руками, перетаптываются в колонне. Злой ветерок! Уж, кажется, на всех шести вышках попки сидят — опять в зону не пускают. Бдительность травят.

Ну! Вышли начкар с контролёром из вахты, по обои стороны ворот стали, и ворота развели.

— Р-раз-берись по пятёркам! Пер-рвая! Втор-ра-я!

Зашагали арестанты как на парад, шагом чуть не строевым. Только в зону прорваться, а там не учи, что делать.

За вахтой вскоре — будка конторы, около конторы стоит прораб, бригадиров заворачивает, да они и сами к нему. И Дэр туда, десятник из зэков, сволочь хорошая, своего брата-зэка хуже собак гоняет.

Восемь часов, пять минут девятого (только что энергопоезд прогудел), начальство боится, как бы зэки время не потеряли, по обогревалкам бы не рассыпались — а у зэков день большой, на всё время хватит. Кто в зону зайдёт, наклоняется: там щепочка, здесь щепочка, нашей печке огонь. И в норы заюркивают.

Тюрин велел Павлу́, помощнику, идти с ним в контору. Туда же и Цезарь свернул. Цезарь богатый, два раза в месяц посылки, всем сунул, кому надо, — и *придурком* работает в конторе, помощником нормировщика.

А остальная 104-я сразу в сторону, и дёру, дёру.

Солнце взошло красное, мглистое над зоной пустой: где щиты сборных домов снегом занесены, где кладка каменная начатая да у фундамента и брошенная, там экскаватора руко-ять переломленная лежит, там ковш, там хлам железный, ка-нав понарыто, траншей, ям наворочено, авторемонтные ма-стерские под перекрытие выведены, а на бугре — ТЭЦ в нача-ле второго этажа.

И — попрятались все. Только шесть часовых стоят на вышках, да около конторы суета. Вот этот-то наш миг и есть! Старший прораб сколько, говорят, грозился разнарядку всем бригадам давать с вечера — а никак не наладят. Потому что с вечера до утра у них всё наоборот поворачивается.

А миг — наш! Пока начальство разберётся — приткнись, где потеплей, сядь, сиди, ещё наломаешь спину. Хорошо, если около печки, — портянки переобернуть да согреть их малость. Тогда во весь день ноги будут тёплые. А и без печ-ки — всё одно хорошо.

Сто четвёртая бригада вошла в большой зал в авторемонт-ных, где остеклено с осени и 38-я бригада бетонные плиты льёт. Одни плиты в формах лежат, другие стоймя наставле-ны, там арматура сетками. До верху высоко и пол земляной, тепло тут не будет тепло, а всё ж этот зал обтапливают, угля не жалеют: не для того, чтоб людям греться, а чтобы плиты лучше схватывались. Даже градусник висит, и в воскресенье, если лагерь почему на работу не выйдет, вольный тоже то-пит.

Тридцать восьмая, конечно, чужих никого к печи не до-пускает, сама обсела, портянки сушит. Ладно, мы и тут, в уголку, ничего.

Задом ватных брюк, везде уже пересидевших, Шухов при-строился на край деревянной формы, а спиной в стенку упёр-ся. И когда он отклонился — натянулись его бушлат и тело-грейка, и левой стороной груди, у сердца, он ощутил, как по-давливает твёрдое что-то. Это твёрдое было — из внутреннего карманчика угол хлебной краюшки, той половины утренней пайки, которую он взял себе на обед. Всегда он столько с собой и брал на работу и не посягал до обеда. Но он другую половину съедал за завтраком, а нонче не съел. И понял Шухов, что ничего он не сэкономил: засосало его сейчас ту пайку съесть в тепле. До обеда — пять часов, протяжно.

А что в спине поламывало — теперь в ноги перешло, ноги такие слабые стали. Эх, к печечке бы!..

Шухов положил на колени рукавицы, расстегнулся, намордник свой дорожный, оледеневший развязал с шеи, сломил несколько раз и в карман спрятал. Тогда достал хлебушек в белой тряпице и, держа её в запазушке, чтобы ни крошка мимо той тряпицы не упала, стал помалу-помалу откусывать и жевать. Хлеб он пронёс под двумя одёжками, грел его собственным теплом — и оттого он не мёрзлый был ничуть.

В лагерях Шухов не раз вспоминал, как в деревне раньше ели: картошку — целыми сковородами, кашу — чугунками, а ещё раньше, по-без-колхозов, мясо — ломтями здоровыми. Да молоко дули — пусть брюхо лопнет. А не надо было так, понял Шухов в лагерях. Есть надо — чтоб думка была на одной еде, вот как сейчас эти кусочки малые откусываешь, и языком их мнёшь, и щеками подсасываешь — и такой тебе духовитый этот хлеб чёрный сырой. Что Шухов ест восемь лет, девятый? Ничего. А ворочает? Хо-го!

Так Шухов занят был своими двумястами граммами, а близ него в той же стороне приютилась и вся 104-я.

Два эстонца, как два брата родных, сидели на низкой бетонной плите и вместе, по очереди, курили половинку сигареты из одного мундштука. Эстонцы эти были оба белые, оба длинные, оба худощавые, оба с долгими носами, с большими глазами. Они так друг за друга держались, как будто одному без другого воздуха синего не хватало. Бригадир никогда их и не разлучал. И ели они всё пополам, и спали на вагонке сверху на одной. И когда стояли в колонне, или на разводе ждали, или на ночь ложились — всё промеж себя толковали, всегда негромко и неторопливо. А были они вовсе не братья и познакомились уж тут, в 104-й. Один, объясняли, был рыбак с побережья, другого же, когда Советы уставились, ребёнком малым родители в Швецию увезли. А он вырос и самодумкой назад, дурандай, на родину, институт кончать. Тут его и взяли сразу.

Вот, говорят, нация ничего не означает, во всякой, мол, нации худые люди есть. А эстонцев сколь Шухов ни видал — плохих людей ему не попадалось.

И все сидели — кто на плитах, кто на опалубке для плит, кто на земле прямо. Говорить-то с утра язык не ворочается, каждый в мысли свои упёрся, молчит. Фетюков-шакал насобирал где-тось окурков (он их и из плевательницы вывернет, не погребует), теперь на коленях их разворачивал и неперегоревший табачок ссыпал в одну бумажку. У Фетюкова на воле детей трое, но как сел — от него все отказались, а жена замуж вышла: так помощи ему ниоткуда.

Буйновский косился-косился на Фетюкова, да и гавкнул:

— Ну, что заразу всякую собираешь? Губы тебе сифилисом обмечет! Брось!

Кавторанг — он командовать привык, он со всеми людьми так разговаривает, как командует.

Но Фетюков от Буйновского ни в чём не зависит — кавторангу посылки тоже не идут. И, недобро усмехнувшись ртом полупустым, сказал:

— Подожди, кавторанг, восемь лет посидишь — ещё и ты собирать будешь.

Это верно, и гордей кавторанга люди в лагерь приходили...

— Чего-чего? — недослышал глуховатый Сенька Клевшин. Он думал — про то разговор идёт, как Буйновский сегодня на разводе погорел. — Залупаться не надо было! — сокрушённо покачал он головой. — Обошлось бы всё.

Сенька Клевшин — он тихий, бедолага. Ухо у него лопнуло одно, ещё в сорок первом. Потом в плен попал, бежал три раза, излавливали, сунули в Бухенвальд. В Бухенвальде чудом смерть обминул, теперь отбывает срок тихо. Будешь залупаться, говорит, пропадёшь.

Это верно, кряхти да гнись. А упрёшься — переломишься.

Алексей лицо в ладони окунул, молчит. Молитвы читает.

Доел Шухов пайку свою до самых рук, однако голой корочки кусок — полукруглой верхней корочки — оставил. Потому что никакой ложкой так дочиста каши не выешь из миски, как хлебом. Корочку эту он обратно в тряпицу белую завернул на обед, тряпицу сунул в карман внутренний под телогрейкой, застегнулся для мороза и стал готов, пусть теперь на работу шлют. А лучше б и ещё помедлили.

Тридцать восьмая бригада встала, разошлась: кто к растворомешалке, кто за водой, кто к арматуре.

Но ни Тюрин не шёл к своей бригаде, ни помощник его Павло. И хоть сидела 104-я вряд ли минут двадцать, а день рабочий — зимний, укороченный — был у них до шести, уж всем казалось большое счастье, уж будто и до вечера теперь недалеко.

— Эх, буранов давно нет! — вздохнул краснолицый упитанный латыш Кильдигс. — За всю зиму — ни бурана! Что за зима?!

— Да... буранов... буранов... — перевздохнула бригада.

Когда задует в местности здешней буран, так не то что на работу не ведут, а из барака вывести боятся: от барака до столовой если верёвку не протянешь, то и заблудишься. Замёрзнет арестант в снегу — так пёс его ешь. А ну-ка убежит? Случаи были. Снег при буране мелочкий-мелочкий, а в сугроб ложится, как прессует его кто. По такому сугробу, через проволоку перемётанному, и уходили.

Недалеко, правда.

От бурана, если рассудить, пользы никакой: сидят зэки под замком; уголь не вовремя, тепло из барака выдувает; муки в лагерь не подвезут — хлеба нет; там, смотришь, и на кухне не справились. И сколько бы буран тот ни дул — три ли дня, неделю ли, — эти дни засчитывают за выходные и столько воскресений подряд на работу выгонят.

А всё равно любят зэки буран и молят его. Чуть ветер покрепче завернёт — все на небо запрокидываются: матерьяльчику бы! матерьяльчику!

Снежку, значит.

Потому что от позёмки никогда бурана сто́ящего не разыграется.

Уж кто-то полез греться к печи 38-й бригады, его отту́да шуранули.

Тут в зал вошёл и Тюрин. Мрачен был он. Поняли бригадники: что-то делать надо, и быстро.

— Та-ак, — огляделся Тюрин. — Все здесь, сто четвёртая?

И, не проверяя и не пересчитывая, потому что никто у Тюрина никуда уйти не мог, он быстро стал разнаряжать. Эстонцев двоих да Клевшина с Гопчиком послал большой растворный ящик неподалеку взять и нести на ТЭЦ. Уж из того стало ясно, что переходит бригада на недостроенную и поздней осенью брошенную ТЭЦ. Ещё двоих послал он в инструменталку, где Павло получал инструмент. Четверых нарядил снег чистить около ТЭЦ, и у входа там в машинный зал, и в самом машинном зале, и на трапах. Ещё двоим велел в зале том печь топить — углем и досок спереть, поколоть. И одному цемент на санках туда везти. И двоим воду носить, а двоим песок, и ещё одному из-под снега песок тот очищать и ломом разбивать.

И после всего того остались ненаряженными Шухов да Кильдигс — первые в бригаде мастера. И, отозвав их, бригадир им сказал:

— Вот что, ребята! — (А был не старше их, но привычка такая у него была — «ребята».) — С обеда будете шлакоблоками на втором этаже стены класть, там, где осенью шестая бригада покинула. А сейчас надо утеплить машинный зал. Там три окна больших, их в первую очередь чем-нибудь забить. Я вам ещё людей на помощь дам, только думайте, чем забить. Машинный зал будет нам и растворная и обогревалка. Не нагреем — помёрзнем как собаки, поняли?

И может быть, ещё б чего сказал, да прибежал за ним Гопчик, хлопец лет шестнадцати, розовенький, как поросёнок, с жалобой, что растворного ящика им другая бригада не даёт, дерутся. И Тюрин умахнул туда.

Как ни тяжко было начинать рабочий день в такой мороз, но только начало это и важно было переступить, только его.

Шухов и Кильдигс посмотрели друг на друга. Они не раз уж работали вдвоём и уважали друг в друге и плотника и каменщика. Издобыть на снегу голом, чем окна те зашить, не было легко. Но Кильдигс сказал:

— Ваня! Там, где дома сборные, знаю я такое местечко — лежит здоровый рулон толя. Я ж его сам и прикрыл. Махнём?

Кильдигс хотя и латыш, но русский знает как родной, — у них рядом деревня была старообрядческая, сыздетства и научился. А в лагерях Кильдигс только два года, но уже всё понимает: не выкусишь — не выпросишь. Зовут Кильдигса Ян, Шухов тоже зовёт его Ваня.

Решили идти за толем. Только Шухов прежде сбегал тут же в строящемся корпусе авторемонтных взять свой мастерок. Мастерок — большое дело для каменщика, если он по руке и лёгок. Однако на каждом объекте такой порядок: весь инструмент утром получили, вечером сдали. И какой завтра инструмент захватишь — это от удачи. Но Шухов однажды обсчитал инструментальщика и лучший мастерок зажилил. И теперь каждый вечер он его перепрятывает, а утро каждое, если кладка будет, берёт. Конечно, погнали б сегодня 104-ю на Соцгородок — и опять Шухов без мастерка. А сейчас камешек отвалил, в щёлку пальцы засунул — вот он, вытянул.

Шухов и Кильдигс вышли из авторемонтных и пошли в сторону сборных домов. Густой пар шёл от их дыхания. Солнце уже поднялось, но было без лучей, как в тумане, а по бокам солнца вставали — не столбы ли? — кивнул Шухов Кильдигсу.

— А нам столбы не мешают, — отмахнулся Кильдигс и засмеялся. — Лишь бы от столба до столба колючку не натянули, ты вот что смотри.

Кильдигс без шутки слова не знает. За то его вся бригада любит. А уж латыши со всего лагеря его почитают как! Ну, правда, питается Кильдигс нормально, две посылки каждый месяц, румяный, как и не в лагере он вовсе. Будешь шутить.

Ихьего объекта зона здорова́ — пока-а пройдёшь через всю! Попались по дороге из 82-й бригады ребятишки — опять их ямки долбать заставили. Ямки нужны невелики: пятьдесят на пятьдесят и глубины пятьдесят, да земля та и летом как камень, а сейчас морозом схваченная, пойди её угрызи. Долбают её киркой — скользит кирка, и только искры сыплются, а земля — ни крошки. Стоят ребятки каждый над своей ямкой, оглянутся — греться им негде, отойти не велят, — давай опять за кирку. От неё всё тепло.

Увидел средь них Шухов знакомого одного, вятича, и посоветовал:

— Вы бы, слышь, землерубы, над каждой ямкой те́плянку развели. Она б и оттаяла, земля-та.

— Не велят, — вздохнул вятич. — Дров не дают.

— Найти надо.

А Кильдигс только плюнул.

— Ну, скажи, Ваня, если б начальство умное было — разве поставило бы людей в такой мороз кирками землю долбать?

Ещё Кильдигс выругался несколько раз неразборчиво и смолк, на морозе не разговоришься. Шли они дальше и дальше и подошли к тому месту, где под снегом были погребены щиты сборных домов.

С Кильдигсом Шухов любит работать, у него одно только плохо — не курит, и табаку в его посылках не бывает.

И правда, приметчив Кильдигс: приподняли вдвоём доску, другую — а под них толя рулон закатан.

Вынули. Теперь — как нести? С вышки заметят — это ничто: у попок только та забота, чтоб зэки не разбежались, а внутри рабочей зоны хоть все щиты на щепки поруби. И надзиратель лагерный если навстречу попадётся — тоже ничто: он сам приглядывается, что б ему в хозяйство пошло. И работягам всем на эти сборные дома наплевать. И бригадирам тоже. Печётся об них только прораб вольный, да десятник из зэков, да Шкуропатенко долговязый. Никто он, Шкуропатенко, просто зэк, но душа вертухайская. Выписывают ему наряд-повремёнку за то одно, что он сборные дома от зэков караулит, не даёт растаскивать. Вот этот-то Шкуропатенко их скорей всего на открытом прозоре и подловит.

— Вот что, Ваня, плашмя нести нельзя, — придумал Шухов, — давай его стоймя в обнимку возьмём и пойдём так легонько, собой прикрывая. Издаля не разберёт.

Ладно придумал Шухов. Взять рулон неудобно, так не взяли, а стиснули между собой, как человека третьего, — и пошли. И со стороны только и увидишь, что два человека идут плотно.

— А потом на окнах прораб увидит этот толь, всё одно догадается, — высказал Шухов.

— А мы при чём? — удивился Кильдигс. — Пришли на ТЭЦ, а уж там, мол, *было так*. Неужто срывать?

И то верно.

Ну, пальцы в худых рукавицах окостенели, прямо совсем не слышно. А валенок левый держит. Валенки — это главное. Руки в работе разойдутся.

Прошли целиною снежной — вышли на санный полоз от инструменталки к ТЭЦ. Должно быть, цемент вперёд провезли.

ТЭЦ стоит на бугре, а за ней зона кончается. Давно уж на ТЭЦ никто не бывал, все подступы к ней снегом ровным опеленаты. Тем ясней полоз санный и тропка свежая, глубокие следы — наши прошли. И чистят уже лопатами деревянными около ТЭЦ и дорогу для машины.

Хорошо бы подъёмничек на ТЭЦ работал. Да там мотор перегорел, и с тех пор, кажись, не чинили. Это опять, значит, на второй этаж всё на себе. Раствор. И шлакоблоки.

Стояла ТЭЦ два месяца как скелет серый, в снегу, покинутая. А вот пришла 104-я. И в чём её души держатся? — брюхи пустые поясами брезентовыми затянуты; морозяка трещит; ни обогревалки, ни огня искорки. А всё ж пришла 104-я — и опять жизнь начинается.

У самого входа в машинный зал развалился ящик растворный. Он дряхлый был, ящик, Шухов и не чаял, что его донесут целым. Бригадир поматюгался для порядка, но видит — никто не виноват. А тут катят Кильдигс с Шуховым, толь меж собой несут. Обрадовался бригадир и сейчас перестановку затеял: Шухову — трубу к печке ладить, чтоб скорей растопить, Кильдигсу — ящик чинить, а эстонцы ему два на помощь, а Сеньке Клевшину — но топор, и планок долгих наколоть, чтоб на них толь набивать: толь-то уже окна в два раза. Откуда планок брать? Чтобы обогревалку сделать, на это прораб досок не выпишет. Оглянулся бригадир, и все оглянулись, один выход: отбить пару досок, что как перила к трапам на второй этаж пристроены. Ходить — не зевать, так не свалишься. А что ж делать?

Кажется, чего бы зэку десять лет в лагере горбить? Не хочу, мол, да и только. Волочи день до вечера, а ночь наша.

Да не выйдет. На то придумана — бригада. Да не такая бригада, как на воле, где Ивану Иванычу отдельно зарплата и Петру Петровичу отдельно зарплата. В лагере бригада — это такое устройство, чтоб не начальство зэков понукало, а зэки друг друга. Тут так: или всем *дополнительное*, или все подыхайте. Ты не работаешь, гад, а я из-за тебя голодным сидеть буду? Нет, вкалывай, падло!

А ещё подожмёт такой момент, как сейчас, тем боле не рассидишься. Волен не волен, а скачи да прыгай, поворачивайся. Если через два часа обогревалки себе не сделаем — пропадём тут все на хрен.

Инструмент Павло принёс уже, только разбирай. И труб несколько. По жестяному делу инструмента, правда, нет, но есть молоточек слесарный да топорик. Как-нибудь.

Похлопает Шухов рукавицами друг об друга, и составляет трубы, и оббивает в стыках. Опять похлопает и опять оббивает. (А мастерок тут же и спрятал недалеко. Хоть в бригаде люди свои, а подменить могут. Тот же и Кильдигс.)

И — как вымело все мысли из головы. Ни о чём Шухов сейчас не вспоминал и не заботился, а только думал — как ему колена трубные составить и вывести, чтоб не дымило. Гопчика послал проволоку искать — подвесить трубу у окна на выходе.

А в углу ещё приземистая печь есть с кирпичным выводом. У ней плита железная поверху, она калится, и на ней песок отмерзает и сохнет. Так ту печь уже растопили, и на неё кавторанг с Фетюковым носилками песок носят. Чтоб носилки носить — ума не надо. Вот и ставит бригадир на ту работу бывших начальников. Фетюков, кесь, в какой-то конторе большим начальником был. На машине ездил.

Фетюков по первым дням на кавторанга даже хвост поднял, покрикивал. Но кавторанг ему двинул в зубы раз, на том и поладили.

Уж к печи с песком сунулись ребята греться, но бригадир предупредил:

— Эх, сейчас кого-то в лоб огрею! Оборудуйте сперва!

Битой собаке только плеть покажи. И мороз лют, но бригадир лютей. Разошлись ребята опять по работам.

А бригадир, слышит Шухов, тихо Павлу:

— Ты оставайся тут, держи крепко. Мне сейчас процентовку закрывать идти.

От процентовки больше зависит, чем от самой работы. Который бригадир умный — тот не так на работу, как на процентовку налегает. С ей кормимся. Чего не сделано — докажи, что сделано; за что дёшево платят — оберни так, чтоб дороже. На это большой ум у бригадира нужен. И блат с нормировщиками. Нормировщикам тоже *нести* надо.

А разобраться — для кого эти все проценты? Для лагеря. Лагерь через то со строительства тысячи лишние выгребает да своим лейтенантам премии выписывает. Тому ж Волковому за его плётку. А тебе — хлеба двести грамм лишних в вечер. Двести грамм жизнью правят. На двести граммах Беломорканал построен.

Принесли воды два ведра, а она по дороге льдом схватилась. Рассудил Павло — нечего её и носить. Скорее тут из снега натопим. Поставили вёдра на печку.

Припёр Гопчик проволоки алюминиевой новой — той, что провода электрики тянут. Докладывает:

— Иван Денисыч! На ложки хорошая проволока. Меня научите ложку отлить?

Этого Гопчика, плута, любит Иван Денисыч (собственный его сын помер маленьким, дома дочки две взрослых). Посадили Гопчика за то, что бендеровцам в лес молоко носил. Срок дали как взрослому. Он — телёнок ласковый, ко всем мужикам ластится. А уж и хитрость у него: посылки свои в одиночку ест, иногда по ночам жуёт.

Да ведь всех и не накормишь.

Отломили проволоки на ложки, спрятали в углу. Состроил Шухов две доски, вроде стремянки, послал по ней Гопчика подвесить трубу. Гопчик, как белка, лёгкий — по перекладинам взобрался, прибил гвоздь, проволоку накинул и под трубу подпустил. Не поленился Шухов, самый-то выпуск трубы ещё с одним коленом вверх сделал. Сегодня нет ветру, а завтра будет — так чтоб дыму не задувало. Надо понимать, печка эта — для себя.

А Сенька Клевшин уже планок долгих наколол. Гопчика-хлопчика и прибивать заставили. Лазит, чертёныш, кричит сверху.

Солнце выше подтянулось, мглицу разогнало, и столбов не стало — и алым заиграло внутри. Тут и печку затопили дровами ворованными. Куда радостней!

— В январе солнышко коровке бок согрело! — объявил Шухов.

Кильдигс ящик растворный сбивать кончил, ещё топориком пристукнул, закричал:

— Слышь, Павло, за эту работу с бригадира сто рублей, меньше не возьму!

Смеётся Павло:

— Сто грамм получишь.

— Прокурор добавит! — кричит Гопчик сверху.

— Не трогьте, не трогьте! — Шухов закричал. (Не так толь резать стали.)

Показал — как.

К печке жестяной народу налезло, разогнал их Павло. Кильдигсу помощь дал и велел растворные корытца делать — наверх раствор носить. На подноску песка ещё пару людей добавил. Наверх послал — чистить от снегу подмости и саму кладку. И ещё внутри одного — песок разогретый с плиты в ящик растворный кидать.

А снаружи мотор зафырчал — шлакоблоки возить стали, машина пробивается. Выбежал Павло руками махать — показывать, куда шлакоблоки скидывать.

Одну полосу толя нашли, вторую. От толя — какое укрывище? Бумага — она бумага и есть. А всё ж вроде стенка сплошная стала. И — темней внутри. Оттого печь ярче.

Алёшка угля принёс. Одни кричат ему: сыпь! Другие: не сыпь! хоть при дровах погреемся! Стал, не знает, кого слушать.

Фетюков к печке пристроился и суёт же, дурак, валенки к самому огню. Кавторанг его за шиворот поднял и к носилкам пихает:

— Иди песок носить, фитиль!

Кавторанг — он и на лагерную работу как на морскую службу смотрит: сказано делать — значит, делай! Осунулся крепко кавторанг за последний месяц, а упряжку тянет.

Долго ли, коротко ли — вот все три окна толем зашили. Только от дверей теперь и свету. И холоду от них же. Велел Павло верхнюю часть дверей забить, а нижнюю покинуть — так, чтоб, голову нагнувши, человек войти мог. Забили.

Тем временем шлакоблоков три самосвала привезли и сбросили. Задача теперь — поднимать их как без подъёмника?

— Каменщики! Ходимте, подывымось! — пригласил Павло.

Это — дело почётное. Поднялись Шухов и Кильдигс с Павлом наверх. Трап и без того узок был, да ещё теперь Сенька перила сбил — жмись к стене, каб вниз не опрокинуться. Ещё то плохо — к перекладинам трапа снег примёрз, округлил их, ноге упору нет — как раствор носить будут?

Поглядели, где стены класть, уж с них лопатами снег снимают. Вот тут. Надо будет со старой кладки топориком лёд сколоть да веничком промести.

Прикинули, откуда шлакоблоки подавать. Вниз заглянули. Так и решили: чем по трапу таскать, четверых снизу поставить кидать шлакоблоки вон на те подмости, а тут ещё двоих, перекидывать, а по второму этажу ещё двоих, подносить, — и всё ж быстрей будет.

Наверху ветерок не сильный, но тянет. Продует, как класть будем. А за начатую кладку зайдёшь, укроешься — ничего, теплей намного.

Шухов поднял голову на небо и ахнул: небо чистое, а солнышко почти к обеду поднялось. Диво дивное: вот время за работой идёт! Сколь раз Шухов замечал: дни в лагере катятся — не оглянешься. А срок сам — ничуть не идёт, не убавляется его вовсе.

Спустились вниз, а там уж все к печке уселись, только кавторанг с Фетюковым песок носят. Разгневался Павло, восемь человек сразу выгнал на шлакоблоки, двум велел цементу в ящик насыпать и с песком насухую размешивать, того — за водой, того — за углем. А Кильдигс — своей команде:

— Ну, мальцы, надо носилки кончать.

— Бывает, и я им помогу? — Шухов сам у Павла работу просит.

— Поможи́ть. — Павло кивает.

Тут бак принесли, снег растапливать для раствора. Слышали от кого-то, будто двенадцать часов уже.

— Не иначе как двенадцать, — объявил и Шухов. — Солнышко на перевале уже.

— Если на перевале, — отозвался кавторанг, — так, значит, не двенадцать, а час.

— Это почему ж? — поразился Шухов. — Всем дедам известно: всего выше солнце в обед стоит.

— То — дедам! — отрубил кавторанг. — А с тех пор декрет был, и солнце выше всего в час стоит.

— Чей же эт декрет?

— Советской власти!

Вышел кавторанг с носилками, да Шухов бы и спорить не стал. Неуж и солнце ихим декретам подчиняется?

Побили ещё, постучали, четыре корытца сколотили.

— Ладно, посыдымо, погриемось, — двоим каменщикам сказал Павло. — И вы, Сенька, писля обида тоже будэтэ ложить. Сидайтэ!

И — сели к печке законно. Всё равно до обеда уж кладки не начинать, а раствор разводить некстати, замёрзнет.

Уголь накалился помалу, теперь устойчивый жар даёт. Только около печи его и чуешь, а по всему залу — холод, как был.

Рукавицы сняли, руками близ печки водят все четверо.

А ноги близко к огню никогда в обуви не ставь, это понимать надо. Если ботинки, так в них кожа растрескается, а если валенки — отсыреют, парок пойдёт, ничуть тебе теплей не станет. А ещё ближе к огню сунешь — сожжёшь. Так с дырой до весны и протопаешь, других не жди.

— Да Шухову что? — Кильдигс подначивает. — Шухов, братцы, одной ногой почти дома.

— Вон той, босой, — подкинул кто-то. Рассмеялись. (Шухов левый горетый валенок снял и портянку согревает.)

— Шухов срок кончает.

Самому-то Кильдигсу двадцать пять дали. Это полоса была раньше такая счастливая: всем под гребёнку десять давали. А с сорок девятого такая полоса пошла — всем по двадцать пять, невзирая. Десять-то ещё можно прожить, не околев, — а ну, двадцать пять проживи?!

Шухову и приятно, что так на него все пальцами тычут: вот он де срок кончает, — но сам он в это не больно верит. Вон, у кого в войну срок кончался, всех до особого распоряжения держали, до сорок шестого года. У кого и основного-то сроку три года было, так пять лет пересидки получилось. Закон — он выворотной. Кончится десятка — скажут: на́ тебе ещё одну. Или в ссылку.

А иной раз подумаешь — дух сопрёт: срок-то всё ж кончается, катушка-то на размоте... Господи! Своими ногами — да на волю, а?

Только вслух об том высказывать старому лагернику непристойно. И Шухов Кильдигсу:

— Двадцать пять ты свои не считай. Двадцать пять сидеть ли, нет ли, это ещё вилами по воде. А уж я отсидел восемь полных, так это точно.

Так вот живёшь об землю рожей, и времени-то не бывает подумать: как сел? да как выйдешь?

Считается по делу, что Шухов за измену родине сел. И показания он дал, что таки да, он сдался в плен, желая изменить родине, а вернулся из плена потому, что выполнял задание немецкой разведки. Какое ж задание — ни Шухов сам не мог придумать, ни следователь. Так и оставили просто — задание.

В контрразведке били Шухова много. И расчёт был у Шухова простой: не подпишешь — бушлат деревянный, подпишешь — хоть поживёшь ещё малость. Подписал.

А было вот как: в феврале сорок второго года на Северо-Западном окружили их армию всю, и с самолётов им ничего жрать не бросали, а и самолётов тех не было. Дошли до того, что строгали копыта с лошадей околевших, размачивали ту роговицу в воде и ели. И стрелять было нечем. И так их помалу немцы по лесам ловили и брали. И вот в группе такой

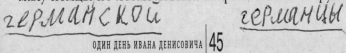
германской   германцы

одной Шухов в плену побыл пару дней, там же, в лесах, — и убежали они впятером. И ещё по лесам, по болотам покрались — чудом к своим попали. Только двоих автоматчик свой на месте уложил, третий от ран умер, — двое их и дошло. Были б умней — сказали б, что по лесам бродили, и ничего б им. А они открылись: мол, из плена немецкого. Из плена?? Мать вашу так! Фашистские агенты! И за решётку. Было б их пять, может, сличили показания, поверили б, а двоим никак: сговорились, мол, гады, насчёт побега.

Сенька Клевшин услышал через глушь свою, что о побеге из плена говорят, и сказал громко:

— Я из плена три раза бежал. И три раза ловили.

Сенька, терпельник, всё молчит больше: людей не слышит и в разговор не вмешивается. Так про него и знают мало, только то, что он в Бухенвальде сидел и там в подпольной организации был, оружие в зону носил для восстания. И как его немцы за руки сзади спины подвешивали и палками били.

— Ты, Ваня, восемь сидел — в каких лагерях? — Кильдигс перечит. — Ты в бытовых сидел, вы там с бабами жили. Вы номеров не носили. А вот в каторжном восемь лет посиди. Ещё никто не просидел.

— С бабами!.. С *баланами,* а не с бабами...

С брёвнами, значит.

В огонь печной Шухов уставился, и вспомнились ему семь лет его на севере. И как он на бревнотаске три года укатывал тарный кряж да шпальник. И костра вот так же огонь переменный — на лесоповале, да не дневном, а ночном повале. Закон был такой у начальника: бригада, не выполнившая дневного задания, остаётся на ночь в лесу.

Уж за полночь до лагеря дотянутся, утром опять в лес.

— Не-ет, братцы... здесь поспокойней, пожалуй, — прошепелявил он. — Тут съём — закон. Выполнил, не выполнил — катись в зону. И гарантийка тут на сто грамм выше. Тут — жить можно. Особый — и пусть он особый, номера тебе мешают, что ль? Они не весят, номера.

— Поспокойней! — Фетюков шипит (дело к перерыву, и все к печке подтянулись). — Людей в постелях режут! Поспокойней!..

— Нэ людын, а стукачив! — Павло палец поднял, грозит Фетюкову.

И правда, чего-то новое в лагере началось. Двух стукачей

известных прям на вагонке зарезали, по подъёму. И потом ещё работягу невинного — место, что ль, спутали. И один стукач сам к начальству в БУР убежал, там его, в тюрьме каменной, и спрятали. Чудно́... Такого в бытовых не было. Да и здесь-то не было...

Вдруг прогудел гудок с энергопоезда. Он не сразу во всю мочь загудел, а сперва хрипловато так, будто горло прочищал.

Полдня — долой! Перерыв обеденный!

Эх, пропустили! Давно б в столовую идти, очередь занимать. На объекте одиннадцать бригад, а в столовую больше двух не входит.

Бригадира всё нет. Павло окинул оком быстрым и так решил:

— Шухов и Гопчик — со мной! Кильдигс! Як Гопчика до вас пришлю — веди́ть за́раз бригаду!

Места их у печи тут же и захватили, окружили ту печку, как бабу, все обнимать лезут.

— Кончай ночевать! — кричат ребята. — Закуривай!

И друг на друга смотрят — кто закурит. А закуривать некому — или табака нет, или зажимают, показать не хотят.

Вышли наружу с Павлом. И Гопчик сзади зайчишкой бежит.

— Поте́плело, — сразу определил Шухов. — Градусов восемнадцать, не боле. Хорошо будет класть.

Оглянулись на шлакоблоки — уж ребята на подмости покидали многие, а какие и на перекрытие, на второй этаж.

И солнце тоже Шухов проверил, сощурясь, — насчёт кавторангова декрета.

А наоткрыте, где ветру простор, всё же потягивает, пощипывает. Не забывайся, мол, помни январь.

Производственная кухня — это халабуда маленькая, из тёсу сколоченная вокруг печи, да ещё жестью проржавленной обитая, чтобы щели закрыть. Внутри халабуду надвое делит перегородка — на кухню и на столовую. Одинаково, что на кухне полы не стелены, что в столовой. Как землю заторили ногами, так и осталась в буграх да в ямках. А кухня вся — печь квадратная, в неё котёл вмазан.

Орудуют на той кухне двое — повар и санинструктор. С утра, как из лагеря выходить, получает повар на большой лагерной кухне крупу. На брата, наверно, грамм по пятьдесят, на бригаду — кило, а на объект получается немногим меньше пуда. Сам повар того мешка с крупой три километра нести не станет, даёт нести *шестёрке.* Чем самому спину ломать, лучше тому шестёрке выделить порцию лишнюю за счёт работяг. Воду принести, дров, печку растопить — тоже не сам повар делает, тоже работяги да доходяги — и им он по порции, чужого не жалко. Ещё положено, чтоб ели, не выходя со столовой: миски тоже из лагеря носить приходится (на объекте не оставишь, ночью вольные сопрут), так носят их полсотни, не больше, а тут моют да оборачивают побыстрей (носчику мисок — тоже порция сверх). Чтоб мисок из столовой не выносили — ставят ещё нового шестёрку на дверях — не выпускать мисок. Но как он ни стереги — всё равно унесут, уговорят ли, глаза ли отведут. Так ещё надо по всему, по всему объекту сборщика пустить: миски собирать грязные и опять их на кухню стаскивать. И тому порцию. И тому порцию.

Сам повар только вот что делает: крупу да соль в котёл засыпает, жиры делит — в котёл и себе. (Хороший жир до работяг не доходит, плохой жир — весь в котле. Так зэки больше любят, чтоб со склада отпускали жиры плохие.) Ещё — помешивает кашу, как доспевает. А санинструктор и этого не делает: сидит-смотрит. Дошла каша — сейчас санинструктору: ешь от пуза. И сам — от пуза. Тут дежурный бригадир приходит — меняются они ежедён — пробу снимать, проверять будто, можно ли такой кашей работяг кормить. За дежурство ему — двойную порцию. Да с бригадой получит.

Тут и гудок. Тут приходят бригады в черёд, и выдаёт повар в окошко миски, а в мисках тех дно покрыто кашицей, и сколько там твоей крупы — не спросишь и не взвесишь, только сто тебе редек в рот, если рот откроешь.

Свистит над голой степью ветер — летом суховейный, зимой морозный. Отроду в степи той ничего не росло, а меж проволоками четырьмя — и подавно. Хлеб растёт в хлеборезке одной, овёс колосится — на продскладе. И хоть спину тут в работе переломи, хоть животом ляжь — из земли еды не выколотишь, больше, чем начальничек тебе выпишет, не получишь. А и того не получишь за поварами, да за шестёрками, да за придурками. И здесь воруют, и в зоне воруют, и ещё раньше на складе воруют. И все те, кто воруют, киркой сами не вкалывают. А ты — вкалывай и бери, что дают. И отходи от окошка.

Кто кого сможет, тот того и гложет.

Вошли Павло с Шуховым и с Гопчиком в столовую — там прямо один к одному стоят, не видно за спинами ни столов куцых, ни лавок. Кто сидя ест, а больше стоя. 82-я бригада, какая ямки долбала без угреву полдня, — она-то первые места по гудку и захватила. Теперь и поевши не уйдёт — уходить ей некуда. Ругаются на неё другие, а ей что по спине, что по стене — всё отрадней, чем на морозе.

Пробились Павло и Шухов локтями. Хорошо пришли: одна бригада получает, да одна всего в очереди, тоже помбригадиры у окошка стоят. Остальные, значит, за нами будут.

— Миски! Миски! — повар кричит из окошка, и уж ему суют отсюда, и Шухов тоже собирает и суёт — не ради каши лишней, а быстрее чтоб.

Ещё там сейчас за перегородкой шестёрки миски моют — это тоже за кашу.

Начал получать тот помбригадир, что перед Павлом, — Павло крикнул через головы:

— Гопчик!

— Я! — от двери. Тонюсенький у него голосочек, как у козлёнка.

— Зови бригаду!

Убёг.

Главное, каша сегодня хороша, лучшая каша — овсянка. Не часто она бывает. Больше идёт магара по два раза в день или мучная затирка. В овсянке между зёрнами — навар этот сытен, он-то и дорог.

Сколища Шухов смолоду овса лошадям скормил — никогда не думал, что будет всей душой изнывать по горсточке этого овса.

— Мисок! Мисок! — кричат из окошка.

Подходит и 104-й очередь. Передний помбригадир в свою миску получил двойную «бригадирскую», отвалил от окошка.

Тоже за счёт работяг идёт — и тоже никто не перечит. На каждого бригадира такую дают, а он хоть сам ешь, хоть помощнику отдавай. Тюрин Павлу отдаёт.

Шухову сейчас работа такая: вклинился он за столом, двух доходяг согнал, одного работягу по-хорошему попросил, очистил стола кусок мисок на двенадцать, если вплоть их ставить, да на них вторым этажом шесть станут, да ещё сверху две, теперь надо от Павла миски принимать, счёт его повторять и доглядывать, чтоб чужой никто миску со стола не увёл. И не толкнул бы локтем никто, не опрокинул. А тут же рядом вылезают с лавки, влезают, едят. Надо глазом границу держать: миску — свою едят? или в нашу залезли?

— Две! Четыре! Шесть! — считает повар за окошком. Он сразу по две в руки даёт. Так ему легче, по одной сбиться можно.

— Дви, чотыри, шисть, — негромко повторяет Павло туда ему в окошко. И сразу по две миски передаёт Шухову, а Шухов на стол ставит. Шухов вслух ничего не повторяет, а считает острей их.

— Восемь, десять.

Что это Кильдигс бригаду не ведёт?

— Двенадцать, четырнадцать... — идёт счёт.

Да мисок недостало на кухне. Мимо головы и плеча Павла видно и Шухову: две руки повара поставили две миски в окошечке и, держась за них, остановились, как бы в раздумьи. Должно, он повернулся и посудомоев ругает. А тут ему в окошечко ещё стопку мисок опорожненных суют. Он с тех нижних мисок руки стронул, стопку порожних назад передаёт.

Шухов покинул всю гору мисок своих за столом, ногой через скамью перемахнул, обе миски потянул и, вроде не для повара, а для Павла, повторил не очень громко:

— Четырнадцать.

— Стой! Куда потянул? — заорал повар.

— Наш, наш, — подтвердил Павло.

— Ваш-то ваш, да счёта не сбивай!

— Четырнайцать, — пожал плечами Павло. Он-то бы сам не стал миски косить, ему, как помбригадиру, авторитет надо держать, ну, а тут повторил за Шуховым, на него же и свалить можно.

— Я «четырнадцать» уже говорил! — разоряется повар.

— Ну что ж, что говорил! А сам не дал, руками задержал! — шумнул Шухов. — Иди, считай, не веришь? Вот они, на столе все!

Шухов кричал повару, но уже заметил двух эстонцев, пробивавшихся к нему, и две миски с ходу им сунул. И ещё он успел вернуться к столу, и ещё успел сочнуть, что все на месте, соседи спереть ничего не управились, а свободно могли.

В окошке вполноту показалась красная рожа повара.

— Где миски? — строго спросил он.

— На, пожалуйста! — кричал Шухов. — Отодвинься ты, друг ситный, не засть! — толкнул он кого-то. — Вот две! — он две миски второго этажа поднял повыше. — И вон три ряда по четыре, акурат, считай.

— А бригада не пришла? — недоверчиво смотрел повар в том маленьком просторе, который давало ему окошко, для того и узкое, чтоб к нему из столовой не подглядывали, сколько там в котле осталось.

— Ни, нэма ще бригады, — покачал головой Павло.

— Так какого ж вы хрена миски занимаете, когда бригады нет? — рассвирепел повар.

— Вон, вон бригада! — закричал Шухов.

И все услышали окрики кавторанга в дверях, как с капитанского мостика:

— Чего столпились? Поели — и выходи! Дай другим!

Повар пробуркотел ещё, выпрямился, и опять в окошке появились его руки.

— Шестнадцать, восемнадцать...

И, последнюю налив, двойную:

— Двадцать три. Всё! Следующая!

Стали пробиваться бригадники, и Павло протягивал им миски, кому через головы сидящих, на второй стол.

На скамейке на каждой летом село бы человек по пять, но как сейчас все одеты были толсто — еле по четыре умещалось, и то ложками им двигать было несправно.

Рассчитывая, что из закошенных двух порций уж хоть одна-то будет его, Шухов быстро принялся за свою кровную. Для того он колено правое подтянул к животу, из-под валеного голенища вытянул ложку «Усть-Ижма, 1944», шапку снял, поджал под левую мышку, а ложкою обтронул кашу с краёв.

Вот эту минуту надо было сейчас всю собрать на еду и, каши той тонкий пласт со дна снимая, обережно в рот доносить, а там языком переминать. Но приходилось поспешить, чтобы Павло увидел, что он уже кончил, и предложил бы ему вторую кашу. А тут ещё Фетюков, который пришёл с эстонцами вместе, всё подметил, как две каши закосили, стал прямо против Павла и ел стоя, поглядывая на четыре оставшихся неразобранных бригадных порции. Он хотел тем показать Павлу, что ему тоже надо бы дать если не порцию, то хоть полпорции.

Смуглый молодой Павло, однако, спокойно ел свою двойную, и по его лицу никак было не знать, видит ли он, кто тут рядом, и помнит ли, что две порции лишних.

Шухов доел кашу. Оттого, что он желудок свой раззявил сразу на две — от одной ему не стало сытно, как становилось всегда от овсянки. Шухов полез во внутренний карман, из тряпицы беленькой достал свой незамёрзлый полукруглый кусочек верхней корочки, ею стал бережно вытирать все остатки овсяной размазни со дна и разложистых боковин миски. Насобирав, он слизывал кашу с корочки языком и ещё собирал корочкою с эстолько. Наконец миска была чиста, как вымыта, разве чуть замутнена. Он через плечо отдал миску сборщику и продолжал минуту сидеть со снятой шапкой.

Хоть закосил миски Шухов, а хозяин им — помбригадир.

Павло потомил ещё немного, пока тоже кончил свою миску, но не вылизывал, а только ложку облизал, спрятал, перекрестился. И тогда тронул слегка — передвинуть было тесно — две миски из четырёх, как бы тем отдавая их Шухову.

— Иван Денисович. Одну соби визмить, а одну Цезарю отдасьтэ.

Шухов помнил, что одну миску надо Цезарю нести в контору (Цезарь сам никогда не унижался ходить в столовую ни здесь, ни в лагере), — помнил, но, когда Павло коснулся сразу двух мисок, сердце Шухова обмерло: не обе ли лишние ему отдавал Павло? И сейчас же опять пошло сердце своим ходом.

И сейчас же он наклонился над своей законной добычей и стал есть рассудительно, не чувствуя, как толкали его в спину новые бригады. Он досадовал только, не отдали бы вторую кашу Фетюкову. Шакалить Фетюков всегда мастак, а закосить бы смелости не хватило.

...А вблизи от них сидел за столом кавторанг Буйновский. Он давно уже кончил свою кашу и не знал, что в бригаде есть лишние, и не оглядывался, сколько их там осталось у помбригадира. Он просто разомлел, разогрелся, не имел сил встать и идти на мороз или в холодную, необогревающую обогревалку. Он так же занимал сейчас незаконное место здесь и мешал новоприбывающим бригадам, как те, кого пять минут назад он изгонял своим металлическим голосом. Он недавно был в лагере, недавно на общих работах. Такие минуты, как сейчас, были (он не знал этого) особо важными для него минутами, превращавшими его из властного звонкого морского офицера в малоподвижного осмотрительного зэка, только этой малоподвижностью и могущего перемочь отвёрстанные ему двадцать пять лет тюрьмы.

...На него уже кричали и в спину толкали, чтоб он освобождал место.

Павло сказал:

— Капитан! А, капитан?

Буйновский вздрогнул, как просыпаясь, и оглянулся.

Павло протянул ему кашу, не спрашивая, хочет ли он.

Брови Буйновского поднялись, глаза его смотрели на кашу, как на чудо невиданное.

— Берить, берить, — успокоил его Павло и, забрав последнюю кашу для бригадира, ушёл.

Виноватая улыбка раздвинула истресканные губы капитана, ходившего и вокруг Европы, и Великим северным путём. И он наклонился, счастливый, над неполным черпаком жидкой овсяной каши, безжирной вовсе, — над овсом и водой.

Фетюков злобно посмотрел на Шухова, на капитана и отошёл.

А по Шухову, правильно, что капитану отдали. Придёт пора, и капитан жить научится, а пока не умеет.

Ещё Шухов слабую надежду имел — не отдаст ли ему и Цезарь своей каши? Но не должен бы отдать, потому что посылки не получал уже две недели.

После второй каши так же вылизав донце и развал миски корочкой хлеба и так же слизывая с корочки каждый раз, Шухов напоследок съел и саму корочку. После чего взял охолоделую кашу Цезаря и пошёл.

— В контору! — оттолкнул он шестёрку на дверях, не пропускавшего с миской.

Контора была — рубленая изба близ вахты. Дым, как утром, и посейчас всё валил из её трубы. Топил там печку дневальный, он же и посыльный, повремёнку ему выписывают. А щепок да палочья для конторы не жалеют.

Заскрипел Шухов дверью тамбура, ещё потом одной дверью, обитой паклею, и, вваливая клубы морозного пара, вошёл внутрь и быстренько притянул за собой дверь (спеша, чтоб не крикнули на него: «Эй, ты, вахлак, дверь закрывай!»).

Жара ему показалась в конторе, ровно в бане. Через окна

с обтаявшим льдом солнышко играло уже не зло, как там, на верху ТЭЦ, а весело. И расходился в луче широкий дым от трубки Цезаря, как ладан в церкви. А печка вся красно насквозь светилась, так раскалили, идолы. И трубы докрасна.

В таком тепле только присядь на миг — и заснёшь тут же.

Комнат в конторе две. Второй, прорабской, дверь недоприкрыта, и оттуда голос прораба гремит:

— Мы имеем перерасход по фонду заработной платы и перерасход по стройматериалам. Ценнейшие доски, не говорю уже о сборных щитах, у вас заключённые на дрова рубят и в обогревалках сжигают, а вы не видите ничего. А цемент около склада на днях заключённые разгружали на сильном ветру и ещё носилками носили по десяти метров, так вся площадка вокруг склада в цементе по щиколотку, и рабочие ушли не чёрные, а серые. Сколько потерь!

Совещание, значит, у прораба. Должно, с десятниками.

У входа в углу сидит дневальный на табуретке, разомлел. Дальше Шкуропатенко, Б-219, жердь кривая, бельмом уставился в окошко, доглядает и сейчас, не прут ли его дома сборные. Толь-то проахал, дядя.

Бухгалтера два, тоже зэки, хлеб поджаривают на печке. Чтоб не горел — сеточку такую подстроили из проволоки.

Цезарь трубку курит, у стола своего развалясь. К Шухову он спиной, не видит.

А против него сидит Х-123, двадцатилетник, каторжанин по приговору, жилистый старик. Кашу ест.

— Нет, батенька, — мягко этак, попуская, говорит Цезарь, — объективность требует признать, что Эйзенштейн гениален. «Иоанн Грозный» — разве это не гениально? Пляска опричников с личиной! Сцена в соборе!

— Кривлянье! — ложку перед ртом задержа, сердится Х-123. — Так много искусства, что уже и не искусство. Перец и мак вместо хлеба насущного! И потом же гнуснейшая политическая идея — оправдание единоличной тирании. Глумление над памятью трёх поколений русской интеллигенции! — (Кашу ест ротом бесчувственным, она ему не впрок.)

— Но какую трактовку пропустили бы иначе?..

— Ах, п р о п у с т и л и бы? Так не говорите, что гений! Скажите, что подхалим, заказ собачий выполнял. Гении не подгоняют трактовку под вкус тиранов!

— Гм, гм, — откашлялся Шухов, стесняясь прервать образованный разговор. Ну и тоже стоять ему тут было ни к чему.

Цезарь оборотился, руку протянул за кашей, на Шухова и не посмотрел, будто каша сама приехала по воздуху, — и за своё:

— Но слушайте, искусство — это не *что*, а *как*.

Подхватился Х-123 и ребром ладони по столу, по столу:

— Нет уж, к чёртовой матери ваше «как», если оно добрых чувств во мне не пробудит!

Постоял Шухов ровно сколько прилично было постоять, отдав кашу. Он ждал, не угостит ли его Цезарь покурить. Но Цезарь совсем об нём не помнил, что он тут, за спиной.

И Шухов, поворотясь, ушёл тихо.

Ничего, не шибко холодно на улице. Кладка сегодня как ни то пойдёт.

Шёл Шухов тропою и увидел на снегу кусок стальной ножёвки, полотна поломанного кусок. Хоть ни для какой надобности ему такой кусок не определялся, однако нужды своей вперёд не знаешь. Подобрал, сунул в карман брюк. Спрятать её на ТЭЦ. Запасливый лучше богатого.

На ТЭЦ придя, прежде всего он достал спрятанный мастерок и засунул его за свою верёвочную опоясочку. Потом уж нырнул в растворную.

Там после солнца совсем темно ему показалось и не теплей, чем на улице. Сыроватей как-то.

Сгрудились все около круглой печурки, поставленной Шуховым, и около той, где песок греется, пуская из себя парок. Кому места не хватило — сидят на ребре ящика растворного. Бригадир у самой печки сидит, кашу доедает. На печке ему Павло кашу разогрел.

Шу-шу — среди ребят. Повеселели ребята. И Ивану Денисычу тоже тихо говорят: бригадир процентовку хорошо закрыл. Весёлый пришёл.

Уж где он там работу нашёл, какую — это его, бригадирова, ума дело. Сегодня вот за полдня что сделали? Ничего. Установку печки не оплатят, и обогревалку не оплатят: это для себя делали, не для производства. А в наряде что-то писать надо. Может, ещё Цезарь бригадиру что в нарядах подмучает — уважителен к нему бригадир, зря бы не стал.

«Хорошо закрыл» — значит, теперь пять дней пайки хорошие будут. Пять, положим, не пять, а четыре только: из пяти дней один захалтыривает начальство, катит на гарантийке весь лагерь вровень, и лучших и худших. Вроде не обидно никому, всем ведь поровну, а экономят на нашем брюхе. Ладно, зэка желудок всё перетерпливает: сегодня как-нибудь, а завтра наедимся. С этой мечтой и спать ложится лагерь в день гарантийки.

А разобраться — пять дней работаем, а четыре дня едим.

Не шумит бригада. У кого есть — покуривают втихомолку. Сгрудились во теми — и на огонь смотрят. Как семья большая. Она и есть семья, бригада. Слушают, как бригадир у печки двум-трём рассказывает. Он слов зря никогда не роняет, уж если рассказывать пустился — значит, в доброй душе.

Тоже он в шапке есть не научился, Андрей Прокофьич. Без шапки голова его уже старая. Стрижена коротко, как у всех, а и в печном огне видать, сколь седины меж его сероватых волос рассеяно.

— ...Я и перед командиром батальона дрожал, а тут комполка! «Красноармеец Тюрин по вашему распоряжению...» Из-под бровей диких уставился: «А зовут как, а по отчеству?» Говорю. «Год рождения?» Говорю. Мне тогда, в тридцатом году, что ж, двадцать два годика было, телёнок. «Ну, как служишь, Тюрин?» — «Служу трудовому народу!» Как вскипятится, да двумя руками по столу — хлоп! «Служишь ты трудовому народу, да кто ты сам, подлец?!» Та́к меня варом внутри!.. Но креплюсь: «Стрелок-пулемётчик, первый номер. Отличник боевой и полити...» — «Ка-кой первый номер, гад? Отец твой кулак! Вот, из Каменя бумажка пришла! Отец твой кулак, а ты скрылся, второй год тебя ищут!» Побледнел я, молчу. Год писем домой не писал, чтоб следа не нашли. И живы ли там, ничего не знал, ни дома про меня. «Какая ж у тебя совесть, — орёт, четыре шпалы трясутся, — обманывать рабоче-крестьянскую власть?» Я думал, бить будет. Нет, не стал. Подписал приказ — шесть часов и за ворота выгнать... А на дворе — ноябрь. Обмундирование зимнее содрали, выдали летнее, б/у, третьего срока носки, шинельку кургузую. Я — раз...бай был, не знал, что могу не сдать, послать их... И лютую справочку на руки: «Уволен из рядов... как сын кулака». Только на работу с той справкой. Добираться мне поездом четверо суток — литеры железнодорожной не выписали, довольствия не выдали ни на день единый. Накормили обедом последний раз и выпихнули из военного городка.

...Между прочим, в тридцать восьмом на Котласской пересылке встретил я своего бывшего комвзвода, тоже ему десятку сунули. Так узнал от него: и тот комполка и комиссар — оба́я расстреляны в тридцать седьмом. Там уж были они пролетарии или кулаки. Имели совесть или не имели... Перекрестился я и говорю: «Всё ж Ты есть, Создатель, на небе. Долго терпишь, да больно бьёшь.»

После двух мисок каши закурить хотелось Шухову горше смерти. И, располагая купить у латыша из седьмого барака два стакана самосада и тогда рассчитаться, Шухов тихо сказал эстонцу-рыбаку:

— Слышь, Эйно, на одну закрутку займи мне до завтра. Ведь я не обману.

Эйно посмотрел Шухову в глаза прямо, потом не спеша так же перевёл на брата названого. Всё у них пополам, ни табачинки один не потратит. Чего-то промычали друг другу, и достал Эйно кисет, расписанный розовым шнуром. Из кисета того вынул щепоть табаку фабричной резки, положил на ладонь Шухову, примерился и ещё несколько ленточек добавил. Как раз на одну завёртку, не больше.

А газетка у Шухова есть. Оторвал, скрутил, поднял уголёк, скатившийся меж ног бригадира, — и потянул! и потянул! И кружь такая пошла по телу всему, и даже как будто хмель в ноги и в голову.

Только закурил, а уж черезо всю растворную на него глаза зелёные вспыхнули: Фетюков. Можно б и смиловаться, дать ему, шакалу, да уж он сегодня подстреливал, Шухов видел. А лучше Сеньке Клевшину оставить. Он и не слышит, чего там бригадир рассказывает, сидит, горюня, перед огнём, набок голову склоня.

Бригадира лицо рябое освещено из печи. Рассказывает без жалости, как не об себе:

— Барахольце, какое было, загнал скупщику за четверть цены. Купил из-под полы две буханки хлеба, уж карточки тогда были. Думал товарными добираться, но и против того законы суровые вышли: стрелять на товарных поездах... А билетов, кто помнит, и за деньги не купить было, не то что без денег. Все привокзальные площади мужицкими тулупами выстланы. Там же с голоду и подыхали, не уехав. Билеты известно кому выдавали — ГПУ, армии, командировочным. На перрон тоже не было ходу: в дверях милиция, с обех сторон станции охранники по путям бродят. Солнце холодное клонится, подстывают лужи — где ночевать?.. Осилил я каменную гладкую стенку, перемахнул с буханками — и в перронную уборную. Там постоял — никто не гонится. Выхожу как пассажир, солдатик. А на пути́ стоит как раз Владивосток — Москва. За кипятком — свалка, друг друга котелками по головам. Кружится девушка в синей кофточке с двухлитровым чайником, а подступить к кипятильнику боится. Ноги у неё крохотулечные, обшпарят или отдавят. «На, говорю, буханки мои, сейчас тебе кипятку!» Пока налил, а поезд трогает. Она буханки мои де́ржит, плачет, что с ими делать, чайник бросить рада. «Беги, кричу, беги, я за тобой!» Она впереде́, я следом. Догнал, одной рукой подсаживаю, — а поезд гону! Я — тоже на подножку. Не стал меня кондуктор ни по пальцам бить, ни в грудки спихивать: ехали другие бойцы в вагоне, он меня с ними попутал.

Толкнул Шухов Сеньку под бок: на, докури, мол, недобычник. С мундштуком ему своим деревянным и дал, пусть пососёт, нечего тут. Сенька, он чудак, как артист: руку одну к сердцу прижал и головой кивает. Ну да что с глухого!..

Рассказывает бригадир:

— Шесть их, девушек, в купе закрытом ехало, ленинградские студентки с практики. На столике у них маслице да фуяслице, плащи на крючках покачиваются, чемоданчики в чехолках. Едут мимо жизни, семафоры зелёные... Поговорили, пошутили, чаю вместе выпили. А вы, спрашивают, из какого вагона? Вздохнул я и открылся: из такого я, девушки, вагона, что вам жить, а мне умирать...

Тихо в растворной. Печка горит.

— Ахали, охали, совещались... Всё ж прикрыли меня плащами на третьей полке. Тогда кондуктора с гепеушниками ходили. Не о билете шло — о шкуре. До Новосибирска дотаили, довезли... Между прочим, одну из тех девочек я потом на Печоре отблагодарил: она в тридцать пятом в кировском потоке попала, доходила на *общих*, я её в портняжную устроил.

— Може, раствор робыть? — Павло шёпотом бригадира спрашивает.

Не слышит бригадир.

— Домой я ночью пришёл с огородов. Отца уже угнали, мать с ребятишками этапа ждала. Уж была обо мне телеграмма, и сельсовет искал меня взять. Трясёмся, свет погасили и на пол сели под стенку, а то активисты по деревне ходили и в окна заглядывали. Тою же ночью я маленького братишку прихватил и повёз в тёплые страны, во Фрунзю. Кормить было нечем что его, что себя. Во Фрунзи асфальт варили в котле, и шпана кругом сидела. Я подсел к ним: «Слушай, господа бесштанные! Возьмите моего братишку в обучение, научите его, как жить!» Взяли... Жалею, что и сам к блатным не пристал...

— И никогда больше брата не встречали? — кавторанг спросил.

Тюрин зевнул.

— Не, никогда не встречал. — Ещё зевнул. Сказал: — Ну, не горюй, ребята! Обживёмся и на ТЭЦ. Кому раствор разводить — начинайте, гудка не ждите.

Вот это оно и есть — бригада. Начальник и в рабочий-то час работягу не сдвинет, а бригадир и в перерыв сказал — работать, значит — работать. Потому что он кормит, бригадир. И зря не заставит тоже.

По гудку если раствор разводить, так каменщикам — стой?

Вздохнул Шухов и поднялся.

— Пойти лёд сколоть.

Взял с собой для лёду топорик и метёлку, а для кладки — молоточек каменотёсный, рейку, шнурок, отвес.

Кильдигс румяный посмотрел на Шухова, скривился — мол, чего поперёк бригадира выпрыгнул? Да ведь Кильдигсу не думать, из чего бригаду кормить: ему, лысому, хоть на двести грамм хлеба и помене — он с посылками проживёт.

А всё же встаёт, понимает. Бригаду держать из-за себя нельзя.

— Подожди, Ваня, и я пойду! — обзывает.

Небось, небось, толстощёкий. На себя б работал — ещё б раньше поднялся.

(А ещё потому Шухов поспешил, чтоб отвес прежде Кильдигса захватить, отвес-то из инструменталки взят один.)

Павло спросил бригадира:

— Мают класть утрёх? Ще одного нэ поставимо? Або раствора нэ выстаче?

Бригадир насупился, подумал.

— Четвёртым я сам стану, Павло. А ты тут — раствор! Ящик велик, поставь человек шесть, и так: из одной половины готовый раствор выбирать, в другой половине новый замешивать. Чтобы мне перерыву ни минуты!

— Эх! — Павло вскочил, парень молодой, кровь свежая, лагерями ещё не трёпан, на галушках украинских ряжка отъеденная. — Як вы сами класть, так я сам — раствор робыть! А подывымось, кто бильш наробэ! А дэ тут найдлинниша лопата!

Вот это и есть бригада! Стрелял Павло из-под леса да на районы ночью налётывал — стал бы он тут горбить! А для бригадира — это дело другое!

Вышли Шухов с Кильдигсом наверх, слышат — и Сенька сзади по трапу скрипит. Догадался, глухой.

На втором этаже стены только начаты кладкой: в три ряда кругом и редко где подняты выше. Самая это спорая кладка — от колен до груди, без подмостей.

А подмости, какие тут раньше были, и козелки — всё зэки растащили: что на другие здания унесли, что спалили — лишь бы чужим бригадам не досталось. Теперь, по-хозяйски ведя, уже завтра надо козелки сбивать, а то остановимся.

Далеко видно с верха ТЭЦ: и вся зона вокруг заснеженная, пустынная (попрятались зэки, греются до гудка), и вышки чёрные, и столбы заострённые, под колючку. Сама колючка по солнцу видна, а против — нет. Солнце яро блещет, глаз не раскроешь.

А ещё невдали видно — энергопоезд. Ну, дымит, небо коптит! И — задышал тяжко. Хрип такой больной всегда у него перед гудком. Вот и загудел. Не много и переработали.

— Эй, стака́новец! Ты с отвесиком побыстрей управляйся! — Кильдигс подгоняет.

— Да на твоей стене смотри лёду сколько! Ты лёд к вечеру сколешь ли? Мастерка-то бы зря наверх не таскал, — изгаляется над ним и Шухов.

Хотели по тем стенкам становиться, как до обеда их разделили, а тут бригадир снизу кричит:

— Эй, ребята! Чтоб раствор в ящиках не мёрз, по двое станем. Шухов! Ты на свою стену Клевшина возьми, а я с Кильдигсом буду. А пока Гопчик за меня у Кильдигса стенку очистит.

Переглянулись Шухов с Кильдигсом. Верно. Так спорей. И — схватились за топоры.

И не видел больше Шухов ни озора дальнего, где солнце блеснило по снегу, ни как по зоне разбредались из обогревалок работяги — кто ямки долбать, с утра не додолбанные, кто арматуру крепить, кто стропила поднимать на мастерских. Шухов видел только стену свою — от развязки слева, где кладка поднималась ступеньками выше пояса, и направо до угла, где сходилась его стена и кильдигсова. Он указал Сеньке, где тому снимать лёд, и сам ретиво рубил его то обухом, то лезвием, так что брызги льда разлетались вокруг и в морду тоже, работу эту он правил лихо, но вовсе не думая. А думка его и глаза его вычуивали из-подо льда саму стену, наружную фасадную стену ТЭЦ в два шлакоблока. Стену в этом месте прежде клал неизвестный ему каменщик, не разумея или халтуря, а теперь Шухов обвыкал со стеной, как со своей. Вот тут — провалина, её выровнять за один ряд нельзя, придётся ряда за три, всякий раз подбавляя раствора потолще. Вот тут наружу стена пузом выдалась — это спрямить ряда за два. И разделил он стену невидимой метой — до коих сам будет класть от левой ступенчатой развязки и от коих Сенька направо до Кильдигса. Там, на углу, рассчитал он, Кильдигс не удержится, за Сеньку малость положит, вот ему и легче будет. А пока те на уголке будут ковыряться, Шухов тут погонит больше полстены, чтоб наша пара не отставала. И наметил он, куда ему сколько шлакоблоков класть. И лишь подносчики шлакоблоков наверх взлезли, он тут же Алёшку заарканил:

— Мне носи! Вот сюда клади! И сюда.

Сенька лёд докалывал, а Шухов уже схватил метёлку из проволоки стальной, двумя руками схватил и туда-сюда, туда-сюда пошёл ею стену драить, очищая верхний ряд шлакоблоков хоть не дочиста, но до лёгкой сединки снежной, и особенно из швов.

Взлез наверх и бригадир, и, пока Шухов ещё с метёлкой чушкался, прибил бригадир рейку на углу. А по краям у Шухова и Кильдигса давно стоят.

— Гэй! — кричит Павло снизу. — Чи там е́ жива людына наверси? Тримайтэ раствор!

Шухов аж взопрел: шнур-то ещё не натянут! Запалился. Так решил: шнур натянуть не на ряд, не на два, а сразу на три, с запасом. А чтобы Сеньке легче было, ещё прихватить у него кусок наружного ряда, а чуть внутреннего ему покинуть.

Шнур по верхней бровке натягивая, объяснил Сеньке и словами и знаками, где ему класть. Понял глухой. Губы закуся, глаза перекосив, в сторону бригадировой стены кивает — мол, дадим огоньку? Не отстанем! Смеётся.

А уж по трапу и раствор несут. Раствор будут четыре пары носить. Решил бригадир ящиков растворных близ каменщиков не ставить никаких — ведь раствор от перекладывания только мёрзнуть будет. А прямо носилки поставили — и разбирай два каменщика на стену, клади. Тем временем подносчикам, чтобы не мёрзнуть на верхотуре зря, шлакоблоки поверху подбрасывать. Как вычерпают их носилки, снизу без перерыву — вторые, а эти катись вниз. Там носилки у печки оттаивай от замёрзшего раствору, ну и сами сколько успеете.

Принесли двое носилок сразу — на кильдигсову стену и на шуховскую. Раствор парует на морозе, дымится, а тепла в нём чуть. Мастерком его на стену шлёпнув да зазеваешься — он и прихвачен. И бить его тогда тесачком молотка, мастерком не собьёшь. А и шлакоблок положишь чуть не так — и уж примёрз, перекособоченный. Теперь только обухом топора тот шлакоблок сбивать да раствор скалывать.

Но Шухов не ошибается. Шлакоблоки не все один в один. Какой с отбитым углом, с помятым ребром или с приливом — сразу Шухов это видит, и видит, какой стороной этот шлакоблок лечь хочет, и видит то место на стене, которое этого шлакоблока ждёт.

Мастерком захватывает Шухов дымящийся раствор — и на то место бросает и запоминает, где прошёл нижний шов (на тот шов серединой верхнего шлакоблока потом угодить). Раствора бросает он ровно столько, сколько под один шлакоблок. И хватает из кучки шлакоблок (но с осторожкою хватает — не продрать бы рукавицу, шлакоблоки дерут больно). И ещё раствор мастерком разровняв — шлёп туда шлакоблок! И сейчас же, сейчас его подровнять, боком мастерка подбить, если не так: чтоб наружная стена шла по отвесу, и чтобы вдлинь кирпич плашмя лежал, и чтобы поперёк тоже плашмя. И уж он схвачен, примёрз.

Теперь, если по бокам из-под него выдавилось раствору, раствор этот ребром же мастерка отбить поскорей, со стены сошвырнуть (летом он под следующий кирпич идёт, сейчас и не думай) и опять нижние швы посмотреть — бывает, там не целый блок, а накрошено их, — и раствору опять бросить, да чтобы под левый бок толще, и шлакоблок не просто класть, а справа налево полозом, он и выдавит этот лишек раствора меж собой и слева соседом. Глазом по отвесу. Глазом плашмя. Схвачено. Следу-щий!

Пошла работа. Два ряда как выложим да старые огрехи подровняем, так вовсе гладко пойдёт. А сейчас — зорче смотреть!

И погнал, и погнал наружный ряд к Сеньке навстречу. И Сенька там на углу с бригадиром разошёлся, тоже сюда идёт.

Подносчикам мигнул Шухов — раствор, раствор под руку перетаскивайте, живо! Такая пошла работа — недосуг носу утереть.

Как сошлись с Сенькой да почали из одного ящика черпать — а уж и с заскрёбом.

— Раствору! — орёт Шухов через стенку.

— Да-е-мо́! — Павло кричит.

Принесли носилки. Вычерпали сколько было жидкого, а уж по стенкам схватился — выцарапывай сами! Нарастёт коростой — вам же таскать вверх-вниз. Отваливай! Следу-щий!

Шухов и другие каменщики перестали чувствовать мороз. От быстрой захватчивой работы прошёл по ним сперва первый жарок — тот жарок, от которого под бушлатом, под телогрейкой, под верхней и нижней рубахами мокреет. Но они ни на миг не останавливались и гнали кладку дальше и дальше. И часом спустя пробил их второй жарок — тот, от которого пот высыхает. В ноги их мороз не брал, это главное, а остальное ничто, ни ветерок лёгкий, потягивающий — не могли их мыслей отвлечь от кладки. Только Клевшин нога об ногу постукивал: у него, бессчастного, сорок шестой размер, валенки ему подобрали от разных пар, тесноватые.

Бригадир от поры до поры крикнет: «Раство-ору!» И Шухов своё: «Раство-ору!» Кто работу крепко тянет, тот над соседями тоже вроде бригадира становится. Шухову надо не отстать от той пары, он сейчас и брата родного по трапу с носилками загонял бы.

Буйновский сперва, с обеда, с Фетюковым вместе раствор носил. По трапу и круто, и оступчиво, не очень он тянул поначалу, Шухов его подгонял легонько:

— Кавторанг, побыстрей! Кавторанг, шлакоблоков!

Только с каждыми носилками кавторанг становился расторопнее, а Фетюков всё ленивее: идёт, сучье вымя, носилки наклонит и раствор выхлюпывает, чтоб легче нести.

Костыльнул его Шухов в спину разок:

— У, гадская кровь! А директором был — небось с рабочих требовал?

— Бригадир! — кричит кавторанг. — Поставь меня с человеком! Не буду я с этим м...ком носить!

Переставил бригадир: Фетюкова шлакоблоки снизу на подмости кидать, да так поставил, чтоб отдельно считать, сколько он шлакоблоков вскинет, а Алёшку-баптиста — с кавторангом. Алёшка — тихий, над ним не командует только кто не хочет.

— Аврал, салага! — ему кавторанг внушает. — Видишь, кладка пошла!

Улыбается Алёшка уступчиво:

— Если нужно быстрей — давайте быстрей. Как вы скажете.

И потопали вниз.

Смирный — в бригаде клад.

Кому-то вниз бригадир кричит. Оказывается, ещё одна машина со шлакоблоками подошла. То полгода ни одной не было, то как прорвало их. Пока и работать, что шлакоблоки возят. Первый день. А потом простой будет, не разгонишься.

И ещё вниз ругается бригадир. Что-то о подъёмнике. И узнать Шухову хочется, и некогда: стену выравнивает. Подошли подносчики, рассказали: пришёл монтёр на подъёмнике мотор исправлять и с ним прораб по электроработам, вольный. Монтёр копается, прораб смотрит.

Это — как положено: один работает, один смотрит.

Сейчас бы исправили подъёмник — можно б и шлакоблоки им подымать, и раствор.

Уж повёл Шухов третий ряд (и Кильдигс тоже третий начал), как по трапу прётся ещё один дозорщик, ещё один начальник — строительный десятник Дэр. Москвич. Говорят, в министерстве работал.

Шухов от Кильдигса близко стоял, показал ему на Дэра.

— А-а! — отмахивается Кильдигс. — Я с начальством вообще дела не имею. Только если он с трапа свалится, тогда меня позовёшь.

Сейчас станет среди каменщиков и будет смотреть. Вот этих наблюдателей пуще всего Шухов не терпит. В инженеры лезет, свинячья морда! А один раз показывал, как кирпичи класть, так Шухов обхохотался. По-нашему, вот построй один дом своими руками, тогда инженер будешь.

В Темгенёве каменных домов не знали, избы из дерева. И школа тоже рубленая, из заказника лес привозили в шесть саженей. А в лагере понадобилось на каменщика — и Шухов, пожалуйста, каменщик. Кто два дела руками знает, тот ещё и десять подхватит.

Нет, не свалился Дэр, только споткнулся раз. Взбежал наверх чуть не бегом.

— Тю-урин! — кричит, и глаза навыкате. — Тю-рин!

А вслед ему по трапу Павло взбегает с лопатой, как был.

Бушлат у Дэра лагерный, но новенький, чистенький. Шапка отличная, кожаная. А номер и на ней как у всех: Б-731.

— Ну? — Тюрин к нему с мастерком вышел. Шапка бригадирова съехала накось, на один глаз.

Что-то небывалое. И пропустить никак нельзя, и раствор стынет в корытце. Кладёт Шухов, кладёт и слушает.

— Да ты что?! — Дэр кричит, слюной брызгает. — Это не карцером пахнет! Это уголовное дело, Тюрин! Третий срок получишь!

Только тут прострельнуло Шухова, в чём дело. На Кильдигса глянул — и тот уж понял. Толь! Толь увидал на окнах.

За себя Шухов ничуть не боится, бригадир его не продаст. Боится за бригадира. Для нас бригадир — отец, а для них — пешка. За такие дела второй срок на севере бригадиру вполне паяли.

Ух, как лицо бригадирово перекосило! Ка-ак швырнёт мастерок под ноги! И к Дэру — шаг! Дэр оглянулся — Павло лопату наотмашь подымает.

Лопату-то! Лопату-то он не зря прихватил...

И Сенька, даром что глухой, — понял: тоже руки в боки и подошёл. А он здоровый, леший.

Дэр заморгал, забеспокоился, смотрит, где пятый угол.

Бригадир наклонился к Дэру и тихо так совсем, а явственно здесь наверху:

— Прошло ваше время, заразы, срока́ давать. Ес-сли ты слово скажешь, кровосос, — день последний живёшь, запомни!

Трясёт бригадира всего. Трясёт, не уймётся никак.

И Павло остролицый прямо глазом Дэра режет, прямо режет.

— Ну что вы, что вы, ребята! — Дэр бледный стал — и от трапа подальше.

Ничего бригадир больше не сказал, поправил шапку, мастерок поднял изогнутый и пошёл к своей стене.

И Павло с лопатой медленно пошёл вниз.

Ме-едленно...

Да-а... Вот она, кровь-то резаных этих... Троих зарезали, а лагеря не узнать.

И оставаться Дэру страшно, и спускаться страшно. Спрятался за Кильдигса, стоит.

А Кильдигс кладёт — в аптеке так лекарства вешают: личностью доктор и не торопится ничуть. К Дэру он всё спиной, будто его и не видал.

Подкрадывается Дэр к бригадиру. Где и спесь его вся.

— Что ж я прорабу скажу, Тюрин?

Бригадир кладёт, головы не поворачивая:

— А скажете — *было так*. Пришли – так было.

Постоял ещё Дэр. Видит, убивать его сейчас не будут. Прошёлся тихонько, руки в карманы заложил.

— Э, Ща-восемьсот пятьдесят четыре, — пробурчал. — Раствора почему тонкий слой кладёшь?

На ком-то надо отыграться. У Шухова ни к перекосам, ни к швам не подкопаешься — так вот раствор тонок.

— Дозвольте заметить, — прошепелявил он, а с насмешечкой, — что если слой толстый сейчас ложить, весной эта ТЭЦ потечёт вся.

— Ты — каменщик и слушай, что тебе десятник говорит, — нахмурился Дэр и щёки поднадул, привычка у него такая.

Ну, кой-где, может, и тонко, можно бы и потолще, да ведь это если класть не зимой, а по-человечески. Надо ж и людей пожалеть. Выработка нужна. Да чего объяснять, если человек не понимает.

И пошёл Дэр по трапу тихо.

— Вы мне подъёмник наладьте! — бригадир ему со стены вослед. — Что мы — ишаки? На второй этаж шлакоблоки вручную!

— Тебе подъём оплачивают, — Дэр ему с трапа, но смирно.

— «На тачках»? А ну, возьмите тачку, прокатите по трапу. «На носилках» оплачивайте!

— Да что мне, жалко? Не проведёт бухгалтерия «на носилках».

— Бухгалтерия! У меня вся бригада работает, чтоб четырёх каменщиков обслужить. Сколько я заработаю?

Кричит бригадир, а сам кладёт без отрыву.

— Раство-ор! — кричит вниз.

— Раство-ор! — перенимает Шухов. Всё подровняли на третьем ряду, а на четвёртом и развернуться. Надо б шнур на рядок вверх перетянуть, да живёт и так, рядок без шнура прогоним.

Пошёл себе Дэр по полю, съёжился. В контору, греться. Неприютно ему небось. А и думать надо, прежде чем на такого волка идти, как Тюрин. С такими бригадирами он бы ладил, ему б и хлопот ни о чём: горбить не требуют, пайка высокая, живёт в кабине отдельной — чего ещё? Так ум выставляет.

Пришли снизу, говорят: и прораб по электромонтажным ушёл, и монтёр ушёл — нельзя подъёмника наладить.

Значит, ишачь!

Сколько Шухов производств повидал, техника эта или сама ломается, или зэки её ломают. Бревнотаску ломали: в цепь дрын вставят и поднажмут. Чтоб отдохнуть. Балан-то велят к балану класть, не разогнёшься.

— Шлакоблоков! Шлакоблоков! — кричит бригадир, разошёлся. И в мать их, и в мать, подбросчиков и подносчиков.

— Павло спрашивает, с раствором как? — снизу шумят.

— Разводить, как!

— Так разведенного пол-ящика!

— Значит, ещё ящик!

Ну, заваруха! Пятый ряд погнали. То скрючимшись первый гнали, а сейчас уж под грудь, гляди! Да ещё б их не гнать, как ни окон, ни дверей, глухих две стены на смычку и шлакоблоков вдоволь. И надо б шнур перетянуть, да поздно.

— Восемьдесят вторая инструменты сдавать понесла, — Гопчик докладает.

Бригадир на него только глазами сверкнул.

— Своё дело знай, сморчок! Таскай кирпичи!

Оглянулся Шухов. Да, солнышко на заходе. С красникой заходит и в туман вроде бы седенький. А разогнались — лучше не надо. Теперь уж пятый начали — пятый и кончить. Подровнять.

Подносчики — как лошади запышенные. Кавторанг даже посерел. Ему ведь лет, кавторангу, сорок не сорок, а около.

Холод градусы набирает. Руки в работе, а пальцы всё ж поламывает сквозь рукавички худые. И в левый валенок мороза натягивает. Топ-топ им Шухов, топ-топ.

К стене теперь нагибаться не надо стало, а вот за шлако-блоками — поломай спину за каждым, да ещё за каждой ложкой раствора.

— Ребята! Ребята! — Шухов теребит. — Вы бы мне шлако-блоки на стенку! на стенку подымали!

Уж кавторанг и рад бы, да нет сил. Непривычный он. А Алёшка:

— Хорошо, Иван Денисыч. Куда класть — покажите.

Безотказный этот Алёшка, о чём его ни попроси. Каб все на свете такие были, и Шухов бы был такой. Если человек просит — отчего не пособить? Это верно у них.

По всей зоне и до ТЭЦ ясно донеслось: об рельс звонят. Съём! Прихватил с раствором. Эх, расстарались!..

— Давай раствор! Давай раствор! — кричит бригадир.

А там ящик новый только заделан! Теперь — класть, выхода нет: если ящика не выбрать, завтра весь тот ящик к свиньям разбивай, раствор окаменеет, его киркой не выколупнешь.

— Ну, не удай, братцы! — Шухов кличет.

Кильдигс злой стал. Не любит авралов. У них в Латвии, говорит, работали все потихоньку, и богатые все были. А жмёт и он, куда денешься!

Снизу Павло прибежал, в носилки впрягшись, и мастерок в руке. И тоже класть. В пять мастерков.

Теперь только стыки успевай заделывать! Заране глазом умерит Шухов, какой ему кирпич на стык, и Алёшке молоток подталкивает:

— На, теши мне, теши!

Быстро — хорошо не бывает. Сейчас, как все за быстротой погнались, Шухов уж не гонит, а стену доглядает. Сеньку налево перетолкнул, сам — направо, к главному углу. Сейчас, если стену напустить или угол завалить, — это прóпасть, завтра на полдня работы.

— Стой! — Павла от кирпича отбил, сам его поправляет. А оттуда, с угла, глядь — у Сеньки вроде прогибик получается. К Сеньке кинулся, двумя кирпичами направил.

Кавторанг припёр носилки, как мерин добрый.

— Ещё, — кричит, — носилок двое!

С ног уж валится кавторанг, а тянет. Такой мерин и у Шухова был, до колхоза. Шухов-то его приберегал, а в чужих руках подрезался он живо. И шкуру с его сняли.

Солнце и закрайком верхним за землю ушло. Теперь уж и без Гопчика видать: не только все бригады инструмент отнесли, а валом повалил народ к вахте. (Сразу после звонка никто не выходит, дурных нет мёрзнуть там. Сидят все в обогревалках. Но настаёт такой момент, что сговариваются бригадиры, и все бригады вместе сыпят. Если не договориться, так это ж такой злоупорный народ, арестанты, — друг друга пересиживая, будут до полуночи в обогревалках сидеть.)

Опамятовался и бригадир, сам видит, что перепозднился. Уж инструментальщик, наверно, его в десять матов обкладывает.

— Эх, — кричит, — дерьма не жалко! Подносчики! Катите вниз, большой ящик выскребайте, и что наберёте — отнесите в яму вон ту и сверху снегом присыпьте, чтоб не видно! А ты, Павло, бери двоих, инструмент собирай, тащи сдавать. Я тебе с Гопчиком три мастерка дошлю, вот эту пару носилок последнюю выложим.

Накинулись. Молоток у Шухова забрали, шнур отвязали. Подносчики, подбросчики — все убегли вниз в растворную, делать им больше тут нечего. Остались сверху каменщиков трое — Кильдигс, Клевшин да Шухов. Бригадир ходит, обсматривает, сколько выложили. Доволен.

— Хорошо положили, а? За полдня. Без подъёмника, без фуёмника.

Шухов видит — у Кильдигса в корытце мало осталось. Тужит Шухов — в инструменталке бригадира бы не ругали за мастерки.

— Слышь, ребята, — Шухов доник, — мастерки-то несите Гопчику, мой — несчитанный, сдавать не надо, я им доложу.

Смеётся бригадир:

— Ну как тебя на свободу отпускать? Без тебя ж тюрьма плакать будет!

Смеётся и Шухов. Кладёт.

Унёс Кильдигс мастерки. Сенька Шухову шлакоблоки подсавывает, раствор кильдигсов сюда в корытце перевалили.

Побежал Гопчик через всё поле к инструменталке, Павла догонять. И 104-я сама пошла через поле, без бригадира. Бригадир — сила, но конвой — сила посильней. Перепишут опоздавших — и в кондей.

Грозно сгустело у вахты. Все собрались. Кажись, что и конвой вышел — пересчитывают.

(Считают два раза на выходе: один раз при закрытых воротах, чтоб знать, что можно ворота открыть; второй раз — сквозь открытые ворота пропуская. А если померещится ещё не так — и за воротами считают.)

— Драть его в лоб с раствором! — машет бригадир. — Выкидывай его через стенку!

— Иди, бригадир! Иди, ты там нужней! — (Зовёт Шухов его Андрей Прокофьевичем, но сейчас работой своей он с бригадиром сравнялся. Не то чтоб думал так: «Вот я сравнялся», а просто чует, что так.) И шутит вслед бригадиру, широким шагом сходящему по трапу: — Что, гадство, день рабочий такой короткий? Только до работы припадёшь — уж и съём!

Остались вдвоём с глухим. С этим много не поговоришь, да с ним и говорить незачем: он всех умней, без слов понимает.

Шлёп раствор! Шлёп шлакоблок! Притиснули. Проверили. Раствор. Шлакоблок. Раствор. Шлакоблок...

Кажется, и бригадир велел — раствору не жалеть, за стенку его — и побегли. Но так устроен Шухов по-дурацкому, и никак его отучить не могут: всякую вещь и труд всякий жалеет он, чтоб зря не гинули.

Раствор! Шлакоблок! Раствор! Шлакоблок!

— Кончили, мать твою за ногу! — Сенька кричит. — Айда!

Носилки схватил — и по трапу.

А Шухов, хоть там его сейчас конвой псами трави, отбежал по площадке назад, глянул. Ничего. Теперь подбежал — и через стенку, слева, справа. Эх, глаз — ватерпас! Ровно! Ещё рука не старится.

Побежал по трапу.

Сенька — из растворной и по пригорку бегом.

— Ну! Ну! — оборачивается.

— Беги, я сейчас! — Шухов машет.

А сам — в растворную. Мастерка так просто бросить нельзя. Может, завтра Шухов не выйдет, может, бригаду на Соцгородок затурнут, может, сюда ещё полгода не попадёшь — а мастерок пропадай? Заначить так заначить!

В растворной все печи погашены. Темно. Страшно. Не то страшно, что темно, а что ушли все, недосчитаются его одного на вахте, и бить будет конвой.

А всё ж зырь-зырь, довидел камень здоровый в углу, отвалил его, под него мастерок подсунул и накрыл. Порядок!

Теперь скорей Сеньку догонять. А он отбежал шагов на сто, дальше не идёт. Никогда Клевшин в беде не бросит. Отвечать — так вместе.

Побежали вровень — маленький и большой. Сенька на полторы головы выше Шухова, да и голова-то сама у него экая здоровая уродилась.

Есть же бездельники — на стадионе доброй волей наперегонки бегают. Вот так бы их погонять, чертей, после целого дня рабочего, со спиной, ещё не разогнутой, в рукавицах мокрых, в валенках стоптанных — да по холоду.

Запалились, как собаки бешеные, только слышно: хы-хы! хы-хы!

Ну, да бригадир на вахте, объяснит же.

Вот прямо на толпу бегут, страшно.

Сотни глоток сразу как заулюлюкали: и в мать их, и в отца, и в рот, и в нос, и в ребро. Как пятьсот человек на тебя разъярятся — ещё б не страшно!

Но главное — конвой как?

Нет, конвой ничего. И бригадир тут же, в последнем ряду. Объяснил, значит, на себя вину взял.

А ребята орут, а ребята матюгаются! Так орут — даже Сенька многое услышал, дух перевёл да как завернёт со своей высоты! Всю жизнь молчит — ну и как гахнет! Кулаки поднял, сейчас драться кинется. Замолчали. Смеются кой-кто.

— Эй, сто четвёртая! Так он у вас не глухой? — кричат. — Мы проверяли.

Смеются все. И конвой тоже.

— Разобраться по пять!

А ворот не открывают. Сами себе не верят. Подали толпу от ворот назад. (К воротам все прилипли, как глупые, будто от того быстрей будет.)

— Р-разобраться по пять! Первая! Вторая! Третья!..

И как пятёрку назовут, та вперёд проходит метров на несколько.

Отпыхался Шухов пока, оглянулся — а месяц-то, батюшка, нахмурился багрово, уж на небо весь вылез. И ущербляться, кесь, чуть начал. Вчера об эту пору выше много он стоял.

Шухову весело, что всё сошло гладко, кавторанга под бок бьёт и закидывает:

— Слышь, кавторанг, а как по науке вашей — старый месяц куда потом девается?

— Как куда? Невежество! Просто не виден!

Шухов головой крутит, смеётся:

— Так если не виден — откуда ж ты знаешь, что он есть?

— Так что ж, по-твоему, — дивится капитан, — каждый месяц луна новая?

— А что чудного? Люди вон что ни день рождаются, так месяцу раз в четыре недели можно?

— Тьфу! — плюнул капитан. — Ещё ни одного такого дурного матроса не встречал. Так куда ж старый девается?

— Вот я ж и спрашиваю тебя — куда? — Шухов зубы раскрыл.

— Ну? Куда?

Шухов вздохнул и поведал, шепелявя чуть:

— У нас так говорили: старый месяц Бог на звёзды крошит.

— Вот дикари! — Капитан смеётся. — Никогда не слыхал! Так ты что ж, в Бога веришь, Шухов?

— А то? — удивился Шухов. — Как громыхнёт — пойди не поверь!

— И зачем же Бог это делает?

— Чего?

— Месяц на звёзды крошит — зачем?

— Ну, чего не понять! — Шухов пожал плечами. — Звёзды от времени падают, пополнять нужно.

— Повернись, мать... — конвой орёт. — Разберись!

Уж до них счёт дошёл. Прошла пятёрка двенадцатая пятой сотни, и их двое сзади — Буйновский да Шухов.

Конвой сумутится, толкует по дощечкам счётным. Не хватает! Опять у них не хватает. Хоть бы считать-то умели, собаки!

Насчитали четыреста шестьдесят два, а должно быть, толкуют, четыреста шестьдесят три.

Опять всех оттолкали от ворот (к воротам снова притиснулись) — и ну:

— Р-разобраться по пять! Первая! Вторая!

Эти пересчёты ихие тем досадливы, что время уходит уже не казённое, а своё. Это пока ещё степью до лагеря допрёшься да перед лагерем очередь на шмон выстоишь! Все объекты бегма бегут, друг перед другом расстарываются, чтоб раньше на шмон и, значит, в лагерь раньше юркнуть. Какой объект в лагерь первый придёт, тот сегодня и княжествует: столовая его ждёт, на посылки он первый, и в камеру хранения первый, и в индивидуальную кухню, в КВЧ за письмами или в цензуру своё письмо сдать, в санчасть, в парикмахерскую — везде он первый.

Да бывает, конвою тоже скорее нас сдать — да к себе в лагерь. Солдату тоже не разгуляешься: дел много, времени мало.

А вот не сходится счёт их.

Как последние пятёрки стали перепускать, померещилось Шухову, что в самом конце трое их будет. А нет, опять двое.

Счётчики к начкару, с дощечками. Толкуют. Начкар кричит:

— Бригадир сто четвёртой!

Тюрин выступил на полшага:

— Я.

— У тебя на ТЭЦ никого не осталось? Подумай.

— Нет.

— Подумай, голову оторву!

— Нет, точно говорю!

А сам на Павла косится — не заснул ли кто там, в растворной?

— Ра-а-азберись по бригадам! — кричит начкар.

А стояли по пятёркам как попало, кто с кем. Теперь затолкались, загудели. Там кричат: «Семьдесят шестая — ко мне!» Там: «Тринадцатая! Сюда!» Там: «Тридцать вторая!»

А 104-я как сзади всех была, так и собралась сзади. И видит Шухов: бригада вся с руками порожними, до того заработались, дурни, что и щепок не подсобрали. Только у двоих вязаночки малые.

Игра эта идёт каждый день: перед съёмом собирают работяги щепочек, палочек, дранки ломаной, обвяжут тесёмочкой тряпичной или верёвочкой худой и несут. Первая облава — у вахты прораб или из десятников кто. Если стоит, сейчас велит всё кидать (миллионы уже через трубу спустили, так они щепками наверстать думают). Но у работяги свой расчёт: если каждый из бригады хоть по чутку палочек принесёт, в бараке теплей будет. А то дают дневальным на каждую печку по пять килограмм угольной пыли, от неё тепла не дождёшься. Поэтому и так делают, что палочек наломают, напилят покороче да суют их себе под бушлат. Так прораба и минуют.

Конвой же здесь, на объекте, никогда не велит дрова кидать: конвою тоже дрова нужны, да нести самим нельзя. Одно дело — мундир не велит, другое — руки автоматами заняты, чтобы по нам стрелять. Конвой как к лагерю подведёт, тут и скомандует: «От такого до такого ряда бросить дрова вот сюда.» Но берут по-божески: и для лагерных надзирателей оставить надо, и для самих зэков, а то вовсе носить не будут.

Так и получается: носи дрова каждый зэк и каждый день. Не знаешь, когда донесёшь, когда отымут.

Пока Шухов глазами рыскал, нет ли где щепочек под ногами подсобрать, а бригадир уже всех счёл и доложил начкару:

— Сто четвёртая — вся!

И Цезарь тут, от конторских к своим подошёл. Огнём красным из трубки на себя попыхивает, усы его чёрные обындевели, спрашивает:

— Ну как, капитан, дела?

Гретому мёрзлого не понять. Пустой вопрос — дела как?

— Да как? — поводит капитан плечами. — Наработался вот, еле спину распрямил.

Ты, мол, закурить догадайся дать.

Даёт Цезарь и закурить. Он в бригаде одного кавторанга и придерживается, больше ему не с кем душу отвесть.

— В тридцать второй человека нет! В тридцать второй! — шумят все.

Улупил помощник бригадира 32-й и ещё с ним парень один — туда, к авторемонтным, искать. А по толпе: кто? да что? — спрашивают. И дошло до Шухова: нету молдавана маленького чернявого. Какой же это молдаван? Не тот ли молдаван, что, говорят, шпионом был румынским, настоящим шпионом?

Шпионов — в каждой бригаде по пять человек, но это шпионы деланные, снарошки. По делам проходят как шпионы, а сами пленники просто. И Шухов такой же шпион.

А тот молдаван — настоящий.

Начкар как глянул в список, так и почернел весь. Ведь если шпион сбежал — это что начкару будет?

А толпу всю и Шухова зло берёт. Ведь это что за стерва,

гад, падаль, паскуда, загребанец? Уж небо тёмно, свет, считай, от месяца идёт, звёзды вон, мороз силу ночную забирает — а его, пащенка, нет! Что, не наработался, падло? Казённого дня мало, одиннадцать часов, от света до света? Прокурор добавит, подожди!

И Шухову чудно́, чтобы кто-то так мог работать, звонка не замечая.

Шухов совсем забыл, что сам он только что так же работал, — и досадовал, что слишком рано собираются к вахте. Сейчас он зяб со всеми, и лютел со всеми, и ещё бы, кажется, полчаса подержи их этот молдаван, да отдал бы его конвой толпе — разодрали б, как волки телёнка!

Вот когда стал мороз забирать! Никто не стоит — или на месте переступает, или ходит два шага вперёд, два назад.

Толкуют люди — мог ли убежать молдаван? Ну, если днём ещё убёг — другое дело, а если схоронился и ждёт, чтобы с вышек охрану сняли, не дождётся. Если следа под проволокой не осталось, где уполз, — трое суток в зоне не разыщут и трое суток будут на вышках сидеть. И хоть неделю — тоже. Это уж их устав, старые арестанты знают. Вообще, если кто бежал — конвою жизнь кончается, гоняют их безо сна и еды. Так та́к иногда разъярятся — не берут беглеца живым. Пристреливают.

Уговаривает Цезарь кавторанга:

— Например, пенсне на корабельной снасти повисло, помните?

— М-да... — Кавторанг табачок покуривает.

— Или коляска по лестнице — катится, катится.

— Да... Но морская жизнь там кукольная.

— Видите ли, мы избалованы современной техникой съёмки...

— Офицеры все до одного мерзавцы...

— Исторически так и было!

— А кто ж их в бой водил?.. Потом черви по мясу прямо как дождевые ползают. Неужели уж такие были?

— Но более мелких средствами кино не покажешь!

— Думаю, это б мясо к нам в лагерь сейчас привезли вместо нашей рыбки говённой, да не моя, не скребя в котёл бы ухнули, так мы бы...

— А-а-а! — завопили зэки. — У-у-у!

Увидели: из авторемонтных три фигурки выскочило, — значит, с молдаваном.

— У-у-у! — люлюкает толпа от ворот.

А как те ближе подбежали, так:

— Чу-ма-а! Шко-одник! Шушера! Сука позорная! Мерзотина! Стервоза!!

И Шухов тоже кричит:

— Чу-ма!

Да ведь шутка сказать, больше полчаса времени у пятисот человек отнял!

Вобрал голову, бежит, как мышонок.

— Стой! — конвой кричит. И записывает: — Кэ-четыреста шестьдесят. Где был?

А сам подходит и прикладом карабин поворачивает.

Из толпы всё кричат:

— Сволочь! Блевотина! Паскуда!

А другие, как только сержант стал карабин прикладом оборачивать, затихли.

Молчит молдаван, голову нагнул, от конвоя пятится. Помбригадир 32-й выступил вперёд:

— Он, падло, на леса штукатурные залез, от меня прятался, а там угрелся и заснул.

И по захрястку его кулаком! И по холке!

А тем самым отогнал от конвоира.

Отшатнулся молдаван, а тут мадьяр выскочил из той же 32-й да ногой его под зад, да ногой под зад! (Мадьяры вообще румын не любят.)

Это тебе не то, что шпионить. Шпионить и дурак может. У шпиона жизнь чистая, весёлая. А попробуй в каторжном лагере оттянуть десяточку на общих!

Опустил конвоир карабин.

А начкар орёт:

— А-тайди от ворот! Рá-зобраться по пять!

Вот собаки, опять считать! Чего ж теперь считать, как и без того ясно? Загудели зэки. Всё зло с молдавана на конвой переметнулось. Загудели и не отходят от ворот.

— Что-о? — начкар заорал. — На снег посадить? Сейчас посажу. До утра держать буду!

Ничего мудрого, и посадит. Сколь раз сажали. И клали даже: «Ложись! Оружие к бою!» Бывало это всё, знают зэки. И стали легонько от ворот оттрагивать.

— Ат-ходи! Ат-ходи! — понуждает конвой.

— Да и чего, правда, к воротам-то жмётесь, стервы? — задние на передних злятся. И отходят под натиском.

— Ра-зобраться по пять! Первая! Вторая! Третья!

А уж месяц в силу полную светит. Просветлился, багровость с него сошла. Поднялся уж на четверть добрую. Пропал вечер!.. Молдаван проклятый. Конвой проклятый. Жизнь проклятая...

Передние, кого просчитали, оборачиваются, на цыпочки лезут смотреть: в пятёрке последней двое останется или трое. От этого сейчас вся жизнь зависит.

Показалось было Шухову, что в последней пятёрке их четверо останется. Обомлел со страху: лишний! Опять пересчитывать! А оказалось, Фетюков, шакал, у кавторанга окурок достреливал, зазевался, в свою пятёрку не переступил вовремя, и тут вышел вроде лишний.

Помначкар со зла его по шее, Фетюкова.

Правильно!

В последней — три человека. Сошлось, слава тебе, Господи!

— А-тайди от ворот! — опять конвой понуждает.

Но в этот раз зэки не ворчат, видят: выходят солдаты из вахты и оцепляют плац с той стороны ворот.

Значит, выпускать будут.

Десятников вольных не видать, прораба тоже, несут ребятишки дрова.

Распахнули ворота. И уж там, за ними, у переводин бревенчатых, опять начкар и контролёр:

— Пер-рвая! Вторая! Третья!..

Ещё раз если сойдётся — снимать будут часовых с вышек.

А от вышек дальних вдоль зоны хо-го сколько топать! Как последнего зэка из зоны выведут и счёт сойдётся — тогда только по телефону на все вышки звонят: сойти! И если начкар умный — тут же и трогает, знает, что зэку бежать некуда и что те, с вышек, колонну нагонят. А какой начкар дурак — боится, что ему войска не хватит против зэков, и ждёт.

Из тех остолопов и сегодняшний начкар. Ждёт.

Целый день на морозе зэки, смерть чистая, так озябли. И, после съёма стоячи, целый час зябнуть. Но и всё же их не так мороз разбирает, как зло: пропал вечер! Уж никаких дел в зоне не сделаешь.

— А откуда вы так хорошо знаете быт английского флота? — спрашивают в соседней пятёрке.

— Да, видите ли, я прожил почти целый месяц на английском крейсере, имел там свою каюту. Я сопровождал морской конвой. Был офицером связи у них.

— Ах, вот как! Ну, уже достаточно, чтобы вмазать вам двадцать пять.

— Нет, знаете, этого либерального критицизма я не придерживаюсь. Я лучшего мнения о нашем законодательстве.

(Дуди-дуди, Шухов про себя думает, не встревая. Сенька Клевшин с американцами два дня жил, так ему четвертную закатали, а ты месяц на ихем корабле околачивался, — так сколько ж тебе давать?)

— Но уже после войны английский адмирал, чёрт его дёрнул, прислал мне памятный подарок. «В знак благодарности». Удивляюсь и проклинаю!..

Чудно́. Чудно вот так посмотреть: степь голая, зона покинутая, снег под месяцем блещет. Конвоиры уже расстановились — десять шагов друг от друга, оружие на изготовку. Стадо чёрное этих зэков, и в таком же бушлате Щ-311 — человек, кому без золотых погонов и жизни было не знато, с адмиралом английским якшался, а теперь с Фетюковым носилки таскает.

Человека можно и так повернуть, и так...

Ну, собрался конвой. Без молитвы прямо:

— Шагом марш! Побыстрей!

Нет уж, хрен вам теперь — побыстрей! Ото всех объектов отстали, так спешить нечего. Зэки и не сговариваясь поняли все: вы нас держали — теперь мы вас подержим. Вам небось тоже к теплу хоц-ца...

— Шире шаг! — кричит начкар. — Шире шаг, направляющий!

Хрен тебе — «шире шаг»! Идут зэки размеренно, понурясь, как на похороны. Нам уже терять нечего, всё равно в лагерь последние. Не хотел по-человечески с нами — хоть разорвись теперь от крику.

Покричал-покричал начкар «шире шаг!» — понял: не пойдут зэки быстрей. И стрелять нельзя: идут пятёрками, колонной, согласно. Нет у начкара власти гнать зэков быстрей. (Утром только этим зэки и спасаются, что на работу тянутся медленно. Кто быстро бегает, тому сроку в лагере не дожить — упарится, свалится.)

Так и пошли ровненько, без разгону. Скрипят себе снежком. Кто разговаривает тихонько, а кто и так. Стал Шухов вспоминать — чего это он с утра ещё в зоне не доделал? И вспомнил — санчасть! Вот диво-то, совсем про санчасть забыл за работой.

Как раз сейчас приём в санчасти. Ещё б можно успеть, если не поужинать. Так теперь вроде и не ломает. И температуры не намерят... Время тратить! Перемогся без докторов. Доктора эти в бушлат деревянный залечат.

Не санчасть его теперь манила — а как бы ещё к ужину добавить? Надежда вся была, что Цезарь посылку получит, уж давно ему пора.

И вдруг колонну зэков как подменили. Заколыхалась, сбилась с ровной ноги, дёрнулась, загудела, загудела — и вот уже хвостовые пятёрки и середь них Шухов не стали догонять идущих впереди, стали подбегать за ними.

Пройдут шагов несколько и опять бегом.

Как хвост на холм вывалил, так и Шухов увидел: справа от них, далеко в степи, чернелась ещё колонна, шла она нашей колонне наперекос и, должно быть увидав, тоже припустила.

Могла быть эта колонна только мехзавода, в ней человек триста. И им, значит, не повезло, задержали тоже. А их за что? Их, случается, и по работе задерживают: машину какую не доремонтировали. Да им-то по́пустя, они в тепле целый день.

Ну, теперь кто кого! Бегут ребята, просто бегут. И конвой взялся рысцой, только начкар покрикивает:

— Не растягиваться! Сзади подтянуться! Подтянуться!

Да драть тебя в лоб, что ты гавкаешь? Неужто мы не подтягиваемся?

И кто о чём говорил, и кто о чём думал — всё забыли, и один остался во всей колонне интерес:

— Обогнать! Обжать!

И так всё смешалось, кислое с пресным, что уже конвой зэкам не враг, а друг. Враг же — та колонна, другая.

Развеселились сразу все, и зло прошло.

— Давай! Давай! — задние передним кричат.

Дорвалась наша колонна до улицы, а мехзаводская позади жилого квартала скрылась. Пошла гонка втёмную. Тут нашей колонне торней стало, посеред улицы. И конвоирам с боков тоже не так спотычливо. Тут-то мы их и обжать должны!

Ещё потому мехзаводцев обжать надо, что их на лагерной вахте особо долго шмонают. С того случая, как в лагере резать стали, начальство считает, что ножи делаются на мехзаводе, в лагерь притекают оттуда. И потому на входе в лагерь мехзаводцев особо шмонают. Поздней осенью, уж земля стужёная, им всё кричали:

— Снять ботинки, мехзавод! Взять ботинки в руки!

Так босиком и шмонали.

А и теперь, мороз не мороз, ткнут по выбору:

— А ну-ка, сними правый валенок! А ты — левый сними!

Снимет валенок зэк и должен, на одной ноге пока прыгая, тот валенок опрокинуть и портянкой потрясти — мол, нет ножа.

А слышал Шухов, не знает — правда ли, неправда, — что мехзаводцы ещё летом два волейбольных столба в лагерь принесли и в тех-то столбах были все ножи запрятаны. По десять длинных в каждом. Теперь их в лагере и находят изредка — там, здесь.

Так полубегом клуб новый миновали, и жилой квартал, и деревообделочный — и выперли на прямой поворот к лагерной вахте.

— Ху-гу-у! — колонна так и кликнет единым голосом.

На этот-то стык дорог и метили! Мехзаводцы — метров полтораста справа, отстали.

Ну, теперь спокойно пошли. Рады все в колонне. Заячья радость: мол, лягушки ещё и нас боятся.

И вот — лагерь. Какой утром оставили, такой он и сейчас: ночь, огни по зоне над сплошным забором, и особо густо горят фонари перед вахтой, вся площадка для шмона как солнцем залита.

Но, ещё не доходя вахты...

— Стой! — кричит помначкар. И, отдав автомат свой солдату, подбегает к колонне близко (им с автоматом не велят близко). — Все, кто справа стоят и дрова в руках, — брось дрова направо!

А снаружи-то их открыто и несли, ему всех видно. Одна, другая вязочка полетела, третья. Иные хотят укрыть дровишки внутрь колонны, а соседи на них:

— Из-за тебя и у других отымут! Бросай по-хорошему!

Кто арестанту главный враг? Другой арестант. Если б зэки друг с другом не сучились, не имело б над ними силы начальство.

— Ма-арш! — кричит помначкар.

И пошли к вахте.

К вахте сходятся пять дорог, часом раньше на них все объекты толпились. Если по этим всем дорогам да застраивать улицы, так не иначе на месте этой вахты и шмона в будущем городе будет главная площадь с памятником. И как теперь объекты со всех сторон прут, так тогда демонстрации будут сходиться.

Надзиратели уж на вахте грелись. Выходят, поперёк дороги становятся.

— Рас-стегнуть бушлаты! Телогрейки расстегнуть!

И руки разводят. Обнимать собираются, шмоная. По бокам хлопать. Ну как утром, в общем.

Сейчас расстёгивать не страшно, домой идём.

Так и говорят все — «домой».

О другом доме за день и вспомнить некогда.

Уж голову колонны шмонали, когда Шухов подошёл к Цезарю и сказал:

— Цезарь Маркович! Я от вахты побегу сразу в посылочную и займу очередь.

Повернул Цезарь к Шухову усы литые, чёрные, а сейчас белые снизу:

— Чего ж, Иван Денисыч, занимать? Может, и посылки не будет.

— Ну, а не будет — мне лихо какое? Десять минут подожду, не придёте — я и в барак.

(Сам Шухов думает: не Цезарь, так, может, кто другой придёт, кому место продать в очереди.)

Видно, истомился Цезарь по посылке:

— Ну ладно, Иван Денисыч, беги, занимай. Десять минут жди, не больше.

А уж шмон вот-вот, достигает. Сегодня от шмона прятать Шухову нечего, подходит он безбоязно. Расстегнул бушлат не торопясь и телогрейку тоже распустил под брезентовым пояском.

И хотя ничего он за собой запрещённого не помнил сегодня, но настороженность восьми лет сидки вошла в привычку. И он сунул руку в брючный наколенный карман — проверить, что там пусто, как он и знал хорошо.

Но там была ножёвка, кусок ножёвочного полотна! Ножёвка, которую из хозяйственности он подобрал сегодня среди рабочей зоны и вовсе не собирался проносить в лагерь.

Он не собирался её проносить, но теперь, когда уже донёс, — бросать было жалко край! Ведь её отточить в маленький ножичек — хоть на сапожный лад, хоть на портновский!

Если б он думал её проносить, он бы придумал хорошо и как спрятать. А сейчас оставалось всего два ряда перед ним, и вот уже первая из этих пятёрок отделилась и пошла на шмон.

И надо было быстрее ветра решать: или, затенясь последней пятёркой, незаметно сбросить её на снег (где её следом найдут, но не будут знать чья), или нести!

За ножёвку эту могли дать десять суток карцера, если бы признали её ножом.

Но сапожный ножичек был заработок, был хлеб!

Бросать было жалко.

И Шухов сунул её в ватную рукавицу.

Тут скомандовали пройти на шмон следующей пятёрке.

И на полном свету их осталось последних трое: Сенька, Шухов и парень из 32-й, бегавший за молдаваном.

Из-за того, что их было трое, а надзирателей стояло против них пять, можно было словчить — выбрать, к кому из двух правых подойти. Шухов выбрал не молодого румяного, а седоусого старого. Старый был, конечно, опытен и легко бы нашёл, если б захотел, но потому что он был старый, ему должна была служба его надоесть хуже серы горючей.

А тем временем Шухов обе рукавицы, с ножёвкой и пустую, снял с рук, захватил их в одну руку (рукавицу пустую вперёд оттопыря), в ту же руку схватил и верёвочку-опояску, телогрейку расстегнул дочиста, полы бушлата и телогрейки угодливо подхватил вверх (никогда он так услужлив не был на шмоне, а сейчас хотел показать, что открыт он весь — на, бери меня!) — и по команде пошёл к седоусому.

Седоусый надзиратель обхлопал Шухова по бокам и спине, по наколенному карману сверху хлопнул — нет ничего, промял в руках полы телогрейки и бушлата — тоже нет, и, уже отпуская, для верности смял в руке ещё выставленную рукавицу Шухова — пустую.

Надзиратель рукавицу сжал, а Шухова внутри клешнями сжало. Ещё один такой жим по второй рукавице — и он *горел* в карцер на триста грамм в день, и горячая пища только на третий день. Сразу он представил, как ослабеет там, оголодает и трудно ему будет вернуться в то жилистое, не голодное и не сытое состояние, что сейчас.

И тут же он остро, возносчиво помолился про себя: «Господи! Спаси! Не дай мне карцера!»

И все эти думки пронеслись в нём, только пока надзиратель первую рукавицу смял и перенёс руку, чтоб так же смять и вторую, заднюю (он смял бы их зараз двумя руками, если бы Шухов держал рукавицы в разных руках, а не в одной). Но тут послышалось, как старший на шмоне, торопясь скорей освободиться, крикнул конвою:

— Ну, подводи мехзавод!

И седоусый надзиратель, вместо того чтобы взяться за вторую рукавицу Шухова, махнул рукою — проходи, мол. И отпустил.

Шухов побежал догонять своих. Они уже выстроены были по пять меж двумя долгими бревенчатыми переводинами, похожими на коновязь базарную и образующими как бы загон для колонны. Бежал он лёгкий, земли не чувствуя, и не помолился ещё раз, с благодарностью, потому что некогда было, да уже и некстати.

Конвой, который вёл их колонну, весь теперь ушёл в сторону, освобождая дорогу для конвоя мехзавода, и ждал только своего начальника. Дрова все, брошенные их колонной до шмона, конвоиры собрали себе, а дрова, отобранные на самом шмоне надзирателями, собраны были в кучу у вахты.

Месяц выкатывал всё выше, в белой светлой ночи настаивался мороз.

Начальник конвоя, идя на вахту, чтоб там ему расписку вернули за четыреста шестьдесят три головы, поговорил с Пряхой, помощником Волкового, и тот крикнул:

— Кэ-четыреста шестьдесят!

Молдаван, схоронившийся в гущу колонны, вздохнул и вышел к правой переводине. Он так же всё голову держал поникшей и в плечи вобранной.

— Иди сюда! — показал ему Пряха вокруг коновязи.

Молдаван обошёл. И велено ему было руки взять назад и стоять тут.

Значит, будут паять ему попытку к побегу. В БУР возьмут.

Не доходя ворот, справа и слева за загоном, стали два вахтёра, ворота в три роста человеческих раскрылись медленно, и послышалась команда:

— Раз-зберись по пять! — («Отойди от ворот» тут не надо: всякие ворота всегда внутрь зоны открываются, чтоб, если зэки и толпой изнутри на них напёрли, не могли бы высадить.) — Первая! Вторая! Третья!..

Вот на этом-то вечернем пересчёте, сквозь лагерные ворота возвращаясь, зэк за весь день более всего обветрен, вымерз, выголодал — и черпак обжигающих вечерних пустых щей для него сейчас что дождь в сухмень, — разом втянет он их начисто. Этот черпак для него сейчас дороже воли, дороже жизни всей прежней и всей будущей жизни.

Входя сквозь лагерные ворота, зэки, как воины с похода, — звонки, кованы, размашисты — па́-сторонись!

Придурку от штабного барака смотреть на вал входящих зэков — страшно.

Вот с этого-то пересчёта, в первый раз с тех пор, как в полседьмого утра дали звонок на развод, зэк становится свободным человеком. Прошли большие ворота зоны, прошли малые ворота предзонника, по линейке ещё меж двух прясел прошли — и теперь рассыпайся кто куда.

Кто куда, а бригадиров нарядчик ловит:

— Бригадиры! В ППЧ!

Это значит — на завтра хомут натягивать.

Шухов бросился мимо БУРа, меж бараков — и в посылочную. А Цезарь пошёл, себя не роняя, размеренно, в другую сторону, где вокруг столба уже кишмя кишело, а на столбе была прибита фанерная дощечка и на ней карандашом химическим написаны все, кому сегодня посылка.

На бумаге в лагере меньше пишут, а больше — на фанере. Оно как-то твёрже, вернее — на доске. На ней и *вертухаи* и нарядчики счёт головам ведут. А назавтра соскоблил — и снова пиши. Экономия.

Кто в зоне остаётся, ещё так *шестерят*: прочтут на дощечке, кому посылка, встречают его тут, на линейке, сразу и номер сообщают. Много не много, а сигаретку и такому дадут.

Добежал Шухов до посылочной — при бараке пристройка, а к той пристройке ещё прилепили тамбур. Тамбур снаружи без двери, свободно холод ходит, — а в нём всё ж будто обжитей, ведь под крышею.

В тамбуре очередь вдоль стенки загнулась. Занял Шухов.

Человек пятнадцать впереди, это больше часу, как раз до отбоя. А уж кто из тэцовской колонны пошёл список смотреть, те позади Шухова будут. И мехзаводские все. Им за посылкой как бы не второй раз приходить, завтра с утра.

Стоят в очереди с торбочками, с мешочками. Там, за дверью (сам Шухов в этом лагере ещё ни разу не получал, но по разговорам), вскрывают ящик посылочный топориком, надзиратель всё своими руками вынимает, просматривает. Что разрежет, что переломит, что прощупает, пересыплет. Если жидкость какая, в банках стеклянных или жестяных, откупорят и выливают тебе, хоть руки подставляй, хоть полотенце кулёчком. А банок не отдают, боятся чего-то. Если из пирогов, сладостей подиковинней что или колбаса, рыбка, так надзиратель и откусит. (А качни права попробуй — сейчас придерётся, что́ запрещено, а что не положено — и не выдаст. С надзирателя начиная, кто посылку получает, должен давать, давать и давать.) А когда посылку кончат шмонать, опять же и ящика посылочного не дают, а сметай себе всё в торбочку, хоть в полу бушлатную — и отваливай, следующий. Так заторопят иного, что он и забудет чего на стойке. За этим не возвращайся. Нету.

Ещё когда-то в Усть-Ижме Шухов получил посылку пару раз. Но и сам жене написал: впустую, мол, проходят, не шли, не отрывай от ребятишек.

Хотя на воле Шухову легче было кормить семью целую, чем здесь одного себя, но знал он, чего те передачи стоят, и знал, что десять лет с семьи их не потянешь. Так лучше без них.

Но хоть так он решил, а всякий раз, когда в бригаде кто-нибудь или в бараке близко получал посылку (то есть почти каждый день), щемило его, что не ему посылка. И хоть он накрепко запретил жене даже к Пасхе присылать и никогда не ходил к столбу со списком, разве что для богатого бригадника, — он почему-то ждал иногда, что прибегут и скажут:

— Шухов! Да что ж ты не идёшь? Тебе посылка!

Но никто не прибегал...

И вспомнить деревню Темгенёво и избу родную ещё меньше и меньше было ему поводов... Здешняя жизнь трепала его от подъёма и до отбоя, не оставляя праздных воспоминаний.

Сейчас, стоя среди тех, кто тешил своё нутро близкой надеждой врезаться зубами в сало, намазать хлеб маслом или усластить сахарком кружку, Шухов держался на одном только желании: успеть в столовую со своей бригадой и баланду съесть горячей, а не холодной. Холодная и полцены не имеет против горячей.

Он рассчитывал, что если Цезаря фамилии в списке не оказалось, то уж давно он в бараке и умывается. А если фамилия нашлась, так он мешочки теперь собирает, кружки пластмассовые, тару. Для того десять минут и пообещался Шухов ждать.

Тут, в очереди, услышал Шухов и новость: воскресенья опять не будет на этой неделе, опять зажиливают воскресенье. Так он и ждал, и все ждали так: если пять воскресений в месяце, то три дают, а два на работу гонят. Так он и ждал, а услышал — повело всю душу, перекривило: воскресеньице-то кровное кому не жалко? Ну да правильно в очереди говорят: выходной и в зоне надсадить умеют, чего-нибудь изобретут — или баню пристраивать, или стену городить, чтобы зэкам проходу не было, или расчистку двора. А то смену матрасов, вытряхивание, да клопов морить на вагонках. Или проверку личности по карточкам затеют. Или инвентаризацию: выходи со всеми вещами во двор, сиди полдня.

Больше всего им, наверно, досаждает, если зэк спит после завтрака.

Очередь, хоть и медленно, а подвигалась. Зашли без очереди, никого не спросясь, оттолкнув переднего, — парикмахер один, один бухгалтер и один из КВЧ. Но это были не серые зэки, а налипшие лагерные придурки, первые сволочи, сидевшие в зоне. Людей этих работяги считали ниже дерьма (как и те ставили работяг). Но спорить с ними бесполезно: у *придурни* меж собой спайка и с надзирателями тоже.

Оставалось всё же впереди Шухова человек десять, и сзади семь человек набежало — и тут-то в пролом двери, нагибаясь, вошёл Цезарь в своей меховой новой шапке, присланной с воли. (Тоже вот и шапка. Кому-то Цезарь подмазал, и разрешили ему носить чистую новую городскую шапку. А с других даже обтрёпанные фронтовые посдирали и дали лагерные, свинячьего меха.)

Цезарь Шухову улыбнулся и сразу же с чудаком в очках, который в очереди всё газету читал:

— Аа-а! Пётр Михалыч!

И — расцвели друг другу, как маки. Тот чудак:

— А у меня «Вечёрка» свежая, смотрите! Бандеролью прислали.

— Да ну?! — И суётся Цезарь в ту же газету. А под потолком лампочка слепенькая-слепенькая, чего там можно мелкими буквами разобрать?

— Тут интереснейшая рецензия на премьеру Завадского!..

Они, москвичи, друг друга издали́ чуют, как собаки. И, сойдясь, всё обнюхиваются, обнюхиваются по-своему. И лопочут быстро-быстро, кто больше слов скажет. И когда так лопочут, так редко русские слова попадаются, слушать их — всё равно как латышей или румын.

Однако в руке у Цезаря мешочки все собраны, на месте.

— Так я это... Цезарь Маркович... — шепелявит Шухов. — Может, пойду?

— Конечно, конечно. — Цезарь усы чёрные от газеты поднял. — Так, значит, за кем я? Кто за мной?

Растолковал ему Шухов, кто за кем, и, не ждя, что Цезарь сам насчёт ужина вспомнит, спросил:

— А ужин вам принести?

(Это значит — из столовой в барак, в котелке. Носить никак нельзя, на то много было приказов. Ловят, и на землю из котелка выливают, и в карцеры сажают — и всё равно носят и будут носить, потому что у кого дела, тот никогда с бригадой в столовую не поспеет.)

Спросил, принести ли ужин, а про себя думает: «Да неужто ты шквалыгой будешь? Ужина мне не подаришь? Ведь на ужин каши нет, баланда одна голая!..»

— Нет, нет, — улыбнулся Цезарь, — ужин сам ешь, Иван Денисыч!

Только этого Шухов и ждал! Теперь-то он, как птица вольная, выпорхнул из-под тамбурной крыши — и по зоне, и по зоне!

Снуют зэки во все концы! Одно время начальник лагеря ещё такой приказ издал: никаким заключённым в одиночку по зоне не ходить. А куда можно — вести всю бригаду одним строем. А куда всей бригаде сразу никак не надо — ну, в санчасть или в уборную, — то сколачивать группы по четыре-пять человек, и старшего из них назначать, и чтобы вёл своих строем туда, и там дожидался, и назад — тоже строем.

Очень начальник лагеря упирался в тот приказ. Никто перечить ему не смел. Надзиратели хватали одиночек, и номера писали, и в БУР таскали — а поломался приказ. Натихую, как много шумных приказов ломается. Скажем, вызывают же сами человека к оперу — так не посылать с ним команды! Или тебе за продуктами своими в каптёрку надо, а я с тобой зачем пойду? А тот в КВЧ надумал, газеты читать, да кто ж с ним пойдёт? А тому валенки на починку, а тому в сушилку, а тому из барака в барак просто (из барака-то в барак пуще всего запрещено!) — как их удержишь?

Приказом тем хотел начальник ещё последнюю свободу отнять, но и у него не вышло, пузатого.

По дороге до барака, встретив надзирателя и шапку перед ним на всякий случай приподняв, забежал Шухов в барак. В бараке — галдёж: у кого-то пайку днём увели, на дневальных кричат, и дневальные кричат. А угол 104-й пустой.

Уж тот вечер считает Шухов благополучным, когда в зону вернулись, а тут матрасы не перевёрочены, шмона днём в бараках не было.

Метнулся Шухов к своей койке, на ходу бушлат с плеч скидывая. Бушлат — наверх, рукавицы с ножёвкой — наверх, щупанул матрас в глубину — утренний кусок хлеба на месте! Порадовался, что зашил.

И бегом — наружу! В столовую!

Прошнырнул до столовой, надзирателю не попавшись. Только зэки брели навстречу, споря о пайках.

На дворе всё светлей в сиянии месячном. Фонари везде поблекли, а от бараков — чёрные тени. Вход в столовую — через широкое крыльцо с четырьмя ступенями, и то крыльцо сейчас — в тени тоже. Но над ним фонарик побалтывается, визжит на морозе. Радужно светятся лампочки, от мороза ли, от грязи.

И ещё был приказ начальника лагеря строгий: бригадам в столовую ходить строем по два. Дальше приказ был: дойдя до столовой, бригадам на крыльцо не всходить, а перестраиваться по пять и стоять, пока дневальный по столовой их не впустит.

Дневальным по столовой цепко держался Хромой. Хромоту свою в инвалидность провёл, а дюжий, стерва. Завёл себе посох берёзовый и с крыльца этим посохом гвоздит, кто не с его команды лезет. А не всякого. Быстрометчив Хромой и в темноте в спину опознает — того не ударит, кто ему самому в морду даст. Прибитых бьёт. Шухова раз гвозданул.

Название — «дневальный». А разобраться — князь! — с поварами дружит!

Сегодня не то бригады поднавалили все в одно время, не то порядки долго наводили, только густо крыльцо облеплено, а на крыльце Хромой, шестёрка Хромого и сам завстоловой. Без надзирателей управляются, полканы.

Завстоловой — откормленный гад, голова как тыква, в плечах аршин. До того силы в нём избывают, что ходит он — как на пружинах дёргается, будто ноги в нём пружинные и руки тоже. Носит шапку белого пуха без номера, ни у кого из вольных такой шапки нет. И носит меховой жилет барашковый, на том жилете на груди — маленький номерок, как марка почтовая, — Волковому уступка, а на спине и такого номера нет. Завстоловой никому не кланяется, а его все зэки боятся. Он в одной руке тысячи жизней держит. Его хотели побить раз, так все повара на защиту выскочили, мордовороты на подбор.

Беда теперь будет, если 104-я уже прошла, — Хромой весь лагерь знает в лицо и при заве ни за что с чужой бригадой не пустит, нарочно изгалится.

Тоже и за спиной Хромого через перила крылечные иногда перелезают, лазил и Шухов. А сегодня при заве не перелезешь — съездит по салазкам, пожалуй, так, что в санчасть потащишься.

Скорей, скорей к крыльцу, средь чёрных всех одинаковых бушлатов дознаться во теми, здесь ли ещё 104-я.

А тут как раз поднапёрли, поднапёрли бригады (деваться некуда — уж отбой скоро!) и как на крепость лезут — одну, вторую, третью, четвёртую ступеньку взяли, ввалили на крыльцо!

— Стой, ...яди! — Хромой орёт и палку поднял на передних. — Осади! Сейчас кому-то ...бальник расквашу!

— Да мы при чём? — передние орут. — Сзади толкают!

Сзади-то сзади, это верно, толкачи, но и передние не шибко противятся, думают в столовую влететь.

Тогда Хромой перехватил свой посох поперёк грудей, как шлагбаум закрытый, да изо всей прыти как кинется на передних! И помощник Хромого, шестёрка, тоже за тот посох схватился, и завстоловой сам не побрезговал руки марать — тоже.

Двинули они круто, а силы у них немеренные, мясо

едят, — отпятили! Сверху вниз опрокинули передних на задних, на задних, прямо повалили, как снопы.

— Хромой грёбаный... в лоб тебя драть!.. — кричат из толпы, но скрываясь. Остальные упали молча, подымаются молча, поживей, пока их не затоптали.

Очистили ступеньки. Завстоловой отошёл по крыльцу, а Хромой на ступеньке верхней стоит и учит:

— По пять разбираться, головы бараньи, сколько раз вам говорить?! Когда нужно, тогда и пущу!

Углядел Шухов перед самым крыльцом вроде Сеньки Клевшина голову, обрадовался жутко, давай скорее локтями туда пробиваться. Спины сдвинули — ну, нет сил, не пробьёшься.

— Двадцать седьмая! — Хромой кричит. — Проходи!

Выскочила 27-я по ступенькам да скорей к дверям. А за ней опять попёрлись все по ступенькам, и задние прут. И Шухов тоже прёт силодёром. Крыльцо трясут, фонарь над крыльцом повизгивает.

— Опять, падлы? — Хромой ярится. Да палкой, палкой кого-то по плечам, по спине, да спихивает, спихивает одних на других.

Очистил снова.

Видит Шухов снизу — взошёл рядом с Хромым Павло. Бригаду сюда водит он, Тюрин в толкотню эту не ходит пачкаться.

— Раз-берись по пять, сто четвёртая! — Павло сверху кричит. — А вы посуньтесь, друзья!

Хрен тебе друзья посунутся!

— Да пусти ж ты, спина! Я из той бригады! — Шухов трясёт.

Тот бы рад пустить, но жмут и его отовсюду.

Качается толпа, душится — чтобы баланду получить. Законную баланду.

Тогда Шухов иначе: слева к перилам прихватился, за столб крылечный руками перебрал и — повис, от земли оторвался. Ногами кому-то в колена ткнулся, его по боку огрели, матернули пару раз, а уж он пронырнул: стал одной ногой на карниз крыльца у верхней ступеньки и ждёт. Увидели его свои ребята, руку протянули.

Завстоловой, уходя, из дверей оглянулся:

— Давай, Хромой, ещё две бригады!

— Сто четвёртая! — Хромой крикнул. — А ты куда, падло, лезешь? — И посохом по шее того, чужого.

— Сто четвэртая! — Павло кричит, своих пропускает.

— Фу-у! — выбился Шухов в столовую. И не ждя, пока Павло ему скажет, — за подносами, подносы свободные искать.

В столовой как всегда — пар клубами от дверей, за столами сидят один к одному, как семячки в подсолнухе, меж столами бродят, толкаются, кто пробивается с полным подносом. Но Шухов к этому за столько лет привычен, глаз у него острый и видит: Щ-208 несёт на подносе пять мисок всего, значит — последний поднос в бригаде, иначе бы — чего ж не полный?

Настиг его и в ухо ему сзади наговаривает:

— Браток! Я на поднос — за тобой!

— Да там у окошка ждёт один, я обещал...

— Да лапоть ему в рот, что ждёт, пусть не зевает! Договорились.

Донёс тот до места, разгрузил, Шухов схватился за поднос, а и тот набежал, кому обещано, за другой конец подноса тянет. А сам щуплей Шухова. Шухов его туда же подносом двинул, куда тянет, он отлетел к столбу, с подноса руки сорвались. Шухов — поднос под мышку и бегом к раздаче.

Павло в очереди к окошку стоит, без подносов скучает. Обрадовался:

— Иван Денисович! — И переднего помбрига 27-й отталкивает: — Пусти! Чого зря стоишь? У мэнэ подносы е!

Глядь, и Гопчик, плутишка, поднос волокёт.

— Они зазевались, — смеётся, — а я утянул!

Из Гопчика правильный будет лагерник. Ещё года три подучится, подрастёт — меньше как хлеборезом ему судьбы не прочат.

Второй поднос Павло велел взять Ермолаеву, здоровому сибиряку (тоже за плен десятку получил). Гопчика послал приискивать, на каком столе вечерять кончают. А Шухов поставил свой поднос углом в раздаточное окошко и ждёт.

— Сто четвэртая! — Павло докладает в окошко.

Окошек всего пять: три раздаточных общих, одно для тех, кто по списку кормится (больных язвенных человек десять, да по блату бухгалтерия вся), ещё одно — для возврата посуды (у того окна дерутся, кто миски лижет). Окошки невысоко — чуть повыше пояса. Через них поваров самих не видно, а только руки их видно и черпаки.

Руки у повара белые, холёные, а волосатые, здоровы́. Чистый боксёр, а не повар. Карандаш взял и у себя на списке на стенке отметил:

— Сто четвёртая — двадцать четыре!

Пантелеев-то приволокся в столовую. Ничего он не болен, сука.

Повар взял здоровый черпачище литра на три и им — в баке мешать, мешать, мешать (бак перед ним новозалитый, недалеко до полна, пар так и валит). И, перехватив черпак на семьсот пятьдесят грамм, начал им, далеко не окуная, черпать.

— Раз, два, три, четыре...

Шухов приметил, какие миски набраты, пока ещё гуща на дно бака не осела, и какие по-холосту — жижа одна. Уставил на своём подносе десять мисок и понёс. Гопчик ему машет от вторых столбов:

— Сюда, Иван Денисыч, сюда!

Миски нести — не рукавом трясти. Плавно Шухов переступает, чтобы подносу ни толчка не передалось, а горлом побольше работает:

— Эй, ты, Хэ-девятьсот двадцать!.. Поберегись, дядя!.. С дороги, парень!

В толчее такой и одну-то миску, не расплескавши, хитро пронесть, а тут — десять. И всё же на освобожденный Гопчиком конец стола поставил подносик мягонько, и свежих плесков на нём нет. И ещё смекнул, каким поворотом поставил, чтобы к углу подноса, где сам сейчас сядет, были самые две миски густые.

И Ермолаев десять поднёс. А Гопчик побежал, и с Павлом четыре последних принесли в руках.

Ещё Кильдигс принёс хлеб на подносе. Сегодня по работе кормят — кому двести, кому триста, а Шухову — четыреста. Взял себе четыреста, горбушку, и на Цезаря двести, серединку.

Тут и бригадники со всей столовой стали стекаться — получить ужин, а уж хлебай, где сядешь. Шухов миски раздаёт, запоминает, кому дал, и свой угол подноса блюдёт. В одну из мисок густых опустил ложку — занял, значит. Фетюков свою миску из первых взял и ушёл: расчёл, что в бригаде сейчас не разживёшься, а лучше по всей столовой походить-пошакалить, может, кто не доест. (Если кто не доест и от себя миску отодвинет — за неё как коршуны хватаются, иногда сразу несколько.)

Подсчитали порции с Павлом, как будто сходятся. Для Андрея Прокофьевича подсунул Шухов миску из густых, а Павло перелил в узкий немецкий котелок с крышкой: его под бушлатом можно пронести, к груди прижав.

Подносы отдали. Павло сел со своей двойной порцией и Шухов со своими двумя. И больше у них разговору ни об чём не было, святые минуты настали.

Снял Шухов шапку, на колена положил. Проверил одну миску ложкой, проверил другую. Ничего, и рыбка попадается. Вообще-то по вечерам баланда всегда жиже много, чем утром: утром зэка надо накормить, чтоб он работал, а вечером и так уснёт, не подохнет.

Начал он есть. Сперва жижицу одну прямо пил, пил. Как горячее пошло, разлилось по его телу — аж нутро его всё трепыхается навстречу баланде. Хор-рошо! Вот он, миг короткий, для которого и живёт зэк.

Сейчас ни на что Шухов не в обиде: ни что срок долгий, ни что день долгий, ни что воскресенья опять не будет. Сейчас он думает: переживём! Переживём всё, даст Бог кончится!

С той и с другой миски жижицу горячую отпив, он вторую миску в первую слил, сбросил и ещё ложкой выскреб. Так оно спокойней как-то, о второй миске не думать, не стеречь её ни глазами, ни рукой.

Глаза освободились — на соседские миски покосился. Слева у соседа — так одна вода. Вот гады, что делают, свои же зэки!

И стал Шухов есть капусту с остатком жижи. Картошинка ему попалась на две миски одна — в цезаревой миске. Средняя такая картошинка, мороженая, конечно, с твердинкой и подслажённая. А рыбки почти нет, изредка хребтик оголённый мелькнёт. Но и каждый рыбий хребтик и плавничок надо прожевать — из них сок высосешь, сок полезный. На всё то, конечно, время надо, да Шухову спешить теперь некуда, у него сегодня праздник: в обед две порции и в ужин две порции оторвал. Такого дела ради остальные дела и отставить можно.

Разве к латышу сходить за табаком. До утра табаку может и не остаться.

Ужинал Шухов без хлеба: две порции, да ещё с хлебом, — жирно будет, хлеб на завтра пойдёт. Брюхо — злодей, старого добра не помнит, завтра опять спросит.

Шухов доедал свою баланду и не очень старался замечать, кто вокруг, потому что не надо было: за новым ничем он не охотился, а ел своё законное. И всё ж он заметил, как прямо через стол против него освободилось место и сел старик высокий Ю-81. Он был, Шухов знал, из 64-й бригады, а в очереди в посылочной слышал Шухов, что 64-я-то и ходила сегодня на Соцгородок вместо 104-й и целый день без обогреву проволоку колючую тянула — сама себе зону строила.

Об этом старике говорили Шухову, что он по лагерям да по тюрьмам сидит несчётно, сколько советская власть стоит, и ни одна амнистия его не прикоснулась, а как одна десятка кончалась, так ему сразу новую совали.

Теперь рассмотрел его Шухов вблизи. Изо всех пригорбленных лагерных спин его спина отменна была прямизною, и за столом казалось, будто он ещё сверх скамейки под себя что подложил. На голове его голой стричь давно было нечего — волоса все вылезли от хорошей жизни. Глаза старика не юрили вслед всему, что делалось в столовой, а поверх Шухова невидяще упёрлись в своё. Он мерно ел пустую баланду ложкой деревянной, надщерблённой, но не уходил головой в миску, как все, а высоко носил ложки ко рту. Зубов у него не было ни сверху, ни снизу ни одного: окостеневшие дёсны жевали хлеб за зубы. Лицо его всё вымотано было, но не до слабости фитиля-инвалида, а до камня тёсаного, тёмного. И по рукам, большим, в трещинах и черноте, видать было, что не много выпадало ему за все годы отсиживаться придурком. А засело-таки в нём, не примирится: трёхсотграммовку свою не ложит, как все, на нечистый стол в росплесках, а — на тряпочку стираную.

Однако Шухову некогда было долго разглядывать его. Окончивши есть, ложку облизнув и засунув в валенок, нахлобучил он шапку, встал, взял пайки, свою и цезареву, и вышел. Выход из столовой был через другое крыльцо, и там ещё двое дневальных стояло, которые только и знали, что скинуть крючок, выпустить людей и опять крючок накинуть.

Вышел Шухов с брюхом набитым, собой довольный, и решил так, что хотя отбой будет скоро, а сбегать-таки к латышу. И, не занося хлеба в девятый, он шажисто погнал в сторону седьмого барака.

Месяц стоял куда высоко и как вырезанный на небе, чистый, белый. Небо всё было чистое. И звёзды кой-где — самые яркие. Но на небо смотреть ещё меньше было у Шухова времени. Одно понимал он — что мороз не отпускает. Кто от вольных слышал, передавали: к вечеру ждут тридцать градусов, к утру — до сорока.

Слыхать было очень издали: где-то трактор гудел в посёлке, а в стороне шоссе экскаватор повизгивал. И от каждой пары валенок, кто в лагере где шёл или перебегал, — скрип.

А ветру не было.

Самосад должен был Шухов купить, как и покупал раньше, — рубль стакан, хотя на воле такой стакан стоил три рубля, а по сорту и дороже. В каторжном лагере все цены были свои, ни на что не похожие, потому что денег здесь нельзя было держать, мало у кого они были и очень были дороги. За работу в этом лагере не платили ни копья (в Усть-Ижме хоть тридцать рублей в месяц Шухов получал). А если кому родственники присылали по почте, тех денег не давали всё равно, а зачисляли на лицевой счёт. С лицевого счёту в месяц раз можно было в ларьке покупать мыло туалетное, гнилые пряники, сигареты «Прима». Нравится товар, не нравится — а на сколько заявление начальнику написал, на столько и накупай. Не купишь — всё равно деньги пропали, уж они списаны.

К Шухову деньги приходили только от частной работы: тапочки сошьёшь из тряпок давальца — два рубля, телогрейку вылатаешь — тоже по уговору.

Седьмой барак не такой, как девятый, не из двух больших половин. В седьмом бараке коридор длинный, из него десять дверей, в каждой комнате бригада, натыкано по семь вагонок в комнату. Ну, ещё кабина под парашной, да старшего барака кабина. Да художники живут в кабине.

Зашёл Шухов в ту комнату, где его латыш. Лежит латыш на нижних нарах, ноги наверх поставил, на откосину, и с соседом по-латышски горгочет.

Подсел к нему Шухов. Здравствуйте, мол. Здравствуйте, тот ног не спускает. А комната маленькая, все сразу прислушиваются — кто пришёл, зачем пришёл. Оба они это понимают, и поэтому Шухов сидит и тянет: ну, как живёте, мол? Да ничего. Холодно сегодня. Да.

Дождался Шухов, что все опять своё заговорили (про войну в Корее спорят: оттого де, что китайцы вступились, так будет мировая война или нет), наклонился к латышу:

— Самосад есть?

— Есть.

— Покажи.

Латыш ноги с откосины снял, спустил их в проход, приподнялся. Жи́ла этот латыш, стакан как накладывает — всегда трусится, боится на одну закурку больше положить.

Показал Шухову кисет, вздёржку раздвинул.

Взял Шухов щепотку на ладонь, видит: тот самый, что и прошлый раз, буроватый и резки той же. К носу поднёс, понюхал — он. А латышу сказал:

— Вроде не тот.

— Тот! Тот! — рассердился латыш. — У меня другой сорт нет никогда, всегда один.

— Ну, ладно, — согласился Шухов, — ты мне стаканчик набей, я закурю, может, и второй возьму.

Он потому сказал *набей*, что тот внатруску насыпает.

Достал латыш из-под подушки ещё другой кисет, круглей первого, и стаканчик свой из тумбочки вынул. Стаканчик хотя пластмассовый, но Шуховым мерянный, гранёному равен.

Сыплет.

— Да ты ж пригнетай, пригнетай! — Шухов ему и пальцем тычет сам.

— Я сам знай! — сердито отрывает латыш стакан и сам пригнетает, но мягче. И опять сыплет.

А Шухов тем временем телогрейку расстегнул и нащупал изнутри в подкладочной вате ему одному ощутимую бумажку. И, двумя руками переталкивая, переталкивая её по вате, гонит к дырочке маленькой, совсем в другом месте прорванной и двумя ниточками чуть зашитой. Подогнав к той дырочке, он нитки ногтями оторвал, бумажку ещё вдвое по длине сложил (уж и без того она длинновато сложена) и через дырочку вынул. Два рубля. Старенькие, не хрустящие.

А в комнате орут:

— Пожале-ет вас батька усатый! Он брату родному не поверит, не то что вам, лопухам!

Чем в каторжном лагере хорошо — свободы здесь *от пуза*. В усть-ижменском скажешь шепотком, что на воле спичек нет, тебя садят, новую десятку клепают. А здесь кричи с верхних нар что хошь — стукачи того не доносят, оперы рукой махнули.

Только некогда здесь много толковать...

— Эх, внатруску кладёшь, — пожаловался Шухов.

— Ну на, на! — добавил тот щепоть сверху.

Шухов вытянул из нутряного карманчика свой кисет и перевалил туда самосад из стакана.

— Ладно, — решился он, не желая первую сладкую папиросу курить на бегу. — Набивай уж второй.

Ещё попрепиравшись, пересыпал он себе и второй стакан, отдал два рубля, кивнул латышу и ушёл.

А на двор выйдя, сразу опять бегом и бегом к себе. Чтобы Цезаря не пропустить, как тот с посылкой вернётся.

Но Цезарь уже сидел у себя на нижней койке и *гужевался* над посылкой. Что он принёс, разложено было у него по койке и по тумбочке, но только свет туда не падал прямой от лампы, а шуховским же верхним щитом перегораживался, и было там темновато.

Шухов нагнулся, вступил между койками кавторанга и Цезаря и протянул руку с вечерней пайкой.

— Ваш хлеб, Цезарь Маркович.

Он не сказал: «Ну, получили?» — потому, что это был бы намёк, что он очередь занимал и теперь имеет право на долю. Он и так знал, что имеет. Но он не был шакал даже после восьми лет общих работ — и чем дальше, тем крепче утверждался.

Однако глазам своим он приказать не мог. Его глаза, ястребиные глаза лагерника, обежали, проскользнули вмиг по разложенной на койке и на тумбочке цезаревой посылке, и, хотя бумажки были недоразвёрнуты, мешочки иные закрыты, — этим быстрым взглядом и подтверждающим нюхом Шухов невольно разведал, что Цезарь получил колбасу, сгущённое молоко, толстую копчёную рыбу, сало, сухарики с запахом, печенье ещё с другим запахом, сахар пиленный килограмма два и ещё, похоже, сливочное масло, потом сигареты, табак трубочный, и ещё, ещё что-то.

И всё это понял он за то короткое время, что сказал:

— Ваш хлеб, Цезарь Маркович.

4—3913

А Цезарь, взбудораженный, взъерошенный, словно пьяный (продуктовую посылку получив, и всякий таким становится), махнул на хлеб рукой:

— Возьми его себе, Иван Денисыч!

Баланда да ещё хлеба двести грамм — это был полный ужин и уж конечно полная доля Шухова от цезаревой посылки.

И Шухов сразу, как отрезавши, не стал больше ждать для себя ничего из разложенных Цезарем угощений. Хуже нет, как брюхо растравишь, да попусту.

Вот хлеба четыреста, да двести, да в матрасе не меньше двести. И хватит. Двести сейчас нажать, завтра утром пятьсот пятьдесят улупить, четыреста взять на работу — житуха! А те, в матрасе, пусть ещё полежат. Хорошо, что Шухов обоспел, зашил — из тумбочки вон в 75-й упёрли — спрашивай теперь с Верховного Совета!

Иные так разумеют: посылочник — тугой мешок, с посылочника рви! А разобраться, как приходит у него легко, так и уходит легко. Бывает, перед передачей и посылочники-те рады лишнюю кашу выслужить. И стреляют докурить. Надзирателю, бригадиру, — а придурку посылочному как не дать? Да он другой раз твою посылку так затурсует, её неделю в списках не будет. А каптёру в камеру хранения, кому продукты те все сдаются, куда вот завтра перед разводом Цезарь в мешке посылку понесёт (и от воров, и от шмонов, и начальник так велит), — тому каптёру если не дашь хорошо, так он у тебя по крошкам больше ущиплет. Целый день там сидит, крыса, с чужими продуктами заперши́сь, проверь его! А за услуги, вот как Шухову? А банщику, чтоб ему отдельно бельё порядочное подкидывал, — сколько ни то, а дать надо? А парикмахеру, который его с *бумажкой* бреет (то есть бритву о бумажку вытирает, не об колено твоё же голое), — много не много, а три-четыре сигаретки тоже дать? А в КВЧ, чтоб ему письма отдельно откладывали, не затеривали? А захочешь денёк закосить, в зоне на боку полежать, — доктору поднести надо? А соседу, кто с тобой за одной тумбочкой питается, как кавторанг с Цезарем, — как же не дать? Ведь он каждый кусок твой считает, тут и бессовестный не ужмётся, даст.

Так что пусть завидует, кому в чужих руках всегда редька толще, а Шухов понимает жизнь и на чужое добро брюха не распяливает.

Тем временем он разулся, залез к себе наверх, достал ножёвки кусок из рукавички, осмотрел и решил с завтрева искать камешек хороший и на том камешке затачивать ножёвку в сапожный нож. Дня за четыре, если и утром и вечером посидеть, славный можно будет ножичек сделать, с кривеньким острым лезом.

А пока, и до утра даже, ножёвочку надо припрятать. В своём же щите под поперечную связку загнать. И пока внизу кавторанга нет, значит, сору в лицо ему не насыплешь, отвернул Шухов с изголовья свой тяжёлый матрас, набитый не стружками, а опилками, — и стал прятать ножёвку.

Видели то соседи его по верху: Алёшка-баптист, а через проход, на соседней вагонке, — два брата-эстонца. Но от них Шухов не опасался.

Прошёл по бараку Фетюков, всхлипывая. Сгорбился. У губы кровь размазана. Опять, значит, побили его там за миски. Ни на кого не глядя и слёз своих не скрывая, прошёл мимо всей бригады, залез наверх, уткнулся в матрас.

Разобраться, так жаль его. Срока ему не дожить. Не умеет он себя поставить.

Тут и кавторанг появился, весёлый, принёс в котелке чаю особой заварки. В бараке стоят две бочки с чаем, но что то за чай? Только что тёпел да подкрашен, а сам бурда, и запах у него от бочки — древесиной пропаренной и прелью. Это чай для простых работяг. Ну, а Буйновский, значит, взял у Цезаря настоящего чаю горстку, бросил в котелок да сбегал в кипятильник. Довольный такой, внизу за тумбочку устраивается.

— Чуть пальцев не ожёг под струёй! — хвастает.

Там, внизу, разворачивает Цезарь бумаги лист, на него одно, другое кладёт, Шухов закрыл матрас, чтоб не видеть и не расстраиваться. А опять без Шухова у них дела не идут — поднимается Цезарь в рост в проходе, глазами как раз на Шухова и моргает:

— Денисыч! Там... *Десять суток* дай!

Это значит, ножичек дай им складной, маленький. И такой у Шухова есть, и тоже он его в щите держит. Если вот палец в средней косточке согнуть, так меньше того ножичек складной, а режет, мерзавец, сало в пять пальцев толщиной. Сам Шухов тот ножичек сделал, обделал и подтачивает сам.

Полез, вынул нож, дал. Цезарь кивнул и вниз скрылся.

Тоже вот и нож — заработок. За храненье его — ведь карцер. Это лишь у кого вовсе человеческой совести нет, тот может так: дай нам, мол, ножик, мы будем колбасу резать, а тебе хрен в рот.

Теперь Цезарь опять Шухову задолжал.

С хлебом и с ножами разобравшись, следующим делом вытащил Шухов кисет. Сейчас же он взял оттуда щепоть, ровную с той, что занимал, и через проход протянул эстонцу: спасибо, мол.

Эстонец губы растянул, как бы улыбнулся, соседу-брату что-то буркнул, и завернули они эту щепоть отдельно в цыгарку — попробовать, значит, что за шуховский табачок.

Да не хуже вашего, пробуйте на здоровье! Шухов бы и сам попробовал, но какими-то часами там, в нутре своём, чует, что осталось до проверки чуть-чуть. Сейчас самое время такое, что надзиратели шастают по баракам. Чтобы курить, сейчас надо в коридор выходить, а Шухову наверху, у себя на кровати, как будто теплей. В бараке ничуть не тепло, и та же обметь снежная по потолку. Ночью продрогнешь, но пока сносно кажется.

Всё это делал Шухов и хлеб начал помалу отламывать от двухсотграммовки, сам же слушал обневолю, как внизу под ним, чай пья, разговорились кавторанг с Цезарем.

— Кушайте, капитан, кушайте, не стесняйтесь! Берите вот рыбца копчёного. Колбасу берите.

— Спасибо, беру.

— Батон маслом мажьте! Настоящий московский батон!

— Ай-ай-ай, просто не верится, что где-то ещё пекут батоны. Вы знаете, такое внезапное изобилие напоминает мне один случай. Это перед ялтинским совещанием, в Севастополе. Город — абсолютно голодный, а надо вести американского адмирала показывать. И вот сделали специально магазин, полный продуктов, но открыть его тогда, когда увидят нас в полквартале, чтоб не успели жители натискаться. И всё равно за одну минуту полмагазина набилось. А там — чего только нет. «Масло, кричат, смотри, масло! Белый хлеб!»

Гам стоял в половине барака от двухсот глоток, всё же Шухов различил, будто об рельс звонили. Но не слышал никто. И ещё приметил Шухов: вошёл в барак надзиратель Курносенький — совсем маленький паренёк с румяным лицом. Держал он в руках бумажку, и по этому, и по повадке видно было, что он пришёл не курильщиков ловить и не на проверку выгонять, а кого-то искал.

Курносенький сверился с бумажкой и спросил:

— Сто четвёртая где?

— Здесь, — ответили ему. А эстонцы папиросу припрятали и дым разогнали.

— А бригадир где?

— Ну? — Тюрин с койки, ноги на пол едва приспустя.

— Объяснительные записки, кому сказано, написали?

— Пишут! — уверенно ответил Тюрин.

— Сдать надо было уже.

— У меня — малограмотные, дело нелёгкое. — (Это про Цезаря он и про кавторанга. Ну и молодец бригадир, никогда за словом не запнётся.) — Ручек нет, чернила нет.

— Надо иметь.

— Отбирают!

— Ну, смотри, бригадир, много будешь говорить — и тебя посажу! — незло пообещал Курносенький. — Чтоб утром завтра до развода объяснительные были в надзирательской! И указать, что недозволенные вещи все сданы в каптёрку личных вещей. Понятно?

— Понятно.

(«Пронесло кавторанга!» — Шухов подумал. А сам кавторанг и не слышит ничего, над колбасой там заливается.)

— Теперь та-ак, — надзиратель сказал. — Ще-триста одиннадцать — есть у тебя такой?

— Надо по списку смотреть, — темнит бригадир. — Рази ж их запомнишь, номера собачьи? — (Тянет бригадир, хочет Буйновского хоть на ночь спасти, до проверки дотянуть.)

— Буйновский — есть?

— А? Я! — отозвался кавторанг из-под шуховской койки, из укрыва.

Та́к вот быстрая вошка всегда первая на гребешок попадает.

— Ты? Ну, правильно, Ще-триста одиннадцать. Собирайся.

— Ку-да?

— Сам знаешь.

Только вздохнул капитан да крякнул. Должно быть, тёмной ночью в море бурное легче ему было эскадру миноносцев выводить, чем сейчас от дружеской беседы в ледяной карцер.

— Сколько суток-то? — голосом упав, спросил он.

— Десять. Ну, давай, давай быстрей!

И тут же закричали дневальные:

— Проверка! Проверка! Выходи на проверку!

Это значит, надзиратель, которого прислали проверку проводить, уже в бараке.

Оглянулся капитан — бушлат брать? Так бушлат там сдерут, одну телогрейку оставят. Выходит, как есть, так и иди. Понадеялся капитан, что Волковой забудет (а Волковой никому ничего не забывает), и не приготовился, даже табачку себе в телогрейку не спрятал. А в руку брать — дело пустое, на шмоне тотчас и отберут.

Всё ж, пока он шапку надевал, Цезарь ему пару сигарет сунул.

— Ну, прощайте, братцы, — растерянно кивнул кавторанг 104-й бригаде и пошёл за надзирателем.

Крикнули ему в несколько голосов, кто — мол, бодрись, кто — мол, не теряйся, — а что ему скажешь? Сами клали БУР, знает 104-я: стены там каменные, пол цементный, окошка нет никакого, печку топят — только чтоб лёд со стенки стаял и на полу лужей стоял. Спать — на досках голых, если в зуботряске улежишь, хлеба в день — триста грамм, а баланда — только на третий, шестой и девятый дни.

Десять суток! Десять суток здешнего карцера, если отсидеть их строго и до конца, — это значит на всю жизнь здоровья лишиться. Туберкулёз, и из больничек уже не вылезешь.

А по пятнадцать суток строгого кто отсидел — уж те в земле сырой.

Пока в бараке живёшь — молись от радости и не попадайся.

— А ну, выходи, считаю до трёх! — старший барака кричит. — Кто до трёх не выйдет — номера запишу и гражданину надзирателю передам!

Старший барака — вот ещё сволочь старшая. Ведь скажи, запирают его вместе ж с нами в бараке на всю ночь, а держится начальством, не боится никого. Наоборот, его все боятся. Кого надзору продаст, кого сам в морду стукнет. Инвалид считается, потому что палец у него один оторван в драке, а мордой — урка. Урка он и есть, статья уголовная, но меж других статей навесили ему пятьдесят восемь-четырнадцать, потому и в этот лагерь попал.

Свободное дело, сейчас на бумажку запишет, надзирателю передаст — вот тебе и карцер на двое суток с выводом. То медленно тянулись к дверям, а тут как загустили, загустили, да с верхних коек прыгают медведями и прут все в двери узкие.

Шухов, держа в руке уже скрученную, давно желанную цыгарку, ловко спрыгнул, сунул ноги в валенки и уж хотел идти, да пожалел Цезаря. Не заработать ещё от Цезаря хотел, а пожалел от души: небось много он об себе думает, Цезарь, а не понимает в жизни ничуть: посылку получив, не гужеваться надо было над ней, а до проверки тащить скорей в камеру хранения. Покушать — отложить можно. А теперь — чтó вот Цезарю с посылкой делать? С собой весь мешочище на проверку выносить — смех! — в пятьсот глоток смех будет. Оставить здесь — не ровён час, тяпнут, кто с проверки первый в барак вбежит. (В Усть-Ижме ещё лютей законы были: там, с работы возвращаясь, блатные опередят, и пока задние войдут, а уж тумбочки их обчищены.)

Видит Шухов — заметался Цезарь, тык-мык, да поздно. Суёт колбасу и сало себе за пазуху — хоть с ими-то на проверку выйти, хоть их спасти.

Пожалел Шухов и научил:

— Сиди, Цезарь Маркович, до последнего, притулись туда, во теми, и до последнего сиди. Аж когда надзиратель с дневальными будет койки обходить, во все дыры заглядать, тогда выходи. Больной, мол! А я выйду первый и вскочу первый. Вот так..

И убежал.

Сперва протискивался Шухов круто (цыгарку свёрнутую оберегая, однако, в кулаке). В коридоре же, общем для двух половин барака, и в сенях никто уже вперёд не пёрся, зверехитрое племя, а облепили стены в два ряда слева и в два справа — и только проход посрединке на одного человека оставили пустой: проходи на мороз, кто дурней, а мы и тут побудем. И так целый день на морозе, да сейчас лишних десять минут мёрзнуть? Дураков, мол, нет. Подохни ты сегодня, а я завтра!

В другой раз и Шухов так же жмётся к стеночке. А сейчас выходит шагом широким да скалится ещё:

— Чего испугались, придурня́? Сибирского мороза не видели? Выходи на волчье солнышко греться! Дай, дай прикурить, дядя!

Прикурил в сенях и вышел на крыльцо. «Волчье солнышко» — так у Шухова в краю ино месяц в шутку зовут.

Высоко месяц вылез! Ещё столько — и на самом верху будет. Небо белое, аж с сузеленью, звёзды яркие да редкие. Снег белый блестит, бараков стены тож белые — и фонари мало влияют.

Вон у того барака толпа чёрная густеет — выходят строиться. И у другого вон. И от барака к бараку не так разговор гудёт, как снег скрипит.

Со ступенек спустясь, стало лицом к дверям пять человек, и ещё за ними трое. К тем трём во вторую пятёрку и Шухов пристроился. Хлебца пожевав, да с папироской в зубах, стоять тут можно. Хорош табак, не обманул латыш — и дерунок, и духовит.

Понемножку ещё из дверей тянутся, сзади Шухова уже пятёрки две-три. Теперь кто вышел, этих зло разбирает: чего т е гады жмутся в коридоре, не выходят. Мёрзни за них.

Никто из зэков никогда в глаза часов не видит, да и к чему они, часы? Зэку только надо знать — скоро ли подъём? до развода сколько? до обеда? до отбоя?

Всё ж говорят, что проверка вечерняя бывает в девять. Только не кончается она в девять никогда, шурудят проверку по второму да по третьему разу. Раньше десяти не уснёшь. А в пять часов, толкуют, подъём. Дива и нет, что молдаван нынче перед съёмом заснул. Где зэк угреется, там и спит сразу. За неделю наберётся этого сна недоспанного, так если в воскресенье не прокатят — спят вповалку бараками целыми.

Эх, да и повалили ж! повалили зэки с крыльца! — это старший барака с надзирателем их в зады шугают! Так их, зверей!

— Что? — кричат им первые ряды. — Комбинируете, гады? На дерьме сметану собираете? Давно бы вышли — давно бы посчитали.

Выперли весь барак наружу. Четыреста человек в бараке — это восемьдесят пятёрок. Выстроились все в хвост, сперва по пять строго, а там — шалманом.

— Разберись там, сзади! — старший барака орёт со ступенек.

Хуб хрен, не разбираются, черти!

Вышел из дверей Цезарь, жмётся — *с понтом* больной, за ним дневальных двое с той половины барака, двое с этой и ещё хромой один. В первую пятёрку они и стали, так что Шухов в третьей оказался. А Цезаря в хвост угнали.

И надзиратель вышел на крыльцо.

— Раз-зберись по пять! — хвосту кричит, глотка у него здоровая.

— Раз-зберись по пять! — старший барака орёт, глотка ещё здоровше.

Не разбираются, хуб хрен.

Сорвался старший барака с крыльца, да туда, да матом, да в спины!

Но — смотрит: кого. Только смирных лупцует.

Разобрались. Вернулся. И вместе с надзирателем:

— Первая! Вторая! Третья!..

Какую назовут пятёрку — со всех ног, и в барак. На сегодня с начальничком рассчитались!

Рассчитались бы, если без второй проверки. Дармоеды эти, лбы широкие, хуже любого пастуха считают: тот и неграмотен, а стадо гонит, на ходу знает, все ли телята. А этих и натаскивают, да без толку.

Прошлую зиму в этом лагере сушилок вовсе не было, обувь на ночь у всех в бараке оставалась — так вторую, и третью, и четвёртую проверку на улицу выгоняли. Уж не одевались, а так, в одеяла укутанные выходили. С этого года сушилки построили, не на всех, но через два дня на третий каждой бригаде выпадает валенки сушить. Так теперь вторые разы стали считать в бараках: из одной половины в другую перегоняют.

Шухов вбежал хоть и не первый, но с первого глаз не спуская. Добежал до цезаревой койки, сел. Сорвал с себя валенки, взлез на вагонку близ печки и оттуда валенки свои на печку уставил. Тут — кто раньше займёт. И — назад, к цезаревой койке. Сидит, ноги поджав, одним глазом смотрит, чтобы цезарев мешок из-под изголовья не дёрнули, другим — чтоб валенки его не спихнули, кто печку штурмует.

— Эй! — крикнуть пришлось, — ты! рыжий! А валенком в рожу если? Свои ставь, чужих не трог!

Сыпят, сыпят в барак зэки. В 20-й бригаде кричат:

— Сдавай валенки!

Сейчас их с валенками из барака выпустят, барак запрут. А потом бегать будут:

— Гражданин начальник! Пустите в барак!

А надзиратели сойдутся в штабном — и по дощечкам своим бухгалтерию сводить, убежал ли кто или все на месте.

Ну, Шухову сегодня до этого дела нет. Вот и Цезарь к себе меж вагонками ныряет.

— Спасибо, Иван Денисыч!

Шухов кивнул и, как белка, быстро залез наверх. Можно двухсотграммовку доедать, можно вторую папиросу курнуть, можно и спать.

Только от хорошего дня развеселился Шухов, даже и спать вроде не хочется.

Стелиться Шухову дело простое: одеяльце черноватенькое с матраса содрать, лечь на матрас (на простыне Шухов не спал, должно, с сорок первого года, как из дому; ему чудно даже, зачем бабы простынями занимаются, стирка лишняя), голову — на подушку стружчатую, ноги — в телогрейку, сверх одеяла — бушлат, и —

— Слава тебе, Господи, ещё один день прошёл!

Спасибо, что не в карцере спать, здесь-то ещё можно.

Шухов лёг головой к окну, а Алёшка на той же вагонке, через ребро доски от Шухова, — обратно головой, чтоб ему от лампочки свет доходил. Евангелие опять читает.

Лампочка от них не так далеко, можно читать, и шить даже можно.

Услышал Алёшка, как Шухов вслух Бога похвалил, и обернулся.

— Ведь вот, Иван Денисович, душа-то ваша просится Богу молиться. Почему ж вы ей воли не даёте, а?

Покосился Шухов на Алёшку. Глаза, как свечки две, теплятся. Вздохнул.

— Потому, Алёшка, что молитвы те, как заявления, или не доходят, или «в жалобе отказать».

Перед штабным бараком есть такие ящичка четыре, опечатанные, раз в месяц их уполномоченный опоражнивает. Многие в те ящички заявления кидают. Ждут, время считают: вот через два месяца, вот через месяц ответ придёт.

А его нету. Или: «отказать».

— Вот потому, Иван Денисыч, что молились вы мало, плохо, без усердия, вот потому и не сбылось по молитвам вашим. Молитва должна быть неотступна! И если будете веру иметь и скажете этой горе — перейди! — перейдёт.

Усмехнулся Шухов и ещё одну папиросу свернул. Прикурил у эстонца.

— Брось ты, Алёшка, трепаться. Не видал я, чтобы горы ходили. Ну, сказать, и гор-то самих я не видал. А вы вот на Кавказе всем своим баптистским клубом молились — хоть одна перешла?

Тоже горюны: Богу молились, кому они мешали? Всем вкруговую по двадцать пять сунули. Потому пора теперь такая: двадцать пять, одна мерка.

— А мы об этом не молились, Денисыч, — Алёшка внушает. Перелез с евангелием своим к Шухову поближе, к лицу самому. — Из всего земного и бренного молиться нам Господь завещал только о хлебе насущном: «Хлеб наш насущный даждь нам днесь!»

— Пайку, значит? — спросил Шухов.

А Алёшка своё, глазами уговаривает больше слов и ещё рукой за руку тереблет, поглаживает:

— Иван Денисыч! Молиться не о том надо, чтобы посылку прислали или чтоб лишняя порция баланды. Что высоко у людей, то мерзость перед Богом! Молиться надо о духовном: чтоб Господь с нашего сердца накипь злую снимал...

— Вот слушай лучше. У нас в поломенской церкви поп...

— О попе твоём — не надо! — Алёшка просит, даже лоб от боли переказился.

— Нет, ты всё ж послушай. — Шухов на локте поднялся. — В Поломне, приходе нашем, богаче попа нет человека. Вот, скажем, зовут крышу крыть, так с людей по тридцать пять рублей в день берём, а с попа — сто. И хоть бы крякнул. Он, поп поломенский, трём бабам в три города алименты платит, а с четвёртой семьёй живёт. И архиерей областной у него на крючке, лапу жирную наш поп архиерею даёт. И всех других попов, сколько их присылали, выживает, ни с кем делиться не хочет...

— Зачем ты мне о попе? Православная церковь от Евангелия отошла. Их не сажают, или пять лет дают, потому что вера у них не твёрдая.

Шухов спокойно смотрел, куря, на алёшкино волнение.

— Алёша, — отвёл он руку его, надымив баптисту и в лицо. — Я ж не против Бога, понимаешь. В Бога я охотно верю. Только вот не верю я в рай и в ад. Зачем вы нас за дурачков считаете, рай и ад нам сулите? Вот что мне не нравится.

Лёг Шухов опять на спину, пепел за головой осторожно сбрасывает меж вагонкой и окном, так, чтоб кавторанговы вещи не прожечь. Раздумался, не слышит, чего там Алёшка лопочет.

— В общем, — решил он, — сколько ни молись, а сроку не скинут. Так *от звонка до звонка* и досидишь.

— А об этом и молиться не надо! — ужаснулся Алёшка. — Что тебе воля? На воле твоя последняя вера терниями заглохнет! Ты радуйся, что ты в тюрьме! Здесь тебе есть время о душе подумать! Апостол Павел вот как говорил: «Что вы плачете и сокрушаете сердце моё? Я не только хочу быть узником, но готов умереть за имя Господа Иисуса!»

Шухов молча смотрел в потолок. Уж сам он не знал, хотел он воли или нет. Поначалу-то очень хотел и каждый вечер считал, сколько дней от сроку прошло, сколько осталось. А потом надоело. А потом проясняться стало, что домой таких не пускают, гонят в ссылку. И где ему будет житуха лучше — тут ли, там — не ведомо.

Только б то и хотелось ему у Бога попросить, чтобы — домой.

А домой не пустят...

Не врёт Алёшка, и по его голосу и по глазам его видать, что радый он в тюрьме сидеть.

— Вишь, Алёшка, — Шухов ему разъяснил, — у тебя как-то ладно получается: Христос тебе сидеть велел, за Христа ты и сел. А я за что сел? За то, что в сорок первом к войне не приготовились, за это? А я при чём?

— Что-то второй проверки нет... — Кильдигс со своей койки заворчал.

— Да-а! — отозвался Шухов. — Это нужно в трубе угольком записать, что второй проверки нет. — И зевнул: — Спать, наверно.

И тут же в утихающем усмирённом бараке услышали грохот болта на внешней двери. Вбежали из коридора двое, кто валенки относил, и кричат:

— Вторая проверка!

Тут и надзиратель им вслед:

— Вы́-ходи на ту половину!

А уж кто и спал! Заворчали, задвигались, в валенки ноги суют (в кальсонах редко кто, в брюках ватных так и спят — без них под одеяльцем скоченеешь).

— Тьфу, проклятые! — выругался Шухов. Но не очень он сердился, потому что не заснул ещё.

Цезарь высунул руку наверх и положил ему два печенья, два кусочка сахару и один круглый ломтик колбасы.

— Спасибо, Цезарь Маркович, — нагнулся Шухов вниз, в проход. — А ну-ка, мешочек ваш дайте мне наверх под голову для безопаски. — (Сверху на ходу не стяпнешь так быстро, да и кто у Шухова искать станет?)

Цезарь передал Шухову наверх свой белый завязанный мешок. Шухов подвалил его под матрас и ещё ждал, пока выгонят больше, чтобы в коридоре на полу босиком меньше стоять. Но надзиратель оскалился:

— А ну, там! в углу!

И Шухов мягко спрыгнул босиком на пол (уж так хорошо его валенки с портянками на печке стояли — жалко было их снимать!). Сколько он тапочек перешил — всё другим, себе не оставил. Да он привычен, дело недолгое.

Тапочки тоже отбирают, у кого найдут днём.

И какие бригады валенки сдали на сушку — тоже теперь хорошо, кто в тапочках, а то в портянках одних подвязанных или босиком.

— Ну! ну! — рычал надзиратель.

— Вам дрына, падлы? — старший барака тут же.

Выперли всех в ту половину барака, последних — в коридор. Шухов тут и стал у стеночки, около парашной. Под ногами его пол был мокроват, и ледяно тянуло низом из сеней.

Выгнали всех — и ещё раз пошёл надзиратель и старший барака смотреть — не спрятался ли кто, не приткнулся ли кто в затёмке и спит. Потому что недосчитаешь — беда, и пересчитаешь — беда, опять перепроверка. Обошли, обошли, вернулись к дверям.

Первый, второй, третий, четвёртый... уж теперь быстро по одному запускают. Восемнадцатым и Шухов втиснулся. Да бегом к своей вагонке, да на подпорочку ногу закинул — шасть! — и уж наверху.

Ладно. Ноги опять в рукав телогрейки, сверху одеяло, сверху бушлат, спим! Будут теперь всю ту вторую половину барака в нашу половину перепускать, да нам-то горюшка нет.

Цезарь вернулся. Спустил ему Шухов мешок.

Алёшка вернулся. Неумелец он, всем угождает, а заработать не может.

— На, Алёшка! — и печенье одно ему отдал.

Улыбится Алёшка.

— Спасибо! У вас у самих нет!

— Е-ешь!

У нас нет, так мы всегда заработаем.

А сам колбасы кусочек — в рот! Зубами её! Зубами! Дух мясной! И сок мясной, настоящий. Туда, в живот, пошёл.

И — нету колбасы.

Остальное, рассудил Шухов, перед разводом.

И укрылся с головой одеяльцем, тонким, немытеньким, уже не прислушиваясь, как меж вагонок набилось из той половины зэков: ждут, когда их половину проверят.

Засыпал Шухов вполне удоволенный. На дню у него выдалось сегодня много удач: в карцер не посадили, на Соцгородок бригаду не выгнали, в обед он закосил кашу, бригадир хорошо закрыл процентовку, стену Шухов клал весело, с ножёвкой на шмоне не попался, подработал вечером у Цезаря и табачку купил. И не заболел, перемогся.

Прошёл день, ничем не омрачённый, почти счастливый.

Таких дней в его сроке от звонка до звонка было три тысячи шестьсот пятьдесят три.

Из-за високосных годов — три дня лишних набавлялось...

1959

БУР	—	Барак Усиленного Режима, внутрилагерная тюрьма.
Вагонка	—	лагерное устройство для тесного спанья. Четыре деревянных щита, смежные и в два этажа, на общем основании. Вагонки стоят рядом — и создаются как бы вагонные купе, отсюда название.
Вертухай	—	тюремное слово для надзирателя, отчасти употребляемое в лагере.
Гужеваться (блатн.)	—	разбирать, рассматривать, пользоваться не торопясь, со смаком.
Качать права	—	спорить с начальством, пытаясь 'искать общую справедливость.
КВЧ	—	Культурно-Воспитательная Часть. Отдел лагерной администрации, ведающий агитацией, художественной самодеятельностью, библиотекой (если она есть), перепиской (если нет отдельно цензуры) и выполняющий всякие подсобные функции.
Кондей (блатн.)	—	карцер. *Без вывода* — содержат как в тюрьме. *С выводом* — только ночь в карцере, а днём выводят на работу.
Косить, косануть	—	воспользоваться, присвоить что-либо вопреки установленным правилам. *Закосить пайку. Закосить день* — суметь не выйти на работу.
Кум, опер	—	оперуполномоченный. Чекист, следящий за настроениями зэков, ведающий осведомительством и следственными делами. (Вероятно — от истинного значения порусски: «кум» — состоящий в духовном родстве.)
Общие работы	—	главные по профилю данного лагеря, на которых работает большинство зэков и где условия наиболее тяжелы.
ППЧ	—	Планово-Производственная Часть. Отдел лагерной администрации.
Придурок	—	работающий в административной должности (но бригадир — не придурок) или в сфере обслуживания — всегда на более лёгкой, привилегированной работе. *Придурня*.
С понтом	—	делая вид.
Фитиль (блатн.)	—	доходяга, сильно ослабший человек, еле на ногах (уже не прямо держится, отсюда сравнение).
Шестерить	—	услуживать лично кому-либо. *Шестёрка* – кто держится в услугах.
Шмон (блатн.)	—	обыск.

МАТРЁНИН ДВОР

На сто восемьдесят четвёртом километре от Москвы по ветке, что идёт к Мурому и Казани, ещё с добрых полгода после того все поезда замедляли свой ход почти как бы до ощупи. Пассажиры льнули к стёклам, выходили в тамбур: чинят пути, что ли? из графика вышел?

Нет. Пройдя переезд, поезд опять набирал скорость, пассажиры усаживались.

Только машинисты знали и помнили, отчего это всё.

Да я.

1

Летом 1956 года из пыльной горячей пустыни я возвращался наугад — просто в Россию. Ни в одной точке её никто меня не ждал и не звал, потому что я задержался с возвратом годиков на десять. Мне просто хотелось в среднюю полосу — без жары, с лиственным рокотом леса. Мне хотелось затесаться и затеряться в самой нутряной России — если такая где-то была, жила.

За год до того по сю сторону Уральского хребта я мог наняться разве таскать носилки. Даже электриком на порядочное строительство меня бы не взяли. А меня тянуло — учительствовать. Говорили мне знающие люди, что нечего и на билет тратиться, впустую проезжу.

Но что-то начинало уже страгиваться. Когда я поднялся по лестнице Владимирского облоно и спросил, где отдел кадров, то с удивлением увидел, что *кадры* уже не сидели здесь за чёрной кожаной дверью, а за остеклённой перегородкой, как в аптеке. Всё же я подошёл к окошечку робко, поклонился и попросил:

— Скажите, не нужны ли вам математики? Где-нибудь подальше от железной дороги? Я хочу поселиться там навсегда.

Каждую букву в моих документах перещупали, походили из комнаты в комнату и куда-то звонили. Тоже и для них редкость была — все ведь просятся в город, да покрупней. И вдруг-таки дали мне местечко — Высокое Поле. От одного названия веселела душа.

Название не лгало. На взгорке между ложков, а потом других взгорков, цельно-обомкнутое лесом, с прудом и плотинкой, Высокое Поле было тем самым местом, где не обидно бы и жить и умереть. Там я долго сидел в рощице на пне и думал, что от души бы хотел не нуждаться каждый день завтракать и обедать, только бы остаться здесь и ночами слушать, как ветви шуршат по крыше — когда ниоткуда не слышно радио и всё в мире молчит.

Увы, там не пекли хлеба. Там не торговали ничем съестным. Вся деревня волокла снедь мешками из областного города.

Я вернулся в отдел кадров и взмолился перед окошечком. Сперва и разговаривать со мной не хотели. Потом всё ж походили из комнаты в комнату, позвонили, поскрипели и отпечатали мне в приказе: «Т о р ф о п р о д у к т».

Торфопродукт? Ах, Тургенев не знал, что можно по-русски составить такое!

На станции Торфопродукт, состарившемся временном серо-деревянном бараке, висела строгая надпись: «На поезд садиться только со стороны вокзала!» Гвоздём по доскам было доцарапано: «И без билетов». А у кассы с тем же меланхолическим остроумием было навсегда вырезано ножом: «Билетов нет». Точный смысл этих добавлений я оценил позже. В Торфопродукт легко было приехать. Но не уехать.

А и на этом месте стояли прежде и перестояли революцию дремучие, непрохожие леса. Потом их вырубили — торфоразработчики и соседний колхоз. Председатель его, Горшков, свёл под корень изрядно гектаров леса и выгодно сбыл в Одесскую область, на том свой колхоз возвысив, а себе получив Героя Социалистического Труда.

Меж торфяными низинами беспорядочно разбросался посёлок — однообразные, худо штукатуренные бараки тридцатых годов и, с резьбой по фасаду, с остеклёнными верандами, домики пятидесятых. Но внутри этих домиков нельзя было увидеть перегородки, доходящей до потолка, так что не снять мне было комнаты с четырьмя настоящими стенами.

Над посёлком дымила фабричная труба. Туда и сюда сквозь посёлок проложена была узкоколейка, и паровозики, тоже густо дымящие, пронзительно свистя, таскали по ней поезда с бурым торфом, торфяными плитами и брикетами. Без ошибки я мог предположить, что вечером над дверьми клуба будет надрываться радиола, а по улице пображивать пьяные да подпыривать друг друга ножами.

Вот куда завела меня мечта о тихом уголке России. А ведь там, откуда я приехал, мог я жить в глинобитной хатке, глядящей в пустыню. Там дул такой свежий ветер ночами и только звёздный свод распахивался над головой.

Мне не спалось на станционной скамье, и я чуть свет опять побрёл по посёлку. Теперь я увидел крохотный базарец. По рани единственная женщина стояла там, торгуя молоком. Я взял бутылку, стал пить тут же.

Меня поразила её речь. Она не говорила, а напевала умильно, и слова её были те самые, за которыми потянула меня тоска из Азии:

— Пей, пей с душою жела́дной. Ты, пота́й, приезжий?

— А вы откуда? — просветлел я.

И узнал, что не всё вокруг торфоразработки, что есть за полотном железной дороги — бугор, а за бугром — деревня, и деревня эта — Та́льново, испокон она здесь, ещё когда была барыня-«цыганка» и кругом лес лихой стоял. А дальше целый край идёт деревень: Часлицы, Овинцы, Спудни, Шевертни, Шестимирово — всё поглуше, от железной дороги подале, к озёрам.

Ветром успокоения потянуло на меня от этих названий. Они обещали мне кондовую Россию.

И я попросил мою новую знакомую отвести меня после

базара в Тальново и подыскать избу, где бы стать мне квартирантом.

Я оказался квартирантом выгодным: сверх платы сулила школа за меня ещё машину торфа на зиму. По лицу женщины прошли заботы уже не умильные. У самой у неё места не было (они с мужем *воспитывали* её престарелую мать), оттого она повела меня к одним своим родным и ещё к другим. Но и здесь не нашлось комнаты отдельной, везде было тесно и лопотно.

Так мы дошли до высыхающей подпруженной речушки с мостиком. Милей этого места мне не приглянулось во всей деревне; две-три ивы, избушка перекособоченная, а по пруду плавали утки, и выходили на берег гуси, отряхиваясь.

— Ну, разве что к Матрёне зайдём, — сказала моя проводница, уже уставая от меня. — Только у неё не так уборно, в за́пущи она живёт, болеет.

Дом Матрёны стоял тут же, неподалеку, с четырьмя оконцами в ряд на холодную некрасную сторону, крытый щепою, на два ската и с украшенным под теремок чердачным окошком. Дом не низкий — восемнадцать венцов. Однако изгнивала щепа, посерели от старости брёвна сруба и ворота, когда-то могучие, и проредилась их обвершка.

Калитка была на запоре, но проводница моя не стала стучать, а просунула руку под низом и отвернула завёртку — нехитрую затею против скота и чужого человека. Дворик не был крыт, но в доме многое было под одной связью. За входной дверью внутренние ступеньки поднимались на просторные *мосты*, высоко осенённые крышей. Налево ещё ступеньки вели вверх в *горницу* — отдельный сруб без печи, и ступеньки вниз, в подклеть. А направо шла сама изба, с чердаком и подпольем.

Строено было давно и добротно, на большую семью, а жила теперь одинокая женщина лет шестидесяти.

Когда я вошёл в избу, она лежала на русской печи, тут же, у входа, накрытая неопределённым тёмным тряпьём, таким бесценным в жизни рабочего человека.

Просторная изба, и особенно лучшая приконная её часть, была уставлена по табуреткам и лавкам — горшками и кадками с фикусами. Они заполнили одиночество хозяйки безмолвной, но живой толпой. Они разрослись привольно, забирая небогатый свет северной стороны. В остатке света, и к тому же за трубой, кругловатое лицо хозяйки показалось мне жёлтым, больным. И по глазам её замутнённым можно было видеть, что болезнь измотала её.

Разговаривая со мной, она так и лежала на печи ничком, без подушки, головой к двери, а я стоял внизу. Она не проявила радости заполучить квартиранта, жаловалась на чёрный недуг, из приступа которого выходила сейчас: недуг налетал на неё не каждый месяц, но, налетев, —

— ...держит два-дни и три-дни, так что ни встать, ни подать я вам не приспею. А избу бы не жалко, живите.

И она перечисляла мне других хозяек, у кого будет мне покойней и угожей, и слала обойти их. Но я уже видел, что жребий мой был — поселиться в этой темноватой избе с тусклым зеркалом, в которое совсем нельзя было смотреться, с двумя яркими рублёвыми плакатами о книжной торговле и об урожае, повешенными на стене для красоты. Здесь было мне тем хорошо, что по бедности Матрёна не держала радио, а по одиночеству не с кем было ей разговаривать.

И хотя Матрёна Васильевна вынудила меня походить ещё по деревне, и хотя в мой второй приход долго отнекивалась:

— Не умемши, не варёмши — как утрафишь? — но уж встретила меня на ногах, и даже будто удовольствие пробудилось в её глазах оттого, что я вернулся.

Поладили о цене и о торфе, что школа привезёт.

Я только потом узнал, что год за годом, многие годы, ниоткуда не зарабатывала Матрёна Васильевна ни рубля. Потому что пенсии ей не платили. Родные ей помогали мало. А в колхозе она работала не за деньги — за палочки. За палочки трудодней в замусленной книжке учётчика.

Так и поселился я у Матрёны Васильевны. Комнаты мы не делили. Её кровать была в дверном углу у печки, а я свою раскладушку развернул у окна и, оттесня от света любимые матрёнины фикусы, ещё у одного окна поставил стол. Электричество же в деревне было — его ещё в двадцатые годы подтянули от Шатуры. В газетах писали тогда — «лампочки Ильича», а мужики, глаза тараща, говорили: «Царь Огонь!»

Может, кому из деревни, кто побогаче, изба Матрёны и не казалась доброжилой, нам же с ней в ту осень и зиму вполне была хороша: от дождей она ещё не протекала и ветрами студёными выдувало из неё печное грево не сразу, лишь под утро, особенно тогда, когда дул ветер с прохудившейся стороны.

Кроме Матрёны и меня, жили в избе ещё: кошка, мыши и тараканы.

Кошка была немолода, а главное — колченога. Она из жалости была Матрёной подобрана и прижилась. Хотя она и ходила на четырёх ногах, но сильно прихрамывала: одну ногу она берегла, больная была нога. Когда кошка прыгала с печи на пол, звук касания её о пол не был кошаче-мягок, как у всех, а — сильный одновременный удар трёх ног: туп! — такой сильный удар, что я не сразу привык, вздрагивал. Это она три ноги подставляла разом, чтоб уберечь четвёртую.

Но не потому были мыши в избе, что колченогая кошка с ними не справлялась: она как молния за ними прыгала в угол и выносила в зубах. А недоступны были мыши для кошки из-за того, что кто-то когда-то, ещё по хорошей жизни, оклеил матрёнину избу рифлёными зеленоватыми обоями, да не просто в слой, а в пять слоёв. Друг с другом обои склеились хорошо, от стены же во многих местах отстали — и получилась как бы внутренняя шкура на избе. Между брёвнами избы и обойной шкурой мыши и проделали себе ходы и нагло шуршали, бегая по ним даже и под потолком. Кошка сердито смотрела вслед их шуршанью, а достать не могла.

Иногда ела кошка и тараканов, но от них ей становилось нехорошо. Единственное, что тараканы уважали, это черту перегородки, отделявшей устье русской печи и кухоньку от чистой избы. В чистую избу они не переползали. Зато в кухоньке по ночам кишели, и если поздно вечером, зайдя испить воды, я зажигал там лампочку — пол весь, и скамья большая, и даже стена были чуть не сплошь бурыми и шевелились. Приносил я из химического кабинета буры, и, смешивая с тестом, мы их травили. Тараканов менело, но Матрёна боялась отравить вместе с ними и кошку. Мы прекращали подсыпку яда, и тараканы плодились вновь.

По ночам, когда Матрёна уже спала, а я занимался за столом, — редкое быстрое шуршание мышей под обоями покрывалось слитным, единым, непрерывным, как далёкий шум океана, шорохом тараканов за перегородкой. Но я свыкся с ним, ибо в нём не было ничего злого, в нём не было лжи. Шуршанье их — была их жизнь.

И с грубой плакатной красавицей я свыкся, которая со

стены постоянно протягивала мне Белинского, Панфёрова и ещё стопу каких-то книг, но — молчала. Я со всем свыкся, что было в избе Матрёны.

Матрёна вставала в четыре-пять утра. Ходикам матрёниным было двадцать семь лет как куплены в сельпо. Всегда они шли вперёд, и Матрёна не беспокоилась — лишь бы не отставали, чтоб утром не запоздниться. Она включала лампочку за кухонной перегородкой и тихо, вежливо, стараясь не шуметь, топила русскую печь, ходила доить козу (все животы её были — одна эта грязно-белая криворогая коза), по воду ходила и варила в трёх чугунках: один чугунок — мне, один — себе, один — козе. Козе она выбирала из подполья самую мелкую картошку, себе — мелкую, а мне — с куриное яйцо. Крупной же картошки огород её песчаный, с довоенных лет не удобренный и всегда засаживаемый картошкой, картошкой и картошкой, — крупной не давал.

Мне почти не слышались её утренние хлопоты. Я спал долго, просыпался на позднем зимнем свету и потягивался, высовывая голову из-под одеяла и тулупа. Они да ещё лагерная телогрейка на ногах, а снизу мешок, набитый соломой, хранили мне тепло даже в те ночи, когда стужа толкалась с севера в наши хилые оконца. Услышав за перегородкой сдержанный шумок, я всякий раз размеренно говорил:

— Доброе утро, Матрёна Васильевна!

И всегда одни и те же доброжелательные слова раздавались мне из-за перегородки. Они начинались каким-то низким тёплым мурчанием, как у бабушек в сказках:

— М-м-мм... также и вам!

И немного погодя:

— А завтрак вам приспе-ел.

Что́ на завтрак, она не объявляла, да это и догадаться было легко: *картовь* необлупленная, или суп *картонный* (так выговаривали все в деревне), или каша ячневая (другой крупы в тот год нельзя было купить в Торфопродукте, да и ячневую-то с бою — как самой дешёвой ею откармливали свиней и мешками брали). Не всегда это было посолено, как надо, часто пригорало, а после еды оставляло налёт на нёбе, дёснах и вызывало изжогу.

Но не Матрёны в том была вина: не было в Торфопродукте и масла, маргарин нарасхват, а свободно только жир комбинированный. Да и русская печь, как я пригляделся, неудобна для стряпни: варка идёт скрыто от стряпухи, жар к чугунку подступает с разных сторон неравномерно. Но потому, должно быть, пришла она к нашим предкам из самого каменного века, что, протопленная раз на досветьи, весь день хранит в себе тёплыми корм и пойло для скота, пищу и воду для человека. И спать тепло.

Я покорно съедал всё наваренное мне, терпеливо откладывал в сторону, если попадалось что неурядное: волос ли, торфа кусочек, тараканья ножка. У меня не хватало духу упрекнуть Матрёну. В конце концов, она сама же меня предупреждала: «Не умемши, не варёмши — как утрафишь?»

— Спасибо, — вполне искренне говорил я.

— На чём? На своём на добром? — обезоруживала она меня лучезарной улыбкой. И, простодушно глядя блекло-голубыми глазами, спрашивала: — Ну, а к ужо́ткому что вам приготовить?

К *ужоткому* значило — к вечеру. Ел я дважды в сутки, как на фронте. Что мог я заказать к ужоткому? Всё из того же, картовь или суп картонный.

Я мирился с этим, потому что жизнь научила меня не в еде находить смысл повседневного существования. Мне дороже была эта улыбка её кругловатого лица, которую, заработав наконец на фотоаппарат, я тщетно пытался уловить. Увидев на себе холодный глаз объектива, Матрёна принимала выражение или натянутое, или повышенно-суровое.

Раз только запечатлел я, как она улыбалась чему-то, глядя в окошко на улицу.

В ту осень много было у Матрёны обид. Вышел перед тем новый пенсионный закон, и надоумили её соседки добиваться пенсии. Была она одинокая кругом, а с тех пор, как стала сильно болеть, — и из колхоза её отпустили. Наворочено было много несправедливостей с Матрёной: она была больна, но не считалась инвалидом; она четверть века проработала в колхозе, но потому что не на заводе — не полагалось ей пенсии *за себя*, а добиваться можно было только *за мужа*, то есть за утерю кормильца. Но мужа не было уже пятнадцать лет, с начала войны, и нелегко было теперь добыть те справки с разных мест о его *ста́же* и сколько он там получал. Хлопоты были — добыть эти справки; и чтоб написали всё же, что получал он в месяц хоть рублей триста; и справку заверить, что живёт она одна и никто ей не помогает; и с года она какого; и потом всё это носить в собес; и перенашивать, исправляя, что сделано не так; и ещё носить. И узнавать — дадут ли пенсию.

Хлопоты эти были тем затруднены, что собес от Тальнова был в двадцати километрах к востоку, сельский совет — в десяти километрах к западу, а поселковый — к северу, час ходьбы. Из канцелярии в канцелярию и гоняли её два месяца — то за точкой, то за запятой. Каждая проходка — день. Сходит в сельсовет, а секретаря сегодня нет, просто так вот нет, как это бывает в сёлах. Завтра, значит, опять иди. Теперь секретарь есть, да печати у него нет. Третий день опять иди. А четвёртый день иди потому, что сослепу они не на той бумажке расписались, бумажки-то все у Матрёны одной пачкой сколоты.

— Притесняют меня, Игнатич, — жаловалась она мне после таких бесплодных проходок. — Иззаботилась я.

Но лоб её недолго оставался омрачённым. Я заметил: у неё было верное средство вернуть себе доброе расположение духа — работа. Тотчас же она или хваталась за лопату и копала картовь. Или с мешком под мышкой шла за торфом. А то с плетёным кузовом — по ягоды в дальний лес. И не столам конторским кланяясь, а лесным кустам, да наломавши спину ношей, в избу возвращалась Матрёна уже просветлённая, всем довольная, со своей доброй улыбкой.

— Теперича я зуб наложила, Игнатич, знаю, где брать, — говорила она о торфе. — Ну и местечко, любота́ одна!

— Да Матрёна Васильевна, разве моего торфа не хватит? Машина целая.

— Фу-у! твоего торфу! Ещё столько, да ещё столько — тогда, бывает, хватит. Тут как зима закрутит, да дуе́ль в окна, так не только топишь, сколько выдувает. Летось мы торфу натаскивали сколища! Я ли бы и теперь три машины не натаскала? Так вот ловят. Уж одну бабу нашу по судам тягают.

Да, это было так. Уже закруживалось пугающее дыхание зимы — и щемило сердца. Стояли вокруг леса, а топки взять было негде. Рычали кругом экскаваторы на болотах, но не продавалось торфу жителям, а только везли — начальству, да кто при начальстве, да по машине — учителям, врачам, рабочим завода. Топлива не было положено — и спрашивать о нём не полагалось. Председатель колхоза ходил по деревне, смотрел в глаза требовательно, или мутно, или простодушно и о чём угодно говорил, кроме топлива. Потому что сам он запасся. А зимы не ожидалось.

Что ж, воровали раньше лес у барина, теперь тянули торф у треста. Бабы собирались по пять, по десять, чтобы смелей. Ходили днём. За лето накопано было торфу повсюду и сложено штабелями для просушки. Этим и хорош торф, что, добыв, его не могут увезти сразу. Он сохнет до осени, а то и до снега, если дорога не станет или трест затомошился. Это-то время бабы его и брали. Зараз уносили в мешке торфин шесть, если были сыроваты, торфин десять, если сухие. Одного мешка такого, принесенного иногда километра за три (и весил он пуда два), хватало на одну протопку. А дней в зиме двести. А топить надо: утром русскую, вечером «голландку».

— Да чего говорить обáпол! — сердилась Матрёна на кого-то невидимого. — Как лошадей не стало, так чего на себе не припрёшь, того и в домý нет. Спина у меня никогда не заживает. Зимой салазки на себе, летом вязанки на себе, ей-богу правда!

Ходили бабы в день — не по разу. В хорошие дни Матрёна приносила по шесть мешков. Мой торф она сложила открыто, свой прятала под мостами, и каждый вечер забивала лаз доской.

— Разве уж догадаются, враги, — улыбалась она, вытирая пот со лба, — а то ни в жисть не найдут.

Что было делать тресту? Ему не отпускалось штатов, чтобы расставлять караульщиков по всем болотам. Приходилось, наверно, показав обильную добычу в сводках, затем списывать — на крошку, на дожди. Иногда, порывами, собирали патруль и ловили баб у входа в деревню. Бабы бросали мешки и разбегались. Иногда, по доносу, ходили по домам с обыском, составляли протокол на незаконный торф и грозились передать в суд. Бабы на время бросали носить, но зима надвигалась и снова гнала их — с санками по ночам.

Вообще, приглядываясь к Матрёне, я замечал, что, помимо стряпни и хозяйства, на каждый день у неё приходилось и какое-нибудь другое немалое дело; закономерный порядок этих дел она держала в голове и, проснувшись поутру, всегда знала, чем сегодня день её будет занят. Кроме торфа, кроме сбора старых пеньков, вывороченных трактором на болоте, кроме брусники, намачиваемой на зиму в четвертях («Поточи зубки, Игнатич», — угощала меня), кроме копки картошки, кроме беготни по пенсионному делу, она должна была ещё где-то раздобывать сенца для единственной своей грязно-белой козы.

— А почему вы коровы не держите, Матрёна Васильевна?

— Э-эх, Игнатич, — разъясняла Матрёна, стоя в нечистом фартуке в кухонном дверном вырезе и оборотясь к моему столу. — Мне молока и от козы хватит. А корову заведи, так она меня самою с ногами съест. У полотна не скоси — там свои хозяева, и в лесу косить нету — лесничество хозяин, и в колхозе мне не велят — не колхозница, мол, теперь. Да они и колхозницы до самых белых мух всё в колхоз, всё в колхоз, а себе уж из-под снегу — что за трава?.. По-бывалошному кипели с сеном в межень, с Петрова до Ильина. Считалось, трава — медовая...

Так, одной ýтельной козе собрать было сена — для Матрёны труд великий. Брала она с утра мешок и серп и уходила в места, которые помнила, где трава росла по обмежкам, по задороге, по островкам среди болота. Набив мешок свежей тяжёлой травой, она тащила её домой и во дворике у себя раскладывала пластом. С мешка травы получалось подсохшего сена — навильник.

Председатель новый, недавний, присланный из города, первым делом обрезал всем инвалидам огороды. Пятнадцать соток песочка оставил Матрёне, а десять соток так и пустовало за забором. Впрочем, и за пятнадцать соток потягивал колхоз Матрёну. Когда рук не хватало, когда отнекивались бабы уж очень упорно, жена председателя приходила к Матрёне. Она была тоже женщина городская, решительная, коротким серым полупальто и грозным взглядом как бы военная.

Она входила в избу и, не здороваясь, строго смотрела на Матрёну. Матрёна мешалась.

— Та-ак, — раздельно говорила жена председателя. — Товарищ Григорьева! Надо будет помочь колхозу! Надо будет завтра ехать навоз вывозить!

Лицо Матрёны складывалось в извиняющую полуулыбку — как будто ей было совестно за жену председателя, что та не могла ей заплатить за работу.

— Ну что ж, — тянула она. — Я больна, конечно. И к делу вашему теперь не присоединёна. — И тут же спешно исправлялась: — Кóму часу приходить-то?

— И вилы свои бери! — наставляла председательша и уходила, шурша твёрдой юбкой.

— Во как! — пеняла Матрёна вслед. — И вилы свои бери! Ни лопат, ни вил в колхозе нету. А я без мужика живу, кто мне насадит?..

И размышляла потом весь вечер:

— Да что говорить, Игнатич! Ни к столбу, ни к перилу эта работа. Станешь, об лопату опершись, и ждёшь, скоро ли с фабрики гудок на двенадцать. Да ещё заведутся бабы, счёты сводят, кто вышел, кто не вышел. Когда, бывалоча, *по себе* работали, так никакого *звуку* не было, только ой-ой-ойиньки, вот обед подкатил, вот вечер подступил.

Всё же поутру она уходила со своими вилами.

Но не колхоз только, а любая родственница дальняя или просто соседка приходила тоже к Матрёне с вечера и говорила:

— Завтра, Матрёна, придёшь мне пособить. Картошку будем докапывать.

И Матрёна не могла отказать. Она покидала свой черёд дел, шла помогать соседке и, воротясь, ещё говорила без тени зависти:

— Ах, Игнатич, и крупная ж картошка у неё! В охотку копала, уходить с участка не хотелось, ей-богу правда!

Тем более не обходилась без Матрёны ни одна пахота огорода. Тальновские бабы установили доточно, что одной вскопать свой огород лопатою тяжеле и дольше, чем, взяв соху и вшестером впрягшись, вспахать на себе шесть огородов. На то и звали Матрёну в помощь.

— Что ж, платили вы ей? — приходилось мне потом спрашивать.

— Не берёт она денег. Уж поневоле ей вопрятаешь.

Ещё суета большая выпадала Матрёне, когда подходила её очередь кормить козьих пастухов: одного — здоровенного, *немоглухого*, и второго — мальчишку с постоянной слюнявой цыгаркой в зубах. Очередь эта была в полтора месяца раз, но вгоняла Матрёну в большой расход. Она шла в сельпо, покупала рыбные консервы, расстарывалась и сахару и масла, чего не ела сама. Оказывается, хозяйки выкладывались друг перед другом, стараясь накормить пастухов получше.

— Бойся портного да пастуха, — объясняла она мне. — По всей деревне тебя ославят, если что им не так.

И в эту жизнь, густую заботами, ещё врывалась временами тяжёлая немочь, Матрёна валилась и сутки-двое лежала пластом. Она не жаловалась, не стонала, но и не шевелилась почти. В такие дни Маша, близкая подруга Матрёны, с самых молодых годков, приходила обихаживать козу да топить печь. Сама Матрёна не пила, не ела и не просила ничего. Вызвать на дом врача из поселкового медпункта было в Тальнове вдиво, как-то неприлично перед соседями — мол, барыня. Вызывали однажды, та приехала злая очень, велела Матрёне, как отлежится, приходить на медпункт самой. Матрёна ходила против воли, брали анализы, посылали в районную больницу — да так и заглохло.

Дела звали к жизни. Скоро Матрёна начинала вставать, сперва двигалась медленно, а потом опять живо.

— Это ты меня прежде не видал, Игнатич, — оправдывалась она. — Все мешки мои были, по пять пудов ти́желью не считала. Свёкор кричал: «Матрёна! Спину сломаешь!» Ко мне ди́вирь не подходил, чтоб мой конец бревна на передок подсадить. Конь был военный у нас, Волчок, здоровый...

— А почему военный?

— А нашего на войну забрали, этого подраненного — взамен. А он стихово́й какой-то попался. Раз с испугу сани понёс в озеро, мужики отскакивали, а я, правда, за узду схватила, остановила. Овсяной был конь. У нас мужики любили лошадей кормить. Которые кони́ овсяные, те и ти́жели не признают.

Но отнюдь не была Матрёна бесстрашной. Боялась она пожара, боялась *молоньи́*, а больше всего почему-то — поезда.

— Как мне в Черусти ехать, с Нечаевки поезд вылезет, глаза здоровенные свои вылупит, рельсы гудят — аж в жар меня бросает, коленки трясутся. Ей-богу правда! — сама удивлялась и пожимала плечами Матрёна.

— Так может потому, что билетов не дают, Матрёна Васильевна?

— В окошечко? Только мягкие суют. А уж поезд — трогать! Мечемся туда-сюда: да взойдите ж в сознание! Мужики — те по лесенке на крышу поле́зли. А мы нашли дверь незапёртую, впёрлись прям так, без билетов, — а вагоны-то все *простые* идут, все простые, хоть на полке растягивайся. Отчего билетов не давали, паразиты несочувственные, — не знато...

Всё же к той зиме жизнь Матрёны наладилась как никогда. Стали-таки платить ей рублей восемьдесят пенсии. Ещё сто с лишком получала она от школы и от меня.

— Фу-у! Теперь Матрёне и умирать не надо! — уже начинали завидовать некоторые из соседок. — Больше денег ей, старой, и девать некуда.

— А что — пенсия? — возражали другие. — Государство — оно минутное. Сегодня, вишь, дало, а завтра отымет.

Заказала себе Матрёна скатать новые валенки. Купила новую телогрейку. И справила пальто из ношеной железнодорожной шинели, которую подарил ей машинист из Черустей, муж её бывшей воспитанницы Киры. Деревенский портной-горбун подложил под сукно ваты, и такое славное пальто получилось, какого за шесть десятков лет Матрёна не нашивала.

И в середине зимы зашила Матрёна в подкладку этого пальто двести рублей — себе на похороны. Повеселела:

— Маненько и я спокой увидала, Игнатич.

Прошёл декабрь, прошёл январь — за два месяца не посетила её болезнь. Чаще Матрёна по вечерам стала ходить к Маше посидеть, семячки пощёлкать. К себе она гостей по вечерам не звала, уважая мои занятия. Только на Крещенье, воротясь из школы, я застал в избе пляску и познакомлен был с тремя матрёниными родными сёстрами, звавшими Матрёну как старшую — лёлька или нянька. До этого дня мало было в нашей избе слышно о сёстрах — то ли опасались они, что Матрёна будет просить у них помощи?

Одно только событие или предзнаменование омрачило Матрёне этот праздник: ходила она за пять вёрст в церковь на водосвятие, поставила свой котелок меж других, а когда водосвятие кончилось и бросились бабы, толкаясь, разбирать — Матрёна не поспела средь первых, а в конце — не оказалось её котелка. И взамен котелка никакой другой посуды тоже оставлено не было. Исчез котелок, как дух нечистый его унёс.

— Бабоньки! — ходила Матрёна среди молящихся. — Не

прихватил ли кто неуладкой чужую воду освячённую? в ко-телке?

Не признался никто. Бывает, мальчишки созоровали, были там и мальчишки. Вернулась Матрёна печальная. Всегда у неё бывала святая вода, а на этот год не стало.

Не сказать, однако, чтобы Матрёна верила как-то истово. Даже скорей была она язычница, брали в ней верх суеверия: что на Ивана Постного в огород зайти нельзя — на будущий год урожая не будет; что если мятель крутит — значит, кто-то где-то удавился, а дверью ногу прищемишь — быть гостю. Сколько жил я у неё — никогда не видал её молящейся, ни чтоб она хоть раз перекрестилась. А дело всякое начинала «с Богом!» и мне всякий раз «с Богом!» говорила, когда я шёл в школу. Может быть, она и молилась, но не показно, стесняясь меня или боясь меня притеснить. Был святой угол в чистой избе, и иконка Николая Угодника в кухоньке. За́будни стояли они тёмные, а во время всенощной и с утра по праздникам зажигала Матрёна лампадку.

Только грехов у неё было меньше, чем у её колченогой кошки. Та — мышей душила...

Немного выдравшись из колотной своей житёнки, стала Матрёна повнимательней слушать и моё радио (я не преминул поставить себе *разведку* — так Матрёна называла розетку. Мой приёмничек уже не был для меня бич, потому что я своей рукой мог его выключить в любую минуту; но, действительно, выходил он для меня из глухой избы — разведкой). В тот год повелось по две, по три иностранных делегации в неделю принимать, провожать и возить по многим городам, собирая митинги. И что ни день, известия полны были важными сообщениями о банкетах, обедах и завтраках.

Матрёна хмурилась, неодобрительно вздыхала:

— Ездят-ездят, чего-нибудь наездят.

Услышав, что машины изобретены новые, ворчала Матрёна из кухни:

— Всё новые, новые, на старых работать не хотят, куды старые складывать будем?

Ещё в тот год обещали искусственные спутники Земли. Матрёна качала головой с печи:

— Ой-ой-ойиньки, чего-нибудь изменят, зиму или лето.

Исполнял Шаляпин русские песни. Матрёна стояла-стояла, слушала и приговорила решительно:

— Чудно́ поют, не по-нашему.

— Да что вы, Матрёна Васильевна, да прислушайтесь!

Ещё послушала. Сжала губы:

— Не. Не так. Ладу не нашего. И голосо́м балует.

Зато и вознаградила меня Матрёна. Передавали как-то концерт из романсов Глинки. И вдруг после пятка камерных романсов Матрёна, держась за фартук, вышла из-за перегородки растепленная, с пеленой слезы в неярких своих глазах:

— А вот это — по-нашему... — прошептала она.

2

Так привыкли Матрёна ко мне, а я к ней, и жили мы запросто. Не мешала она моим долгим вечерним занятиям, не досаждала никакими расспросами. До того отсутствовало в ней бабье любопытство или до того она была деликатна, что не спросила меня ни разу: был ли я когда женат? Все тальновские бабы приставали к ней — узнать обо мне. Она им отвечала:

— Вам нужно — вы и спрашивайте. Знаю одно — *дальний* он.

И когда невскоре я сам сказал ей, что много провёл в тюрьме, она только молча покивала головой, как бы подозревала и раньше.

А я тоже видел Матрёну сегодняшнюю, потерянную старуху, и тоже не бередил её прошлого, да и не подозревал, чтоб там было что искать.

Знал я, что замуж Матрёна вышла ещё до революции, и сразу в эту избу, где мы жили теперь с ней, и сразу *к печке* (то есть не было в живых ни свекрови, ни старшей золовки незамужней, и с первого послебрачного утра Матрёна взялась за ухват). Знал, что детей у неё было шестеро и один за другим умирали все очень рано, так что двое сразу не жило. Потом была какая-то воспитанница Кира. А муж Матрёны не вернулся с этой войны. Похоронного тоже не было. Односельчане, кто был с ним в роте, говорили, что либо в плен он попал, либо погиб, а только тела не нашли. За одиннадцать послевоенных лет решила и Матрёна сама, что он не жив. И хорошо, что думала так. Хоть и был бы теперь он жив — так женат где-нибудь в Бразилии или в Австралии. И деревня Таль-ново, и язык русский изглаживаются из памяти его...

Раз, придя из школы, я застал в нашей избе гостя. Высокий чёрный старик, сняв на колени шапку, сидел на стуле, который Матрёна выставила ему на середину комнаты, к печке-«голландке». Всё лицо его облегали густые чёрные волосы, почти не тронутые сединой: с чёрной окладистой бородой сливались усы густые, чёрные, так что рот был виден едва; и непрерывные бакены чёрные, едва выказывая уши, поднимались к чёрным космам, свисавшим с темени; и ещё широкие чёрные брови мостами были брошены друг другу навстречу. И только лоб уходил лысым куполом в лысую просторную маковку. Во всём облике старика показалось мне многознание и достойность. Он сидел ровно, сложив руки на посохе, посох же отвесно уперев в пол, — сидел в положении терпеливого ожидания и, видно, мало разговаривал с Матрёной, возившейся за перегородкой.

Когда я пришёл, он плавно повернул ко мне величавую голову и назвал меня внезапно:

— Батюшка!.. Вижу вас плохо. Сын мой учится у вас. Григорьев Антошка...

Дальше мог бы он и не говорить... При всём моём порыве помочь этому почтенному старику, заранее знал я и отвергал всё то бесполезное, что скажет старик сейчас. Григорьев Антошка был круглый румяный малец из 8-го «г», выглядевший как кот после блинов. В школу он приходил как бы отдыхать, за партой сидел и улыбался лениво. Уж тем более он никогда не готовил уроков дома. Но, главное, борясь за тот высокий процент успеваемости, которым славились школы нашего района, нашей области и соседних областей, — из году в год его переводили, и он ясно усвоил, что, как бы учителя ни грозились, всё равно в конце года переведут, и не надо для этого учиться. Он просто смеялся над нами. Он сидел в 8-м классе, однако не владел дробями и не различал, какие бывают треугольники. По первым четвертям он был в цепкой хватке моих двоек — и то же ожидало его в третьей четверти.

Но этому полуслепому старику, годному Антошке не в отцы, а в деды, и пришедшему ко мне на униженный поклон, — как было сказать теперь, что год за годом школа его обманывала, дальше же обманывать я не могу, иначе развалю весь класс, и превращусь в балаболку, и наплевать должен буду на весь свой труд и звание своё?

И теперь я терпеливо объяснял ему, что запущено у сына очень, и он в школе и дома лжёт, надо дневник проверять у него почаще и круто браться с двух сторон.

— Да уж куда крутей, батюшка, — заверил меня гость. — Бью его теперь, что неделя. А рука тяжёлая у меня.

В разговоре я вспомнил, что уже один раз и Матрёна сама почему-то ходатайствовала за Антошку Григорьева, но я не спросил, что за родственник он ей, и тоже тогда отказал. Матрёна и сейчас стала в дверях кухоньки бессловесной просительницей. И когда Фаддей Миронович ушёл от меня с тем, что будет заходить-узнавать, я спросил:

— Не пойму, Матрёна Васильевна, как же этот Антошка вам приходится?

— Дивиря моего сын, — ответила Матрёна суховато и ушла доить козу.

Разочтя, я понял, что чёрный настойчивый этот старик — родной брат мужа её, без вести пропавшего.

И долгий вечер прошёл — Матрёна не касалась больше этого разговора. Лишь поздно вечером, когда я думать забыл о старике и писал своё в тишине избы под шорох тараканов и постук ходиков, — Матрёна вдруг из тёмного своего угла сказала:

— Я, Игнатич, когда-то за него чуть замуж не вышла.

Я и о Матрёне-то самой забыл, что она здесь, не слышал её, — но так взволнованно она это сказала из темноты, будто и сейчас ещё тот старик домогался её.

Видно, весь вечер Матрёна только об том и думала.

Она поднялась с убогой тряпичной кровати и медленно выходила ко мне, как бы идя за своими словами. Я откинулся — и в первый раз совсем по-новому увидел Матрёну.

Верхнего света не было в нашей большой комнате, как лесом заставленной фикусами. От настольной же лампы свет падал кру́гом только на мои тетради, — а по всей комнате глазам, оторвавшимся от света, казался полумрак с розовинкой. И из него выступала Матрёна. И щёки её померещились мне не жёлтыми, как всегда, а тоже с розовинкой.

— Он за меня первый сватался... раньше Ефима... Он был брат — старший... Мне было девятнадцать, Фаддею — двадцать три... Вот в этом самом доме они тогда жили. Ихний был дом. Ихним отцом строенный.

Я невольно оглянулся. Этот старый серый изгнивающий дом вдруг сквозь блекло-зелёную шкуру обоев, под которыми бегали мыши, проступил мне молодыми, ещё не потемневшими тогда, струганными брёвнами и весёлым смолистым запахом.

— И вы его...? И что же?..

— В то лето... ходили мы с ним в рощу сидеть, — прошептала она. — Тут роща была, где теперь конный двор, вырубили её... Без малого не вышла, Игнатич. Война германская началась. Взяли Фаддея на войну.

Она уронила это — и вспыхнул передо мной голубой, белый и жёлтый июль четырнадцатого года: ещё мирное небо, плывущие облака и народ, кипящий со спелым жнивом. Я представил их рядом: смоляного богатыря с косой через спину; её, румяную, обнявшую сноп. И — песню, песню под небом, какие давно уже отстала деревня петь, да и не споёшь при механизмах.

— Пошёл он на войну — пропал... Три года затаилась я, ждала. И ни весточки, и ни косточки...

Обвязанное старческим слинявшим платочком смотрело на меня в непрямых мягких отсветах лампы круглое лицо Матрёны — как будто освобождённое от морщин, от будничного небрежного наряда — испуганное, девичье, перед страшным выбором.

Да. Да... Понимаю... Облетали листья, падал снег — и потом таял. Снова пахали, снова сеяли, снова жали. И опять облетали листья, и опять падал снег. И одна революция. И другая революция. И весь свет перевернулся.

— Мать у них умерла — и присватался ко мне Ефим. Мол, в нашу избу ты идти хотела, в нашу и иди. Был Ефим моложе меня на год. Говорят у нас: умная выходит после Покрова́, а дура — после Петрова́. Рук у них не хватало. Пошла я... На Петров день повенчались, а к Миколе зимнему — вернулся... Фаддей... из венгерского плена.

Матрёна закрыла глаза.

Я молчал.

Она обернулась к двери, как к живой:

— Стал на пороге. Я как закричу! В колена б ему бросилась!.. Нельзя... Ну, говорит, если б то не брат мой родной — я бы вас порубал обоих!

Я вздрогнул. От её надрыва или страха я живо представил, как он стоит там, чёрный, в тёмных дверях, и топором замахнулся на Матрёну.

Но она успокоилась, оперлась о спинку стула перед собой и певуче рассказывала:

— Ой-ой-ойиньки, головушка бедная! Сколько невест было на деревне — не женился. Сказал: буду имячко твоё искать, вторую Матрёну. И привёл-таки себе из Липовки Матрёну, срубили избу отдельную, где и сейчас живут, ты каждый день мимо их в школу ходишь.

Ах, вот оно что! Теперь я понял, что видел ту вторую Матрёну не раз. Не любил я её: всегда приходила она к моей Матрёне жаловаться, что муж её бьёт, и скаред муж, жилы из неё вытягивает, и плакала здесь подолгу, и голос-то всегда у неё был на слезе.

Но выходило, что не о чем моей Матрёне жалеть — так бил Фаддей свою Матрёну всю жизнь, и по сей день, и так зажал весь дом.

— Меня *сам* ни разику не бил, — рассказывала она о Ефиме. — По улице на мужиков с кулаками бегал, а меня — ни разику... То есть был-таки раз — я с золовкой поссорилась, он ложку мне об лоб расшибил. Вскочила я от стола: «Захленуться бы вам, подавиться, трутни!» И в лес ушла. Больше не трогал.

Кажется, и Фаддею не о чем было жалеть: родила ему вторая Матрёна тоже шестерых детей (средь них и Антошка мой, самый младший, поскрёбыш) — и выжили все, а у Матрёны с Ефимом дети не стояли: до трёх месяцев не доживая и не болея ничем, умирал каждый.

— Одна дочка только родилась, помыли её живую — тут она и померла. Так мёртвую уж обмывать не пришлось... Как свадьба моя была в Петров день, так и шестого ребёнка, Александра, в Петров день схоронила.

И решила вся деревня, что в Матрёне — порча.

— *Порция* во мне! — убеждённо кивала и сейчас Матрёна. — Возили меня к монашенке одной бывшей лечиться, она меня на кашель наводила — ждала, что *порция* из меня лягушкой выбросится. Ну, не выбросилась...

И шли года, как плыла вода... В сорок первом не взяли на войну Фаддея из-за слепоты, зато Ефима взяли. И как старший брат в первую войну, так младший без вести исчез во вторую. Но этот вовсе не вернулся. Гнила и старела когда-то шумная, а теперь пустынная изба — и старела в ней бесприютульная Матрёна.

И попросила она у той второй, забитой, Матрёны — чрева её урывочек (или кровиночку Фаддея?) — младшую их девочку Киру.

Десять лет она воспитывала её здесь как родную, вместо своих невыстоявших. И незадолго до меня выдала за молодого машиниста в Черусти. Только оттуда ей теперь и помощь сочилась: иногда сахарку, когда поросёнка зарежут — сальца.

Страдая от недугов и чая недалёкую смерть, тогда же объявила Матрёна свою волю: отдельный сруб горницы, расположенный под общей связью с избою, после смерти её отдать в наследство Кире. О самой избе она ничего не сказала. Ещё три сестры её метили получить эту избу.

Так в тот вечер открылась мне Матрёна сполна. И, как это бывает, связь и смысл её жизни, едва став мне видимыми, — в тех же днях пришли и в движение. Из Черустей приехала Кира, забеспокоился старик Фаддей: в Черустях, чтобы получить и удержать участок земли, надо было молодым поставить какое-нибудь строение. Шла для этого вполне матрёнина горница. А другого нечего было и поставить, неоткуда лесу взять. И не так сама Кира, и не так муж её, как за них старый Фаддей загорелся захватить этот участок в Черустях.

И вот он зачастил к нам, пришёл раз, ещё раз, наставительно говорил с Матрёной и требовал, чтоб она отдала горницу теперь же, при жизни. В эти приходы он не показался мне тем опирающимся о посох старцем, который вот развалится от толчка или грубого слова. Хоть и пригорбленный больною поясницей, но всё ещё статный, старше шестидесяти сохранивший сочную, молодую черноту в волосах, он наседал с горячностью.

Не спала Матрёна две ночи. Нелегко ей было решиться. Не жалко было саму горницу, стоявшую без дела, как вообще ни труда, ни добра своего не жалела Матрёна никогда. И горница эта всё равно была завещана Кире. Но жутко ей было начать ломать ту крышу, под которой прожила сорок лет. Даже мне, постояльцу, было больно, что начнут отрывать доски и выворачивать брёвна дома. А для Матрёны было это — конец её жизни всей.

Но те, кто настаивал, знали, что её дом можно сломать и при жизни.

И Фаддей с сыновьями и зятьями пришли как-то февральским утром и застучали в пять топоров, завизжали и заскрипели отрываемыми досками. Глаза самого Фаддея деловито поблескивали. Несмотря что спина его не распрямлялась вся, он ловко лазил и под стропила и живо суетился внизу, покрикивая на помощников. Эту избу он парнишкою сам и строил когда-то с отцом; эту горницу для него, старшего сына, и рубили, чтоб он поселился здесь с молодой. А теперь он яро разбирал её по рёбрышкам, чтоб увезти с чужого двора.

Переметив номерами венцы сруба и доски потолочного настила, горницу с подклетью разобрали, а избу саму с укороченными мостами отсекли временной тесовой стеночкой. В стенке они покинули щели, и всё показывало, что ломатели — не строители и не предполагают, чтобы Матрёне ещё долго пришлось здесь жить.

А пока мужчины ломали, женщины готовили ко дню погрузки самогон: водка обошлась бы чересчур дорого. Кира привезла из Московской области пуд сахару, Матрёна Васильевна под покровом ночи носила тот сахар и бутыли самогонщику.

Вынесены и соштабелёваны были брёвна перед воротами, зять-машинист уехал в Черусти за трактором.

Но в тот же день началась мятель — *дуель*, по-матрёниному. Она кутила и кружила двое суток и замела дорогу непомерными сугробами. Потом, чуть дорогу умяли, прошёл грузовик-другой — внезапно потеплело, в один день разом распустило, стали сырые туманы, журчали ручьи, прорывшиеся в снегу, и нога в сапоге увязала по всё голенище.

Две недели не давалась трактору разломанная горница! Эти две недели Матрёна ходила как потерянная. Оттого особенно ей было тяжело, что пришли три сестры её, все дружно обругали её дурой за то, что горницу отдала, сказали, что видеть её больше не хотят, — и ушли.

И в те же дни кошка колченогая сбрела со двора — и пропала. Одно к одному. Ещё и это пришибло Матрёну.

Наконец стаявшую дорогу прихватило морозом. Наступил солнечный день, и повеселело на душе. Матрёне что-то доброе приснилось под тот день. С утра узнала она, что я хочу сфотографировать кого-нибудь за старинным ткацким станом (такие ещё стояли в двух избах, на них ткали грубые половики), — и усмехнулась застенчиво:

— Да уж погоди, Игнатич, пару дней, вот горницу, бывает, отправлю — сложу свой стан, ведь цел у меня, — и снимешь тогда. Ей-богу правда!

Видно, привлекало её изобразить себя в старине. От красного морозного солнца чуть розовым залилось замороженное окошко сеней, теперь укороченных, — и грел этот отсвет лицо Матрёны. У тех людей всегда лица хороши, кто в ладах с совестью своей.

Перед сумерками, возвращаясь из школы, я увидел движение близ нашего дома. Большие новые тракторные сани были уже нагружены брёвнами, но многое ещё не поместилось — и семья деда Фаддея, и приглашенные помогать кончали сбивать ещё одни сани, самодельные. Все работали, как безумные, в том ожесточении, какое бывает у людей, когда пахнет большими деньгами или ждут большого угощения. Кричали друг на друга, спорили.

Спор шёл о том, как везти сани — порознь или вместе. Один сын Фаддея, хромой, и зять-машинист толковали, что сразу обои сани нельзя, трактор не утянет. Тракторист же, самоуверенный толстомордый здоровяга, хрипел, что ему видней, что он *водитель* и повезёт сани вместе. Расчёт его был ясен: по уговору машинист платил ему за перевоз горницы, а не за рейсы. Двух рейсов за ночь — по двадцать пять километров да один раз назад — он никак бы не сделал. А к утру ему надо было быть с трактором уже в гараже, откуда он увёл его тайком для *левой*.

Старику Фаддею не терпелось сегодня же увезти всю горницу — и он кивнул своим уступить. Вторые, наспех сколоченные сани подцепили за крепкими первыми.

Матрёна бегала среди мужчин, суетилась и помогала накатывать брёвна на сани. Тут заметил я, что она в моей телогрейке, уже измазала рукава о льдистую грязь брёвен, — и с неудовольствием сказал ей об этом. Телогрейка эта была мне память, она грела меня в тяжёлые годы.

Так я в первый раз рассердился на Матрёну Васильевну.

— Ой-ой-ойиньки, головушка бедная! — озадачилась она. — Ведь я её бегма подхватила, да и забыла, что твоя. Прости, Игнатич. — И сняла, повесила сушиться.

Погрузка кончилась, и все, кто работал, человек до десяти мужчин, прогремели мимо моего стола и нырнули под занавеску в кухоньку. Оттуда глуховато застучали стаканы, иногда звякала бутыль, голоса становились всё громче, по-хвальба — задорнее. Особенно хвастался тракторист. Тяжё-лый запах самогона докатился до меня. Но пили недолго — темнота заставляла спешить. Стали выходить. Самодоволь-ный, с жестоким лицом вышел тракторист. Сопровождать сани до Черустей шли зять-машинист, хромой сын Фаддея и ещё племянник один. Остальные расходились по домам. Фад-дей, размахивая палкой, догонял кого-то, спешил что-то втолковать. Хромой сын задержался у моего стола закурить и вдруг заговорил, как любит он тётку Матрёну, и что женился недавно, и вот сын у него родился только что. Тут ему крик-нули, он ушёл. За окном зарычал трактор.

Последней торопливо выскочила из-за перегородки Мат-рёна. Она тревожно качала головой вслед ушедшим. Надела телогрейку, накинула платок. В дверях сказала мне:

— И что было двух не срядить? Один бы трактор зане-мог — другой подтянул. А теперь чего будет — Богу весть!..

И убежала за всеми.

После пьянки, споров и хождения стало особенно тихо в брошенной избе, выстуженной частым открыванием дверей. За окнами уже совсем стемнело. Я тоже влез в телогрейку и сел за стол. Трактор стих в отдалении.

Прошёл час, другой. И третий. Матрёна не возвращалась, но я не удивлялся: проводив сани, должно быть, ушла к своей Маше.

И ещё прошёл час. И ещё. Не только тьма, но глубокая какая-то тишина опустилась на деревню. Я не мог тогда по-нять, отчего тишина, — оттого, оказалось, что за весь вечер ни одного поезда не прошло по линии в полуверсте от нас. Приёмник мой молчал, и я заметил, что очень уж, как никог-да, развозились мыши: всё нахальней, всё шумней они бегали под обоями, скребли и попискивали.

Я очнулся. Был первый час ночи, а Матрёна не возвраща-лась.

Вдруг услышал я несколько громких голосов на деревне. Ещё были они далеко, но как подтолкнуло меня, что это к нам. И правда, скоро резкий стук раздался в ворота. Чужой властный голос кричал, чтоб открыли. Я вышел с электри-ческим фонариком в густую темноту. Деревня вся спала, окна не светились, а снег за неделю притаял и тоже не отсвечивал. Я отвернул нижнюю завёртку и впустил. К избе прошли четверо в шинелях. Неприятно это очень, когда ночью приходят к тебе громко и в шинелях.

При свете огляделся я, однако, что у двоих шинели — железнодорожные. Старший, толстый, с таким же лицом, как у того тракториста, спросил:

— Где хозяйка?

— Не знаю.

— А трактор с санями из этого двора уезжал?

— Из этого.

— Они пили тут перед отъездом?

Все четверо щурились, оглядывались в полутьме при настольной лампе. Я так понял, что кого-то арестовали или хотели арестовать.

— Да что случилось?

— Отвечайте, что вас спрашивают!

— Но...

— Поехали пьяные?

— Они пили тут?

Убил ли кто кого? Или перевозить нельзя было горницы? Очень уж они на меня наседали. Но одно было ясно: что за самогонщину Матрёне могут дать срок.

Я отступил к кухонной дверке и так перегородил её собою.

— Право, не заметил. Не видно было.

(Мне и действительно не видно было, только слышно.)

И как бы растерянным жестом я провёл рукой, показывая обстановку избы: мирный настольный свет над книгами и тетрадями; толпу испуганных фикусов; суровую койку отшельника. Никаких следов разгула. А за часы-то, часы, самогонный запах подразвеялся.

Они уже и сами с досадой заметили, что никакой попойки здесь не было. И повернули к выходу, между собой говоря, что, значит, пьянка была не в этой избе, но хорошо бы прихватить, что была. Я провожал их и допытывался, что же случилось. И только в калитке мне буркнул один:

— Развернуло их всех. Не соберёшь.

А другой добавил:

— Да это что! Двадцать первый скорый чуть с рельс не сошёл, вот было бы.

И они быстро ушли.

Кого — их? Кого — всех? Матрёна-то где?..

Я вернулся в избу, отвёл полог и прошёл в кухоньку. Тут самогонный смрад ещё сохранялся, ударил в меня. Это было застывшее побоище — сгруженных табуреток и скамьи, пустых лежачих бутылок и одной неоконченной, стаканов, недоеденной селёдки, лука и раскромсанного сала.

Всё было мертво. И только тараканы спокойно ползали по полю битвы.

Я кинулся всё убирать. Я полоскал бутылки, убирал еду, разносил стулья, а остаток самогона спрятал в тёмное подполье подальше.

И лишь когда я всё это сделал, я встал пнём посреди пустой избы: что-то сказано было о двадцать первом скором. К чему?.. Может, надо было всё это показать им? Я уже сомневался. Но что за манера проклятая — ничего не объяснить нечиновному человеку?

И вдруг скрипнула наша калитка. Я быстро вышел на мосты:

— Матрёна Васильевна?

В избу, пошатываясь, вошла её подруга Маша:

— Матрёна-то... Матрёна-то наша, Игнатич...

Я усадил её, и, мешая со слезами, она рассказала.

На переезде — горка, взъезд крутой. Шлагбаума нет. С первыми санями трактор перевалил, а трос лопнул, и вторые сани, самодельные, на переезде застряли и разваливаться начали — Фаддей для них лесу хорошего не дал, для вторых саней. Отвезли чуток первые — за вторыми вернулись, трос ладили — тракторист и сын Фаддея хромой, и туда же, меж трактором и санями, понесло и Матрёну. Что́ она там подсобить могла мужикам? Вечно она в мужичьи дела мешалась. И конь когда-то её чуть в озеро не сшиб, под прорубь. И зачем на переезд проклятый пошла? — отдала горницу, и весь её долг, рассчиталась... Машинист всё смотрел, чтобы с Черустей поезд не нагрянул, его б фонари далеко видать, а с другой стороны, от станции нашей, шли два паровоза сцепленных — без огней и задом. Почему без огней — неведомо, а когда паровоз задом идёт — машинисту с тендера сыплет в глаза пылью угольной, смотреть плохо. Налетели — и в мясо тех троих расплющили, кто между трактором и санями. Трактор изувечили, сани в щепки, рельсы вздыбили, и паровоза оба набок.

— Да как же они не слышали, что паровозы подходят?

— Да трактор-то заведённый орёт.

— А с трупами что?

— Не пускают. Оцепили.

— А что я про скорый слышал... будто скорый?..

— А скорый десятичасовой — нашу станцию с ходу, и тоже к переезду. Но как паровозы рухнули — машинисты два уцелели, спрыгнули и побежали назад, и руками махают, на рельсы ставши, — и успели поезд остановить... Племянника тоже бревном покалечило. Прячется сейчас у Клавки, чтоб не знали, что он на переезде был. А то ведь затягают свидетелем!.. Незнайка на печи лежит, а знайку на верёвочке ведут... А муж киркин — ни царапины. Хотел повеситься, из петли вынули. Из-за меня, мол, тётя погибла и брат. Сейчас пошёл сам, арестовался. Да его теперь не в тюрьму, его в дом безумный. Ах, Матрёна-Матрёнушка!..

Нет Матрёны. Убит родной человек И в день последний я укорил её за телогрейку.

Разрисованная красно-жёлтая баба с книжного плаката радостно улыбалась.

Тётя Маша ещё посидела, поплакала. И уже встала, чтоб идти. И вдруг спросила:

— Игнатич! Ты помнишь... вя́заночка серая была у Матрёны... Она ведь её после смерти прочила Таньке моей, верно?

И с надеждой смотрела на меня в полутьме — неужели я забыл?

Но я помнил:

— Прочила, верно.

— Так слушай, может, разреши я её заберу сейчас? Утром тут родня налетит, мне уж потом не получить.

И опять с мольбой и надеждой смотрела на меня — её полувековая подруга, единственная, кто искренно любил Матрёну в этой деревне...

Наверно, так надо было.

— Конечно... Берите... — подтвердил я.

Она открыла сундучок, достала вязанку, сунула под полу и ушла...

Мышами овладело какое-то безумие, они ходили по стенам ходенём, и почти зримыми волнами перекатывались зелёные обои над мышиными спинами.

Идти мне было некуда. Ещё придут сами ко мне, допрашивать. Утром ждала меня школа. Час ночи был третий. И выход был: запереться и лечь спать.

Запереться, потому что Матрёна не придёт.

Я лёг, оставив свет. Мыши пищали, стонали почти, и всё бегали, бегали. Уставшей бессвязной головой нельзя было отделаться от невольного трепета — как будто Матрёна невидимо металась и прощалась тут, с избой своей.

И вдруг в притёмке у входных дверей, на пороге, я вообразил себе чёрного молодого Фаддея с занесенным топором: «Если б то не брат мой родной — порубал бы я вас обоих!»

Сорок лет пролежала его угроза в углу, как старый тесак, — а ударила-таки...

3

На рассвете женщины привезли с переезда на санках под накинутым грязным мешком — всё, что осталось от Матрёны. Скинули мешок, чтоб обмывать. Всё было месиво — ни ног, ни половины туловища, ни левой руки. Одна женщина перекрестилась и сказала:

— Ручку-то правую оставил ей Господь. Там будет Богу молиться...

И вот всю толпу фикусов, которых Матрёна так любила, что, проснувшись когда-то ночью в дыму, не избу бросилась спасать, а валить фикусы на пол (не задохнулись бы от дыму), — фикусы вынесли из избы. Чисто вымыли полы. Тусклое матрёнино зеркало завесили широким полотенцем старой домашней выотки. Сняли со стены праздные плакаты. Сдвинули мой стол. И к окнам, под образа, поставили на табуретках гроб, сколоченный без затей.

А в гробу лежала Матрёна. Чистой простыней было покрыто её отсутствующее изуродованное тело, и голова охвачена белым платком, — а лицо осталось целёхонькое, спокойное, больше живое, чем мёртвое.

Деревенские приходили постоять-посмотреть. Женщины приводили и маленьких детей взглянуть на мёртвую. И если начинался плач, все женщины, хотя бы зашли они в избу из пустого любопытства, — все обязательно подплакивали от двери и от стен, как бы аккомпанировали хором. А мужчины стояли молча навытяжку, сняв шапки.

Самый же плач доставалось вести родственницам. В плаче заметил я холодно-продуманный, искони-заведенный порядок. Те, кто подале, подходили к гробу ненадолго и у самого гроба причитали негромко. Те, кто считал себя покойнице роднее, начинали плач ещё с порога, а достигнув гроба, наклонялись голосить над самым лицом усопшей. Мелодия была самодеятельная у каждой плакальщицы. И свои собственные излагались мысли и чувства.

Тут узнал я, что плач над покойной не просто есть плач, а своего рода политика. Слетелись три сестры Матрёны, захватили избу, козу и печь, заперли сундук её на замок, из подкладки пальто выпотрошили двести похоронных рублей, приходящим всем втолковывали, что они одни были Матрёне близкие. И над гробом плакали так:

— Ах, нянька-нянька! Ах, лёлька-лёлька! И ты ж наша единственная! И жила бы ты тихо-мирно! И мы бы тебя всегда приласкали! А погубила тебя твоя горница! А доконала тебя, заклятая! И зачем ты её ломала? И зачем ты нас не послушала?

Так плачи сестёр были обвинительные плачи против мужниной родни: не надо было понуждать Матрёну горницу ломать. (А подспудный смысл был: горницу-ту вы взять-взяли, избы же самой мы вам не дадим!)

Мужнина родня — матрёнины золовки, сёстры Ефима и Фаддея, и ещё племянницы разные приходили и плакали так:

— Ах, тётанька-тётанька! И как же ты себя не берегла! И, наверно, теперь *они* на нас обиделись! И родимая ж ты наша, и вина вся твоя! И горница тут ни при чём. И зачем же пошла ты туда, где смерть тебя стерегла? И никто тебя туда не звал! И как ты умерла — не думала! И что же ты нас не слушалась?..

(И изо всех этих причитаний выпирал ответ: в смерти её мы не виноваты, а насчёт избы ещё поговорим!)

Но широколицая грубая «вторая» Матрёна — та подставная Матрёна, которую взял когда-то Фаддей по одному лишь имячку, — сбивалась с этой политики и простовато вопила, надрываясь над гробом:

— Да ты ж моя сестричечка! Да неужели ж ты на меня обидишься? Ох-ма!.. Да бывалоча мы всё с тобой говорили и говорили! И прости ты меня, горемычную! Ох-ма!.. И ушла ты к своей матушке, а, наверно, ты за мной заедешь! Ох-ма-а-а!..

На этом «ох-ма-а-а» она словно испускала весь дух свой — и билась, билась грудью о стенку гроба. И когда плач её переходил обрядные нормы, женщины, как бы признавая, что плач вполне удался, все дружно говорили:

— Отстань! Отстань!

Матрёна отставала, но потом приходила вновь и рыдала ещё неистовее. Вышла тогда из угла старуха древняя и, положа Матрёне руку на плечо, сказала строго:

— Две загадки в мире есть: как родился — не помню, как умру — не знаю.

И смолкла Матрёна тотчас, и все смолкли до полной тишины.

Но и сама эта старуха, намного старше здесь всех старух и как будто даже Матрёне чужая вовсе, погодя некоторое время тоже плакала:

— Ох ты, моя болезная! Ох ты, моя Васильевна! Ох, *надоело мне вас провожать!*

И совсем уже не обрядно — простым рыданием нашего века, не бедного ими, рыдала злосчастная матрёнина приёмная дочь — та Кира из Черустей, для которой ломали и везли эту горницу. Её завитые локончики жалко растрепались. Красны, как кровью залиты, были глаза. Она не замечала, как сбивается на морозе её платок, или надевала пальто мимо рукава. Она невменяемая ходила от гроба приёмной матери в одном доме к гробу брата в другом, — и ещё опасались за разум её, потому что должны были мужа судить.

Выступало так, что муж её был виновен вдвойне: он не только вёз горницу, но был железнодорожный машинист, хорошо знал правила неохраняемых переездов — и должен был сходить на станцию, предупредить о тракторе. В ту ночь в уральском скором тысяча жизней людей, мирно спавших на первых и вторых полках при полусвете поездных ламп, должна была оборваться. Из-за жадности нескольких людей: захватить участок земли или не делать второго рейса трактором.

Из-за горницы, на которую легло проклятие с тех пор, как руки Фаддея ухватились её ломать.

Впрочем, тракторист уже ушёл от людского суда. А управление дороги само было виновно и в том, что оживлённый переезд не охранялся, и в том, что паровозная сплотка шла без фонарей. Потому-то они сперва всё старались свалить на пьянку, а теперь замять и самый суд.

Рельсы и полотно так искорёжило, что три дня, пока гробы стояли в домах, поезда не шли — их заворачивали другою веткой. Всю пятницу, субботу и воскресенье — от конца следствия и до похорон — на переезде днём и ночью шёл ремонт пути. Ремонтники мёрзли и для обогрева, а ночью и для света раскладывали костры из даровых досок и брёвен со вторых саней, рассыпанных близ переезда.

А первые сани, нагруженные, целые, так и стояли за переездом невдали.

И именно это — что одни сани дразнили, ждали с готовым тросом, а вторые ещё можно было выхватывать из огня — именно это терзало душу чернобородого Фаддея всю пятницу и всю субботу. Дочь его трогалась разумом, над зятем висел суд, в собственном доме его лежал убитый им сын, на той же улице — убитая им женщина, которую он любил когда-то, — Фаддей только ненадолго приходил постоять у гробов, держась за бороду. Высокий лоб его был омрачён тяжёлой думой, но дума эта была — спасти брёвна горницы от огня и от козней матрёниных сестёр.

Перебрав тальновских, я понял, что Фаддей был в деревне такой не один.

Что д о б р о м нашим, народным или моим, странно называет язык имущество наше. И его-то терять считается перед людьми постыдно и глупо.

Фаддей, не присаживаясь, метался то на посёлок, то на станцию, от начальства к начальству, и с неразгибной спиной, опираясь на посох, просил каждого снизойти к его старости и дать разрешение вернуть горницу.

И кто-то дал такое разрешение. И Фаддей собрал своих уцелевших сыновей, зятей и племянников, и достал лошадей в колхозе — и с того бока развороченного переезда, кружным путём через три деревни, обвозил остатки горницы к себе во двор. Он кончил это в ночь с субботы на воскресенье.

А в воскресенье днём — хоронили. Два гроба сошлись в середине деревни, родственники поспорили, какой гроб вперёд. Потом поставили их на одни розвальни рядышком, тётю и племянника, и по февральскому вновь обсыревшему насту под пасмурным небом повезли покойников на церковное кладбище за две деревни от нас. Погода была ветреная, неприютная, и поп с дьяконом ждали в церкви, не вышли в Тальново навстречу.

До околицы народ шёл медленно и пел хором. Потом — отстал.

Ещё под воскресенье не стихала бабья суетня в нашей избе: старушка у гроба мурлыкала псалтырь, матрёнины сёстры сновали у русской печи с ухватом, из чела печи пышело жаром от раскалённых торфин — от тех, которые носила Матрёна в мешке с дальнего болота. Из плохой муки пекли невкусные пирожки.

В воскресенье, когда вернулись с похорон, а было уж то к вечеру, собрались на поминки. Столы, составленные в один длинный, захватывали и то место, где утром стоял гроб. Сперва стали все вокруг стола, и старик, золовкин муж, прочёл «Отче наш». Потом налили каждому на самое дно миски — медовой сыты. Её, на помин души, мы выхлебали ложками, безо всего. Потом ели что-то и пили водку, и разговоры становились оживлённее. Перед киселём встали все и пели «Вечную память» (так и объяснили мне, что поют её — перед киселём обязательно). Опять пили. И говорили ещё громче, совсем уже не о Матрёне. Золовкин муж расхвастался:

— А заметили вы, православные, что отпевали сегодня медленно? Это потому, что отец Михаил меня заметил. Знает, что я службу знаю. А иначе б — со святыми помоги, вокруг ноги — и всё.

Наконец ужин кончился. Опять все поднялись. Спели «Достойно есть». И опять, с тройным повтором: вечная память! вечная память! вечная память! Но голоса были хриплы, розны, лица пьяны, и никто в эту вечную память уже не вкладывал чувства.

Потом основные гости разошлись, остались самые близкие, вытянули папиросы, закурили, раздались шутки, смех. Коснулось пропавшего без вести мужа Матрёны, и золовкин муж, бья себя в грудь, доказывал мне и сапожнику, мужу одной из матрёниных сестёр:

— Умер Ефим, умер! Как бы это он мог не вернуться? Да если б я знал, что меня на родине даже повесят, — всё равно б я вернулся!

Сапожник согласно кивал ему. Он был дезертир и вовсе не расставался с родиной: всю войну перепрятался у матери в подполье.

Высоко на печи сидела оставшаяся ночевать та строгая

молчаливая старуха, древнее всех древних. Она сверху смотрела немо, осуждающе на неприлично оживлённую пятидесяти- и шестидесятилетнюю молодёжь.

И только несчастная приёмная дочь, выросшая в этих стенах, ушла за перегородку и там плакала.

Фаддей не пришёл на поминки Матрёны — потому ли, что поминал сына. Но в ближайшие дни он два раза враждебно приходил в эту избу на переговоры с матрёниными сёстрами и с сапожником-дезертиром.

Спор шёл об избе: кому она — сестре или приёмной дочери. Уж дело упиралось писать в суд, но примирились, рассудя, что суд отдаст избу не тем и не другим, а сельсовету. Сделка состоялась. Козу забрала одна сестра, избу — сапожник с женою, а в зачёт фаддеевой доли, что он «здесь каждое брёвнышко своими руками перенянчил», пошла уже свезенная горница, и ещё уступили ему сарай, где жила коза, и весь внутренний забор, между двором и огородом.

И опять, преодолевая немощь и ломоту, оживился и помолодел ненасытный старик. Опять он собрал уцелевших сыновей и зятей, они разбирали сарай и забор, и он сам возил брёвна на саночках, на саночках, под конец уже только с Антошкой своим из 8-го «г», который здесь не ленился.

Избу Матрёны до весны забили, и я переселился к одной из её золовок, неподалеку. Эта золовка потом по разным поводам вспоминала что-нибудь о Матрёне и как-то с новой стороны осветила мне умершую.

— Ефим её не любил. Говорил: люблю одеваться *культурно*, а она — кое-как, всё по-деревенски. А одново́ мы с ним в город ездили, на заработки, так он себе там сударку завёл, к Матрёне и возвращаться не хотел.

Все отзывы её о Матрёне были неодобрительны: и нечистоплотная она была; и за обзаводом не гналась; и не бережна́я; и даже поросёнка не держала, выкармливать почему-то не любила; и, глупая, помогала чужим людям бесплатно (и самый повод вспомнить Матрёну выпал — некого было дозвать огород вспахать на себе сохою).

И даже о сердечности и простоте Матрёны, которые золовка за ней признавала, она говорила с презрительным сожалением.

И только тут — из этих неодобрительных отзывов золовки — выплыл передо мною образ Матрёны, какой я не понимал её, даже живя с нею бок о бок.

В самом деле! — ведь поросёнок-то при каждой избе! А у неё не было. Что может быть легче — выкармливать жадного поросёнка, ничего в мире не признающего, кроме еды! Трижды в день варить ему, жить для него — и потом зарезать и иметь сало.

А она не имела...

Не гналась за обзаводом... Не выбивалась, чтобы купить вещи и потом беречь их больше своей жизни.

Не гналась за нарядами. За одеждой, приукрашивающей уродов и злодеев.

Не понятая и брошенная даже мужем своим, схоронившая шесть детей, но не нрав свой общительный, чужая сёстрам, золовкам, смешная, по-глупому работающая на других бесплатно, — она не скопила имущества к смерти. Грязно-белая коза, колченогая кошка, фикусы...

Все мы жили рядом с ней и не поняли, что есть она тот самый праведник, без которого, по пословице, не стоит село.

Ни город.

Ни вся земля наша.

1959

ПРАВАЯ КИСТЬ

В ту зиму я приехал в Ташкент почти уже мертвецом. Я так и приехал сюда — умирать.

А меня вернули пожить ещё.

Это был месяц, месяц и ещё месяц. Непуганая ташкентская весна прошла за окнами, вступила в лето, повсюду густо уже зеленело и совсем было тепло, когда стал и я выходить погулять неуверенными ногами.

Ещё не смея сам себе признаться, что я выздоравливаю, ещё в самых залётных мечтах измеряя добавленный мне срок жизни не годами, а месяцами, — я медленно переступал по гравийным и асфальтовым дорожкам парка, разросшегося меж корпусов медицинского института. Мне надо было часто присаживаться, а иногда, от разбирающей рентгеновской тошноты, и прилегать, пониже спустив голову.

Я был и таким, да не таким, как окружающие меня больные: я был много бесправнее их, и вынужденно безмолвней их. К ним приходили на свидания, о них плакали родственники, и одна была их забота, одна цель — выздороветь. А мне выздоравливать было почти что и не для чего: у тридцатипятилетнего, у меня не было во всём мире никого родного в ту весну. Ещё не было у меня — паспорта, и если б я теперь выздоровел, то надо было мне покинуть эту зелень, эту многоплодную сторону — и возвращаться к себе в пустыню, куда я сослан был н а в е ч н о, под гласный надзор, с отметками каждые две недели, и откуда комендатура долго не удабривалась меня и умирающего выпустить на лечение.

Обо всём этом я не мог рассказать окружающим меня *вольным* больным.

Если б и рассказал, они б не поняли...

Но зато, держа за плечами десять лет медлительных размышлений, я уже знал ту истину, что подлинный вкус жизни постигается не во многом, а в малом. Вот в этом неуверенном переступе ещё слабыми ногами. В осторожном, чтоб не вызвать укола в груди, вдохе. В одной не побитой морозом картофелине, выловленной из супа.

Так весна эта была для меня самой мучительной и самой прекрасной в жизни.

Всё было для меня забыто или не видано, всё интересно: даже тележка с мороженым; даже подметальщик с брандспойтом; даже торговки с пучками продолговатой редиски; и уж тем более — жеребёнок, забредший на травку через пролом в стене.

День ото дня я отваживался отходить от своей клиники и дальше — по парку, посаженному, должно быть, ещё в конце прошлого века, когда клались и эти добротные кирпичные здания с открытой расшивкою швов. С восхода торжественного солнца весь южный день напролёт и ещё глубоко в жёлто-электрический вечер парк был наполнен оживлённым движением. Быстро сновали здоровые, неспешно расхаживали больные.

Там, где несколько аллей стекались в одну, идущую к главным воротам, — белел большой алебастровый Сталин с каменно́й усмешкой в усах. Дальше по пути к воротам с равномерной разрядкой расставлены были и другие вожди, поменьше.

Затем стоял писчебумажный киоск. Продавались в нём пластмассовые карандашики и заманчивые записные книжечки. Но не только деньги мои были сурово считанные, — а и книжки записные у меня уже в жизни бывали, потом попали *не туда*, и рассудил я, что лучше их никогда не иметь.

У самых же ворот располагались фруктовый ларёк и чайхана. Нас, больных, в полосатых наших пижамах, в чайхану не пускали, но загородка была открытая, и через неё можно было смотреть. Живой чайханы я в жизни не видал — этих отдельных для каждого чайников с зелёным или чёрным чаем. Была в чайхане европейская часть, со столиками, и узбекская — со сплошным помостом. За столиками ели-пили быстро, в испитой пиале оставляли мелочь для расплаты и уходили. На помосте же, на цыновках под камышёвым тентом, натянутым с жарких дней, сидели и полёживали часами, кто и днями, выпивали чайник за чайником, играли в кости, и как будто ни к каким обязанностям не призывал их долгий день.

Фруктовый ларёк торговал и для больных тоже — но мои ссыльные копеечки поёживались от цен. Я рассматривал со вниманием горки урюка, изюма, свежей черешни — и отходил.

Дальше шла высокая стена, за ворота больных тоже не выпускали. Через эту стену по два и по три раза на день переваливались в медицинский городок оркестровые траурные марши (потому что город — миллионный, а кладбище было — тут, рядом). Минут по десять они здесь звучали, пока медленное шествие миновало медицинский городок. Удары барабана отбивали отрешённый ритм. На толпу этот ритм не действовал, её подёргивания были чаще. Здоровые лишь чуть оглядывались и снова спешили, куда было нужно им (они все хорошо знали, что́ было нужно). А больные при этих маршах останавливались, долго слушали, высовывались из окон корпусов.

Чем явственней я освобождался от болезни, чем верней становилось, что останусь жив, тем тоскливей я озирался вокруг: мне уже было жаль это всё покидать.

На стадионе медиков белые фигуры перебрасывались белыми теннисными мячами. Всю жизнь мне хотелось играть в теннис, и никогда не привелось. Под крутым берегом клокотал мутно-жёлтый бешеный Салар. В парке жили осеняющие клёны, раскидистые дубы, нежные японские акации. И восьмигранный фонтан взбрасывал тонкие свежие серебринки струй — к вершинам. А что за трава была на газонах! — сочная, давно забытая (в лагерях её велели выпалывать как врага, в ссылке моей не росла никакая). Просто лежать на ней ничком, мирно вдыхать травяной запах и солнцем нагретые воспарения — было уже блаженство.

Тут, в траве, я лежал не один. Там и сям зубрили мило свои пухлые учебники студентки мединститута. Или, захлёбываясь в рассказах, шли с зачёта. Или, гибкие, покачивая спортивными чемоданчиками, — из душевой стадиона. Вечерами неразличимые, а потому втройне притягательные, девушки в нетроганых и троганых платьицах обходили фонтан и шуршали гравием аллеек.

Мне было кого-то разрывающе жаль: не то сверстников моих, перемороженных под Демянском, сожжённых в Освенциме, истравленных в Джезказгане, домирающих в тайге, — что не нам достанутся эти девушки. Или девушек этих — за то, чего мне им никогда не рассказать, а им не узнать никогда.

И целый день гравийными и асфальтовыми дорожками лились женщины, женщины, женщины! — молодые врачи, медицинские сёстры, лаборантки, регистраторши, кастелянши, раздатчицы и родственницы, посещающие больных. Они проходили мимо меня в снежно-строгих халатах и в ярких южных платьях, часто полупрозрачных, кто побогаче — вращая над головами на бамбуковых палочках модные китайские зонтики — солнечные, голубые, розовые. Каждая из них, промелькнув за секунду, составляла целый сюжет: её прожитой жизни до меня, её возможного (невозможного) знакомства со мной.

Я был жалок. Исхудалое лицо моё несло на себе пережитое — морщины лагерной вынужденной угрюмости, пепельную мертвизну задубенелой кожи, недавнее отравление ядами болезни и ядами лекарств, от чего к цвету щёк добавилась ещё и зелень. От охранительной привычки подчиняться и прятаться спина моя была пригорблена. Полосатая шутовская курточка едва доходила мне до живота, полосатые брюки кончались выше щиколоток, из тупоносых лагерных кирзовых ботинок вывешивались уголки портянок, коричневых от времени.

Последняя из этих женщин не решилась бы пройтись со мною рядом!.. Но я не видел сам себя. А глаза мои не менее прозрачно, чем у них, пропускали внутрь меня — мир.

Так однажды перед вечером я стоял у главных ворот и смотрел. Мимо стремился обычный поток, покачивались зонтики, мелькали шёлковые платья, чесучовые брюки на светлых поясах, вышитые рубахи и тюбетейки. Смешивались голоса, торговали фруктами, за загородкою пили чай, метали кубики — а у загородки, привалившись к ней, стоял нескладный маленький человечек, вроде нищего, и задыхающимся голосом иногда обращался:

— Товарищи... Товарищи...

Пёстрая занятая толпа не слушала его. Я подошёл:

— Что скажешь, браток?

У этого человека был непомерный живот, больше, чем у беременной, — мешком обвисший, распирающий грязно-защитную гимнастёрку и грязно-защитные брюки. Сапоги его с подбитыми подошвами были тяжелы и пыльны. Не по погоде отягощало плечи толстое расстёгнутое пальто с засаленным воротником и затёртыми обшлагами. На голове лежала стародавняя истрёпанная кепка, достойная огородного пугала.

Отёчные глаза его были мутны.

Он с трудом приподнял одну кисть, сжатую в кулак, и я вытянул из неё потную измятую бумажку. Это было угловато написанное цепляющимся по бумаге пером заявление от гражданина Боброва с просьбой определить его в больницу — и на заявлении искоса две визы, синими и красными чернилами. Синие чернила были горздравские и выражали разумно-мотивированный отказ. Красные же чернила приказывали клинике мединститута принять больного в стационар. Синие чернила были вчера, а красные — сегодня.

— Ну что ж, — громко растолковывал я ему, как глухому. — В приёмный покой вам надо, в первый корпус. Пойдёте, вот, значит, прямо мимо этих... памятников...

Но тут я заметил, что у самой цели силы оставили его, что не только расспрашивать дальше и передвигать ноги по гладкому асфальту, но держать в руке полуторакилограммовый затасканный мешочек ему было невмочь. И я решил:

— Ладно, папаша, провожу, пошли. Мешочек-то давай.

Слышал он хорошо. С облегчением он передал мне мешочек, налёг на мою подставленную руку и, почти не поднимая ног, полозя сапогами по асфальту, двинулся. Я повёл его под локоть через пальто, порыжевшее от пыли. Раздувшийся живот будто перевешивал старика к переду. Он часто тяжело выдыхал.

Так мы пошли, два обтрёпыша, тою самой аллеей, где я в мыслях брал под руку красивейших девушек Ташкента. Долго, медленно мы тащились мимо тупых алебастровых бюстов.

Наконец свернули. По нашему пути стояла скамья с прислоном. Мой спутник попросил посидеть. Меня тоже уже начинало подташнивать, я перестоял лишку. Мы сели. Отсюда и фонтан было видно тот самый.

Ещё по дороге старик мне сказал несколько фраз и теперь, отдышавшись, добавил. Ему нужно было на Урал, и прописка в паспорте у него была уральская, в этом вся беда. А болезнь прихватила его где-то под Тахиа-Ташем (где, я помнил, какой-то великий канал начинали строить, бросили потом). В Ургенче его месяц держали в больнице, выпускали воду из живота и из ног, хуже сделали — и выписали. В Чарджоу он с поезда сходил, и в Урсатьевской, — но нигде его лечить не принимали, слали на Урал, по месту прописки. Ехать же в поезде никак ему сил не было, и денег не осталось на билет. И вот теперь в Ташкенте добился за два дня, чтобы положили.

Что он делал на юге, зачем его сюда занесло — уж я не спрашивал. Болезнь его была по медицинским справкам запетлистая, а если посмотреть на самого, так — п о с л е д н я я болезнь. Наглядясь на многих больных, я различал ясно, что в нём уже не оставалось жизненной силы. Губы его расслабились, речь была маловнятна, и какая-то тускловатость находила на глаза.

Даже кепка томила его. С трудом подняв руку, он стянул её на колени. Опять с трудом подняв руку, нечистым рукавом вытер со лба пот. Куполок его головы пролысел, а кругом, по темени, сохранились нечёсаные, сбитые пылью волосы, ещё русые. Не старость его довела, а болезнь.

На его шее, до жалкости потончавшей, цыплячьей, висело много кожи лишней, и отдельно ходил спереди трёхгранный кадык.

На чём было и голове держаться? Едва мы сели, она свалилась к нему на грудь, упершись подбородком.

Так он замер, с кепкой на коленях, с закрытыми глазами. Он, кажется, забыл, что мы только на минутку присели отдохнуть и что ему надо в приёмный покой.

Вблизи перед нами серебряной нитью взвивалась почти бесшумная фонтанная струя. По ту сторону прошли две девушки рядом. Я проводил их в спину. Одна была в оранжевой юбке, другая в бордовой. Обе мне очень понравились.

Сосед мой слышно вздохнул, перекатил голову по груди и, приподняв жёлто-серые веки, посмотрел на меня снизу сбоку:

— А курить у вас не найдётся, товарищ?

— И из головы выкинь, папаша! — прикрикнул я. — Нам с тобой хоть не куря бы ещё землю сапогами погрести. В зеркало на себя посмотри. Кури-ить!

(Я сам-то курить бросил месяц назад, еле оторвался.)

Он засопел. И опять посмотрел на меня из-под жёлтых век снизу вверх, как-то по-собачьему.

— Всё ж-таки дай рубля три, товарищ!

Я задумался, дать или не дать. Что ни говори, я оставался ещё зэк, а он был как-никак вольный. Сколько я лет т а м работал — мне ничего не платили. А когда стали платить, так вычитали: за конвой, за освещение зоны, за ищеек, за начальство, за баланду.

Из маленького нагрудного кармана своей шутовской курточки я достал клеёнчатый кошелёк, пересмотрел бумажки в нём. Вздохнул, протянул старику трёшницу.

— Спасибо, — просипел он. С трудом держа руку приподнятой, взял эту трёшницу, заложил её в карман — и тут же его освобождённая рука шлёпнулась на колено. А голова опять упёрлась подбородком в грудь.

Помолчали.

Перед нами за это время прошла женщина, потом ещё две студентки. Все трое мне очень понравились.

Годами так бывало, что ни голоса их не услышишь, ни стука каблучка.

— Ещё удачно получилось, что вам резолюцию поставили. А то б и неделю тут околачивались. Простое дело. Многие так.

Он оторвал подбородок от груди и повернулся ко мне. В глазах его просветился смысл, дрогнул голос, и речь стала разборчивее:

— Сынок! Меня кладут потому, что я заслуженный человек. Я ветеран революции. Мне Сергей Мироныч Киров под Царицыном лично руку пожал. Мне персональную пенсию должны платить.

Слабое движение щёк и губ — тень гордой улыбки — выразились на его небритом лице.

Я оглядел его тряпьё и ещё раз его самого.

— Почему ж не платят?

— Жизнь так полегла, — вздохнул он. — Теперь меня не признают. Какие архивы сгорели, какие потеряны. И свидетелей не собрать. И Сергей Мироныча убили... Сам я виноват, справок не скопил... Одна вот только есть...

Правую кисть — суставы пальцев её были кругло-опухшие, и пальцы мешали друг другу — он донёс до кармана, стал туда втискивать, — но тут короткое оживление его прервалось, он опять уронил руку, голову и замер.

Солнце уже западало за здания корпусов, и в приёмный покой (до него оставалась сотня шагов) надо было поспешить: в клиниках никогда не было легко с местами.

Я взял старика за плечо:

— Папаша! Очнись! Вон, видишь дверь? Видишь? Я пойду подтолкну пока. А ты сможешь — сам дойди, нет — меня подожди. Мешочек твой я заберу.

Он кивнул, будто понял.

В приёмном покое — куске большого обшарпанного зала, отгороженном грубыми перегородками (за ними где-то была здесь баня, переодевальня, парикмахерская), днём всегда теснились больные и измирали долгие часы, пока их примут. Но сейчас, на удивленье, не было ни души. Я постучал в закрытое фанерное окошечко. Его растворила очень молодая сестра с носом-туфелькой, с губами, накрашенными не красной, а густо-лиловой помадой.

— Вам чего? — Она сидела за столом и читала по всей видимости комикс про шпионов.

Быстренькие такие у неё были глазки.

Я подал ей заявление с двумя резолюциями и сказал:

— Он еле ходит. Сейчас я его доведу.

— Не смейте никого вести! — резко вскрикнула она, даже не посмотрев бумажку. — Не знаете порядка? Больных принимаем только с девяти утра!

Это о н а не знала «порядка». Я просунул в форточку голову и, сколько поместилось, руку, чтоб она меня не прихлопнула. Там, отвесив криво нижнюю губу и скорчив физиономию гориллы, сказал блатным голосом, пришипячивая:

— Слушай, барышня! Между прочим, я у тебя не в шестёрках.

Она сробела, отодвинула стул в глубь своей комнатёнки и сбавила:

— Приёма нет, гражданин! В девять утра.

— Ты — прочти бумажку! — очень посоветовал я ей низким недоброжелательным голосом.

Она прочла.

— Ну, и что ж! Порядок общий. И завтра, может, мест не будет. Сегодня утром — не было.

Она даже как бы с удовольствием это выговорила, что сегодня утром мест не было, как бы укалывая этим меня.

— Но человек — проездом, понимаете? Ему деться некуда.

По мере того как я выбирался из форточки назад и переставал говорить с лагерной ухваткой, лицо её принимало прежнее жестоко-весёлое выражение:

— У нас все приезжие! Куда их ложить? Ждут! Пусть на квартиру станет!

— Но вы — выйдите, посмотрите, в каком он состоянии.

— Ещё чего! Буду я ходить больных собирать! Я не санитарка!

И гордо дрогнула своим носом-туфелькой. Она так бойко-быстро отвечала, как будто была пружиною заведена на ответы.

— Так для кого вы тут сидите?! — хлопнул я ладонью по фанерной стенке, и посыпалась мелкая пыльца побелки. — Тогда заприте двери!

— Вас не спросили!! Нахал! — взорвалась она, вскочила, обежала кругом и появилась из коридорчика. — Кто вы такой? Не учите меня! Нам скорая помощь привозит!

Если б не эти грубо-лиловые губы и такой же лиловый маникюр, она была бы совсем недурна. Носик её украшал. И бровями она водила очень значительно. Халат на груди был широко отложен из-за духоты — и виднелась косынка розовенькая славная и комсомольский значок.

— Как? Если б он не сам к вам пришёл, а его б на улице подобрала скорая — вы б его приняли? Есть такое правило?

Она высокомерно оглядела мою нелепую фигуру, я — оглядел её. Я совсем забыл, что у меня портянки высовываются из ботинок. Она фыркнула, но приняла сухой вид и окончила:

— Да, больной! Есть такое правило.

И ушла за перегородку.

Шорох послышался позади меня. Я оглянулся. Мой спутник уже стоял здесь. Он слышал и понял. Придерживаясь за стену и перетягиваясь к большой садовой скамье, поставленной для посетителей, он чуть помахивал правой кистью, держа в ней истёртый бумажник.

— Вот... — измождённо выговаривал он, — ...вот, покажите ей... пусть она... вот...

Я успел его поддержать, — опустил на скамью. Он беспомощными пальцами пытался вытянуть из бумажника свою единственную справку и никак не мог.

Я принял от него эту ветхую бумажку, подклеенную по сгибам от рассыпания, и развернул. Пишущей машинкой отпечатаны были фиолетовые строчки с буквами, пляшущими из ряда то вверх, то вниз:

«ПРОЛЕТАРИИ ВСЕХ СТРАН, СОЕДИНЯЙТЕСЬ!

Справка.

Дана сия товарищу Боброву Н. К. в том, что в 1921 году он действительно состоял в славном -овском губернском Отряде Особого Назначения имени Мировой Революции и своей рукой много порубал оставшихся гадов.

Комиссар.....................»

Подпись.

И бледная фиолетовая печать.

Поглаживая рукою грудь, я спросил тихо:

— Это что ж — «Особого Назначения»? Какой?

— Ага, — ответил он, едва придерживая веки незакрытыми. — Покажите ей.

Я видел его руку, его правую кисть — такую маленькую, со вздувшимися бурыми венами, с кругло-опухшими суставами, почти неспособную вытянуть справку из бумажника. И вспомнил эту моду — как пешего рубили с коня наотмашь наискосок.

Странно... На полном размахе руки доворачивала саблю и сносила голову, шею, часть плеча эта правая кисть. А сейчас не могла удержать — бумажника...

Подойдя к фанерной форточке, я опять надавил её. Регистраторша, не поднимая головы, читала свой комикс. На странице вверх ногами я увидел благородного чекиста, прыгнувшего на подоконник с пистолетом.

Я тихо положил ей надорванную справку поверх книги и, обернувшись, всё время поглаживая грудь от тошноты, пошёл к выходу. Мне надо было лечь быстрей, головою пониже.

— Чего это бумажки раскладываете? Заберите, больной! — стрельнула девица через форточку мне вслед.

Ветеран глубоко ушёл в скамью. Голова и даже плечи его как бы осели в туловище. Раздвинуто повисли беспомощные пальцы. Свисало распахнутое пальто. Круглый раздутый живот неправдоподобно лежал в сгибе на бёдрах.

1960

СЛУЧАЙ НА СТАНЦИИ КОЧЕТОВКА

— Алё, это диспетчер?

— Ну.

— Кто это? Дьячихин?

— Ну.

— Да не ну, а я спрашиваю — Дьячихин?

— Гони цистерны с седьмого на третий, гони, Дьячихин, да.

— Это говорит дежурный помощник военного коменданта лейтенант Зотов! Слушайте, что вы творите? Почему до сих пор не отправляете на Липецк эшелона шестьсот семьдесят... какого, Валя?

— Восьмого.

— Шестьсот семьдесят восьмого!

— Тянуть нечем.

— Как это понять — нечем?

— Паровоза нет, как. Варнаков? Варнаков, там, на шестом, четыре платформы с углем видишь? Подтяни их туда же.

— Слушайте, ка́к паровоза нет, когда я в окно вон шесть подряд вижу.

— Это сплотка.

— Что — сплотка?

— Паровозная. С кладбища. Эвакуируют.

— Хорошо, тогда маневровых у вас два ходит!

— Товарищ лейтенант! Да маневровых, я видел, — три!

— Вот рядом стоит начальник конвоя с этого эшелона, он меня поправляет — три маневровых. Дайте один!

— Их не могу.

— Что значит не можете? А вы отдаёте себе отчёт о важности этого груза? Его нельзя задерживать ни минуты, а вы...

— Подай на горку.

— ...а вы его скоро полсуток держите!

— Да не полсуток.

— Что у вас там — детские ясли или диспетчерская? Почему младенцы кричат?

— Да набились тут. Товарищи, сколько говорить? Очистите комнату. Никого отправить не могу. Военные грузы и те стоят.

— В этом эшелоне идёт консервированная кровь! Для госпиталя! Поймите!

— Всё понимаю. Варнаков? Теперь отцепись, иди к водокачке, возьми те десять.

— Слушайте! Если вы в течение получаса не отправите этого эшелона — я буду докладывать выше! Это не шутка! Вы за это ответите!

— Василь Васильич! Дайте трубку, я сама...

— Передаю военному диспетчеру.

— Николай Петрович? Это Подшебякина. Слушай, что там в депо? Ведь один СУшка уже был заправлен.

— Так вот, товарищ сержант, идите в конвойный вагон, и если через сорок минут... Ну, если до полседьмого вас не отправят — придёте доложите.

— Есть прийти доложить! Разрешите идти?

— Идите.

Начальник конвоя круто, чётко развернулся и, с первым шагом отпустив руку от шапки, вышел.

Лейтенант Зотов поправил очки, придававшие строгое выражение его совсем не строгому лицу, посмотрел на военного диспетчера Подшебякину, девушку в железнодорожной форме, как она, рассыпав обильные белые кудряшки, разговаривала в старомодную трубку старомодного телефона, — и из её маленькой комнаты вышел в свою такую же маленькую, откуда уже дальше не было двери.

Комната линейной комендатуры была угловая на первом этаже, а наверху, как раз над этим углом, повреждена была водосточная труба. Толстую струю воды, слышно хлеставшую за стеной, толчками ветра отводило и рассыпало то перед левое окно, на перрон, то перед правое, в глухой проходик. После ясных октябрьских заморозков, когда утро заставало всю станцию в инее, последние дни отсырело, а со вчерашнего дня лило этого дождя холодного не переставая так, что удивляться надо было, откуда столько воды на небе.

Зато дождь и навёл порядок: не было этой бестолковой людской перетолчи, постоянного кишения гражданских на платформах и по путям, нарушавшего приличный вид и работу станции. Все спрятались, никто не лазил на карачках под вагонами, не перелезал по вагонным лесенкам, местные не пёрлись с вёдрами варёной картошки, а пассажиры товарных составов не бродили меж поездов, как на толкучке, развесив на плечах и руках бельё, платье, вязаные вещи. (Торговля эта очень смущала лейтенанта Зотова: её как будто и допускать было нельзя и запрещать было нельзя — потому что не отпускалось продуктов на эвакуируемых.)

Не загнал дождь только людей службы. В окно виден был часовой на платформе с зачехлёнными грузами — весь облитый струящимся дождём, он стоял и даже не пытался его стряхивать. Да по третьему пути маневровый паровоз протягивал цистерны, и стрелочник в брезентовом плаще с капюшоном махал ему палочкой флажка. Ещё тёмная малорослая фигурка вагонного мастера переходила вдоль состава второго пути, ныряя под каждый вагон.

А то всё было — дождь-косохлёст. В холодном настойчивом ветре он бил в крыши и стены товарных вагонов, в грудь паровозам; сек по красно-обожжённым изогнутым железным рёбрам двух десятков вагонных остовов (коробки сгорели где-то в бомбёжке, но уцелели ходовые части, и их оттягивали в тыл); обливал четыре открыто стоявших на платформах дивизионных пушки; сливаясь с находящими сумерками, серо затягивал первый зелёный кружок семафора и кое-где вспышки багровых искр, вылетающих из теплушечных труб. Весь асфальт первой платформы был залит стеклянно-пузырящейся водой, не успевавшей стекать, и блестели от воды рельсы даже в сумерках, и даже тёмно-бурая насыпка полотна вздрагивала невсачивающимися лужами.

И всё это не издавало звуков, кроме глухого подрагивания земли да слабого рожка стрелочника, — гудки паровозов отменены были с первого дня войны.

И только дождь трубил в разорённой трубе.

За другим окном, в проходике у забора пакгауза, рос дубок. Его трепало, мочило, он додержал ещё тёмных листьев, но сегодня слетали последние.

Стоять и глазеть было некогда. Надо было раскатывать маскировочные бумажные шторки на окнах, зажигать свет и садиться за работу. Ещё много надо было успеть до смены в девять часов вечера.

Но Зотов не опускал шторок, а снял командирскую фуражку с зелёным околышем, которая на дежурстве даже в комнате всегда сидела у него на голове, снял очки и медленно потирал пальцами глаза, утомлённые переписыванием шифрованных номеров транспортов с одной карандашной ведомости на другую. Нет, не усталость, а тоска подобралась к нему в темнеющем прежде времени дне — и заскребла.

Тоска была даже не о жене, оставшейся с ещё не рождённым ребёнком далеко в Белоруссии, под немцами. Не о потерянном прошлом, потому что у Зотова не было ещё прошлого. Не о потерянном имуществе, потому что он его не имел и иметь не хотел бы никогда.

Угнетённость, потребность выть вслух была у Зотова от хода войны, до дикости непонятного. По сводкам Информбюро провести линию фронта было нельзя, можно было спорить, у кого Харьков, у кого Калуга. Но среди железнодорожников хорошо было известно, что за Узловую на Тулу поезда уже не шлют и через Елец дотягиваются разве что до Верховья. То там, то сям прорывались бомбардировщики и к рязань-воронежской линии, сбрасывали по нескольку бомб, досталось и Кочетовке. А дней десять назад свалились откуда-то два шальных немецких мотоциклиста, влетели в Кочетовку и на ходу строчили из автоматов. Одного из них положили, другой унёсся, но на станции от стрельбы все испереполошились, и начальник отряда спецназначения, ведающий взрывами в случае эвакуации, успел рвануть водокачку заложенным ранее толом. Теперь вызвали восстановительный поезд, и третий день он работал здесь.

Но не в Кочетовке было дело, а — почему же война так идёт? Не только не было революции по всей Европе, не только мы не вторгались туда малой кровью и против любой комбинации агрессоров, но сошлось теперь — до каких же пор? Что б ни делал он днём и ложась вечером, только и думал Зотов: до каких же пор? И когда был не на службе, а спал на квартире, всё равно просыпался по радиоперезвону в шесть утра, томясь надеждой, что сегодня-то загремит победная сводка. Но из чёрного раструба безнадёжно выползали вяземское и волоколамское направления и клешнили сердце: а не сдадут ли ещё и Москву? Не только вслух (вслух спросить было опасно), но самого себя Зотов боялся так спросить — всё время об этом думал и старался не думать.

Однако тёмный этот вопрос ещё был не последним. Сдать Москву ещё была не вся беда. Москву сдавали и Наполеону. Жгло другое: а — потом что? А если — до Урала?..

Вася Зотов преступлением считал в себе даже пробегание этих дрожащих мыслей. Это была хула, это было оскорбление всемогущему, всезнающему Отцу и Учителю, который всегда на месте, всё предвидит, примет все меры и не допустит.

Но приезжали из Москвы железнодорожники, кто побывал там в середине октября, и рассказывали какие-то чудовищно-немыслимые вещи о бегстве заводских директоров, о разгроме где-то каких-то касс или магазинов — и молчаливая му́ка опять сжимала сердце лейтенанта Зотова.

Недавно, по дороге сюда, Зотов прожил два дня в командирском резерве. Там был самодеятельный вечер, и один худощавый бледнолицый лейтенант с распадающимися волосами прочёл свои стихи, никем не проверенные, откровенные. Вася сразу даже не думал, что запомнил, а потом всплыли в нём оттуда строчки. И теперь, шёл ли он по Кочетовке, ехал ли поездом в главную комендатуру Мичуринска или телегой в прикреплённый сельсовет, где ему поручено было вести военное обучение пацанов и инвалидов, — Зотов повторял и перебирал эти слова, как свои:

> Наши сёла в огне и в дыму города...
> И сверлит и сверлит в исступленьи
> Мысль одна: да когда же? когда же? когда
> Остановим мы их наступленье?!

И ещё так, кажется, было:

> Если Ленина дело падёт в эти дни —
> Для чего мне останется жить?

Тоже и Зотов совсем не хотел уцелеть с тех пор, как началась война. Его маленькая жизнь значила лишь — сколько он сможет помочь Революции. Но как ни просился он на первую линию огня — присох в линейной комендатуре.

Уцелеть для себя — не имело смысла. Уцелеть для жены, для будущего ребёнка — и то было не непременно. Но если бы немцы дошли до Байкала, а Зотов чудом бы ещё был жив, — он знал, что ушёл бы пешком через Кяхту в Китай, или в Индию, или за океан — но для того только ушёл бы, чтобы там влиться в какие-то окрепшие части и вернуться с оружием в СССР и в Европу.

Так он стоял в сумерках под лив, хлёст, толчки ветра за окнами и, сжавшись, повторял стихи того лейтенанта.

Чем гуще в комнате темнело, тем ясней калилась вишнёво-нагретая дверца печи и падал жёлтый рассеянный снопик через остеклённую шибку двери из соседней комнаты, где дежурный военный диспетчер по линии НКПС сидела уже при свете.

Она хотя и не подчинялась дежурному помощнику военного коменданта, но по работе никак не могла без него обойтись, потому что ей не положено было знать ни содержания, ни назначения грузов, а только номера вагонов. Эти номера носила ей списчица вагонов тётя Фрося, которая и вошла сейчас, тяжело оббивая ноги.

— Ах, дождь заливе́нный! — жаловалась она. — Ах, заливенный! А всё ж сбывает мал-малешко.

— Но семьсот шестьдесят пятый надо переписать, тётя Фрося, — сказала Валя Подшебякина.

— Ладно, перепишу, дай фонарь направить.

Дверь была не толста и прикрыта не плотно, Зотову был слышен их разговор.

— Хорошо, я угля управилась получить, — говорила тётя Фрося. — Теперь ничего не боюсь, на одной картошке ребятишков передержу. А у Дашки Мелентьевой — и не докопана. Поди-ка поройся в грязе́.

— Скажи, мороз хватит. Холодает как.

— Ранняя зима будет. Ох, в такую войну да зима ранняя... А вы сколько картошки накопали?

Зотов вздохнул и стал опускать маскировку на окнах, аккуратно прижимая шторку к раме, чтоб ни щёлочкой не просвечивало.

Вот этого он понять не мог, и это вызывало в нём обиду и даже ощущение одиночества. Все эти рабочие люди вокруг него как будто так же мрачно слушали сводки и расходились от репродукторов с такой же молчаливой болью. Но Зотов видел разницу: окружающие жили как будто и ещё чем-то другим, кроме новостей с фронта, — вот они копали картошку, доили коров, пилили дрова, обмазывали стёкла. И по времени они говорили об этом и занимались этим гораздо больше, чем делами на фронте.

Глупая баба! Привезла угля — и теперь «ничего не боится». Даже — танков Гудериана?

Ветер тряс деревцо у пакгауза и в том окне чуть позвенивал одним стёклышком.

Зотов опустил последнюю шторку, включил свет. И сразу стало в тёплой, чисто выметенной, хотя и голой комнате уютно, как-то надёжно, обо всём стало думаться бодрей.

Прямо под лампочкой, посередине комнаты, стоял стол дежурного, позади него у печки — сейф, к окну — старинный дубовый станционный диван на три места со спинкой (из спинки толстыми вырезанными буквами выступало название дороги). На диване этом можно было ночью прилечь, да редко приходилось за работой. Ещё была пара грубых стульев. Между окон висел цветной портрет Кагановича в железнодорожном мундире. Висела раньше и карта путей сообщения, но капитан, комендант станции, велел снять её, потому что в комнату сюда входят люди и если среди них затешется враг, то, скосясь, он может сориентироваться, какая дорога куда.

— Я — чулки выменивала, — хвасталась в соседней комнате тётя Фрося, — пару чулков шёлковых брала у их за пяток картофельных лепёшек. Чулков теперь, может, до конца войны не будет. Ты мамке скажи, чтоб она не зевала, из картошки б чего настряпала — и туда, к теплушкам. С руками вырывают. А Грунька Мострюкова надысь какую-то чудну́ю рубашку выменяла — бабью, ночную, мол, да с прорезями, слышь, в таких местах... ну, смехота! Собрались в её избе бабы, глядели, как она мерила, — животы порвали!.. И мыло тоже можно брать у их, и дёшево. А мыло теперь продукт дефективный, не купишь. Ты скажи мамке, чтоб не зевала!

— Не знаю, тётя Фрося...

— Чо, тебе чулки не нужны?

— Чулки очень нужны, да как-то совестно... у эвакуированных...

— У выковыренных-то и брать! Они отрезы везут, костюмы везут, мыло везут — прям как на ярмарку и снаряжались. Там такие мордатые еду-у-уть! — отварную курицу им, слышь, подавай, другого не хотят! У кого даже, люди видели, сотенные прямо пачками перевязаны, и пачек полон чемойдан. Банк, что ль, забрали? Только деньги нам не нужны, везите дальше.

— Ну, вот твои квартиранты...

— Э-этих ты не равняй. Эти голь да босота, они из Киева подхватились в чём были, как до нас доехали — удивляться надо. Полинка на почту устроилась, зарплатка ей недохударная, а и чего — та зарплата? Я бабку повела, подпол ей открыла — вот, говорю, картошку бери, и капусту квашеную бери, и за комнату мне с вас тоже ничего не надо. Бедных я, Валюша, всегда жалею, богатый — пощады не проси!

На письменном столе Зотова стояло два телефона — один путейский, такая же старинная крутилка в жёлтой деревянной коробке, как у военного диспетчера, и второй свой, зуммерный, полевой, связанный с кабинетом капитана и с караульным помещением станционного продпункта. Бойцы с продпункта были единственной военной силой кочетовской комендатуры, хотя главная задача их была охранять продукты. Всё ж они тут топили, убирали, и сейчас ведро крупного бриллиантового угля в запас стояло перед печкой, топи — не хочу.

Зазвонил путейский телефон. Уже преодолев свою сумеречную минутную слабость, Зотов бодро подбежал, схватил трубку, другой рукой натягивая фуражку, и стал ответно кричать в телефон. На дальнее расстояние он всегда кричал — иногда потому, что слышно было плохо, а больше по привычке.

Звонили из Богоявленской, просили подтвердить, какие *попутные* он получил, какие ещё нет. Попутные — сопроводительные зашифрованные указания от предыдущей комендатуры о том, какие транспорты куда направляются, — передавались по телеграфу. Только час назад Зотов сам отнёс несколько таких телеграфистке и получил от неё. В полученных надлежало быстренько разбираться, какие транспорты группировать с какими и на какую станцию, и давать указания железнодорожному военному диспетчеру, какие вагоны сцеплять с какими. И составлять и отправлять новые попутные, а себе оставлять копии от них и подкалывать.

И, положив трубку, Зотов тут же поспешно бухнулся в стул, близоруко наклонился над столом и углубился в попутные.

Но немного мешали ему опять из той комнаты. Там вошёл, стуча сапогами, мужчина и бросил на пол сумку с железом. Тётя Фрося спросила про дождь, тишает ли. Тот буркнул что-то и, должно быть, сел.

(Правда, из повреждённой трубы уже не хлестало так слышно, но крепчал и толкался в окна ветер.)

— Чего ты сказал, старик? — крикнула Валя Подшебякина.

— Студенеет, говорю, — отозвался старик густым ещё голосом.

— Ты ведь слышишь, Гаврила Никитич? — прикрикнула и тётя Фрося.

— Слышу, — ответил старик. — Только в уху́ пощалкивает.

— А как же ты вагоны проверяешь, дед? Ведь их простукивать надо.

— Их и так видно.

— Ты, Валя, не знаешь, он наш кочетовский, это Кордубайло. По всем станциям вагонные мастера, сколько их есть, — его ученики. Уж он до войны десять лет на печи сидел. А вот вышел, видишь.

И опять, опять тётя Фрося что-то завела, Зотову досаждать стала болтовня, и он хотел уже пойти пугнуть её, как в соседней комнате стали обговаривать вчерашний случай с эшелоном окруженцев.

О случае этом Зотов знал от своего подсменного, такого ж, как сам он, дежурного помощника военного коменданта, которому вчера и досталось принимать меры, потому что на станции Кочетовка не было своей этапной комендатуры. Вчера утром на станции сошлись рядом два эшелона: со Щигр через Отрожку везли тридцать вагонов окруженцев, и на тридцать вагонов отчаянных этих людей было пять сопровождающих от НКВД, которые сделать с ними, конечно, ничего не могли. Другой же, встречный эшелон, изо Ртищева, был с мукой. Мука везлась частью в запломбированных вагонах, частью же в полувагонах, в мешках. Окруженцы сразу разобрались, в чём дело, атаковали полувагоны, взлезли наверх, вспарывали ножами мешки, насыпали себе в котелки и обращали гимнастёрки в сумки и сыпали в них. От конвоя, шедшего при мучном эшелоне, стояло на путях два часовых — в голове и в хвосте. Головной часовой, совсем ещё парень, кричал несколько раз, чтобы не трогали, — его не слушал никто, и из конвойной теплушки к нему подмога не подходила. Тогда он вскинул винтовку, выстрелил и единственным этим выстрелом уложил в голову одного окруженца — прямо там, наверху.

Зотов слушал-слушал их разговор — не так они говорили, не так понимали. Он не выдержал, пошёл объяснить. Раскрыв дверь и став на пороге, он посмотрел на них на всех через простые круглые свои очёчки.

Справа за столом сидела тоненькая Валя над ведомостями и графиками в разноцветных клетках.

Вдоль окна, закрытого такой же синей маскировочной бумагой, шла простая скамья, на ней сидела тётя Фрося, немолодая, матёрая, с властным мужественным складом, какой бывает у русских женщин, привыкших самим управляться и на работе и дома. Брезентовый мокрый серо-зелёный плащ, даваемый ей в дежурство, коробился на стене, а она сидела в мокрых сапогах, в чёрном обтёрханном гражданском пальтишке и ладила коптилку, вынутую из ручного четырёхугольного фонаря.

На входной двери наклеен был розовый листок, какие всюду развешивались по Кочетовке: «Берегись сыпного тифа!» Бумага плакатика была такая же болезненно-розовая, как сыпь тифозного или как те обожжённые железные кости вагонов из-под бомбёжки.

Недалеко от двери, чтобы не наследить, сидел чуть в сторону печи прямо на полу, ослонясь о стену, старик Кордубайло. Рядом с ним лежала кожаная старая сумка с тяжёлым инструментом, брошенная так, чтоб только не на дороге, и рукавицы, измызганные в мазуте. Старик, видно, сел, как пришёл — не отряхаясь и не раздеваясь, и сапоги его и плащ подтекали по полу лужицами. Между ногами, подтянутыми в коленях, стоял на полу незажжённый фонарь, такой же, как у тёти Фроси. Под плащом на старике был неопрятный чёрный бушлат, опоясанный бурым грязноватым кушаком. Башлык его был откинут: на голове, ещё кудлатой, крепко насажен был старый-престарый железнодорожный картуз. Картуз затенял глаза, на свет лампочки выдавался только сизый носище да толстые губы, которыми Кордубайло сейчас слюнявил газетную козью ножку и дымил. Растрёпанная борода его меж сединой сохраняла ещё черноту.

— А что ж ему оставалось? — доказывала Валя, пристукивая карандашиком. — Ведь он на посту, ведь он часовой!

— Ну, правильно, — кивал старик, роняя крупный красный пепел махорки на пол и на крышку фонаря. — Правильно... Есть все хотят.

— К чему это ты? — нахмурилась девушка. — Кто это — все?

— Да хоть бы мы с тобой, — вздохнул Кордубайло.

— Вот бестолковый ты, дед! Да что ж они — голодные? Ведь им казённый паёк дают. Что ж их, без пайка везут, думаешь?

— Ну, правильно, — согласился дед, и с цыгарки опять посыпались раскалённые красные кусочки, теперь к нему на колено и полу бушлата.

— Смотри, сгоришь, Гаврила Никитич! — предупредила тётя Фрося.

Старик равнодушно глядел, не стряхивая, как гасли махорочные угольки на его мокрых тёмных ватных брюках, а когда они погасли, чуть приподнял кудлато-седую голову в картузе:

— Вы, девки, часом, сырой муки, в воде заболтавши, не ели?

— Зачем же — сырую? — поразилась тётя Фрося. — Заболтаю, замешу да испеку.

Старик чмокнул бледными толстыми губами и сказал не сразу — у него все слова так выступали не сразу, а будто долго ещё на костылях шли оттуда, где рождались:

— Значит, голоду вы не видали, милые.

Лейтенант Зотов переступил порог и вмешался:

— Слушай, дед, а что такое п р и с я г а — ты воображаешь, нет?

Зотов заметно для всех окал.

Дед мутно посмотрел на лейтенанта. Сам дед был невелик, но велики и тяжелы были его сапоги, напитанные водой и кой-где вымазанные глиной.

— Чего другого, — пробурчал он. — Я и сам пять раз присягал.

— Ну, и кому ты присягал? Царю Миколашке?

Старик мотнул головой:

— Хватай раньше.

— Как? Ещё Александру Третьему?

Старик сокрушённо чмокнул и курил своё.

— Ну! А теперь — народу присягают. Разница есть?

Старик ещё просыпал пеплу на колено.

— А мука чья? Не народная? — горячилась Валя и всё отбрасывала назад весёлые спадающие волосы. — Муку — для кого везли? Для немцев, что ли?

— Ну, правильно, — ничуть не спорил старик. — Да и ребята тоже не немцы ехали, тоже наш народ.

Докуренную козью ножку он согнул до конца и погасил о крышку фонаря.

— Вот старик непонятливый! — задело Зотова. — Да что такое порядок государственный — ты представляешь? — окал он. — Это если каждый будет брать, что ему понравится, я возьму, ты возьмёшь — разве мы войну выиграем?

— А зачем мешки ножами резали? — негодовала Валя. — Это по-каковски? Это наш народ?

— Должно быть, зашиты были, — высказал Кордубайло и вытер нос рукой.

— Так — разорничать? чтоб мимо сыпалось? на путя? — возмутилась тётя Фрося. — Сколько прорвали да сколько просыпали, товарищ лейтенант! Это сколько детей можно накормить!

— Ну, правильно, — сказал старик. — А в такой вот дождь в полувагонах и остальная помокнет.

— А, да что с ним говорить! — раздосадовался Зотов на себя больше, что встрял в никчёмный и без того ясный разговор. — Не шумите тут! Работать мешаете!

Тётя Фрося уже пообчистила фитиль, зажгла коптилку и укрепила её в фонаре. Она поднялась за своим отвердевшим, скоробившимся плащом:

— Ну-к, подвостри мне, Валюша, карандашик. Пойду семьсот шестьдесят пятый списывать.

Зотов ушёл к себе.

Вся эта вчерашняя история могла кончиться хуже. Окруженцы, когда убили их товарища, оставили мешки с мукой и бросились с рёвом на мальчишку-часового. Они уже вырвали у него винтовку — да, кажется, он её и отдал без сопротивления, — начали бить его и просто бы могли растерзать, если б наконец не подоспел разводящий. Он сделал вид, что арестовал часового, и увёл.

Когда везут окруженцев, каждая комендатура подноравливает спихнуть их сразу дальше. Прошлой ночью ещё один такой эшелон — 245413-й, из Павельца на Арчеду, — Зотов принял и поскорее проводил. Эшелон простоял в Кочетовке минут двадцать, окруженцы спали и не выходили. Окруженцы, когда их много вместе, — страшный, лихой народ. Они не часть, у них нет оружия, но чувствуют они себя вчерашней армией, это те самые ребята, которые в июле стояли где-нибудь под Бобруйском, или в августе под Киевом, или в сентябре под Орлом.

Зотов робел перед ними — с тем же чувством, наверно, с каким мальчишка-часовой отдал винтовку, не стреляя больше. Он стыдился за своё положение тылового коменданта. Он завидовал им и готов был, кажется, принять на себя даже некоторую их небезупречность, чтоб только знать, что за его спиной тоже — бои, обстрелы, переправы.

Сокурсники Васи Зотова, все друзья его — были на фронте.

А он — здесь...

Так тем настойчивей надо было работать! Работать, чтоб не только сдать смену в ажуре, но ещё другие, другие дела успевать делать! Как можно больше и лучше успеть в эти дни, уже осенённые двадцать четвёртой годовщиной. Любимый праздник в году, радостный наперекор природе, а в этот раз — рвущий душу.

Кроме всей текучки, уже неделю тянулось за Зотовым дело, имевшее начало в его смену: был налёт на станцию, и немцы порядочно разбомбили эшелон с воинскими грузами, в котором были и продукты. Если б они разбомбили его начисто — на этом бы дело и закрылось. Но, к счастью, уцелело многое. И вот теперь требовали от Зотова составить в четырёх экземплярах полные акты-перечни: грузов, приведенных в полную негодность (их должны были списать с соответствующих адресатов и отнарядить новые); грузов, приведенных в негодность от сорока до восьмидесяти процентов (об использовании их должно было решиться особо); грузов, приведенных в негодность от десяти до сорока процентов (их должны были направлять дальше по назначению с оговорками или частичной заменой); наконец, грузов, оставшихся в целости. Усложнялось дело тем, что хотя грузы разбомблённого поезда все теперь были собраны в пакгаузах, но это произошло не тотчас, по станции бродили непричастные люди, и можно было подозревать хищения. Кроме того, установка процента годности требовала экспертизы (эксперты приезжали из Мичуринска и из Воронежа) и бесконечной переставки ящиков в пакгаузах, а грузчиков не хватало.

Разбомбить и дурак может, а поди разберись!

Впрочем, Зотов и сам любил доконечную точность в каждом деле, поэтому он много уже провернул из этих актов, мог позаняться ими сегодня, а за неделю думал и всё подогнать.

Но даже и эта работа была — текучка. А выглядел Зотов себе ещё работу такую. Вот сейчас он, человек с высшим образованием, а в характере с задатками систематизации, работает на комендантской работе — и получает полезный опыт. Ему особенно хорошо видны сейчас: и недостатки наших мобилизационных предписаний, с которыми нас застала война; и недостатки в организации слежения за воинскими грузами; видны и многие значительные и мелкие улучшения, которые можно было бы внести в работу военных комендатур. Так не прямой ли долг его совести такие все наблюдения делать, записывать, обрабатывать — и подать в виде докладной записки в Наркомат обороны? Пусть его труд не успеет быть использован в эту войну, но как много он будет значить для следующей!

Так вот для какого ещё дела надо найти время и силы! (Хотя выскажи такую идею капитану или в комендатуре узла — будут смеяться. Недалёкие люди.)

Скорей же разбираться с попутными! Зотов потёр одну о другую круглые ладонца с короткими толстенькими пальцами, взял химический карандаш и, сверяясь с шифровкой, разносил на несколько листов ясным овальным почерком многозначные, иногда и дробные номера транспортов, грузов и вагонов. Эта работа не допускала описки — так же как прицел орудия. Он в усердии мелко наморщил лоб и оттопырил нижнюю губу.

Но тут в стекольце двери стукнула Подшебякина:

— Можно, Василь Васильич? — И, не очень дожидаясь ответа, вошла, неся тоже ведомость в руках.

Вообще-то не полагалось ей сюда заходить, решить вопрос можно было на пороге или в той комнате, — но с Валей у него уже не раз совпадали дежурные сутки, и просто деликатность мешала ему не пустить её сюда.

Поэтому он только залистнул шифровку и как бы случайно чистой бумагой прикрыл колонки чисел, которые писал.

— Василь Васильич, я что-то запуталась! Вот, смотрите... — Второго стула не было вблизи, и Валя прилегла к ребру стола и повернула к Зотову ведомость с кривоватыми строчками и неровными цифрами. — Вот, в эшелоне четыреста сорок шесть был такой вагон — пятьдесят семь восемьсот тридцать один. Так — куда его?

— Сейчас скажу. — Он выдвинул ящик, сообразил, какой из трёх скоросшивателей взять, открыл (но не так, чтоб она могла туда засматривать) и нашёл сразу: — Пятьдесят семь восемьсот тридцать первый — на Пачелму.

— Угу, — сказала Валя, записала «Пач», но не ушла, а обсасывала тыльце карандаша и продолжала смотреть в свою ведомость, всё так же приклонённая к его столу.

— Вот ты «че» неразборчиво написала, — укорил её Зотов, — а потом прочтешь как «вэ» — и на Павелец загонишь.

— Неу-жели! — спокойно отозвалась Валя. — Будет вам, Василь Васильич, ко мне придираться-то!

Посмотрела на него из-под локона.

Но подправила «ч».

— Потом во-от что... — протянула она и опять взяла карандаш в рот. Обильные локонцы её, почти льняные, спустились со лба, завесили глаза, но она их не поправляла. Такие они были вымытые и, наверно, мягонькие, — Зотов представил, как приятно потрепать их рукой. — Вот что... Платформа ноль пять сто десять.

— Малая платформа?

— Нет, большая.

— Вряд ли.

— Почему?

— Одной цифры не хватает.

— И что ж теперь делать? — Она откинула волосы. Ресницы были у неё такие ж беленькие.

— Искать, что! Надо внимательней, Валя. Эшелон — тот же?

— У-гм.

Заглядывая в скоросшиватель, Зотов стал примеряться к номерам.

А Валя смотрела на лейтенанта, на его смешные отставленные уши, нос картошкой и глаза бледно-голубые с серинкой, хорошо видные через очки. По работе он был въедливый, этот Василь Васильич, но не злой. А чем особенно ей нравился — был он мужчина не развязный, вежливый.

— Эх! — рассердился Зотов. — Сечь тебя розгами! Не ноль пять, а д в а ноля пять, голова!

— Два-а ноля! — удивилась Валя и вписала ноль.

— Ты ж десятилетку кончила, как тебе не стыдно?

— Да бросьте, Василь Васильич, при чём тут десятилетка? И — куда её?

— На Кирсанов.

— У-гу, — записала Валя.

Но не уходила. В том же положении, наклонённая к столу, близ него, она задумалась и пальцем одним играла с отщепинкой в доске столешницы: отклоняла отщепинку, а та опять прижималась к доске.

Мужские глаза невольно прошлись по небольшим девичьим грудям, сейчас в наклоне видимым ясно, а то всегда скраденным тяжеловатой железнодорожной курткой.

— Скоро дежурство кончится, — надула Валя губы. Они были у неё свеженькие, бледно-розовые.

— Ещё до «кончится» поработать надо! — нахмурился Зотов и перестал разглядывать девушку.

— Вы — опять к своей ба-а-бке пойдёте... Да?

— А куда ж ещё?

— Ни к кому в гости не сходите...

— Нашла время для гостей!

— И чего вам сладкого у той бабки? Даже кровати нет путёвой. На ларе спите.

— А ты откуда знаешь?

— Люди знают, говорят.

— Не время сейчас, Валечка, на мягком нежиться. А мне — тем более. И так стыдно, что не на фронте.

— Так что ж вы? дела не делаете? Чего тут стыдного! Ещё и в окопах небось наваляетесь. Ещё живы ли будете... А пока можно, надо жить как люди.

Зотов снял фуражку, растёр стянутый лоб (фуражка была маловата ему, но на складе другой не нашлось).

Валя на уголке ведомости вырисовывала карандашом длинную острую петельку, как коготок.

— А чего вы от Авдеевых ушли? Ведь там лучше было.

Зотов опустил глаза и сильно покраснел.

— Ушёл — и всё.

(Неужели от Авдеевых разнеслось по посёлку?..)

Валя острила и острила коготок.

Помолчали.

Валя покосилась на его круглую голову. Снять ещё очки — и ребячья какая-то будет голова, негустые светлые волосы завиточками там и сям поднялись, как вопросительные знаки.

— И в кино никогда не пойдёте. Наверно, книги у вас интересные. Хоть бы дали почитать.

Зотов вскинулся. Краска его не сходила.

— Откуда знаешь, что книги?

— Думаю так.

— Нет у меня книг. Дома остались.

— Жалеете просто.

— Да нету, говорю. Куда ж таскать? У солдата — вещмешок, больше не положено.

— Ну, тогда у нас возьмите почитать.

— А у вас много?

— Да стоят на полочке.

— Какие же?

— Да какие... «Доменная печь»... «Князь Серебряный»... И ещё есть.

— Ты все прочла?

— Некоторые. — И вдруг подняла голову, ясно поглядела и дыханием высказала: — Василь Васильич! А вы — переходите к нам! У нас комната вовкина свободная — ваша будет. Печка туда греет, тепло. Мама вам готовить будет. Что за охота вам — у бабки?

И они посмотрели друг на друга, каждый со своей загадкой.

Валя видела, что лейтенант заколебался, что он сейчас согласится. И почему б ему не согласиться, чудаку такому? Все военные всегда говорят, что не женаты, а он один — женат. Все военные, расквартированные в посёлке, — в хороших семьях, в тепле и в заботе. Хотелось и Вале, чтобы в доме, откуда отец и брат ушли на войну, жил бы мужчина. Тогда и со смены, поздно вечером, по затемнённым, замешенным грязью улицам посёлка они будут возвращаться вместе (уж придётся под руку), потом весело садиться вместе за обед, шутить, друг другу что-нибудь рассказывать...

А Вася Зотов едва ли не с испугом посмотрел на девушку,

открыто зовущую его к себе в дом. Она была лишь годика на три моложе его и если называла по имени-отчеству и на «вы», то не из-за возраста, а из уважения к лейтенантским кубикам. Он понимал, что вкусными обедами из его сухого пайка и теплом от печки дело не кончится. Он заволновался. Ему-таки хотелось сейчас взять и потрепать её доступные белые кудряшки.

Но — никак было нельзя.

Он поправил воротник с красными кубиками в зелёных петлицах, хоть воротник ему не жал, очки поправил.

— Нет, Валя, никуда не пойду. Вообще работа стоит, что мы разболтались?

И надел зелёную фуражку, отчего беззащитное курносое лицо его построжело очень.

Девушка посмотрела ещё исподлобья, протянула:

— Да ла-адно вам, Василь Васильич!

Вздохнула. Не молодо, как-то с трудом, поднялась из своего наклонного положения и, влача ведомость в опущенной руке, ушла.

А он растерянно моргнул. Может, вернись бы она ещё раз и скажи ему твёрдо — он уступил бы.

Но она не возвращалась.

Никому тут Вася не мог объяснить, почему он жил в плохо отапливаемой нечистой избе старухи с тремя внуками и спал на коротком неудобном ларе. В огромной жестоковатой мужской толчее сорок первого года его уже раз-другой поднимали на пересмех, когда он вслух рассказывал, что любит жену и думает быть ей всю войну верен и за неё тоже вполне ручается. Хорошие ребята, подельчивые друзья хохотали дружно, как-то дико, били его по плечу и советовали не теряться. С тех пор он вслух не говорил такого больше, а тосковал только очень, особенно проснувшись глухими ночами и думая, каково ей там, далеко-далеко под немцами и ожидая ребёнка.

Но не из-за жены даже он отказал сейчас Вале, а из-за Полины...

И не из-за Полины даже, а из-за...

Полина, чернявенькая стриженая киевляночка с матовым лицом, была та самая, которая жила у тёти Фроси, а работала на почте. На почту, если выдавалось время, Вася ходил читать свежие газеты (пачками за несколько дней, они опаздывали). Так получалось пораньше, и все газеты можно было видеть сразу, не одну-две только. Конечно, почта — не читальня, и никто не обязан был давать ему читать, но Полина понимала его и все газеты выносила ему к концу прилавка, где он стоя, в холоде их читал. Как и для Зотова, для Полины война не была бесчувственным качением неотвратимого колеса, но — всей её собственной жизнью и будущим всем, и, чтоб это будущее угадать, она так же беспокойными руками разворачивала эти газеты и так же искала крупинки, могущие объяснить ей ход войны. Они часто читали рядом, наперехват показывая друг другу важные места. Газеты заменяли им письма, которых они не получали. Полина внимательно вчитывалась во все боевые эпизоды сводок, угадывая, не там ли её муж, и по совету Зотова прочитывала, морща матовый лоб, даже статьи о стрелковой и танковой тактике в «Красной звезде». А уж статьи Эренбурга Вася читал ей вслух сам, волнуясь. И некоторые он выпрашивал у Полины, из чьих-то недосланных газет вырезал и хранил.

Полину, ребёнка её и мать он полюбил так, как вне беды люди любить не умеют. Сынишке он приносил сахару из своего пайка. Но никогда, перелистывая вместе газеты, он не смел пальцем коснуться её белой руки — и не из-за мужа её, и не из-за своей жены, а из-за того святого горя, которое соединило их.

Полина стала ему в Кочетовке — нет, по всю эту сторону фронта — самым близким человеком, она была глазом совести и глазом верности его — и как же мог он стать на квартиру к Вале? что подумала бы Полина о нём?

Но и без Полины — не мог он сейчас беспечно утешаться с какой-нибудь женщиной, когда грозило рухнуть всё, что он любил.

И тоже как-то неловко было признаться Вале и лейтенантам, его сменщикам, что было-таки у него вечернее чтение, была книга — единственная захваченная в какой-то библиотеке в суматошных путях этого года и возимая с собой в вещмешке.

Книга эта была — синий толстенький первый том «Капитала» на шершавой рыжеватой бумаге тридцатых годов.

Все студенческие пять лет мечтал он прочесть заветную эту книгу, и не раз брал её в институтской библиотеке, и пытался конспектировать, и держал по семестру, по году — но никогда не оставалось времени, заедали собрания, общественные нагрузки, экзамены. И, не кончив одной страницы конспекта, он сдавал книгу, когда шёл с июньской обходной. И даже когда проходили политэкономию, самое время было читать «Капитал» — преподаватель отговаривал: «Утонете!», советовал нажимать на учебник Лапидуса, на конспекты лекций. И, действительно, только-только успевали.

Но вот теперь, осенью сорок первого, в зареве огромной тревоги, Вася Зотов мог здесь, в дыре, найти время для «Капитала». Так он и делал — в часы, свободные от службы, от всевобуча и от заданий райкома партии. На квартире у Авдеевых, в зальце, уставленном филодендронами и алоэ, он садился за шаткий маленький столик и при керосиновой лампе (не на все дома посёлка хватало мощности дизельного движка), поглаживая грубую бумагу рукой, читал: первый раз — для охвата, второй раз — для разметки, третий раз — конспектируя и стараясь всё окончательно уложить в голове. И чем мрачней были сводки с фронта, тем упрямей нырял он в толстую синюю книгу. Вася так понимал, что когда он освоит весь этот хотя бы первый том и будет стройным целым держать его в памяти — он станет непобедимым, неуязвимым, неотразимым в любой идейной схватке.

Но не много было таких вечеров и часов, и страниц было записано им несколько — как помешала Антонина Ивановна. Это была тоже квартирантка Авдеевых, приезжая из Лисок, ставшая здесь, в Кочетовке, сразу заведующей столовой. Она была деловая и так на ногах держалась крепко, что в столовой у неё не очень было поскандалить. В столовой у неё, как Зотов узнал потом, совали за рубль в оконце глиняную миску с горячей серой безжирной водой, в которой плавало несколько макаронин, а с тех, кто не хотел просто губами вытягивать это всё из миски, ещё брали рубль залога за деревянную битую ложку. Сама же Антонина Ивановна, вечерами велев Авдеевым поставить самовар, выносила к хозяйскому столу хлеб и сливочное масло. Лет ей оказалось всего двадцать пять, но выглядела она женщиной основательной, была беложава, гладка. С лейтенантом она всегда приветливо здоровалась, он отвечал ей рассеянно и долго путал её с прихожей родственницей хозяйки. Горбясь над своим томом, он не замечал и не слышал, как она, придя с работы тоже поздно, всё ходила через его проходной залец в свою спаленку и оттуда назад к хозяевам и опять к себе. Вдруг она подходила и спрашивала: «Что это вы всё читаете, товарищ лейтенант?» Он прикрывал том тетрадью и отвечал уклончиво. В другой раз она спрашивала: «А как вы думаете, не страшно, что я на ночь дверь свою не закладываю?» Зотов отвечал ей: «Чего бояться! Я же — тут, и с оружием.» А ещё через несколько дней, сидя над книгой, он почувствовал, что, перестав сновать туда-сюда, она как будто не ушла из зальца. Он оглянулся — и остолбенел: прямо здесь, в его комнате, она постелилась на диване и уже лежала, распустив волосы по подушке, а одеялом не покрыв белых наглых плеч. Он уставился в неё и не находился, что теперь делать. «Я вам тут не помешаю?» — спросила она с насмешкой. Вася встал, теряя соображение. Он даже шагнул уже крупно к ней — но вид этой откормленной воровской сытости не потянул его дальше, а оттолкнул.

Он даже сказать ей ничего не мог, ему горло перехватило ненавистью. Он повернулся, захлопнул «Капитал», нашёл ещё силы и время спрятать его в вещмешок, бросился к гвоздю, где висели шинель и фуражка, на ходу снимая ремень, отягощённый пистолетом, — и так, держа его в руке, не опоясавшись, кинулся к выходу.

Он вышел в непроглядную темень, куда из замаскированных окон, ни с тучевого неба не пробивалось ни соломинки света, но где холодный осенний ветер с дождём, как сегодня, рвал и сек. Оступаясь в лужи, в ямы, в грязь, Вася пошёл в сторону станции, не сразу сообразя, что так и несёт в руках ремень с пистолетом. Такая жгла его бессильная обида, что он чуть не заплакал, бредя в этой чёрной стремнине.

С тех-то пор и не стало ему жизни у Авдеевых: Антонина Ивановна, правда, больше с ним не здоровалась, но стала водить к себе какого-то мордатого кобеля, гражданского, однако в сапогах и кителе, как требовал дух времени. Зотов пытался заниматься — она же нарочно не прикрывала своей двери, чтоб долго слышал он, как они шутили и как она повизгивала и постанывала.

Тогда он и ушёл к бабке полуглухой, у которой нашёл только ларь, застланный рядном.

Но вот, видно, разнеслась сплетня по Кочетовке. Неужели до Полины дойдёт? Стыдно...

Отвлекли его эти мысли от работы. Он схватился опять за химический карандаш и заставил себя вникнуть в попутные и

опять чётким овальным почерком разносил номера транспортов и грузов, составляя тем самым новые попутные, под
копирку. И кончил бы эту работу, но неясность вышла с большим транспортом из Камышина — как его разбивать. Дело
это мог решить только сам комендант. Зотов дал один зуммер
по полевому телефону, взял трубку и слушал. И ещё дал один
зуммер подольше. И ещё долгий один. Капитан не отвечал.
Значит, в кабинете его не было. Может быть, отдыхает дома
после обеда. Перед сменой-то дежурных он придёт обязательно — выслушать рапорта.

За дверью иногда Подшебякина звонила диспетчеру станции. Тётя Фрося пришла, опять ушла. Потом послышался тяжёлый переступ в четыре сапога. В дверь постучали, приоткрыли, звонко спросили:

— Разрешите войти?

И, не дожидаясь и не дослышивая разрешения, вошли.
Первый — гренадерского роста, гибкий, с розовым охолодав-
шим лицом — ступил на середину комнаты и с пристуком пятки доложил:

— Начальник конвоя транспорта девяносто пять пятьсот
пять сержант Гайдуков! Тридцать восемь пульмановских вагонов, всё в порядке, к дальнейшему следованию готов!

Он был в новой зимней шапке, ладной долгой шинели ко-
мандирского покроя с разрезом, запоясан кожаным широким ремнём с пряжкою-звездой, и начищенные яловые были
на нём сапожки.

Из-за спины его выступил слегка, как бы перетоптался, не
отходя далеко от двери, второй — коренастый, с лицом оду-
бело-смуглым, тёмным. Он полунехотя поднял пятерню к
шлему-будёновке с опущенными, но незастёгнутыми ушами и
не отрапортовал, а сказал тихо:

— Начальник конвоя транспорта семьдесят один шестьсот двадцать восемь младший сержант Дыгин. Четыре шест-
надцатитонных вагона.

Солдатская шинель его, охваченная узким брезентовым
пояском, имела одну полу перекошенную или непоправимо
изжёванную как бы машиной, сапоги были кирзовые, с ис-
тёртыми переломами гармошки.

А лицо у сержанта Дыгина было наброве челюстное
лицо Чкалова, но не молодого лихого Чкалова, погибшего
недавно, а уже пожившего, обтёртого.

— Так! Очень рад! Очень рад! — сказал Зотов и встал.

Ни по званию своему, ни по роду работы совсем он не должен был вставать навстречу каждому входящему сержанту. Но он действительно рад был каждому и спешил с каждым сделать дело получше. Своих подчинённых не было у помощника коменданта, и эти, приезжающие на пять минут или на двое суток, были единственные, на ком Зотов мог проявить командирскую заботу и распорядительность.

— Знаю, знаю, попутные ваши уже пришли. — Он нашёл на столе и просматривал их. — Вот они, вот они... девяносто пять пятьсот пять... семьдесят один шестьсот двадцать восемь... — И поднял доброжелательные глаза на сержантов.

Их шинели и шапки были только слегка примочены, вразнокап.

— А что это вы сухие? Дождь — кончился?

— Перемежился, — с улыбкой тряхнул головой статный Гайдуков, стоящий и не по «смирно» будто бы, но вытянуто. — Северяк задувает крепенько!

Было ему лет девятнадцать, но с тем ранним налётом мужества, который на доверчивое лицо ложится от фронта, как загар от солнца.

(Вот этот налёт фронта на лицах и поднимал Зотова от стола.)

А дел к ним у помощника коменданта было мало. Во всяком случае не полагалось разговаривать о составе грузов, потому что они могли везти вагоны запломбированными, ящики забитыми и сами не знать, что́ везут.

Но им — многое надо было от коменданта попутной станции.

И они врезались в него — одним весёлым взглядом и одним угрюмым.

Гайдукову надо было понять, не прицепчивая ли тыловая крыса этот комендант, не потянется ли сейчас смотреть его эшелон и груз.

За груз он, впрочем, не опасался нисколько, свой груз он не просто охранял, но любил: это было несколько сот отличных лошадей, и отправленных смышлёным интендантом, загрузившим в тот же эшелон прессованного сена и овса в достатке, не надеясь на пополнение в пути. Гайдуков вырос в деревне, смала пристрастен был к лошадям и ходил к ним теперь как к друзьям, в охотку, а не по службе помогая дежурным бойцам поить, кормить их и доглядывать. Когда он отодвигал дверь и по проволочной висячей стремянке подымался в вагон с «летучей мышью» в руке, все шестнадцать лошадей вагона — гнедые, рыжие, караковые, серые — поворачивали к нему свои настороженные длинные умные морды, иные перекладывали их через спины соседок и смотрели немигающими большими грустными глазами, ещё чутко перебирая ушами, как бы не сена одного прося, но — рассказать им об этом грохочущем подскакивающем ящике и зачем их, куда везут. И Гайдуков обходил их, протискиваясь между тёплыми крупами, трепал гривы, а когда не было с ним бойцов, то гладил храпы и разговаривал. Им на фронт было ехать тяжелей, чем людям; им этот фронт был нужен, как пятая нога.

Чего Гайдуков опасался сейчас перед комендантом (но тот, видно, парень сходный, и стеречься нечего) — чтоб не пошёл он заглянуть в его теплушку. Хотя солдаты в конвое Гайдукова ехали больше новички, но сам он уже побывал на переднем крае и в июле был ранен на Днепре, два месяца пролежал в госпитале и поработал там при каптёрке, и вот ехал снова на фронт. Поэтому он знал и уставы и как их можно и надо нарушать. Их двадцать человек молодых ребят лишь попутно везли лошадей, а сдав их, должны были влиться в дивизию. Может быть, через несколько дней всё это новое обмундирование они измажут в размокшей траншейной глине, да ещё хорошо, если в траншеях, а то за бугорочками малыми будут прятать головы от наседающих на плечи немецких мин — миномёты немецкие больше всего досадили Гайдукову летом. Так сейчас эти последние дни хотелось прожить тепло, дружно, весело. В их просторной теплушке две чугунные печи калились, не переставая, углем-кулаком, добытым с других составов. Эшелон их пропускали быстро, нигде они не застаивались, но как-то успевали раз в сутки напоить лошадей и раз в три дня отоварить продаттестаты. А если эшелон шёл быстро, в него просились. И хотя устав строго запрещал пускать гражданских в караульные помещения, сам Гайдуков и помощник его, перенявший от него разбитную манеру держаться, не могли смотреть на людей, стынущих на осеннем полотне и ошалело бегающих вдоль составов. Не то чтобы пускали просящих всех, но не отказывали многим. Какого-то инспектора хитрого пустили за литр самогону, ещё рыжего старика с сидорами — за шматок сала, кого — ни за так, а особенно отзывно — не устаивало их сердце — подхватывали они в свой вагон, спуская руки навстречу, молодок и девок, тоже всё едущих и едущих куда-то, зачем-то. Сейчас там, в жаре гомонящей теплушки, рыжий старик что-то лопочет про первую мировую войну, как он без малого не получил георгиевского креста, а из девок одна только недотрога, нахохлясь совушкой, сидит тут же у печки. Остальные давно от жары скинули пальто, телогрейки, даже и кофточки. Одна, оставшись в красной соколке и сама раскраснелая, стирает сорочки ребятам и пособника своего, выжимающего бельё, хлопает мокрым скрутком, когда он слишком к ней подлезает. Две стряпают для ребят, заправляя домашним смальцем солдатский сухой паёк. А ещё одна сидит и вычинивает, у кого что порвалось. Уедут с этой станции — поужинают, посидят у огня, споют под разухабистую болтанку вагона на полном ходу, а потом, не особо разбирая смены бодрствующей и отдыхающей (все намаиваются равно в водопой), — расползутся по нарам из неструганых досок, покатом спать. И из этих сегодняшних молодок, как и из вчерашних, лишь недавно проводивших мужей на войну, и из девок — не все устоят, и там, в затеньях от фонаря, лягут с хлопцами, обнявшись.

Да и как не пожалеть солдягу, едущего на передовую! Может, это последние в его жизни денёчки...

И чего сейчас только хотел Гайдуков от коменданта — чтобы тот отпустил его побыстрей. Да ещё бы выведать как-нибудь маршрут: для пассажирок — где их ссаживать, и для себя — на каком теперь участке воевать? мимо дому не придётся ли кому проехать?

— Та-ак, — говорил лейтенант, поглядывая в попутные. — Вы не вместе ехали? Вас недавно сцепили?

— Да вот станций несколько.

Очками уперевшись в бумагу, лейтенант вытаращил губы.

— И почему вас сюда завезли? — спросил он старого Чкалова. — Вы в Пензе — были?

— Были, — отозвался хрипло Дыгин.

— Так какого же чёрта вас крутанули через Ряжск? Это удивляться надо, вот головотяпы!

— Теперь вместе поедем? — спросил Гайдуков.

(Идя сюда, он узнал от Дыгина его направление и хотел смекнуть своё.)

— До Грязей вместе.

— А потом?

— Военная тайна, — приятно окая, покрутил головой Зотов и сквозь очки снизу вверх прищурился на рослого сержанта.

— А всё ж таки? Через Касторную, нет?.. — подговаривался Гайдуков, наклоняясь к лейтенанту.

— Там видно будет, — хотел строго ответить Зотов, но губы его чуть улыбнулись, и Гайдуков отсюда понял, что через Касторную.

— Прямо вечерком и уедем?

— Да. Вас держать нельзя.

— Я — ехать не могу, — проскрипел Дыгин веско, недружелюбно.

— Вы — лично? Больны?

— Весь конвой не смога'т.

— То есть... как? Я не понимаю вас. Почему вы не можете?

— Потому что мы — не собаки!! — прорвалось у Дыгина, и шары его глаз прокатились яростно под веками.

— Что за разговоры, — нахмурился Зотов и выпрямился. — А ну-ка поосторожней, младший сержант! — ещё сильнее окал он.

Тут Зотов доглядел, что и зелёненький-то треугольник младшего сержанта был ввинчен только в одну петлицу шинели Дыгина, а вторая пуста была, осталась треугольная вмятина и дырочка посередине. Распущенные уши его будёновского шлема, как лопухи, свисали на грудь.

Дыгин зло смотрел исподлобья:

— Потому что мы... — простуженным голосом хрипел он, — одиннадцатый день... голодные...

— Как?? — откинулся лейтенант, и очки его сорвались с одного уха, он подхватил дужку, надел. — Как это может быть?

— Так. Быва'т... Очень просто.

— Да у вас продаттестаты-то есть?

— Бумагу жевать не будешь.

— Да как вы живы тогда?!

— Так и живы.

Как вы живы! Пустой ребячий этот вопрос очкарика вконец рассердил Дыгина, и подумал он, что не будет ему помощи и на станции Кочетовка. Как вы живы! Не сам он, а голод и ожесточение стянули ему челюсти, и он по-волжски тяжело смотрел на беленького помощника военного коменданта в тёплой чистой комнате. Семь дней назад раздобылись они свёклой на одной станции, набрали два мешка прямо из сваленной кучи — и всю неделю свёклу эту одну парили в котелках, парили и ели. И уже воротить их стало с этой свёклы, кишки её не принимали. Позапрошлой ночью, когда стояли они в Александро-Невском, поглядел Дыгин на своих заморенных солдатиков-запасников — все они были старше его, а и он не молод, — решился, встал. Ветер выл под вагонами и свиристел в щели. Чем-то надо было нутро угомонить хоть немножко. И — ушёл во мрак. Он вернулся часа через полтора и три буханки кинул на нары. Солдат, сидевший около, обомлел: «Тут и белая одна!» — «Ну? — равнодушно досмотрелся и Дыгин. — А я не заметил.» Обо всём этом не рассказывать же было сейчас коменданту. Как вы живы!.. Десять дней ехало их четверо по своей родной стране, как по пустыне. Груз их был — двадцать тысяч сапёрных лопаток в заводской смазке. И везли они их — Дыгин знал это с самого места — из Горького в Тбилиси. Но все грузы были, видно, срочней, чем этот заклятый, холодный, в застывшей смазке груз. Начиналась третья неделя, а они ещё и половины пути не проехали. Самый последний диспетчеришка, кому не лень, отцеплял их четыре вагона и покидал на любом полустанке. По продаттестатам получили они на три дня в Горьком, а потом на три дня в Саранске — и с тех пор нигде не могли прихватить продпункт открытым. Однако и это бы всё было горе перетерпное, они б и ещё пять дней переголодовали, если б знали, что потом за все пятнадцать получат. Но выло брюхо и стонала душа оттого, что закон всех продпунктов: за прошлые дни не выдаётся. Что прошло, то в воду ушло.

— Но почему ж вам не отоваривают? — добивался лейтенант.

— А вы — отоварите? — раздвинул челюсти Дыгин.

Он ещё из вагона выпрыгивал — узнал у встречного бойца, что продпункт на этой станции есть. Но — стемнело уже, и, по закону, нечего было топать к тому окошку.

Сержант Гайдуков забыл свою весёлую стойку перед комендантом и повёрнут был к Дыгину. Теперь он длинной рукой трепанул того по плечу:

— Брато-ок! Да что ж ты мне не сказал? Да мы тебе сейчас подкинем!

Дыгин не колыхнулся под хлопком и не повернулся, всё так же мёртво глядя на коменданта. Он сам себе тошен был, что такой недотёпистый со своими стариками — за все одиннадцать дней не попросили они есть ни у гражданских, ни у военных: они знали, что лишнего куска в такое время не бывает. И подъехать никто не просился в их теплушку заброшенную, отцепляемую. И табак у них кончился. А из-за того, что вся теплушка была в щелях, они зашили тёсом три окошка из четырёх, и в вагоне у них было темно и днём. И, уже махнув на всё, они и топили-то поконец рук — и так на долгих остановках, по суткам и по двое, вокруг темноватой печки сидели, уваривали свёклу в котелках, пробовали ножом и молчали.

Гайдуков выровнялся молодцеватым броском:

— Разрешите идти, товарищ лейтенант?

— Идите.

И убежал. Тёплой рукой сейчас они отсыпят солдягам и пшена и табачку. У той старухи слезливой ничего за проезд не брали — ну-ка, пусть для ребят выделит, не жмётся. И инспектору надо ещё по чемодану постучать, услышать обязан.

— Та-ак, седьмой час, — соображал лейтенант. — Продпункт наш закрыт.

— Они всегда закрыты быва'т... Они с десяти до пяти только... В Пензе я в очередь стал, шумят — эшелон отходит. Моршанск ночью проехали. И Ряжск ночью.

— Подожди-подожди! — засуетился лейтенант. — Я этого дела так не оставлю! А ну-ка!

И он взял трубку полевого телефона, дал один долгий зуммер.

Не подходили.

Тогда он дал тройной зуммер.

Не подходили.

— А, чёрт! — Ещё дал тройной. — Гуськов, ты?

— Я, товарищ лейтенант.

— Почему у тебя боец у телефона не сидит?

— Отошёл тут. Молока кислого я достал. Хотите — вам принесу, товарищ лейтенант?

— Глупости, ничего не надо!

(Он не из-за Дыгина так сказал. Он и всё время запрещал Гуськову что-нибудь себе носить — принципиально. И чтобы сохранялась чистота деловых отношений, иначе с него потом службы не потребуешь. Напротив, Зотов и капитану докладывал, что Гуськов разбалтывается.)

— Гуськов! Вот какое дело. Приехал тут конвой, четыре человека, они одиннадцатый день ничего не получают.

Гуськов свистнул в телефон.

— Что ж они, разявы!

— Так вышло. Надо помочь. Надо, слушай, сейчас как-нибудь вызвать Чичишева и Саморукова, и чтоб они выдали им по аттестату.

— Где их найдёшь, лёгкое дело!

— Где! На квартирах.

— Грязюка такая, ног по колено не выдерешь, да темно, как у ...

— Чичишев близко живёт.

— А Саморуков? За путями. Да не пойдёт он ни за что, товарищ лейтенант!

— Чичишев пойдёт.

Бухгалтер Чичишев был военнослужащий, призван из запаса, и пришлёпали ему четыре треугольника, но никто не видел в нём военного, а обычного бухгалтера, немолодого, наторелого в деле. Он и разговаривать без счётов не мог. Спрашивал: «Сколько времени? Пять часов?» — и пять сейчас же для понимания крепко щёлкал на косточках. Или рассуждал: «Если человек один (и косточку — щёлк!), ему жить трудно. Он (и вторую к первой — щёлк!) — женится.» Когда от очереди, гудящей, сующей ему продаттестаты, он был отделён закрытым окном и решёткой и только малая форточка оставлена для сующихся рук — Чичишев бывал очень твёрд, кричал на бойцов, руки отталкивал и форточку прикрывал, чтоб не дуло. Но если ему приходилось выйти прямо к толпе или команда прорывалась к нему в каморку — он сразу втягивал шар головы в маленькие плечи, говорил «братцы» и ставил штампы. Так же суетлив и услужлив он перед начальством, не посмеет отказать никому, у кого в петлицах кубики. Продпункт не подчиняется дежурному помощнику коменданта, но Чичишев не откажет, думал Зотов.

— А Саморуков не пойдёт, — твердил своё Гуськов.

Старшиной считался и Саморуков, но с презрением смотрел на лейтенантов. Здоровый, раскормленный волк, он был просто кладовщик и ларёчник продпункта, но держался на четыре *шпалы*. С достоинством, на четверть часа позже, он подходил к ларьку, проверял пломбы, открывал замки, поднимал и подпирал болтами козырёк — и всё с видом одолжения на неприязненном щекастом лице. И сколько бы красноармейцев, торопящихся на эшелоны, команд и одиночек, и инвалидов ни теснилось бы перед окошком, матеря и костыляя друг друга, пробиваясь поближе, — Саморуков спокойно заворачивал рукава по локоть, обнажая жирные руки колбасника, придирчиво проверял на измятых, изорванных аттестатах штампы Чичишева и спокойно взвешивал (и уж наверно недовешивал!), ничуть не волнуясь, успеют ребята на свои эшелоны или нет. Он и квартиру себе выбрал на отшибе нарочно, чтоб его не беспокоили в нерабочее время, и хозяйку подыскал с огородом и с коровой.

Зотов представил себе Саморукова — и в нём забулькало. Эту породу он ненавидел, как фашистов, угроза от них была не меньше. Он не понимал, почему Сталин не издаст указа — таких Саморуковых расстреливать тут же, в двух шагах от ларька, при стечении народа.

«Нет, Саморуков не пойдёт», — соображал и Зотов. И злясь, и подло робея перед ним, Зотов не решился бы его тронуть, если б эти нерасторопные ребята не ели три или пять только дней. Но — одиннадцать!

— Ты вот что, Гуськов, ты не посылай бойца, а пойди к нему сам. И не говори, что четыре человека голодных, а скажи, что срочно вызывает капитан — через меня, понял? И пусть идёт ко мне. А я — договорюсь!

Гуськов молчал.

— Ну, чего молчишь? Приказание понял? «Есть» — и отправляйся.

— А вы капитана спрашивали?

— Да тебе какое дело? Отвечаю — я! Капитан вышел, нет его сейчас.

— И капитан ему не прикажет, — рассудил Гуськов. — Такого порядка нет, чтоб ночью пломбу снимать и опять ставить из-за двух буханок да трёх селёдок.

И то была правда.

— А чего спешка такая? — размышлял Гуськов. — Пусть до десяти утра подождут. Одна ночь, подумаешь! На брюхо лёг, спиной укрылся.

— Да у них эшелон сейчас уходит. Быстрый такой эшелон, жалко их отцеплять, они без того застряли. Груз-то их где-то ждут, где-то нужен.

— Так если эшелон уходит — всё равно Саморуков прийти не успеет. Туда да назад по грязи, хоть и с фонарём, полтора часа, не меньше. Два.

Опять-таки разумно расположил Гуськов...

Не разжимая челюстей, в шишаке будёновки с опущенными ушами, дочерна обветренный, Дыгин впивался в трубку — понять, что же толкуют с той стороны.

— И за сегодня пропало, — потерянно кивнул он теперь.

Зотов вздохнул, отпустил клапан, чтобы Гуськов не слышал.

— Ну, что делать, братец? Сегодня не выйдет. Может, до Грязей идите с этим эшелоном? Эшелон хороший, к утру — там.

И уговорил бы, но Дыгин уже почувствовал в этом лейтенанте слабинку.

— Не поеду. Арестуйте. Не поеду.

В стекло двери постучали. Какой-то дородный гражданин в шерстяном широком кепи в чёрно-серую рябинку стоял там. С вежливым поклоном он, видимо, спрашивал разрешения, но здесь не было слышно.

— Ну-ну! Войдите! — крикнул Зотов. И нажал клапан трубки: — Ладно, Гуськов, положи трубку, я подумаю.

Мужчина за дверью не сразу понял, потом отворил немного и ещё раз спросил:

— Разрешите войти?

Зотова удивил его голос — богатый, низкий и благородно-сдерживаемый, чтобы не хвалиться. Одет он был в какую-то долгополую, но с окороченными рукавами, тяжёлую рыжую куртку невоенного образца, обут же — в красноармейские ботинки с обмотками. В руке он держал красноармейский небольшой засаленный вещмешок. Другой рукой, входя, он приподнял солидную кепку и поклонился обоим:

— Здравствуйте!

— Здравствуйте.

— Скажите, пожалуйста, — очень вежливо, но и держась осанисто, как если б одет был не странно, а весьма даже порядочно, спросил вошедший, — кто здесь военный комендант?

— Дежурный помощник. Я.

— Тогда, вероятно, я — к вам.

Он поискал, куда деть рябую кепку, припылённую, кажется, и углем, не нашёл, поджал её под локоть другой руки, а освободившеюся озабоченно стал расстёгивать свой суконник. Суконник его был вовсе без ворота, а верней, ворот был оторван, и тёплый шерстяной шарф окутывал оголённую шею. Расстегнувшись, подо всем этим вошедший открыл летнее, сильно выгоревшее, испачканное красноармейское обмундирование — и ещё стал отстёгивать карман гимнастёрки.

— Подождите-подождите, — отмахнулся Зотов. — Так вот что... — Он щурился на угрюмого неподвижного Дыгина. — Что в моей власти полностью, то я тебе сделаю: отцеплю тебя сейчас. В десять часов утра отоваришься...

— Спасибо, — сказал Дыгин и смотрел налитыми глазами.

— Да не спасибо, а вообще-то не положено. С таким хорошим эшелоном идёшь. Теперь к чему тебя прицепят — не знаю.

— Да уж две недели тащимся. Сутки больше, сутки меньше, — оживился Дыгин. — Груз я свой вижу.

— Не-ет, — поднял палец Зотов и потряс. — Нам с тобой судить нельзя. — Покосился на постороннего, подошёл к Дыгину плотно и сказал еле внятно, но так же заметно окая: — Раз уж ты свой груз видишь — сообрази. Твоими лопатками сколько окопаться может? Две дивизии! А в землю влезть — это жизнь сохранить. Двадцать тысяч лопаток — это двадцать тысяч красноармейских жизней. Так?

Зотов опять покосился. Вошедший, поняв, что он мешает, отошёл к стене, отвернулся и свободной рукой по очереди закрывал — нет, не закрывал, а грел уши.

— Что? Замёрзли? — усмехнулся Зотов громко.

Тот обернулся, улыбаясь:

— Вы знаете, страшно похолодало. Ветер — безумный. И мокрый какой-то.

Да, ветер свистел, обтираясь об угол здания, и позвенивал непримазанным стеколком в правом окне, за шторкой. И опять пожуркивала вода из трубы.

Очень симпатичная, душу растворяющая улыбка была у этого небритого чудака. Он и стрижен не был наголо. Короткие и негустые, но покрывали его крупную голову мягкие волосы, сероватые от искорок седины.

Не был он похож ни на бойца, ни на гражданского.

— Вот, — держал он в руке приготовленную бумажку. — Вот моя...

— Сейчас, сейчас. — Зотов взял его бумажку, не глядя. —

Вы... присядьте. Вот на этот стул можете. — Но, ещё взглянув на его шутовской кафтан, вернулся к столу, шифровку и ведомости собрал, запер в сейф, тогда кивнул Дыгину и вышел с ним к военному диспетчеру.

Она что-то доказывала по телефону, а тётя Фрося, на корточках присев к печи, обсушивалась. Зотов подошёл к Подшебякиной и взял её за руку — за ту, которая держала трубку.

— Валюша...

Девушка обернулась живо и посмотрела на него с игринкой — так, показалось ей, ласково он её взял и держал за руку. Но ещё кончила в телефон:

— А тысяча второй на проход идёт, у нас к нему ничего. На тамбовскую забирай его, Петрович!..

— Валечка! Пошли быстренько тётю Фросю или переписать, или прямо сцепщикам показать эти четыре вагона, вот младший сержант с ней пойдёт, — и пусть диспетчер их отцепит и отсунет куда-нибудь с прохода до утра.

Тётя Фрося с корточек, как сидела, большим суровым лицом обернулась на лейтенанта и сдвинула губу.

— Хорошо, Василь Васильич, — улыбнулась Валя. Она без надобности так и держала руку с трубкой, пока он не снял своих пальцев. — Пошлю сейчас.

— А состав тот — с первым же паровозом отправлять. Постарайся.

— Хорошо, Василь Васильич, — радостно улыбалась Валя.

— Ну, всё! — объявил лейтенант Дыгину.

Тётя Фрося вздохнула, как кузнечный мех, крякнула и распрямилась.

Дыгин молча поднял руку к виску и подержал так. Лопоухий он был от распущенного шлема, и ничего в нём не было военного.

— Только мобилизован? Из рабочих небось?

— Да. — Дыгин твёрдо благодарно смотрел на лейтенанта.

— Треугольничек-то привинти, — указал ему Зотов на пустую петлицу.

— Нету. Сломался.

— И шлем или уж застегни, или закати, понял?

— Куда закатывать? — огрызнулась тётя Фрося уже в плаще. — Там дряпня́ заворачивает! Пошли, милок!

— Ну ладно, счастливого! Завтра тут другой будет лейтенант, ты на него нажимай, чтоб отправлял.

Зотов вернулся к себе, притворил дверь. Он и сам четыре месяца назад понятия не имел, как затягивать пояс, а поднимать руку для отдачи приветствия казалось ему особенно нелепо и смешно.

При входе Зотова посетитель не встал со стула полностью, но сделал движение, изъявлявшее готовность встать, если нужно. Вещмешок теперь лежал на полу, и мелко-рябое кепи покрывало его.

— Сидите, сидите. — Зотов сел за стол. — Ну, так что?

Он развернул бумажку.

— Я... от эшелона отстал... — виновато улыбнулся тот.

Зотов читал бумажку — это был догонный лист от ряжского военного коменданта — и, взглядывая на незнакомца, задавал контрольные вопросы:

— Ваша фамилия?

— Тверитинов.

— А зовут вас?

— Игорь Дементьевич.

— Это вам уже больше пятидесяти?

— Нет, сорок девять.

— Какой был номер вашего эшелона?

— Понятия не имею.

— Что ж, вам не объявляли номера?

— Нет.

— А почему здесь поставлен? Назвали его — вы?

(Это был 245413-й — тот арчединский, который Зотов проводил прошлой ночью.)

— Нет. Я рассказал в Ряжске, откуда и когда он шёл, — и комендант, наверно, догадался.

— Где вы отстали?

— В Скопине.

— Как же это получилось?

— Да если откровенно говорить... — та же сожалительная улыбка тронула крупные губы Тверитинова, — пошёл... вещички поменять. На съестное что-нибудь... А эшелон ушёл. Теперь без гудков, без звонков, без радио — так тихо уходят.

— Когда это было?

— Позавчера.

— И не успеваете догнать?

— Да, видимо, нет. И — чем догонять? На платформе — дождь. На площадке вагонной, — знаете, такая с лесенкой, —

сквозняк ужасный, а то и часовые сгоняют. В теплушки не пускают: или права у них нет, или места у них нет. Видел я однажды пассажирский поезд, чудо такое, так кондукторы стоят на ступеньках по двое и прямо, знаете, сталкивают людей, чтоб не хватались за поручни. А товарные — когда уже тронутся, тогда садиться поздно, а пока стоят без паровоза — в какую сторону они пойдут, не догадаешься. Эмалированной дощечки «Москва — Минеральные Воды» на них нет. Спрашивать ни у кого нельзя, за шпиона посчитают, к тому ж я так одет... Да вообще у нас задавать вопросы опасно.

— В военное время, конечно.

— Да оно и до войны уже было.

— Ну, не замечал!

— Было, — чуть сощурился Тверитинов. — После тридцать седьмого...

— А — что́ тридцать седьмой? — удивился Зотов. — А что было в тридцать седьмом? Испанская война?

— Да нет... — опять с той же виноватой улыбкой потупился Тверитинов.

Мягкий серый шарф его распустился и в распахе суконника свисал ниже пояса.

— А почему вы не в форме? Шинель ваша где?

— Мне вообще шинели не досталось. Не выдали... — улыбнулся Тверитинов.

— А откуда этот... чапан?

— Люди добрые дали.

— М-м-да... — Зотов подумал. — Но вообще я должен сказать, что вы довольно быстро ещё добрались. Вчера утром вы были у ряжского коменданта, а сегодня вечером уже здесь. Как же вы ехали?

Тверитинов смотрел на Зотова в полноту своих больших доверчивых мягких глаз. Зотову была на редкость приятна его манера говорить; его манера останавливаться, если казалось, что собеседник хочет возразить; его манера не размахивать руками, а как-то лёгкими движениями пальцев пояснять свою речь.

— Мне исключительно повезло. На какой-то станции я вылез из полувагона... Я за эти два дня стал разбираться в железнодорожной терминологии. «Полувагон» — я считал, в нём должно же быть что-то от вагона, ну, хотя бы полкрыши. Я залез туда по лесенке, а там просто железная яма, капкан, и сесть нельзя, прислониться нельзя: там прежде был уголь, и на ходу пыль взвихривается и всё время кружит. Досталось мне там. Тут ещё и дождь пошёл...

— Так в чём же вам повезло? — расхохотался Зотов. — Не понимаю. Вон одежёнку испачкали как!

Когда он смеялся, две большие добрые смеховые борозды ложились по сторонам его губ — вверх до разляпистого носа.

— Повезло, когда я вылез из полувагона, отряхнулся, умылся и вижу: цепляют к одному составу паровоз на юг. Я побежал вдоль состава — ну, ни одной теплушки, и все двери запломбированы. И вдруг смотрю — какой-то товарищ вылез, постоял по надобности и опять лезет в незакрытый холодный вагон. Я — за ним. А там, представляете, — полный вагон ватных одеял!

— И не запломбирован?!

— Нет! Причём, видимо, они сперва были связаны пачками, там по десять или по пять, а теперь многие пачки развязаны, и очень удобно в них зарыться. И несколько человек уже спят!

— Ай-яй-яй!

— Я в три-четыре одеяла замотался и так славно, так сладко спал — целые сутки напролёт! Ехали мы или стояли — ничего не знаю. Тем более третий день мне пайка не дают — я спал и спал, всю войну забыл, всё окружение... Видел родных во сне...

Его небритое мятое лицо светилось.

— Стоп! — спохватью сорвался Зотов со стула. — Это в том составе... Вы с ним приехали — когда?

— Да вот... минут — сколько? Сразу к вам пришёл.

Зотов кинулся к двери, с силой размахнул её, выскочил:

— Валя! Валя! Вот этот проходной на Балашов, тысяча какой-то по-вашему...

— Тысяча второй.

— Он ещё здесь?

— Ушёл.

— Это — точно?

— Точно.

— Ах, чёрт!! — схватился он за голову. — Сидим тут, бюрократы проклятые, бумажки перекладываем, ничего не смотрим, хлеб зря едим! А ну-ка, вызовите Мичуринск-Уральский!

Он заскочил опять к себе и спросил Тверитинова:

— А вы номер вагона не помните?

— Нет, — улыбнулся Тверитинов.

— Вагон — двухосный или четырёхосный?

— Я этого не понимаю...

— Ну как не понимаете! Маленький или большой? На сколько тонн?

— Как в гражданскую войну говорилось: «сорок человек, восемь лошадей».

— Так шестнадцать тонн, значит. И — конвоя не было?

— Да как будто нет.

— Василь Васильич! — крикнула Валя. — Военный диспетчер на проводе. Вам — коменданта?

— Да может и не коменданта, груз может и не военный.

— Так тогда разрешите, я сама выясню?

— Ну, выясните, Валечка! Может, эти одеяла просто эвакуируются, шут их там знает. Пусть пройдут внимательно, найдут этот вагон, определят принадлежность, сактируют, запломбируют — одним словом, разберутся!

— Хорошо, Василь Васильич.

— Ну, пожалуйста, Валечка. Ну, вы — очень ценный работник!

Валя улыбнулась ему. Кудряшки засыпали всё её лицо.

— Алё! Мичуринск-Уральский!..

Зотов затворил дверь и, ещё волнуясь, прошёл по комнате, побил пястью о пясть.

— Работы — не охватить, — окал он. — И помощника не дают!.. Ведь эти одеяла шутя могут разворовать. Может, уже недостача.

Он ещё походил, сел. Снял очки протереть тряпочкой. Лицо его сразу потеряло деловитость и быстрый смысл, стало ребяческое, защищённое только зелёной фуражкой.

Тверитинов терпеливо ждал. Он обошёл безрадостным взглядом шторки маскировки, цветной портрет Кагановича в мундире железнодорожного маршала, печку, ведро, совок. В натопленной комнате суконник его, ометенный угольной пылью, начинал тяготить Тверитинова. Он откинул его по-за плечи, а шарф снял.

Лейтенант надел очки и опять смотрел в догонный лист. Догонный лист, собственно, не был настоящим документом, он составлен был со слов заявителя и мог содержать в себе правду, а мог и ложь. Инструкция требовала крайне пристально относиться к окруженцам, а тем более — одиночкам. Тверитинов не мог доказать, что он отстал именно в Скопине. А может быть, в Павельце? И за это время съездил в Москву или ещё куда-нибудь по заданию?

Но в его пользу говорило, что уж очень быстро он добрался.

Впрочем, где гарантия, что он именно из этого эшелона?

— Так вам тепло было сейчас ехать?

— Конечно. Я б с удовольствием и дальше так поехал.

— Зачем же вы вылезли?

— Чтоб явиться к вам. Мне так велели в Ряжске.

На большой голове Тверитинова все черты были крупны: лоб широк и высок, брови густые, крупные, и нос большой. А подбородок и щёки заросли равномерной серо-седоватой щетиной.

— Откуда вы узнали, что это Кочетовка?

— Грузин какой-то спал рядом, он мне сказал.

— Военный? В каком звании?

— Я не знаю, он из одеял только голову высунул.

Тверитинов стал отвечать как-то печально, как будто с каждым ответом теряя что-то.

— Ну, так. — Зотов отложил догонный лист. — Какие у вас есть ещё документы?

— Да никаких, — грустно улыбнулся Тверитинов. — Откуда ж у меня возьмутся документы?

— Н-да... Никаких?

— В окружении мы нарочно уничтожали, у кого что было.

— Но сейчас, когда вас принимали на советской территории, вам же должны были выдать что-то на руки?

— Ничего. Составили списки, разбили по сорок человек и отправили.

Верно, так и должно было быть. Пока человек не отстал, он член сороковки, не нужны ему документы.

Но своё невольное расположение к этому воспитанному человеку с такой достойной головой Зотову всё же хотелось подтвердить хоть каким-нибудь материальным доказательством.

— Ну что-нибудь! Что-нибудь бумажное у вас в карманах осталось?

— Ну только разве... фотокарточки. Семьи.

— Покажите! — не потребовал, а попросил лейтенант.

У Тверитинова слегка поднялись брови. Он ещё улыбнулся той растерянной или не могущей выразить себя улыбкой и из того же кармана гимнастёрки (другой у него не застёгивался, не было пуговицы) вынул плоский свёрток плотной оранжевой бумаги. Он развернул его на коленях, достал две карточки девять на двенадцать, сам ещё взглянул на ту и другую, потом привстал, чтобы поднести карточки коменданту, — но от стула его до стола было недалеко, Зотов переклонился и принял снимки. Он стал рассматривать их, а Тверитинов, продолжая держать разогнутую обёртку у колена, выпрямил спину и тоже пытался издали смотреть.

На одной из карточек в солнечный день в маленьком саду и, наверно, ранней весной, потому что листочки ещё были крохотные, а глубина деревьев сквозистая, снята была девочка лет четырнадцати в полосатеньком серёньком платьице с перехватом. Из открытого ворота возвышалась длинная худая шейка, и лицо было вытянутое, тонкое — на снимке хоть и неподвижное, а как бы вздрогнувшее. Во всём снимке было что-то недозревшее, недосказанное, и получился он не весёлый, а щемящий.

Девчушка очень понравилась Зотову. Его губы распустились.

— Как зовут? — тихо спросил он.

Тверитинов сидел с закрытыми глазами.

— Ляля, — ещё тише ответил он. Потом открыл веки и поправился: — Ирина.

— Когда снята?

— В этом году.

— А где это?

— Под Москвой.

Полгода! Полгода прошло с минуты, когда сказали: «Ляленька! Снимаю!» — и щёлкнули затвором, но уже грохнули десятки тысяч стволов с тех пор, и вырвались миллионы чёрных фонтанов земли, и миллионы людей прокружились в какой-то проклятой карусели — кто пешком из Литвы, кто поездом из Иркутска. И теперь со станции, где холодный ветер нёс перемесь дождя и снега, где изнывали эшелоны, безутолку толпошились днём и на чёрных полах распологом спали ночью люди, — как было поверить, что и сейчас есть на свете этот садик, эта девочка, это платье?!

На втором снимке женщина и мальчик сидели на диване и

рассматривали большую книжку с картинками во весь лист. Мать тоже была худощавая, тонкая, наверно высокая, а семилетний мальчик с плотным лицом и умным-преумным выражением смотрел не в книжку, а на мать, объяснявшую ему что-то. Глаза у него были такие же крупные, как у отца.

И вообще все они в семье были какие-то отборные. Самому Зотову никогда не приходилось бывать в таких семьях, но мелкие засечки памяти то в Третьяковской галерее, то в театре, то при чтении незаметно сложились в понятие, что такие семьи есть. Их умным уютом пахнуло на Зотова с двух этих снимков.

Возвращая их, Зотов заметил:

— Да вам жарко. Вы разденьтесь.

— Да, — согласился Тверитинов и снял суконник. Он затруднился, куда его деть.

— Вон, на диван, — показал Зотов и даже сделал движение положить сам.

Теперь обнаружились латки, надорванность, разнота пуговиц летней обмундировки Тверитинова и неумелость с обмотками: свободные витки их сползали и побалтывались. Вся одежда такая казалась издевательством над его большой седоватой головой.

Зотов уже не сдерживал симпатии к этому уравновешенному человеку, не зря так сразу понравившемуся ему.

— А кто вы сами? — с уважением спросил он.

Грустно заворачивая карточки в оранжевую бумагу, Тверитинов усмехнулся своему ответу:

— Артист.

— Да-а? — поразился Зотов. — Как это я не догадался сразу! Вы очень похожи на артиста!..

(Сейчас-то он менее всего походил!..)

— ...Заслуженный, наверно?

— Нет.

— Где ж вы играли?

— В Драматическом, в Москве.

— В Москве я только один раз был — во МХАТе, мы экскурсией ездили. А вот в Иванове часто бывал. Вы — ивановский новый театр не видели?

— Нет.

— Снаружи — так себе, коробка серая, железобетонный стиль, а внутри — замечательно! Я очень любил бывать в те-

атрах, ведь это не просто развлечение, ведь в театрах учишь-
ся, верно?..

(Конечно, акты о сгоревшем эшелоне кричали, что в них
надо разбираться, но на то нужно было полных два дня всё
равно. А лестно познакомиться и часок поговорить с большим артистом!)

— В каких же ролях вы играли?

— Многих, — невесело улыбнулся Тверитинов. — За
столько лет не перечислишь.

— Ну всё-таки? Например?

— Ну... подполковник Вершинин... доктор Ранк...

— У-гм... у-гм... — (Не помнил Зотов таких ролей.) — А в
пьесах Горького вы не играли?

— Конечно, обязательно.

— Я больше всего люблю пьесы Горького. И вообще —
Горького! Самый наш умный, самый гуманный, самый большой писатель, вы согласны?

Тверитинов сделал бровями усилие найти ответ, но не нашёл его и промолчал.

— Мне кажется, я даже фамилию вашу знаю. Вы — не заслуженный?

Зотов слегка покраснел от удовольствия разговора.

— Был бы заслуженный, — чуть развёл руками Тверитинов, — пожалуй, здесь бы не был сейчас.

— Почему?.. Ах, ну да, вас бы не мобилизовали.

— Нас и не мобилизовали. Мы шли — в ополчение. Мы записывались добровольно.

— Ну, так добровольно записывались, наверно, и заслу-
женные?

— Записывались все, начиная с главных режиссёров. Но
потом некто после какого-то номера провёл черту, и выше
черты — остались, ниже черты — пошли.

— И было у вас военное обучение?

— Несколько дней. Штыковому бою. На палках. И как
бросать гранаты. Деревянные.

Глаза Тверитинова упёрлись в какую-то точку пола так
прочно, что казались остеклелыми.

— Но потом вас — вооружили?

— Да, уже на марше подбрасывали винтовки. Образца девяносто первого года. Мы до самой Вязьмы шли пешком.
А под Вязьмой попали в котёл.

— И много погибло?

— Я так думаю, в плен больше попало. Небольшая нас группка слилась с окруженцами-фронтовиками, они нас и вывели. Я даже не представляю сейчас, где фронт? У вас карты нет?

— Карты нет, сводки неясные, но я так могу вам сказать: Севастополь с кусочком наш, Таганрог у нас, Донбасс держим. А вот Орёл и Курск — у них...

— Ой-йо-йо!.. А под Москвой?

— Под Москвой особенно непонятно. Направления уже почти дачные. А Ленинград — тот вообще отрезан...

Лоб Зотова и вся полоса глаз сдвинулись в морщины страдания:

— А я не могу попасть на фронт!

— Попадёте ещё.

— Да вот разве потому только, что война — не на год.

— Вы были студент?

— Да! Собственно, мы защищали дипломы уже в первые дни войны... Какая уж там защита!.. Мы должны были к декабрю их готовить. Тут нам сказали: тащите, у кого какие чертежи, расчёты, и ладно. — Зотову стало интересно, свободно, он захлёбывался всё сразу рассказать. — Да ведь все пять лет... Мы поступали в институт — уже поднял мятеж Франко! Потом сдали Австрию! Чехословакию! Тут началась мировая война! Тут — финская! Вторжение Гитлера во Францию! в Грецию! в Югославию!.. С каким настроением мы могли изучать текстильные машины?! Но дело не в этом. После защиты дипломов ребят послали сразу на курсы при Академии моторизации-механизации, а я из-за глаз отстал, очень близорукий. Ну, ходил штурмовал военкомат каждый день, каждый день. У меня опыт ещё с тридцать седьмого года... Единственное, чего добился, — дали путёвку в Интендантскую академию. Ладно. Я с этой путёвкой проезжал Москву, да и сунулся в Наркомат обороны. Допросился к какому-то полковнику старому, он спешил ужасно, уже портфель застёгивал. Так, мол, и так, я инженер, не хочу быть интендантом. «Покажите диплом!» А диплома со мной нет... «Ладно, вот тебе один только вопрос, ответишь — значит, инженер: что такое кривошип?» Я ему чеканю с ходу: «Устройство, насаженное на ось вращения и шарнирно соединённое с шатуном для...» Зачеркнул Интендантскую, пишет: «В Транспортную академию». И убежал с портфелем. Я — торжествую! А приехал в Транспортную — набора нет, только курсы военных комендантов. Не помог и кривошип!..

Вася знал, что не время сейчас болтать, вспоминать, но уж очень был редок случай отвести душу с внимательным интеллигентным человеком.

— Да вы курите, наверно? — опомнился Вася. — Курите же, пожалуйста... — он скосился на догонный лист... — Игорь Дементьевич. Вот табак, вот бумага — мне выдают, а я не курю.

Он достал из ящика пачку лёгкого табака, едва начатую, и подвинул Игорю Дементьевичу.

— Курю, — сознался Игорь Дементьевич, и лицо его озарилось предвкушением. Он приподнялся, наклонился над пачкой, но не стал сразу сворачивать, а сперва просто набрал в себя табачного духу и, кажется, чуть простонал. Потом прочёл название табака, покрутил головой: — Армянский...

Свернул толстую папиросу, склеил языком, и тут же Вася поджёг ему спичку.

— А в ватных одеялах — там никто не курит? — осведомился Зотов.

— Я не заметил, — уже блаженно откинулся Игорь Дементьевич. — Наверно, не было ни у кого.

Он курил с прищуренными глазами.

— А что вы упомянули о тридцать седьмом? — только спросил он.

— Ну, вы же помните обстановку тех лет! — горячо рассказывал Вася. — Идёт испанская война! Фашисты — в Университетском городке. Интербригада! Гвадалахара, Харама, Теруэль! Разве усидишь? Мы требуем, чтобы нас учили испанскому языку, — нет, учат немецкому. Я достаю учебник, словарь, запускаю зачёты, экзамены — учу испанский. Я чувствую по всей ситуации, что мы там участвуем, да революционная совесть не позволит нам остаться в стороне! Но в газетах ничего такого нет. Как же мне туда попасть? Очевидно, что просто бежать в Одессу и садиться на корабль — это мальчишество, да и пограничники. И вот я — к начальнику четвёртой части военкомата, третьей части, второй части, первой части: пошлите меня в Испанию! Смеются: ты с ума сошёл, там никого наших нет, что ты будешь делать?.. Вы знаете, я вижу, как вы любите курить, забирайте-ка эту пачку всю себе! Я всё равно для угощения держу. И на квартире ещё есть. Нет уж, пожалуйста, положите её в вещмешок, завяжите, тогда поверю!.. Табачок теперь — «проходное свидетельство», пригодится вам в пути... Да, и вдруг, понимаете, читаю в «Красной звезде», а я все газеты сплошь читал, цитируют французского журналиста, который, между прочим, пишет: «Германия и СССР рассматривают Испанию как опытный полигон.» А я — дотошный. Выпросил в библиотеке этот номер, подождал ещё дня три, не будет ли редакционного опровержения. Его нет. Тогда иду к самому военкому и говорю: «Вот, читайте. Опровержения не последовало, значит, факт, что мы там воюем. Прошу послать меня в Испанию простым стрелком!» А военком как хлопнет по столу: «Вы — не провоцируйте меня! Кто вас подослал? Надо будет — позовём. Кру-гом!»

И Вася сердечно рассмеялся, вспоминая. Смеховые бороздки опять легли по его лицу. Очень непринуждённо ему стало с этим артистом и хотелось рассказать ещё о приезде испанских моряков, и как он держал к ним ответную речь по-испански, и расспросить, что и как было в окружении, вообще поговорить о ходе войны с развитым, умным человеком.

Но Подшебякина приоткрыла дверь:

— Василь Васильич! Диспетчер спрашивает: у вас есть что-нибудь к семьсот девяносто четвёртому? А то мы его на проход пустим.

Зотов посмотрел в график:

— Это какой же? На Поворино?

— Да.

— Он уже здесь?

— Минут через десять подойдёт.

— Там что-то грузов наших мало. Что там ещё?

— Там промышленные грузы и несколько пассажирских теплушек.

— Ах, вот замечательно! Замечательно! Игорь Дементьевич, вот на этот я вас и посажу! Это очень для вас хороший поезд, вылезать не надо. Нет, Валечка, мои грузы идут там целиком, можно на проход. Пусть примут его тут поближе, на первый или на второй, скажи.

— Хорошо, Василь Васильич.

— А насчёт одеял ты всё передала?

— Всё точно, Василь Васильич.

Ушла.

— Жалко только одно, что накормить мне вас нечем, ни

сухаря тут в ящике нет. — Зотов выдвинул ящик, как бы всё же не уверенный, может, сухарь-то и есть. Но паёк его был как паёк, и хлеб, приносимый на дежурство, Вася съедал с утра. — А ведь вы с тех пор, как отстали, ничего не едите?

— Не беспокойтесь, ради Бога, Василь Васильич. — Тверитинов приложил развёрнутый веер из пяти пальцев к своей засмуроженной гимнастёрке с разными пуговицами. — Я и так бесконечно вам благодарен: — И взгляд и голос его уже не были печальны. — Вы меня пригрели буквально и переносно. Вы — добрый человек. Время такое тяжёлое, это очень ценишь. Теперь, пожалуйста, объясните мне, куда же я поеду и что мне делать дальше?

— Сперва вы поедете, — с удовольствием разъяснял Зотов, — до станции Грязи. Вот жалко, карты нет. Представляете, где это?

— Н-не очень... Название слышал, кажется.

— Да известная станция! Если в Грязях вы будете днём, пойдите с этим вашим листком — вот, я делаю на нём отметку, что вы были у меня, — пойдите к военному коменданту, он напишет распоряжение в продпункт, и вы получите на пару дней паёк.

— Очень вам благодарен.

— А если ночью — сидите, не вылезайте, держитесь за этот эшелон! Вот бы влипли вы в своих одеялах, если б не проснулись, — завезли б вас!.. Из Грязей ваш поезд пойдёт на Поворино, но и в Поворино — разве только на продпункт, не отстаньте! — он довезёт вас ещё до Арчеды. В Арчеду-то и назначен ваш эшелон двести сорок пять четыреста тринадцать.

И Зотов вручил Тверитинову его догонный лист. Пряча лист в карман гимнастёрки, всё тот же, на котором застёгивался клапан, Тверитинов спросил:

— Арчеда? Вот уж никогда не слышал. Где это?

— Это считайте уже под ~~Сталинградом~~.

— Под ~~Сталинградом~~, — кивнул Тверитинов. Но лоб его наморщился. Он сделал рассеянное усилие и переспросил: — Позвольте... ~~Сталинград~~... А как он назывался раньше?

И — всё оборвалось и охолонуло в Зотове! Возможно ли? Советский человек — не знает ~~Сталинграда?~~ Да не может этого быть никак! Никак! Никак! Это не помещается в голове!

Однако он сумел себя сдержать. Подобрался. Поправил очки. Сказал почти спокойно:

Волгоградом

— Раньше он назывался Царицын.

(Значит, не окруженец. Подослан! Агент! Наверно, белоэмигрант, потому и манеры такие.)

— Ах, верно, верно, Царицын. Оборона Царицына.

(Да не офицер ли он переодетый? То-то карту спрашивал... И слишком уж переиграл с одежёнкой.)

Враждебное слово это — «офицер», давно исчезнувшее из русской речи, даже мысленно произнесённое, укололо Зотова, как штык.

(Ах, спростовал! Ах, спростовал! Так, спокойствие. Так, бдительность. Что теперь делать? Что теперь делать?)

Зотов нажал один долгий зуммер в полевом телефоне.

И держал трубку у уха, надеясь, что сейчас капитан снимет свою.

Но капитан не снимал.

— Василь Васильич, мне всё-таки совестно, что я вас обобрал на табак.

— Ничего, пожалуйста, — отклонил Зотов.

(Тюха-матюха! Раскис. Расстилался перед врагом, не знал, чем угодить.)

— Но уж тогда разрешите — я ещё разик у вас надымлю. Или мне выйти?

(Выйти ему?! Прозрачно! Понял, что промах дал, теперь хочет смыться.)

— Нет-нет, курите здесь. Я люблю табачный дым.

(Что же придумать? Как это сделать?..)

Он нажал зуммер трижды. Трубку сняли:

— Караульное слушает.

— Это Зотов говорит.

— Слушаю, товарищ лейтенант.

— Где там Гуськов?

— Он... вышел, товарищ лейтенант.

— Куда это — вышел? Что значит — вышел? Вот обеспечь, чтобы через пять минут он был на месте.

(К бабе пошёл, негодяй!)

— Есть обеспечить.

(Что же придумать?)

Зотов взял листок бумаги и, заслоняя от Тверитинова, написал на нём крупно: «Валя! Войдите к нам и скажите, что 794-й опаздывает на час.»

Он сложил бумажку, подошёл к двери и отсюда сказал, протянув руку:

— Товарищ Подшебякина! Вот возьмите. Это насчёт того транспорта.

— Какого, Василь Васильич?

— Тут номера написаны.

Подшебякина удивилась, встала, взяла бумажку. Зотов, не дожидаясь, вернулся.

Тверитинов уже одевался.

— Мы поезда не пропустим? — доброжелательно улыбался он.

— Нет, нас предупредят.

Зотов прошёлся по комнате, не глядя на Тверитинова. Осадил сборки гимнастёрки под ремнём на спину, пистолет перевёл со спины на правый бок. Поправил на голове зелёную фуражку. Абсолютно нечего было делать и не о чем говорить.

А лгать Зотов — не умел.

Хоть бы говорил что-нибудь Тверитинов, но он молчал скромно.

За окном иногда журчала струйка из трубы, отметаемая и разбрасываемая ветром.

Лейтенант остановился около стола и, держась за угол его, смотрел на свои пальцы.

(Чтобы не дать заметить перемены, надо было смотреть по-прежнему на Тверитинова, но он не мог себя заставить.)

— Итак, через несколько дней — праздник! — сказал он. И насторожился.

(Ну, спроси, спроси: к а к о й праздник? Тогда уж последнего сомнения не будет.)

Но гость отозвался:

— Да-а...

Лейтенант взбросил на него взгляд. Тот продолжительно кивал, куря.

— Интересно, будет парад на Красной площади?

(Какой уж там парад! Он и не думал об этом, а просто так, чтобы время занять.)

В дверь постучали.

— Разрешите, Василий Васильевич? — Валя просунула голову. Тверитинов увидел её и потянулся за вещмешком. — Семьсот девяносто четвёртый задержали на перегоне. Придёт на час позже.

— Да-а-а! Вот какая досада. — (Его самого резала противная фальшь своего голоса.) — Хорошо, товарищ Подшебякина.

Валя скрылась.

За окном близко, на первом пути, послышалось сдержанное дыхание паровоза, замедляющийся к остановке стук состава; передалось подрагивание земли.

Пришёл!

— Что же делать? — размышлял вслух Зотов. — Мне ведь надо идти на продпункт.

— Так я выйду, я — где угодно, пожалуйста, — охотливо сказал Тверитинов, улыбаясь и вставая уже с вещмешком в руках.

Зотов снял с гвоздя шинель.

— А зачем вам мёрзнуть где попало? В станционный залик не вступите, там на полу лежат сплошь. Вы не хотите пройти со мной на продпункт?..

Это звучало как-то неубедительно, и он добавил, чувствуя, что краснеет:

— Я... может быть, сумею вам... там... устроить что-нибудь поесть.

Если б ещё Тверитинов не обрадовался! Но он просиял:

— Это уж был бы с вашей стороны верх добросердечия. Я не смею вас просить.

Зотов отвернулся, осмотрел стол, тронул дверцу сейфа, потушил свет:

— Ну, пойдёмте.

Запирая дверь, сказал Вале:

— Если вызовут с телеграфа, я скоро вернусь.

Тверитинов выходил перед ним в своём дурацком чапане и расслабленных, сбивающихся обмотках.

Через холодный тёмный коридорчик с синей лампочкой они вышли на перрон.

В черноте ночи под неразличимым небом косо неслись влажные, тяжёлые, не белые вовсе хлопья дряпни — не дождя и не снега.

Прямо на первом пути стоял поезд. 794-й. Он весь был чёрен, но немного чернее неба — и так угадывались его вагоны и крыши. Слева, куда протянулся паровоз, огнедышаще светился зольник, сыпалась жаркая светящаяся зола на полотно и относилась в сторону быстро. Ещё дальше и выше — ни на чём висел одинокий круглый зелёный огонь семафора. Направо, к хвосту поезда, где-то вспрыскивали струйки огненных искр над вагонами. Туда, к этим искоркам жизни, по перрону торопились тёмные фигуры, больше бабьи. Сливалось тяжёлое дыхание многих от чего-то невидимого навьюченного, громоздкого. Тянули за собой плачущих и молчаливых детей. Кто-то вдвоём, запыхенные, оттолкнув Зотова, пронесли огромный сундук, что ли. Ещё кто-то за ними со скрежетом тянул волоком по перрону что-то ещё тяжелее. (Именно теперь, когда такая убойная стала езда, — теперь-то все и возили с собой младенцев, бабушек, таскали мешки невподым, корзины величиной с диваны и сундуки величиной с комоды.)

Если б не зола под паровозом, не семафор, не искры теплушечных труб да не приглушенный огонёк фонаря, промелькнувший где-то на дальних путях, — поверить было бы нельзя, что многие эшелоны сбились тут и что это станция, а не дремучий лес, не тёмное чистое поле, в медлительных годовых переменах уже покорно готовое к зиме.

Но слышало ухо: лязганье сцепов, рожок стрелочника, пыхтение двух паровозов, топот и гомон всполошенных людей.

— Нам сюда! — позвал Зотов в проходик, в сторону от перрона, прочь от того поезда, который так хорошо мог увезти Тверитинова.

У Зотова был фонарик с осинённым стёклышком, и он несколько раз посветил под ноги, чтоб и Тверитинов видел.

— Ох! Чуть кепку не сорвало! — пожаловался Тверитинов.

Лейтенант шёл молча.

— Снег не снег, за воротник лезет, — поддерживал тот разговор.

У него-то и воротника не было.

— Здесь будет грязно, — предупредил лейтенант.

И они вступили в самую хлюпающую, чвакающую грязь, не разобрать было дороги посуше.

— Стой!! Кто идёт? — оглушающе крикнул часовой где-то близко.

Тверитинов сильно вздрогнул.

— Лейтенант Зотов.

Так напрямик, выше щиколотки в грязи и, где гуще, с усилием вытягивая ноги, они обошли флигель продпункта и с другой стороны взошли на крылечко. Постучали сильно ногами и с плеч сбили мокроту. Ещё посветив фонариком в сенях, лейтенант ввёл Тверитинова в общее помещение с пустым столом и двумя лавками. Давно искали шнура провести сюда лампочку, но и по сегодня небеленая тесовая комната эта слабо и неровно освещена была фонарём, поставленным на стол. Углы скрадывались темнотой.

Открылась дверь дежурки. Освещённый сзади электричеством, а спереди тёмный, стал в двери боец.

— Где Гуськов? — строго спросил Зотов.

— Стой!! Кто идёт? — рявкнули снаружи.

На крыльце затопали, вошёл Гуськов и бегавший за ним красноармеец.

— Явился, товарищ лейтенант. — Гуськов сделал только приблизительное движение, похожее на отдачу приветствия. На лице Гуськова, всегда немного нахальном, Зотов и в полусвете угадывал сейчас недовольные подёргивания — из-за того, что отрывал его по пустякам лейтенант, которому он почти и не подчинялся.

Вдруг Зотов сердито закричал:

— Сержант Гуськов! Сколько постов положено в вашем карауле?!

Гуськов не испугался, но удивился (Зотов не кричал никогда). Тихо он ответил:

— Положено два, но вы знаете, что...

— Нич-чего не знаю! Как в караульном расписании стоит — так поставьте немедленно!

Губа Гуськова опять дёрнулась:

— Красноармеец Бобнев! Возьмите оружие, станьте на пост.

Тот боец, что привёл Гуськова, обошёл начальство, тяжело стуча по полу, и ушёл в соседнее помещение.

— А вы, сержант, пойдёте со мной в комендатуру.

Уж и так Гуськов смекнул, что случилось что-то.

Красноармеец вернулся, неся винтовку с примкнутым штыком, прошагал мимо всех чётко и у двери в сени стал в позу часового.

(И вот когда овладела Зотовым робость! Не шли слова, какие сказать.)

— Вы... я... — Зотов очень мягко, с трудом поднимая глаза на Тверитинова, — ...я пока по другому делу... — Он особенно явственно выговаривал сейчас «о». — А вы здесь присядьте, пожалуйста. Пока. Подождите.

Дико выглядела голова Тверитинова в широкой кепке вместе с тревожной тенью своей на стене и на потолке. Перехлестнувшийся шарф удавкой охватывал его шею.

— Вы меня здесь оставите? Но, Василь Васильич, я тут поезд пропущу! Уж разрешите, я пойду на перрон.

— Нет-нет... Вы останетесь здесь... — спешил к двери Зотов.

И Тверитинов понял:

— Вы — з а д е р ж и в а е т е меня?! — вскрикнул он. — Товарищ лейтенант, но за что?! Но дайте же мне догнать мой эшелон!

И тем же движением, каким он уже раз благодарил, он приложил к груди пять пальцев, развёрнутых веером. Он сделал два быстрых шага вслед лейтенанту, но сообразительный часовой выбросил винтовку штыком впереклон.

Зотову невольно пришлось оглянуться и ещё раз — последний раз в жизни — увидеть при тусклом фонаре это лицо, отчаянное лицо Лира в гробовом помещении.

— Что вы делаете! Что вы делаете! — кричал Тверитинов голосом гулким, как колокол. — Ведь э т о г о н е и с п р а в и ш ь!!

Он взбросил руки, вылезающие из рукавов, одну с вещмешком, распух до размеров своей крылатой тёмной тени, и потолок уже давил ему на голову.

— Не беспокойтесь, не беспокойтесь, — сильно окая, уговаривал Зотов, ногой нащупывая порог сеней. — Надо будет только выяснить один вопросик...

И ушёл.

И за ним Гуськов.

Проходя комнату военного диспетчера, лейтенант сказал:

— Этот состав задержите ещё.

В кабинете он сел за стол и писал.

«Оперативный пункт ТО НКВД.

Настоящим направляю вам задержанного, назвавшегося окруженцем Тверитиновым Игорем Дементьевичем, якобы отставшим в Скопине от эшелона 245413. В разговоре со мной...»

— Собирайся! — сказал он Гуськову. — Возьми бойца и от-
везёшь его в Мичуринск.

Прошло несколько дней, миновали и праздники.

Но не уходил из памяти Зотова этот человек с такой уди-
вительной улыбкой и карточкой дочери в полосатеньком
платьице.

Всё сделано было, кажется, так, как надо.

Так, да не так...

Хотелось убедиться, что он-таки переодетый диверсант
или уж освобождён давно. Зотов позвонил в Мичуринск, в
оперативный пункт.

— А вот я посылал вам первого ноября задержанного, Тверитинова. Вы не скажете — что с ним выяснилось?

— Разбираются! — твёрдо и сразу ответили в телефон. —
А вы вот что, Зотов. В актах о грузах, сгоревших до
восьмидесяти процентов, есть неясности. Это очень важное
дело, на этом кто-то может руки нагреть.

И всю зиму служил Зотов на той же станции, тем же помощником коменданта. И не раз тянуло его ещё позвонить,
справиться, но могло показаться подозрительным.

Однажды из узловой комендатуры приехал по делам следователь. Зотов спросил его как бы невзначай:

— А вы не помните такого Тверитинова? Я как-то осенью
задержал его.

— А почему вы спрашиваете? — нахмурился следователь
значительно.

— Да просто так... интересно... чем кончилось?

— Раз-берутся и с вашим Тверикиным. У нас брака не бывает.

Но никогда потом во всю жизнь Зотов не мог забыть этого человека...

1962

ДЛЯ ПОЛЬЗЫ ДЕЛА

1

— ...Ну, кто тут меня?.. Здравствуйте, ребятки! Кого ещё не видела — здравствуйте, здравствуйте!

— С победой, Лидия Георгиевна!

— С новосельем!

— С победой и вас, мальчики! И вас, девочки! — Лидия Георгиевна вскинула руки и шевелила пальцами приветственно, всем видно. — С новым учебным годом — и на новом месте!

— Ура-а-а!!

— Не жалко, что поработали? Каникул — не жалко? Воскресений — не жалко?

— Не-е-ет!

— И скажите, ребята, как у нас с младшими благополучно кончилось: никто под кран не попал, никто в канаву не свалился!

Лидия Георгиевна стояла на верхней маленькой площадке лестницы, у дверей учительской, и оглядывала молодёжь, отеснившую её с трёх сторон — из узкого коридора справа, из узкого коридора слева и по неширокой лестнице снизу. Это было самое просторное помещение в здании техникума, здесь даже собрания устраивали, протягивая ещё репродукторы в коридоры. Обычно здесь не было много света, но в сегодняшний солнечный было довольно, чтоб различать лица и пестроту лёгких летних одежд. Подруги с подругами, друзья с друзьями сгрудились тесно, перекладывая подбородки через плечи передних и подтягиваясь за их шеи, чтоб лучше видеть, — и всё это вместе сияло и чего-то ждало от Лидии Георгиевны.

— А кто это там прячется от меня? Лина? Ты косу срезала? Такую косу!

— Да кто их теперь носит, Лидия Георгиевна!

Учительница озиралась, и ей хорошо было видно, как за лето преуспели новые девичьи причёски: где-то ещё мелькали, правда, и короткие косички с цветными бантиками, и скромные проборчики — но уже, о, как много стало этих по виду необихоженных, кой-как брошенных, полурастрёпанных, а на самом деле очень рассчитанных копнышек. А мальчики все были с незастёгнутыми во́ротами — и те, кто уже выкладывал покоряющий чуб, и у кого волосы торчали ёжиком.

Здесь не было младших — тех почти детей, но и столпившиеся старшекурсники были ещё в том незакоренелом, послушном возрасте, когда людей так легко повернуть на всё хорошее. Это светилось сейчас.

Едва выйдя сюда из учительской, и всё сразу увидя, и окунувшись в глаза и улыбки, Лидия Георгиевна взволновалась — от этого высшего ощущения учителя: когда тебя вот так ждут и обступают.

А они не могли бы назвать, что́ они видели в ней, просто по свойству юности любили всё непритворное: на лице её никому не трудно было прочесть, что она думает именно то, что говорит. И ещё особенно узнали и полюбили её за эти месяцы на стройке, где она провела и свой отпуск, куда приходила не в праздничных костюмах, а только в тёмном и где стеснялась посылать других на работу, куда сама не пошла бы. Она вместе с девочками мела, сгребала, подносила.

Ей было скоро тридцать, она была замужем и имела двухлетнюю дочку — но все студенты только что не в глаза называли её Лидочкой, и мальчишки гордились бросаться бегом по её поручениям, которые давала она лёгким, но властным движением руки, а иногда — это был знак особого доверия или надежды — прикоснувшись кончиками пальцев к плечу посылаемого.

— Ну, Лидия Георгиевна! Когда переезжаем?

— Когда?!

— Ребятки, семь лет ждали! Подождём ещё двадцать минут. Сейчас Фёдор Михеич вернётся.

— Лидия Георгиевна! А — что иногородним? Нам же надо или на квартиры — или будет общежитие?

— Надоело по два человека на койке!

— Да ещё б я не понимала, ребятки! А таскаться сюда за переезд по грязи?

— Туфель никогда не наденешь! Из сапог не вылазим!

— Но иногородним надо решать сегодня!

— А почему до сих пор не переехали?

— Там... недоделки какие-то...

— Всегда-а недоделки!

— Мы сами доделаем, пусть нас пустят!

Паренёк из комитета комсомола в рубашке в коричнево-красную клетку, который и вызвал Лидию Георгиевну из учительской, спросил:

— Лидия Георгиевна! Надо обсудить — как будем переезжать? Кто что будет делать?

— Да, ребятки, надо так организовать, чтоб хоть за нами-то задержки не было. У меня идея такая...

— Тише вы, пингвины!

— Такая идея: машин будет две-три, они перевозить будут, конечно, станки и самое тяжёлое. А всё остальное, друзья, мы вполне можем перетащить, как муравьи! Ну, сколько тут?.. Какое расстояние?

— Полтора километра.

— Тысяча четыреста, я мерил!

— Чем ты мерил?

— Счётчиком велосипедным.

— Ну, так неужели будем машин ждать неделю? Девятьсот человек! — что ж мы, за день не перетащим?

— Перета-щим!

— Перета-а-ащим!!

— Давайте скорей, да здесь общежитие устроим!

— Давайте скорей, пока дождя нет!

— Вот что, Игорь! — Лидия Георгиевна повелительным движением приложила щепотку пальцев к груди юноши в красно-коричневой рубашке (у неё получалось это, как у генерала, когда он вынимает из кармана медаль и уверенно прикалывает солдату). — Кто тут есть из комитета? — Лидия Георгиевна и была от партбюро прикреплена к комитету комсомола.

— Да почти все. От вакуумного оба здесь, от электронщиков... На улице некоторые.

— Так! Сейчас соберитесь. Напишите, только разборчиво, список групп. Против каждой проставьте, сколько человек, и прикиньте, кому какую лабораторию, какой кабинет переносить — где тяжести больше, где меньше. Если удастся — придерживайтесь классных руководителей, но чтоб ребятам было по возрасту. И сейчас же мы с таким проектиком пойдём к Фёдор Михеичу, утвердим — и каждую группу прямо в распоряжение преподавателя!

— Есть! — выпрямился Игорь. — Эх, последнее заседание в коридоре, а там уж у нас комната будет! Алё! Комитет! Генка! Рита! Где соберёмся?

— А мы, ребятки, пошли на улицу! — звонко кликнула Лидия Георгиевна. — Там и Фёдора Михеича раньше увидим.

Повалили громко вниз и на улицу, освобождая лестницу.

Снаружи на пустыре перед техникумом, где плохо привились маленькие деревца, было ещё сотни две ребят. Третьекурсники вакуумного стояли тесной гурьбой, девушки — обмышку и, друг другу глядя в глаза, выпевали свой самодеятельный премированный гимн, хором настаивали:

> Не хотим, не хотим тосковать.
> При лучин-нушке да при свече!
> Будем-будем-будем-будем выпускать
> И диоды!
>   И триоды!
>   И тетроды!
>   И пентоды!
> И побольше ламп СВЧ!

Младшие играли в третьего лишнего и в догонялки. Догнав, с аппетитом хлопали между лопатками.

— Зачем по спине лупишь?

— Не по спине, а по хребтине! — важно отвечал мальчишка с волейбольной камерой за поясом. Но заметив, как Лидия Георгиевна угрозила пальцем, прыснул и побежал.

Самые молодые — новички, поступившие из семилеток,

стояли робкими кучками, чисто одетые, и на всё внимательно оглядывались.

Несколько мальчиков пришли с велосипедами и катали девочек на рамах.

По небу шли белые пуховые облака, как взбитые. Иногда закрывали солнце.

— Ой, хоть бы дождя не было, переехать, — вздыхали девчёнки.

Особняком стояли и разговаривали четверокурсники с радиотехнического: блузки девушек весьма незатейливы, рубашка юноши резкого жёлтого цвета и вся запятнана причудливыми изображениями пальм, кораблей и катамаранов. У Лидии Георгиевны пробежала давно удивляющая её мысль: в прежние годы все цвета, украшения и придумки принадлежали девушкам, как и должно быть. Но с какого-то года началось состязание: мальчики стали одеваться пестрей и цветнее девочек, будто предстояло ухаживать не им, а за ними.

— Ну, Валерик, — спросила она у этого юноши с катамаранами. — Что за лето прочёл?

— Да почти ничего, Лидия Георгиевна, — снисходительно отвечал Валерик.

— Но почему же? — расстроилась Лидия Георгиевна. — Зачем же я тебя учила?

— Наверно, по программе надо было. — Ему не хотелось продолжать разговор.

— А если книжки читать — тогда ни кино, ни телевизора!.. Когда же успеть-то? — затараторили девушки подле него. — Телевизор без выходных!

Подходили и другие четверокурсники.

Лоб Лидии Георгиевны был далеко открыт прямо назад заброшенными волосами.

— Конечно, ребятки, не в нашем техникуме, где вы изучаете телевизоры, мне вас агитировать против телевидения, но всё же помните: телевизионная программа — мотылёк, живёт один день, а книга — века!

— Книга? И книга — один день! — возразил взъерошенный Чурсанов в серой рубашке с вывернутым и уже подлатанным воротником.

— Откуда ты взял? — возмутилась Лидия Георгиевна.

— А я в одном дворе с книжным магазином живу. Знаю: их потом складывают и назад увозят. На макулатуру, под нож.

— Так надо ж ещё посмотреть, к а к и е книги увозят.

Чурсанов рос без отца, у матери-дворничихи не один, после 7-го класса понуждён был в техникум. По литературе и русскому тянулся между двойкой и тройкой, но в техникуме считался гениальным радистом: повреждение умел искать без схемы, будто чувствовал, где оно.

Прищурился:

— Я и смотрел, пожалуйста вам скажу. Многие из этих книг в газетах очень хвалили.

Тут и другие стали забивать. Здоровяк с фотоаппаратом через плечо протеснился и объявил:

— Лидия Георгиевна, давайте говорить откровенно. Вы нам на прощанье дали длиннючий список книг. А зачем они нам? Человеку техническому, а таких в нашей стране большинство, надо читать свои специальные журналы, иначе болван будешь, с завода выгонят, и правильно.

— Правильно! — кричали другие. — А спортивные журналы когда читать?

— А «Советский экран»?

— Но поймите, ребята, книга запечатлевает нашего современника! наши свершения! Книга должна нам дать глубины, которых...

— Насчёт классиков дайте скажу! — тянул руку сутулый, почти с горбом, серьёзный мальчик.

— Насчёт сжатости, дайте скажу! — ещё кричали.

— Нет погодите! — смиряла Лидия Георгиевна бунтарей. — Я вам этого так не оставлю! Теперь у нас будет большой актовый зал, устроим диспут, я вытащу на трибуну всех, кто сейчас...

— Едет! Едет!! Едет!!! — закричали младшие, а потом и старшие. Младшие забегали друг за другом ещё, ещё быстрей, старшие расступились, обернулись. Из окон второго этажа высунулись учителя и студенты.

От переезда, трудно покачиваясь на бугорках и иногда расшлёпывая лужи колесом, сюда шёл побитый грузовой техникумский «газик». Уже видно было через стекло кабины и директора с шофёром, которых перекачивало вправо и влево. Те ученики, которые бросились навыпередки с криками встречать директора, первые заметили, что лицо Фёдора Михеевича почему-то совсем не радостно.

И замолчали.

По обе стороны грузовика они сопроводили его, пока он остановился. Фёдор Михеевич, в простом и не новом синем костюме, приземистый, с непокрытой, уже седеющей головой, вышел из кабины и осмотрелся. Ему надо было идти ко входу, но заставлена была и прямая дорожка туда, и с боков подковою плотно стояла молодёжь, смотрела и ждала. А у самых нетерпеливых вырывалось сперва потише:

— Ну как, Фёдор Михеич?

— Когда?

— Когда?..

Потом и громче из задних рядов:

— Переезжаем?

— Когда переезжаем?

Он ещё раз обвёл десятки ждущих спрашивающих глаз. Видно, что ответа не донести было до второго этажа, ответить было здесь. Эти вопросы ребята задавали всю весну и всё лето. Но и директор, и классные руководители только усмехались: «От вас зависит. Как работать будете.» Сейчас же Фёдору Михеевичу оставалось вздохнуть и сказать, не скрыв досады:

— Придётся, товарищи, немного подождать. У строителей не всё готово.

У него голос был всегда глуховатый, как простуженный. Толпа студентов вздохнула.

— Опять подождать...

— Опять не готово!..

— Так послезавтра ж — первое сентября!..

— Так что? Опять на квартиры идти?..

Студент с катамаранами усмехнулся и сказал своим девушкам:

— Я вам говорил? Как закон. И это ещё не всё, подождите.

Стали кричать:

— А мы сами доделать не можем, Фёдор Михеич?

Директор улыбнулся:

— Что? — понравилось самим? Нет, этого — не можем.

Девочки из переднего ряда убеждённо уговаривали:

— Фёдор Михеич! А давайте всё равно переедем! Ну что там осталось?

Директор, широколобый, ширококостый, смотрел на них с затруднением:

— Ну что, девочки, я вам буду всё объяснять?.. Ну кой-где полы не высохли...

— А мы там ходить не будем!

— Доски проложим!

— ...Шпингалетов многих нет...

— Ну и пусть, сейчас лето!

— ...Отопительную систему ещё надо опробовать...

— Фу! Так это к зиме!

— ...Да ещё там мелочей разных...

Фёдор Михеевич только махнул рукой. На лбу его согналось много морщинок. Не рассказывать же было ребятам, что нужен акт о приёмке здания; что подписывают его подрядчик и заказчик; подрядчик-то, пожалуй, и подпишет, ему бы сдать поскорей, да и Фёдору Михеевичу так дорого сейчас время, что и он подписал бы, если б техникум сам был заказчик; но заказчиком техникум быть не мог, потому что не имел штатов для архтехстройконтроля; вместо него заказчиком был отдел капитального строительства завода релейной аппаратуры, а заводу этому совсем нечего было спешить и нарушать порядок. Директор завода Хабалыгин, который всё лето обещал Фёдору Михеевичу, что в августе примет здание в любом случае, недавно сказал: «Нет уж, товарищи! Пока последнего шурупа не ввернут, мы акта не подпишем!» По сути-то он был и прав.

А девчёнки ныли:

— Ой! Так хочется переехать, Фёдор Михеич! Так настроились!

— Чего вы настроились?! — резковато прикрикнул на девочек Чурсанов, стоявший выше других на бугорке. — Так и так на месяц в колхоз поедем, не всё равно из какого здания — из того или из этого?

— Да-а-а!.. В колхоз!.. — вспомнили и другие. За летним строительством они и забыли.

— В этом году не поедем! — твёрдо сказала Лидия Георгиевна сзади.

Тут только заметил её Фёдор Михеевич.

— Почему не поедем, Лидия Георгиевна? Почему? — стали её спрашивать.

— Надо областную газету читать, друзья мои! Статья была.

— Статья-а?..

— Всё равно поедем...

Фёдор Михеевич рассторонил студентов и пошёл к дверям. Лидия Георгиевна нагнала его на лестнице. Лестница такая и была как раз, чтоб только двоим идти рядом.

— Фёдор Михеич! Но в сентябре-то они сдадут?

— Сдадут, — ответил он рассеянно.

— У нас есть хороший план — как всё перетащить с обеда субботы до утра понедельника. Так что мы учебного дня не потеряем. Раскрепим все группы по лабораториям. Комитет сейчас делает.

— Очень хорошо, — кивал директор, думая о своём. Его смущало всё-таки, что недоделки действительно оставались ничтожные, и заказчик мог это предвидеть две и три недели назад, и вполне можно было ускорить и принять здание. Но в некоторых мелочах было так, будто заказчик сам затягивал.

— Теперь, Фёдор Михеич!.. Мы на комитете обсуждали Енгалычева, и он нам слово давал, мы за него ручаемся. С первого сентября верните ему стипендию! — Она смотрела просительно и убеждённо.

— Заступница, — покачал головой директор. — А он — опять?

— Нет, нет! — уверяла она уже на верху лестницы, в виду других преподавателей и секретаря.

— Ну, смотрите.

Он пошёл в свой небольшой кабинетик, тем временем послав за завучем и заведующими отделениями. Он хотел от них услышать и убедиться, что они готовы начать новый год при всех обстоятельствах и необходимое для этого сделали уже и без него.

Вообще Фёдор Михеевич за долгие годы в этом техникуме старался руководить так, чтобы побольше крутилось без него и поменьше требовалось его единоличных решений. Окончив ещё до войны институт связи, он же не мог вникнуть во все новые специальности быстроизменчивой техники и быть умнее своих инженеров. Человек умеренный, нечестолюбивый, он понимал роль руководителя не как капризного прихотника, а лишь как точку благообразного завершения и соединения друг другу доверяющих, друг к другу приработавшихся людей.

Секретарь Фаина, очень независимая и уже не совсем молодая девица, обязанная цветной косынкой под подбородок так, что свободный конец её от быстрого хода треугольным флажком трепыхался позади темени, внесла, положила перед директором заполненный диплом и открыла пузырёк с тушью.

— Это — которая по болезни защищала вот...

— А-а...

Фёдор Михеевич проверил перо, макнул ещё, потом пальцами левой руки плотно, как браслетом, охватил кисть правой и тогда только расписался.

В его второе ранение, в Трансильвании, ему не только ключицу сломало и она срослась неровно, но и сильно контузило. Он стал слышать хуже, и ещё дрожали у него руки, так что ответственной подписи он не давал одною правою рукой.

2

Часа через полтора многие разошлись. Остались те преподаватели с лаборантами, кому надо было готовить практические занятия. Толпились студенты в бухгалтерии регистрировать частные квартиры. Лидия Георгиевна с комитетом составили свой план, как перебираться, и утвердили его у директора и заведующих отделениями.

Фёдор Михеевич ещё сидел с завучем, когда Фаина с трепыханием флажка на голове ворвалась в кабинет и сенсационно объявила, что идут с переезда две «волги», и не иначе как сюда. Директор выглянул в окно и увидел, что две «волги» — цвета морской волны и серая, — переваливаясь на бугорках, шли действительно сюда.

Без сомнения, это могло быть только начальство, и полагалось бы спуститься встретить его. Но никакого начальства он не ждал и остался стоять у открытого окна второго этажа.

Легковые подрулили ко входу, и из них вышло пять человек в шляпах: двое — в твёрдых зелёных, как было принято среди руководства в этом городе, остальные — в светлых. Переднего Фёдор Михеевич тут же и узнал: это был Всеволод Борисович Хабалыгин, директор завода релейных приборов, и он же — «титулодержатель» на постройку нового здания техникума. Он был начальник большой руки и ворочал не такими делами, как Фёдор Михеевич, но относился к нему всегда приязненно. Сегодня с утра уже дважды Фёдор Михеевич звонил Хабалыгину — попросить, чтобы тот смягчился и всё-таки разрешил бы своему ОКСу принять здание техникума с перечнем недоделок. Но оба раза ему ответили, что Всеволода Борисовича нет.

Сейчас у Фёдора Михеевича мелькнула догадка, и он сказал своему высокому, худому как жердь завучу:

— Слушай, Гриша! Может, это комиссия, чтоб ускорить, а? Вот бы!

И он поспешил встретить гостей. Деловой суровый завуч, которого очень боялись студенты, пошёл за ним.

Фёдор Михеевич только успел спуститься на один марш — и уже все пятеро друг за другом поднимались к той же площадке. Первым шёл невысокий Хабалыгин. Ему не было ещё шестидесяти, но он очень огрузнел, давно миновал седьмой пуд веса и изнемогал от толщины. Виски его были посеребрены.

— А-а, — одобрительно протянул он руку директору техникума. И, взойдя на площадку, обернулся. — Вот, — сказал он, — товарищ из нашего министерства.

Товарищ из министерства был моложе гораздо, но тоже дебёл порядочно. Он дал на мгновение Фёдору Михеевичу подержать концы своих трёх белых, нежных пальцев и прошёл выше.

Впрочем, «наше» министерство уже второй год сюда не относилось, с тех пор как техникум отошёл к совнархозу.

— А я ведь вам два раза звонил сегодня! — обрадованно улыбался Фёдор Михеевич Хабалыгину и тронул его за рукав. — Я очень хотел вас просить...

— Вот, — сказал Хабалыгин, — товарищ из Комитета по Делам... — Он и назвал, по каким именно делам, но Фёдор Михеевич растерялся и недослышал.

Товарищ из Комитета по Делам был и вовсе молодой человек, стройный, хорош собой и до мелочей модно одетый.

— А вот, — сказал Хабалыгин, — инспектор по электронике из... — Он и назвал, откуда, но при этом стал уже подниматься по лестнице, и Фёдор Михеевич опять недослышал.

Инспектор по электронике был низенький чёрненький вежливый человек с небольшими, лишь под носом, чёрными усиками.

А последним шёл инструктор промышленного отдела обкома партии, которого Фёдор Михеевич хорошо знал. Они поздоровались.

В руках ни у кого ничего не было.

На верхней площадке около перил, замыкающих пролёт, стоял, как солдат, вытянувшийся строгий завуч. Одни кивнули ему, другие нет.

Поднял наверх своё уширенное тело и Хабалыгин. На узкой лестнице техникума, пожалуй, ни пойти с ним рядом, ни разминуться было нельзя. Поднявшись, он отпыхивался. Только постоянно оживлённый, энергичный его вид отклонял желание посочувствовать ему — как в ходьбе и движении он борется со своим изобильным телом, вся неблаговидная жирность которого ещё была припрятана умелыми портными.

— Пройдёмте ко мне? — пригласил Фёдор Михеевич наверху.

— Да нет, что ж рассиживаться!.. — возразил Хабалыгин. — Веди нас, директор, сразу показывай, как живёшь. А, товарищи?

Товарищ из Комитета по Делам, отодвинув рукав импортного пыльника, посмотрел на часы и сказал:

— Конечно.

— Да как живу? — вздохнул Фёдор Михеевич. — Не живём, а мучаемся. В две смены. В лабораториях не хватает рабочих мест. В одной комнате разные практикумы, то и дело приборы со столов убирать, новые ставить.

Он смотрел то на одного, то на другого и говорил таким тоном, будто оправдывался и извинялся.

— Ну, уж ты распишешь та-кого! — заколыхался не то в кашле, не то в смехе Хабалыгин. Обвисающие складки на его шее, как гривенка у вола, тоже заколыхались. — Удивляться надо, как ты семь лет тут прожил!

Фёдор Михеевич поднял кустистые светлые брови над светлыми глазами:

— Так, Всеволод Борисович, не столько ж было отделений! И потоки меньше!

— Ну, веди-веди, посмотрим!

Директор кивнул завучу, чтобы везде было открыто, и повёл показывать. Гости пошли, не снимая плащей и шляп.

Вошли в просторную комнату с обмыкающими стеллажами по стенам, забитыми аппаратурой. Преподаватель, лаборантка в синем халатике и студент-старшекурсник, тот самый Чурсанов с залатанным воротом, готовили практикум. Комната была на юг и залита солнцем.

— Ну! — сказал Хабалыгин весело. — Чем плохо? Прекрасное помещение!

— Но вы же поймите, — обиделся Фёдор Михеевич, — ведь здесь три лаборатории одна на другой: основ радиотехники и антенн, радиопередающих устройств и радиоприёмных устройств.

— Ну так что из этого?! — Товарищ из министерства тоже обиженно повернул крупную взрачную го́лову. — А вы думаете, у нас в министерстве после реорганизации столы просторнее стоят? Ещё тесней.

— И тем более — родственные лаборатории! — Хабалыгин, очень довольный, похлопал директора по плечу. — Не прибедняйся, товарищ дорогой, не прибедняйся!

Фёдор Михеевич взглянул на него озадаченно.

Хабалыгин время от времени двигал губами и тяжёлыми щеками, будто только что прилично закусил, но ещё не почистил зубов и кое-где там застряла еда.

— А это — зачем? — Товарищ из Комитета по Делам стоял перед странными, очень уж просторными, как на великана, резиновыми сапогами с закатанными голенищами и чуть потрагивал их острым носком полуботинка.

— Высоковольтные боты, — тихо пояснил преподаватель.

— Боты??

— Высоковольтные! — громко крикнул Чурсанов с дерзостью человека, которому нечего терять.

— А-а-а, ну да, ну да, — сказал товарищ из Комитета по Делам и прошёл за другими.

Инструктор обкома, выходя последним, спросил у Чурсанова:

— А зачем они?

— Когда передатчик ремонтируют, — ответил Чурсанов.

Фёдор Михеевич собрался показывать каждую комнату, но, миновав несколько, гости вошли в аудиторию. На стенах висели таблицы английских времён и наглядные картинки. Полки шкафа были загромождены стереометрическими моделями.

Инспектор по электронике пересчитал столы (их оказалось тринадцать) и, двумя пальцами пригладив свои колкие усики, спросил:

— По сколько человек у вас в группах? По тридцать?

— Да, в основном...

— Значит, по трое — не сидят.

Пошли дальше.

В небольшой лаборатории телевидения штук десять телевизоров разных марок, новёхонькие и полуразобранные, стояли на столах.

— Работают? Все? — кивнул на них товарищ из Комитета по Делам.

— Каким надо — те работают, — тихо ответил молодой франтоватый лаборант. На нём был песочный костюм с каким-то техническим значком в лацкане и яркий галстук.

Лежала пачка инструкций к работам, и, перекладывая их, инспектор прочитывал вполголоса:

— «Настройка телевизора по испытательной таблице», «Использование телевизора в виде усилителя», «Построение сигналов изображения»...

— Ну вот, тут и стеллажей нет, обходитесь! — заметил Хабалыгин.

Фёдор Михеевич всё меньше понимал — чего же хотела эта комиссия?

— Так потому, что всё — рядом, в препараторской. Покажи, Володя.

— Ещё и препараторская есть? Замечательно живёте!

Дверь в препараторскую была как в кладовку — меньше обычной. Тонкий, изящный лаборант легко туда вошёл, товарищ из министерства не без труда впучился за ним, но сразу почувствовал, что там не походишь. Остальные только засовывали туда головы, по очереди.

Препараторская оказалась узким ущельем между двумя рядами стеллажей до потолка. Лаборант жестами экскурсовода проводил рукою снизу доверху:

— Вот имущество телевизионной лаборатории. Вот — лаборатории электропитания. Вот — радиотехнических измерений.

Приборы со стрелками, ящики чёрные, коричневые и жёлтые забивали все полки.

— А это зачем? — ткнул пальцем товарищ из министерства.

Он доглядел, что лаборант всё-таки выиграл место на стене, и в этом местечке, не заставленном приборами, приколота была цветная вырезка по контурам — погрудный портрет молодой женщины. Из нашего журнала или из заграничного была вырезана эта грешница, понять без подписи было нельзя — а просто красивая женщина с тёмно-каштановыми волосами, в блузке с красной прошивкой двумя дугами. Подбородком касаясь переплетённых рук своих, оголённых до локтей, она склонила голову чуть набок и смотрела взглядом совершенно не служебным на молоденького лаборанта и на опытного товарища из министерства.

— Вот, говорите — места нет, — буркнул тот, с трудом разворачиваясь на выход, — а чёрт-те что развешиваете.

И, ещё разок покосившись на красавицу, вышел.

По техникуму уже пронеслась весть о какой-то страшной комиссии, и там и сям то выглядывали из дверей, то мелькали по коридору лица.

Лидия Георгиевна попалась комиссии как раз навстречу. Она посторонилась, как бы влипла спиной и ладонями в стену, и проводила их тревожным взглядом. Она не слышала их разговора, но по виду директора могла понять, что совершается что-то неладное.

Фёдор Михеевич задержал под локоть инструктора обкома и, отстав с ним, спросил тихо:

— Слушай! А кто вообще эту комиссию прислал? Почему из совнархоза никого нет?

— Виктор Вавилыч мне велел сопровождать, я и сам не знаю.

Всё на той же верхней лестничной площадке Хабалыгин прокашлялся, ещё поколыхав лишними желтоватыми складками жира на шее, и закурил.

— Та-ак. Ну, и дальше в том же роде.

Товарищ из Комитета по Делам посмотрел на ручные часы:

— В общем, ясно.

Инспектор по электронике погладил двумя пальцами усики и ничего не сказал.

Товарищ из министерства спросил:

— Кроме этого — сколько ещё зданий?

— Ещё два, но...

— Ещё-о два??

— Но — каких? Одноэтажных. Совсем неудобных. И разбросаны. Пойдёмте посмотрим.

— Там и мастерские?

— Да вообще вы понимаете, в каких условиях мы живём? — приходя в себя от какой-то скованности гостеприимства или зачарованности высоким положением гостей, заволновался Фёдор Михеевич. — Ведь у нас нет общежития! — вот это здание теперь пойдёт под общежитие. Ребята и девочки живут на частных квартирах по всему городу, иногда слышат ругань, пьянство наблюдают. Вся воспитательная работа у нас к чёрту летит, где ж её проводить? — на этой лестнице?

— Ну! Ну-у! — раздались протестующие голоса комиссии.

— Воспитательная работа — это в ваших руках! — строго сказал молодой человек из Комитета по Делам.

— Тут уж вы ни на кого не ссылайтесь! — добавил инструктор обкома.

— Тут уж вам оправданий нет... — развёл короткими руками и Хабалыгин.

Фёдор Михеевич невольно покрутил головой и даже потряс плечами — то ли чтоб его не жалили со всех сторон, то ли чтобы стряхнуть с себя это беспомощное положение отвечающего. Если самому не спросить — видно, ничего не поймёшь и не узнаешь. Кустистые белые брови его сошлись.

— Простите. Я всё-таки хотел бы знать — кем вы уполномочены? И по какому вопросу?

Товарищ из министерства приподнял шляпу и отёр лоб платком. Без шляпы он был ещё представительней. Волосы, хотя уже и редкие, но очень величавые, украшали его темя.

— А вы ещё не знаете? — покойно удивился он. — Имеется такое постановление нашего министерства и вот, — он кивнул, — комитета, что важный номерной научно-исследовательский институт, запланированный открыть в нашем городе, будет размещён в тех зданиях, которые первоначально предполагалось отдать вашему техникуму. Так ведь, Всеволод Борисович?

— Так. Так, — подтвердил Хабалыгин кивками головы в твёрдой зелёной шляпе. — Так, так, — с сочувствием посмотрел он на директора техникума и дружески потрепал его по плечу. — Годика два, товарищ дорогой, ты ещё впо-олне пробудешь здесь, а за это время тебе новое здание отстроят, ещё лучше! Так н а д о, милый, не горюй. Так надо! Для пользы дела.

И без того приземистый, Фёдор Михеевич ещё осел и странно смотрел, будто его перелобанили прямым ударом палки.

— А как же... — совсем не главное пришло ему на язык, — мы тут не красили, не ремонтировали?.. — Когда Фёдор Михеевич расстраивался, голос его, и без того простуженный, очень падал, до сиплости.

— Ну-у, ничего! — успокаивал его Хабалыгин. — Небось в прошлом году красили.

Товарищ из Комитета по Делам спустился с одной ступеньки.

Было так много, так много сразу сказать им, что директор техникума и вовсе не находился, что же сказать.

— Но какое отношение я имею к вашему министерству? — сипло протестовал он, заступая дорогу гостям. — Мы — местный совнархоз. Для такой передачи вам надо иметь решение правительства!

— Совершенно верно, — мягко отстранила его комиссия, уже спускаясь. — Вот мы и подготовляем материалы для такого решения. Через два дня оно будет.

И все пятеро они пошли вниз, а директор стоял, взявшись за верхние перила, и смотрел в пролёт неосмысленно.

— Фёдор Михеич! — выступила из коридора Лидия Георгиевна, почему-то держась за горло — загоревшее на стройке горло, открытое отложным воротником. — Что они сказали, Фёдор Михеич?

— Здание забирают, — совсем невыразительно, малозвучным, осевшим голосом сказал директор, не посмотрев на неё.

И пошёл в свой кабинет.

— Как? Ка-ак? — не сразу вскрикнула она. — Новое? — забирают?! — И побежала за ним, цокая каблучками. В двери кабинета она соткнулась с бухгалтершей, оттеснила её и вбежала за директором.

Он медленно шёл к своему столу.

— Слу-у-ушайте! — почти пропела Лидочка ему в спину не своим голосом. — Слу-у-ушайте! Зачем же так несправедливо? Ведь это же н е с п р а в е д л и в о! — всё громче кричала она — то самое, что и он должен был им крикнуть, но он же был директор и не женщина. Откуда-то много слёз щедро катилось по её лицу. — Что ж мы ребятам скажем? Значит, мы ребят — о б м а н у л и?..

Кажется, никогда он её и не видел плачущей.

Директор сел в своё кресло и бессмысленно смотрел в стол перед собой. Весь лоб его сложился в одни морщинки — мелкие и все горизонтальные.

Бухгалтер — старая сухенькая женщина с узлом жидких волос на затылке — стояла тут же с чековой книжкой в руках.

Она всё слышала и поняла. Она бы ушла сейчас и не надоедала, но она только что звонила в банк, и ей ответили, что можно приехать получить. Чек уже был выписан, проставлена сумма, дата.

И она всё-таки подошла, положила перед директором длинную книжку с голубыми полосками и придерживала её рукой.

Фёдор Михеевич омакнул перо, браслетом пальцев левой руки охватил кисть правой и поднёс уже расписаться — но, даже сцепленные, руки его плясали.

Он попробовал расписаться на бумажке. Перо начало писать непохожее что-то, потом ковырнуло бумагу и брызнуло.

Фёдор Михеевич поднял глаза на бухгалтера и улыбнулся.

Бухгалтер закусила губы, взяла чековую книжку и вышла поспешно.

3

Всё это так сразу обвалилось на директора, комиссия прошла так победно и быстро, что он при ней не доискался нужных слов и по уходе её не мог сообразить нужного порядка действий.

Он позвонил в совнархоз, в отдел учебных заведений. Там только всё и услышали от него, возмутились и обещали выяснить. Это могло бы его подбодрить.

Но не подбодрило.

Комиссия-то приезжала неспроста...

Фёдору Михеевичу было так стыдно сейчас — стыдно перед студентами, перед преподавателями, перед всеми, кого он призывал строить, уверенно обещая им переезд; и было у него так разрушено сейчас всё, что он месяцами и даже годами со своими помощниками обсуждал над планом здания, — что ему легче теперь было бы, кажется, сменить свою собственную квартиру на худшую, только б новое здание отдали техникуму.

В голове у него затмилось, и чего-то он никак не мог сообразить.

Никому ничего не сказав и на голову ничего не надев, он вышел наружу, чтобы прояснилось.

А выйдя, пошёл к переезду, не замечая этого сам, всё перетеребливая в уме те десятки жизненных важностей, которые терял техникум вместе с новым зданием. Перед ним опустился шлагбаум — Фёдор Михеевич остановился, хотя мог поднырнуть. Издали показался длинный товарный поезд. Он подкатил и с грохотом пронёсся под уклон. Ничего этого Фёдор Михеевич не заметил сознательно. Шлагбаум подняли — он пошёл дальше.

Когда он ясно понял, где он, — это было уже во дворе нового здания. Ноги сами принесли его сюда. Парадный ход, полностью отделанный и отзеркаленный, был заперт. Фёдор Михеевич шёл со двора, уже распланированного, очищенного и приведенного в порядок студентами. Двор был велик, на нём предполагали развернуть хорошую физкультурную площадку.

Во дворе стоял грузовик строителей, и сантехники с шумом бросали в него какие-то кронштейны, трубы, ещё что-то, но Фёдор Михеевич не придал значения.

Он вошёл внутрь и с удовольствием гулко шёл по каменным плиткам просторного вестибюля с двумя гардеробными по бокам на тысячу мест. Поворотные треугольники из алюминиевых труб с крючками и рожками для шапок сверкали там — и как будто от этого их блеска просветилось директору то простое, чего он до сих пор не подумал, потому что думал всё время за техникум, а не за нового хозяина: да что же будет этот институт делать с таким зданием? Вот эти раздевалки, например, надо сломать, потому что в институте не будет и ста человек. А физкультурный зал с огромной шведской стенкой, вделанными кольцами, турником, решётками и сетками на окнах? Это всё теперь срывать и выворачивать? А мастерские с бетонными основаниями — по числу учебных станков? А вся система электропроводки? А вся планировка здания по аудиториям? Доски? Большая аудитория амфитеатром? Актовый зал?.. А... ?

А между тем мимо него прошли маляры, прошли два плотника с инструментом — и все к выходу.

— Э, слушайте! — опомнился директор. — Товарищи!

Те уходили.

— Братцы!

Те обернулись.

— Куда это вы? Время рабочее!

— Всё-о, директор! — весело сказал младший из плотников, а старший мрачно пошёл своей дорогой. — Закуривай! Мы уходим.

— Да куда уходите?

— Снимают. Начальство приказало.

— Как снимают?

— Ну, как снимают, не знаешь? На другой объект. Чтоб сегодня же в одномашку там приступить. — И ещё прежде замечав, что седенький директор этот — мужик не гордый, плотник вернулся и похлопал его по руке: — Закурить-то дай, директор.

Фёдор Михеевич протянул ему помятую пачку.

— Да где ж начальник стройучастка?

— У-ехал уже! Самый первый.

— А что сказал?

— Сказал: кончай, это уже не наше! Другая власть забирает.

— Ну, а доделывать кто? — рассердился Фёдор Михеевич. — Чего скалишься-то? Сколько тут доделать осталось, а? — Он когда супил брови, у него лицо выходило сердитое.

— Фу-у! — уже дымя и догоняя товарищей, крикнул плотник. — Не знаешь, как делается? Сактируют, передадут под копирочку — всё в порядке, приветик!

Фёдор Михеевич проводил взглядом весёлого плотника в измазанной спецовке. Убегал, сверкая подковками ботинок, тот самый совнархоз, который пришёл на это злополучное, три года в фундаменте застывшее здание и поднял его, обвершил и озеркалил.

Совнархоз убегал, но мысль о переделках, о неисчислимых и совершенно нелепых переделках в этом здании вернула директору силу сопротивления. Он понял, что правда — на его стороне! Он тоже почти побежал, так же стуча по гулкому полу вестибюля.

Комната, где был действующий телефон, оказалась заперта. Фёдор Михеевич поспешил наружу. Крепчающий ветер взмётывал и пошвыривал песком. Грузовик со строителями уже выходил из ворот. Сторож был за воротами, но директор не стал теперь возвращаться, а нащупал пятнадцать копеек и пошёл к автомату.

Он позвонил секретарю горкома Грачикову. Секретарша ответила, что у Грачикова совещание. Он назвался, попросил узнать, примет ли его секретарь горкома и когда. Ответ был: через час.

Фёдор Михеевич пошёл, опять пешком. Идя и сидя потом перед кабинетом Грачикова, он в памяти перебирал все этажи и все аудитории нового здания и, казалось ему, не находил такого места, где б институту не пришлось или ломать стенку, или ставить новую. И в записной книжке он стал прикидывать, во что это обойдётся.

Иван Капитонович Грачиков был для Фёдора Михеевича не просто секретарь горкома, но ещё и фронтовой приятель. Они воевали в одном полку, правда — недолго вместе. Фёдор Михеевич был начальником связи полка. Грачиков прибыл из госпиталя уже позже и заменил убитого командира батальона. Они распознались тогда, что земляки, и виделись, и по телефону иногда калякали, когда тихо бывало ночью, вспоминали свои места. Тут убило командира роты в батальоне Грачикова. Как всегда в полку, штабными командирами затыкали все пробоины, и Фёдора Михеевича послали командиром роты, временно. Это «временно» обернулось двумя сутками: через двое суток его ранило, а из госпиталя он уже в ту дивизию не попал.

Сейчас он сидел и вспоминал, что как-то все неприятности у него всегда сходятся на последние дни августа: это ранение в сорок втором году в батальоне Грачикова было двадцать девятого августа, то есть вчера. А в сорок четвёртом году его ранило тридцатого августа.

Как раз сегодня.

Из кабинета стали выходить, и Фёдора Михеевича позвали.

— Беда случилась, Иван Капитоныч! — глухо, с захрипом, прямо с порога предупредил директор. — Беда!..

Он сел на стул (Грачиков велел повыносить из кабинета все эти кресла, в которых люди утопали и еле поднимались подбородком до стола) и стал рассказывать. Грачиков склонил голову об руку, щекою на ладонь, и слушал.

Лицо Ивана Капитоновича природа вырубила грубовато: губы ему оставила толстые, нос широкий, уши большие. Но хотя волосы у него были чёрные и чуб стоял как-то наискось, придавая ему грозность, — всё вместе лицо его было такое выразительно русское, что невозможно было переодеть его ни в какой чужестранный костюм или мундир, чтоб его тотчас же не признали за русака.

— Ну, скажи, Иван Капитонович, — волновался директор, — ну разве это не глупо? Я уж не говорю — для техникума, но с государственной точки зрения — разве не глупо?

— Глупо, — уверенно приговорил Грачиков, не меняя телоположения.

— Слушай, во что обойдутся переделки, вот я прикинул на бумажке. Всё здание сто́ит четыре миллиона, так? А переделок если не на два миллиона, так на полтора, вот смотри...

И из записной книжки он вычитывал названия работ и сколько это может стоить. Он всё больше чувствовал свою неопровержимую правоту.

Грачиков же неподвижно, спокойно слушал и думал. Он как-то говорил Фёдору Михеевичу, что едва ли не главное освобождение от проклятой войны ощутил в том, что с него была снята обязанность принимать решения единоличные и мгновенные, а правильные или неправильные — разберёмся на том свете. Грачиков очень любил решать дела не спехом, а толком — самому подумать и людей послушать. И не по нутру ему было кончать разговоры и совещания приказами, он старался собеседников убедить до конца, чтобы те сказали: «Да, это верно», или его убедили бы, что — неверно. И как бы упорно ему ни возражали, он не терял выдержанного приветливого образа разговора. Всё это отнимало, конечно, время; первый секретарь обкома Кнорозов быстро заметил за ним эту слабость и в своей неоспоримой лаконичной манере швырнул ему как-то: «Размазня ты, а не работник! Не советский у тебя стиль!» Но Грачиков обопнулся на своём: «Почему? Наоборот. Я — *советно* работаю, с народом я *советуюсь*.»

Секретарём горкома Грачиков стал с последней городской конференции, после больших и разнообразных успехов того завода, где он был секретарём парткома.

— А про этот институт научно-исследовательский ты слышал что-нибудь, Иван Капитонович? Откуда он взялся?

— Слышал. — Грачиков всё так же держал и голову и руку. — Говорили о нём ещё весной. Потом затянулось.

— Да-а, — посетовал директор техникума. — Принял бы Хабалыгин здание, въехали б мы числа двадцатого августа — и уж нас не ущипнёшь.

Помолчали.

В молчаньи этом Фёдор Михеевич почувствовал, как из-под ног его и от рук уходит та твердь, за которую он только что держался. Полтора миллиона переделок не сотрясли кабинета, Грачиков не схватил двумя руками две телефонные трубки, не вскочил, не побежал никуда.

— А что? Очень важный институт, да? — осевшим голосом спросил Фёдор Михеевич.

Грачиков вздохнул:

— Раз *почтовый ящик* – уж тут не спрашивай. Всё у нас важное.

Вздохнул и директор.

— Иван Капитонович, но что же делать? Ведь они постановление правительства возьмут — тогда кончено. Ведь тут два дня каких-нибудь, тут срок.

Грачиков думал.

Фёдор Михеевич ещё довернулся в его сторону, так что коленями упёрся в письменный стол, налёг на стол и обеими руками подпёр голову.

— Слушай. А что, если прямо в Совет Министров телеграммку отстукать? Сейчас как раз такое время — связь школы с жизнью... От моего имени. Я не боюсь.

Грачиков посморел на него с минуту, очень внимательно. И вдруг сдрогнула с лица его вся грозность и обернулась сочувственной улыбкой. Грачиков заговорил, как любил — чуть певуче, фразами длинными, законченными, с каким-то хлебосольным оттенком:

— Фёдор Михеевич, душа ты моя, как ты это себе представляешь — постановление правительства? Ты думаешь, сидит тебе весь Совмин за длинным столом и толкуют, как быть с твоим зданием, да? Только им и дела. И тут как раз твою телеграммку подносят, да?.. Постановление правительства —

значит, что на днях этого министра или этого председателя комитета должен принять кто-то из зампредов. Министр придёт на доклад с несколькими бумагами и между прочим скажет: вот этот НИИ, сами, мол, знаете, первейшей необходимости, решили в том городе дислоцировать, а тут и здание готово кстати. Зампред спросит: а для кого строили? Министр ему: для техникума, но техникум пока расположен вполне терпимо, мы посылали авторитетную комиссию, товарищи изучили вопрос на месте. Ну, перед тем как визу ставить, зампред ещё спросит: а обком не возражает? Понимаешь — обком! И телеграммку твою сюда же назад и вернут: проверьте факты! — Грачиков чмокнул толстыми губами. — Эти вещи вблизи рассматривать, тут вся сила в обкоме.

Теперь он положил руку на трубку, но ещё не снимал её.

— Мне вот тó не нравится, что там инструктор обкома был и не возражал. Если и Виктор Вавилыч уже согласие дал — то, брат, плохо. Он ведь решений не меняет.

Виктора Вавиловича Кнорозова Грачиков, конечно, побаивался — да и кто в области его не боялся!

Он снял трубку.

— Это Коневский?.. Грачиков говорит. Слушай, Виктор Вавилыч у себя?.. А когда вернётся?.. Вот как... Ну, если всё-таки сегодня вернётся — скажи, что я очень прошу меня принять... Хоть с квартиры вечером...

Он положил трубку и ещё на рычагах покатал её ладонью — в одну сторону, в другую, туда, сюда. Посмотрел на усечённую чёрную пирамидку телефона, перевёл глаза на Фёдора Михеевича, убравшего голову в руки.

— Вообще, Михеич, — задушевно сказал Грачиков, — люблю я техникумы. У нас всё за академиками гонятся, меньше инженера образования и не признают. Нам же в промышленности всего насущней техники нужны. А техникумы — на задворках, не твой один. А ведь вы! — ведь вы вот каких детей принимаете, — (он показал рукой лишь немного выше стола, каких детей Фёдор Михеевич никогда не принимал), — и через четыре года, — (он выставил большой палец рожком), — вó специалисты получаются. Я ж у тебя на защите проектов был весной, ты помнишь?

— Помню, — невесело кивнул Фёдор Михеевич.

За этим большим деловым столом, к которому поперёк ещё был приставлен другой, под зелёной скатертью, Иван

Капитонович говорил с таким доброжелательством, как если б на столах этих были расставлены не чернильный прибор, утыкалка для ручек, календарь, пресс-папье, телефоны, графин, поднос, пепельница, а — на белой скатерти тарелки с солёным, печёным и заливным и хозяин уговаривал бы гостя отведать и с собой даже взять.

— Какой-то мальчишка лет девятнадцати, может быть первый раз галстук надел, развесил по всей доске чертежи, выставил на стол какой-то регулятор-индикатор-калибратор, который сам же он и сделал, индикатор этот пощёлкивает, помигивает, а парень ходит, палочкой по чертежам помахивает и так это чешет, мне просто завидно стало! Какие слова у него, какие понятия: коэффициент конструктивной преемственности! — да чёрт же тебя дери, а? Ведь пацан!.. Я сидел — и за себя расстроился: какая ж у меня специальность? Что я историю партии знаю и марксистскую диалектику? — так её все должны знать, тут нашего преимущества нет. Вот такие ж пацаны и на заводе у меня делами ворочали. Так я каким голосом буду ему давать указания повышать производительность?.. Я сам и глазами и ушами набирался, сколько мог. Был бы я помоложе, Михеич, сейчас с удовольствием в твой техникум катнул бы, на вечернее...

И, видя, что директор совсем уныл, рассмеялся:

— ...в старое здание!

Но Фёдор Михеевич не улыбнулся. Он опять вобрал голову в плечи и сидел как отемяшенный. Тут секретарша напомнила, что Грачикова ждут.

4

Хотя никто ничего студентам не объявлял, но к следующему утру уже все знали.

Утром запасмурнело. Натягивало дождь.

Кто приходил в техникум — собирались снаружи кучками, но холодно было. В аудитории не пускали — дежурные студенты убирали там, в лаборатории тем более не пускали, там налаживали, — и опять стали сходиться и толпиться на той же лестнице.

Гудели. Девчёнки ахали и хныкали. Крепыш, отличавшийся рекордами на копке траншей, громко заорал:

— Так что ж, ребята, мы — зря ишачили? А, Игорь? Чего теперь объяснять будешь?

Игорь, тот член комитета, который вчера готовил список, каким группам какую лабораторию переносить, стоял на верхней площадке в смущении.

— Ну, подожди, разберутся...

— Кто разберётся?

— Ну, может, напишем куда...

— А правда, девчёнки! — убеждённо заговорила девочка с тощеньким пробором, с лицом сурово-старательной ученицы. — Давайте в Москву жалобу писать!

Она самая смирная была, но дошло у неё до краю, хоть техникум бросать: доплачивать за койку дальше по семидесяти рублей из стипендии она не могла.

— Эх, накатать бы! — прихлопнула ладошкой по перилам другая — со смоляными тонкими кудрями, в спортивной свободной курточке. — Да все девятьсот подпишемся, а?

— Правильно!..

— А вы узнайте раньше — можно такие подписи собирать? — охладили их с другой стороны.

Валька Рогозкин, первый легкоатлет техникума, лучший бегун на сто и четыреста метров, первый прыгун и первый крикун, как бы лежал на наклонных перилах лестницы: одну ногу он держал спущенной на ступеньку, вторую занёс через перила и грудью прилёг на них; на перилах же сплёл он и руки, на них упёр подбородок и в раскоряченном таком положении, пренебрегая шиканьем девчёнок, смотрел вверх — туда, где стоял Игорь, а на изломе перил бесстрашно сидел, как бы не чувствуя за спиной шестиметрового пролёта, смуглый, плечистый, очень спокойный Валька Гугуев.

— Слушайте меня, э!! — пронзительно закричал Валька Рогозкин. — Эт всё ерунда! Давайте лучше — все как один — забастуем!

— Кто это тебе разрешит? — насторожился Игорь.

— А кто должен разрешать? — вылупился Рогозкин. — Конечно, никто не разрешит! А мы — забастуем! Да будь спок, ребята! — вдохновлялся он и кричал ещё громче: — Во напугаются! Через несколько дней совсем другая комиссия приедет, на самолёте прилетит — и назад нам наше здание отдадут, ещё и прибавят!

Заволновались.

— А стипендии не лишат?

— Это б сильно́!

— Исключить могут!

— Это — не метод! — перекрикивал Игорь. — Это — не наш метод! И из головы выбрось!

— А что — писать, да? Ну, пиши, пиши.

Не заметили за гамом, как по лестнице поднималась тётя Дуся с оцинкованным ведром. Поравнявшись с Рогозкиным, она перевела ведро в другую руку, а той рукой размахнулась и с чувством бы вмазала ему пятернёй пониже спины, да он увидел прежде и соскочил проворно, так что рука тёти Дуси лишь чуть по нему прошлась.

— Э-э! — взопил Рогозкин. — Тёть Дуся! Это не метод! Я в другой раз...

— В другой раз ляжь ещё так! — погрозила пятернёй тётя Дуся. — Я тебя отповажу, не очухаешься! Перила для этого сделаны, да?

Все громко смеялись. Очень все в техникуме любили тётю Дусю.

Она шла выше, раздвигая студентов. Лицо её было морщинисто, но подвижно и сходилось к решительному подбородку. Может быть, по природе достойна она была лучшего поста, чем занимала.

— Эт всё ерунда, тёть Дуся! — крикнули ей. — А вот скажите — зачем здание отдали?

— А ты не знаешь? — прикинулась тётя Дуся. — Там паркетных полов дюже много. Все натирать — с ума спятишь.

И пошла, погремливая ведром.

Дружно смеялись.

— А ну, Валька! Отколи! — сказали ребята Гугуеву, заметив с верхней площадки группу новых девушек, вошедших со двора. — Люська идёт!

Валька Гугуев спрыгнул с угла перил, раздвинул соседей, стал перед верхними замыкающими прямыми перилами очень серьёзно, утвердил на них руки ладонями, примерился, обхватил — и вдруг лёгким толчком ног взбросил своё ладное тело вверх и мягко, уверенно вышел в стойку над пропастью.

Это был смертный номер.

По лестнице прошёл угомон. Все запрокинули головы.

Та самая Люся, для которой всё это делалось, уже успела

взойти на несколько ступенек, обернулась теперь и с ужасом смотрела круто вверх, откуда человек, стоящий вниз головой, сейчас бы рухнул прямо на неё и на камни, если бы упал, — но он не падал! — он, незаметнейше балансируя, а почти неподвижно, выжимал свою стойку над лестничным пролётом и совсем не торопился выходить из неё. При этом к пролёту он был обращён беззащитной спиной, вытянутые во всю длину и сложенные вместе ноги ещё, как нарочно, нависали по дуге над пустотой, а голова — голова была ниже всего и тоже вывернута к спине, а потому Валька мог прямо смотреть на Люсю — крохотную, запахнутую в светлый плащик с поднятым воротником, но без берета, с короткими беленькими волосами, примоченными дождём.

Но различал ли он её? — даже в пасмурном свете лестницы видно было, как лицо и шея смельчака потемнели от прилившей крови.

И вдруг раздались оклики вполголоса:

— Атáс! Атáс!

Гугуев тотчас перекачнулся в сторону площадки, мягко стал на ноги и невинно облегся о те же самые перила.

За такой аттракцион вполне можно было лишиться стипендии, как его уже раз и лишали за то, что он по всему техникуму дал на десять минут раньше звонок с урока (опаздывали в кино).

По лестнице, ещё не успевшей зашуметь и послушно расступавшейся перед ним, поднимался сумрачный долговязый завуч.

Он слышал это «атас», знал, что так ребята предупреждают об опасности, и понимал, что тишина его встретила неестественная. Но не заметил виновника.

Тем более что Рогозкин, вечный зачинала споров, тут же к нему и привязался.

— Григорий Лаврентьевич! — на всю лестницу резко закричал Рогозкин. — А зачем здание отдали, а? Сами строили!

И нарочито-дурашливо склонил голову набок, ожидая ответа. Он ещё из школы пришёл с этой манерой смешить публику, особенно на уроках.

Все молчали и ждали, что скажет завуч.

Вот так — и вся жизнь преподавателя: одному на всех надо быстро найтись, и каждый раз по-новому.

Григорий Лаврентьевич долгим придирчивым взглядом

посмотрел на Рогозкина. Тот выдержал взгляд, всё так же держа голову набок.

— А вот, — сказал медленно завуч, — ты техникум кончишь... Хотя... где ж тебе кончить!

— Это вы на соревнования намекаете? — скороговоркой отразил Рогозкин. (Каждую весну и каждую осень он пропускал занятий вволю — то из-за областных соревнований, то всероссийских.) — Зря вы, зря! У меня, если хотите знать, уже даже зреют, — он смешно покрутил пальцем около виска, — идеи дипломного проекта!

— Ну-у?? Это хорошо. Так вот, кончишь техникум — куда работать пойдёшь?

— Куда пошлют! — с преувеличенной бойкостью отрапортовал Рогозкин, выправляя голову и вытягиваясь.

— Вот в то здание, может, и пошлют. Или другие туда пойдут. Так ваша работа и оправдается. Всё наше будет.

— О! Это здорово! Я согласен! Спасибо! — очень, очень обрадованно сказал Рогозкин. — Тогда мы и все в то здание не хотим.

Но завуч уже успел уйти от неприятного разговора в кабинет директора.

Самого Фёдора Михеевича не было: он вчера не попал на приём и опять был сегодня в обкоме. Но у нескольких преподавателей, ожидавших сейчас в кабинете звонка директора, уже не было надежды на успех.

Капли дождя там и сям разбились на стёклах. Неровное, в бугорках, пространство до переезда овлажнело и потемнело.

Начальники отделений сидели над простынями расписаний, передавая друг другу цветные карандаши и резинки и согласовывая комнаты, часы и людей. Секретарь партбюро Яков Ананьевич за маленьким столиком у окна, близ партийного сейфа, разбирался в скоросшивателях. Лидия Георгиевна стояла у того же окна. Вчера такая весёлая, быстрая, молодая, сегодня она выглядела пожилым, больным человеком. И одета была так.

Яков Ананьевич, невысокий, уже лысоватый, очень аккуратный, хорошо выбритый, с чистой розовой кожей щёк, разговаривал, но при этом не покидал свою работу: каждую бумажку в папке он перелистывал осторожно, как живую, не заламывая, а если она была отпечатана на папиросной бумаге, так даже и нежно.

Он говорил очень мягко, негромко, но вместе с тем вразумительно:

— Нет, товарищи. Нет. Никакого общего собрания. И никаких собраний по отделениям, ни курсовых, ни даже классных. Это значило бы слишком заострять внимание на данном вопросе. Незачем. Узнать они узнают, стихийно.

— Да они уже знают, — сказал завуч. — Но они объяснений требуют.

— Ну что ж, — не найдя тут противоречия, спокойно ответил Яков Ананьевич, — в частных беседах можете отвечать, это неизбежно. Как надо отвечать? Отвечать надо так: это — институт, важный для родины. Он родственен нам по профилю, а электроника сейчас — основа технического прогресса, и никто не должен ставить ей препятствий, а напротив — расчищать дорогу.

Все молчали, и Яков Ананьевич ещё перелистнул бережно две-три бумажки, не находя нужной.

— Да, наконец, и этого можно ничего не разъяснять, а отвечать короче: этот институт — государственного значения, и не нам с вами обсуждать целесообразность.

Он ещё перелистнул и нашёл нужное, и ещё раз поднял ясные спокойные глаза:

— А собирать собрания? Как-то особенно обсуждать данный вопрос? Это была бы политическая ошибка. Даже напротив: если учащиеся будут настаивать на собрании — надо их от этого отвести.

— Я не согласна!! — резко обернулась к нему Лидия Георгиевна, и вздрогнули все её отброшенные волосы.

Яков Ананьевич благорассудно смотрел на неё и спросил всё так же бережно:

— Но с чем вы тут можете быть не согласны, Лидия Георгиевна?

— Прежде всего с тем... Вот — с тоном вашим! Вы не только уже примирились, но вы как будто — довольны! да! — просто-таки д о в о л ь н ы, что у нас отобрали это здание!

Яков Ананьевич развёл кистями — не всеми руками, а именно кистями:

— Но, Лидия Георгиевна, если это — государственная необходимость, то почему я могу быть ею недоволен?

— А главное, не согласна — с принципом вашим! — Не устояла на месте, стала ходить по малому простору кабинета и размахивала руками. — Я понимаю, как будет выглядеть то, что вы нам диктуете: ребята сочтут, и правильно сочтут, что мы боимся правды! Будут они за это нас уважать, да?.. Значит, когда у нас хорошее случится, мы о нём объявляем, вывешиваем на стенах, передаём через радиоузел, да? А о дурном или о трудном — пусть узнают, откуда хотят, и шепчутся, как хотят?

Не ко времени слёзы загородили ей горло, и она вышла быстро, чтобы не расплакаться.

Яков Ананьевич огорчённо посмотрел ей вслед и с большим сокрушением, закрыв глаза, покачал головой.

Лидия Георгиевна быстро шла по полутёмному коридору, зажав комочек носового платка в руке. Там и здесь ребята убирали, переносили прошлогодние щиты — результаты соцсоревнования, карикатуры на прогульщиков, стенные газеты.

В расширении, у чулана, где стояли ящики с вакуумными трубками, двое мальчиков с третьего курса окликнули её: они при разборке сняли сверху и теперь не знали, что делать с макетом — с тем самым объёмным макетом, который, подняв на четырёх шестах, они несли на октябрьской и первомайской демонстрациях перед колонной техникума.

Утверждённое на ящиках, здание, такое уже известное и любимое в мелочах, живо стояло перед ними: белое, с положенными в тех самых местах, где надо, голубыми и зеленоватыми отливами; с той же характерной полубашенкой на углу; с теми же подъездами — большим и малым; с огромными окнами актового зала и точным счётом обыкновенных окон в четыре этажа, каждое из которых уже было кому-то предназначено.

— Может, его это... ? — не глядя в глаза и виновато обминаясь, спросил один из мальчиков, — ...порубить? Чего! И так повернуться негде...

5

Иван Капитонович Грачиков не любил военных воспоминаний, а своих — особенно. Потому не любил, что на войне худого черпал мерой, а доброго — ложкой. Потому что каждый день и шаг войны связаны были в его пехотинской памяти со страданиями, жертвами и смертями хороших людей.

Также не любил он, что и на втором десятке лет после войны жужжат военными словами там, где они совсем не надобны. На заводе он и сам не говорил и других отучал говорить: «На фронте наступления за внедрение передовой техники... бросим в прорыв... форсируем рубеж... подтянем резервы...» Он считал, что все выражения эти, вселяющие войну и в самый мир, утомляют людей. А русский язык расчудесно обможется и без них.

Но сегодня он изменил своему принципу. В приёмной первого секретаря обкома он сидел с директором техникума, ожидая (в то время как в его собственной приёмной сидели люди и ждали его самого). Грачиков нервничал, звонил отсюда своей секретарше, выкурил две папиросы. Потом присмотрелся к голове Фёдора Михеевича, безрадостно вобранной в плечи, и показалось ему, что вчера тут было засеяно сединою меньше полполя, а сегодня больше. И чтобы тот не кручинился, Грачиков стал ему рассказывать один смешной случай, который произошёл с людьми, знакомыми им обоим, в те короткие дни, когда дивизия их отдыхала во втором эшелоне. Это было уже в сорок третьем году, после ранения Фёдора Михеевича.

Однако зря он рассказывал — Фёдор Михеевич не рассмеялся. А сам Грачиков так и знал, что лучше не разживлять воспоминаний войны. По связи их, уже невольно, пришёл ему в голову и следующий день, когда дивизия получила срочный приказ перейти Сож и развернуться.

Там был разбитый мост. Сапёры ночью отремонтировали его, и Грачиков поставлен был дежурным офицером у входа на переправу: никого не пропускать, пока не пройдёт их дивизия. А мост был тесен, края развалены, негладок настил, и скопляться нельзя было, потому что «юнкерсы» одномоторные два раза выкруживали из-за леса и бросались пикировать, правда бомбы в воду. И переправа, начавшаяся ещё до рассвета, затянулась за полдень. Тут подсобрались и другие части, тоже охотники переправиться, но ждали очереди в мелком соснячке. Вдруг выехало шесть каких-то крытых (ординарец Грачикова называл «скрытых») новеньких машин, одна в одну, и сразу, обгоняя колонну дивизии, полезли втиснуться на переправу. «Сто-о-ой!» — свирепо кричал Грачиков переднему шофёру и бежал ему наперехват, а тот ехал. Рука Грачикова едва было не дёрнулась или, кажется, уже дёрнулась к кобуре. Тут пожилой офицер в плащ-накидке из первой кабины открыл дверцу и так же свирепо крикнул: «А ну-ка, сюда, майор!» — и повертом плеча сбросил полнакидки — и оказался генерал-лейтенантом. Грачиков подбежал, робея. «Куда руку тянул? — грозно кричал генерал. — Под трибунал хочешь? А ну, пропусти мои машины!» Пока он не приказал пропустить его машины, Грачиков готов был выяснить всё по-хорошему, без крика, и, может, ещё пропустил бы. Но когда сталкивались лбами справедливость и несправедливость, а у второй-то лоб от природы крепче, — ноги Грачикова как в землю врастали, и уж ему было всё равно, что с ним будет. Он вытянулся, козырнул и откроил: «Не пропущу, товарищ генерал-лейтенант!» — «Да ты что-о! — взвопил генерал и сошёл на подножку. — Как фамилия??» — «Майор Грачиков, товарищ генерал-лейтенант. Разрешите узнать вашу!» — «Завтра же будешь в штрафной!» — яровал тот. «Хорошо, а сегодня займите очередь!» — отбил Грачиков, шагнул перед радиатор их машины и стал, чувствуя, что наливается до бурости вся шея его и лицо, но зная, что не соступит. Генерал запахнулся во гневе, подумал, захлопнул дверцу, и повернули шесть его машин...

Наконец от Кнорозова вышли несколько человек — из областного сельхозуправления и из сельскохозяйственного отдела обкома. Секретарь Кнорозова Коневский (он держался с таким пошибом, и такой у него был письменный стол, что новичок вполне бы его и принял за секретаря обкома) сходил в кабинет и вернулся.

— Виктор Вавилович примет вас одного! — объявил он непреклонно.

Грачиков мигнул Фёдору Михеевичу и пошёл.

У Кнорозова ещё задержался главный зоотехник. Вывернув голову, сколько мог, и извернувшись весь так, будто сами кости у него были гибкие, зоотехник смотрел в большой лист, лежащий перед Кнорозовым, где были красивые цветные диаграммы и цифры.

Грачиков поздоровался.

Высокий гологоловый Кнорозов не обернулся к нему, только скосился:

— Сельского хозяйства на тебе нет. А ходишь — пристаёшь. Жил бы спокойно.

Сельским хозяйством он часто попрекал Грачикова.

А сейчас, как знал Грачиков, Кнорозов надумал с сельским хозяйством не только направиться, но и прославиться.

— Так вот, — сказал Кнорозов зоотехнику, медленно и веско опуская пять выставленных длинных пальцев полукружием на большой лист, будто ставя огромную печать. Он сидел ровно, не нуждаясь в спинке кресла для поддержки, и чёткие жёсткие линии ограничивали его фигуру и для смотрящего спереди и для смотрящего сбоку. — Так вот. Я говорю вам то, что вам сейчас нужно. А нужно вам — то, что я сейчас говорю.

— Ясно, Виктор Вавилович, — поклонился главный зоотехник.

— Возьми же. — Кнорозов освободил лист.

Зоотехник осторожно, двумя руками, выбрал лист со стола Кнорозова, скатал в трубку и, опустив голову, плешью вперёд, пересек этот очень просторный, со многими стульями, рассчитанный на многолюдные заседания кабинет.

Думая, что сейчас пойдёт за директором техникума, Грачиков не сел, только упёрся в кожаную спинку кресла перед собой.

Кнорозов, даже сидя за столом, выказывал свою статность. Долгая голова ещё увышала его. Хотя был он далеко не молод, отсутствие волос не старило его, но даже молодило. Он не делал ни одного лишнего движения, и кожа лица его тоже без надобности не двигалась, отчего лицо казалось отлитым навсегда и не выражало мелких минутных переживаний. Размазанная улыбка расстроила бы это лицо, нарушила бы его законченность.

— Виктор Вавилович! — выговаривая все звуки полностью, сказал Грачиков. Полупевучим говорком своим он как бы наперёд склонял к мягкости и собеседника. — Я — ненадолго. Мы тут с директором — насчёт здания электронного техникума. Приезжала московская комиссия, заявила, что здание передаётся НИИ. Это — с вашего ведома?

Всё так же глядя не на Грачикова, а перед собой вперёд, в те дали, которые видны были ему одному, он растворил губы лишь настолько, насколько это было нужно, и отрубисто ответил:

— Да.

И, собственно, разговор был окончен.

Да?..

Да.

Кнорозов гордился тем, что он никогда не отступал от сказанного. Как прежде в Москве слово Сталина, так в этой области ещё и теперь слово Кнорозова никогда не менялось и не отменялось. И хотя Сталина давно уже не было, Кнорозов — был. Он был один из видных представителей волевого стиля руководства и усматривал в этом самую большую свою заслугу.

Чувствуя, что начинает волноваться, Грачиков заставлял себя говорить всё приветливее и дружелюбнее:

— Виктор Вавилович! А почему бы им не построить себе специальное, для них приспособленное здание? Ведь тут одних внутренних переделок...

— Сроки! — отрубил Кнорозов. — Тематика — на руках. Объект должен открыться немедленно.

— Но окупит ли это переделки, Виктор Вавилович? И... — поспешил он, чтобы Кнорозов не кончил разговора, — и, главное, воспитательная сторона! Студенты техникума совершенно бесплатно и с большим подъёмом трудились там год, они...

Кнорозов повернул голову — только голову, не плечи — на Грачикова и, уже отзванивая металлом, сказал:

— Я не понимаю. Ты — секретарь горкома. Мне ли тебе объяснять, как бороться за честь города? В нашем городе не бывало и нет ни одного НИИ. Не так легко было нашим людям добиться его. Пока министерство не раздумало — надо пользоваться случаем. Мы этим сразу переходим в другой класс городов — масштаба Горького, Свердловска.

Но Грачикова не только не убедили и не прибили его фразы, падающие, как стальные балки, а он почувствовал подступ одной из тех решающих минут жизни, когда ноги его сами врастали в землю, и он не мог отойти.

Оттого что сталкивались справедливость и несправедливость.

— Виктор Вавилович! — уже не сказал, а отчеканил он тоже, резче, чем бы хотел. — Мы — не бароны средневековые, чтобы подмалёвывать себе погуще герб. Честь нашего города в том, что эти ребята строили — и радовались, и мы обязаны их поддержать! А если здание отнять — у них на всю жизнь закоренится, что их обманули. Обманули раз — значит, могут и ещё раз!

— Обсуждать нам — нечего! — грохнула швеллерная балка побольше прежних. — Решение принято!

Оранжевая вспышка разорвалась в глазах Грачикова. Налились и побурели шея его и лицо.

— В конце концов что́ нам дороже? камни или люди? — выкрикнул Грачиков. — Что́ мы над камнями этими трясёмся?

Кнорозов поднялся во всю свою ражую фигуру.

— Де-ма-го-гия! — прогремел он над головой ослушника.

И такая была воля и сила в нём, что, кажется, протяни он длань — и отлетела бы у Грачикова голова.

Но уже говорить или молчать — не зависело от Грачикова. Он уже не мог иначе.

— Не в камнях, а в людях надо коммунизм строить, Виктор Вавилович!! — упоённо крикнул он. — Это — дольше и трудней! А в камнях мы если завтра даже всё достроим, так у нас ещё никакого коммунизма не будет!!

И замолчали оба.

И стояли не шевелясь.

Иван Капитонович заметил, что пальцам его больно. Это впился он в спинку кресла. Отпустил.

— Не дозрел ты до секретаря горкома, — тихо обронил Кнорозов. — Это мы проглядели.

— Ну, и не буду, подумаешь! — уже с лёгкостью отозвался Грачиков, потому что главное он высказал. — Работу себе найду.

— Какую это? — насторожился Кнорозов.

— Черновую, какую! Полюбите нас чёрненькими! — говорил Грачиков в полный голос.

Кнорозов долгим полусвистом выпустил воздух через сжатые зубы.

Положил руку на трубку.

Взял её.

Сел.

— Саша. Соедини с Хабалыгиным.

Соединяли.

Здесь, в кабинете, — ни слова.

— Хабалыгин?.. Скажи, а что ты будешь делать с неприспособленным зданием?..

(Разве «будет делать» — Хабалыгин?..)

— ...Как — небольшие? Очень большие... Сроки — это я

понимаю... В общем, пока довольно с тебя над одним зданием голову ломать... Соседнего — не дам. Построишь ещё лучше.

Положил трубку.

— Ну, позови директора.

Грачиков пошёл звать, уже думая над новым: Хабалыгин переходит в НИИ?

Вошли с директором.

Фёдор Михеевич вытянулся и уставился в секретаря обкома. Он любил его. Он всегда им восхищался. Он радовался, когда попадал к нему на совещания и здесь мог зачерпнуть, зарядиться от всесобирающей воли и энергии Кнорозова. И потом, до следующего совещания, бодро хотелось выполнять то, что было поручено на предыдущем: повышать ли успеваемость, копать ли картошку, собирать металлолом. То и дорого было Фёдору Михеевичу в Кнорозове, что да́ так да, а не́т так нет. Диалектика диалектикой, но, как и многие другие, Фёдор Михеевич любил однозначную определённость.

И сейчас он вошёл не оспаривать, а выслушать приговор о своём здании.

— Что, обидели? — спросил Кнорозов.

Фёдор Михеевич слабо улыбнулся.

— Выше голову! — тихо твёрдо сказал Кнорозов. — От каких же ты трудностей теряешься!

— Я не теряюсь, — хрипловато сказал Фёдор Михеевич и прокашлялся.

— Там у тебя рядом общежитие начато? Достроишь — будет техникум. Ясно?

— Ясно, да, — заверил Фёдор Михеевич.

Но в этот раз как-то не получил заряда бодрости. Закружились сразу мысли: что это — на зиму глядя; что учебный год — на старом месте; что опять-таки и новый техникум будет без актового и физкультурных залов; и общежития при нём не будет.

— Только, Виктор Вавилович! — озабоченно высказал Фёдор Михеевич вслух. — Тогда проект придётся менять. Комнатки — маленькие, на четырёх человек, а надо их — в аудитории, в лаборатории...

— Со-гла-суете! — отсекая движением руки, отпустил их Кнорозов. Уж такими-то мелочами его могли бы не тревожить.

По пути в раздевалку Грачиков похлопал директора по спине:

— Ну, Михеич, и то ничего. Построишь.

— И перекрытие над подвалом менять, — разглядывал новые и новые заботы директор. — Для станков-то его мощней надо. А из-за перекрытия, значит, и первый этаж разбирать, какой уже построили.

— Да-а... — сказал Грачиков. — Ну что ж, рассматривай так, что тебе в хорошем месте дали участок земли, и котлован уже выкопан, и фундамент заложен. Тут перспектива верная: к весне построишь и влезешь, мы с совнархозом подможем. Скажи — хорошо хоть это здание отбили.

Оба в тёмных плащах и фуражках, они вышли на улицу. Дул прохладный, но приятный ветер и нёс на себе мелкие свежие капли.

— Между прочим, — нахмурился Грачиков, — ты не знаешь, Хабалыгин в министерстве на каком счету?

— О-о! Он там большой человек! Он давно говорил: у него там дружки-и! А ты думаешь — он мог бы помочь? — с минутной надеждой спросил Фёдор Михеевич. — Нет. Если б мог помочь, он бы тут же и возражал, когда с комиссией ходил. А он — соглашался...

Прочно расставив ноги, Грачиков смотрел вдоль улицы. Ещё спросил:

— Он что? Специалист по релейным приборам?

— Да ну, какой специалист. Просто — руководитель с опытом.

— Ну, бувай! — вздохнул Грачиков, с размаху подал и крепко пожал ему руку.

Он шёл к себе, обдумывая Хабалыгина. Конечно, такой НИИ — не заводик релейной аппаратуры. Тут директору и ставка не та, и почёт не тот, и к лауреатству можно славировать.

Изловили и клеймили в областной газете какого-то шофёра с женой-учительницей, которые развели при доме цветник, а цветы продавали на базаре.

Но как поймать Хабалыгина?..

Пешком, медленно пошёл Фёдор Михеевич, чтоб его хорошенько продуло. От бессонницы, и от двух порошков нембутала, и от всего, что он передумал за эти сутки, внутри у него стояло что-то неповоротливое, отравное — но ветром этим свежим оно по маленьким кусочкам из него выдувалось.

Что ж, думал он, начнём опять сначала. Соберём всех девятьсот и объявим: здания у нас, ребята, нет. Надо строить. Поможем — будет быстрей.

Ну, сперва со скрипом.

Потом ещё раз увлекутся, как увлекает работа сама по себе.

Поверят.

И построят.

Ещё годок переживём и в старом, ладно.

...А пришёл, сам не замечая, — к новому, сверкающему металлом и стеклом.

Второе, рядом, — чуть поднялось из земли, заплыло песком и глиной.

В безлукавой памяти Фёдора Михеевича после вопросов Грачикова зашевелились какие-то оборванные, повисшие нити о Хабалыгине — и кончиками тянулись друг к другу связаться: и как оттягивал приём объекта в августе, и его радостный вид в комиссии.

И странно — о ком он только начал доумевать по дороге сюда, того и увидел первого на заднем большом дворе строительного участка: Хабалыгин в твёрдой зелёной шляпе и хорошем коричневом пальто решительно ходил по размокшей глине, пренебрегая тем, что измазал полуботинки, и распоряжался несколькими рабочими, видно своими же. Двое рабочих и шофёр стягивали из кузова грузовика столбы — и свежеокрашенные, и уже посеревшие, послужившие в столбовской службе, с отрубленными гнилыми концами. Двое других рабочих, наклонясь, что-то делали, как показывал им Хабалыгин командными взмахами коротких рук.

Фёдор Михеевич подошёл ближе и разглядел, что они забивают колья — но забивают не по-честному, не по прямой, а с каким-то хитрым долгим выступом, чтобы побольше двора прихватить к институту и поменьше оставить техникуму.

— Да Всеволод Борисович! Имейте же вы совесть! Что вы делаете? — вскричал обделённый директор. — Ребятам в пятнадцать-шестнадцать лет дышать надо! побегать! — куда я их буду выпускать?

Хабалыгин как раз занял важную точку, откуда определялась последняя линия его злонаходчивого забора. Расставив ноги поперёк будущей черты, он утвердился и уже поднял руку для взмаха, когда услышал Фёдора Михеевича, подступившего к нему вплотную. Так и держа ладонь ребром перед головой, Хабалыгин лишь чуть повернул голову (да зашеек у него был такой, что особенно головой не разворочаешься), чуть подобрал верхней губой нелёгкие щёки свои, оклычился и проворчал:

— Чтó? Чтó-чтó?

Не дожидаясь ответа, он отвернулся, в створе ладони проверил своих разметчиков, одного выровнял кивками четырёх сложенных пальцев и окончательно, взмахнув короткой рукою, прорубил ею воздух.

Не только воздух, он разрубил, кажется, и самую землю. Нет, не разрубил — он так взмахнул, как проложил бы некую великую трассу. Он взмахнул, как древний полководец, показавший путь войскам. Как первый капитан, наконец-то проложивший верный азимут к Северному полюсу.

И лишь исполнив свой долг, обернулся к Фёдору Михеевичу и объяснил ему:

— Так — надо, товарищ дорогой.

Рабочие носили столбы.

1963

ЗАХАР-КАЛИТА

Друзья мои, вы просите рассказать что-нибудь из летнего велосипедного? Ну вот, если нескучно, послушайте о Поле Куликовом.

Давно мы на него целились, но как-то всё дороги не ложились. Да ведь туда раскрашенные щиты не зазывают, указателей нет, и на карте найдёшь не на каждой, хотя битва эта по Четырнадцатому веку досталась русскому телу и русскому духу дороже, чем Бородино по Девятнадцатому. Таких битв не на одних нас, а на всю Европу в полтысячи лет выпадала одна. Эта битва была не княжеств, не государственных армий — битва материков.

Может, мы и подбираться вздумали нескладно: от Епифани через Казановку и Монастырщину. Только потому, что дождей перед тем не было, мы проехали в сёдлах, за рули не тащили, а через Дон, ещё не набравший глубины, и через Непрядву переводили свои велосипеды по пешеходным двудосочным мосткам.

Задолго, с высоты, мы увидели на другой обширной высоте как будто иглу в небо. Спустились — потеряли её. Опять стали вытягивать вверх — и опять показалась серая игла, теперь уже явнее, а рядом с ней привиделась нам как будто церковь, но странная, постройки невиданной, какая только в сказке может примерещиться: купола её были как бы сквозные, прозрачные, и в струях жаркого августовского дня колебались и морочили — то ли есть они, то ли нет.

Хорошо догадались мы в лощинке у колодца напиться и фляжки наполнить — это очень нам потом пригодилось. А мужичок, который ведро нам давал, на вопрос «где Поле Куликово?» — посмотрел на нас как на глупеньких:

— Да не Кулико́во, а Кули́ково. Подле поля-то деревня Кули́ковка, — а Кулико́вка вона, на Дону, в другу сторону.

После этого мужичка мы пошли глухими просёлками и до самого памятника несколько километров не встретили уже ни души. Просто это выпало нам так в тот день — ни души, в стороне где-то и помахивала тракторная жатка, и здесь тоже люди были не раз, и придут не раз, потому что засеяно было всё, сколько глаз охватывал, и доспевало уже, — где греча, где свекла, клевер, овёс и рожь, и горох (того гороху молодого и мы полущили), — а всё же не было никого в тот день, и мы прошли как по священному безмолвному заповеднику. Нам без помех думалось о тех русоволосых ратниках, о девяти из каждого пришедшего десятка, которые вот тут, на сажень под теперешним наносом, легли и до́кости растворились в земле, чтоб только Русь встряхнулась от басурманов.

Весь этот некрутой и широкий взъём на Мамаеву высоту не мог резко изменить очертаний и за шесть веков, разве обезлесел. Вот именно тут где-то, на обозримом отсюда окружьи, с вечера 7 сентября и ночью, переходя Дон, располагались кормить коней (да только пеших было больше), дотачивать мечи, крепиться духом, молиться и гадать — едва ли не четверть миллиона русских, больше двухсот тысяч. Тогда народ наш в седьмую ли долю был так люден, как сейчас, и эту силищу вообразить невозможно — двести тысяч!

И из каждых десяти воинов — девять ждали последнего своего утра.

А и через Дон перешли наши тогда не с́ добра — кто ж по охоте станет на битву так, чтоб обрезать себя сзади рекою? Горька правда истории, но легче высказать её, чем таить: не только черкесов и генуэзцев привёл Мамай, не только литовцы с ним были в союзе, но и князь рязанский Олег. (И Олега тоже понять бы надо: он землю свою проходную не умел иначе сберечь от татар. Жгли его землю перед тем за семь лет, за три года и за два.) Для того и перешли русские через Дон, чтобы Доном ощитить свою спину от своих же, от рязанцев: не ударили бы, православные.

Игла маячила впереди, да уже не игла, а статная, ни на что не похожая башня, но не сразу мы могли к ней выбиться: просёлки кончались, упирались в посевы, мы обводили велосипеды по межам — и наконец из земли, ниоткуда не начинаясь, стала проявляться затравяневшая заглохшая заброшенная, а ближе к памятнику уже и совсем явная, уже и с канавами, старая дорога.

Посевы оборвались, на высоте начался подлинный заповедник, кусок глухого пустопорожнего поля, только что не в ковыле, а в жёстких травах — и лучше нельзя почтить этого древнего места: вдыхай дикий воздух, оглядывайся и видь! — как по восходу солнца сшибаются Телебей с Пересветом, как стяги стоят друг против друга, как монгольская конница спускает стрелы, трясёт копьями и с перекажёнными лицами бросается топтать русскую пехоту, рвать русское ядро — и гонит нас назад, откуда мы пришли, туда, где молочная туча тумана встала от Непрядвы и Дона.

И мы ложимся, как скошенный хлеб. И гибнем под копытами.

Тут-то, в самой заверти злой сечи, — если кто-то сумел угадать место, — поставлен и памятник, и та церковь с неземными куполами, которые удивили нас издали. Разгадка же вышла проста: со всех пяти куполов соседние жители на свои надобности ободрали жесть, и купола просквозились, вся их нежная форма осталась ненарушенной, но выявлена только проволокой, и издали кажется маревом.

А памятник удивляет и вблизи. Пока к нему не подойдёшь пощупать — не поймёшь, как его сделали. В прошлом веке, уже тому больше ста лет, а придумка — собрать башню из литья — вполне сегодняшняя, только сегодня не из чугуна бы лили. Две площадки, одна на другую, потом двенадцатерик, потом он постепенно скругляется, сперва обложенный, опоясанный чугунными же щитами, мечами, шлемами, чугунными славянскими надписями, потом уходит вверх, как труба в четыре раздвига (а самые раздвиги отлиты как бы из органных тесно сплоченных труб), потом шапка с насечкой и надо всем — золочёный крест, попирающий полумесяц. И всё это — метров на тридцать, всё это составлено из фигурных плит, да так ещё стянуто изнутри болтами, что ни болтика, ни щёлки нигде не проглядывало, будто памятник цельно отлит, — пока время, а больше внуки и правнуки не прохудили там и сям.

Долго идя по пустому полю, мы и сюда пришли как на пустое место, не чая кого-нибудь тут встретить. Шли и размышляли: почему так? Не отсюда ли повелась судьба России? Не здесь ли совершён поворот её истории? Всегда ли только через Смоленск и Киев роились на нас враги?.. А вот — никому не нужно, никому невдомёк.

И как же мы были рады ошибиться! Сперва невдали от памятника мы увидели седенького старичка с двумя парнишками. Они лежали на траве, бросив рюкзак, и что-то писали в большой книге, размером с классный журнал. Мы подошли, узнали, что это — учитель литературы, ребят он подхватил где-то недалеко, книга же была совсем не из школы, а ни мало ни много как Книга Отзывов. Но ведь здесь музея нет, у кого ж хранится она в диком поле?

И тут-то легла на нас от солнца дородная тень. Мы обернулись. Это был Смотритель Куликова Поля! — тот муж, которому и довелось хранить нашу славу.

Ах, мы не успели выдвинуть объектив! Да и против солнца нельзя. Да и Смотритель не дался бы под аппарат (он цену себе знал и во весь день потом ни разу не дался). Но описывать его — самого ли сразу? Или сперва его мешок? (В руках у него был простой крестьянский мешок, до половины наложенный, и не очень видно, тяжёлый, потому что он, не утомляясь, его держал.)

Смотритель был ражий мужик, отчасти и на разбойника. Руки и ноги у него здоровы удались, а ещё рубаха была привольно расстёгнута, кепка посажена косовато, из-под неё выбивалась рыжизна, брился он не на этой неделе, на той, но через всю щеку продралась красноватая свежая царапина.

— А! — неодобрительно поздоровался он, так над нами и нависая. — Приехали? На чём?

Он как бы недоумевал, будто забор шёл кругом, а мы дырку нашли и проскочили. Мы кивнули ему на велосипеды, составленные в кустах. Хоть он держал мешок, как перед посадкой на поезд, а вид был такой, что и паспорта сейчас потребует. Лицо у него было худое, клином вниз, а решимости не занимать.

— Предупреждаю! Посадку не мять! Велосипедами.

И тем сразу было нам установлено, что здесь, на Поле Куликовом, не губы распустя ходят.

На Смотрителе был расстёгнутый пиджак — долгополый и охватистый, как бушлат, кой-где и подштопанный, а цвета того самого из присказки — серо-буро-малинового. В пиджачном отвороте сияла звезда, мы подумали сперва — орденская; нет — звезда октябрёнка с Лениным в кружке. Под пиджаком же носил он навыпуск длинную синюю в белую полоску ситцевую рубаху, какую только в деревне могли ему сшить; зато перепоясана была рубаха армейским ремнём с пятиконечной звездою. Брюки офицерские диагоналевые третьего срока заправлены были в кирзовые сапоги, уже протёртые на сгибах голенищ.

— Ну? — спросил он учителя, много мягче. — Пишете?

— Сейчас, Захар Дмитрич, — повеличал его тот, — кончаем.

— А вы? — строго опять. — Тоже будете писать?

— Мы — попозже. — И чтоб как-нибудь от его напора отбиться, перехватили: — А когда этот памятник поставлен — вы-то знаете?

— А как же!! — обиженно откинулся он и даже захрипел, закашлялся от обиды. — А зачем же я здесь?!

И, опустив осторожно мешок (в нём звякнули как бы не бутылки), Смотритель вытащил нам из кармана грамотку, развернул её — тетрадный лист, где печатными буквами, не помещаясь по строкам, было написано посвящение Дмитрию Донскому и год поставлен — 1848.

— Это что ж такое?

— А вот, товарищи, — вздохнул Захар Дмитрич, прямодушно открывая, что и он не так силён, как выдал себя вначале, — вот и понимайте. Это уж я сам с плиты списал, потому что каждый требует: когда поставлен? И место, хотите покажу, где плита была.

— Куда ж она делась?

— А чёрт один из нашей деревни упёр — и ничего с ним не сделаем.

— И знаете — кто?

— Ясно знаю. Да долю-то буковок я у него отбил, управился, а остальные до сих пор у него. Мне б хоть буковки все, я б тут их приставил.

— Да зачем же он плиту украл?

— По хозяйству.

— И что ж, отобрать нельзя?

— Ха-га! — подбросил голову Захар на наш дурацкий вопрос. — Вот именно что! Власти не имею! Ружья — и то мне не дают. А тут — с автоматом надо.

Глядя на его расцарапанную щеку, мы про себя подумали: и хорошо, что ему ружья не дают.

Тут учитель кончил писать и отдал Книгу Отзывов. Думали мы — Захар Дмитриевич под мышку её возьмёт или в мешок сунет, — нет, не угадали. Он отвёл полу своего запашного пиджака, и там, с исподу, у него оказался пришит из мешочной же ткани карман не карман, торба не торба, а верней всего *калита́*, размером как раз с Книгу Отзывов, так что она входила туда плотненько. И ещё при той же калите было стремечко для тупого чернильного карандаша, который он тоже давал посетителям.

Убедясь, что мы прониклись, Захар-Калита́ взял свой мешок (да, таки стекольце в нём позванивало) и, загребая долгими ногами, сутулясь, пошёл в сторонку, под кусты. То разбойное оживление, с которым он нас одёрнул поначалу, в нём прошло. Он сел, ссутулился ещё горше, закурил — и курил с такой неутолённой кручиной, с такой потерянностью, как будто все легшие на этом поле легли только вчера и были ему братья, свояки и сыновья и он не знал теперь, как жить дальше.

Мы решили пробыть тут день до конца и ночь: посмотреть, какова она, куликовская ночь, опетая Блоком. Мы, не торопясь, то шли к памятнику, то осматривали опустошённую церковь, то бродили по полю, стараясь вообразить, кто где стоял 8 сентября, то влезали на чугунные плоскости памятника.

О, здесь были до нас, здесь были! Не упрекнуть, что памятник забыт. Не ленились идолы зубилом выбивать по чугуну, и гвоздями процарапывать, а кто послабей — углем писать на церковных стенах: «Здесь был супруг Полунеевой Марии и Лазарев Николай с 8-V-50 по 24-V»; «Здесь были делегаты районного совещания...»; «Здесь были работники Кимовской РКСвязи 23-VI-52»; «Здесь были...»; «Здесь были...».

Тут подъехали на мотоцикле трое рабочих парней из Новомосковска. Они легко вскочили на плоскости, стали разглядывать и ласково обхлопывать нагретое серо-чёрное тело памятника, удивляясь, как он здорово собран, и объясняли нам. За то и мы им с верхней площадки показали, что́ знали, о битве.

А кому теперь уж так точно это знать — где было и как? По летописным рассказам, монголо-татары на конях врубались в пешие наши полки, редили и гнали нас к донским переправам — и уже не защитою от Олега обернулся Дон, а грозил гибелью. Быть бы Дмитрию и тогда Донским, да с другого конца. Но верно он всё расчёл и сам держался, как не всякий сумел бы великий князь. Под знаменем своим он оставил боярина в убранстве, а сам бился как ратник, и видели люди: рубился он с четырьмя татарами сразу. Однако и великокняжеский стяг изрубили, и Дмитрий с помятым панцырем еле дополз до ле́са, — нас топтали и гнали. Вот тут-то из лесной засады в спину зарьявшимся татарам ударил со своим войском другой Дмитрий, Волынский-Боброк, московский воевода. И погнал он татар туда, как они и скакали, наступая, только заворачивал крутенько и сшибал в Непрядву. С того-то часа воспрянули русские: повернули стенкою на татар, и с земли поднимались и всю ставку с ханами, и Мамая самого, гнали сорок вёрст через реку Птань и аж до Красивой Мечи. (Но и тут легенда перебивает легенду, и из соседней деревни Ивановки старик рассказывает всё по-своему: что туман, мол, никак не расходился, и в тумане принял Мамай обширный дубняк обок себя за русское войско, испугался: «Ай, силён крестьянский Бог!» — и так-то побежал.)

А поле боя потом русские разбирали и хоронили трупы — восемь дней.

— Одного всё ж не подобрали, так и оставили, — упрекнул весёлый слесарь из Новомосковска.

Мы обернулись, и — нельзя было не расхохотаться. Да! — один поверженный богатырь лежал и по сей день невдалеке от памятника. Он лежал ничком на матушке родной земле, уронив на неё удалую голову, руки-ноги молодецкие разбросав косыми саженями, и уж не было при нём ни щита, ни меча, вместо шлема — кепка затасканная, да близ руки — мешок. (Всё ж приметно было, что ту полу с калитой, где берёглась у него Книга Отзывов, он не мял под животом, а выпростал рядом на траву.) И если только не попьяну он так лежал, а спал или думал, была в его распластанной разбросанности — скорбь. Очень это подходило к Полю. Так бы фигуру чугунную тут и отлить, положить.

Только Захар, при всём его росте, для богатыря был жидковат.

— В колхозе работать не хочет, вот должностишку и нашёл, загорать, — буркнул другой из ребят.

А нам больше всего не нравилось, как Захар наскакивал на новых посетителей, особенно от кого по виду ожидал подвоха. За день приезжали тут ещё некоторые, — он на шум их мотора подымался, отряхивался, и сразу наседал на них грозно, будто за памятник отвечал не он, а они. Ещё прежде их и пуще их Захар возмущался запустением, так яро возмущался, что нам уж и верить было нельзя, где это в груди у него сидит.

— А как вы думали?! — напустился он на четверых из «запорожца», размахивая руками. — Вот я подожду-подожду, да перешагну через районный отдел культуры! — (Ноги его вполне ему это позволяли.) — Отпуск возьму, да поеду в Москву, к самой Фурцевой! Всё расскажу!

Но как только замечал, что посетители сробели и против него не выстаивают, — брал свой мешок (важно брал, как начальник берёт портфель) и шёл в сторону прикорнуть, покурить.

Перебраживая туда и сюда, мы за день встречали Захара не раз. Заметили, что при ходьбе он на одну ногу улегает, спросили — отчего. Он ответил гордо:

— Память фронта!

И опять же мы не поверили.

Фляжки мы свои высосали и подступили к Захару — где б водицы достать. Води-ицы? В том и суть, объяснил, что колодца нет, на рытьё денег не дают, и на всём знаменитом поле воду можно пить только из луж. А колодец — в деревне.

Уж как к своим, он к нам навстречу с земли больше не подымался.

Что-то мы ругнулись насчёт надписей — прорубленных, процарапанных, — Захар отразил:

— А посмотрите — года какие? Найдите хоть один год свежий — тогда меня волоките. Это всё до меня казаковали, а при мне — попробуй! Ну, может в церкви гад какой затаился, написал, так ноги у меня — одни!

Церковь во имя Сергия Радонежского, сплотившего русские рати на битву, а вскоре потом побратавшего Дмитрия

Донского с Олегом Рязанским, построена как добрая крепость, это — тесно сдвинутые глыбные тела: усечённая пирамида самой церкви, переходное здание с вышкой и две круглых крепостных башни. Немногие окна — как бойницы.

Внутри же не только всё ободрано, но нет и пола, ходишь по песку. Спросили мы у Захара.

— Ха-га-а! Хватились! — позлорадствовал он на нас. — Это ещё в войну наши куликовские все плиты с полов повыламывали, себе дворы умостили, чтоб ходить не грязно. Да у меня записано, у кого сколько плит... Ну да фронт проходил, тут люди не терялись. Ещё поперед наших все иконостасовые доски пустили землянки обкладывать да в печки.

Час от часу с нами обвыкая, Захар уже не стеснялся лазить при нас в свой мешок, то кладя что, то доставая, и так мы мало-помалу смекнули, что ж он в том мешке носит. Никакую не выпивку. Он носил там подобранные в кустах после завтрака посетителей бутылки (двенадцать копеек) и стеклянные банки (пятак). Ещё носил там бутыль с водой, потому что иного водопоя и ему целый день не было. Две буханки ржаных носил, от них временами уламывал и всухомятку жевал:

— Весь день народ валит, сходить пообедать в деревню некогда.

А может быть, в иные дни бывала там у него и заветная четвертинка или коробка рыбных консервов, из-за чего и тягал он мешок, опасаясь оставить. В тот день, когда уже солнце склонялось, приехал к нему на мотоцикле приятель, они в кустах часа полтора просидели, приятель уехал, а Захар пришёл уже без мешка, говорил громче, руками размахивал пошире и, заметив, что я что-то записываю, предостерёг:

— А попечение — есть! Есть! В пятьдесят седьмом постановили тут конструкцию делать. Вон, тумбы, видите, врыты округ памятника? Это с того года. В Туле их отливали. Ещё должны были с тумбы на тумбу цепи навешивать, ну не привезли цепей. И вот — меня учредили, содержат! Да без меня б тут всё прахом!

— Сколько ж платят вам, Захар Дмитрич?

Он вздохнул кузнечным мехом и не стал даже говорить. Пообмялся, тогда сказал тихо:

— Двадцать семь рублёв.

— Как же может быть? Ведь минимальная — тридцать.

— Вот — может... А я без выходных. А с утра до вечера без перерыва. А ночью — опять тут.

Ах, завирал Захар!

— Ночью-то — зачем?

— А как же? — оскорбился он. — Да разве на ночь тут можно покинуть? Да самое ночью-то и смотреть. Машина какая придёт — номер её записать.

— Да зачем же номер?

— Так ружья мне не вручают! Мол, посетителев застрелишь. Вся власть — номер записать. А если набедит?

— И кому ж потом номер?

— Да никому, так и остаётся... Теперь, дом для приезжих построили, видали? И его охранять.

Домик этот мы видели, конечно. Одноэтажный, из нескольких комнат, он был близок к окончанию, но на замке. Стёкла были уже и вставлены, и кой-где опять разбиты, полы уже настланы, штукатурка не кончена.

— А вы нас туда ночевать пустите? — (К закату потягивало холодком, ночь обещала быть строгой.)

— В дом приезжих? Никак.

— Так для кого ж он?

— Никак! И ключи не у меня. И не просите. Вот, в моём сарайчике можете.

Покатый низенький его сарайчик был на полдюжины овец. Нагибаясь, мы туда заглянули. Постлано там было убитым вытертым сенцом, на полу котелок с чем-то недохлёбанным, ещё несколько пустых бутылок и совсем засохший кусок хлеба. Велосипеды наши, однако, там уставлялись, могли и мы лечь, и хозяину дать вытянуться.

Но он-то на ночь оставаться был не дурак:

— Ужинать пойду. К себе в Куликовку. Горяченького перехватить. А вы на крючок запирайтесь.

— Так вы стучите, когда придёте! — посмеялись мы.

— Ладно.

Захар-Калита отвернул другую полу своего чудомудрого пиджака, не ту, где Книга Отзывов, и на ней оказалось тоже две пришитых петли. Из мешка-самобранки он достал топор с укороченным топорищем и туго вставил его в петли.

— Вот, — сказал он мрачно. — Вот и всё, что есть. Больше не велят.

Он высказал это с такой истой обречённостью, как будто

ожидалось, что орда басурман с ночи на ночь прискачет валить памятник и встретить её доставалось ему одному, вот с этим одним топориком. Он так это высказал, что мы даже дрогнули в сумерках: может, он не шалопут вовсе? может, вправду верит, что без его ночной охраны погибло Поле?

Но, ослабевший от выпивки и дня шумоты и беготни, ссутуленный и чуть прихрамывая, Захар наддал в свою деревню, и мы ещё раз посмеялись над ним.

Как мы и хотели, мы остались на Куликовом Поле одни. Стала ночь с полною луной. Башня памятника и церковь-крепость выставились чёрными заслонами против неё. Слабые дальние огоньки Куликовки и Ивановки заслеплялись луною. Не пролетел ни один самолёт. Не проурчал ни один автомобильный мотор. Никакой отдалённый поезд не простучал ниоткуда. При луне уже не видны были границы близких посевов. Эта земля, трава, эта луна и глушь были все те самые, что и в 1380 году. В заповеднике остановились века, и, бредя по ночному Полю, всё можно было вызвать: и костры, и конские тёмные табуны, и услышать блоковских лебедей в стороне Непрядвы.

И хотелось Куликовскую битву понимать в её цельности и необратимости, отмахнуться от скрипучих оговорок летописцев: что всё это было не так сразу, не так просто, что история возвращалась петлями, возвращалась и душила. Что после дорогой победы оскудела воинством русская земля. Что Мамая тотчас же сменил Тохтамыш и уже через два года после Куликова попёр на Москву, Дмитрий Донской бежал в Кострому, а Тохтамыш опять разорил и Рязань, и Москву, и обманом взял Кремль, грабил, жёг, головы рубил и тянул верёвками пленных снова в Орду.

Проходят столетия — извивы Истории сглаживаются для дальнего взгляда, и она выглядит как натянутая лента топографов.

Ночь глубоко холодела, и как мы закрылись в сарайчике, так проспали крепко. Уезжать же решено у нас было пораньше. Чуть засвело́ — мы выкатили велосипеды и, стуча зубами, стали навьючивать их.

Обелил травы иней, а от Кули́ковки, из низинки, по польцу, уставленному копнами, тянул веретёнами туманец.

Но едва мы отделились от стенок сарайчика, чтобы сесть и ехать, — от одной из копён громко сердито залаяла и побежала на нас волосатомордая сивая собака. Она побежала, а за нею развалилась и копна: разбуженный лаем, оттуда встал кто-то длинный, окликнул собаку и стал отряхаться от соломы. И уже довольно было светло, чтоб мы узнали нашего Захара-Калиту, одетого ещё в какое-то пальтишко с короткими рукавами.

Он ночевал в копне, в этом пронимающем холоде! Зачем? Какое беспокойство или какая привязанность могла его принудить?

Сразу отпало всё то насмешливое и снисходительное, что мы думали о нём вчера. В это заморозное утро встающий из копны, он был уже не Смотритель, а как бы Дух этого Поля, стерегущий, не покидавший его никогда.

Он шёл к нам, ещё отряхиваясь и руки потирая, и из-под надвинутой кепочки показался нам старым добрым другом.

— Да почему ж вы не постучали, Захар Дмитрич?

— Тревожить не хотел, — поводил он озябшими плечами и зевал. Весь он ещё был в соломенной перхоти. Он расстегнулся протрястись — и на месте увидели мы и Книгу Отзывов и единственно дозволенный топорик.

Да сивый пёс ещё рядом скалил зубы.

Мы попрощались тепло и уже крутили педалями, а он стоял, подняв долгую руку, и кричал нам в успокоение:

— Не-е-ет! Не-е-ет, я этого так не оставлю! Я до Фурцевой дойду! До Фурцевой!

1965

КАК ЖАЛЬ

Оказался перерыв на обед в том учреждении, где Анне Модестовне надо было взять справку. Досадно, но был смысл подождать: оставалось минут пятнадцать, и она ещё успевала за свой перерыв.

Ждать на лестнице не хотелось, и Анна Модестовна спустилась на улицу.

День был в конце октября — сырой, но не холодный. В ночь и с утра сеялся дождик, сейчас перестал. По асфальту с жидкой грязцой проносились легковые, кто поберегая прохожих, а чаще обдавая. По середине улицы нежно серел приподнятый бульвар, и Анна Модестовна перешла туда.

На бульваре никого почти не было, даже и вдали. Здесь, обходя лужицы, идти по зернистому песку было совсем не мокро. Палые намокшие листья лежали тёмным настилом под деревьями, и если идти близко к ним, то как будто вился от них лёгкий запах — остаток ли не отданного во время жизни или уже первое тление, а всё-таки отдыхала грудь меж двух дорог перегоревшего газа.

Ветра не было, и вся густая сеть коричневых и черноватых влажных... — Аня остановилась — ...вся сеть ветвей, па́ветвей, ещё меньших веточек, и сучочков, и почечек будущего года, — вся эта сеть была обнизана множеством водяных капель, серебристо-белых в пасмурном дне. Это была та влага, что после дождя осталась на гладкой кожице веток, и в безветрии ссочилась, собралась и свесилась уже каплями — круглыми с кончиков нижних сучков и овальными с нижних дуг веток.

Переложив сложенный зонтик в ту же руку, где была у неё сумочка, и стянув перчатку, Аня стала пальцы подводить под капельки и снимать их. Когда удавалось это осторожно, то капля целиком передавалась на палец и тут не растекалась, только слегка плющилась. Волнистый рисунок пальца виделся через каплю крупнее, чем рядом, капля увеличивала, как лупа.

Но, показывая сквозь себя, та же капля одновременно показывала и над собой: она была ещё и шаровым зеркальцем. На капле, на светлом поле от облачного неба, видны были — да! — тёмные плечи в пальто, и голова в вязаной шапочке, и даже переплетение ветвей над головой.

Так Аня забылась и стала охотиться за каплями покрупней, принимая и принимая их то на ноготь, то на мякоть пальца. Тут совсем рядом она услышала твёрдые шаги и сбросила руку, устыдясь, что ведёт себя, как пристало её младшему сыну, а не ей.

Однако проходивший не видел ни забавы Анны Модестовны, ни её самой — он был из тех, кто замечает на улице только свободное такси или табачный киоск. Это был с явною печатью образования молодой человек с ярко-жёлтым набитым портфелем, в мягкошерстном цветном пальто и ворсистой шапке, смятой в пирожок. Только в столице встречаются такие раннеуверенные, победительные выражения. Анна Модестовна знала этот тип и боялась его.

Спугнутая, она пошла дальше и поравнялась с газетным щитом на голубых столбиках. Под стеклом висел «Труд» наружной и внутренней стороной. В одной половине стекло было отколото с угла, газета замокла, и стекло изнутри обводнилось. Но именно в этой половине внизу Анна Модестовна прочла заголовок над двойным подвалом: «Новая жизнь долины реки Чу».

Эта река не была ей чужа: она там и родилась, в Семиречьи. Протерев перчаткой стекло, Анна Модестовна стала проглядывать статью.

Писал её корреспондент нескупого пера. Он начинал с московского аэродрома: как садился на самолёт и как, словно по контрасту с хмурой погодой, у всех было радостное настроение. Ещё он описывал своих спутников по самолёту, кто зачем летел, и даже стюардессу мельком. Потом — фрунзенский аэродром и как, словно по созвучию с солнечной погодой, у всех было очень радостное настроение. Наконец, он переходил собственно к путешествию по долине реки Чу. Он с терминами описывал гидротехнические работы, сброс вод, гидростанции, оросительные каналы, восхищался видом орошённой и плодоносной теперь пустыни и удивлялся цифрам урожаев на колхозных полях.

А в конце писал:

«Но немногие знают, что это грандиозное и властное преобразование целого района природы замыслено было уже давно. Нашим инженерам не пришлось проводить заново доскональных обследований долины, её геологических слоёв и режима вод. Весь главный большой проект был закончен и обоснован трудоёмкими расчётами ещё сорок лет назад, в 1912 году, талантливым русским гидрографом и гидротехником Модестом Александровичем В*, тогда же начавшим первые работы на собственный страх и риск».

Анна Модестовна не вздрогнула, не обрадовалась — она задрожала внутренней и внешней дрожью, как перед болезнью. Она нагнулась, чтобы лучше видеть последние абзацы в самом уголке, и ещё пыталась протирать стекло и едва читала:

«Но при косном царском режиме, далёком от интересов народа, его проекты не могли найти осуществления. Они были погребены в департаменте земельных улучшений, а то, что он уже прокопал, — заброшено.

Как жаль! — (кончал восклицанием корреспондент) — как жаль, что молодой энтузиаст не дожил до торжества своих светлых идей! что он не может взглянуть на преображённую долину!»

Кипяточком болтнулся страх, потому что Аня уже знала, что сейчас сделает: сорвёт эту газету! Она воровато оглянулась вправо, влево — никого на бульваре не было, только далеко чья-то спина. Очень это было неприлично, позорно, но...

Газета держалась на трёх верхних кнопках. Аня просунула руку в пробой стекла. Тут, где газета намокла, она сразу сгреблась уголком в сырой бумажный комок и отстала от кнопки. До средней кнопки, привстав на цыпочки, Аня всё же дотянулась, расшатала и вынула. А до третьей, дальней, дотянуться было нельзя — и Аня просто дёрнула. Газета сорвалась — и вся была у неё в руке.

Но сразу же за спиной раздался резкий дробный турчок милиционера.

Как опалённая (она сильно умела пугаться, а милицейский свисток её и всегда пугал), Аня выдернула пустую руку, обернулась...

Бежать было поздно и несолидно. Не вдоль бульвара, а через проём бульварной ограды, которого Аня не заметила раньше, к ней шёл рослый милиционер, особенно большой от намокшего на нём плаща с откинутым башлыком.

Он не заговорил издали. Он подошёл, не торопясь. Сверху вниз посмотрел на Анну Модестовну, потом на опавшую, изогнувшуюся за стеклом газету, опять на Анну Модестовну. Он строго над ней высился. По широконосому румяному лицу его и рукам было видно, какой он здоровый — вполне ему вытаскивать людей с пожара или схватить кого без оружия.

Не давая силы голосу, милиционер спросил:

— Это что ж, гражданка? Будем двадцать пять рублей платить?..

(О, если только штраф! Она боялась — будет хуже истолковано!)

— ...Или вы хотите, чтоб люди газет не читали?

(Вот, вот!)

— Ах, что вы! Ах, нет! Простите! — стала даже как-то изгибаться Анна Модестовна. — Я очень раскаиваюсь... Я сейчас повешу назад... если вы разрешите...

Нет уж, если б он и разрешил, газету с одним отхваченным и одним отмокшим концом трудновато было повесить.

Милиционер смотрел на неё сверху, не выражая решения.

Он уж давно дежурил, и дождь перенёс, и ему кстати было б сейчас отвести её в отделение вместе с газетой: пока протокол — подсушиться маненько. Но он хотел понять. Прилично одетая дама, в хороших годах, не пьяная.

Она смотрела на него и ждала наказания.

— Чего вам газета не нравится?

— Тут о папе моём!.. — Вся извиняясь, она прижимала к груди ручку зонтика, и сумочку, и снятую перчатку. Сама не видела, что окровянила палец о стекло.

Теперь постовой понял её, и пожалел за палец и кивнул:

— Ругают?.. Ну, и что́ одна газета поможет?..

— Нет! Нет-нет! Наоборот — хвалят!

(Да он совсем не злой!)

Тут она увидела кровь на пальце и стала его сосать. И всё смотрела на крупное простоватое лицо милиционера.

Его губы чуть развелись:

— Так что вы? В ларьке купить не можете?

— А посмотрите, какое число! — она живо отняла палец от губ и показала ему в другой половине витрины на несорванной газете. — Её три дня не снимали. Где ж теперь найдёшь?!

Милиционер посмотрел на число. Ещё раз на женщину. Ещё раз на опавшую газету. Вздохнул:

— Протокол нужно составлять. И штрафовать... Ладно уж, последний раз, берите скорей, пока никто не видел...

— О, спасибо! Спасибо! Какой вы благородный! Спасибо! — зачастила Анна Модестовна, всё так же немного изгибаясь или немного кланяясь, и раздумала доставать платок к пальцу, а проворно засунула всё ту же руку с розовым пальцем туда же, ухватила край газеты и потащила. — Спасибо!

Газета вытянулась. Аня, как могла при отмокшем крае и одной свободной рукой, сложила её. С ещё одним вежливым изгибом сказала:

— Благодарю вас! Вы не представляете, какая это радость для мамы и папы! Можно мне идти?

Стоя боком, он кивнул.

И она пошла быстро, совсем забыв, зачем приходила на эту улицу, прижимая косо сложенную газету и иногда на ходу посасывая палец.

Бегом к маме! Скорей прочесть вдвоём! Как только папе

назначат точное жительство, мама поедет туда и повезёт сама газету.

Корреспондент не знал! Он не знал, иначе б ни за что не написал! И редакция не знала, иначе б не пропустила! Молодой энтузиаст — д о ж и л! До торжества своих светлых идей он дожил, потому что смертную казнь ему заменили, двадцать лет он отсидел в тюрьмах и лагерях. А сейчас, при этапе на вечную ссылку, он подавал заявление самому Берия, прося сослать его в долину реки Чу. Но его сунули не туда, и комендатура теперь никак не приткнёт этого бесполезного старичка: работы для него подходящей нет, а на пенсию он не выработал.

1965

ПАСХАЛЬНЫЙ КРЕСТНЫЙ ХОД

Учат нас теперь знатоки, что маслом не надо писать всё, как оно точно есть. Что на то цветная фотография. Что надо линиями искривлёнными и сочетаниями треугольников и квадратов передавать мысль вещи вместо самой вещи.

А я не доразумеваю, какая цветная фотография отберет нам со смыслом нужные лица и вместит в один кадр пасхальный крестный ход патриаршей переделкинской церкви через полвека после революции. Один только этот пасхальный сегодняшний ход разъяснил бы многое нам, изобрази его самыми старыми ухватками, даже без треугольников.

За полчаса до благовеста выглядит приоградье патриаршей церкви Преображения Господня как топталовка при танцплощадке далёкого лихого рабочего посёлка. Девки в цветных платочках и спортивных брюках (ну, и в юбках есть) голосистые, ходят по трое, по пятеро, то толкнутся в церковь, но густо там в притворе, с вечера раннего старухи места занимали, девчёнки с ними перетявкнутся и наружу; то кружат по церковному двору, выкрикивают развязно, кличутся издали и разглядывают зелёные, розовые и белые огоньки, зажжённые у внешних настенных икон и у могил архиереев и протопресвитеров. А парни — и здоровые и плюгавые — все с победным выражением (кого они победили за свои пятнадцать-двадцать лет? — разве что шайбами в ворота...), все почти в кепках, шапках, кто с головой непокрытой, так не тут снял, а так ходит, каждый четвёртый выпимши, каждый десятый пьян, каждый второй курит, да противно как курит, прислюнивши папиросу к нижней губе. И ещё до ладана, вместо ладана, сизые клубы табачного дыма возносятся в электрическом свете от церковного двора к пасхальному небу в бурых неподвижных тучах. Плюют на асфальт, в забаву толкают друг друга, громко свистят, есть и матюгаются, несколько с транзисторными приёмниками наяривают танцевалку, кто своих марух обнимает на самом проходе, и друг от друга этих девок тянут, и петушисто посматривают, и жди как бы не выхватили ножи: сперва друг на друга ножи, а там и на православных. Потому что на православных смотрит вся эта молодость не как младшие на старших, не как гости на хозяев, а как хозяева на мух.

Всё же до ножей не доходит — три-четыре милиционера для прилики прохаживаются там и здесь. И мат — не воплями через весь двор, а просто в голос, в сердечном русском разговоре. Потому и милиция нарушений не видит, дружелюбно улыбается подрастающей смене. Не будет же милиция папиросы вырывать из зубов, не будет же она шапки с голов схлобучивать: ведь это на улице, и право не верить в Бога ограждено конституцией. Милиция честно видит, что вмешиваться ей не во что, уголовного дела нет.

Растеснённые к ограде кладбища и к церковным стенам, верующие не то чтоб там возражать, а озираются, как бы их ещё не пырнули, как бы с рук не потребовали часы, по которым сверяются последние минуты до воскресения Христа. Здесь, вне храма, их, православных, и меньше гораздо, чем зубоскалящей, ворошащейся вольницы. Они напуганы и утеснены хуже, чем при татарах.

Татары наверное не наседали так на Светлую Заутреню.

Уголовный рубеж не перейден, а разбой бескровный, а обида душевная — в этих губах, изогнутых по-блатному, в разговорах наглых, в хохоте, ухаживаниях, выщупываниях, курении, плевоте в двух шагах от страстей Христовых. В этом победительно-презрительном виде, с которым сопляки пришли смотреть, как их деды повторяют обряды пращуров.

Между верующими мелькают одно-два мягких еврейских лица. Может крещёные, может сторонние. Осторожно посматривая, ждут крестного хода тоже.

Евреев мы всё ругаем, евреи нам бесперечь мешают, а оглянуться б добро: каких мы русских тем временем вырастили? Оглянешься — остолбенеешь.

И ведь, кажется, не штурмовики 30-х годов, не те, что пасхи освящённые вырывали из рук и улюлюкали под чертей, — нет! Это как бы любознательные: хоккейный сезон по телевидению кончился, футбольный не начинался, тоска, — вот и лезут к свечному окошечку, растолкав христиан как мешки с отрубями, и, ругая «церковный бизнес», покупают зачем-то свечки.

Одно только странно: все приезжие, а все друг друга знают, и по именам. Как это у них так дружно получилось? Да не с одного ль они завода? Да не комсорг ли их тут ходит тоже? Да может эти часы им как за дружину записываются?

Ударяет колокол над головой крупными ударами — но подменный: жестяные какие-то удары вместо полнозвучных глубоких. Колокол звонит, объявляя крестный ход.

И тут-то повалили! — не верующие, нет, опять эта ревущая молодость. Теперь их вдвое и втрое навалило во двор, они спешат, сами не зная, чего ищут, какую сторону захватывать, откуда будет Ход. Зажигают красные пасхальные свечечки, а от свечек — от свечек они прикуривают, вот что! Толпятся, как бы ожидая начать фокстрот. Ещё не хватает здесь пивного ларька, чтоб эти чубатые вытянувшиеся ребята — порода наша не мельчает! — сдували бы белую пену на могилы.

А с паперти уже сошла голова Хода и вот заворачивает сюда под мелкий благовест. Впереди идут два деловых человека и просят товарищей молодых сколько-нибудь расступиться. Через три шага идёт лысенький пожилой мужичок вроде церковного ктитора и несёт на шесте тяжеловатый гранёный остеклённый фонарь со свечой. Он опасливо смотрит вверх на фонарь, чтоб нести его ровно, и в стороны так же опасливо. И вот отсюда начинается картина, которую так хотелось бы написать, если б я мог: ктитор не того ли боится, что строители нового общества сейчас сомнут их, бросятся бить?.. Жуть передаётся и зрителю.

Девки в брюках со свечками и парни с папиросами в зубах, в кепках и в расстёгнутых плащах (лица неразвитые, вздорные, самоуверенные на рубль, когда не понимают на пятак; и простогубые есть, доверчивые; много этих лиц должно быть на картине) плотно обстали и смотрят зрелище, какого за деньги нигде не увидишь.

За фонарём движутся двое хоругвей, но не раздельно, а тоже как от испуга стеснясь.

А за ними в пять рядов по две идут десять поющих женщин с толстыми горящими свечами. И все они должны быть на картине! Женщины пожилые, с твёрдыми отрешёнными лицами, готовые и на смерть, если спустят на них тигров. А две из десяти — девушки, того самого возраста девушки, что столпились вокруг с парнями, однолетки — но как очищены их лица, сколько светлости в них.

Десять женщин поют и идут сплочённым строем. Они так торжественны, будто вокруг крестятся, молятся, каются, падают в поклоны. Эти женщины не дышат папиросным дымом, их уши завешаны от ругательств, их подошвы не чувствуют, что церковный двор обратился в танцплощадку.

Так начинается подлинный крестный ход! Что-то пробрало и зверят по обе стороны, притихли немного.

За женщинами следуют в светлых ризах священники и дьяконы, их человек семь. Но как непросторно они идут, как сбились, мешая друг другу, почти кадилом не размахнуться, орарий не поднять. А ведь здесь, не отговорили б его, мог бы идти и служить Патриарх всея Руси!..

Сжато и поспешно они проходят, а дальше — а дальше Хода нет. Никого больше нет! Никаких богомольцев в крестном ходе нет, потому что назад в храм им бы уже не забиться.

Молящихся нет, но тут-то и попёрла, тут-то и попёрла наша бражка! Как в проломленные ворота склада, спеша захватить добычу, спеша разворовать пайки, обтираясь о каменные вереи, закруживаясь в вихрях потока, — теснятся, толкаются, пробиваются парни и девки — а зачем? Сами не знают. Поглядеть, как будут попы чудаковать? Или просто толкаться — это и есть их задание?

Крестный ход без молящихся! Крестный ход без крестящихся! Крестный ход в шапках, с папиросами, с транзисторами на груди — первые ряды этой публики, как они втискиваются в ограду, должны ещё обязательно попасть на картину!

И тогда она будет завершена!

Старуха крестится в стороне и говорит другой:

— В этом году хорошо, никакого фулиганства. Милиции сколько.

Ах, вот оно! Так это ещё — лучший год?..

Что ж будет из этих рожёных и выращенных главных наших миллионов? К чему просвещённые усилия и обнадёжные предвидения раздумчивых голов? Чего доброго ждём мы от нашего будущего?

Воистину: обернутся когда-нибудь и растопчут нас всех!

И тех, кто натравил их сюда, — тоже растопчут.

10 апреля 1966
Первый день Пасхи

ДВУЧАСТНЫЕ
РАССКАЗЫ
1993—1998

ЭГО

Павел Васильевич Эктов ещё и раньше чем к своим тридцати годам, ещё до германской войны, устоялся в осознании и смысле быть последовательным, если даже не прирождённым, сельским кооператором — и никак не замахиваться на великие и сотрясательные цели. Чтобы в этой линии удержаться — ему пришлось поучаствовать и в резких общественных спорах и выстоять против соблазна и упрёков от революционных демократов: что быть «культурным работником» на поприще «малых дел» — это ничтожно, это не только вредная растрата сил на мелкие бесполезные работы, но это — измена всему человечеству ради немногих ближайших людей, это — плоская дешёвая благотворительность, не имеющая перспективы завершения. Раз, мол, существует путь универсального спасения человечества, раз есть верный ключ к идеалу народного счастья, — то чего стоит по сравнению с ним мелкая личная помощь человека человеку, простое облегчение горестей текущего дня?

И многие культурные работники устыживались от этих упрёков и уязвлённо пытались оправдаться, что их работа «тоже полезна» для всемирного устроения человечества. Но Эктов всё более укреплялся в том, что не требует никакого оправдания повседневная помощь крестьянину в его текущих насущных нуждах, облегчение народной нужды в любой реальной форме — не то что в отвлекающей проповеди сельских батюшек и твердилке церковно-приходских школ. А вот сельская кредитная кооперация может оказаться путём куда поверней всемирного перескока к окончательному счастью.

Все виды кооперации Эктов знал и даже убеждённо их любил. Побывавши в Сибири, он изумился тамошней маслодельческой кооперации, накормившей, без всяких крупных заводов, всю Европу пахучим и объяденным сливочным маслом. Но у себя в Тамбовской губернии он ряд лет был энергичным деятелем ссудосберегательной кооперации — и продолжал в войну. (Одновременно участвуя в системе Земгора, впрочем брезгуя её острой политичностью, а то и личным укрывательством от фронта.) Вёл кооперацию и во весь революционный Семнадцатый год, — и только в январе Восемнадцатого, накануне уже явно неизбежной конфискации всех кооперативных касс, — настоял, чтобы его кредитное общество тайно роздало вкладчикам их вклады.

За то — непременно бы Эктова *посадили,* если б точно разобрались, но у подвижных большевиков были руки наразрыв. Вызвали Эктова один раз в Казанский монастырь, где расположилась Чрезвычайка, но одним беглым допросом и обошлось, увернулся. Да хватало у них забот покрупней. На главной площади близ того же монастыря как-то собрали они сразу пять возрастов призывников — тут выскочил сбоку лихой всадник чубатый на серой лошади, заорал: «Товарищи! А что Ленин обещал? Что больше никогда воевать не будем! так ступайте по домам! Только-только отвоевали, а теперь опять на войну гонят? А-рас-сходись по домам!!» И — как полыхнуло по этим парням в серо-чёрной крестьянской одёжке: от того окрика — по-сыпали, посыпали вразбежку, кто сразу за город, к лескам, в дезертиры, кто по городу заметался и мятежничал — и уже власти сами бежали. Через день вернулись с конницей Киквидзе.

Годы гражданской войны Эктов прожил в душевной потерянности: за жестоким междоусобным уничтожением соотечественников и под железной подошвой большевицкой диктатуры — потерялся смысл жизни и всей России и своей собственной. Ничего и близко сходного никогда на Руси не бывало. Человеческая жизнь вообще потеряла своё разумное привычное течение, деятельность разумных существ, — но, при большевиках, затаилась, исказилась в тайных, обходных или хитро-изобретательных ручейках. Однако убеждённому демократу Эктову никак не казалась выходом и победа бы белых, и возврат казацких нагаек. И когда в августе Девятнадцатого конница Мамонтова на два дня врывалась и в Тамбов, — за эти двое суток, хоть и сбежала ЧК из Казанского монастыря, а не ощутил он душевного освобождения или удовлетворения. (Да, впрочем, и видно было, что это, — всего лишь короткий наскок.) Да вся тамбовская интеллигенция считала режим большевиков вовсе недолговечным: ну год-два-три — и свалятся, и Россия вернётся к теперь уже демократической жизни. А в крайностях большевиков проявлялась не только же злая воля их или недомыслие, но и наслоенные трудности трёхлетней внешней войны и сразу же вослед гражданской.

Тамбов, окружённый хлебородной губернией, не знал в эти годы полного голода, но стыла зимами опасная нужда и требовала от людей отдавать все силы ума и души — бытовой изворотливости. И крестьянский раздольный мир вокруг Тамбова стал разрушаться безжалостно вгоняемыми клиньями сперва заградотрядов (отбиравших у крестьян зерно и продукты просто при перевозе по дорогам), продотрядов и отрядов по ловле дезертиров. Вход такого отряда в замершую от страха деревню всегда означал неминуемые расстрелы хоть нескольких крестьян, хоть одного-двух, в науку всей деревне. (Могли и с крыльца волостного правления запустить из пулемёта боевыми патронами очередь наугад.) А всегда и у всех отрядов начинался большой грабёж. Продотряд располагался в деревне постоем и прежде всего требовал кормить самого себя: «Давай барана! давай гусей! яиц, масла, молока, хлеба!» (А потом и — полотенца, простыни, сапоги.) Но и этим ещё рады были бы крестьяне отделаться, да только, отгуляв в деревне день-два, продотрядники сгоняли понурый обоз из тех же крестьян с их зерном, мясом, маслом, мёдом, холстами — навывоз, в дар пролетарской власти, никогда не поделившейся с крестьянами ни солью, ни мылом, ни железом. (В иной сельский магазин вдруг присылали шёлковые дамские чулки или лайковые перчатки, или керосиновые лампы без горелок и без керосина.) И так подгребали зерно по амбарам подряд — нередко не оставляли мужикам ни на едево, ни на семена. «Чёрными» звали их крестьяне — то ли от чёрта, то ль оттого, что нерусских было много. Надо всей Тамбовской губернией гремел неистовый губпродкомиссар Гольдин, не считавший человеческих жизней, не меривший людского горя и бабьих слёз, страшный и для своих продотрядников. Не многим мягче его был и борисоглебский уездный продкомиссар Альперович. (Достойными кличками власть окрещала и сама себя: ещё существовал и *начпогуб* Вейднер — даже Эктов долго не мог вникнуть, что это страшное слово значило: начальник политического отдела губернии.)

Отначала крестьяне поверить не могли: что ж это такое вершится? Солдаты, вернувшиеся с германского фронта, из запасных полков и из плена (там их сильно обделывали большевицкой пропагандой), приезжали в свои деревни с вестью, что теперь-то и наступит крестьянская власть, революция сделата ради крестьян: крестьяне и есть главные хозяева на земле. А это что ж: городские насылают басурманов и обидят трудовое крестьянство? Свой хлеб не сеяли — на наше добро позарились? А Ленин говорил: кто не пахал, не сеял — тот пусть и не ест!

И потёк по деревням ещё и такой слух: произошла измена! Ленина в Кремле подменили!

Сердце Павла Васильевича, всю жизнь нераздельное с крестьянскими бедами, их жизненным смыслом и расчётливой бережливостью (в церковь — в сапогах, по селу — в лаптях, а пахать босиком), изболелось от этого безумного деревенского разорения: тамбовскую деревню большевики грабили напрокат догола (ещё ж дограбливал и каждый приезжий пустой ревизор или инструктор). Увидишь ли теперь прежнюю сытую мирную картину: вечерний медленный возврат добротного многосотенного скота в село, кой-где ребятишки с хворостинами, заворачивать своих, взвешенное стоячее облако прозрачной пыли в закатных лучах и скрип колодезных журавлей, предвестников пойки перед обильной дойкой? И на ночь теперь не засвечивались избяные окна: без дела стояли керосиновые лампы и еле светили внутри жирники — плошки из бараньего жира.

А между тем — гражданская война кончалась, и упущено было для тамбовских крестьян соединяться и с белыми. Однако и терпёж их уже перешёл через край, взбуривало народ.

Осенью 1919 крестьяне убили предгубисполкома Чичканова во время его поездки по губернии. Ответ власти был — сильным карательным отрядом (венгры, латыши, финны, китайцы — кого только не было в карателях) и многими снова расстрелами.

Той ограбленной зимой крестьянский гнев ещё подбывал, копился. С весны, как стаяло, Павел Васильич поехал на телеге знакомого мужика запастись продуктами: из Каравайнова в хорошо знакомый ему угол, где сливаются Мокрая Панда и Сухая Панда, а дальше текут в Ворону. Знал он там Грушевку, Гвоздёвку, Трескино, Курган, Калугино. Грушевку — с её обильными сенокосами прямо на задах деревни, в июне всю в запахах мятлика, костера и клевера; Трескино с его странным храмом — трёхэтажным кубом, а барская церковь в Никитине облицована сине-коричневой плиткой, и крыша её под чешуйчатой выкладкой; Курган — с насыпным курганом татарских времён; и саблевидное Калугино с беспорядочно разбросанными куренями по голой балке Сухой Панды. А пойма извилистой Мокрой Панды — вся в густой траве, с боем перепелов, приволье ребятишек, рыболовов, гусей и уток, — хотя и ребятишкам там купанье по пояс, однако и коровы на дневную дойку вылезают из реки же. Лес большой там был — сразу за Грушевкой и Гвоздёвкой; да и близ Никитина, с его множеством садов, — несколько лесистых балок.

Ту весну мужики встречали в большой тревоге, и многие даже не хотели сеять: ведь всё уйдёт зазря, отымут? но и самим-то как без прокорма?

Ватажились в лесках и оврагах. Толковали, как себя защитить.

Но трудно крестьянам разных сёл — сговориться, соединиться, решиться, да ещё ж и выбрать момент, когда перейти черту большой войны.

А между тем гольдинские продотряды всё так же наваливались на сёла грабить, и всё так же сами пировали на стоянках. (А были случаи: велели подавать им на ночь заказанное число женщин — и подавало село, а куда денешься? легче, чем расстрелы.) И всё так же отряды из Губдезертира — расстреливали для примера изловленных. (Призывали сразу три возраста — 18—20-летних. А вступающие в РКПб освобождались от общего призыва.)

И в августе Двадцатого само собою вспыхнуло в Каменке

Тамбовского уезда: пришедший продотряд крестьяне переби-
ли и взяли их оружие. И в тех же днях в Трескине: близ волостного правления продотряд созвал собрание активистов —
вдруг побежала по улице сила мужиков с вилами, лопатами,
топорами. Продотряд стал в них стрелять — но нахлынувшей
волной порубали отрядников два десятка, ещё и нескольких
жён коммунистов заодно. (Убили и маленького мальчика из
толпы: он признал одного из повстанцев: «дядя Петя, ты
меня узнал?» — и тот убил, чтобы мальчик его потом не выдал.) А в Грушевке так озлобились за всё отымаемое — повалили продотрядчика и, как по бревну, перепилили ему шею пилой.

Трудно, трудно русских мужиков стронуть, но уж как попрёт народная опара — так и не удержать в пределах рассудка.
Из Княже-Богородицкого, Тамбовского же уезда, освячённая
порывом справедливости крестьянская толпа в лаптях — пошла «брать Тамбов» с топорами, кухонными рогачами, вилами — *вильники*, как ходили в татарское время; потекли под ко-
локольный звон попутных сёл, нарастая в пути, — и так шли к
губернскому городу, пока в Кузьминой Гати их, бес-
помощных, не посекли пулемётными заставами, остальных
рассеяли.

И — как пожар по соломенным крышам — понеслось восстание по всему уезду сразу, захватив и Кирсановский и Борисоглебский: повсюду перебивали местных коммунистов (и
бабы резали их, серпами), громили сельсоветы, разгоняли
совхозы, коммуны. Уцелевшие коммунисты и активисты —
бежали в Тамбов.

Коммунисты нахожие — понятно откуда приходили. Но
откуда набрались местные? По разным сельским случаям Павел Васильич это осмыслил, да кой-кого он и раньше знал
сам. При первых советских выборах волостных и сельских
должностных лиц крестьяне ещё не разбирались, какая этим
новым выпадет всеразмерная власть, им мнилось — ничтож-
ная, ведь теперь для всех наступила *слобода*, и не выборы главное, а хватать помещичью землю. И какой порядочный мужик оторвётся от своего хозяйства, чтоб исправлять какую-
то там должность по выбору? И потекли на те должности —
крестьяне лишь по рождению, а не по труду, озорные, беша-
башные, бездельники, голь, да кто с отрочества болтался чер-
норабочими при городах да на постройках, там успел лизнуть

революционных лозунгов, да ещё все дезертиры с фронта Семнадцатого года, кто торопился на грабёж. Вот все эти — и стали сельские коммунисты, активисты, власть.

Павел Васильевич всем своим воспитанием и гуманистической традицией был всегда всей душой против всякого кровопролития. Но теперь, особенно после этого святого народного похода на Кузьмину Гать, соотношение бессильной правоты и неумолимого насилия проступило столь явно, что и правда же: не оставалось крестьянам ничего иного, как поднять оружие. (А много винтовок, патронов, шашек, гранат оставалось ещё, привезенных с германской войны и разбросанных после мамонтовского прорыва, — у кого спрятано, у кого закопано.)

И Эктов не увидел и для себя, народника, народолюбца, иного выхода, как идти туда же и в то же. Хотя: кончилась большая гражданская война — и какие надежды были теперь у мужицкого восстания? Но несомненно, что крестьяне будут лишены грамотного связного руководства. Пусть никакой не военный, лишь кооператор, да грамотный и смышлёный человек, — Эктов пригодится где-то там.

Но — жена, Полина, сердце моё неотрывное! и Мариночка, крошка пятилетняя, глазки васильковые! — как оставить вас? и — на какие испытания? на какие опасности? даже просто на голод? Вот оно, наше самое трепетное, — оно и высшее наше счастье, оно и наша слабость.

Полина — в острой тревоге, но и посильно крепясь, отпустила его: ты — прав. Да... прав... Иди.

И осталась она с дочуркой на их городской квартире, со скудными запасами провизии и дров на будущую зиму, — но и что-то же заработает, учительница.

А Павел Васильич уехал из Тамбова, отправился искать предполагаемый центр восстания.

И нашёл его — в передвижном состоянии — малую кучку вокруг Александра Степановича Антонова, по происхождению кирсановского мещанина, в 1905 году — эсера-экспроприатора (не закрыть глаз: значит, и вперемежку с уголовщиной?), в 1917 вернувшегося из сибирской ссылки, до большевицкого переворота начальника кирсановской милиции, потом набравшего много оружия разоружением чехословацких эшелонов, проходивших через Кирсанов, — и уже летом 1919 с небольшой дружиной перебивал налётами местные комъячейки там и здесь — когда сама партия эсеров всё никак не решалась сопротивляться большевикам, чтобы этим не помочь белым. Действовал Антонов и теперь не от эсеров, а от самого себя. Губчека ловила его всю зиму с 19-го года на 20-й — и не поймала. Антонов не кончил и уездного училища, образование никакое, но — отчаянный, решительный и смекалистый.

В нарождающемся штабе Антонова, который и штабом назвать ещё было нельзя, — не состояло даже хоть одного офицера со штабным опытом. Был местный самородок, из крестьян села Иноковки 1-й, Пётр Михайлович Токмаков: унтер царской армии, он на германском фронте выслужился в прапорщики, затем и в подпоручики, и вояка был превосходный, но всего три класса церковно-приходской. Ещё был боевой и буйный прапорщик, тоже из унтеров, распирающей энергии, Терентий Чернега, — в Семнадцатом примкнувший к большевикам, два года служил им, даже и в ЧОНе, а всего насмотрясь — перешёл на крестьянскую сторону. И ещё был унтер, артиллерист, Арсений Благодарёв, — из той самой Каменки, где всё началось, он и был из начинателей. Все эти трое дальше получили в командование по партизанскому полку, Токмаков потом — бригаду из четырёх полков, — но ни один же из них и близко не был способен к штабной работе. И адъютантом Антонова был вовсе не военный, а учитель Старых из Калугина на Сухой Панде.

И когда Эктов представился Антонову — так и пришёлся он пока самый подходящий «начальник штаба»: лишь бы грамотный сообразительный человек да умел бы топографическую карту читать. Спросил Антонов фамилию. Странно, но Эктов не запасся. Уже начал: «Эк...», и тут же прохватило: нельзя называть! И горло само перешло на:

— а... га...

Антонову послышалось:

— Эгов?

А что? Псевдоним, и неплохой. Ответил уже чётко:

— Эго. Пусть так.

Ну, так и так, Антонов и не допытывался.

И скоро все его знали как «Эго», тоже Павел, только Тимофеевич. И вскоре признали за ним авторитет «начальника штаба» (сам себе удивлялся), впрочем он только чуть и связывал, соединял их общие дела, — а и сам Антонов и его парти-

занские начальники чаще вели отряды своим порывом, никого не спрашивая, да и по внезапности обстоятельств.

Тамбовский уезд не так-то был и удобен для партизанской
войны: как и бо́льшая часть губернии — малолесен, равнина,
небольшие холмы, правда много глубоких балок и оврагов
(«яруг»), дающих и коннице укрытие от степного прозора.
И сеть просёлков с наезженной колеёй, да скакала конница и
поперёк поля.

А что это была за конница! Стремена — верёвочные, вместо сёдел у большинства — подушки (и на ходу вьётся пух из-
под всадника...). Кто в солдатской одёжке, а кто в крестьянской (на шапке — красная ленточка наискось: они — за революцию, тоже красные! и обращение, когда не по деревенским
кличкам: «товарищ»). Зато — повстанцы всегда на свежих конях, беспрепятственно меняют их у крестьян (хоть и не без
крестьянской обиды: *наши*-то ребята наши, так ведь и лошадь
моя...). Понасобирали берданок, двустволок, винтовочных
обрезов (их легче прятать, а меткость вблизи не намного
меньше), трофейных с войн Гра и Манлихеров. Начинали — с
по пять патронов к винтовке, потом отбивали у продотрядов, у чоновцев, и даже захватывали целые оружейные склады, а раз была и такая смелая антоновская операция: захватили у красных целый поездной эшелон боеприпасов, в по-
спешке развезли телегами по деревням, подальше прочь от
железки, которой лишнего часа не удержишь.

Впрочем, из-за многолюдства повстанцев, всё равно сильно не хватало оружия, даже и шашек, — и по набату всё ещё
бежали из деревень с вилами. (Был и такой сигнал у повстанцев: при появлении большевицкого отряда — останавливают-
ся в том селе мельничные крылья, либо — с другого конца
села тут же ускакивает вестовой, оповещать соседей.)

Радость успешных набегов, да и успешных уходов — взбад-
ривала и изумляла Эктова: и как же это всё удаётся? ведь прямо — из ничего!

Так и жили — сперва недели, потом и месяцы: днём работали как крестьяне, а при тревоге и просто с вечера — сади-
лись на коня и в набег. Через буераки гонялись отряды друг за
другом, и те и эти. При разгроме — повстанцы разлетались,
прятали оружие, и не у себя во дворах, а по яругам.

...После пролёта боя лежит убитый, головой в ручье. А лошадь — печально стоит, часы, возле мёртвого хозяина... А по
травам перескакивает трясогузка...

Любимое место укрытия антоновской конницы было — низменность по реке Вороне. Там — и поляны в просторном кольце как бы расставленных дубов, вязов, осин, ив. Измученные верховики сваливались полежать на полянах, заросших мятликом да конским щавелем, и лошади тут же щиплют, медленно переюраживая. К тем местам — заброшенные полудороги, а дальше — непродорная урёма — низкое густое переплетенное лесокустье, высоченная трава, в ней и гадюки двухаршинные с чёрно насеченной спиной. (Одно из самых недоступных мест так и зовётся — «Змеиное болото».)

В сентябре вспыхнуло восстание и в Пахотном Углу, много северней Тамбова, к Моршанску: там сколотили коммунисты год назад «образцовую коммуну» — а теперь те образумленные коммунисты стали отдельной, но крепкой группировкой повстанцев.

Так множились повстанцы, что, осмелев, в начале октября пошли атаковать с юга Каменку, выручать её от ставшего там красного гарнизона. Те ответили пушками и в контратаку кроме конницы послали и пехоту. Повстанцы спешились и — в первый и единственный раз — вырыли окопы, привычное дело с войны, но то для них была ошибка: не выдержали регулярного двухсуточного боя, бросили окопы, отступили к Туголукову, изобильному лошадьми, — и из Туголукова много крестьян, сев на лошадь и добавив ещё заводную, уходили вместе с *партизантами*.

Район восстания был опасно охвачен треугольником железных дорог Тамбов—Балашов—Ртищево, и постоянные гарнизоны стояли на крупных станциях. Эти пути надо было портить при каждом случае. И несколько раз антоновцы, налетев, местами разбирали пути, лошадиной тягой гнули рельсы в дугу.

Зато железнодорожные служащие, особенно телефонисты и телеграфисты, в массе своей сочувствовали повстанцам, и иные задерживали в передаче распоряжения красных, или теряли, искажали, а то и передавали партизанам — и большевики не могли надёжно использовать свои линии связи. А железнодорожники ртищевского узла даже избрали делегацию к повстанцам, на поддержку, но чекисты успели арестовать делегатов, а на всё Ртищево объявили чрезвычайное положение.

Повстанцев становилось всё больше — и один за другим формировались партизанские *полки*, по полторы и по две тысячи человек, уже переваливало число полков за десяток, у полков появились и свои знамёна и пулемёты — Максима и Льюиса. Командирами становились и бывшие унтеры и ефрейторы, с опытом германской войны, и просто крестьяне от сохи. И смышлёно же командовали.

В ноябре Антонов с главными силами пошёл и на сам Тамбов, вызвав большой переполох у тамбовских властей (те пилили-валили вековые дубы на завалы дорог к городу, расставляли пулемёты на городских колокольнях). Эктов верить не мог: неужели, вот, хоть на короткий час и сам туда, и выхватит, увезёт семью?.. (До Сердобска бы довёз, а там у Полины двоюродная сестра, у неё б и прикрылась.)

Нет, в двадцати верстах от Тамбова, в Подосклей-Рождественском, после крупного боя, пришлось повстанцам отступить.

Вандея? Но отметная была разница: наше православное духовенство, не от мира сего, не сливалось с повстанцами, не вдохновляло их, как боевое католическое, а осторожно сидело по приходам, по своим домам, хотя и знали: красные придут — всё равно могут голову размозжить. (Как в Каменке попа Михаила Молчанова застрелили ни за что на ступеньках своего дома.)

Вандея? Иногда и не без насилия: приходил красноармеец в отпуск в свою деревню, а у него односельчане уничтожали документы — и куда ему после того деваться? выхода нет, как в партизаны. И из отряда партизанского уж и вовсе не уйти, хоть и задумал бы: свои ж не дадут жить в селе с семьёй. Или какая баба замечена, что проболтала красным о передвижениях повстанцев, — секли её по голому заду прилюдно, на площади перед церковью.

Тамбовским мирным мужикам теперь гроза была со всех сторон: что́ не так сделаешь — отомстят потом хоть красные, хоть повстанцы. Боятся и с иными соседями просказываться. Один раз, в общем валу, сходил *вильником* за десять вёрст, пойман, а хоть и отпущен — вперёд уже навек виноват перед властями.

Стук в дверь: «Кто там?» — «Свои». Чтоб не попасться, на всяк случай: «Все вы, черти, свои, да житья от вас нет».

Одну бабу допрашивали красные, где её сын. Отреклась: «Нет у меня никакого сына!» А потом его поймали, он назвался: сын такой-то. И его расстреляли: мол, врёт.

В это мужицкое положение ставил Павел Васильич не раз и себя. Извечная радость человека и извечная его уязвимость: семья! У кого вместо сердца подкова железная, чтоб не дрогнуть за своих родных, что затерзают их эти чёртовы когти?

А бывало и такое: растрепали в деревне продотряд, двое из них — китаец и финн — спрятались на задах у деда. Китайца заметили, подстрелили, а финна дед пожалел и, головой рискуя, спрятал в сноп, а ночью выпустил — и тот дал дёру, к своему гарнизону, в Чокино. (Для следующей экспедиции?..)

Вандея? Эсеры Тамбовской губернии заколебались: и нельзя поддерживать восстание против революции? и возглавить это восстание было упущено, за ними уже не пойдут. Но и: теперь, когда кончилась гражданская война, как не использовать народный напор против коммунистов. Пристраивались к возникшим «советам трудового крестьянства» и писать листовки, и приписать всё восстание эсеровской партии.

Да у повстанцев уже свои были лозунги: «Долой Советы!» (никак не эсеровский, эсеры — за Советы); «Не платим развёрстки!»; «Да здравствуют дезертиры Красной армии!».

У Эктова оказалась пишущая машинка, захваченная в исполкоме, так он и сам сочинял и усердно печатал прокламации: «Мобилизованные красноармейцы! Мы — не бандиты! мы такие же крестьяне, как вы. Но нас заставили бросить мирный труд и послали на своих братьев. А разве ваши семейства не в таких же условиях, как наши? Всё убито Советами, на каждом шагу озверелые коммунисты отбирают последнее зерно и расстреливают людей ни за что. Раскалывают наши головы как горшки, ломают кости — и на том обещают построить новый мир? Сбрасывайте с себя коммунистическое ярмо и идите домой с оружием в руках! Да здравствует Учредительное Собрание! Да здравствуют советы трудового крестьянства!»

Да повстанцы и сами, кто горазд, выписывали чернильными карандашами на случайных листках бумаги: «Довольно слушать нахалов коммунистов, паразитов трудового народа!» — «Мы пришли крикнуть вам, что власть обидчиков и грабителей быть не должна!» И к нерешительным: «Мужики! У вас забирают хлеб, скотину, а вы всё спите?»

Коммунисты отвечали большим тиражом типографских листовок со своей обычной классовой долдонщиной или сатирическими картинками: Антонов в кровавой шапке с кровавым ножом, а на груди, в виде орденов, — Врангель и Керенский. «Мы, Антонов Первый, Поджигатель и Разрушитель Тамбовский, Самодержец Всеворовской и Всебандитский...»

Это стряпал завагитпропа губкома Эйдман, никогда его тут, в Тамбове, не слышали прежде. А в грозных распоряжениях чаще всего мелькали подписи секретарей губкома Пинсона, Мещерякова, Райвида, Мейера, предгубисполкома то Загузова, то Шлихтера, предгубчека Трасковича, начальника политотдела Галузо — и этих тоже Тамбов не знал никогда, и эти тоже были пришлые. А в составе их губ-губ властей мелькали и другие, кто не подписывал грозных приказов, но решали-то все вместе: Смоленский, Зарин, Немцов, Лопато и даже женщины — Коллегаева, Шестакова... И об этих тоже Эктов не слышал прежде, только один среди них был точно местный, всеизвестный оголтелый большевик Васильев, прохулиганивший в городе весь Семнадцатый год, свиставший и топавший даже на чинных собраниях в Нарышкинской читальне. Об остальных не слыхивал Эктов, а ведь свора эта была — не из той же ли оппозиционной интеллигенции, что и он сам? и несколько лет назад, до революции, встретились бы где-нибудь — он пожимал бы им руки?..

Но пропаганда — пропагандой, а большевики подтягивали силы. Установила антоновская разведка, что прибыл из Москвы полк Особого назначения ВЧК, ещё эскадрон от тульской ЧК, ещё 250 сабель из Казани, до сотни из Саратова. Ещё пришёл из Козлова «коммунистический отряд» и два таких отмобилизовались в Тамбове. Ещё появился у них и «автобоевой отряд имени Свердлова» и отдельный железнодорожный батальон. (Рискованную разведку вели и верная баба с махоткой молока и надёжный мужик с возом дров в город. Через одну такую бабу раз послал Павел Василич устную весточку о себе Полине — и в ответ узнал, что — целы, не раскрыты чекой, скудно живут, но надеются...)

Отделавшись от страха за целость самого Тамбова, красные вожди свои нарощенные силы стали равномерно расквартировывать по всем трём мятежным уездам, особенно по Тамбовскому, — планово оккупировать их. (В большом десятитысячном селе взяли 80 заложников и объявили жителям: за несдачу селом огнестрельного оружия к следующему полудню — все эти 80 будут расстреляны. Угроза была слишком непомерна, село не поверило, никто ничего не сдал — и в следующий полдень на виду у села в с е восемьдесят были расстреляны!)

Стали и летать большевицкие самолёты (были и хвастливо выкрашенные в красный цвет), наблюдать, иногда и сбрасывать бомбы, что сильно пугало селян.

Осенью, избегая наседающего преследования, Антонов временно уводил свои главные силы то в Саратовскую губернию, то в Пензенскую. (А саратовские крестьяне, мстя за забранных или смененных лошадей, стали и сами ловить тамбовских повстанцев и расправляться самосудом. Судьба крестьянских восстаний...)

Вместе с главным штабом и Эго был в этих рейдах, и уже привык к такой жизни, конной, бродячей, бездомной, на холодах и в тревоге, в уходах от погони. Стал военным человеком? — нет, не стал, трудно было ему, никогда к такому не готовился. А — надо терпеть. Разделял крестьянскую боль — и тем насыщалась душа: он — на месте. (А не пришёл бы сюда — дрожал бы в норке в Тамбове, презирал бы себя.)

А мятежный край не утихал! Хотя поздней осенью и к зиме партизанам стало намного трудней скрываться и ночевать — а полки партизанские росли в числе. Поборы, собираемые красными отрядами, откровенный грабёж, когда делили отобранное крестьянское имущество — тут же, на глазах крестьян, избивали стариков, а то и сжигали деревни начисто, как Афанасьевку, Бабино, и это к зиме, выгоняя и старых и малых на снег, — поддавало новый заряд повстанческому сопротивлению. (Но и повстанцам же где-то питаться. Раньше брали у семей советского актива, потом и у семей красноармейцев, а дальше, не хватало, — уже и у крестьян подряд. Кто давал понимаючи, а кто и обозлевался.)

К середине зимы уже сформировалось две партизанских Армии, каждая по десятку полков, 1-й армией командовал Токмаков, 2-й — сам Антонов. В штабах армий появились уже и настоящие военные, наводившие порядок, начиная с формы: рядовым установили красные нашивки на левом рукаве выше локтя, командирам добавлялась ленточка, нашитые треугольники вершиной вниз или вверх, а с командиров бригад — ромбы. Командный состав избирался на полковых собраниях (и ещё — политкомы, и ещё — полковой суд). Издавали и приказы: полный запрет устраивать в деревнях конфискации одежды, вещей и обыски на поиск продуктов; не разрешать партизанам слишком часто менять своих лошадей у крестьян, только по решению фельдшера, а — получше следить за лошадью своей; и, как в настоящей армии, вводили партизанам чередность отпусков — но и своя милиция в сёлах проверяет документ, по какому партизан приехал.

Зимой взаимное озлобление только ещё распалилось. Красные отряды расстреливали и уличённых, и подозреваемых, стреляли безо всякого следствия и суда. У карателей выявился разряд людей, уже настолько привыкших к крови, что рука у них подымалась, как муху смахнуть, и револьвер сам стрелял. Партизаны, бережа патроны, больше рубили захваченных, убивали тяжёлым в голову, комиссаров — вешали.

И до того доходило разъярение мести с обеих сторон, что и глаза выкалывали захваченному, прежде чем убить.

Из ограбленных сёл ребятишки с салазками ездили за битой кониной. Этой зимой развелось много обнаглевших волков. И собаки тоже ели трупы, разбросанные по степи и по балкам, и разрывали мелко закопанных.

Разъезжала по оккупированным сёлам выездная сессия Губчека — Рамошат, Ракуц и Шаров, сыпали расстрельные приговоры, а подозреваемых, но никак не пойманных на повстанчестве, стали ссылать в «концентрационные лагеря». В январе антоновский штаб сведал секретное письмо: тамбовская Губчека получила от центрального управления лагерей Республики дополнительно 5 тысяч мест в лагерях для своих задержанных. А с бабами и девками, уведенными в ближние концлагеря, охрана с кем развратничала, кого насиловала, слухом полнилась земля.

Сёла скудели. Даже в богатенной когда-то Каменке осталось с два десятка лошадей. Ко рваным башмакам люди ладили деревянные подошвы, бабы ходили по морозу без чулок. И заведёт кто-нибудь: «А при царе поедешь на базар — покупай, что по душе: сапоги, ситцу, кренделёв.» Только бумага нашлась на курево: из помещичьих книг да из красных уголков.

Со старым-престарым дедом из хутора Семёновского Эктов горевал, как гинет всё. Казалось — жизнь уже доходит до последнего конца, и после этого какая ещё останется?

— Нечто, — сказал серебряный дед. — Из-под косы трава да и то уцелевает.

А достали-таки тамбовские крестьяне до Кремля! В середине февраля стали объявлять, что в Тамбовской губернии хлебная развёрстка прекращается.

Никто не поверил.

Тогда напечатали в газетах, что Ленин вдруг «принял делегацию тамбовских крестьян». (В самом ли деле? Позже стало в антоновском штабе известно: да, несколько мужиков, сидевших в тамбовской ЧК, запуганных, доставляли в московский Кремль.)

Большевики, видно, торопились кончить восстание к весне, чтобы люди сеяли (а осенью — опять отбирать).

Но ярость боёв уже не унималась. И в марте, двумя полками, антоновцы налетели на укреплённое фабричное село Рассказово, под самым Тамбовом, разгромили гарнизон и целый советский батальон взяли в плен. И половина из них охотой пошла в *партизаны*.

Павел Васильич с осени не верил, не надеялся, что в таких передрягах вытянет, перезимует. Но вот — дотерпел, дожил и до марта. И даже настолько признали уже его военным человеком, что сделали помощником командира полка Особого назначения при штабе 1-й армии.

И ещё успел он прочесть два мартовских приказа звереющих карателей: «Обязать всех жителей каждого села круговой порукой, что если кто из села будет оказывать какую-либо помощь бандитам, то отвечать за это будут в с е жители этого села», а «бандитов ловить и уничтожать как хищных зверей». И — наивысшим доводом: «всё здоровое мужское население от 17 до 50 лет арестовывать и заключать в концентрационные лагеря»! А прямо к повстанцам: «Помните: ваши *списки* большей частью уже в руках Чека. Явитесь добровольно с оружием — и будете прощены».

Но ни калёной прокаткой, ни уговором — уже не брались повстанцы, в затравленных метаньях по заснеженным морозным оврагам и перелескам. И уже вот-вот манила весна — а там-то нас и вовсе не возьмёшь!

И тут, в марте, уже перенеся зиму, Эктов сильно простудился, занемог, должен был отстать от полка, лечь в селе, в тепле.

И — на вторую же ночь был выдан чекистам по доносу соседской бабы.

Схвачен.

Но — не расстрелян на месте, хотя уже знали его роль при токмаковском штабе.

А — повезли в Тамбов.

Город имел вид военного лагеря. Многие дома заколочены. Не чищенный грязный снег на панелях. (Свой домик — на боковой улице, не видел.)

И — дальше, через Тамбов. Посадили в зарешеченный вагон, в Москву.

Только не на свиданье с Лениным.

2

Сидел в лубянской тюрьме ВЧК, в полуподвале, в одиночке, малое квадратное окошко в уровень тюремного двора.

Отначала видел главное испытание в том, чтобы себя *не назвать*, – да то самое испытание, какое нависло и над каждым вторым тамбовским крестьянином, да с тем же и выбором: назвал себя — погиб. А не назвал — погиб же, только другим родом.

Придумал себе биографию — тоже кооператора, только из Забайкалья, из тех мест, которые знал. Может, по нынешнему времени проверить им трудно.

На допросы водили его тремя этажами вверх, в один и тот же всегда кабинет с двумя крупными высокими окнами, старой дорогой мебелью Страхового общества и плохоньким бумажным портретом Ленина в богатой раме на стене над головой следователя. Но следователи — сменялись, трое.

Один, Марагаев, кавказского вида, допрашивал только ночами, спать не давал. Допрашивал ненаходчиво, но кричал, вызверивался, бил по лицу и по телу, оставляя синячные ушибы.

Другой, Обоянский, всем нежным видом выдавая голубую кровь, — не так допрашивал, как вселял в подследственного безнадёжность, даже будто бы становясь с ним сочувственно на одну сторону: *они* всё равно победят, да уже везде победили, Тамбовская губерния осталась последняя; против *них* никто не может устоять и в России и в целом мире, это — сила, какой человечество ещё не встречало; и благоразумнее сдаться им, прежде чем они будут карать. А может быть — смягчат участь.

А третий — пухлощёкий, черноволосый, весело подвижный Либин никогда не дотронулся до подследственного и пальцем, и не кричал, но всегда говорил с бодрой победной уверенностью, да видно, что и не наигранной. И домогался пробудить в подследственном демократическую совесть: как же он мог изменить светлому идеалу интеллигенции? как же может демократ стоять против неумолимого хода истории, пусть и отягчённого жестокостями?

Этих жестокостей Эктов мог поведать следователю больше, чем тот и представлял. Мог бы, но не смел. Да не ту линию он и избрал: вот на этом-то и стоять: что — демократ, народник, что тронула сердце пронзительная крестьянская беда, а белогвардейщиной тут и не веет. (Да ведь — и правда так.)

А Либин — как будто по той же *освободительной* линии и вёл навстречу:

— В будущие школьные хрестоматии войдёт не один эпизод героизма красных войск и коммунистов, давивших этот кулацкий мятеж. Момент борьбы с кулачеством займёт почётное место в советской истории.

Спорить было безнадёжно, да и к чему? Главное: узнают ли, *кто* он. Это хорошо, что увезли в Москву, в Тамбове легче бы его узнали, пропуская через свидетелей. Одно только ныло предчувствием: сфотографировали его в фас и в профиль. Могли фотокарточку размножить, разослать в Тамбов, Кирсанов, Борисоглебск. Хотя и: за полгода боевой жизни Эктов так изменился, посуровел, пожесточел, и в ветрогаре, — сам себя не узнавал в зеркало в избах, впрочем и зеркала там плохонькие.

Пока не вызнали — *кто*, семья была в безопасности. А самого — что ж, пусть и стреляют: за эти месяцы бесщадной войны Павел Васильич давно обвыкся с мыслью о смерти, да и попадал уже на волосок от неё.

Да его запросто могли расстрелять и при взятии — непонятно, зачем уж так им надо было его опознать? зачем везли в

Москву? зачем столько времени надо было тратить на пере-убеждения?

А недели текли — голодные, скудная похлёбка, крохотка хлеба. Бельё без смены, тело чесалось, стирал как мог в редкие бани.

Из одиночки соединяли и в камеру — сперва с одним, потом с другим. По соседству не обойтись без расспросов: а кто вы сами? а как попали в восстание? а что там делали? Отвечать — нельзя, и совсем не ответить нельзя. А оба — мутные типы, сердце-вещун узнаёт. Что-то плёл.

Прошёл апрель — не узнали!

Но — ещё раз сфотографировали.

Клещи.

Опять в одиночку, в подвал.

Потёк и май.

Тянулись и дни, но ещё мучительней — ночи: в ночи, плашмя, ослабляется человек и его жизненная сила сопротивления. Кажется: ещё немного — и сил уже не собрать.

И Обоянский кивал с измученной улыбкой:

— Не устоять никому. Это проснулось и пришло к нам могучее невиданное племя. Поймите.

А Либин оживленно рассказывал о военных красных успехах: и сколько войск нагнали в Тамбовскую губернию, и даже — *тут* не секрет и сказать — каких именно. И курсантов из нескольких военных училищ расположили по тамбовским сёлам для усиления оккупации.

Да — разбиты уже антоновцы! Разбиты, теперь добивают отдельные кучки. Уже сами приходят в красные штабы гурьбами и приносят винтовки. И ещё помогают находить и разоружать других. Да один полк бандитов — полностью перешёл на красную сторону.

— Какой? — вырвалось.

Либин с готовностью и отчётливо:

— 14-й Архангельский 5-й Токайской бригады.

Здо́рово знали.

Но ещё проверь — так ли?..

Да приносил на допросы в подтверждение тамбовские газеты.

Судя по ним — да, большевики победили.

А — что могло стать иначе? Он когда и шёл в восстание — понимал же безнадёжность.

А вот — приказ № 130: арестовывать семьи повстанцев (выразительно прочёл: с е м ь и), имущество их конфисковать, а самих сгонять в концентрационные лагеря, потом ссылать в отдалённые местности.

А вот — приказ № 171, и опять: о каре с е м ь я м.

И — не замнутся перед тем, уж Эктов знал.

И, уверял Либин: от приказов этих — уже большие плоды. Чтобы самим не страдать — крестьяне приходят и указывают, кто скрылся и где.

Очень может и быть. Великий рычаг применили большевики: брать в заложники *семьи*.

Кто — устоит? Кто не любит своих детей больше себя?

— А дальше, — заверял Либин, — начнётся *полная чистка* по деревням, всех по одному переберём, никто не скроется.

А кое-кто из крестьян знали же Павла Васильича по прошлым мирным годам, могли и выдать.

Однако сидел Эктов третий месяц, и врал, и плёл, а вот же — не расшифровали?..

Пока Либин как-то, с весёлой улыбкой, даже дружески расположенный к неисправимому демократу-народолюбцу, кстати посадив его под усиленный свет, улыбнулся сочными плотоядными губами:

— Так вот, Павел Васильич, мы прошлый раз не договорили...

И — обвалилось.

Оборвалось.

Уже катясь по круче вниз, последними ногтями цепляясь за кочки надежд: но это ж не значит — и семью? Но, может, Полина с девчуркой поостереглась? сменила место? куда-нибудь уже переехала?..

А Либин, поблескивая чёрными глазами, насладясь растерянностью подследственного, его беспомощным неотрицанием, довернул ему обруч на шее:

— И Полина Михайловна не одобряет вашего упорства. Она теперь знает факты и удивляется, что вы до сих пор не порвали с бандитами.

Несколько минут Эктов сидел на табуретке оглушённый. Мысли плясали в разные стороны, потом стали тормозиться в своём кругообороте — и застывать.

Либин — не спускал глаз. Но и — молчал, не торопил.

Т а к Полина не могла ни думать, ни говорить.

Но, может, — измучилась до конца?

Но, может, это и повод: дайте увидеться! дайте мне с ней поговорить самому!

Либин: э, нет. Это — надо вам ещё заслужить. Сперва своим раскаянием.

И пошло два-три дня так: Эктов настаивал на встрече. Либин: сперва полное раскаяние.

Но Эктов не мог растоптать, что́ он видел своими глазами и твёрдо знал. И притвориться не мог.

Но и Либин не уступал ни на волос. (Да тем и доказывал, что Полина думает совсем н е т а к! Наверное же не так!)

И тогда Либин прервал поединок — наперехват дыхания: чёрт с вами, не раскаивайтесь! чёрт с вами, оставайтесь в вашем безмозглом народничестве! Но если вы не станете с нами сотрудничать — я вашу Полину отдам мадьярам и ЧОНу на ваших глазах. А девчёнку возьмём в детдом. А вам — пулю в затылок после зрелища, это вы недополучили по нашей ошибке.

Ледяное сжатие в груди. А — что ж тут невозможного для них?

Да подобное и было уже не раз.

Да на таком — они и стоят.

Полина!!..

Ещё день и ещё два дали Эктову *думать*.

А можно ли *думать* — в застенке угроз, откуда выхода нет? Мысли прокруживаются бессвязно, как впрогрезь.

Пожертвовать женой и Маринкой, переступить через них — разве он мог??

За кого ещё на свете — или за что ещё на свете? — он отвечает больше, чем за них?

Да вся полнота жизни — и были они.

И самому — их сдать? К т о это может?!..

И Полину же потом пристрелят. И Маринку не пощадят. *Этих* он уже знал.

И — если б он этим спасал крестьян? Но ведь повстанцы — уже проиграли явно. Всё равно проиграли.

Его *сотрудничество* — какое уж теперь такое? Что оно может изменить на весах всего проигранного восстания?

Только жертва семьёй — а ничего уже не изменишь.

Как он ненавидел это нагло торжествующее победное смуглое либинское лицо с хищным поблеском глаз!

А в сдаче — есть и какое-то успокоение. То чувство, наверное, с каким женщина перестаёт бороться. Ну да, вы оказались сильней. Ну что ж, сдаёмся на вашу милость. Род облегчающей смерти.

И уж какую такую пользу он мог сейчас принести красным?

Сокрушился. Однако с условием: дать свидание с Полиной.

Либин уверенно принял капитуляцию. А свидание с женой: только тогда, когда вы выполните наше задание. Тогда — пожалуйста, да просто — отпустим вас в семью.

И — что ж оставалось?

Какое немыслимо каменное сердце надо иметь, чтобы растоптать своё присердечное?

И во имя чего теперь?

Да и мелодичные наговоры Обоянского тоже не прошли без следа. Действительно: сильное племя! Новые гунны — но вместе с тем с социалистической идеологией, странная смесь...

Может быть и правда: мы, интеллигенты старой закалки, чего-то не понимаем? Пути будущего — они совсем не просто поддаются человеческому глазу.

А задание оказалось вот какое: быть проводником при кавалерийской бригаде знаменитого Григория Котовского, героя гражданской войны. (Они только что прошлись по мятежному Пахотному Углу и вырубили полтысячи повстанцев.) При том — себе — никакой личины не надо придумывать, тот самый и есть известный Эго, из антоновского штаба. (Антонов — разгромлен полностью, армии его уже нет, но сам он сбежал, ещё скрывается. Да им — заниматься не будем.)

А что делать?

А, выяснится по дороге.

(Ну, как-нибудь, может быть, обойдётся?)

Из Тамбова дорога была недлинная — до Кобылинки, впрочем уже на краю одного из излюбленных партизанских районов.

Всё — верхом. (И чекисты, в гражданском, рядом, неотступно. И полуэскадрон красноармейцев при них.)

А — снова открытый воздух. Открытое небо.

Уже начало июля. Цветут липы. Вдыхать, вдыхать.

Сколько наших поэтов и писателей напоминали об этом: как прекрасен мир — и как принижают и отравляют его люди своими неиссякаемыми злобами. Когда ж это всё утишится в мире? Когда же люди смогут жить нестеснённой, неискорёженной, разумной светлой жизнью?.. — мечта поколений.

Несколько вёрст не доезжая Кобылинки встретились с самим Котовским — крупная мощная фигура, бритоголовый и совершенно каторжная морда. При Котовском был эскадрон, но не в красноармейской форме, а в мужицких одеяниях, хотя все в сапогах. Бараньи шапки, папахи. У кого, не у всех, нашиты казачьи красные лампасы по бокам брюк. Самодельные казаки?

Так и есть. Приучались называть друг друга не «товарищ», а «станичник».

Старший из сопровождавших Эктова чекистов теперь объяснил ему задачу: этой ночью будет встреча с представителем банды в 450—500 сабель. Эго должен подтвердить, что *мы* — казаки из кубано-донской повстанческой армии, прорвались через Воронежскую губернию для соединения с Антоновым.

И к ночи дали Эго навесить на бок разряженный наган, и посадили на самую скверную хилую лошадь. (Четверо переодетых чекистов держались тесно при нём как его новая, после разгрома главных антоновских сил, свита. И у них-то наганы — полнозаряженные, «убьём по первому слову».)

И сам Котовский с эскадроном поехал на встречу в дом лесника, у лесной поляны. С другой стороны, тоже с несколькими десятками конников, подъехал Мишка Матюхин, брат Ивана Сергеевича Матюхина, командира ещё неразбитого отряда. (У тамбовцев часто шли в восстание по несколько братьев из одной семьи; так и при Александре Антонове сражался неотлучно его младший брат Митька, сельский поэт. Вместе они теперь и ускользнули.)

Конники остались на поляне. Главные переговорщики вошли в избу лесника, где горело на столе две свечи. Лица разглядывались слегка.

Миша Матюхин не знал Эго в лицо, но Иван-то Матюхин знал.

— Проверит, — сам не узнавал своего голоса Эктов и что он несёт мужикам такую ложь. Но когда уже пошёл по хлипкому мостику, то и не останавливаться стать. И на Котовского: — А вот начальник их отряда, войсковой старшина Фролов.

(Чтобы не переиграть, Котовский не нацепил на себя казачьих полковницких погонов, хотя это было легко доступно.)

Матюхин потребовал, чтобы Эго поехал с ним на сколько-то вёрст для встречи со старшим братом, удостоверить себя.

Чекистская свита не дрогнула, заминки не вышло, кони под ними боевые и патронов к наганам запас.

Поехали сперва по лесной просеке, потом поперёк поля, под звёздным небом. Мелкой рысью и в темноте никому не удивиться, что под Эго-то кобыла никудышняя рядом с его свитскими.

Трясся в седле Павел Васильевич — и думал ещё раз, и ещё раз, и ещё раз, и думал отчаянно: вот сейчас открыться Матюхину, себе смерть, но и этих четверых перебьют!

А полтысячи матюхинских — спасётся. А ведь — отборная сила!

Но — и столько уже раз перекладенные: в голове — аргументы, в груди — живое страдание. Нет, не за себя, нисколько. А: ведь отомстят Полине, как и угрозили, если ещё и не малютке-дочке. Чекистов — он и давно понимал, а за эти месяцы на Лубянке, а за эти дни в переезде — и ещё доскональнее.

И — как же обречь своих?.. *Сам ты, своими руками?..*

Да ведь — проиграна вся боевая кампания Антонова. Если посмотреть шире, в большом масштабе — может и всей губернии будет легче от замирения наконец. Ведь вот, отменена уже грабительская продразвёрстка, отныне заменится справедливым продналогом.

Так скорей к замирению — может и лучше? Раны — они постепенно затянутся. Время, время. Жизнь — как-то и наладится, совсем по-новому?

А — изныли мы все, изныли.

Доехали. Новая изба, и свет посветлее.

И Иван Сергеич Матюхин — налитой богатырь с разведенными пшеничными усами, неутомный боец — шагнул навстречу, воз

нался в Эго, с размаха пожал руку.

Иудина ломота в руке! Кто эти муки оценит, если не испытал?..

А держаться надо — уверенно, ровно, командно.

Прямодушный Матюхин с белым густым чубом, прилегающим набок. Плотные на́щеки. Сильное пожатие. Воин до последнего.

Поверил — и как рад: нашего полку прибыло! Ещё тряханём большевиков!

Усмешка силы.

Сговорились: в каком большом селе завтра к вечеру сойдутся обоими отрядами. А послезавтра — выступим.

Был момент! — Эктову блеснуло: нет!! г о в о р ю! застреливайте меня, терзайте семью — но этих честных я не могу предать!

Но — в этот миг пересохло в горле, как чем горелым.

Пока проглотнул — а кто-то перебил, своё сказал. Кто-то — ещё. (Чекисты здорово играли роли, и у каждого своя история, почему его раньше не видели в восстании. И выправка у всех — армейская или флотская.)

А решимость — уже и отхлынула. Опала бессильно.

На том и разъехались.

И потом растягивался долгий — долгий — долгий мучительный день при отряде Котовского.

Ненависть к себе.

Мрак от предательства.

С этим мраком — всё равно уже не жить никогда, уже не быть человеком. (А чекисты не спускают глаз за каждым движеньем его бровей, за каждым моргом век.) Да скорей-то всего: как отгодишься, так и застрелят. (Но тогда не тронут Полину!)

К вечеру — вся кавбригада на конях. И — много ряженных в казаков.

Потянулись строем. При Эго — свита его. Котовский — в кубанской лохматой папахе, из-под неё звериный взгляд.

Котовский? или Катовский, от *ката*? На каторге сидел он — за убийство, и неоднократное. Страшный человек, посмотришь на него — в животе обвисает.

В условленное село отряды въехали в сумерках, с двух разных концов. И — расставлялись по избам. (Только котовцы — невсерьёз, кони оседланы, через два часа бойня. А матюхинцы — располагались по-домашнему.)

В большой богатой избе посреди села, где сходились порядки, у церкви — величавая хозяйка, ещё не старуха, с дочерьми и снохами уряжала составленные в ряд столы на двадцатерых. Баран, жареные куры, молодые огурчики, молодая картошка. Самогон в бутылках расставлен вдоль стола, гранёные стаканы к нему. Керосиновые лампы светят и со стены, и на столе стоят.

Матюхинцы — больше рядом, по одну сторону, котовцы — больше по другую. Эго посадили на торце как председателя, видно тех и других.

Какая жизненная сила в повстанческих командирах! Да ведь сколькие из них прошли через германскую войну — унтеры, солдаты, а теперь в командирских должностях.

Скуластая тамбовская порода, неутончённые тяжёлые лица, большие толстые губы, носы один-другой картошкой, а то — крупный свисающий. Чубы — белые, кудель, чубы чёрные, один даже с чёрно-кирпичным лицом, к цыгану, зато повышенная белота зубов.

У котовцев условлено: больше гуторить тем, кто по-хохлацки, идут за кубанцев. А донца — средь них ни одного, но расчёт, что тамбовцы не отличают донского говора.

У одного матюхинца — дремуче недоверчивое лицо с оттопыренным подбородком. Мешки под глазами, повисшие чёрные усы. Сильно усталый.

А другой — до чего же лих и строен, усы вскрученные, взгляд метуче зоркий, но весёлый. На углу сидит и, по простору, нога за ногу вскинул, с изворотом. Неожиданности как будто и не ждёт, а готов к ней, и к чему хочешь?

Эго не удержался: дважды толкнул его ногой. Но тот не понял?

А стаканы самогона — заходили, горяча настроение и встречу дружбы. Длинные ножи откраивали баранину и копчёный окорок. Дым ядрёной махорки подымался там и сям, стлался к потолку. Хозяйка плавала по зальцу, молодые бабы спешили угадать—подать—убрать.

А вдруг какое чудо произойдёт — и всё спасёт? Матюхинцы сами догадаются? спасутся?

«Подхорунжий» (комиссар и чекист) «Борисов» поднялся и стал читать измышленную «резолюцию всероссийского совещания повстанческих отрядов» (которое надо собрать теперь). Советы без коммунистов! Советы трудового крестьянства и казачества! руки прочь от крестьянского урожая!

Один матюхинец — не старый, а с круглой распушенной

бородой, пушистыми усами, устоенное жизнью лицо, — смотрел на читающего спокойными умными глазами.

Рядом с ним — как из чугунной отливки, голова чуть набок, косит немного.

Ох, какие люди! Ох, тяжко.

Но сейчас — уже ничего не спасёшь, хоть и крикни.

А Матюхин, подтверждая подхорунжего, стукнул кулачи-
щем по столу:

— Уничтожим кровавую коммунию!

А молодой лобастый, белые кудлы вьются как завитые,
сельский франт, закричал с дальнего конца:

— Вешать мерзавцев!

Котовский — к делу: но где же Антонов сам? Без него у нас
вряд ли выйдет.

Матюхин:

— Пока не найдём. Говорят, контужен в последней рубке,
лечится. Но всех тамбовцев поднимем и мы, опять.

И план его ближний: напасть на концлагерь под Рассказо-
вом, куда согнали и вымаривают повстанческие семьи. Это —
первое наше дело.

Котовский — согласен.

Котовский — сигнал?..

И — разом котовцы вырвали с бёдер кто маузер громадный, кто наган — и стали палить через стол в *союзников*.

Грохот в избе, дым, гарь, вопленные крики баб. Один за
другим матюхинцы валились кто грудью на снедь, на стол,
кто боком на соседа, кто со скамейки назад, в опрокид.

Упала лампа на столе, керосин по клеёнке, огонь по ней.

Этот лихой, зоркий, с угла — успел отстреляться дважды —
и двух котовцев наповал. Тут и его — саблей напрочь голову
со вскрученными усами, — так и полетела на пол, и алая —
хлынула из шеи на пол, и кругом.

Эктов не вскочил, окаменел. Хоть бы — и его поскорей,
хоть из нагана, хоть саблей.

А котовцы выбегали из избы — захватывать переполошен-
ную, ещё не понявшую матюхинскую там, снаружи, охрану.

А уже конные котовцы гнали на другой конец села — ру-
бить и стрелять матюхинцев — во дворах, в избах, в постелях — не дать им сесть на коней.

Кто успевал — ускакивал к ночному лесу.

1994

НА КРАЯХ

Ёрка Жуков, сын крестьянский, с 7 лет поспевал с граблями на сенокосе, дальше — больше в родительское хозяйство, в помощь, но и три года церковно-приходской кончил, — потом его отдали в саму Москву к дальнему богатому родственнику, скорняку, мальчиком-учеником. Там он и рос — и в прислуге, и в погонках, и в работе — и так, помалу, определился к скорняжному делу. (Кончив учение — снялся в чёрном костюме чужом и в атласном галстуке, послал в деревню: «мастер-скорняк»!)

Но началась германская война, и в 15-м году, когда исполнилось Ёрке 19 лет, — призвали его, и, хотя не рослый, но крепкий, широкоплечий, отобран был в кавалерию, в драгунский эскадрон. Стал учиться конному делу, с хорошей выпрямкой. Через полгода возвысился в учебную команду, кончил её младшим унтером — и с августа 16-го в драгунском полку попал на фронт. Но через два месяца контузило его от австрийского снаряда; госпиталь. Дальше стал Жуков председатель эскадронного комитета в запасном полку — да уже на фронт больше и не попадал. В конце Семнадцатого сами они свой эскадрон распустили: роздали каждому законную справку чин чином, и оружие каждый своё бери, коли хошь, — и айда по домам.

Побыл в Москве, побыл в своей калужской деревне, пережал в сыпном тифу, частом тогда, перележал и в возвратном, так время и шло. Меж тем, в августе 18-го, начиналась всеобщая мобилизация в Красную армию. Взяли Жукова в 1-ю Московскую кавалерийскую дивизию — и послали их дивизию против уральских казаков, не желавших признать советскую власть. (На том фронте повидал он раз и Фрунзе.) С казаками порубились, отогнали их в киргизскую степь — перевели дивизию на Нижнюю Волгу. Стояли под Царицыном, потом посылали их на Ахтубу против калмыков: калмыки как сдурели, все как один советской власти не признавали, и не втямишь им. Там Ёрку ранило от ручной гранаты, опять госпиталь и ещё раз опять тиф — эта зараза по всем перекидывалась. В том 1919 году ещё с весны Георгия Жукова как сознательного бойца приняли в РКПб, а с начала 20-го продвинули как бы в «красные офицеры»: послали на курсы красных командиров под Рязань. И среди курсантов он тоже сразу стал не рядовой, а старшина учебного эскадрона, пёрло из него командное.

Гражданская война уже шла к концу, оставался Врангель один. Считали курсанты, что и на польскую они уже не успеют. Но в июле 1920 учение их прервали, спешно погрузили в эшелоны и повезли часть на Кубань, часть в Дагестан (и там многие курсанты погибли). Жуков попал в сводный курсантский полк в Екатеринодар — и послали их против десанта Улагая, потом против кубанских казаков, разбившихся на отряды в пригорьях и не желавших, скажённые, сдаваться даже и после разгрома Деникина. Порубали там, постреляли многих. На том курсантское учение посчитали законченным и в Армавире досрочно выпустили их в красные командиры. И выдали всем новые брюки — но почему-то ярко-малиновые, с каких-то гусарских складов? других не оказалось. И выпускники, разъехавшись по частям, стали дивно выделяться — вчуже странно смотрели на них красноармейцы.

Принял Жуков командование взводом, но вскоре же возвысили его в командира эскадрона. А операции их были всё те же и те же: «очищать от банд». Сперва — в приморском районе. В декабре перевезли в Воронежскую губернию: ликвидировать банду Колесникова. Ликвидировали. Тогда перевели в соседнюю Тамбовскую, где банды разыгрались уже неисчислимо. Зато ж и тамбовский губернский штаб тоже сил натянул: уже к концу февраля, говорил комиссар полка, состояло 33 тысячи штыков, 8 тысяч сабель, 460 пулемётов и 60 орудий. Жаловался: вот нет у нас политических работников, которые могли бы внятно осветить текущий момент; это — война, развязанная Антантой, отчего смычка города с деревней нарушилась. Но будем стойки — и разгоним шушеру!

Два их кавалерийских полка стали наступать в марте, ещё до оттепели, от станции Жердёвка на бандитский район Туголуково — Каменка. (Распоряжение было председателя Губчека Трасковича: Каменку и Афанасьевку вообще стереть с лица земли, и применять беспощадный расстрел!) Эскадрон Жукова при четырёх станковых пулемётах и одном трёхдюймовом орудии шёл в головном отряде. И под селом Вязовое атаковали отряд антоновцев — сабель в 250, ни одного пулемёта, огонь их винтовочный.

Был Жуков на золотисто-рыжей Зорьке (взял в Воронежской губернии в стычке, застрелив хозяина). А тут — рослый антоновец рубанул его шашкой поперёк груди, через полушубок, сшиб с седла, но свалилась и Зорька и придавила своего эскадронного, громадный антоновец замахнулся дорубить Жукова на земле, но подоспел сзади политрук Ночёвка — и срубил того. (Потом обыскали мёртвого и по письму поняли, что был он такой же драгунский унтер, как и Жуков, да чуть не из одного полка.) Стал отступать и соседний 1-й эскадрон, жуковский 2-й отбивался как арьергард полка, только и отбился пулемётами. Еле спас свои четыре пулемёта на санях, утянули и орудие назад.

Но — обозлился на бандитов сильно. Они ж тоже были из мужиков? — но какие-то другие, не как наши калужские: уж что они так схватились против своей же советской власти?? Из дому писали: голодом моримся, — а эти хлеба не дают! Комиссар так говорил: правильно, не шлём мы им городских товаров, потому у самих нет, да ведь они как-нибудь и своим кустарством обернутся, а городу — откуда хлеба взять? Да они по глухим местам, где наши отряды не прошли, — объедаются.

Ну, так и оставался с ними разговор короткий. Уж всегда, придя в село, отбирали у них лошадей покрепче, а им давали подохлей. Когда приходил донос, что антоновцы в таком-то селе, — налетали на село облавой, обыскивали по чердакам, в подворных сараях, в колодцах (один партизанский фельдшер вырыл себе в колодце боковое логово и прятался там). Или иначе: выстраивается всё село, от стара до мала, тысячи полторы человек. Отсчитали каждого десятого — и в заложники, в крепкий амбар. Остальным — 40 минут на составление списков бандитов из этого села, иначе заложники будут расстреляны!

И куда денешься? — несут список. Полный-неполный, а в Особотдел, в запас, пригодится.

Да ведь и у *них* осведомление: раз пришли на стоянку бандитов, покинутую в поспехе, — и нашли там копию того приказа, по которому сюда и выступили. Во работают, вражины!

А снабжение в Красной армии — сильно перебойчатое, то дают паёк, то никакого. (Командиру эскадрона — 5 тысяч рублей в месяц оклад, а что на них купишь? фунт масла да два фунта чёрного хлеба.) У кого ж и брать, как не в этих бандитских сёлах? Вот прискакал взвод в посёлок при мельнице, несколько домов всего и одни бабы. Красноармейцы, не сходя с лошадей, стали баб погонять плётками, загнали их всех в кладовку при мельнице, заперли. Тогда пошли шарить по погребам. Выпьют махотку с молоком, а горшок — обземь, озлясь.

А заставили крестьянского подростка гнать свою телегу с эскадронной клажей вместе с красной погоней, он от сердца: «Да уж хоть бы скорей вы этих мужиков догнали, да отпустили бы меня к мамане.»

А один, совсем мальчонка, ещё не понимая, без зла: «Дядь, а за что ты моего батьку застрелил?»

Поймали два десятка повстанцев, допрашивали порознь, и один указал на другого: «Вот он был пулемётчик.»

Малым разъездом вступишь в село — все затворились, будто вымерли. Стучишь, оттуда бабий голос: «Не прогневайтесь, у самих ничего нет, голодуем.» Ещё стучишь — «Да мы веру всяку потеряли, тут какие властя ни приходят, а все только норовят хлебу получить.»

Уже так запугались — ни за власть, ни за партизантов, а только: душу отпустите.

На политзанятиях предупреждали: «Излишне не раздражать население.» Но и так: «А вы уши не развешивайте, а чуть что — прикладом в морду!»

Но и у красноармейцев опасно замечалась неохотливость идти с оружием против крестьян («мы ж и сами крестьяне, как же в своих стрелять?»). А ещё и бандиты подкидывали листовки: «Это вы — бандиты, не мы к вам лезем. Уходите из наших мест, без вас проживём». Откуда-то потекла басня, что в близких неделях выйдет всем демобилизация. «А ждать нам доколе? а ещё сколько воевать?» (Были и сбега к бандитам или в дезертиры, особенно при больших перебросках.) Политрук Ночёвка говорил: «Надо таких обратно воспитывать! А то ведь и когда напьются — чего поют? Ни одной революционной песни, всё — «Из-за острова», или похабные. А как в селе заночуем — пока ихние мужики в лесу, наши бабьим классом пользуются.» И проводил беседы: «Проживать на свете без трудов и без революционных боёв — это тунеядство!» (А ему тычут — фельдшерицу, на весь дивизион развязную: «Я не кулеш, меня всю не доешь, и на эскадрон хватит.»)

На утренней поверке так и жди: кого нет, дал жигача? Надо своих-то красноармейцев крепкими шенкелями держать. Военрук из губвоенкомата говорил: по Тамбовской губернии — 60 тысяч дезертиров. Это ж всё — бандитам на пополнение.

А приказы из тамбовского штаба и по полку никогда не были строго военные — полоса там разведки или порядок боевой операции, а всегда только: «атаковать и уничтожить!», «окружить и ликвидировать!», «не считаясь ни с чем!».

И не считались. Только — как бандитов выловить? как дознать? Ведь советской власти в деревнях уже не осталось, все сбежали, отсиживаются в городах, кого спросить? Армейский командир и велит созвать сельский сход. Из мужиков — построение в одну шеренгу. «Кто среди вас бандиты?» Молчание. «Расстрелять каждого десятого!» И — расстреляют тут же, перед толпой. Бабы ахают навскличь, воют. «Сомкнуть строй. Кто среди вас бандиты?» Пересчёт, отбирают на новый расстрел. Тут уж не выдерживают, начинают выдавать. А кто — подхватился и наутёк, в разные концы, не всех и подстрелишь.

Иногда арестовывали одиноких баб на дорогах: не несёт ли шпионский донос.

А по какой дороге много лошадиного помёта — знать, бандиты проскакали.

Да сами бойцы нередко голодовали. И обувь порвалась, и обмундирование истрёпанное, измызганное, в нём и спят, не раздеваясь. (А уж что — с малиновыми штанами!) Измучились.

А если ногу ампутировать — так без наркоза, ещё и бинтов нет.

В середине апреля достиг Жердёвки слух: антоновцы налётом захватывали крупное фабричное село Рассказово, в 45 верстах от самого Тамбова, и держали его 4 часа, вырезали коммунистов по квартирам, отрубали им головы начисто, половина тамошнего советского батальона перешла к антоновцам, другую половину они взяли в плен — и отступили под аэропланной стрельбой.

Вот — такая пошла с ними война! а теперь, от зимы к весне, станет ещё шибче. И ведь уже 8 месяцев антоновцы не сдавались, и даже росли. (Хотя стреляли иногда не пулями, а какими-то железками.)

Был приказ тамбовского штаба: «Все операции вести с жестокостью, только она вызывает уважение.»

Пробандиченные деревни и вовсе сжигали, нацело. Оставались остовы русских печей да пепел.

Не отдыхал и Особый отдел в Жердёвке. Начальник его, Шурка Шубин, в красной рубахе и синем галифе, ходил обвешанный гранатами, и здоровенный маузер в деревянной кобуре, приходил и к кавалеристам во двор (строевой командир подчиняется начальнику Особотдела): «Ребята! Кто пойдёт бандитов расстреливать? — два шага вперёд!» Никто не выступил. «Ну, навоспитали вас тут!» А свой особотдельский двор у него весь был нагнан, кого расстреливать. Вырыли большую яму, сажали лицом туда, на край, руки завязаны. Шубин с подсобными ходили — и стреляли в затылки.

А — что же с ними иначе? Был у Ёрки хороший друг, однофамилец, тоже Жуков, Павел, — зарубили бандиты, на куски.

Война — настоящая, надо браться ещё крепче. Не на той германской — вот тут-то Ёрка и озверился, вот тут-то и стал ожестелым бойцом.

В мае — давить тамбовских бандитов прибыла из Москвы

Польша победила тогда в 1920 год...

Полномочная комиссия ВЦИКа во главе тоже с Антоновым, но Антоновым-Овсеенко. А командовать Особой Тамбовской армией приехал — с поста Командующего Западным фронтом, только что расквитавшись с Польшей, — командарм Тухачевский, помощником его — Уборевич, который уже много управлялся с бандитами, только в Белоруссии. Тухачевский привёз с собой и готовый штаб и автоброневой отряд.

И в близких днях посчастливилось Жукову и самому повидать знаменитого Тухачевского: тот на бронелетучке, по железной дороге, приехал в Жердёвку, в штаб отдельной 14-й кавбригады, и комбригу Милонову велел собрать для беседы командиров и политруков: от полков до эскадронов.

Ростом Тухачевский был не высок, но что за выступка у него была — гордая, гоголистая. Знал себе цену.

Начал с похвалы всем — за храбрость, за понимание долга. (И у каждого в груди — тепло, расширилось.) И тут же стал объяснять общую задачу.

Совнарком распорядился: с тамбовской пугачёвщиной кончить в шесть недель, считая от 10 мая. Любой ценой! Всем нам предстоит напряжённая работа. Опыт подавления таких народных бунтов требует наводнить район восстания до полного его оккупирования и планово распределить по нему наши вооружённые силы. Сейчас прибыла из-под Киева, высадилась в Моршанске и уже пошла на мятежный Пахотный Угол прославленная кавдивизия Котовского. Потом она подойдёт сюда, к центру восстания. Наше большое техническое преимущество над противником: отряд аэропланов и автоброневой отряд. Из наших первых требований к жителям будет: восстановить все мосты на просёлочных дорогах — это для проезда моторных самодвижущих частей. (Только никогда не пользуйтесь проводниками из местных жителей!) Ещё в запасе у нас — химические газы, и если будет надо — применим, разрешение Совнаркома есть. В ходе предстоящего энергичного подавления вам, товарищи командиры, представляется получить отличный военный опыт.

Жуков неотрывно вглядывался в командарма. Кажется, первый раз в жизни он видел настоящего полководца — совсем не такого, как мы, простые командиры-рубаки, да хоть и наш комбриг. И как в себе уверен! — и эту уверенность передаёт каждому: вот так точно оно всё и произойдёт! А лицо его было — совсем не простонародное, а дворянское, холёное. Тонкая высокая белая шея. Крупные бархатные глаза. Височки оставлены длинными, так подбриты. И говорил сильно не по-нашему. И очень почему-то шёл ему будёновский шлем — наш всеобщий шлем, а делал Тухачевского ещё командиристей.

Но, конечно, добавлял, будем и засылать побольше наших агентов в расположение бандитов, хотя, увы, чекисты уже понесли большие жертвы. А ещё главное наше оружие — воздействие через *семьи*.

И прочёл уже подписанный им «приказ № 130», издаваемый в эти дни на всю губернию, ко всеобщему сведению населения. Язык приказа был тоже беспрекословно уверенный, как и сам молодой полководец. «Всем крестьянам, вступившим в банды, немедленно явиться в распоряжение Советской власти, сдать оружие и выдать главарей... Добровольно сдавшимся смертная казнь не угрожает. Семьи же неявившихся бандитов неукоснительно арестовывать, а имущество их конфисковывать и распределять между верными Советской власти крестьянами. Арестованные семьи, если бандит не явится и не сдастся, будут пересылаться в отдалённые края РСФСР.»

Хотя всякое собрание с большим участием коммунистов, как это сегодняшнее, не могло закончиться ранее общего пения «Интернационала», — Тухачевский разрешил себе этого не ожидать, подал белую руку одному лишь комбригу, той же гордой выступкой вышел вон, и тут же уехал бронелетучкой.

И эта дерзкая властность тоже поразила Жукова.

А тут, ещё до Интернационала, командирам раздавали листовку губисполкома к крестьянам Тамбовской губернии: пора избавиться от этого гнойного нарыва антоновщины! До сих пор преимущество бандитов было в частой смене загнанных лошадей на свежих, — так вот, при появлении преступных шаек Антонова поблизости от ваших сёл — не оставляйте в селе ни одной лошади! угоняйте их и уводите туда, где наши войска сумеют сохранить.

Когда уже и все расходились с совещания, Жуков пошёл с каким-то встрявшим в него новым чувством — и одарения, и высокого примера, и зависти.

Просто воевать — и всякий дурак может. А вот — быть военным до последней косточки, до цельного дыхания, и чтобы все другие это ощущали? Здорово.

А ведь и Жуков? — он и правда полюбил военное дело больше всякого другого.

И потекли эти шесть недель решающего подавления. Из отряда Уборевича помогли не так броневики, — они пройти могли не везде, и проваливались на мостах, — как его же лёгкие грузовики и даже легковые автомобили, вооружённые станковыми и ручными пулемётами. Крестьянские лошади боялись автомобилей, не шли в атаку на них — и не могли оторваться от их погони.

А ещё было хорошее преимущество: у антоновцев, конечно же, не было радио, и потому преследующие части могли пользоваться между собой радио без шифра, что облегчало переговоры и убыстряло передачу сведений. Антоновцы скакали, думая, что их никто не видит, а уже по всем трём уездам передавалась искровая связь: где бандиты, куда скачут, куда слать погоню, где перерезать им путь.

И стали гоняться, ловить главное ядро Антонова — навязать ему большой бой, от которого он уклонялся. С севера пошла на него бригада Котовского, с запада бригада Дмитриенко, добавился ещё один отряд ВЧК Кононенко — семь полуторатонных «фиатов» и ещё со своими машинами-цистернами. Антонов натыкался на облаву, тут же умётывался, на сменных лошадях делал переходы по 120—130 вёрст в сутки, уходил в Саратовскую губернию к Хопру, тут же возвращался. И 14-я бригада, как и вся красная конница, всюду отставала, гнались уже только автобронеотряды. (Рассказывали, что раз автоотряд настиг-таки Антонова — на отдыхе в селе Елань, неожиданно, и покатил по селу, из пулемётов с машин расстреливая бандитов. Но те кинулись к лесу, там собрались и держались, а у наших отказала часть пулемётов. И конница наша опять опоздала, и опять ушли антоновцы, или распылились, — не узнаешь.)

Прошло три недели, уже полсрока от назначенного Совнаркомом, — а не был разбит Антонов. Кавбригады двигались на ощупь, ждали вестей от осведомителей. Оба автоотряда ждали запасных частей и бензина. А по обмыкающим железным дорогам сновали бронепоезд и бронелетучка — тоже выслеживать пути бандитов или перерезать их. А — впустую,

И вот прислали, впрочёт по эскадронам и ротам, секретный 0050 приказ Тухачевского: «С рассвета 1 июня начать массовое изъятие бандитского элемента», — то есть, значит, прочёсывать сёла и хватать подозрительных. Жуков, читая своему эскадрону, как бы видел Тухачевского, вступил в него самого — и его голосом и повадкой? — читал от полной груди: «Изъятие не должно нести случайного характера, но должно показать крестьянам, что бандитское племя и семьи неукоснительно удаляются, что борьба с Советской властью безнадёжна. Провести операцию с подъёмом и воодушевлением. Поменьше обывательской сантиментальности. Командующий войсками Тухачевский.»

Жуков — рад был, рад был состоять под таким командованием. Это — так, это — по-солдатски: прежде чем командовать самому, надо уметь подчиняться. И научиться выполнять.

И — изымали, сколько нагребли. Отправляли в концлагеря, семьи тоже. Отдельно.

А через несколько дней, как раз, опять нащупали главное ядро Антонова — далеко, в верховьях Вороны, в ширяевском лесу (по сведениям, прошлый раз, при атаке автоотряда, Антонов был ранен в голову). Тут добавилась ещё одна свежая кавбригада — Федько, ещё один полк ВЧК и ещё один бронепоезд. И все выходы из ширяевского леса были закрыты наглухо. Но поднялась сильная ночная гроза. Из-за неё командир полка ВЧК снял роты с позиций и отвёл на час-два в ближние деревни. А бронелетучка, непрерывно курсировавшая на семивёрстном отрезке от Кирсанова до реки Вороны, была отведена для пропуска личного поезда Уборевича, а затем и столкнулась с ним в темноте. А антоновцы, точно угадав и прореху в кольце и нужные полчаса, — вышли из окружения, всё под той же страшнейшей грозой, и — скользнули в чутановский лес.

Нашли антоновцы ответ и на приказ № 130: велели никому в деревнях не называть своих имён — и тем ставить красных в тупик: горбыляй его, не горбыляй, — не называется, зараза.

Как оглохли, ослепли мы.

Но штаб подавления и тут нашёл ответ, 11 июня, приказ № 171: **«Граждан, отказывающихся называть своё имя, расстреливать на месте, без суда. В сёлах, где не сдают ору-**

жие, расстреливать заложников. При нахождении спрятанного оружия — расстреливать без суда старшего работника в семье.» В семьях, укрывающих не то что самих бандитов, но хотя бы переданное на хранение имущество их, одежду, посуду, — старшего работника расстреливать без суда. В случае бегства семьи бандита — имущество ещё распределять между верными Советской власти крестьянами, а оставленные дома сжигать. Подписал — Антонов-Овсеенко.

Нельзя себя не называть? — тогда семьи повстанцев стали сами уходить из деревень. Так — вдодаток — новый на них приказ Полномочной Комиссии ВЦИКа: «Дом, из которого семейство скрылось, разбирать или сжигать. Тех, кто скрывает у себя семьи, — приравнивать к семье повстанцев; старшего в такой семье — расстреливать. Антонов-Овсеенко.»

А ещё через пяток дней — от него же ещё приказ, к обнародованию, № 178: со стороны жителей «неоказание сопротивления бандитам и несвоевременное сообщение о появлении таковых в ближайший ревком будет рассматриваться как сообщничество с бандитами, со всеми вытекающими последствиями. Полномочная Комиссия ВЦИК, Антонов-Овсеенко».

Как варом их поливали, как клопов выжигали!

А от чёткого хладнокровного командарма — ещё один секретный, 0116: «Леса, где прячутся бандиты, очистить ядовитыми газами. Точно рассчитывать, чтобы облако удушливых газов распространялось полностью по всему лесу, уничтожая всё, что в нём прячется. Командующий войсками Тухачевский.»

Слишком крепко? А без того — больших полководцев не бывает.

2

Считается, что с семидесяти лет вполне уместно и прилично писать мемуары. А вот досталось: начал и на семь лет раньше.

В тишине, в ненужности — чем и заняться? Год за годом вынужденный и томительный досуг.

Перестали звонить, тем более навещать. Мир — замолк и замкнулся. А пережить эту пору — может и лет нет.

А даже, по ряду соображений, и нельзя не написать. Для истории — пусть будет. Уже многие кинулись писать. И даже опубликовали.

А потому торопятся, что хотят пригрести славу к себе. А неудачи свалить на других.

Нечестно.

Но — и работища же какая невыволочная! От одного перебора воспоминаний разомлеешь. Какие промахи допустил — бередят сердце и теперь. Но — и чем гордишься.

Да ещё надо хорошо взвесить: о чём вообще *не надо* вспоминать. А о чём можно — то в каких выражениях. Можно такое написать, что и дальше погоришь, потеряешь и последний покой. И эту расчудесную дачу на берегу Москва-реки.

Какой тут вид. С высокого берега, и рядом — красавицы сосны, взлётные стволы, есть и лет по двести. Отсюда — спуск, дорожка песчаная, с присыпом игл. И — спокойный изгиб голубоватого течения. Оно — чистое тут, после рублёвского водохранилища, заповедника. И если гребёт лодка — знаешь, что — кто-то из своих, или сосед. Никто тут не браконьерствует, никто не озорует.

Через заднюю калитку есть тропинка к реке, можно спуститься. Но Галя — не ходит, а Машеньку семилетнюю тем более без себя не пускает. А тебе когда под семьдесят — приятней сидеть наверху, на веранде. Теперь — даже и по участку с палицей.

Стал и недослышивать. Не всякую птицу, не всякий шорох.

Дача-то хороша-хороша, да только государственная, и на каждой мебелюшке — инвентарный номер прибит. Владение — *пожизненное*. Вот умрёшь — и Галю, в 40 лет, с дочуркой, с тёщей и выселят тотчас. (Первой семьи — уже нет, дочери замужние отделились.)

А два инфаркта уже было (если только инфаркта). Но растянуло, рассосало, прошло. После второго — и взялся писать.

Последний простор старости. Подумать-подумать, посмотреть на реку, что-нибудь и дописать.

А то — голова заболит. (Иногда болит.)

Скучней всего писать о временах давно прошлых. Об отрочестве своём. Об империалистической войне. Да и о своей эскадронной молодости — что писать, чем отличился? Настоящий интерес начинается с того времени, как уже прочно уставился советский строй. Устойчивая военная жизнь только и началась с 20-х годов: тренировка в разнообразнейшей кавалерийской службе, отработка в тактических учениях, и, как вершина всего, — манёвры. Безупречно подчиняется тебе твоё тело, взмах руки с коня, сам конь — и: сперва — твой эскадрон, потом — твой полк. Твоя бригада. Наконец, когда-то, и твоя дивизия. (Дал Уборевич, высмотрел воина.) А ещё сильней себя ощущаешь как частица единого великого организма — железной Партии. (Всегда мечтал быть похожим на замечательного большевика Блюхера — мытищинского рабочего, получившего, сперва в шутку, кличку известного немецкого полководца.)

Увлекаешься тактической учёбой и, конечно, в практических делах чувствуешь себя сильней, чем в вопросах теории. А вот — возьмут тебя на год в высшую кавалерийскую школу, а там зададут тебе тему доклада: «Основные факторы, влияющие на теорию военного искусства», — и как в лепёшку тебя расшибли: чего это такое? какие факторы? о чём тут говорить? кого спросить? (Приятель по курсам Костя Рокоссовский подмог. А другой приятель, Ерёменко, — ну просто дуб.)

И так — ты служишь и служишь вполне успешным кавалерийским командиром, знающим конником. Одно желание: хочется, чтобы твоя дивизия стала лучшей в РККА. Часто тебя упрекают в резкой требовательности, погоняльстве — но это и хороший признак, только такой и может быть воинская служба. Вдруг — подняли от дивизии на помощника инспектора всей кавалерии РККА, при Семёне Михайловиче Будённом. Поручают — и ты пишешь боевой устав конницы, это вполне понятная работа. А — кто тебе проверщиком? Обомлеешь: Тухачевский! Тот самый красавец и умница, которого видел раз в Тамбовской губернии, — а теперь два месяца встречались. (А как неуклонимого коммуниста — тебя выбирают и секретарём партбюро всех инспекций всех родов войск.) Тебе — 40 лет. С годами, разумеется, будет и ещё продвижение в должностях и чинах.

А оглядясь по стране — как же много мы сделали: индустрия на полном ходу, и колхозный строй цветёт, и единство наций, — да что хочешь.

Но вот, в 1937—38, прямая незамысловатая военная служба вдруг стала — лукавой, скользкой, извилистой. Вызывает высший окружной политрук, некий Голиков: «Среди арестованных — нет ли ваших родственников?» — Уверенно: «Нет». (И мать, и сестра твои — в калужской деревне, вот и всё.) — «А среди друзей?» «Друг» — это не такое чёткое определение, как «родственник». С кем знаком был, встречался, — это «друг»? не друг? Как отвечать? «Когда Уборевич посещал вашу дивизию, он у вас дома обедал.» Не отопрёшься. (Больше чем обедал! — покровительствовал.) Да ещё Ковтюх, до последних месяцев «легендарный» — и вдруг «враг народа». А тут ещё и Рокоссовского *посадили*... «И вы не изменили о них мнения после ареста?» Ну, как же бы: коммунист — и мог бы тут не изменить мнения?.. Мол, изменил. «И вы крестили свою дочку в церкви?» Вот тут уверенно: «Клевета! клевета!» Перегнули в обвинениях. (Никто Эру не крестил.)

И на партийных собраниях разгулялись теперь всякие язвы. Опять обвиняют в повышенной резкости (как будто это — недостаток боевого командира), в жёсткости, в грубости, что не знал снисходительности (а иначе — какая служба?), даже во *вражеском подходе к воспитанию кадров*: замораживал ценные кадры, не выдвигал. (Вот этих клеветников и не выдвигал. Да некоторые и клевещут-то не со зла, а только — чтобы через то самим наперёд обелиться.) Но и тут как-то отбился.

А — новая беда: выдвигают командовать корпусом. Однако в их Белорусском военном округе командиры корпусов арестованы уже почти все до одного. Значит — это шаг не к возвышению, а в гибель. Безо всякой войны, без единого сабельного удара — и вот сразу в гибель? Но и отказаться нельзя.

Только то спасло, что как раз, как раз в этот момент и кончились аресты. (Уже после XX съезда узнал: в 1939 открывали на Жукова дело в Белорусском округе.)

И вдруг — срочно вызвали в Москву. Ну, думал — конец, арестуют. Нет! Кто-то посоветовал Сталину — послали на боевое крещение, на Халхин-Гол. И — вполне успешно, проявил неуклонность командования, «любой ценой»! Кинул танковую дивизию, не медля ждать артиллерию и пехоту, — в лоб; две трети её сгорело, но удалось японцам нажарить! И — сам товарищ Сталин тебя заметил, особенно по сравнению тут же с финской войной, бездарно проваленной, как будто не та же Красная армия воевала. Заметил — и уже надолго вперёд. Сразу после финской Жуков был принят Сталиным — и назначен командовать Киевским военным округом! — огромный пост.

Но полгода всего прошло — новое распоряжение: передать округ Кирпоносу, а самому — в Москву. А самому — выговорить нельзя: начальником Генерального штаба! (И всего лишь — за Халхин-Гол.)

Искренно отказывался: «Товарищ Сталин! Я никогда не работал в штабах, даже в низших», — и сразу на Генеральный? За 45 лет никакого военно-академического, оперативно-стратегического образования не получал — как можно честному простому кавалеристу справиться с Генштабом, да при нынешнем многообразии родов войск и техники?

А ещё ведь боязно, знал: начальники Генштаба стали меняться по два в год: полгода Шапошников, заменили Мерецковым, теперь сняли Мерецкова и, говорят, посадили, — а теперь тебя?.. (И такая же чехарда в Оперативном управлении Генштаба.)

Нет, принять пост! И ещё — кандидатом в члены ЦК. Каково доверие!

Очень тёплое, ласковое впечатление осталось от того сталинского приёма.

Вот тут-то — и главная трудность мемуаров. (Хоть вообще брось их писать?...) К а к о главе правительства, Генеральном Секретаре партии и вскоре Верховном Главнокомандующем писать — генералу, который часто, много соприкасался с ним в Великую Войну, и в очень разных настроениях Верховного, — и даже стал его прямым заместителем? Участнику той войны — поверить нельзя, как с тех пор Верховного развенчали, балабаны, чуть не оплевали разными баснями: «командовал фронтами по глобусу...» (Да, большой глобус стоял у него в комнате рядом с кабинетом — но и карты же висели на стене, и к работе ещё другие раскладывались на столе — и Верховный, шагая, шагая из угла в угол с трубкой, подходил и к картам, чтобы чётче понять докладываемое или указать требуемое.) Сейчас вот главного озорного пустоплёта и самого скинули — по шапке и по шее. И, может, — постепенно, постепенно восстановится почтение к Верховному. Но в чём-то нанесен и непоправимый ущерб.

И вот ты, если не считать членов Политбюро, соприка-

Хрущёва в 1964 году, в октябре.

сался с Ним тесно и, как никто, профессионально. И бывали очень горькие минуты. (Когда сердился, Сталин не выбирал выражений, мог обидеть совсем незаслуженно, барабанную нужно было шкуру иметь. А погасшая трубка в руке — верный признак беспощадного настроения, вот сейчас обрушится на твою голову.) Но бывали и минуты — поразительного сердечного доверия.

И — как теперь написать об этом честно и достойно?

Тут ещё то, что смежность в самые напряжённые — и обманувшие! — предвоенные месяцы связала же вас и смежной ответственностью: Верховный ошибся? промахнулся? просчитался? — а почему же ты не поправил, не предупредил Его, хоть и ценой своей головы? Разве ты уж вовсе не видел, что от принятой в 30-х годах повелительной догмы «только наступать!» — на всех манёврах, и в 40—41-м, наступающая сторона ставилась нарочито в преимущественное положение? Ведь — мало занимались обороной, и уж вовсе не занимались отступлениями, окружениями — такого в голову не приходило, — и ведь тебе тоже? И пропустил т а к о е сосредоточение немецких сил! Да ведь всё летали, летали немецкие самолёты над советской территорией, Сталин верил извинениям Гитлера: молодые, неопытные лётчики. Или вдруг в 1941 возгорелось у немцев искать по нашу сторону границы немецкие могилы Первой мировой войны? — ничего, пусть ищут... А ведь это — какая разведка! Но тогда казалось Жукову, что — нет на земле человека осведомлённей, глубже и проницательней Сталина. И если Он до последнего надеялся, что войну с Гитлером удастся оттянуть, то и ты же не вскрикнул, хоть и предсмертным криком: нет!!

Кто не бывал скован даже только отдалённым грозовым именем Сталина? А уж прямо к нему на приём — всякий раз идёшь как на ужас. (И всё-таки выпросил у него освободить Рокоссовского из лагеря.) Скован был Жуков ещё и от неуверенности своей в стратегических вопросах, неуместности своей в роли начальника Генштаба. А сверх того, конечно, и от крайней всегда неожиданности поведения Верховного: никогда нельзя было угадать, для чего он сейчас вызывает? И как надёжней отвечать на такие его вопросы: «А что вы предлагаете? А чего опасаетесь?» Выслушивал же доклады кратко, даже как бы пренебрежительно. Напротив, о многом, о чём Сталина осведомляли другие, он с Генштабом не делился. Жуков был для него — пожарной, успешной командой, которую Верховный и дёргал и посылал внезапно.

Грянула война — и в эти первые часы своей небывалой растерянности, которой не мог скрыть, — только через четыре часа от начала войны посмели дать военным округам команду сопротивляться, да было уже поздно, — тут же швырнул начальника Генштаба — в Киев, спасать там («здесь — без вас обойдёмся»). Но всё Верховное командование велось наугад. И через три дня дёрнул назад, в Москву: надо, оказалось, спасать не Юго-Западное направление, а Западное. И — открылся фразой в жалобном тоне: «В этой обстановке — что можно сделать?» (Жуков смекнул дать несколько советов, и в том числе: формировать дивизии из невооружённых московских жителей — много их тут околачивается, а через военкоматы долго. И Сталин тут же объявил — сбор Народного Ополчения.)

От этой замеченной шаткости Сталина Жуков отваживался на веские советы. В конце июля осмелился посоветовать: сдать Киев и уходить за Днепр, спасать оттуда мощные силы, чтоб их не окружили. Сталин с Мехлисом в два голоса разнесли за капитулянтство. И тут же Сталин снял Жукова с Генштаба и отправил оттеснять немцев под Ельней. (А мог и хуже: в те недели — расстрелял десяток крупнейших замечательных генералов, с успехами и в испанской войне, хотя — Мерецкова вдруг выпустил.)

Под Ельней — хоть мясорубочные были бои, зато не высокоштабные размышления, реальная операция — и Жуков выиграл её за неделю. (Конечно, этот ельнинский выступ разумней было бы отсечь и окружить, да тогда ещё не хватало у нас уверенности.)

А Киев-то — пришлось сдать, но уже при огромном «мешке» пленных. (А скольких Власов оттуда вывел, за 500 километров, да теперь и вспоминать его нельзя.) Вот — остался бы Жуков командовать Юго-Западным — может, и ему бы досталось застрелиться, как Кирпоносу.

И, необычайное: в начале сентября вызвав Жукова, Сталин признал его правоту тогда о Киеве... И тут же продиктовал приказ, сверхсекретный, два Ноля два раза Девятнадцать: формировать из полков НКВД *заградотряды*, занимать линии в тылу наших войск и вести огонь по своим отступающим. (Во как! А — что и делать, если не стоят насмерть, а бегут?) И тут же — послал спасать отрезанный Ленинград, а спасённый Жуковым центральный участок фронта передать другим. Но всё время сохранял Жукову звание члена Ставки — и это дало ему много научиться у военно образованных Шапошникова, Василевского и Ватутина. (А учиться — и хотелось, и надо же, край.) Они много ему передали — а всё-таки главным щитом, или тараном, или болванкой, — на всякий опаснейший участок всегда с размаху кидали Жукова.

По полной стратегической и оперативной неграмотности, при никаком представлении о взаимодействии родов войск (в багаже — что осталось от Гражданской войны), Сталин в первые недели войны нараспоряжался беспрекословно, наворотил ошибок, — теперь стал осторожнее. Бориса Михайловича Шапошникова, вновь назначенного начальником Генштаба, единственного из военачальников называл по имени-отчеству и ему единственному даже разрешал курить в своём кабинете. (А с остальными — и за руку здоровался редко.)

Но несравнимо выше всех военачальников держались Сталиным все члены Политбюро, да ещё такой любимый, как Мехлис (пока не загубил полностью восточно-крымский плацдарм). Бывало не раз, что, при нескольких политбюровцах выслушав генерала, Сталин говорил: «Выйдите пока, мы тут посовещаемся.» Генерал выходил — послушно ожидать решения участи своего проекта или даже своей головы, и нисколько при том не обижаясь: все мы — коммунисты, а политбюровцы — высшие из нас, даже хоть и Щербаков, — и естественно, что они там решают без нас. И гнев Сталина на тех никогда не бывал долог и окончателен. Ворошилов провалил финскую войну, на время снят, но уже при нападении Гитлера получил весь Северо-Запад, тут же провалил и его, и Ленинград — и снят, но опять — благополучный маршал и в ближайшем доверенном окружении, как и два Семёна — Тимошенко и беспросветный Будённый, проваливший и Юго-Запад и Резервный фронт, и все они по-прежнему состояли членами Ставки, куда Сталин ещё тогда не вчислил ни Василевского, ни Ватутина, — и уж конечно оставались все маршалами. Жукову — не дал маршала ни за спасение Ленинграда, ни за спасение Москвы, ни за сталинградскую победу. А в чём тогда смысл звания, если Жуков ворочал делами выше всех маршалов? Только после снятия ленинградской блока-

ды — вдруг дал. Даже не только, что обидно, а — почему не
давал? чтобы больше тянулся? боялся ошибиться: возвысить
прежде времени, а потом не скачешь с рук? Напрасно. Не
знал Верховный бесхитростную солдатскую душу своего Жукова. А — когда бы узнать ему солдатскую душу? Ведь он за
всю войну на фронте не побывал ни одного часа и ни с одним солдатом не разговаривал. Вызовет — прилетишь издалека, и после фронтового многонедельного гула даже мучительно оказаться в тиши кремлёвского кабинета или за домашним обедом на сталинской даче.

А вот чему нельзя бы не научиться у Сталина: он с интересом выслушивал, какие людские потери у противника, и
никогда не спрашивал о своих. Только отмахивался, четырьмя
пальцами: «На то и война.» А уж о сдавшихся в плен не хотел
и цифры узнать. Почти месяц велел не объявлять о сдаче
Смоленска, всё надеясь его вернуть, вне себя посылая туда
новые и новые дивизии на перемол. И Жуков усваивал: если
считать сперва возможные потери, потом и понесённые потери, то и правда никогда не будешь полководцем. Полководец не может расслабить себя сожалением, и о потерях ему
надо знать только те цифры, какие требуется пополнить из
резерва и к какому сроку А не рассчитывать пропорции потерь к какому-нибудь маленькому ельнинскому выступу.

И эту достигнутую жёсткость — уметь передать как деловое качество и всем своим подчинённым генералам. (И стоустая шла, катилась о нём слава: ну, крут! железная воля!
один подбородок чего стоит, челюсть! и голос металлический. А иначе — разве поведёшь такую махину?)

И т а к — Жуков сохранил в сентябре 1941 Ленинград.
(Для блокады в 900 дней...) И тут же — через день после
того, как Гудериан взял Орёл, — был выдернут снова к Сталину, теперь для спасения самой Москвы.

А тут, и суток не прошло, — наши попали в огромное вяземское окружение, больше полмиллиона... Катастрофа. (За
провал Западного фронта Сталин решил отдать Конева под
трибунал — Жуков отстоял, спас от сталинского гнева.) Все
пути к столице были врагу открыты. Верил ли сам Жуков,
что Москву можно отстоять? Уже не надеясь удержать оборону на дуге Можайска—Малоярославца, готовил оборону по
Клину—Истре—Красной Пахре. Но собрав свою несломимую
волю (у Сталина ли не была воля? — а сламывался несколько

раз: в октябре он что-то заговаривал о пользе Брестского мира, и как бы сейчас с Гитлером хоть перемирие заключить...) — Жуков метался (по какому-то персту судьбы рядом со своей калужской деревней, откуда выхватил мать, сестру и племянников), стягивал силы, которых не было, — и за пять дней боёв под Юхновом, Медынью и самой Калугой — сорвал движение немцев на Москву.

А из Москвы к тому времени уже отмаршировали на запад 12 дивизий Народного Ополчения (и проглочены кто в смоленском, кто в вяземском окружении) — это кроме всех мобилизаций. И теперь, увязая в осенней грязи, четверть миллиона женщин и подростков выбрали 3 миллиона кубометров неподъёмной мокрой земли — рыли траншеи. И дыхание подходящего фронта уже обжигало их паническими вестями. С 13 октября начали эвакуировать из Москвы дипломатов и центральные учреждения, и тут же стали бежать и кого не эвакуировали, и — стыдно сказать — даже коммунисты из московских райкомов, и разразилась безудержная московская паника 16 октября, когда все уже считали столицу сданной.

Осталось навек загадкой: почему именно в эту страшную решающую неделю — Верховный не подал ни знаку, ни голосу, ни разу не вызвал Жукова даже к телефону, — а сам-то Жуков не смел никогда. И осталось загадкой: *где* был Сталин всю середину октября? Наверняка он проявился в Москве только в конце октября, когда Жуков, Рокоссовский (да и Власов же) остановили немцев на дуге от Волоколамска до Наро-Фоминска. В начале ноября Сталин проявился по телефону, требуя немедленного контрудара по всему кольцу, чтоб иметь победу непременно к годовщине Октября, — и, не выслушав возражений Жукова, повесил трубку, как это он делал не раз, просто раздавливая тебе душу.

Однако такой бы сейчас контрудар — был полная бессмыслица при нашем бессилии, Жуков и не затевал его. А немцы сами истощились, временно остановились. И Сталин, как ни в чём не бывало, звонил Жукову и спрашивал: нельзя ли взять с фронта сколько-нибудь войска для парада на Красной площади 7 ноября.

И вот теперь сидишь на веранде с видом на покойную реку и на тот луговой берег, где плещется городской сереб-

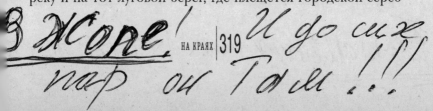

ряноборский пляж, и обмысливаешь: как?? в о т к а к — о б
э т о м в с ё м можно писать? И — вообще можно ли?

Трудно.

Но коммунисту — должно быть доступно. Потому что
коммунисту светит не гаснущая никогда истина. А ты — всегда и во всём старался быть достойным коммунистом.

От начала. Мы в те годы были слабы в овладении марксистско-ленинской теорией. Изучение её мне давалось с
большими трудностями. Лишь позже я глубже понял организующую роль нашей партии. И что мозг Красной армии, с
самых первых дней её существования, — был ЦК ВКПб. И:
увы, нынешняя молодёжь не вникает в цифры, а они показывают, что темпы довоенного развития уже были ярким свидетельством нашего прогрессивного строя. Но индустриализация и не могла не идти за счёт ширпотреба. (Нет, ещё
раньше, от юности: нищета и вымирание русской деревни
при царе. И кулаки сосали бедняков. Разве это неправда?
Это правда.)

А — о том жутком 1937 годе? Ты же понимаешь и сам, и
надо напомнить другим: необоснованные нарушения законности не соответствовали существу нашего строя. Советский народ верил партии и шёл за ней твёрдой поступью.
А вред истекал от беспринципной подозрительности некоторых руководителей. Но преимущества социалистического
строя и ленинские принципы всё равно одержали верх.
И народ проявил несравненную выдержку.

А когда началась война? Как решающе укрепила наши
ряды посылка в армию *политбойцов* — коммунистов со зрелым стажем пропаганды. И важная директива Политуправления РККА: повысить передовую роль коммунистов. Да, помнится, эта директива сыграла огромную роль. При, порой,
недостаточной сопротивляемости самих войск. — А почему
наша Ставка оказалась сильнее гитлеровской? А вот по этому самому: она опиралась на марксизм-ленинизм. И войска
проявили невиданную стойкость. И стояли насмерть, как от
них и ждали ЦК и Командование.

Впрочем, у немцев армия была — первоклассная. Об этом
у нас совсем не пишут, или презрительно. Но это обесценивает и нашу победу.

Когда немцы в середине октября остановились от растяжки фронта и коммуникаций — самое было время и нам, в

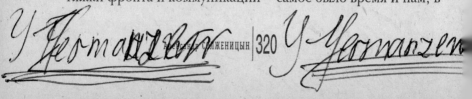

более узком кольцевом объёме, заняться тем же: подтягиванием людских сил, вооружений, боеприпасов, укреплением обороны — и мы могли бы встретить следующий удар немцев, в середине ноября, может быть почти бы и не отступа. Но по несчастной идее иметь поскорее победу, и всё к 7 ноября, Верховный снова требовал контрнаступления, и притом на *каждом* участке фронта, от клинского направления до тульского. И — кто мог не выполнить? Жуков теперь уже осмелел возражать, спорить, — Верховный и слушать не стал. И приходилось бросать в бой совсем неподготовленные и плохо вооружённые дивизии. И драгоценные две недели мы потратили на никому не нужные, бесплодные контратаки, не давшие нам ни одного километра, но отнявшие последние силы. И тут-то, с 15 ноября, немцы начали второй этап наступления на Москву, а 18-го и под Тулой: Гудериан взял Узловую, шёл на Каширу, подошёл и к рязанскому Михайлову — шёл охватить Москву с востока! Это — был бы последний конец.

И 20 ноября Сталин позвонил Жукову, не скрывая тревоги и тоном необычайным, голос сломался: «Вы уверены, что мы удержим Москву? Спрашиваю — с болью в душе. Говорите честно, как коммунист.»

Жуков был потрясён, что Сталин не умеет и даже не пытается скрыть страха и боли. И — так доверяет своему полководцу. И, собрав всю, всю, всю свою — действительно железную — волю, Жуков как поклялся Сталину, и родине, и себе: «Отстоим!!»

И, по точному расчёту дней, назначил возможную дату нашего контрнаступления: 6 декабря. Сталин тут же стал торговаться: нет, 4-го. (Не потому что что-то рассчитал, а — ко дню Конституции, вот как.)

Между тем каждый день приносил всё новые поражения: сдали Клин, сдали Солнечногорск, под Яхромой немцы перешли и канал, открывая и тут себе путь в Подмосковье уже восточное. Всё было — в неразберихе и катастрофе, уже не воинские части, а случайные группы солдат и танков. И почти уже не хватало воли верить, заставить себя верить: нет, н е р у х н е т! Нет, удержим. (В эти дни московской битвы спал по два часа в сутки, не больше. Молотову, по телефону грозившему расстрелять, отвечал — дерзко.)

И тут — доконал Жукова сталинский звонок:

— Вам известно, что взят Дедовск?

Дедовск? На полпути ближе Истры? Абсолютно исключено.

— Нет, товарищ Сталин, неизвестно.

Сталин в трубку — со злой издёвкой:

— А командующий должен знать, что у него делается на фронте. Немедленно выезжайте туда сами — и верните Дедовск!

Бросать командный пункт, связь всех движений, всей подготовки, в такие минуты? Нет, Он ничему не научился и за полгода войны. (Впрочем, и Жуков считался с подчинёнными генералами не больше, только так и побеждают.)

— Но, товарищ Сталин, покидать штаб фронта в такой напряжённой обстановке вряд ли осмотрительно.

Сталин — с раздражённой насмешкой:

— Ничего, мы как-нибудь тут справимся и без вас.

То есть: ты — ничего и не значишь, такая тебе и цена.

Жуков кинулся звонить Рокоссовскому и узнал, что, конечно, никакой Дедовск и не сдан, а; как догадался Костя — наверно, речь о деревне Дедово, гораздо дальше и не там.

Спорить со Сталиным — большую отвагу надо иметь. Но тут-то Жуков надеялся, что облегчит и даже посмешит его звонком. А Сталин — прямо разъярился: так немедленно ехать к Рокоссовскому и с ним вдвоём отбить это Дедово назад! И ещё взять третьего с собой, командующего армией!

И — дальше уже спорить нельзя. Поехал к Рокоссовскому, втроём в штаб дивизии и ещё раз уточнили, да: несколько домов деревни Дедово, по ту сторону оврага, немцы взяли, а остальные — тут, у нас. Те дома не стоили и одного лишнего выстрела через овраг, но четыре высших генерала стали планировать операцию и посылать туда стрелковую роту с танками.

А день — у всех пропал.

И всё-таки Жуков обернулся подтянуть все резервы к сроку — и 5 декабря перешёл в желанное большое наступление.

И в несколько дней заметно отогнал кольцо немцев от Москвы. (Хорошо двинул и Власов с 20-й армией, а об этом нельзя. Да немцы не дотягивали и сами взять Москву.)

Прогремела победа. Изумился и ликовал весь мир, Но — больше всех в мире был изумлён ею сам Верховный, видимо уже никак не веривший в неё. И — закружилась от победы его голова, он и слышать не хотел, что это были использованы наши последние резервы, теперь и они истощены, мы еле-еле удерживаем то, что взяли. Нет! Ликующий Сталин в безграничной отчаянной храбрости приказал: немедленно начать *общее* крупное наступление *всеми* нашими войсками от Ладожского озера до Чёрного моря, освободить и Ленинград, и Орёл, и Курск — и всё одновременно!!

И потекли месяцы — январь, февраль, март — этого непосильного и ненужного напряжения наших измученных войск — чтоб осуществить радужную мечту Сталина. И только — клали, клали, клали десятки и сотни тысяч в бесполезных атаках. (Среди них — и Вторую Ударную армию Власова сгноили в болотах Северо-Запада и бросили без помощи, — но вот об *этом* писать уже никому никогда не придётся, и лучше забыть и самому. Да Власов и оказался потом — предатель.) Дошли до того, что на орудие отпускали в сутки 1—2 выстрела.

Ничего нигде не добились, только испортили картину от московской победы. Был единственный заметный успех — именно у жуковского Западного фронта, — и тут же Сталин отнял от его фронта Первую Ударную армию. Жуков позвонил, уверенный убедить перспективою успеха, — а Сталин и разговаривать не стал, выругался и бросил трубку.

Не меньшее искусство, чем военное, нужно было иметь для того, чтобы разговаривать со Сталиным. Много раз то бросал трубку, то ругал нечистыми словами. (А вызовет и с фронта дальнего, добираться больше суток, — хоть ты в жару болезни, хоть погода совсем не лётная — а лети к Верховному, и даже на 10 минут опоздать нельзя. Один раз снижались в Москву через туман, чтоб только не опоздать, — чуть не зацепили крылом фабричную трубу.)

Но — каким-то непонятным образом — все даже и промахи Сталина всегда покрывались и исправлялись Историей.

Очевидно: именно по превосходству нашего строя и нашей идеологии. На это — и врагам нечего возразить. Уместно и повторить: ЦК потребовал более широко развернуть партийно-политическую работу — и это вызвало массовый героизм коммунистов и комсомольцев, и весь народ ещё тесней сплотился вокруг коммунистической партии.

А лично — Жуков на Сталина не обижался: на Нём не

только фронт, но и промышленность, которую Он держал в каменных руках. Но и — вся страна.

Порок ли это был Сталина или, наоборот, достоинство? — но он не любил менять свои решения. Провалились все зимние контрнаступления, в крови утонул десант Мехлиса под Керчью (но: так как его Сталин и придумал, то никого серьёзно не наказывал), — всё равно, не слушая возражений ставочных генералов, Верховный затеял в мае несчастную попытку вернуть Харьков — и растранжирил бесплодно все наши резервы и усилия. И когда летом укрепившиеся немцы пошли в большое наступление (и не на Москву, как только и ждал Сталин), ещё один сталинский любимчик Голиков (тот самый политрук, который в 37-м допрашивал Жукова о близости к врагам народа) едва не отдал Воронежа, а лавина немцев покатилась на Дон и на Северный Кавказ и к сентябрю уже заняли горные перевалы, — вот, кажется, только тут Сталин понял, что в провале 1942 года виноват он сам. И не искал виновных генералов. В конце августа он назначил Жукова (всё ещё — не маршала) заместителем Верховного, и опять признался с открытой болью: «Мы можем потерять Сталинград.» И послал его туда. (А через несколько дней, узнав, что ближайший контрудар назначен на 6 сентября, а не на 4-е, — опять кидал трубку. И ещё добавил слишком выразительной телеграммой: «Промедление подобно *преступлению*.»)

Но впервые под Сталинградом Сталин дал удержать себя в терпении, и Жуков с умницей Василевским выиграли почти два месяца — на детальнейшую разработку плана огромного окружения (втянули и Сталина в красоту этого замысла) и планомерное стягивание сил, подготовку командований, взаимодействий, — и наученный своими промахами Сталин терпел, не прервал. И так — удалась великая сталинградская победа.

Но удалось и другое, чего не знали многие: ведь ты этому ничему никогда не учился, а видно, что-то в твоей башке заложено. Вот только здесь впервые, в напряжённом преодолении, Жуков, кажется, стал *стратегом*, он стал — другой Жуков, каким себя до сих пор не знал. Он приобрёл — пронзительность предвидения противника и не уходящее ни на миг из головы и груди ощущение всех *наших* сил сразу — в их составе, разнообразии, возможностях, и в качествах их генера-

И как такая Мразь могла удержать и не

лов. Он приобрёл уверенность высокого полёта и обзора, которого всегда ему не хватало.

И тем обиднее было потом читать, как Ерёменко врал, будто сталинградскую операцию они разработали... вдвоём с Хрущёвым. Спросил его прямо в лоб: «Как же ты мог?!» — «А меня — Хрущёв попросил.»

После этого — Чуйков, всего лишь командующий одной из сталинградских армий, приписал всю заслугу трёх фронтов — себе, и пинал в мемуарах павшего Жукова, что тот — «только путал». Загорелось сердце, вот опять хватит инфаркт, — позвонил прямо Хрущёву: как же можно такую ложь допускать в печатности? Обещал кукурузный царь заступиться. (Да ведь что́ эти чуйковские мемуары? Своего — ему сказать нечего? а — надёргал эпизодов из фронтовых и армейских газет и к себе натыкал.)

— После Сталинграда, с тем же Василевским, Жуков уверенно вошёл в новый план Курской битвы — с отчаянно рискованным решением: *не* спешить наступать! вообще *не* начинать наступления — а дать сперва Манштейну неделю биться и разбиться о нашу слаженную, многоэшелонную оборону (решение почти азартное: а вдруг прорвёт??) — лишь потом ошеломить немцев нашим наступлением, на Орёл.

И оказалось это — ещё одно такое же, по красоте, силе и разгромному успеху, стратегическое творение, как и Сталинград. Жуков — ещё вырос и укрепился в стратегии, он уже приобрёл уверенность, что разобьёт Гитлера и без «Второго фронта» союзников. Он был — и направляющим этого ощутимо огромного карающего процесса, но и — деталью его, процесс сам его направлял. (И всё укреплялся в спорах со Сталиным; и даже отучил его от телефонных звонков после полуночи: Вы потом спите до двух часов дня, а нам с утра работать.)

Однако сталинской выдержки не хватило надолго. Затягивалась ликвидация окружённого Паулюса — Он нервничал, погонял, бранился обидными словами. А после Курска уже не давал времени на разработку операций по окружению, а только — фронтально и безвыигрышно толкать немцев в лоб, давая им сохранять боевую силу, а чтобы только — ушли скорей с советской земли, хоть и целыми. (Но: уже при *каждой* встрече теперь пожимал Жукову руку, даже шутил, за маршальским званием стал давать то Суворова 1-й степени,

удержать Россию Матушку! Е.Э.Л.

то золотые звёзды Героя, одну, вторую, третью. Всё перебрасывал и перебрасывал его на каждую неудачу или задержку, и однажды Жуков не без удовольствия снял с командующего фронтом — того Голикова.)

Ещё потом был — цепкий прыжок за Днепр. И лавинная прокатка до Румынии. До Болгарии. Ещё была Белорусская операция, где легко дался бобруйский котёл. И, опять лавиною, — в Польшу. Потом — за Вислу. На Одер.

И в каждой операции Жуков ещё рос и ещё уверялся в себе. Одно его имя уже стало нагонять страх на немцев: что прибыл на *этот* фронт. Теперь он уже и придумать не мог бы себе преграды, которую нельзя одолеть. И так, по приказу Сталина, изжигаемого взять Берлин — чего Гитлер не мог с Москвой, и взять скорей! скорей самим, без союзников! — Жуков увенчал войну — и свою жизнь — Берлинской операцией.

Берлин оказывался почти на равном расстоянии — от нас и от союзников. Но немцы сосредоточивали все силы против нас, и была большая опасность, что они союзникам просто поддадутся, пропустят их. Однако этого нельзя же было допустить! Родина требовала: наступать — нам! и побыстрей, побыстрей! (Перенял от Сталина и тоже хотел теперь — непременно к празднику, к 1 мая. Не вышло.) И не оставалось Жукову иначе как опять: атаковать в лоб и в лоб, и не считаясь с жертвами.

Заплатили мы за Берлинскую операцию, будем говорить, тремястами тысячами павших. (Полмиллиона-то легло?) Но — мало ли пало и раньше? кто их там считал? Специально теперь на этом останавливаться — неполезно. Конечно, нашим людям тяжко было терять отцов, мужей, сыновей, — но все они стойко переносили неизбежные потери, ибо все понимали, что идут звёздные часы советского народа. Кто уцелеет — будет внукам рассказывать, а сейчас — вперёд!! (Союзники, больше из зависти, после войны стали утверждать, что не только не нужна была Берлинская операция, но и вся весенняя кампания 1945 года: мол, Гитлер сдался бы и без неё и без новых боёв, он уже был обречён. А сами — зачем тогда сжигали ненужной бомбёжкой невоенный Дрезден?.. тоже — тысяч полтораста сожгли, да гражданских.)

Да Жуков готов был воевать хоть и ещё дальше, как машина, его стратегическая теперь хватка и разогнанная стальная воля даже требовали пищи, помола. Но — жизнь вся сразу сменилась: как бы с полного разгона корабля он сел на мягкую и почётную мель. Теперь — он стал Главнокомандующим советскими оккупационными войсками в Германии. Бессонные ночи оперативных разработок сменились на долгие сытые и пьяные банкеты с союзниками (они так и липли на икру и водку). Завязалась как бы дружба с Эйзенхауэром. (На одном ночном банкете — отплясал ему «русскую», показывал.) Пошёл поток взаимных с союзниками наград. (Эти крупные их ордена уже приходится спускать на живот.) Вместо боевых потекли заботы хозяйственные: демонтировать немецкие предприятия и вывозить их в СССР. Ну и, конечно же, налаживать жизнь немецкого населения — мы много сделали для них, наши интернациональные чувства не давали нам отдаться мести, и нам многое объяснили Ульбрихт и Пик-младший. (И через 8 лет изумлён был Жуков необъяснимым восстанием берлинских рабочих: ведь мы — отменили им все нацистские законы и дали полную свободу всем антифашистским партиям.)

Гордость была только — в июне съездить принять парад Победы на Красной площади, на белом коне. (Сталин, видно, сам хотел, но не уверен был, усидит ли на лошади. А видно — завидовал: желваки заходили по лицу. А раз, внезапно, небывало признался Жукову: «Я — самый несчастный человек. Я даже тени своей боюсь», — боялся покушения? Жуков поверить не мог такой откровенности.)

Летом потекла церемонная Потсдамская конференция (в Берлине, полностью разбитом нашей артиллерией и авиацией, места для конференции не нашлось). Дальше были заботы, как заставить союзников вернуть советским органам наших советских граждан, опять-таки необъяснимо не желающих возвращаться на родину. (Что это? как это может быть? Или знают за собой тяжёлые преступления, или льстятся на лёгкую западную жизнь.) Приходилось жёстко требовать от союзников, чтобы на встречу с этими людьми допускали наших представителей, профессионалов сыска. (Это оказались очень деловые люди, они в нашей армии состояли и всегда, но Жуков со своей высоты с ними раньше как-то мало соприкасался.)

И — много такого. Жуков всё это исполнял, но как бы с ленью, как бы засыпая: уже никогда не возвращался прежний его орлиный полёт — разгадок противника и постройки своих замыслов.

Что ж, пора была бросать этот почётный и скучный пост в Берлине, возвращаться, и обновлять и укреплять Советскую (теперь уже не Красную) армию для возможных будущих конфликтов — и в рост с новой военной техникой. После войны вряд ли Сталин захочет сохранять за собой пост наркома (теперь — «министра») обороны. А значит — отдаст Жукову. Да и оставаясь бы его первым заместителем — всё равно в руки Жукова попадало всё военное дело.

Но когда в 1946 Жуков вернулся из Берлина, он был поражён неожиданным назначением заместителем министра обороны вовсе не себя — а вполне штатского Булганина. И, как объяснил Сталин, руку с дымящей трубкой отводя с видом своей беспомощности вмешаться: Булганин уже так построил штаты министерства обороны, что в них нет места второму заместителю.

Жукова — как скинули с лошади на скаку.

Ну всё-таки!.. Но я же... ?

И — что Ему возразишь? Да не Сталин это придумал, не мог бы Он так поступить после всего, что связывало их в военных победах! после стольких в Его доме встреч, работы, обедов один на один. Это, конечно, придумал — двуличный Булганин. (Подобное неожиданное хитрое проворство Жукову, бывало, приходилось замечать и у других «членов военного совета», то есть политуправленцев фронтов и армий, — *после* того, как миновали главные бои, а до этого они сидели тихо. Такой же был всегда и Хрущёв, по виду очень простодушный.)

А начальником Генштаба — уже был Василевский, и это совершенно справедливо. Жукову предложили быть Главнокомандующим сухопутными войсками. То есть — не только без авиации и флота, не только без стратегической работы — но ещё и в прямом подчинении лишь Булганину, без права обращения к Сталину (так было указано в новом штатном расписании).

Да: на скаку — и обземь. Больно.

Как когда-то в Тамбовской губернии, когда вышибли из седла.

А наступило тогда Георгию Константиновичу как раз и ровно — 50 лет. Самый расцвет сил и способностей.

Щемило по своему ушедшему боевому прошлому...

Но обречённость его теперь бездействия — оказалась куда затопистей, чем он ожидал. Всей беды своей он ещё не предвидел.

Когда в конце 1945 на одном кремлёвском совещании Сталин упрекнул Жукова, что он приписывает все победы себе, Жуков готово отказался: *всех* — никогда не приписывал. И когда в апреле 1946 горько пережил лукавый ход Булганина — тоже он беды своей ещё не понял. А пробыть Главнокомандующим сухопутными войсками досталось ему всего месяц: на Главном Военном Совете вдруг стали зачитывать показания бывшего адъютанта Жукова (оказывается, арестованного!) и главного маршала авиации Новикова (оказывается, тоже недавно арестованного!) — и ещё других арестованных офицеров, — что Жуков будто бы готовил военный заговор — какой бред!! в какую голову это поместится?? Но Рыбалко, Рокоссовский, Василевский тут подхватились и дружно стали Жукова защищать, спасибо. И убедили Сталина, и Сталин спас его от бериевской расправы — и всего лишь послали маршала на Одесский военный округ.

Крутое падение, болезненное, — но всё ж не тюрьма.

Однако, вот, написать своей рукой в воспоминаниях, что за все свои мировые победы четырежды Герой Советского Союза — единственный такой в стране! — был сброшен в командующего военным округом, — перо не берёт, перед историей стыдно, об этом надо как-то промолчать.

Но и это ещё был не край беды. Не прошло двух лет, как арестовали генерала Телегина, члена военного совета при Жукове в конце войны (и как много позже узналось, ему выбили все зубы, он терял рассудок, да и Новикова пытали также, а потом — выпустили), — вот тогда Жуков понял, что идёт Берия — на него. И тогда-то был у него первый инфаркт.

А Берия с Абакумовым вдруг нагрянули на подмосковную дачу Жукова (подаренную Сталиным за спасение Москвы, вот где он сейчас писал мемуары) — якобы проверять хранение документации, рылись в ящиках, вскрыли сейф, нашли старые оперативные карты, которые полагалось сдавать, — это Главнокомандующему! И состряпали строгий выговор.

Нет, не арестовали пока: Сталин — спас, заступился! Но сослали — на Уральский военный округ, уже и не приgranичный. Как это походило на ссылку Тухачевского в 1937 в Средневолжский округ — только того арестовали сразу в поезде. Так — и ждал себе теперь. И держал наготове малый чемоданчик — с бельём, с вещицами.

Славы — как не бывало. Власти — как не бывало. И отброшен — в бездействие, в мучительное бездействие, при всех сохранённых силах, воле, уме, таланте, накопленных стратегических знаниях.

Иногда думал: да неужели — это замысел самого Сталина? (Не простил того белого коня на параде Победы?..) Да нет, это Берия заморочил ему голову, оклеветал.

А с другой стороны — нашлись в мире антинародные силы, которым выгодно было создать обстановку «холодной войны». Но в Холодной — Жуков был совсем бесполезен, это правда.

Однако в те годы ему бы и в голову не пришло сидеть писать воспоминания: ведь это, как бы, признать конец своей жизни?

А Сталин — не забыл своего оклеветанного, но верного полководца и героя, нет. В 1952 допустил его на съезд партии, и кандидатом в ЦК. И перевёл опять в Москву, и готовил ему какую-то важную должность в новой сложной обстановке.

Но — внезапно скончался...

Вечная память Ему! А обстановка стала — ещё и ещё более сложная. Берия ходил в главарях, но не он один. И Жуков снова стал Главнокомандующим сухопутными войсками и первым заместителем министра обороны.

И прошло ещё два месяца — сильно пригодился Жуков! Вызвали его Хрущёв и Маленков: завтра на Политбюро (теперь его переназвали потише, в Президиум) в повестке дня будет стоять военный вопрос, ты будешь вызван туда — и нужно там же сразу арестовать Берию! Это пока будем знать только мы трое. А ты возьми с собой двух-трёх надёжных генералов, и конечно адъютантов, и оружие.

И в назначенный час сидели в приёмной, ждали вызова (генералы гадали, зачем их позвали, — объяснил им только уже перед входом на заседание, и кому — стоять на дверях с пистолетами). Вошёл, прошагал немного и бегом на Берию! — и за локти его, рывком, медвежьей силой, оторвать от стола: может у него там кнопка, вызвать свою охрану?

И гаркнул на него: «Ты — арестован!!» Доигрался, сволочь. Гад из гадов! (Политбюро сидит, не шелохнется, из них никто б не осмелился.) Тут вспомнил тамбовский приём, как брали в плен «языков»: адъютанту — вынуть у арестованного брючный ремень, тут же отрезать, оторвать пуговицы с брюк, — пусть штаны двумя руками держит. И — увели. В просторном автомобиле положили на пол, закутанного плотно в ковёр, и кляп во рту, — а то ведь охрана ещё остановит машину на выезде из Кремля. Сели четыре генерала в ту же машину — на вахте их только поприветствовали. И отвезли гада в штаб Военного округа, в бункер внутреннего двора, — и ещё подогнали танки с пушками, наведенными на бункер. (А трибунал вести — досталось Коневу.)

Только: и этого сладкого мига — в мемуары не вставишь. Не целесообразно. Не помогает коммунистическому партийному делу. А мы — прежде всего коммунисты.

После этой операции Коллективное Руководство снова призвало Жукова к реальному делу. Вот только когда — стал он министром обороны, во всю силу и власть, Хозяин Армии. И в какой ответственный момент: развитие атомного оружия! (Вместе с Хрущёвым дружески летали в Тоцкие лагеря на Урал, проводили опыт на выживаемость наших войск, 40 тысяч на поле, сразу после атомного взрыва: отработка упреждающего тактического удара против НАТО.) Готовил Армию на великие задачи, хоть и против Америки бы.

Теперь и ездил в Женеву на встречу союзных стран «в верхах». (И встретил там коллегу-Эйзенхауэра: ишь ведь, уже Президент!)

Как бывает в жизни — беда к беде, а счастье к счастью, — тут и женился второй раз, Галина на 31 год моложе. И — ещё одна дочка родилась, уже третья, — да тем дороже, что малышка. Как внучка...

А на Сталина — не осталось зла, нет. Всё перенесенное за последние годы — просто вычеркнул из памяти. Сталин был — великий человек. И — как сработались с ним к концу войны, сколько вместе передумано, решено.

Только — XX съезд партии потряс сознание: сколько же открылось злоупотреблений! сколько! И подумать было немыслимо.

На XX съезде стал — кандидатом в Политбюро.

А вослед Съезду — стали подступать, подступать ко всесильному военному министру некоторые генералы — поодиночке, по два: «Георгий Констиныч, да не нужны нам теперь в армии политотделы, комиссары, они нам только руки связывают. Освободите вы нас от них, сейчас вам никто не посмеет помешать.» — «Да и от смершевцев подковырчивых, от Особотделов тоже! Вполне будет — в духе Съезда.»

Так подступали не один раз — и по-тихому, и в малом застольи (только Жуков никогда не распивался): мол, победила-то Гитлера *русская* армия, а что из нас опять дураков выворачивают? Так не пришла ли пора, Георгий Констиныч...? И даже прямо: мол, сейчас министр Вооружённых Сил — посильней всего Политбюро, вместе взятого. Так что — и...? может быть...?

Жуков даже и задумывался: может, и правда? Сила — вся была у него, и смётка боевая сохранялась, и свалить *этих* всех было, в оперативном смысле, не трудно.

Но — если ты коммунист? Но как можно так настраиваться, если мы в своей Победе обязаны — да, также и политическому аппарату, и смершевскому?

Нет, ребята. Это — не дело.

Но — потекло, и распространилось по Москве, если и не по Армии. И уже на Политбюро Жукова спросили тревожно.

Заверил товарищей:

— Да что вы! Да никогда я не был против института политотделов в Армии. Мы — коммунисты, и останемся ими навсегда.

На том и пережили кризис в умах 1956 года.

Исполнилось Жукову 60 лет — в полном соку, и опять он понадобился, в раздорах самого Коллективного Руководства. Там чуть не все до одного стали против Хрущёва: что он сильно раскомандовался, лезет вместо Сталина — и надо его едва ли не снять. Хрущёв кинулся к Жукову: «Спаси!»

А чтобы спасти — надо было собрать голоса ЦК, потому что в Политбюро Хрущёв был совсем в меньшинстве, а его враги собирать ЦК отказались.

Так это легче лёгкого! Семь десятков военных самолётов послал Жуков и всех членов ЦК доставил мигом в Москву. Ими — Хрущёв и взял перевес. И объявил и проклял антипартийную группировку Молотова-Маленкова-Кагановича и примкнувших, и примкнувших. (И Булганин, и Ворошилов тоже перекинулись к тем.)

Спасши Родину от германского фашизма, и спасши от перерожденца Берии, и спасши от антипартийной группировки — этими одолениями был теперь Георгий Жуков трижды увенчан, достойный, любимый сын Отечества.

И — никак не пришла б ему в голову такая пустячная забава, как писать *Воспоминания*.

Тут как раз надо было ехать с визитом в Югославию и Албанию. Поехал с флотилией в несколько военных кораблей по Чёрному, по Средиземному, по Адриатическому — славно прокатиться с непривычки.

А в Белграде узнал, что в Москве с н я т с поста министра Вооружённых Сил??!

Что это??? Какое-то недоразумение? переназвание, переформировка? будет какой-то иной пост — равноценный или даже поважней?

Защемило сердце. Опустело в груди — и вокруг всё, в этих визитах. Поспешно возвращался с надеждой — объясниться же с Хрущёвым: не может же он настолько не помнить добра — *дважды* спасённый Жуковым?!

А не только не помнил — уже, оказывается, на ЦК и в кремлёвских кругах заявлял: Ж у к о в — о п а с н а я л и ч н о с т ь! Бонапартист! Жуков хочет свергнуть нашу родную советскую власть! Да в Москве прямо с аэроплана — кто же? Конев! сопроводил Жукова в Кремль, и тут же исключили его и из Политбюро и из ЦК.

Из Белграда — ничего было не сделать. А добрался до Москвы — здесь и обезврежен, тут всё сменено, и не осталось линий связи.

Только теперь! теперь задним умом разобрался Георгий Константинович: был он слишком крупная фигура для Хрущёва. Невмоготу было — такого рядом держать.

Где там объясняться: в «Правде» — опять же Конев!! — напечатал гнусную статью против Жукова. Конев! — спасённый Жуковым от сталинского трибунала — вот так же в октябре, в Сорок Первом году.

Такого оскорбления, такого унижения, такой обиды — никогда за весь век не испытывал. (Сталин — тот был законный Хозяин, тот — выше; тот — имел право на Власть, но этот — прыщ кукурузный?!) Так было тяжко — стал глушить себя снотворными: и на ночь снотворное, одно, второе, а утром проснулся — сердце гложет — и опять снотворное. И на ночь — опять. И днём — опять. И так больше недели укачивал себя, чтобы пережить.

Да и на том не кончилось: из Армии выкинули вовсе: в о т с т а в к у. И на том не кончилось: начальником Политуправления Армии-Флота сделал Хрущёв всё того же Голикова, жуковского врага, — и именно Голиков теперь наблюдал, как пресечь все движения опального маршала и все возможные движения неотшатнувшихся друзей — к нему, на всё ту же подмосковную дачу в лесу, в его дом с обессмыслевшей колоннадой. (Да спасибо — дачу-то не отобрали.)

И вот тут — хватил Жукова второй инфаркт (если что-то не хуже).

И поднялся от него — уже не прежним железным. Как-то всё тело и огрузло, и ослабло необратимо. Разрыхлилась и шея. И смяк — на весь мир знаменитый его беспощадный подбородок. И щёки набрякли, и губами стало двигать как-то трудней, неровно.

Одно время круглосуточно дежурили на даче медсёстры.

Теперь остались с Жуковым жена (она врач, и чаще на работе), маленькая дочурка, тёща да старый, ещё с фронта, проверенный шофёр. С интересом и участием следил за отметками, как Машенька стала обучаться в музыкальной школе. (Он и сам всегда мечтал играть на баяне, и после Сталинграда находил время маленько учиться. И сейчас на досуге поигрывал. Хотелось играть «Коробейников», «Байкал» и фронтовую «Тёмную ночь».) Ездил — только на любимую рыбалку. А то всё — на лесном своём участке, гулял, возился с цветами, в непогоду бродил по столовому залу, от огромного дубового буфета — до своего же бюста, работы Вучетича, и модели танка Т-34.

А внешняя жизнь — текла себе как ни в чём не бывало. Печаталась многотомная история Великой Отечественной Войны — но к Жукову не обратились ни разу ни за единой справкой... И само его имя — замалчивали, затирали, сколько могли. И, говорят, — убрали его фотографии из музея Вооружённых Сил. (Кроме Василевского и навещавшего Баграмяна, все отвернулись от Жукова. Ну, Рокоссовского послали возглавлять польскую армию.)

И вот тут-то — многие, многие маршалы и генералы кину-

лись писать свои мемуары и издавать их. И Жуков поражал-
ся их взаимной ревности, как они выставляли себя и старались отобрать честь от соседей, а свои неудачи и промахи —
валить на них же. Так и Конев теперь строчил (или ему писали?) свои воспоминания — и во всём он чистенький, и бессо-
вестно перехватывал себе славу достижений скромного и та-
лантливого Ватутина (убитого бандеровцами). И уж на Жукова, зная, что он беззащитен, кто только не нарекал. Артиллерийский маршал Воронов дошёл до того, что приписал
себе и план операции на Халхин-Голе, и успех её.

И вот тут-то — взялся Жуков и сам воспоминания писать.
(Да без секретарей, своей рукой, медленно выводил, потихо-
нечку. А один бывший офицер-поручанец, спасибо, помогал
проверять даты, факты по военным архивам — самому теперь ехать в архив министерства и неловко, и ещё на отказ
напорешься.)

Да вообще-то военные мемуары — и неизбежная, и нуж-
ная вещь. Вон — немцы сколько уже накатали! вон, и американцы, хотя, по сравнению с нашей, что́ у них была там за
война? Да печатаются воспоминания и наших незатейливых
офицеров, даже младших, и сержантов, и лётчиков — это всё
пригодится. Но вот когда генерал, маршал садится писать —
надо ответственность свою понимать.

Писал — не находил в себе зла и поспешности спорить с
ними всеми. (Да Василевский кой-кого недобросовестного и
отчитал.) Непримиримость — она нужна в боях, не здесь. Не
находил в себе злопамятства ни к Коневу, ни к Воронову.
Протекли и месяцы, и годы опалы — и сердце отошло, уми-
рилось. Однако несправедливостей — нельзя в истории
оставлять. Хоть мягко — но надо товарищей поправить, поставить всё на место. Мягко, чтоб не дать им и дальше страв-
ливаться за делёжкой общего пирога Победы. И в чём сам не
дотянул, не доработал — о том в воспоминаниях тоже не
скрывать. Ибо только на ошибках и могут учиться будущие
генералы. Писать надо — истинную правду.

Хотя и правда — она как-то, с течением истории, неуклон-
но и необратимо меняется: при Сталине была одна, вот при
Хрущёве другая. А о многом — и сейчас говорить преждевре-
менно. Да... Войною — и кончить. Дальше — и не хочется, и
нельзя.

И вдруг вот — скинули пустошлёпа! теперь не нашлось Жукова, чтоб его ещё раз выручить.

Но и положение опального маршала не изменилось в неделю или в месяц: так и висела опала, никем вновь не подтверждаемая (Голикова уже не стало), но и никем же не отменённая: кто первый осмелится на разрешающее слово?

Одно только позволил себе: съездил в Калужскую область, в родную деревню, — очень потянуло, не жил там, считай, полвека. И сильно огорчился: повидал тех, с кем когда-то в молодости танцевал, — все теперь старухи какие же нищие, и деревня как обнищала. «Да что ж вы так бедно живёте?» — «А не велят нам богаче...»

Но придвигалось 20-летие Победы — и новые власти не могли же не пригласить Жукова на торжество в Кремлёвский дворец. Первое за 7 лет его появление на людях. А вослед, неожиданно, — банкет в Доме литераторов. И горячностью приёма от писателей — маршал был и тронут, и поражён. — И ещё раз, в тот же год, позвали его в Дом литераторов снова — на юбилей одного знакомого военного писателя. Пошёл в штатском костюме, посадили в президиуме. А дальше юбилей юбилеем, сторонний гость, но когда в полдюжине речей, без прямой связи, вдруг называли имя Жукова — писательский зал, московская интеллигенция — бурно, бурно аплодировала, а дважды и весь зал вставал.

Вот как!..

Теперь — разрешил себе Жуков и съездить в Подольск, в Центральный архив министерства обороны, и полистать кой-какие документы военных лет, и свои собственные приказы. Да теперь — и архивисты нашлись ему в помощь. Теперь — и на его опальную, всеми забытую дачу посочились то корреспонденты, то киношники — и приехала женщина от какого-то издательства АПН заключать договор на его мемуары, и чтоб он кончил за полгода (да он уже и дописал до Берлина). Могла бы выйти книга к его 70-летию, и чтоб отдать им всё распространение за границей? Ну, пожалуйста.

Ещё вот недавно — никто и не спрашивал его об этих листах воспоминаний, никто почти и не знал — а теперь они понадобились, да скорей, да — сразу на весь мир!

Теперь — гнать, к сроку? А эта раздумчивая, перебирательная работа за письменным столом — она совсем не для профессионального воина. Кажется, легче дивизию двинуть на пять километров вперёд, чем пером вытащить иную строчку.

Но зачастила редакторша — одна, другая. Они — и магнитофон предлагают; у них и все слова наготове, и целые фразы, и очень хорошо звучат. Например: «Партийно-политическая работа являлась важнейшим условием роста боеготовности наших рядов.» Сперва это вызывает у тебя некоторое сопротивление: ты-то сам составлял боеготовность сколько раз, знаешь, из чего она. А постепенно вдумаешься: политическая работа? Ну, не самым важным, но, конечно, одним из важнейших. Или: «Партийные и комсомольские организации отдали много душевных сил, чтобы поднять боевое состояние войск.» Вдуматься — и это тоже правда, и не противоречит оперативным усилиям командования. — А ещё приносят из архивов материалы, которых ты сам никогда не контролировал и не в состоянии проверить теперь. Вот, стоит чёрным по белому в донесениях политотделов: «За 1943 год наши славные партизаны подорвали 11 тысяч немецких поездов.» К а к это может быть?.. Но в конце концов не исключено: может, частично подорваны, где — отдельные вагоны, где колесо, где тамбур.

А попросил АПН узнать в КГБ: нельзя ли посмотреть, какие доклады подавали Берия и Абакумов на маршала? Узнали: как раз эти папки — все уничтожены как не имеющие исторического значения.

Зато вот что узнал: уже напечатано, и изрядно давно, нашей бывшей в Берлине армейской переводчицей, что она в мае 1945 в имперской канцелярии участвовала в опознании — по зубным протезам — найденного трупа Гитлера. К а к? Разве труп Гитлера вообще нашли? Жуков, Главнокомандующий, победитель Берлина, — ни тогда, ни потом ничего об этом не знал! Ему тогда сказали, что только труп Геббельса нашли. Он так и объявил в Берлине тогда, а о Гитлере, мол, ничего неизвестно. И в каких же он теперь дураках? Его подчиненные секретно доложили о находке прямо Сталину, помимо Жукова, — как же смели? А Сталин — не только Жукову не открыл, но в июле 1945 сам же и спрашивал: а не знает ли Жуков, где же Гитлер?..

Ну, такого вероломства — и такого непонятного — Жуков и представить не мог.

А думал, что за годы войны — хорошо, хорошо узнал Сталина...

И — как же теперь об этом признаться в мемуарах?.. Да это будет и политически неправильно.

Ещё этот обман тяжело пережил. (Ещё и эту переводчицу просил достать документы, которых сам не мог.)

А в члены ЦК Жукова так и не вернули. (Говорили: Суслов против.)

Но Конев — приехал как-то. Повиниться.

Через труд душевный — а простил его.

Хорошо ли, плохо, — рукопись сдал издательству в обещанный срок. Ну, куда там до книги! теперь это АПН создало группу консультантов — «для проверки фактов». И они, месяц за месяцем, вносили *предложения*, новые формулировки, 50 машинописных страниц замечаний.

Куда уж теперь дождаться выхода книги к 70-летию! Работа потянулась — и за, и за... Много пришлось убирать, переделывать. Характеристики Тухачевского, Уборевича, Якира, Блюхера — все убрать. Вот ещё новое: не сам ты пишешь, что на сердце, — а что *пройдёт? пропустят* или не пропустят? Что своевременно — а что несвоевременно? (Да и сам же ты соглашаешься: да, верно. Так.)

Раньше писал просто сам для себя, тихо, покойно. А теперь — уже так загорелось книгу увидеть в печати! И — уступал, и переделывал. И промытарились с этими редакторами два с половиной года — а книги всё нет как нет. Тут стало известно, что почему-то и Политуправление армии и новоявленный маршал Гречко — против этих мемуаров. Но Брежнев пошёл навстречу, положил резолюцию: «создать авторитетную комиссию для контроля содержания».

Между тем на свой месяц декабрь (и родился, и под Москвой победил) поехал Георгий Констиныч в санаторий Архангельское с Галей. А там — ударил его тяжёлый инсульт.

Долго отходил. Поднялся — но ещё менее прежний. Сперва — вообще не мог ходить без посторонней помощи. Массажи да лечебная гимнастика стали занимать больше половины дня. Ещё и воспаление тройничного нерва.

И плохо с головой.

Как-то и обезразличела уже будущая книга. А всё-таки хотелось и дожить.

Тем летом — наши вошли в Чехословакию. И правильно сделали: нельзя было такой разгул оставлять.

Тревоги Родины и всегда волновали Жукова больше, чем свои.

А в военном смысле — первоклассно провели операцию. Хорошо-хорошо, школа наша сохраняется.

Кончился и третий год редактуры. И передали откровенно: Леонид Ильич пожелал, чтоб и он был упомянут в воспоминаниях.

Вот тебе так... И что ж о том политруке Брежневе *вспомнить*, если в военные годы с ним никогда не встречался, ни на том крохотном плацдармике под Новороссийском.

Но книгу надо спасать. Вставил две-три фразы.

После того Брежнев *сам* разрешил книгу.

И в декабре же опять, но в жуковские 72 года, её подписали к печати.

Радоваться? не радоваться?

В глубоком кресле осев, утонув в бессилие — сидел. И вспомнил — вспомнил бурные аплодисменты в Доме литераторов — всего три года назад? Как зал — вставал, вставал, как впечатывали ладонями его бессмертную славу.

Аплодисменты эти — были как настойчивый повтор тех генеральских закидов и надежд, сразу после XX съезда.

Защемило. Может быть, ещё *тогда*, ещё тогда — надо было решиться?

О-ох, кажется — дурака-а, дурака свалял?..

1994–1995

Ой Курвы ну и
Курвы ну и мразь!
70 лет! Ужас!
Е.У.N.

МОЛОДНЯК

1

Шёл экзамен по сопромату. Анатолий Павлович Воздвиженский, инженер и доцент мостостроительного факультета, видел, что студент Коноплёв сильно побурел, сопел, пропускал очередь идти к столу экзаменатора. Потом подошёл тяжёлым шагом и тихо попросил сменить ему вопросы. Анатолий Павлович посмотрел на его лицо, вспотевшее у низкого лба, беспомощный просительный взгляд светлых глаз — и сменил.

Но прошло ещё часа полтора, ответило ещё несколько, уже сидели-готовились последние с курса четверо — и среди них Коноплёв, кажется ещё бурей — а всё не шёл.

И так досидел до последнего. Остались они в аудитории вдвоём.

— Ну что же, Коноплёв, дальше нельзя, — не сердито, но твёрдо сказал Воздвиженский. Уже понятно было, что этот — ни в зуб не знает ничего. На листе его были какие-то каракули, мало похожие на формулы, и рисунки, мало похожие на чертежи.

Широкоплечий Коноплёв встал, лицо потное. Не пошёл отвечать к доске, а — трудным переступом до ближайшего стола, опустился за ним и простодушно, простодушно:

— Анатолий Палыч, мозги пооблома́ются от такой тяготы.

— Так надо было заниматься систематически.

— Анатолий Палыч, какой систематически? Ведь это по кажному предмету в день наговорят, и кажный день. Поверьте, не гуляю, и ночи сижу — в башку не лезет. Кабы помене сообщали, полегонечку, а так — не берёт голова, не приспособлена.

Глаза его глядели честно, и голос искренний, — не врал он, на гуляку не похож.

— Вы с рабфака пришли?

— Ага.

— А на рабфаке сколько учились?

— Два года ускоренно.

— А на рабфак откуда?

— С «Красного Аксая». Лудильщиком я был.

Широкий крупный нос, и всё лицо с широкой костью, губы толстые.

Не в первый раз задумался Воздвиженский: зачем вот таких мучают? И лудил бы посуду дальше, на «Аксае».

— Сочувствую вам, но сделать ничего не могу. Должен ставить «неуд».

А Коноплёв — не принял довода, и не выдал из кармана зачётную книжку. Но обе кисти, как лапы, приложил к груди:

— Анатолий Палыч, мне это никак не возможно! Одно — что стипендию убавят. И по комсомолу прорабатывать будут. Да мне всё равно сопромата не взять ни в жисть. Да я и так всковырнутый, не в своём седле, — а куды я теперь?

Да, это было ясно.

Но ведь и у многих рабфаковцев тоже жизнь «всковырнутая». Что-то же думала власть, когда потянула их в ВУЗы. Наверно ж и такой вариант предусматривался. Администрация и открыто указывает: к рабфаковцам требования смягчать. Политика просвещения масс.

Смягчать — но не до такой же степени? Прошли сегодня и рабфаковцы, Воздвиженский и был к ним снисходителен. Но — не до абсурда же! Как же ставить «уд», если этот — не знает вообще ничего? Что ж остаётся от всего твоего преподавания, от всего смысла? Начни он инженерствовать — быстро же обнаружится, что сопромата он и не нюхал.

Сказал раз: «никак не могу». Сказал два.

А Коноплёв молил, чуть не слеза на глазу, трудная у такого неотёсы.

И подумал Анатолий Павлович: если политика властей такая настойчивая, и понимают же они, что делают, какую нелепость, — почему моя забота должна быть больше?

Высказал Коноплёву назидание. Посоветовал, как менять занятия; как читать вслух для лучшего усвоения; какими средствами восстанавливать мозговые силы.

Взял его зачётку. Глубоко вздохнул. Медленно вывел «уд» и расписался.

Коноплёв просиял, вскочил:

— Вовек вам не забуду, Анатолий Палыч! Другие предметы может и вытяну — а сопромат уж дюже скаженный.

Институт путей сообщения стоял за окраиной Ростова, домой Анатолию Павловичу ещё долго было ехать.

В трамвае хорошо было заметно, как попростел вид городской публики от прежнего. На Анатолии Павловиче костюм был и скромный, и далеко не новый, а всё-таки при белом воротничке и галстуке. А были в их институте и такие профессора, кто нарочито ходил в простой рубахе навыпуск, с пояском. А один, по весне, и в сандальях на босу ногу. И это никого уже не удивляло, а было — именно в цвет времени. Время — текло так, и когда нэпманские дамы разодевались — так это всех уже раздражало.

Домой поспел Анатолий Павлович как раз к обеденному часу. Жена его кипучая, солнышко Надя, была сейчас во Владикавказе у старшего сына, только что женатого, и тоже путейца. Кухарка приходила к Воздвиженским три раза в неделю, сегодня не её день. Но Лёлька оживлённо хлопотала, чтобы накормить отца. И квадратный их дубовый стол уже накрыла, с веткой сирени посередине. И к ежедневной непременной серебряной рюмочке несла с ледника графинчик водки. И разогрела, вот наливала, суп с клёцками.

В школе, в 8-й группе, училась она прекрасно — по физике, химии, математике, выполняла черчение превосходно, и как раз бы ей в институт, где отец. Но ещё четыре года назад, постановлением 1922 года, положено было фильтровать поступающих, строго ограничивать приём лиц непролетарского происхождения, и абитуриенты без командировки от партии или комсомола должны были представлять свидетельства о политической благонадежности. (Сын успел поступить на год раньше.)

Не забывалась, лежала осадком в душе эта сегодняшняя натяжка в зачётке.

Расспрашивал Лёлю про школу. Вся их девятилетка («имени Зиновьева», но это стёрли с вывески) ещё была сотрясена недавним самоубийством: за несколько месяцев до окончания школы повесился ученик 9-й группы Миша Деревянко. Похороны — скомкали, сразу начались по всем группам собрания, *проработки*, что это — плод буржуазного индивидуализма и бытового упадочничества: Деревянко — это ржавчина, от которой надо очищаться всем. А Лёля и её две подруги уверенно считали, что Мишу затравила школьная комсомольская ячейка.

Сегодня она с тревогой добавляла, что уже не слух, а несомненность: всеми обожаемого директора школы Малевича, старого гимназического учителя, как-то продержавшегося эти все годы и своей светлой строгостью ведшего всю школу в струне, — Малевича будут *снимать*.

Бегала Лёля к примусу за бефстрогановым, потом пили чай с пирожными.

Отец с нежностью смотрел на дочь. Она так гордо вскидывала голову со вьющимися каштановыми волосами, избежавшими моды короткой стрижки, так умно смотрела и, примарщивая лоб, суждения высказывала чётко.

Как часто у девушек, лицо её содержало прекрасную загадку о будущем. Но для родительского взгляда загадка была ещё щемительней: разглядеть в этом никому не открытом будущем — венец или ущерб стольких лет взроста её, воспитания, забот о ней.

— А всё-таки, всё-таки, Лёленька, не избежать тебе поступать в комсомол. Один год остался, нельзя тебе рисковать. Ведь не примут — и я в своём же институте не смогу помочь.

— Не хочу!! — тряхнула головой, волосы сбились. — Комсомол — это гадость.

Ещё вздохнул Анатолий Павлович.

— Ты знаешь, — мягко внушал, да, собственно, вполне верил и сам. — У новой молодёжи — у неё же есть, наверно, какая-то правда, которая нам недоступна. Не может её не быть.

Не заблуждались же три поколения интеллигенции, как мы будем приобщать народ к культуре, как развяжем народную энергию. Конечно, не всем по силам это поднятие, этот прыжок. Вот, они измучиваются мозгами, шатаются душой —

трудно развиваться вне потомственной традиции. А надо, надо помогать им выходить на высоту и терпеливо переносить их порой неуклюжие выходки.

— Но, согласись, и оптимизм же у них замечательный, и завидная сила веры. И в этом потоке — неизбежно тебе плыть, от него не отстать. А иначе ведь, доченька, можно, и правда, всю, как говорится, Эпоху пропустить. Ведь созидается — пусть нелепо, неумело, не сразу — а что-то грандиозное. Весь мир следит, затая дыхание, вся западная интеллигенция. В Европе ведь тоже не дураки.

Удачно свалив сопромат, Лёшка Коноплёв с охоткой подъединился к товарищам, шедшим в тот вечер в дом культуры Ленрайсовета. Собирали не только комсомольцев, но и желающий беспартийный молодняк: приезжий из Москвы читал лекцию «О задачах нашей молодёжи».

Зал был человек на шестьсот и набился битком, ещё и стояли. Много красного было: сзади сцены два распущенных, внаклон друг ко другу знамени, расшитых золотом; перед ними на стояке — большой, по грудь, Ленин бронзового цвета. И на шеях у девушек красные косынки, у кого и головные повязки из красной бязи; и пионерские красные галстуки — на пионервожатых, а некоторые привели с собой и по кучке старших пионеров, те и сидели возле своих вожаков.

Вот как: сплочённо, тесно дружим мы тут, молодые, хотя б и незнакомые: это — м ы, тут — все н а ш и, все мы заодно. Как говорят: строители Нового мира. И от этого у каждого — тройная сила.

Потом на передок помоста вышли три горниста, тоже с красными салфетными привесками к горнам. Стали в разрядку — и прогорнили сбор.

Как хлыстом, ещё взбодрили этими горнами! Что-то было затягивающее в таком торжественном слитии: красных знамён под углом, бронзового Ильича, посеребрённых горнов, резких звуков и гордой осанки горнистов. Обжигало строгим кличем — и строгим клятвенным обещанием.

Ушли горнисты таким же строевым шагом — и на сцену выкатился лектор — низенький, толстенький, с подвижными руками. И стал не по бумажке, а из головы быстро, уверенно, настойчиво говорить позадь своей стоячей трибунки.

Сперва о том, как великая полоса Революции и Гражданской войны дала молодёжи бурное содержание — но и отучила от будничного.

— Этот переход трудно дался молодняку. Эмоции специфического материала революции особенно больно бьют по переходному возрасту. Некоторым кажется: и веселей было бы, если бы снова началась настоящая революция: сразу ясно, что делать и куда идти. Скорей — нажать, взорвать, растрясти, а иначе не стоило и Октября устраивать? Вот — хоть бы в Китае поскорей революция, что она никак не разразится? Хорошо жить и бороться для Мировой Революции — а нас ерундой заставляют заниматься, теоремы по геометрии, при чём тут?..

Или по сопромату. Правда, куда бы легче застоялые ноги, руки, спину размять.

Но — нет, уговаривал лектор, и выходил из-за трибунки, и суетился поперек сцены, сам своей речью шибко увлечённый.

— Надо правильно понять и освоить современный момент. Наша молодёжь — счастливейшая за всю историю человечества. Она занимает боевую, действенную позицию в жизни. Её черты — во-первых, безбожие, чувство полной свободы ото всего, что вненаучно. Это развязывает колоссальный фонд смелости и жизненной жадности, прежде пленённых боженькой. Во-вторых, её черта — авангардизм и планетаризм, опережать эпоху, на нас смотрят и друзья и враги.

И озирался кругленькой головой, как бы оглядывая этих друзей и особенно врагов со всех заморских далей.

— Это — смерть психологии «со своей колокольни», каждая деталь рассматривается нашим молодняком обязательно с мировой точки зрения. В-третьих — безукоризненная классовость, необходимый, хотя и временный, отказ от «чувства человеческого вообще». Затем — оптимизм!

Подошёл к переднему обрезу помоста и, не боясь свалиться, переклонился, сколько мог, навстречу залу:

— Поймите! Вы — самая радостная в мире молодёжь! Какая у вас стойкость радостного тонуса!

Опять пробежался по сцене, но сеял речь без задержки:

— Потом у вас — жадность к знанию. И научная организация труда. И тяга к рационализации также и своих биологических процессов. И боевой порыв — и какой! И ещё — тяга к вожачеству. А от вашего органического классового братства — у вас коллективизм, и до того усвоенный, что коллектив вмешивается даже и в интимную жизнь своего сочлена. И это — закономерно!

Хоть лектор чудаковато держался — а никто и не думал смеяться. И друг с другом не шептались, слушали во все уши. Лектор — помогал молодым понять самих себя, это полезное дело. А он — и горячился, и поднимал то одну короткую руку, а то и две — призывно, для лучшего убеждения.

— Смотрите, и в женском молодняке, в осознании мощи творимого социализма... Женщина за короткий срок приобрела и лично-интимную свободу, половое освобождение. И она требует от мужчины пересмотра отношений, а то и сама сламывает мужскую косность рабовладельца, внося революционную свежесть и в половую мораль. Так и в области любви ищется и находится революционная равнодействующая: переключить биоэнергетический фонд на социально-творческие рельсы.

Кончил. А не устал, видно привычно. Пошёл за трибунку:

— Какие будут вопросы?

Стали задавать вопросы — прямо с места или записочками, ему туда подносили.

Вопросы пошли — больше о половом освобождении. Один, Коноплёву прямо брат: что это легко сказать — «в два года вырастать на десятилетие», но от такого темпа мозги рвутся.

А потом и пионеры осмелели и тоже задавали вопросы:

— Может ли пионерка надевать ленточку?

— А пудриться?

— А кто кого должен слушаться: хороший пионер плохого отца — или плохой отец хорошего пионера?..

2

Уже в Двадцать Восьмом году «Шахтинское дело», так близкое к Ростову, сильно напугало ростовское инженерство. Да стали *исчезать* и тут.

К этому не сразу люди привыкали. До революции арестованный продолжал жить за решёткой или в ссылке, сносился с семьёй, с друзьями, — а теперь? Провал в небытие...

А в минувшем Тридцатом, в сентябре, грозно прокатился

приговор к расстрелу 48 человек — «вредителей в снабжении продуктами питания». Печатались «рабочие отклики»: «вредители должны быть стёрты с лица земли!», на первой странице «Известий»: «раздавить гадину!» (сапогом), и пролетариат требовал наградить ОГПУ орденом Ленина.

А в ноябре напечатали обвинительное заключение по «делу Промпартии» — и это уже прямо брало всё инженерство за горло. И опять в газетах накатывалось леденяще: «агенты французских интервентов и белоэмигрантов», «железной метлой очистимся от предателей!».

Беззащитно сжималось сердце. Но и высказать страх — было не каждому, а только кто знал друг друга хорошо, как Анатолий Павлович, вот, лет десять, Фридриха Альбертовича.

В день открытия процесса Промпартии была в Ростове и четырёхчасовая демонстрация: требовали всех тех расстрелять! Гадко было невыносимо. (Воздвиженский сумел увернуться, не пошёл.)

День за днём — сжатая, тёмная грудь, и нарастает обречённость. Хотя: за ч т о б ы?.. Всё советское время работали воодушевлённо, находчиво, с верой — и только глупость и растяпство партийных директоров мешали на каждом шагу.

А не прошло двух месяцев от процесса — ночью за Воздвиженским *пришли*.

Дальше потянулся какой-то невмещаемый кошмарный бред — и на много ночей и дней. От раздевания наголо, отрезания всех пуговиц на одежде, прокалывания шилом ботинок — до каких-то подвальных помещений без всякого проветривания, с парким продышанным воздухом, без единого окна, но с бутылочно непроглядными рамками в потолке, никогда не день, в камере без кроватей, спали на полу, по цементу настланные и не согнанные воедино доски, все одурённые без сна от ночных допросов, кто избит до синяков, у кого кисти прожжены папиросными прижигами, одни в молчании, другие в полубезумных рассказах, — Воздвиженский ни разу никуда не вызван, ни разу никем не тронут, но уже и с косо сдвинутым сознанием, не способный понять происходящее, хоть как-то связать его с прежней — ах, какой же невозвратимой! — жизнью. По нездоровью не был на германской войне, не тронули его и в гражданскую, бурно перетекавшую через Ростов–Новочеркасск, четверть века размеренной умственной работы, а теперь вздрагивать при каждом открытии двери, дневном и ночном, — вот вызовут? Он не был, он не был готов выносить истязания!

Однако — не вызывали его. И удивлялись все в камере — в этом, как стало понятно, подземном складском помещении, а бутылочные просветы в потолках — это были куски тротуара главной улицы города, по которому наверху шли и шли беспечные пешеходы, ещё пока не обречённые сюда попасть, а через землю передавалась дрожь проходящих трамваев.

Не вызывали. Все удивлялись: новичков-то — и тягают от первого взятия.

Так может, и правда, ошибка? Выпустят?

Но на какие-то сутки, счёт им сбился, — вызвали, «руки назад!», и угольноволосый надзиратель повёл, повёл ступеньками — на уровень земли? и выше, выше, на этажи, всё прищёлкивая языком, как неведомая птица.

Следователь в форме ГПУ сидел за столом в затенённом углу, его лицо плохо было видно, только — что молодой и мордатый. Молча показал на крохотный столик в другом углу, по диагонали. И Воздвиженский оказался на узком стуле, лицом к дальнему пасмурному окну, лампа не горела.

Ждал с замиранием. Следователь молча писал.

Потом строго:

— Расскажите о вашей вредительской деятельности.

Воздвиженский изумился ещё больше, чем испугался.

— Ничего подобного никогда не было, уверяю вас! — Хотел бы добавить разумное: как может *инженер* что-нибудь портить?

Но после Промпартии?..

— Нет, расскажите.

— Да ничего не было и быть не могло!

Следователь продолжал писать, всё так же не зажигая лампу. Потом, не вставая, твёрдым голосом:

— Вы повидали в камере? Ещё не всё видели. На цемент — можно и без досок. Или в сырую яму. Или — под лампу в тысячу свечей, ослепнете.

Воздвиженский еле подпирал голову руками. И — ведь всё сделают. И — как это выдержать?

Тут следователь зажёг свою настольную лампу, встал, за-

жёг и верхний свет и стал посреди комнаты, смотрел на подследственного.

Несмотря на чекистскую форму — очень-очень простое
было у него лицо. Широкая кость, короткий толстый нос,
губы крупные.

И — новым голосом:

— Анатолий Палыч, я прекрасно понимаю, что вы ничего
не вредили. Но должны и вы понимать: *отсюда* — никто не
выходит оправданный. Или пуля в затылок или срок.

Не этим жестоким словам — изумился Воздвиженский
доброжелательному голосу. Вперился в следовательское
лицо — а что-то, что-то было в нём знакомое. Простодушное.
Когда-то видел?

А следователь стоял так, освещённый, посреди комнаты.
И молчал.

Видел, видел. А не мог вспомнить.

— Коноплёва не помните? — спросил тот.

Ах, Коноплёв! Верно, верно! — тот, что сопромата не
знал. А потом исчез куда-то с факультета.

— Да, я не доучивался. Меня по комсомольской разнаряд-
ке взяли в ГПУ. Уже три года я тут.

И — что ж теперь?..

Поговорили немного. Совсем свободно, по-людски. Как в
той жизни, до кошмара. И Коноплёв:

— Анатолий Палыч, у ГПУ ошибок не бывает. Просто так
отсюда никто не выходит. И хоть я вам помочь хочу — а не
знаю как. Думайте и вы. Что-то надо сочинить.

В подвал Воздвиженский вернулся с очнувшейся надеждой.
Но — и с кружением мрака в голове. Ничего он не мог *со-
чинять*.

Но и ехать в лагерь? На Соловки?

Поразило, согрело сочувствие Коноплёва. В *этих* стенах?
на таком месте?..

Задумался об этих рабфаковцах-выдвиженцах. До сих пор
замечалось иное: самонадеянный, грубый был над Воздвиженским по его инженерной службе. И в школе, которую
Лёлька кончала, вместо сменного тогда даровитого Малевича назначили тупого невежду.

А ведь задолго до революции и предчувствовали, проро-
чили поэты — этих будущих *гуннов*...

Ещё три дня в подуличном подвале, под стопами неведаю-
щих прохожих — и Коноплёв вызвал снова.

Только Воздвиженский ничего ещё не придумал — сочинить.

— А — надо! — внушал Коноплёв. — Деться вам некуда. Не вынуждайте меня, Анатоль Палыч, к *мерам*. Или чтоб следователя вам сменили, тогда вы пропали.

Пока перевёл в камеру получше — не такую сырую и спать на нарах. Дал табаку в камеру и разрешил передачу из дому.

Радость передачи — даже не в продуктах и не в чистом белье, радость, что домашние теперь знают: *здесь!* и жив. (Подпись на списке передачи отдают жене.)

И опять вызывал Коноплёв, опять уговаривал.

Но — как наплевать на свою двадцатилетнюю увлечённую, усердную работу? Просто — на самого себя, в душу себе?

А Коноплёв: без *результата* следствие вот-вот отдадут другому.

А ещё в один день сказал:

— Я придумал. И согласовал. Путь освобождения есть: вы должны подписать обязательство давать нам нужные сведения.

Воздвиженский откинулся:

— Как может... ? Как... такое?! И — какие сведения я вам могу давать?

— А об настроениях в инженерной среде. Об некоторых ваших знакомых, вот например о Фридрихе Вернере. И ещё там есть на списке.

Воздвиженский стиснул голову:

— Но этого — я н е м о г у!!

Коноплёв качал головой. Да просто — не верил:

— Значит — в лагеря? Имейте в виду: и дочку вашу с последнего курса выгонят как классово чуждую. И может быть — конфискация имущества, квартиры. Я вам — добро предлагаю.

Анатолий Павлович сидел, не чувствуя стула под собой и как потеряв зрение, не видя и Коноплёва.

Упал головой на руки на столик — и заплакал.

Через неделю его освободили.

1993

НАСТЕНЬКА

1

Родители Настеньки умерли рано, и с пяти лет воспитывал её дедушка, к тому времени тоже вдовец, отец Филарет. В его доме, в селе Милостайки, девочка и жила до двенадцати лет, сквозь германскую войну и революцию. Дед и стал ей за отца, за родителей, его седовласая голова с проницательным, светлым, а к ней и нежным взглядом вступила в детство её как главный неизменный образ, — все остальные, и две тёти, уже потом. От деда усвоила она и первые молитвы, и наставления к поведению в жизни. С любовью ходила на церковные службы, и стояла на коленях, и в погожие утра засматривалась, как солнечные лучи бьют через оконца купола, а сквозь них с верхнего свода низзирал — со строгостью, но и с милостью — Всевышний. А в одиннадцать лет, на Николу вешнего, Настенька одна, через поля, за 25 вёрст, ходила пешком в монастырь. На исповедях изыскивала она, в чём бы повиниться, и жаловалась, что не найти ей тех грехов, — а отец Филарет, через наложенную епитрахиль, наговаривал:

— А ты, девочка, кайся и вперёд. Кайся — и вперёд, грехов ещё будет, бу-удет.

А время быстро менялось. У отца Филарета отняли 15 десятин церковной руги, дали 4 гектара по числу едоков, с двумя тётями. Но чтоб обрабатывали своими руками, а то и эту отнимут. А в школе на Настеньку стали коситься, и ученики кликали её «поповской внучкой». Но и школу в Милостайках вскоре вовсе закрыли. Учиться дальше — приходилось расстаться и с домом, и с дедом.

Переехала Настенька за 10 вёрст в Черенчицы, где они, четыре девочки, сняли квартиру. В той школе мальчики были обидчики: в узком коридоре становились с двух сторон и ни одной девочки не пропускали, не излапав. Настя круто вернулась во двор, наломала колючих веток акации, смело пошла и исхлестала мальчишек, кто тянулся. Больше её не трогали. Да была она рыжая, веснущатая и считалась некрасивая. (А если в книге какой читала про любовь, то волновалась смутно.)

А двум тётям её — тёте Ганне и тёте Фросе — не виделось никакого пути в жизни, как и вовсе поповским дочкам. Как раньше дядя Лёка купил себе справку, что он — сын крестьянина-бедняка, и скрылся далеко, — так теперь и тётя Фрося уехала в Полтаву, надеясь там переменить своё *соцпроисхождение*. А у тёти Ганны был жених, в Милостайках же, тут бы она и осталась, — да вдруг случайно узнала в городской больнице, что подруга её сделала аборт от её жениха. Тётя Ганна вернулась домой как мёртвая — и в неделю, со злости, вышла замуж за одного красноармейца-коммуниста из стоявших тогда в их доме на постое. Вышла — как? зарегистрировалась и уехала с ним в Харьков. А сокрушённый отец Филарет с амвона проклял дочь, что не венчалась. Остался он в доме вовсе один.

Прошла ещё зима, Настенька кончила семилетку. И что теперь дальше, куда же? Тётя Ганна между тем хорошо устроилась: заведующей детским домом под самым Харьковом, а с мужем рассорилась, разошлась, хотя он стал на большом посту. И позвала племянницу к себе. Провела Настенька последнее лето у дедушки. По завету его взяла бумажную иконку Спаса — «доставай и молись!»; скрыла в конверте, ещё в тетради: открыто там не придётся. И с осени уехала к тёте.

А та — уже набралась ума: «Теперь — куда тебе? На кирпичный завод? или уборщицей? Другого хода нет у тебя, как поступать в комсомол. Вот тут у меня и поступишь.» Пока пристроила помощницей воспитательницы, возиться с ребятишками, — это Настеньке очень понравилось, да только место временное. Но уже надо было: всё *правильное* говорить детям, не ошибаться, и самой готовиться в комсомол. А ещё была у них комсомолка пионервожатая Пава, всегда носила с собой красный том Маркса-Энгельса, не расставалась. Но и хуже, мерзейшие книжки у неё были, и между ними роман какой-то о католическом монастыре в Канаде: как сперва девушек готовят к посвящению, а перед самым — заводят на ночь в келью, а там уже здоровенный монах — и ухватывает её в постель. А потом утешает: «Это тебе — для знания. Тело наше — всё равно погибнет, спасать надо не тело, а душу.»

Этого быть не могло, это ложь! Или — за океаном? Но Пава твердила уверенно, будто знает, что и в русских монастырях — всё на лжи.

Как гадко было решаться на комсомол: и там вот тоже так будут насмехаться? и такие же Павы?

Но тётя Ганна настаивала и внушала: да пойми, нет тебе другого хода, кроме комсомола. А иначе — хоть вешайся.

Да, жизнь сходилась всё уже, всё неуклонней... В комсомол?

И однажды поздно вечером, когда никто не видел, Настя вынула иконку Христа, приникла к ней прощальным и раскаянным поцелуем. И порвала мелко-мелко, чтобы по обрывкам было не понять.

А 21 января была первая годовщина смерти Ленина. Над ~~1925г~~ их детским домом шеф был — совнарком Украины, и на торжественный сбор пришёл сам Влас Чубарь. Сцена была в красном и чёрном, и перед большим портретом Ильича ребятишек, поступающих в пионеры, переименовывали из Мишек и Машек — в Кимов, Владленов, Марксин и Октябрин, ребятишки сияли от радости переменить имя, повторяли своё новое.

А Настя — Настя приняла комсомольскую клятву.

Ещё до конца весны она побыла при детском доме, но не было ей штатного места тут. И тётя Ганна схлопотала ей место избача — заведовать избой-читальней в селе Охочьем. И через районное село Тарановку — Настя, ещё не исполнилось ей шестнадцати, потряслась туда на телеге со своим малым узелком.

Свою избу-читальню она застала грязной комнатой, под

одной крышей с сельсоветом. Подторкнула подол — стала пол мыть, и всё надо было вытереть, вымыть, повесить на стену портрет Ленина и зачем-то приданную к избе винтовку без затвора. (А тут как раз наехал предрайисполкома высокий чёрно-жгучий Арандаренко — и даже ахнул, какую Настя чистоту навела, похвалил.) А ещё были в избе-читальне — брошюры и приходила газета «Беднота». Газетку почитать — захаживали разве два-три мужика (да и — как бы унести её на раскурку), а брошюр никто никогда не брал ни одной.

А — где же ей жить? председатель сельсовета Роман Корзун сказал: «Тебе отдаляться опасно, подстрелить могут», — и поселил в реквизированном у дьякона полдоме, близко к сельсовету.

Настя и не сразу поняла, почему опасно: а потому что она теперь была — из самой заядлой советской власти. Тут подходил Иванов день, храмовый праздник в Охочьем, и ярмарка, и ждали много съезжих. И комсомольская их ячейка прорепетировала антирелигиозную пьесу и на праздник показывала её в большом сарае. Там и пелось:

> Не целуй меня взасос,
> Я не Богородица:
> От меня Исус Христос
> Никогда не родится.

Сжималось сердце — унижением, позором.

И что ещё? — в доме дьякона вся семья смотрела теперь на Настю враждебными глазами — а она не решалась им объяснить и открыться! — да не станет ли ещё и хуже? Она тихо обходила дом на своё крыльцо. Но тут Роман — он хоть и за тридцать лет, а был холостой или разведённый — заявил, что первую проходную комнату берёт себе, а Настя будет жить во второй.

Только между комнатами — полной двери не было, лишь занавеска.

Да Насте было не в опаску — Корзун уже старый, да и начальник, она шла к себе, ложилась и книжку читала при керосиновой лампе. Но через день он уже стал ворчать: «Не люблю этих сучек городских, каждая из себя целку строит.» А вечер на третий, она опять лежала-читала, — Корзун бесшумно подступил к проёму, вдруг откинул занавеску и — бросился на неё. Сразу обе руки её подвернул, а чтоб не крикнула — рот залепил ей своим полыхающим ртом.

Не шевельнёшься. Да — оглушённая. И мокрый он от пота, противно. И — вот как это всё, значит?

А Роман увидел кровь — изумился: у комсомолки?! И прощенья просил.

А ей теперь — в тазике всё отстирать, чтоб дьяконова семья не видела.

Но ещё в ту же ночь он снова к ней прилакомился, и снова, и обцеловывал.

А Настя была как по голове ударенная, и совсем без сил.

И теперь каждый вечер не он к ней — а звал её, и она почему-то покорно шла. А он долго её не отпускал, в перерывах ещё выкуривая по папироске.

И в эти самые дни она услышала и захолонула: что по Охочьему гуляет сифилис.

А если — и он??

Но не смела спросить прямо.

И долго ли бы так тянулось? Корзун был завладный, ненасытный. И так однажды под утро, уже при свете, он спал, а она нет — и вдруг увидела, что в окно заглядывает плюгавый секретарь сельсовета, наверно пришёл срочно Корзуна вызывать — но уже увидел — и увидел, что она его видит, — и мерзко, грязно ухмыльнулся. И даже ещё постоял, посмотрел, тогда ушёл, не постучавши.

И эта бесовская усмешка секретаря — проколола, прорезала всё то оглушенье, одуренье, в котором Настя прожила эти недели. Не то, что будет теперь разбрёхивать по всему селу, — а от одной только этой усмешки позор!

Выерзнула, выерзнула — Роман так и не проснулся. Тихо собрала все свои вещички, такой же малый узелок, как и был, тихо вышла, ещё и спали в селе, — и ушла по дороге в район, в Тарановку.

Тихое, тёплое было утро. Выгоняли скот. Щёлкнет бич пастуха, а ещё не прогрохочет бричка, нигде не взнимется дорожная пыль, так и лежит бархатом под ногами. (Напомнило ей то утро, как она шла когда-то в монастырь.)

Она сама не знала: куда ж она идёт и зачем? Только — не могла остаться.

Знала она вот кого: незамужнюю Шуру, курьера райисполкома. Пришла к ней в каморку, плакала навсхлип и всё рассказала.

Та её приголубила. Придумала: прямо так и расскажет Арандаренке.

А тот — и не вызвал смотреть, он же помнил её. Велел отвести ей в исполкоме какой-то столик, какие-то бумаги и зарплату.

Но недолго она удивлялась его доброте. От исполкомовских узнала, что он — разбойник на баб. И вот какая у него манера: больничных ли медсестёр, или какую из молодых учительниц по одной сажает: летом — в рессорную повозку, зимой в сани — и кучер гонит его бешеных коней где-нибудь по степному безлюдью, а он их — на полной гонке распластывает. Так любит.

И Настя тоже недолго ждала своего череда. (А — как воспротивиться? и — куда дальше брести с узелком?) Смоляной подозвал её, притрепнул по плечу — кивнул идти с ним. И — поскакали! Ох, и кони же черти, и как не вывернут? Лютый чубатый кинул её наопрокидь, закалачила она руки за голову — и мимо чубатого только видела широкую спину кучера, ни разу он не обернулся, да небо в облачках.

А теми днями Корзун приезжал в Тарановку, умолял вернуться, обещал жениться. А у Насти появилось зло на него, и отказала с насмешкой. Тогда грозил, что кончит с собой. «Член РКП? Не кончишь.» Тогда он подал официальную бумагу: требовал избачку назад в деревню, дезертирка! Из исполкома — отказ. Корзун даже сельский сход собрал и заставил их голосовать: вернуть избачку! Очень боялась Настя, что отдадут её назад в Охочее. (Счастье, что не заболела там.) Но Арандаренко отказал.

А велел Насте собраться в Харьков на двухмесячные курсы библиотекарей. И сам тоже поехал. И там *забронировал* ей комнату с койкой на несколько дней.

И — приходил. До сих пор она бывала безучастна, а теперь бередило что-то, стала предугадчива, и Арандаренко похвалил: «Подчалистая девка становишься. И глаза блестят, красивая.»

Потом Арандаренко уехал в район, а курсы продолжались. Потом вернулась в Тарановку на должность библиотекаря. Ждала внимания от Арандаренки, но и не видела его ни разу, он как забыл о ней.

При комсомольском клубе действовал драмкружок, Настя стала туда ходить по вечерам. Ставили и «Докі сонце зійде» и новейшую пьесу о классовой борьбе, как дети кулаков влюбляют в себя детей бедняков, чтобы «тихой сапой врасти в социализм». И был в их кружке Сашко Погуда — плечистый, стройный, светлые волосы вьются, и замечательно пел:

> Я сьогодня щось дуже сумую...

Он всё больше нравился Настеньке, просто по-настоящему, по-душевному. И наступила весна, её уже семнадцатая, Настенька охотно ходила с ним гулять — вдоль железной дороги и в поле. Он стал говорить, что женится на ней, не спрашивая родителей. И сошлись на любки. Забрели на кладбище — и тут на молодой апрельской траве, у самой церкви... — а что ей было ещё хранить и зачем? И — от первого раза зачала. И сказала Сашку, а он: «Откуда я знаю, с кем ты ещё таскалась?»

Плакала. Нарочно поднимала тяжести, передвигала тяжёлую мебель — ничего не помогло. А Сашко стал увиливать от встреч. Родители хотели женить его на дочери фельдшера, с хорошим приданым.

Хотела — в колодец броситься, подруга успела удержать. Это разгласилось. И ячейка заставила Сашка жениться. Расписались. (По тогдашней дразнилке: «гражданским браком — в сарае раком».) Его родители и видеть не хотели Настю в своём доме.

Сняли бедную квартиру. Сашко что зарабатывал — деньгами не делился, гулял. В сильный холод, в январе, Настя родила на русской печи, не могли её снять оттуда, чтобы в больницу. Девочка обожгла ножку о раскалённый кирпич, и остался шрам на всю жизнь.

А дочка — что ж, останется некрещёная? Да теперь — и где? Да разгласится — из комсомола выгонят, нечего было и начинать.

А Погуда — пуще гулял, её как забросил, не заботился о них с дочкой. Решилась — уйти от него. Развод был простой: заплатила 3 рубля, прислали из загса открытку: разведена. Комсомол помог ей получить библиотекарство на окраине Харькова, в Качановке — посёлке при скотобойне и кишечном заводе. Нашлась добрая бездетная пара — согласилась

Юльку, уже оторванную от груди, принять к себе на полгода, а то год, а Настя навещала. Иначе бы и квартиры не найти, теперь сняла угол у одинокой вдовы.

Но закайки не надолго хватило. Пошло снова тёплое время. В их ячейке был Терёша Репко — тихий, ласковый, белолицый. Как-то после вечернего долгого собрания (в тот год все боролись с троцкистской оппозицией) пошёл её провожать: посёлок славился грабежами, и идти надо было мимо свалки-пустыря, где находили и убитых. Проводил раз, целовались, такой нежности Настенька ещё не знала. Стал провожать из библиотеки — и второй раз, и третий. Тянуло их друг ко другу сильно, а — негде, ко вдове не приведёшь, одна комната, и рано спать ложится. Но была ещё веранда застеклённая — и они тихо-тихо прокрадывались, и милошились прямо на полу.

Полюбила — долго его удерживать, придерживать. Наласкалась к нему. Хотела б замуж за него. Поздно осенью забеременела. И тут — вдруг ворвалась в библиотеку квартирная хозяйка Терёши, лет сорока: «Пришла на тебя посмотреть, какая такая!» Замерла Настя, а та поносила её громко. И только после узнала: она — кормит Терёшу, и за то он живёт с ней и не может от неё уйти.

Но как же он раньше не сказал?! Отчаяние, отчаяние взяло! Сделала аборт, ещё только месячный.

Жила — как в пустоте. И — Юльку же надо забирать.

А заметил её, и комнату ей устроил, — сам заведующий холодильником Кобытченко. И Юльку взяла к себе. И всю зиму он кормил хорошо. А беременность — в этот раз перепустила, пришлось в частную больницу ложиться, вынули трёхмесячного, доктор ругался, уже видно, что мальчик, выбросили в помойное ведро.

Кобытченку или сняли, или перевели, не стало его. А у Насти разыгралось воспаление. Узнала, что Погуда теперь в ЦК профсоюза, пошла просить путёвку в Крым. Обещал, но пока достал — уже и воспаление прошло. Всё равно уж, поехала, без Юльки.

Санаторий — в Георгиевском монастыре, близ Севастополя. После прошлогоднего большого крымского землетрясения — в этом году многие боялись ехать сюда, оттого просторно. И вот же: рядом, близко стоял матросский отряд. И некоторые женщины и девушки из санатория ходили туда

1927 ?

к ним в гости, под кусты. И Настя не могла побороть постоянной разбережи. Стала она зовкая, и глаза непотупчивые. Нашёлся и для неё матрос, и ещё другой.

Вернулась в Качановку — заводской пожилой бухгалтер сказал ей: поедем в дальнюю командировку. И с Юлькой взял. В отдельном купе несколько дней туда ехали, несколько там, и ещё назад. И ласкал её на многие лады. Тут, в поезде, исполнилось ей девятнадцать, отпраздновали с вином. А после командировки — бухгалтер и не пришёл к ней ни разу, семья.

Как-то надо было становиться на ноги. Спасибо, завклубом послал её на подготовительные курсы к институту, под вид рабфака, но только на полгода. 30 рублей стипендии, на одну баланду и кулеш, уже всё дорожало. Общежитие было в огромной холодной церкви. Курсы начались без неё, и нары двухэтажные уже были разобраны. Чтоб не на цементном полу — спали с Юлькой на том столе, на который раньше клали плащаницу или ставили гробы с покойниками. Потом как мать с ребёнком перевели её в бездействующую ванную комнату другого общежития, без окна. Юльку отводила в детский сад с 7 утра до 7 вечера. Появился и тут у неё «приходящий» — Щербина, упитанный, сильный, очень тяжёлый. Он был женат и, говорил, хорошо жил с женой, но остервенело наваливался на Настю. А ей, и при голодной жизни, это было хорошо, не было у неё к тому устали. Щербина каждый раз ей что-нибудь оставлял — то фильдеперсовые чулки, то духи, то просто деньги. И что делать? Она принимала. После того ли тяжкого аборта — она уже не беременела.

А в сентябре следующего года Настю приняли в трёхлетний Институт Социального Воспитания. Перевели в нормальное общежитие, комната — на три матери, Юлька в детском саду

В эту зиму вдруг тётя Ганна, исчезавшая надолго, опять объявилась в Харькове. Настя кинулась к ней. Оказалось: деда Филарета сослали в Соловки.

Так — и ударило морозной дрожью. Увидела — лицо его внимательное, доброе, в седовласом окружьи, да даже ещё услышать могла его тёплый наставительный голос. Соловки?? — самое страшное слово после ГПУ.

И вот, боясь дать след — мы все оставили его. Предали.

А — чем бы помогли?

Нет, тётя Фрося из Полтавы, оказывается, переписывалась с ним, пока он был ещё в Милостайках, — так и обнаружилось, что она — поповская дочь, её выгнали из бухгалтерии и не допускают до хорошей работы. А через тётю Фросю — и тётю Ганну тоже просветили, и лишилась бы она всего — но был у неё знакомый из ГПУ, и он устроил ей поручение: держать в Харькове хорошую квартиру — и завлекать, кого ей укажут. А ей было хоть и за тридцать, но сохранилась милота, и одевалась теперь хорошо, и квартира хорошо обставлена, три комнаты и тёплая. (Тёплая! — это теперь не каждому такое счастье.)

Через несколько встреч тётя Ганна спросила: «Ты знаешь, что такое афинские ночи?» Настя не знала. «Надо — всем ходить раздетыми, а мужчины выбирают. Когда у меня будет не хватать женщины — я буду тебя звать, по телефону, ладно?»

Да уж ладно, конечно. Да даже охотно Настенька ходила, стала она любонеистовая. Тётя Ганна заказывала шить Насте то обтяжное платье, то всё прозрачное как кисея. Всё это было — забавно, беспечно. Кругом жизнь скудела, карточки, и на карточки мало что получишь — а тут полная чаша.

И так — прошло две зимы, и лето между ними, Юльке уже четыре года, пятый, а Настеньке — двадцать два. И тут, вдруг, тётю Ганну агенты куда-то «перекинули», и без следа. И всё этакое кончилось.

Но тем усердней стала Настя учиться в свой последний год, чтобы хорошие отметки. «Соцвос» — это обнимало все общие школы, и учили педагогике, и учили педологии. Выпускницы должны были нести в народное образование социалистическое мышление.

А над всей областью и над самим Харьковом — повис смертный голод. На карточку давали двести грамм хлеба. Голодные крестьяне пробирались в город через заставы, чтобы тут найти милостыню. И матери подкидывали умирающих детей. И на улицах, там и здесь, лежали умершие.

А от тёти Фроси пришло письмо, что отец Филарет — умер. (Прямо в письме нельзя, а ясно, что — т а м.)

А: уже как-то и — не больно??

Неужели?

Прошлое. Всё, всё — провалилось куда-то.

В январе Тридцать Второго студентов посылали на педагогическую практику. Но многие сельские школы вовсе опу-

стели через коллективизацию и голод, не стало учеников. И когда подошло получать назначение — Настя попала в «детский городок имени Цюрупы», в бывшем имении генерала Брусилова. Дети были из Харькова, но тем более сюда легче было добраться окружным крестьянкам, они приводили своих изголодавших детей, а сами уходили домой умирать. (Да в иных сёлах было и людоедство.) Многие мальчики детдома от истощения были *мокруны*, не могли держать мочу. Кормили еле-еле, и дети отбивали друг у друга выданную еду или одежду. Городские, они, по незнанию, весной собирали не те травы, травились беленой. А заведывал городком Цюрупы — из военных, всегда во френче и галифе, строгий, подтянутый, и везде во всём требовал порядка. (У него была красивая жена, приезжала из города, — а он стал ходить и к Насте, чем-то она всех притягивала.)

В мае вернулись в Харьков на последние выпускные экзамены. А была у Насти сокурсница Эммочка, уже замужем и из богатеньких, могла б и в лучший институт попасть, а почему-то в этот. И в один майский день — Настя ничего не знала, потом разобралась — в Харьков приехал из Москвы в командировку герой гражданской войны Виктор Николаевич Задорожный. Он откуда-то был с Эммой знаком, и послал ей записку, что хочет увидеться, «жду известия». А посыльный очень неловко передал при муже, пришлось читать записку вслух — но Эмма перевела в смех, что ищут её сокурсницу, да не знают адреса, — и написала при муже, как и где найти Настю, — а потом уже и до ночи не могла от мужа выскочить, предупредить. Задорожный получил записку, удивился, — но сразу пришёл и вызвал Настю на бульвар, сели под душистой акацией.

Был Задорожный высокого роста, стройный, тоже во френче и галифе, а только без одной руки: в Гражданскую казаки отсекли ему одну по локоть. (Как будто знали, он любил про себя рассказывать: до революции, при забастовке, ожидая казачий налёт, они наложили борон зубьями кверху — и налетевшие казаки падали, ранились вместе с лошадьми.) С Семнадцатого года он был член партии, а сейчас учился в Промакадемии при ЦК.

И, едва овладаясь от неожиданности, ещё не поняв всех обстоятельств встречи, — Настя, в простенькой белой блузке в зеленоватую полоску, вдруг решила, что в её власти — не отпустить его.

А приспелось ему: полчаса поговорили — назначил ей этим же вечером прийти в гостиницу. И она конечно пошла, зная, что потом уж он её не бросит.

И правда, утром он заявил, что заберёт её в Москву. (А от Эммы на другой день отшутился, та бесилась на Настю.)

Ещё несколько дней он пробыл в Харькове, не сразу сказала ему про Юльку, но он выдержал и Юльку, берёт вместе. Оставались ей последние выпускные, а уже обещали послать её дальше в институт шевченковедства, — Виктор только смеялся: сам украинец, он украинский язык ставил ни во что.

Выехать в Москву, да и никуда, — было невозможно: не продавали никому никакого билета без бумаги с печатями и доказательством. Но Задорожный через месяц приехал со всеми нужными бумагами — и забрал их с Юлькой из проголодного, чуть не вымирающего города. Посчастило.

А в Москве, в одной из первых же витрин, Настя увидела белые пшеничные булки! — да по 10 копеек!! — мираж... Голова закружилась, затошнило. Это была — совсем другая страна.

Но ещё удивительней оказалось в общежитии Промакадемии: никаких «общежитейских» комнат с койками на четыре, шесть или десять человек. Из коридора каждая дверь вела в крохотную переднюю, а из неё две двери в две разные комнаты. В соседней — муж с женой, а Задорожный — один, и в большой, и вот теперь приехал с добычей. Юльке уже стояла маленькая кроватка.

В Промакадемии, сказал Виктор, учится и жена Сталина. И столовая при Академии хорошая. И — чистый, сытый детский садик.

А ещё невиданное было в комнате: маленький электрический прибор, который внутри захолаживал, и в нём можно было держать свежими — колбасу, ветчину, сливочное масло.

И — е с т ь, когда захочешь!

2

Детство Настеньки прошло в Москве — той, старой, в переулке у Чистых Прудов. Ещё не началась германская война — она уже умела читать, а потом папа разрешил и самой брать книги с его полок. Это был цветник! — разнопёстрых корешков, и цветник писательских имён, стихов, поэм, рассказов, с каких-то лет добралась она и до романов. И Татьяна Ларина, и Лиза Калитина, и Василий Шибанов, и Герасим, и Антон-горемыка, и мальчишка Влас, везущий хворосту воз, — выступали перед ней все живыми, и тут рядом, во плоти она их видела, и слышала их голоса. Ещё она брала уроки немецкого у Мадам, вот уже читала и «Сказание о Нибелунгах», стихи Шиллера, страдания молодого Вертера — и то было тоже ярко, но всё же в отдалении, — а герои русских книг все рядышком, милые её друзья или противники. И в захвате этой второй жизни не заметила она и голодных лет Москвы.

Перед самой революцией Настенька поступила в гимназию, одну из лучших в Москве, — и эта гимназия каким-то чудом продержалась не только сквозь всю революцию, но ещё и несколько лет советских, так и называлась по-прежнему «гимназия», и преподаватели были все прежние, а среди них, по литературе, пепельно-седая Мария Феофановна. И она открывала всем, но Настеньке пришлось особенно глубоко, — как ещё по-новому смотреть на книги: не только жить с этими героями, но ещё и всё время с автором: а что — он чувствовал, когда писал? а как он относился к своим героям, и — властитель их жизни? или вовсе нет? — почему он распорядился так или этак, и какие слова и фразы при этом выбирал.

Настенька — влюбилась в Марию Феофановну, и замечталось ей — быть как она: когда станет взрослой — вот так же преподавать и объяснять детям русскую литературу, и чтоб они приохотились учить стихи наизусть, и читать в классе пьесы по ролям, а отрывки ставить и на школьной сцене на вечерах. (И Мария Феофановна тоже выделяла Настеньку вниманием и поддерживала её жар.) Ещё не случилось Настеньке полюбить какого-нибудь мальчика, но вот это всё литературное вместе — как же она любила! — это была цельная огромная жизнь, да поярче той, что текла в яви.

Надеялась она после школы поступить в Московский университет — в то, что осталось от прежнего историко-филологического факультета. И отец её, Дмитрий Иваныч, врач-эпидемиолог, сам большой любитель Чехова, поощрял её выбор.

Но тут случилась беда: приказом перевели его работать в Ростовскую область. И приходилось с Москвой расстаться, когда Настеньке, в шестнадцать лет, оставался ещё только один школьный год. (Правда, с того года и Марии Феофановне больше не дали преподавать, сочли идеологически устаревшей.)

Москва!.. Не могло быть города прекрасней Москвы, сложившейся не холодным планом архитектора, а струением живой жизни многих тысяч и за несколько веков. Её бульвары в два кольца, её шумные пёстрые улицы и её же кривенькие, загнутые переулки, с отдельной жизнью травянистых дворов как замкнутых миров, — а в небе разноголосо зазванивают колокола всех тонов и густот. И есть Кремль, и Румянцевская библиотека, и славный Университет, и Консерватория.

Правда, и в Ростове им досталась неплохая, а по-нынешнему и очень хорошая квартира — в бельэтаже, с большими окнами на тихую Пушкинскую улицу, тоже с бульваром посередине. А сам город оказался совсем чужой — не русский: и по разноплеменному населению и, особенно, по испорченному языку: и звуки речи искажённые, и ударения в словах не там. И в школе она ни с кем не сдружилась, в школе был тоже резкий и чужой воздух. А ещё и то противно, что именно тут пришлось ей вступить в комсомол: чтобы вернее попасть в ВУЗ. Картины Москвы посещали Настеньку во сне и наяву. Она готова была жить там в общежитии, только бы в Московский университет.

В ростовской квартире, как и в прежней московской, на стене собралось у Настеньки два десятка портретов русских писателей. Искала она от них подкрепиться той правдой, в которой выросла — и которая как-то затуманивалась, раздёргивалась от новой тормошной среды. Особенно раздирал ей сердце портрет умирающего в постели Некрасова. Его она остро любила за неизменную отзывную народную боль.

А тут — в угрожающее как бы сходство? — заболел отец, сильно простудился в ненастную осеннюю поездку по Дону, получил воспаление лёгких — а оно перешло в туберкулёз. Страшное одно только слово туберкулёз (страшные о нём плакаты в амбулаторных приёмных) — а сколько он уже унёс жизней! ведь и Чехова. Лекарств — никаких нет от него. Теперь менять климат, ещё куда-то ехать? — не по деньгам, не по силам. Проклятый город! губительный весь этот переезд сюда. И ледяные северо-восточные ветры через Ростов, даже и до апреля. И стало пронзительно больно смотреть в глаза отца: ведь он *знает* ещё лучше? даже — и *готовится* внутренне?

А как же — ехать в Московский университет? Ещё и: врачам запретили всякую частную практику — да отец уже и потерял жизненные силы. И пришлось поступать тут, в Ростове, на литфак же, но педагогического института (который вскоре стал называться «Индустриально-Педагогический»).

Однако — русская-то литература оставалась всё равно с Настенькой? А вот и нет. В литературе, которую теперь на лекциях разворачивали перед ней, — она что-то не узнавала прежнюю. За Пушкиным хотя и признавали, мимоходом, музыку стиха (а прозрачная ясность в ощущении мира и не упоминалась), но настоятельно указывали, что он выражал психоидеологию среднего дворянства в период начавшегося кризиса российского феодализма: оно нуждалось и в изображении благополучия крепостной усадьбы и проявляло боязнь крестьянской революции, что ярко сказалось в «Капитанской дочке».

Какая-то алгебра, не литература, — и куда же провалился сам Пушкин?

На их курсе были больше девушки, иные совсем не глупые. И можно было заметить, как вот эта и вот та — смущены узнать, что поэт, писатель творят, ведомые не свободным вдохновением, а — может быть, сами не сознавая, невольно, но и объективно, выполняют чей-то социальный заказ, — и тут надо не зевать, а видеть потаённое. Однако откровенно выражать друг другу своё несогласие с лекциями было или не принято в обиходе вузовок — или, скорее, небезопасно?

Но скука же какая! — как этим жить? И — где же те светлые лики?

Или про Островского теперь должна была зубрить Настенька, что и он тоже отражал процесс распада феодально-крепостнического строя и вытеснения его растущим промышленным капитализмом, причём идеологическое самоопределение отбросило его в лагерь реакционного славянофильства. И всё это тёмное царство наилучше пронизано *лучом света* Добролюбова.

Ну, про Добролюбова — это-то несомненно.

А юноши на их курсе были какие-то недотёпистые, как случайные на этом факультете. Но появился Шурка Ген — порывистый, находчивый, с напором энергии и обжигающей чернотой волос и выразительных глаз. Вот он был — тут на месте! и сразу стал их курсовой комсорг, естественный вожак, и выделялся в учёбе, а во внелекционные диспуты, теперь частые, — вносил бьющую струю литературы, до которой они ещё и не дошли по программе, — литературы нынешней, кипучей, с яростной борьбой её группировок, — да куда же деться от современности? (Да разве и нужно её избегать?) Оказывается, сколько групп за эти годы уже и отгорело и отмелькало — Кузница, Вагранка, Леф, Октябрь, — «эти все по нашу сторону литературных траншей».

— Но, — звенел его голос, — и наши антиподы по идеологии не дремлют: попутчики — это литераторы наших вчерашних врагов и завтрашних мертвецов, у них реакционное нутро, и они клеветнически искажают революцию, и тем опасней, чем талантливей они это делают. А литература не предмет наслаждения, но поле борьбы. Всю эту пильняковщину, ахматовщину, всех этих серапиончиков и скорпиончиков надо или заставить равняться на пролетарскую литературу или выметать железной метлой, примирения быть не может. Окопы наших литературных позиций не должны зарасти чертополохом! И мы, молодёжь, — все мы Октябревичи и Октябревны, — тоже должны помогать устанавливать единую коммунистическую линию в литературе. Сколько бы ни пугали нас меланхолические беллетристы, основной тон нашего молодняка — бодрость, а не уныние!

Шура всегда выступал до такой степени страстно, раскалённо — никто не мог с ним сравняться, сокурсницы немели перед ним. Он просто влёк за собой. Мало сказать, что эти диспуты были интересны — они соединяли с живой жизнью, неведомые новые токи вливались от них. Настенька была — из первых слушательниц Шурика, всё чаще расспрашивала его и отдельно.

И правда: нельзя же жить одной только прошлой литературой, надо прислушиваться и к сегодняшней. Льётся бодрый поток жизни — и надо быть в нём.

Откуда он всё так знал? когда он успел это всё впитать? Оказывается, ещё в последние школьные годы, времени не терял. Он ещё там прошёл сквозь жёлто-зелёно-малиновых футуристов, и через этот Леф («Леф или блеф?»), потом через комфут (коммунистический футуризм) и Литфронт, — всё это огненно перепустя через своё сердце — ещё за школьной партой стал убеждённым напостовцем. (Да журнал «На литературном посту» и в институтской же библиотеке вот рядом был, но никто так не вникал в него и не вдыхал жадной грудью...)

— Никаких «попутчиков», — отбрасывал Шурик, — вообще не может существовать! Или — наш союзник, или — враг! Скажите, чем они гордятся: тонкостью своих переживаний. Да всё решает совсем не сердце писателя, а мировоззрение. И мы ценим писателя не по тому, что и как он переживает, а по его роли в нашем пролетарском деле. Психологизм только мешает нашему победному продвижению, а так называемое перевоплощение в персонажа — притупляет класс. Да что говорить! — революция в литературе ещё, можно сказать, и не начиналась по-настоящему. После революции нужны не то что новые слова, но даже новые буквы! Даже прежние запятые и точки — становятся противны.

Ошеломительно это звучало! — голова кружилась. Но — как он увлекал этим пылом, этой убеждённостью неотклонимой.

А на лекциях — на лекциях всё текло по обстоятельным учебникам Когана и Фриче. Они писали сходно: Шекспир — поэт королей и господ, нужен ли он нам? И все эти Онегины и Болконские, бесконечно чуждые нам классово?

Да, но к а к в те времена умели любить!

Однако и многолетнего спора с Коганом тоже не выдержать: не могло же это всё-всё быть построено на вздоре — были же тут и действительно исторические и социальные обоснования?

А на лице отца, от месяца к месяцу, кажется: *глаза* занимали всё больше места и всё больше значили. Сколько глубины — и страдания — и мудрости собиралось в них! И тем отзывчивее обрывалось внутри — а не сметь назвать вслух: что ведь это он *переходит*? перешёл через какую-то грань? Лицо его изжелтело, исхудало до последнего, и серые усы потеряли упругость, повисли прилепкой.

И как он кашлял страшно, подолгу, разрывая грудь не себе только, но и жене, и дочери. Ощущение горя — дома, в квартире — теперь никогда не покидало, всегда было — тут. Но приходила в институт — а там закруживало своё. К отцу — Настенька с детства была ближе, чем к матери, любила ему всегда всё рассказывать; и сейчас — всё, что захватывало её вне дома и было так ново и так смятенно.

Он — слушал. Не удивлялся — а только смотрел, смотрел на неё своими укрупневшими глазами, через которые, от месяца к месяцу всё явней, проступала неизбежность *утраты* — вот было главное выражение.

Гладил её по голове (он всегда теперь был в постели, при высоких подушках). Иногда, из утекающей силы дыхания и голоса, отвечал, что всякое познание — длительно, непрямолинейно, — и это, к чему дочь пришла сейчас, тоже пройдёт, и что будет она ещё пересматривать и по-новому, и по-новому, — а глубинам нет дна в человеческой жизни.

С Шуриком всё сближались — и, как знойный летний ветер в Ростове, ни от чего и никого другого не несло на Настеньку таким горячим дыханием Эпохи, как от него! Как он её чувствовал, с какой жизненной силой передавал! Его уже печатали и в краевой газете «Молот», он не пропускал выступать на институтских и курсовых собраниях, митингах, опять же литературных диспутах — и охотно делился мыслями с товарищами на переменах, а с Настенькой и больше того, начав провожать её домой. (Он был из хорошей семьи, сын крупного адвоката, и не проявлял грубого хамства к девушкам, как становилось принято.)

Теперь он признавал, что напостовцы ошиблись, во время партдискуссии став на сторону Троцкого, — но они и признали ошибку, и исправились! И ещё прежде «Шахтинского дела» смело заявили: «мы гордимся званием литературных чекистов и что враги называют нас доносчиками!» Сейчас он весь был в борьбе против полонщины, против воронщины, литературной группы Перевал, договорившейся до неославянофильства, до кулацкого гуманизма, до «любви к человеку вообще», «красота общечеловечна». Наконец-то секция литературы Коммунистической Академии присудила, что воронщину надо ликвидировать. Но враги множились: одновременно пошла борьба против переверзевщины. Эти — хотя и правильно понимали, что личность автора, его биография и его литературные предшественники не имеют никакого значения в его творчестве, и что система образов вытекает из системы производства, но перегибали, что каждый автор — писатель лишь своего класса, и пролетарский не может описывать буржуа. А это — уже был левый уклон.

После проводов — целовались, на полутёмном — а то и при полной луне — Пушкинском бульваре, — шагах в двадцати наискосок от окна, за которым лежал и исходил в кашле отец.

Но Шурик настаивал, и всё властнее: в их отношениях — идти до конца.

Останавливала его, умоляла. Уступала в чём могла — но есть же предел!

Хотя и *замужество* — разве существовало теперь? Его как бы и не было. Кто соглашался — шёл в загс, а многие и не шли, сходились-расходились и без него.

А Шурик требовал: или — или! Тогда разрыв.

Была ранена его неумолимостью. Плакала у него на груди и просила повременить.

Нет!!

Но в *этом* она ещё не готова была уступить.

И в один из таких мучительных вечеров он круто и демонстративно с ней порвал.

И потом на занятиях — равнодушно сторонился.

Как ныло сердце!

Любила его, восхищалась им. А — не могла...

Долго ли бы страдала? и к чему бы дошло? — но тут стал кончаться отец.

Эти уже считанные недели, перед холодящим расставанием, когда последняя нить, соединяющая ваши сознания и смыслы, — ускользает из бережных пальцев, и вы с мамой остаётесь тут, а он — уже навеки...

После похорон — мать была верующая, но в четвертьмиллионном городе не осталось ни одного храма, ни священника, да и опасно! — вот когда пустота до крайнего охвата. Мать сморщилась, ослабела, потеряла всякую живость. Так быстро сложилось, что Настенька ощутила себя как бы старше и ответственней. Мама была ей — никакое уже не руководство.

А Шурик — как отрезал, ни шагу к прежним отношениям, железный характер.

В конце зимы выпускников *распределяли* — и теперь уже сама Настенька держалась получить место в Ростове, никуда не ехать. И удалось.

Последнее лето, волнуясь перед встречей с сорока головками, какие к ней попадут, — много занималась в библиотеке: Литературная Энциклопедия (стала выходить теперь), и методический журнал ГлавСоцвоса РСФСР, и журналы с критическими статьями, — Настенька словно навёрстывала, что раньше узнавала от Шурика, — да это, правда, везде обильно печаталось, находи только время да пиши конспекты.

А Шурик — Шурик уехал навсегда в Москву, дали место в какой-то редакции.

В ту оставленную прекрасную и уже навек покинутую Москву...

Но — и легче, что уехал.

В библиотеку можно было ходить по узкому Николаевскому переулку, ныряющему через когдатошний тут овраг, — а можно рядом, через городской сад. Он был разнообразен: и прямая центральная аллея, не теряющая высоты, и, по оба бока её, спуски в скверы с цветниками, фонтанами, а на холмах — с одной стороны раковина, где летом давали бесплатные симфонические концерты, с другой — летний же ресторан, где вечерами играл эстрадный оркестрик, бередящая музыка.

У Настеньки было широковатое лицо, да и фигура тоже нехороша, но замечательно блестели глаза, и улыбка такая, что разбирала сердца, это ей говорили, да она и сама знала.

Ещё в институтские годы бывали вечеринки с ребятами с других факультетов, — и если доставали патефонные пластинки — танцевали фокстроты и танго (хоть и осуждённые, там, общественностью, а уж танцы — это наше!). Сейчас — с одной, другой подругой, оставшимися в Ростове, вечерами ходили в городской сад; знакомые молодые люди «разбивали» подружьи пары, вели по тёмным аллейкам каждый свою. (Вот-вот станешь учительницей — уже так не погуляешь.) Но удивительно: все до единого проявляли бесчуткую грубость, никто не понимал медлительности развития чувства, скорохватное пресловутое «без черёмухи» стало теперь приёмом всех, убеждённо говорилось, что любовь — это «буржуазные штучки». А в одной новой пьесе персонаж выражался и так: «Я нуждаюсь в женщине, и неужели ты не можешь по-товарищески, по-комсомольски оказать мне эту услугу?»

Нет, Шурик был — не такой.

Но то — всё кончено.

А время — неслось. («Время, вперёд!» — такой и роман появился.) Разворачивалась и гремела Пятилетка в Четыре года. Ещё в Пединституте внушали, что советская литература — а значит и учителя — не должны отставать от требований Реконструктивного Периода. Как раз в тот месяц, когда Настя приближалась к своим первым урокам, РАПП опубликовал решения — о показе в литературе героев и о призыве ударников строек в литературу, чтоб они сами становились писателями и так бы искусство не отставало от требований класса. А ещё же возникло понятие: что литературой нашего времени может быть только газета или агитплакат, а вовсе уже не роман.

Ну, слишком стремительно, не хватало дыханья: как — не роман? а — куда же романы?

Тебе идти к детям, а рекомендация Соцвоса: использование басен Крылова в стенах советской школы представляет собой несомненную педагогическую опасность.

Анастасия Дмитриевна получила три параллельных пятых группы — двенадцатилетних, и классное руководство в пятой «а».

Её первый урок! — но и для ребят же первый: во вторую ступень перешли из малышей, гордость! Первого сентября был солнечный радостный день. Кто-то из родителей принёс в класс цветы. Была и Анастасия Дмитриевна в светлом чесучёвом платьи, и девочки в белых платьицах, и многие мальчики в белых рубашках. И от этих мордашек, и от этих сияющих глаз — прохватывало ликование: наконец-то сбылась её мечта и она может повторить путь Марии Феофановны... (А ещё: в нынешний огрублённый век — добиться, чтобы вот из этих мальчиков росли благородные мужчины, не такие, как сегодня.) Теперь — много, много уроков подряд переливать бы в их головы всё то, что хранила сама из великой доброй литературы.

Но как бы не так! — прорыва к тому пока не виделось: вся учебная программа была жёстко расписана —

> Грохают краны
> У котлована, —

а на любой урок мог прийти проверяющий инспектор районо. Начинать надо было — с достраиваемого тогда Турксиба, чтоб учили наизусть, как по пустыне поезда пошли

> ...туда и сюда,
> Пугая людей, стада,

Им не давая пройти
На караванном пути.

А дальше указывался — Магнитогорск, потом — Днепрострой и поэма Безыменского, где высмеивался обречённый юноша-самоубийца из уходящего класса. И ещё поэма об индусском мальчике, который прослышал о Ленине, светлом вожде всех угнетённых в мире, и добрался к нему в Москву пешком из Индии.

А тут — *спустили* лозунг «одемьянивания литературы»: пронизать её всю боевым духом Демьяна Бедного.

И Анастасия Дмитриевна, сама в растерянности, не видела возможности сопротивиться. Да и как взять на себя — отгораживать детишек от эпохи, в которой им жить?

Но хорошо, что — младшеклассники. Нынешняя острая пора минует — за годы учения ещё дойдёт и до заветной классики. Да Пушкина не совсем вычеркнули и сегодня:

Здесь тягостный ярем до гроба все влекут,
Надежд и склонностей в душе питать не смея,
Здесь девы юные цветут
Для прихоти бесчувственной злодея.

Читала в классе вслух, старалась передать детям эту боль поэта, но рядом с грохотящими кранами — строки плыли исчужа, как вдалеке.

Отдохновение приходило только на уроках собственно русского языка: прямодушный, незыблемый и вечный предмет. Но! — и его зыбили: чего только не лепили в новейшую орфографию! и так быстро меняли правила, что и сама за ними не поспеешь.

Однако и это всё производственно-пятилеточное Настенька преподавала с такою отданностью самому-то святому делу Литературы — что ребятишки любили её, обступали на переменах, смотрели благодарно. (Отражая её неизменно блистающие глаза.)

Между тем — в городе опустели магазины, закрылись все частные лавки. Сперва говорили «мясные затруднения», потом — «сахарные затруднения», а потом и вовсе ничего не стало и ввели продовольственные карточки. (Учителя считались «служащие» и за то получали 400 грамм, а слабеющая мама поступила на табачную фабрику, чтоб иметь «рабочую» карточку, 600 грамм.) Очень голодно стало жить, а на базар никакой зарплаты не хватит. Да и базары разгоняла милиция.

Скончалась и сама размеренная *неделя*, теперь натеснилась «непрерывка-пятидневка», члены семьи — выходные в разные дни, а общее воскресенье — упразднили... «Время — вперёд!» так покатило, что потеряло лицо и как бы само перестало б ы т ь.

А жизнь — всё ожесточалась. По карточкам стали давать хлеба один день двести грамм, другой триста, чередуясь. Всё время ощущение голода. А, по слухам, в деревнях края был и вовсе мор. Находили на улицах города — павших мёртвыми добравшихся оттуда. Сама Настенька на труп не наталкивалась, но однажды постучалась к ним кубанская крестьянка, измождённая до последнего, едва на ногах. Накормили её своею похлёбкой, а она, уже и не плача, рассказывала, что схоронила троих детишек и пошла через степь наудачу, спасаться. Вся Кубань оцеплена военными, ловят, кто бежит, и заворачивают назад домой. Женщина эта как-то проскользила ночью через оцепление, но и в поезд сесть нельзя: отличают — и ловят, около станций и в вагонах, и — назад, в обречённую черту, или в тюрьму.

И у себя ж её не оставишь?..

И ушла, заплетаясь ногами.

Мама сказала:

— Самой умереть хочется. Куда это всё идёт?

Настенька подбодряла:

— Прорвёмся и к светлому, мамочка! Ведь коммунизм — как и христианство, на той же основе построен, только другой путь.

А из канцелярских магазинов исчезли ученические тетради. Счастлив был, у кого сохранились от прежнего запаса, а «общая» тетрадь в 200 страниц да в клеёнчатом переплёте стала несравненным богатством. Теперь тетради — суженные по ширине и из грубой бумаги, на которой перо спотыкалось, — стали распределять через школы, выдавать ученику по две тетради на учебную четверть — и это на все предметы вкупе. И как-то надо было ребятам разделять эти скудные тетради между предметами, и писать помельче, где уж тут выработка почерка. Оставалась — доска, да больше учить на память. Иные родители доставали своим детям счётные бланки, табеля для кладовых, на оборотах и писали.

В ребячьем-то возрасте — всё, всё давалось легко. Они всё так же хохотали и бегали на переменах. Но тебе, через этот тягостный год, как идти самой и как вести ребятишек — до лучшей поры, сохранив их свежее восприятие Чистого и Прекрасного? Как научиться и черезо всю современную неприглядность — различать правоту и неизбежность Нового Времени? Настенька живо помнила энтузиазм Шурика. Она и по сегодня была заражена им: он — умел видеть! Да и сказал же поэт:

> Вынесет всё — и широкую, ясную
> Грудью дорогу проложит себе...

И разве русская литература не продолжалась и сегодня, разве нынешнее народолюбие не переняло как раз и именно — святые заветы Некрасова, Белинского, Добролюбова, Чернышевского? Все эти холодные объяснения Когана-Фриче или жаркие монологи Шурика — они ведь не на воздух опирались?

Если вдуматься: тот добролюбовский луч света — он никогда и не прерывался! он — и в наше время проник, только уже в жгуче алом виде? Так надо и сегодня уметь его различать.

Но шла читать инструктивные материалы Соцвоса, особенно статьи Осипа Мартыновича Бескина, и сердце падало: что художник в своём творчестве не может положиться на интуицию, а обязан своё восприятие контролировать сознанием класса. И: что так называемая «душевность» есть замусоленная русопятская формула, она и лежала на Руси в основе кабальной патриархальности.

А душевности! — душевности больше всего и хотелось!..

В программу следующего года пошёл «железный фонд» советской литературы — «Разгром», «Бруски» о коллективизации, «Цемент» (ужасающий, потому что 13-летним детям предлагали свирепые сцены эротического обладания). Но вот в «Железном потоке», правда же, с замечательной лаконичностью передаются действия массы в целом, — такого в нашей литературе ещё не было? А в «Неделе» вызывал сочувствие Робейко, как, напрягая туберкулёзное горло, звал жителей вырубать монастырскую рощу, чтобы этими дровами довезти до крестьян семена на посев. (Только, значит, эти семена в прошлом году у них же отобрали начисто?)

А сорок пар ребятишкиных глаз устремлены на Анастасию Дмитриевну каждый день, и как не поддержать их веру? Да, ребята, жертвы неизбежны, — к жертвенности звала и вся русская литература. Вот и вредительство там и здесь — но невиданный индустриальный размах принесёт же нам всем и невиданное счастье. И растите, успеете в нём поучаствовать. Каждый эпизод, даже мрачный, рассматривайте, как это метко выражено:

> Только тот наших дней не мельче,
> Только тот на нашем пути,
> Кто умеет за всякой мелочью
> Революцию мировую найти.

А тут — отменили и нынешние учебники: их признали неверными и не поспевающими за действительностью. Учебники стали печатать «рассыпные», то есть на современную тему и для использования только в это полугодие, а уже на следующий год они были устаревшие. Печатал в газете Горький статью «Гуманистам», разоблачал их и проклинал, — это тут же и включалось в очередной рассыпной учебник: «Вполне естественно, что рабоче-крестьянская власть бьёт своих врагов, как вошь.»

Охватывал испуг, удушье, растерянность. *Как это преподнести ребятам? и к чему?*

Но Горький — великий писатель, тоже русский классик и всемирный авторитет, и разве твой жалкий умишко может с ним спорить? Да вот он же и пишет рядом о забывшихся, благополучных: «Чего же хочет этот класс дегенератов?.. — сытой, бесцветной, разнузданной и безответственной жизни.» Тут и вспомнишь: «От ликующих, праздно болтающих...» А разве Чехов не звал: каждый день будить молоточком заснувшую совесть?

Придумала так: литературный кружок. Записался из 6«а» десяток самых отзывчивых, самых любимых — и вне уроков, вне программы, повела их Анастасия Дмитриевна по лучшему из XIX века. Но кружок не спрячешь от завуча (едкая женщина, преподаёт обществоведение). От той пошло в районо, приехала инструкторша из методкабинета, села, как жаба, на заседании кружка. И — подкосила всю свежесть и смысл, всё вдохновение, и голоса своего не узнать. А вывод жабы был: довольно пережёвывать классику! факт, что это отвлекает учеников от жизни.

Слово «факт» к этим годам стало из самых ходовых, оно звучало неопровержимо и убивало как выстрел. (А могла бы заключить и беспощадней: «Это — *вылазка!*»)

Ещё казались выходом — походы в драматический театр. Теперь от пятидневки перешли к шестидневке, и каждое число, делящееся на 6, было всеобщим выходным, наподобие прежнего воскресенья. И по этим выходным театр давал дневные дешёвые спектакли для школьников. Собирались дети, со своими педагогами, со всего города. Очарование темнеющих в зале огней, раздвижки занавеса, переходящие фигуры актёров под лучами прожекторов, их рельефный в гриме вид, звучные голоса, — как это захватывает сердце ребёнка, и тоже — яркий путь в литературу.

Правда, спектакли бывали планово-обязательные: «Любовь Яровая», как жена белого офицера застрелила мужа из идейности, и не раз Киршон — «Рельсы гудят», об инженерском вредительстве; «Хлеб», о злобном сопротивлении кулачества и воодушевлении бедначества. (Но ведь и отрицать классовую борьбу и её роль в истории — тоже невозможно.) А удалось сводить учеников на шиллеровскую «Коварство и любовь». И, подхватывая увлечение ребят, Анастасия Дмитриевна устроила, уже в 7«а» группе, повторное чтение по ролям. И худенький отличник с распадающимися неулёжными волосами читал не своим, запредельным в трагичности голосом, повторяя любимого актёра: «Луиза, любила ли ты маршала? Эта свеча не успеет догореть — ты будешь мертва...» (Тот же мальчик представлял класс и на школьном педагогическом совете как ученический депутат, был такой порядок.) Эта пьеса Шиллера считалась созвучной революционному времени, и за неё выговора не было. А надумали читать из Островского — надо было очень-очень выбирать.

Ростов-на-Дону объявили «городом сплошной грамотности» (хотя неграмотных ещё оставалось предостаточно). А в школах практиковался «бригадно-лабораторный метод»:

преподаватель не вёл урока и не ставил индивидуальных оценок. Разбивались на бригады по 4—5 человек, для того разворачивались парты в разные стороны, в каждой бригаде кто-нибудь читал вполслуха из «рассыпного» учебника. Потом преподаватель спрашивал, кто один будет отвечать за всю бригаду. И если отвечал «удовлетворительно» или «весьма удовлетворительно», то «уд» или «вуд» ставили и каждому члену бригады.

Потом наступила учебная четверть, когда не пришли ни очередные рассыпные учебники, ни — обязательные программы. Без них растерялись и в гороно: может быть, какой-то *поворот линии*? И разрешили преподавать пока — кто что придумает, под свою ответственность.

И тогда их обществоведка-завуч стала преподавать сразу и в 5-м, и в 6-м, и в 7-м — куски из «Капитала». Анастасия же Дмитриевна могла теперь выбирать из русской классики? Но — как верно выбрать, не ошибиться? Достоевского — конечно нельзя, да им ещё и рано. Но и Лескова — нет, нельзя. Ни — Алексея Толстого, «Смерть Грозного», «Царь Фёдор». И из Пушкина ведь — не всё. И из Лермонтова — не всё. (А задают мальчики вопрос о Есенине — отвела и отвечать не стала, он строго запрещён.)

Да — и сама же отвыкла от такой свободы. И сама уже — не могла выражать, как чувствовала когда-то. Прежняя незыблемая цельность русской литературы оказалась будто надтреснутой — после всего, что Настенька за эти годы прочла, узнала, научилась видеть. Уже боязно было ей говорить об авторе, о книге, не дав нигде никакого классового обоснования. Листала Когана и находила, «с какими идеями это произведение кооперируется».

Да тем же временем выходили и новые номера советских журналов, и в газетах хвалили новые произведения. И терялось сердце: нельзя же дать подросткам отстать, ведь им — в этом мире жить, надо помогать им войти в него.

И она сама искала эти новые хвалимые стихи и рассказы — и несла их ученикам. Вот, ребята, предел самоотверженности ради общего дела:

> Хочу позабыть своё имя и званье, —
> На номер, на литер, на кличку сменять!

Это — не имело успеха. Молодые сердца — надо зажечь чем-то летучим, романтическим. А тогда:

> Боевые лошади
> Уносили нас!
> На широкой площади
> Убивали нас!
> Но в крови горячечной
> Подымались мы,
> Но глаза незрячие
> Открывали мы!
> ...Чтоб земля суровая
> Кровью истекла,
> Чтобы юность новая
> Из костей взошла.

И — сияющие, вдохновлённые глазёнки учеников были Анастасии Дмитриевне лучшей наградой.

Наградой — за всю пока ещё неудавшуюся собственную жизнь.

1993; 1995

АБРИКОСОВОЕ ВАРЕНЬЕ

1

...Нахожусь я в ошалелом рассудке, и если что не так напишу — вы всё ж дочитайте, пустого не будет. Мне сказали — вы знаменитый писатель. Из библиотеки дали книжку ваших статей. (Я школу кончил, у нас в селе.) Недосужно было мне всё читать, прочёл несколько. Вы пишете: фундамент счастья — наше коллективное сельское хозяйство, и у нас горемычный мужичок едет сейчас на своём велосипеде. Ещё пишете: героизм у нас становится жизненным явлением, цель и смысл жизни — труд в коммунистическом обществе. На это скажу вам, что вещество того героизма и того труда — слякотное, заквашено на нашей изнемоге. Не знаю, где вы всё это видели, вы и про заграницу много, как там плохо, и сколько раз вы замечали на себе завистливые взгляды: вот, мол, русский идёт. Так я вот тоже русский, зовут меня Федя, хотите Фёдор Иваныч, и я вам расскажу про себя.

Отвеку жили мы в селе Лебяжий Усад Курской губернии. Но положили отруб нашему понятию жизни: назвали нас кулаками за то, что крыша из оцинкованной жести, четыре лошади, три коровы и хороший сад при доме. А начинал-

379

ся сад с раскидистого абрикосового дерева — и туча на нём абрикосов каждый год. И я и младшие братья мои сколько по нему полазили, любили мы абрикосы больше всякого фрукта — и вперёд мне таких уже никогда не есть. На летней кухоньке во дворе варила мать по домашеству, и варенье из тех абрикосов, и мы с братьями тут же пенками обслащивались. А когда раскулачники вымогали от нас, где чего у нас спрятано, то иначе, вот, мол, лучшее дерево срубим... И порубали его.

На телегах всю семью нашу и ещё несколько повезли в Белгород — и там загнали нас в отнятую церковь как в тюрьму, и свозили туда со многих сёл, на полу места не было лечь, а продукты кто какие из дома привёз, ничем не кормили. А эшелон на станцию подали к ночи, заварилась большая суматоха при посадке, конвой метался, фонари мелькали. И отец сказал: «Хоть ты бежи.» И удалось мне в толпище скрыться. А мои односемьяне поехали в тайгу, в тупик жизни, и ничего о них больше не знаю.

Но и у меня началась жизнь пренылая: куда деваться-то? Назад в село нельзя, а город хоть немалый — а тебе места нет, куда в ём скроешься? кто в своём доме приютит, себе на беду? И хотя уже большой, нашёл я себе пребывалище средь беспризорников. У них свои укрытия были — в разрушенных домах, сараях, в сточных люках, милиция этими босомыжниками не занималась, как некуда было их подевать, всех на прокормёжку не возьмёшь. Были они все в лохмотьях, грязные, чумазые. Они и дворобродничали, просили подаяние. Но резвей — стайками, гурьбой побегут на базар, лотки опрокинут, торговок толкают, кто товара нахватает, кто дамскую сумочку срежет, кто и целую кошёлку из рук вырвет — и айда прочь. Или в столовую ворвутся, между столами бегают и в тарелки плюют. Кто не успел сберечь свою тарелку — иной перестаёт есть, а обтрепанцам только этого и надо, всё доедают. И на станции воровали, и у асфальтных котлов грелись. Только я середь них слишком здоровый, заметный, уже не ребёнок и не так обтрёпанный. Можно бы стать паханом, сидеть в убежище, а их посылать на добычу — да у меня сердце мягкое.

И скоро меня оперативная группа ГПУ выловила из шпаны, отделила, повела в тюрьму. Сперва я не выдавал им своё размышление, задержанец и задержанец, плетюхал разное, но потом дотомили меня тесным заточительством и мором, вижу — не отнетаться, врать — тоже уметь надо, признался: кулацкий сын. А уже додержали меня до зимы. Перерешили: не досылать меня за семьёй вослед — да и где он, след моей семьи разорённой? Да небось все бумаги уже перепутаны, — так: явиться в Дергачи под Харьковом и там предъявить местным властям справку об освобождении. И не спросили гепеушники, как я доеду без копейки денег, а только взяли подписку: что́ я испытал и слышал за эти месяцы в тюрьме ГПУ — не должон никому говорить ни слова, иначе посадят опять, без следствия и без суда.

Вышел я за ворота — ума не найду: куда ж моё горькое существование прилагается? Как ехать? или опять бежать, куда подале? А из первого же проулка ко мне подступили две женщины, как стерегли там, старая и молодая: не из ГПУ ли я выпущен? Я ответил: да. А такого-то человека не видел? Говорю: в нашей камере не было, а ещё много других, набито. Тогда свекровь спросила, не хочу ли я есть. Я сказал: уже к голодной жизни приобык. Повели меня к себе. Подвальная сырая квартира. Свекровь шепнула невестке, та ушла, а эта стала варить для меня три картофелины. Я отказывался: «Они у вас, наверно, последние.» Она: «Арестанту поесть — перворазное дело.» И ещё поставила мне на стол бутылочку конопляного масла. Я — прощенья прошу, а сам — ем как волк голодный. Старая сказала: «Хотя живём мы бедно, но всё ж не в тюрьме, а покормить такого человека, как ты, — Бог велел. Может, кто когда где и нашего покормит.» Тут вернулась молодая — и протягивает мне один рубль бумажкой и два рубля мелочью — на дорогу, а больше, мол, собрать не удалось. Я не хотел брать, а всё ж старая вдавила мне в карман.

Но на вокзале я увидел в буфете закуски — и всё туловище моё заныло. Лих только начать есть, не остановишься. И — проел я эти деньги, всё равно их на дорогу не хватало. Ночью втиснулся я в поезд без проверки билета, но через несколько станций контроль меня обнаружил. Вместо билета я показал контролёру справку о моём освобождении из ГПУ. Они переглянулись с кондуктором, кондуктор отвёл меня в свою клетушку. «Вши есть?» Я говорю: «У какого ж арестанта их нет?» Кондуктор велел мне лезть под лавку и сказать, на какой станции разбудить.

От Дергачей я остался без доброго впечатления, пожить

мне там не выпало. Явился я в местный совет, меня зарегистрировали и сразу велели идти в военкомат, оставляя в недогляде, что возраст мой ещё не призывной. Врач осмотрел меня поконец пальцев, и выдали мне картонную книжечку, а на ней марка серого цвета с надписью «т/о». Это значит — «тыловое ополчение». И послали меня в другой дом, а там сидел представитель от стройконторы при ХПЗ — Харьковском Паровозостроительном заводе. Я ему сказал, что всю хорошую одёжку у нас забрали при раскулачивании. Был я в обносках: затёртый пиджак и брюки крестьянского изготовления, а на сапогах потрескались подошвы, скоро буду босой. Он ответил, что это не причина для избежания. «На тыловом фронте тебе выдадут одежду второго срока носки, и сапоги тоже.»

Я ещё думал — перебывное дело, может докажу возраст, и на том мои страдания закроются. Но уже захопили меня в тугое пространство, никто ничего не слушал, а — слали. Под ХПЗ для тылового ополчения были построены бараки: стенки из двух слоёв досок, а меж ними древесные опилки. Где неплотно пристаёт доска или выпал из доски сучок — опилки высыпаются, и ветер ходит по бараку. Матрасы набиты древесной стружкой, и малая головная подушка, с соломой. В одном бараке — считается взвод т/о. В то место согнали четыре тысячи ополченцев, считался — полк. Не было ни единой бани, ни прачечной, и никакого не давали обмундирования, а сразу — строем на работу. ХПЗ ополченцы объясняли: «ходи пока здохнешь». Мы рыли котлованы для постройки трёх цехов, они зачем-то углублялись почти полностью в землю, и когда построены — то видны только их крыши. Землю таскали носилками по два человека и как живым конвейером на всю обширь: входим в котлован одна пара за другой в покачный затылок, и по дороге каждый копальщик кидает тебе лопату земли. Пока пройдёшь ряд копальщиков — набросают полные носилки, что и нести не в силах. А — втужались. Котлован копали круглые сутки, чтоб за ночь земля не могла замёрзнуть, иногда кому и продляли смену. И порядок военный: подъём, отбой, строиться на работу — играла труба по-военному. Столовая была на 600 человек, а обслуживала в первую очередь тысячу вольнонаёмных, потом 4000 т/о, и завтрак не с утра был, и обед пересовывался чуть не к вечеру. А и так: пригонят нашу партию на обед, а там ещё обедает другая партия, и перед столовой топчемся с ноги на ногу, иногда и во вьюгу, а всего только — за тёпленькой похлёбкой. А в барак с морозу вернёшься — тут вши оживляются, давим их. И не оставалось в нашей жизни уже никакой прилежности. Кто недовычный — и вовсе сваливается.

А кромь работы — ещё ж политруки все уши прогудели, не допускали нам терпеливого положения. То вечером, то в выходной приходят во взвод — и ну тебе накачивают в головы идеологический газ для сознательности, для понимания сущности производительного труда при Пятилетке в четыре года. А надо всеми политруками был — комиссар лагерного сбора Мамаев, значок-флажок «член ВЦИКа» и три шпалы в чёрных петлицах.

Среди ополченцев были и сыновья нэпманов — они приехали с большими чемоданами, тепло одетые, и получали из дому посылки. Были и простые уголовные, но по суду лишённые ещё и права голоса. Были и местные — их и домой отпускали на выходной. Но больше были — мы, сыновья кулаков, почти все оборванные, всё на себе износя, но начальство как не замечало того. В моём пиджаке и в верхней рубахе протёрлись дыры на локтях, брюк одно колено лопнуло, а на сапогах переда распались, так что видна была портянка, вот такая бедень. Я ноги обёртывал тряпками из рваных мешков, когда удавалось найти их на строительстве, а сверху — обматывал проволокой.

От такой замучливой жизни стал я болеть фурункулёзом, однако лагерный врач мазал йодом и велел идти на работу. Я стал слабеть и уже безразличен, что со мной будет, своё тело — бесчулое, как чужое. Зарос, перестал бриться.

Вдруг одним вечером заиграла труба на общее построение. Выстроили всех на снежном поле за бараками. Тут появился комиссар с револьвером на боку, при нём политруков несколько и писарь с бумагой. Комиссар громким голосом грохотал своё разражение и внушал нам о происходящих условиях, и потому отныне никаким уклонщикам пощады не будет, вплоть до суда и расстрела. Потом стал обходить строй и тыкал иных, а писарь записывал, какой роты, взвода. Ткнул и меня: «и этого тоже». Писарь записал. На том строй распустили. А вечером пришёл в барак взводный: «Комиссар назначил тебя в выходной на работу как штрафника-симулянта. Не знаю, кем так было докладано. Я говорил в штабе, что — нет, но внимания ко мне не дошло, комиссара никто отменить не может. Ну, ты поработай завтра, а мы тебе тишком дадим выходной послезавтра.»

А это был февраль. Ночью разгулялась сильная мятель, потом пошёл дождь, а наутро схватил мороз. Утром обмотал я ноги тряпками и пошёл. Нас, 11 человек, погнали на работу в лесной склад. Там был штабель тонких длинных слег, велели перенести его на другое место, метров за сорок. «Сделаете работу раньше — уйдёте в барак, не сделаете — будете и в ночь работать.» Я — молчал, потому что мне было уже всё, всё равно. Но остальные — они были все нэпманские сынки, городские, и сыты, и одеты, — выставили, что раз выходной, то работать не будут. Взводный, не мой, пошёл доложить в штаб, а это далеко. И была одна только протоптанная в снежной целине дорожка, по которой он ушёл, по которой и жди грозы. А я был голодырый, меня морозный ветерок продувал пробористо. Я им: «Ребята, вы как хотите, я буду работать, иначе скоро замёрзну.» Один шустрый подскочил ко мне: «Ты — провокатор, нарушаешь солидарность!» Я ему: «Давай, поменяемся одёжкой, и я не стану работать.» А другие: «Ничего, пусть поработает. Придёт взводный — и работа видна.» И я взял кол, развернул верхний ряд смороженных слег, поделал из них «шлюзы» и стал скатывать слеги. Они были обледенелые и хорошо катились. Работал я — даже стало жарко.

Вдруг — с другой стороны слышу крик и крутой мат. Это — сзади, в обход, подошёл подкрадкой комиссар — так и прёт по целине, за ним — тот взводный и ещё из штаба. А ребята ждали их с протоптанной дорожки и прозевали.

Комиссар замотал обнажённым пистолетом и остробучился на них, разварганился: «Всех арестую! сволочи буржуйские! На гауптвахту! До трибунала!» И — повели их. А мне: «Почему так бедно выглядишь?» — «Раскулаченный я, гражданин комиссар.» Чёрной кожаной перчаткой ткнул мне в голое колено: «Ты что, нательного белья не имеешь?» — «Имею, гражданин комиссар, но только одну пару. А прачечной нет, бельё грязное. Носить всё время — тело ноет, рубаха как из резины стала. Так я это бельё на день закапываю под бараком в снег для дезинфекции, а на ночь надеваю.» — «А одеяло имеешь?» — «Нет, гражданин комиссар.» — «Ну, три дня отдыха тебе даю.»

И выдали мне одеяло, две пары нательного белья, ватные поношенные штаны, новые сапоги на деревянной несгибной подошве — трудно в них по скользкому месту.

Но — уже умучился я, и ещё фурункулёз. И через несколько дней упал на работе, в обмороке. Отямился в городской совбольнице. Здесь и пишу вам. Водил меня врач к начальнику в кабинет: «Этот человек так истощён, что если ему не улучшить условия жизни — даю гарантию, он через две недели умрёт.» А начальник сказал: «Вы знаете, для таких больных у нас места нет.»

Но пока ещё не выписали. И вот — выявляю я вам своё положение, а кому мне писать? родных у меня нет, и никакого поддержу ни от кого, и нигде сам ничем не издобудешься. Я — невольник в предельных обстоятельствах, и настряла мне такая прожитьба до последней обиды. Может, вам недорого будет прислать мне посылку продуктовую? Смилосердствуйтесь...

2

Профессор киноведения Василий Киприанович был позван к знаменитому Писателю на консультацию о формах и приёмах киносценария: Писатель задумывал, видно, что-то в этом жанре и хотел перенять готовый опыт. Приглашение такое было лестно, и профессор ехал в солнечный день в подмосковной электричке в отличном расположении. Он хорошо знал и какими новинками киносценарного дела несомненно поразит Писателя, и интересно было посмотреть благоустроенную, даже и круглогодичную дачу. (Сам он мечтал хоть бы о летней и только небольшой, но ещё не зарабатывал столько и каждое лето вынужден был спасать семью от московского зноя в какой-нибудь съёмный домик, даже и за 130 вёрст, как в Тарусу, по общему голодному времени везя туда чемоданами и корзинами — сахар, чай, печенье, копчёную колбасу и корейку из Елисеева.)

В глубине-то души Василий Киприанович не уважал этого писателя: талантлив он был богато, у него была весомая плотяная фраза — но и какой же циник! Сверх его романов, повестей, полутора десятка пьес, впрочем слабых (ещё и вздорных водевилей вроде омоложения покинутых старух), —

сколько ещё управлялся он писать газетных статей, и в каждой же ложь. А на публичных его выступлениях, тоже нередких, поражала лихость импровизации, с которою Писатель красочно, складно плёл требуемую пропаганду, но на свой ярко индивидуальный лад. Можно представить, что и статьи он так писал: ему звонили из ЦК — и через полчаса он диктовал по телефону страстную статью: открытое ли письмо американским рабочим — что за ложь плетут про СССР, будто у нас принудительный труд на добыче леса? или львиным рыком: «Освободите наших чёрных товарищей!» (восемь американских негров, присуждённых к смертной казни за убийства). Или грезил: будем выращивать абрикосы в Ленинграде под открытым небом и абиссинскую пшеницу на болотах Карелии. Его всегда выпускали в Европу, он писал о Берлине и Париже разные мерзости, но всегда с убедительными деталями, а свой въезд в индустриальный Лондон уверенно назвал «Орфей в аду». (Мечтал бы Василий Киприанович получить на недельку командировку в один из этих адов.) Мог напечатать статью: «Я призываю к ненависти!» И часто отвечал на вопросы газет с явно же неискренней прибеднённостью: богатство литературных тем он охватывает, только овладев марксистским познанием истории, это для него живая вода. Или так: мы, писатели, уже сейчас знаем меньше, чем верхний слой рабочей интеллигенции. Но и, напротив: до сих пор — только вредительство мешало нашей литературе достичь мировых результатов, а американские романисты — просто карманники старой культуры.

Однако трезво рассудить: кто сегодня не мерзавец? На том держится вся идеология и всё искусство. Какие-то сходные типовые выражения были и в лекциях Василия Киприановича, а куда денешься? И особенно, особенно, если у тебя есть хоть пятнышко в биографии. У Писателя было даже заливистое чёрное пятно, всем известное: в Гражданскую войну он промахнулся, эмигрировал и публиковал там антисоветчину, но вовремя спохватился и потом энергично зарабатывал себе право вернуться в СССР. А у Василия Киприаныча почти затёртый факт, а всё же пятно: происхождение с Дона. В анкетах он это маскировал, хотя никак никогда не был связан ни с какими белогвардейцами, и даже искренний либерал (и отец его, в царское время, тоже либерал, хотя судья); но пугает само слово: «Дон». — Так что политически можно было Писателя понять. Но — не эстетически: столь талантливый человек — как мог громыхать такой кувалдой? И с таким воодушевлением слога, будто его несла буря искренности.

Дача Писателя была обнесена высоким деревянным заплотом, окрашенным в тёмно-зелёную краску, не броскую среди зелени, а поверх и дом, в глубине участка, не был виден. Василий Киприаныч позвонил у калитки. Спустя время открыл сторож — картинный, старорежимного вида, с великолепной раздвоенной седоватой бородой — где теперь такого возьмёшь? — и крепкий старик. Он был предупреждён, повёл песчаной дорожкой мимо цветочных клумб, росли тут и розы — красные, белые, жёлтые. А чуть отступя — густая роща бронзовоствольных сосен с высоко взнесенными кронами. В глубине — и чёрные ели, под ними садовая скамья.

Смоляной хвойный воздух. Абсолютная тишина. Да, так можно жить! (А говорят, и в Царском Селе содержит затейливый старинный особняк.)

Со второго этажа в прихожую спустился и сам Писатель, очень доброжелательный, и от первых же слов и жестов — радушный, именно по-русски размашисто радушный, и не деланно. Он не был ещё толст, но весьма приплотнён, широкая фигура, к ней и лицо крупное и крупные уши. В петлице его пиджака был значок члена ЦИКа.

Этот человек, переступя свои 50 лет, с пышным юбилеем, видно было, уже насытился успехами и славой, и держался с баристой простотой. Повёл к себе наверх в просторный светлый кабинет, крупные белые плиты кафельной печи, наверно много тепла даёт, уютно здесь зимой, и смотреть на снежный лес. Большой дубовый письменный стол, без нагромождения книг-бумаг, мощный чернильный прибор (в виде Кремля, видимо из юбилейных подарков), а на выдвижной доске — открытая пишущая машинка с заложенным листом. (Объяснил: всегда сочиняет — прямо на машинку, без предварительной рукописи. Странно, что при массивной фигуре у него оказался тенор.)

Сели в креслах у круглого столика. Через остеклённую широкую дверь видна была открытая веранда. Писатель курил трубку, душистый высокий сорт. Его гладкие светлые волосы ещё не были седы, чуть присеребривали на теменах, но далеко назад, до макушки, широкая лысина. Брови немного придавливали глаза, а низы щёк и подбородок — уже расплывчаты, начинали свисать.

Поговорили очень мило и содержательно. Писатель ничего не записывал, а хорошо схватывал и вопросы задавал к месту и толково.

Василий Киприаныч рассказал о разных типах написания сценария: и скупо конспективном, дающем полную свободу режиссёру; и эмоциональном, главная цель которого — только заразить режиссёра и оператора настроением; и манера подробно видовая, когда сценарист предопределяет и сами экранные изображения и даже способ, панорамный или монтажно-стыковой, перехода от одного изображения к другому. Видно, что Писатель хорошо это всё перенял, а особенно понравилась ему мысль, что сценарий постоянно должен быть увязан с *жестом*.

— Да! — страстно подхватил. — Это чуть ли не главное. Я считаю, что вообще и в *каждой* фразе присутствует жест, даже иногда и в отдельных словах. Человек постоянно жестикулирует, если не физически, то всегда психически. И всякая социальная среда требует от нас прежде всего — жеста.

Было уже к пяти вечера, и Писатель пригласил профессора вниз, к чаю. Спустились на первый этаж, прошли гостиную — там стояла антикварная мебель, резной диван, кресла, фигурная рама зеркала, висели в копиях серовская «Девочка с персиками», пейзаж Моне с розовым парусом; и такая же, как наверху, большая белокафельная печь, тут, видно, топили, не жалея дров.

За углом от столовой — Писатель завёл, не преминул простосердечно похвастаться замечательной новинкой: электрическим холодильным аппаратом, привезенным из Парижа.

А тут — зная ли время, когда посидеть-поболтать? — к Писателю заглянул и сосед его по даче Ефим Мартынович. Рядом с породистым крупнофигурным Писателем — экий низкорослый, едва не гном, а держался со значительностью никак не меньшей, чем у хозяина дома.

Был он лет сорока, помоложе и Василия Киприаныча, — но как преуспел! Имя его грозно гремело в советской литературе, правда только до последнего времени, не сегодня: боевой марксистский критик, известный сокрушительно разгромными статьями по одним писателям и победоносно похвальными по другим. И во всех случаях он требовал боевых классовых выводов — и добивался их. Он и повсюду: преподавал в Институте Красной Профессуры, заведовал отделом художественной литературы в ГИЗе (то есть от него-то именно и зависело, каких писателей печатать, а каких — нет), и он же — директор издательства «Искусство», и ещё одновременно редактор двух журналов по творчеству, — да просто бразды литературной телеги все у него, опасно иметь его врагом. Он же и в РАППе, это он возглавил разгром и школы Воронского, и школы Переверзева; а после недавнего роспуска РАППа — молниеносно схватился за «консолидацию коммунистических сил на литературном фронте». И всё, всё это производил так успешно, что вот приобрёл и хорошую дачу рядом, наверно не хуже этой.

Василий Киприаныч, конечно о нём наслышанный, видел его в первый раз. Неинтеллигентное лицо, глаза проворные, волосы с рыжинкой. Встретишь такого в обществе, хоть и в хорошем костюме, не догадаешься, что он служитель Муз, а скорей — удачливый зав. промтоварной базой, ну в лучшем случае — бухгалтер треста. Однако: обходиться с ним, как с наточенной бритвой. Пути не пересекались, а вперёд не знаешь, и Василию Киприанычу полезно, что критик застал его у Писателя, да при благорасположении хозяина.

Жены Писателя не было дома. Но на веранде первого этажа, в сторону тёплого склонённого солнца, уже был сервирован чай, пожилой прислугой с простонародным лицом. И они сели в удобные плетёные кресла. На столе был нарезанный к маслу и сыру белый пуховый хлеб, в вазочках — два сорта рассыпных печений и два варенья — вишнёвое и абрикосовое.

Ветра не было. Шапковидные кроны сосен — наверху, наверху, над изгибисто вытянутыми бронзовыми стволами, и даже каждая иглинка на тех ветках была неподвижна. И всё так же — шума ниоткуда.

Милая смоляная тишина, покой насыщали эту полную отъединённость от мира.

Попивали свежий чай густо-кирпичного цвета из стаканов в изрезных подстаканниках. А разговор, естественно, зашёл на темы литературные.

— Да-а, — вздохнул Писатель, сознавая и своё же несовершенство. — Ка́к мы должны писать! Как мы могуче должны писать! Мы окружены всенародным почётом, к нам — внимание партии, правительства и высокое внимание самого товарища Сталина...

Этот последний фрагмент годился, кажется, не для чайного стола? Нет, теперь входило в моду и в частных компаниях так говорить. А Писатель, это всем ясно, в каком-то личном фаворе у Сталина. Не говоря о тесных отношениях с Горьким.

—...Создавать искусство мирового значения — вот задача современного писателя. От нашей литературы мир ждёт образцов — архитектонических.

И руки его, не сильные, даже припухлые, но ещё не ревматически свободные и в кистях и в пальцах, показывали, что и на такой размах он готов. (Не мог же он быть голоден? — а бутерброды заглатывал чуть не зараз, и один за другим. Рассказывали: он импровизировал целые лекции — о кулебяке, о стерляди...)

Ну, уж в такую-то тему Критик никак не мог не вступить!

— Да, от нас ждут монументального реализма. Это совершенно новый вид и жанр. Эпопея безклассового общества, литература положительного героя.

А чёрт его знает, заколебался Василий Киприаныч. Как оно ни топорно звучит — а может быть оно и есть настоящее? Как ни дико оно слышится, но ведь и к прежней литературе, правда, уже никогда не повернуть. Действительно, распахнулась совершенно новая Эпоха, и это, вероятно, уже необратимо.

На этой веранде, за этим столом, под тихим тёплым светом, играющим в цветах варений, — вполне выглядело так, что э т о всё установилось на века. А отстающая общая жизнь будет к тому подтягиваться, под него шлифоваться. Сюда — не властна была протянуться никакая жестокость жизни, никакие стуки-грюки Пятилетки, впрочем уже и законченной в 4 года и 3 месяца.

Да и разве есть что-нибудь плохое в порыве творить в искусстве эпические формы?

— Да вот, трагедия Анны Карениной, — щедрым жестом отпускал Писатель, — сегодня уже пустое место, на этом не выедешь: колесо паровоза не может разрешить противоречия между любовной страстью и общественным порицанием.

А страж общественного порицания — что-то не был так уверен и непреклонен, каким изливался из прежних статей. Да и не было у него этой убеждающей размашистой манеры, как у Писателя. Он отстаивал, ну, совсем уж несомненное: «Как закалялась сталь» — вот вершина новой литературы, вот новая эпоха.

А видно: Писателю этот критик вовсе не был приятен, только что вот: сосед, и — не прямо же в лицо.

Против «Стали» он не заспорил, однако и повернул, что не всякая новизна указывает нам путь вперёд. Вот РАПП — уж до чего представлялся новизной, а — не оказался рупором широких масс, и отгорожен от них стеной догматизма,

Ах, попал — да кажется и целил! — в незаживающую уязвимость. Критика поёжило как гриб от близкого огня. Ах, как бы взгневался он ещё год назад! А тут — только отползая, своим поскрипывающим голосом:

— Но РАПП дал много ценного нашей пролетарской культуре. Он дал ей несгибаемый стержень.

— Никак нет! И нисколько! — наотмашь отметал Писатель, чуть что не хохоча от наступившей теперь перемены. — Не зря же, вот, высказывается подозрение, что в руководство РАППа прокрались и вредители.

Да-с. Вот как-с...

— И они искали ловкий путь, как опорочить нашу литературу. Меня, например, позорили, что я реакционен и буржуазен, и даже ничтожен в таланте. А критик...

Он сделал паузу, несколько выпучив глаза в сторону Критика и, казалось, за１нося удар? Да нет, хватало ему юмора, он повернул даже со вдохновением:

—...Критик — должен быть д р у г о м писателя. Когда пишешь — важно знать, что такой друг у тебя есть. Не тот Робеспьер в Конвенте искусств, который проскрипционным взором проникает в тайные извилины писательского мозга для одной лишь классовой дефиниции, а ты пиши хоть пером, хоть помелом, — ему всё равно.

Про Робеспьера — это было уже и в лоб. Да, Эпоха омерзительно переломилась, и этот Писатель из подозрительного *попутчика* каким-то образом оказался в более верной колее. Какая-то загадочная независимость оказалась у него.

И, похлопав безресничными веками, Ефим Мартынович ещё приёжился. Да разве же он — не *друг*? Да он и пришёл-то расспросить о нынешней работе, о творческих планах Писателя. Впрочем, Писатель, по восхитительной широте своей натуры, уже и не помнил зла. Открыл, что ныне перерабатывает вторую часть своей трилогии о Гражданской войне:

— У меня там недостаточно показана организующая роль партии. Надо создать и добавить характер мужественного и дисциплинированного большевика. Что поделаешь с сердцем? Да, я люблю и Россию. Из-за этого я не сразу всё понял, не сразу смирился с Октябрьской революцией, это была жестокая ошибка. И тяжёлые годы там, за границей.

А говорил это всё — легко, вибрирующим тенором и с покоряющей широкодушной искренностью, — и тем осязаемей проявлялась сила его прочного стояния в центре советской литературы. (Да ведь и Горький — тоже жестоко ошибся и тоже эмигрировал.)

— И кто смеет говорить о несвободе наших писателей? Да у меня, когда я пишу, — вольный размах кольцовского косаря, раззудись рука!

И — верилось. Это шло от души. Да, симпатяга он был.

И лысина его маститой головы сверкала честно, внушительно.

Только никак не досматривалось, что верхний слой рабочей интеллигенции он считает осведомлённее себя.

— Но в литературе выдумка иногда бывает выше правды. Персонажи могут говорить и то, чего они не сказали, — и это будет ещё новоявленнее, чем голая правда, — это будет праздник искусства! Я, когда пишу, — постигаю своим воображением читателя — и рельефно вижу, *в чём именно* нуждается он.

Разговорился — и почти только к Василию Киприанычу, с симпатией:

— Я з ы к произведения — это просто в с ё! Если бы Лев Толстой мыслил так ясно, как товарищ Сталин, — он не путался бы в длинных фразах. Как стать ближе к языку народа? Даже у Тургенева — перелицованный французский, а символисты так и прямо тянут к французскому строю речи. Я, признаюсь, в Девятьсот Семнадцатом году — тогда ещё в богеме, с дерзновенной причёской, а сам робок, — пережил литературный кризис. Вижу, что, собственно, не владею русским языком. Не чувствую, какой именно способ выражения каждой фразы выбрать. И знаете, что вывело меня на дорогу? Изучение судебных актов Семнадцатого века и раньше.

При допросах и пытках обвиняемых дьяки точно и сжато записывали их речь. Пока того хлестали кнутом, растягивали на дыбе или жгли горящим веником — из груди пытаемого вырывалась самая оголённая, нутряная речь. И вот это — дымящаяся новизна! Это — язык, на котором русские говорят уже тысячу лет, но никто из писателей не использовал. Вот, — переливал он из чайной ложки над малым стеклянным блюдечком густую влагу абрикосового варенья, — вот такая прозрачная янтарность, такой неожиданный цвет и свет должны быть и в литературном языке.

Да ведь в хрустальной вазе и каждый абрикосовый плод лежал как сгущённое солнце. У вишнёвого варенья был тоже свой загадочный цвет, неуловимо отличный от тёмно-бордового, — а не то, не сравнить с абрикосовым.

— Да вот иногда и из современной читательской глуби выплывет письмо с первозданным языком. Недавно было у меня от одного строителя харьковского завода, — какое своевольное, а вместе с тем покоряющее сочетание и управление слов! Завидно и писателю! «Не выдавал им своё размышление»... «нашёл причину для избежания»... Или: «в нашей жизни не осталось никакой прилежности»... А? Каково? Только ухо, не забитое книжностью, может такое подсказать. Да какая и лексика, пальчики оближешь: «нашёл себе пребывалище», «втужались в работу», «поддержу нет», «стал совсем бесчулый»... Такого не придумаешь, хоть проглоти перо, как сказал Некрасов. А подаёт человек подобные речевые повороты — надо их подхватывать, подхватывать...

— Вы — отвечаете таким? — спросил Василий Киприанович.

— Да что ж отвечать, не в ответе дело. Дело — в языковой находке.

1994

ВСЁ РАВНО

1

В их запасном полку ужин давали в шесть вечера, хотя отбой был только в десять: кто-то правильно рассчитал, что до сна уже не так хочется есть, а там — и переспят.

Хоть отбой был в десять, но по ноябрьским тёмным вечерам уже и никакой политработы не хватало, и свет в казармах тусклый, так солдатам не мешали заваливаться и раньше, для того и вечернюю поверку делали тоже раньше.

Командир роты лейтенант Позущан, подтянутый в струну не столько военной службой, — через училище их пропустили наскоро, — сколько внутренним сознанием своего долга и нынешнего страшного момента для Советского Союза, он горько глотал радиосводки о боях под Сталинградом, как видно мы едва-едва удерживали, и даже хотел, чтоб их полк отправили именно туда, — лейтенант не находил себе покоя в эти тупые вечера. И даже заснуть не мог. И сегодня, уже часу в двенадцатом, вдруг да пошёл проверить ротные помещения.

В комнатах первого и второго взвода все спали, горели слабые синие маскировочные лампочки. И печки стояли уже тёмные, остывшие (комнаты отапливались жестяны-

ми, с трубами-времянками, выведенными в окно: старое амо-
совское отопление в этом здании давно не действовало).

А в третьем взводе в печке не только ещё горело, но пятеро красноармейцев, в тёмных своих телогрейках и ватных
брюках, сидели вкруг неё, прямо на полу задами.

И при входе лейтенанта — вздрогнули. Вскочили.

Но лейтенант сперва не придал значения, отпустил сидеть, а обругал их негромко, других не будить: почему не
спят? и где это они дровишек достали?

Рядовой Харлашин сразу ответил:

— Щепы подсобрали, тааащ лейтенант. Когда на стрельби-
ще ходили.

Ну, так.

— А почему не спите? Сил много? Надо к фронту беречь.

Потянули-помычали, ничего ясного.

Да — их дело, в конце концов. Какие-нибудь бабьи истории друг дружке рассказывают.

И уже поворачивался уйти, но что-то заподозрил. Так поздно? (И его никак не ожидали же.) И в печке — огонь-то не
сильный, не слишком пригреешься.

— Одерков, открой дверцу.

Одерков у дверцы же и сидел, а как не понял: какую дверцу?

— Одерков, ну!

Да тут, разглядел лейтенант, сидел и младший сержант
Тимонов, командир их отделения.

Замерли солдаты. Никто не шевелился.

— Что это? Открой, я сказал.

Поднял Одерков руку, как свинцовую. Взялся за щекол-
дочку, с тяжким трудом её вверх потянул.

Ну, вот и до конца.

И так же тяжко — дверку на себя, на себя.

Внутри печки, среди накалённых углей, стоял закопчен-
ный круглый солдатский котелок.

И — даже через тяжёлый дух сушимых по комнате портянок — потянуло парным запахом.

— Что это вы варите? — всё так же негромко, взвод не будить, но очень строго спросил лейтенант Позущан.

И — ясно стало пятерым, что — не отвяжется, не миновать отвечать.

И Тимонов — встал. Нетвёрдо. Руки сводя как по швам, а
коробятся. На шаг ближе к лейтенанту, чтоб ещё тише:

— Простите, тааш лейтенант. Дежурили сегодня на кухне. Немножко сырой картошки себе взяли.

Да! — только сейчас и сообразил Позущан: с сегодня на завтра их батальон — дежурный по полку и, значит, он и не помнил, распорядился старшина их роты послать на кухонные работы команду. Вот он и послал...

Не в глазах потемнело у лейтенанта — в груди. Муть какая-то поднялась. Грязь.

И — не прямой бранью, но больным голосом он всё так же негромко выстонал бойцам, они уже все стояли:

— Да — вы — что?? Да вы понимаете, что вы делаете? Немцы — уже в Сталинграде. Страна — задыхается. Каждое зерно на учёте! А — вы?

Таким беспамятным, бессовестным, несознательным — что ещё можно было втолкнуть в дремучие головы?

— Тимонов, вынь котелок.

Тут и варежка была. Тимонов взял за раскалённую дужку и, стараясь не зацепить углей, приподнял — и осторожно вынул.

Низ чёрного котелка ещё был в огненных точках пепла. Они гасли. Тимонов держал.

А четверо — ждали разгрома.

— Да за такие дела! — судят! — сказал лейтенант. — И очень легко и просто. Только передать ваши фамилии в Политотдел.

Тут — что-то ещё шевельнулось неприятное. А вот что: именно Тимонов как-то приходил к лейтенанту с просьбой: нельзя ли от полка послать письмо в его колхоз в Казахстан в поддержку семьи, тягали их семью за что-то, Позущан не запомнил — за что, а только ясно было, что — не помочь, в штабе полка такой бумажки не подпишут.

И сейчас это странно соединилось: то ли Тимонов стал ещё виноватей, то ли, наоборот, меньше.

Картошки варились в мундирах. Было их, на вид, десятка два некрупных.

И пахли раздражающе.

— Пойди слей воду в раковину и принеси сюда, быстро.

Тимонов пошёл, только не быстро.

При недостаточном свете лейтенант осмотрел лица своих молчащих бойцов. Выражения их были скорбные, сложные. Поджатые губы. Глаза опущенные, или в сторону. Но так, чтобы прямо прочесть раскаяние у кого, — нет.

Что делается! что делается!

— Да если мы будем воровать государственное добро — разве мы выиграем войну? Вы только подумайте!

Тупо непроницаемы.

А ведь с ними и поедем. Побеждать. Или нести поражение.

Вернулся Тимонов с котелком. Ещё и не скажешь, все ли картошки на месте.

Недоваренные.

— Завтра с комиссаром разберёмся, — сказал лейтенант тем четверым. — Ложись. — А Тимонову: — Пойдём со мной.

В коридоре велел:

— Разбуди старшину, отдай под его ответственность.

А сам долго не мог заснуть: и случай — ужасный, и — именно в его роте! а он чуть не пропустил. И, может быть, уже раньше бывало? Течёт беззаконие, воровство — а он и не подозревал, случайно узнал.

Утром пристально допрашивал старшину Гуськова. Тот — клялся, что ничего не знал. И что — близко и подобного до сих пор в роте не бывало.

Но, всматриваясь в сметливое лицо Гуськова с маленькими подвижными глазами, Позущан впервые подумал: вот то, что ему в Гуськове нравилось — его хозяйственная сообразительность, предусмотрительность и быстрая сладка любых трудных дел, что так облегчало жизнь командира роты, — а не была ли это ещё и плутоватость?

Рано утром, ещё до завтрака, лейтенант пошёл к батальонному комиссару Фатьянову. Это был — кристальный человек, необыкновенно симпатичный, прямодушный, с крупными чистыми глазами. Замечательно он вёл политбеседы с бойцами — не задолбленно, не механической глоткой.

Штабу их батальона было отведено две комнатки в маленьком домике, через широкий плац, где ставили общий строй запасного полка, когда надо, а то — маршировали.

Промозглое было ноябрьское пасмурное утро, с моросью. (А каково там сегодня под Сталинградом? Утренняя сводка ничего ясного не донесла.)

В первой комнате сидели два немолодых писаря, при входе лейтенанта не шевельнулись. Комиссар здесь? — кивнули на вторую комнату.

Постучал. Приоткрыл.

— Разрешите войти? — чётко махнул к виску (это у него теперь стало хорошо получаться). — Разрешите обратиться, таащ майор?

Майор Фатьянов сидел за столиком комбата, но сбоку. Комбата не было. А за вторым столом, побольше, угруженным бумагами, у окна — сидел и тихий, мягкий капитан Краегорский, начальник штаба. Майор был без шинели, но в фуражке, а капитан — по-комнатному, открыты аккуратно подстриженные чуть сиоватые волосы его, прилегшие к голове.

— Что скажешь, лейтенант? — как всегда и доброжелательно и чуть-чуть насмешливо загодя, спросил майор, откинутый на спинку стула.

Позущан с волнением доложил ему всё. Картошки унесено с кухни килограмма два, по карманам. И есть подозрение, что это могло случаться и в другие дежурства по кухне. И, возможно, — в других ротах тоже. Случай — прямо подсудный, но и нельзя на такое решиться. (Не только жалко их, дураков, неразумно же и, едучи на фронт, самому прореживать строй роты.) Но — какие меры принять? как наказать? Сделать случай — гласным по роте? по батальону? негласным?

Широкие ясные глаза майора сузились. Остро смотрел на лейтенанта. Обдумывал.

Или не обдумывал?

Очень не сразу ответил. Сперва вздохнул. За затылок взялся — и чуть сдвинулась его фуражка, козырьком ко лбу. Ещё вздохнул.

— Случай — примерный, — сказал с великой строгостью.

И помолчал.

Созревала в нём мера? кара?

— Ты вот, лейтенант, летом сорок первого с нами не отступал. Не видел, какие склады жгли. И под то — сколько воровали все. И в городах, и в самой армии. Ка-кая растащиловка шла, матушки!

— Да, я того не видел, таащ майор. Но и по училищу знаю: воруют. И интенданты, и на кухне, и до старшин. Мы, курсанты, всегда были как собаки голодные, и обворованные. Так тем более же с этим надо бороться! Если все будут воровать — мы же сами своей армии ноги подогнём.

Майор чуть зевнул.

— Да-а-а. Ты правильно смотришь. И воспитывай так бойцов, а то политрук твоей роты слабый.

Лейтенант стоял, несколько обескураженный. Он ожидал от комиссара твёрдого и немедленного решения — а теперь расплывалось. И — разве такое сам же комиссар говорил в политбеседах?

Тут сильно распахнулась дверь — и с поспешностью вошёл старшина батальона в новенькой телогрейке. А в левой руке он нёс за дужку точно такой же круглый солдатский котелок, без крышки, только совсем чистенький, зелёно-оливковый.

— Товарищ комиссар! — взмахнул он правой к шапке-ушанке, — проба! Извольте отведать.

Пробу и должен был снимать комиссар части, дежурной по полку. Но тут проба была — свыше полкотелка пшённой каши, прямо на четверых, и сильно умасленной, не виданной в полковой столовой.

— Да-а-а, — ещё раз потянул комиссар, снял фуражку, положил на стол. Открылись его вьющиеся закольцованные светло-русые волосы, придающие ему всегда расположительную приятность.

Старшина бережно поставил котелок на незанятый угол стола. И рядом выложил три деревянных ложки, ещё свежерасписных.

— Подсаживайся, капитан, — пригласил комиссар начальника штаба. И Краегорский вместе со своим стулом стал переходить.

Старшина откозырял, ушёл.

От котелка поднимался парок и дивный запах.

— Комбата нет, садись и ты с нами, лейтенант, — добродушно пригласил комиссар, и светлые глаза его искрились как бы насмешкой. Не над лейтенантом Позущаном, нет... Нет!!

— Спа-сибо, — с трудом выдавил Позущан. Горло его сжало, как перекрыло.

И — руку к козырьку, с небывалой горечью:

— Разрешите идти?

А майор Фатьянов смотрел светло, одобрительно, дружески, понимающе.

— Жизнь идёт как идёт, — сказал тихо. — Её так просто не повернёшь, всё равно. Человеческую природу не изменишь и при социализме.

Прищурился лукаво:

— А картошку — ты им отдай доварить. Что ж ей пропадать.

Лейтенант ещё раз козырнул чётко, повернулся через левое плечо — и толкнул дверь.

2

А ведь ещё и до войны, не поверить, от устья Ангары до устья Илима — баржи с солью таскали бурлаки: бечевой, местами брали лошадей на подмогу, на каких плёсах ждали попутного ветра. Ничего, за сезон три ходки делали.

Потом наладили на Ангаре чин чином и малое пароходство, и Анатолий после техникума 12 лет ещё водил до Енисея разные судёнышки. А в 74-м, как начали перегораживать под Богучанами, — так не стало ни пароходства, и ни Гэса, ни беса. А сверху ещё раньше поставили Братскую и Усть-Илимскую плотины, и только на остатних четырёх сотнях реки, — а живой, не умершей, только двести вёрст, до Кежмы, — уже никакой не Толик, самому пятьдесят, ещё водит что приходится.

Как и сейчас. Он же и капитан, он же и рулевой, в сильно истёртом синем кительке сидел за рулём в рубке, вёл катер-водомёт — и вёз там, в нижнем салоне, гостей. А душой избаливал, как за себя самого, за это последнее русло реки в её истинных, не испоганенных ещё берегах: уговорим, не уговорим? удастся, не удастся?

Боковое стёклышко было отодвинуто, и тянуло сюда родным речным дыханием.

Вон, на Лене сохранилось ещё всё — и бакена́, и створы, там только рейсы нагоняй, чтобы квартиру получить. А здесь за последние 20 лет и бакенов не стало, хоть гарантийная глубина всего 60 сантиметров. Ведёшь — по памяти, по соображению, по меткому глазу: каждую су́водь видишь заблаговре́мя, где она крутит. Идёшь — и читаешь реку: все пятнадцать, до Кежмы, каменистых шеверо́в, с перепадами малыми. Да ведь и никакой прибрежный холм, скалу, утёсик, мысок, устье ручья друг с другом не спутаешь, это только стороннему глазу они все на одно лицо, как овцы в стаде или как лоси.

А лоси-то и медведи перестали Ангару переплывать: из-за Илимской ГЭС сильно похолодала вода. На Лене — она куда теплей.

Только свою Ангару — любил капитан, как жену, на другую не променять.

Над знатной рекой медленно разгорался солнечный день, и выравнивались плоски света по поверхности.

Протянулось бело-облачное веретено далеко за правым берегом. Но — растает оно.

В июне — ангарская вода всегда тихая. А с середины августа северяк погонит крупную волну. В августе и Саяны растапливаются, катит половодье.

Узкая низкая дверца с внутренней лестнички открылась. В неё протиснулся моторист Хрипкин: голова как бомба, и туло как бомба. Сел на боковой прискамеек. А третьему в рубке и сесть бы негде, загораживай спиной дверку.

— Ну, что там делается, Семён?

Семён хоть и увалень лохматый, чёрный, лицо распорно литое, а глаза быстрые, смекалистые:

— Кому теперь, Анатоль Дмитрич, дело до дела? Валентина Филипповна едва приступилась, а Сцепура уже выпивку подтаскивает, с утра пораньше. Да и господин министр, я думаю, на закуску покашивается.

Капитан стал забирать к правому берегу, с голым покатым всклоном вдаль.

Не всегда было тут голо. Тут — сосновая тайга была, э-эх! Сюда кинули лагерь лесоповальный. Шло не как зона затопления, а как вторая очередь, ценный лес. И всё начисто взяли. А после сосны — сосна уже не вырастет, жди осину. Сосна не тонет, так её сплавом отправили.

— Вся здешняя сосна, — вздохнул, — у Богучан затолпилась без толку. А в других местах — какую лиственницу валили! какую берёзу! Да только они — тонут, а транспорта не было. Так и поселе лежат-гниют. — Помолчал. — Полежи вот так.

— Это когда ж было? — нетерпеливым своим говорком Хрипкин.

— Да десять лет назад. И семь назад.

— Уже в перестройку?

— И в неё. Везли и везли этапы. По всему течению тут, до Богучан, раскидали 27 лагерей.

А ещё сколько крепкого лесу и сейчас стоит выше, по холмам.

Переходил к левому: правее видел мырь, рябящую на мелком месте, на камнях.

По теченью — не взбуривает воду нос.

А в воде — голубизну ещё не вовсе вывели.

Ровными вздрогами отдавалась и в рубку работа мотора.

— Спросил бы он меня, — примерял Хрипкин, — я б ему натолкал.

Капитан подумал. Не оборачиваясь:

— Ну, хоть и поди, поживи, только не испорть. А то ты у нас...

— Да не верю я уже ни в какое начальство, ни старое, ни новое.

Капитан обернулся, никак не согласный, хоть и мягко:

— Нет, не скажи, с новым говорить можно.

Моторист ещё посидел, поглазел на воду.

Потопал по лесенке вниз.

И вышел в перёд салона. К нему лицом — сидели в привинченных кожаных креслах несколько. Рядом с министром, добротным здоровяком в летнем светлом костюме, — Валентина Филипповна. Она держала на коленях бумаги, но говорила не глядя в них, не умолкая, горячо. Позади сидели двое из свиты: один — спортивно плечистый, бык; другой — с большим открытым блокнотом. А через проход — районный Здешнев да из Иркутска какой-то сухой в чёрном костюме.

А ещё задей, за креслами, — привинченный же стол покрыт уже белой скатертью, и на него два прислужника в белых фартуках подносили, расставляли тарелки, бутылки, стеклянное — и толстяк Сцепура, седоватая стрижка наголо, в пёстро-расписной американской футболке под расстёгнутым пиджаком, распоряжался тихо, но быстроподвижно, уверенно показывал руками.

Моторист с охотой бы постоял-послушал, да рылом он не вышел тут присутствовать. И ещё охотней — сказанул бы, да не встрянешь.

И — медленно, увалисто, по ступенькам, пошёл дальше вниз, в машинное.

А Валентина Филипповна была — председатель районного комитета по охране окружающей среды и рациональному природоиспользованию. И хотя она была ещё совсем молода, а никто её «Валей» не называл. Открытое у неё было лицо, прямой взгляд безо всякой женской ужимки, и чеканила она высочайшему залётному гостю:

— Богучанскую ГЭС стали строить даже на два года раньше, чем был готов проект, так торопились. Но сегодня и проект её давно морально устарел, потому что строят её уже двадцать лет. И даже при том промежуточном уровне, до которого плотина доведена сейчас, — гибнет весь вывод осетровых. И десятками тысяч гибнут ондатры. И ближе к плотине — вода цветёт, Ангару заболачивает.

Министр слушал мало сказать внимательно, — сочувственно. Головой покачивал, как верить не хотел. Раз-другой дал знак референту, худому, с вытянутым умным лицом, — и тот спешил записывать.

Говорила с таким жаром, пальцы к низу горла, как о собственной судьбе

— А теперь, если исполнить последнее распоряжение правительства, завершить станцию поднятием плотины до верхней заданной отметки, — затопится ещё полтора миллиона квадратных километров. И залежи торфа больше одиннадцати миллионов кубометров. И месторождение магнезитовых руд, несколько сот миллионов тонн...

— И ру́ды! — министр через плечо секретарю.

Он был лет средних, природно-сочный, бодрый. А галстук, по новой какой-то манере — приспущен, и верхняя пуговка ворота расстегнута. И нога за ногу, даже в покачке иногда.

За широкими чистыми стёклами салонных окон, по обе стороны — близко, чуть ниже, неслась голубовато-серая речная вода, а поодаль — миновались то холмистые, то луговые берега.

Мотор водомёта не мешал разговаривать.

Валентина Филипповна, сама-то химик-технолог, с Лесотехнической Академией за спиной и стажем в цеху, не перебивалась и не уставала — с растущей надеждой — толковать высокому гостю, какие уже беды нагромождены раньше, в очистных сооружениях Братска, Усть-Илимска и Байкальского комбината, как неразумным порядком химической очистки губятся результаты очистки же биологической.

В министре чувствовалась спокойная, прочно достигнутая уверенность. Такой, если возьмётся, — неужели не добьётся?

...А ещё: в поспешности вырубленная древесина, а теперь топляк, подаёт Ангаре гниение со дна, фенол, скипидар, — и вот когда-то сказочно чистая Ангара уже сейчас на переходе из 5-го в 6-й, худший, класс экологической опасности. Но если бы остановить достройку Богучанской ГЭС — то ещё можно спасти хоть двести километров проточной Ангары, и в ней будет происходить самоочистка. А иначе — кончена и вся Ангара, будет и тут стоячая...

Валентина Филипповна и за недолгую службу повидала начальников безгранично спокойных, хотя бы дело сыпалось у них на глазах. Их целая школа была такая, и размером все крупные, по какому-то иному разбору, чем мы. Но этот — не такой. Не такой. Да к тому же и так высоко стоит! и если скажет... И что вид у него моложавый и как бы весёлый — тоже почему-то подбодряло.

Оборотистый Сцепура, уже всё там уладив позади, на столе, подошёл и, ослабляя возможное утомление гостя, пригласил если не вовсе прерваться, то продолжить беседу за столом. (Покосился раз, другой: и что эта активистка тут путается, всё разбивает?)

Но министр отклонил неподкупно, он хотел выслушать ещё и другие голоса.

Тот, сухощавый, в чёрном костюме, представитель губернатора, всё время молчал, а посматривал как-то саркастически.

Тогда засуетился вмешаться глава администрации этого обширного речного района — Иван Иваныч Здешнев. Он и на администратора не дотягивал, у него было простое курносое лицо, пиджачок не парадный и разной окраски с брюками. Но, заставляя себя помнить важность и своего же поста, и всей нынешней стычки бед, и перед каким сановным гостем:

— Вы, конечно, понимаете, что я, как мэр этих мест, испытываю большой прессинг от населения. Мы все тут становимся заложниками Богучанской ГЭС, будет она или не будет. Если будет, то житьё наше худо поприкончится.

И доглядчиво проверил по лицу министра, не слишком ли дерзко выразился, через край?

Но глаза того полны были делового значения, понимания. Нет, нисколько не проявился гнев.

А секретарь за спиной и писал же всё в блокнот.

Иван Иваныч понимал, что есть мера допустимым доводам и нельзя спорить слишком горячо. А всё-таки...

— Вот, Старый Кеуль выселяли из зоны затопления... Так не гораздо хорошо получилось. Селу — триста лет. Не идут — и всё. Тогда стали им избы сжигать — так они отбивались вилами и топорами. Ладно, кладбище ихнее там оставили пока. А их переселили-таки в Новый Кеуль. А он — на плывуне оказался: подвалы строить нельзя.

Нет, начальник и тут не рассердился. Да он — понимающий человек. Так Иван Иваныч — ещё случай, у него их много:

— А в деревне Ка́та — речушка Ка́та как раз напротив Йодормы, куда мы едем, — одна старуха так и не дала ломать избу: «Убивайте тут, на месте!» Оставили её... И вот ловит налимов по зиме, штабелюет их в сарае. И возят ей хлеб вертолётом, в обмен на налимов.

Но, поняв, что заговорился, уж слишком выложился:

— Соблаговолите, простите меня. Но имидж мэра не позволяет мне и смолчать...

На самом деле приезжий начальник был не министр, а только *зам*, но — министра весьма и весьма возвышенного. Приехал-то он сюда по делам приватизации — неуклюжего, громадного Лесопромкомбината, который надо было непременно и срочно разгосударить — срочно, потому что у приватизации есть не только многие друзья, но и немалые противники. Такое чудовище — не укупишь, и никто на себя не возьмёт; выход нашёлся в том, чтобы разделить его на 42 предприятия. Это уже всё было проведено за предыдущие месяцы, замминистра приезжал только закончить оформление поскорей. И провёл удачно, знал, что порадует наверху. — А в эти дни всё уговаривали его прокатиться по Ангаре, да и как, правда, не прокатиться? И сегодня, в последний уже день здесь, — вот поехали на катере. Но откуда взялась эта женщина, кто её сюда провёл? И до чего горячо шпарит! — не замужем она, что ли? Никакой этой проблемы нижней электростанции до сих пор и не ведал, — а теперь вот...?

А катер всё шёл, до Йодормы ещё не доехали — и Сцепура всем напором уговорил компанию пересесть к столу. Он радушно хлопотал, весел был, как от большого праздника, хотя день тёк самый будний. С шампанского начнём?

Хлопнули пробки двух бутылок, попенилось в стаканах.

Валентина Филипповна сперва и пересесть не хотела к столу, долго строго отказывалась.

Круглоголового толстячка Сцепуру, напористого, хотя уже за пятьдесят, находчивого на язык, — кто не знал в Усть-Илиме ещё отначала, двадцать лет назад, электриком, когда висели над Ангарой на тросах и монтировали? Сюда комплектовали тогда лучших со всего Союза, и он попал. А потом стал учиться заочно на юриста, выдвинули его в прокуратуру, потом вернули на комбинат. Тут стал управлять то бытом, то кадром, то даже 1-м отделом, он и подписывал разрешение, кому из Усть-Илима можно назад в Россию уехать, выдвигался даже заместителем директора Лесокомплекса. А как всё пошло на перетряску — стал всего лишь директор гостиницы, вот от него тут и экипировка, и вот подливал, и вот угощал, а подсобники на подхвате.

Но, прежде чем развеселились, всё молчавший представитель губернатора успел сумрачно досказать заезжему начальству ещё кой-какое, а от него уж зависит, как наверху доложить. Столько в Иркутской области понастроили электростанций, что до пятидесяти процентов мощности энергосистемы уже три года простаивает: планировали, что её потребят алюминиевые заводы, но их ещё и двадцать лет не построят. И если доканчивать Богучанскую, то куда электричество с неё гнать? только разве в Китай, но высоковольтная через тайгу по пол-Сибири дороже обойдётся, чем само окончание Богучан.

Министр был изумлён. И поверить бы нельзя — да лицо ж докладывает вполне официальное. Ситуация — ещё осложнялась.

— Да, конечно, — отозвался басовито, веско. — Конечно, эти разумные доводы должны быть учтены.

Тогда представитель губернатора ещё объяснил, что всё это закончание подзуживают красноярские власти: они там, в Богучанах, населили 25 тысяч людей в запас, а работы им нет.

Поднялась бровь министра. «Подзуживают»? — никак не государственный термин, но — бывает, бывает, человеческое...

Возвышенности отступили сперва по правому берегу, теперь и по левому.

Что за ширь!

Мужчины тронули уже и водку.

Чуть порозовели щёки министра.

Он посматривал в правые окна, посматривал в левые. Произнёс задумчиво:

— А ведь про Ангару где-то, кажется, у Пушкина есть.

Но никто не подсказал.

Тем временем катер приставал к левому берегу.

И все-все покинули стол, пошли на землю ноги разминать.

И застенчивый капитан спустился из рубки. И моторист выпер из машинного. А подсобники Сцепуры с белыми передниками заметались, заметались устраивать на берегу, у самой воды, — костёр для шашлыка и уху варить из готовой привезённой рыбы.

Чередом поднимались по прибрежному ямистому взгорку.

...А там — вдоль реки шла деревенская улица в один порядок, за ней в глуби — ещё другой, покороче. А по улице — дорога?.. — да уж никакая телега по ней не проедет, сломится ось в этих ямах и на колдобинах засохшей грязи.

Да и — некуда ехать ей, ни в какую сторону.

И прогуляться, размяться — тоже некуда, лишь ноги ломать.

Теперь, без мотора, тишь стояла черезо всю Ангару, на два берега, и дальше, за несколько вёрст. Только комары позванивали, когда близ уха.

Дома так и стояли рядком, нерушенные. В одном — даже наличники свежекрашены, голубые, и перед домом — в этой же голубой краске борты опрокинутой плоскодонки. А по избяному ряду — ни двери́, ни окна́ распахнутых. На одном доме вывеска: «Товары повседневного спроса»; дверной болт заржавел, а вывеска ещё нет.

Безлюдье. Ни курица не проклюнет, не прокрадётся кошка. Только трава растёт себе, горя не зная. Да безмятежно зеленеют деревья в палисадниках.

Была-а жизнь...

Однако вот — и нагромоздка толстенных чурок, свеженапиленных, дровяного размера под колку. Живут и сегодня.

Тепло стало, разогрелся день.

Вдруг — кукушка. Через Ангару, это с какой же дали? и слышно как.

Ну, ширь. Ну, покой...

Стояли все молча.

Но Здешнев зычно закричал:

— За-бо-лот-нов! Ники-ифорыч! Заболотнов!

Пока объяснил начальству: деревня Йодорма, 22 двора, была в ней раньше и больница, и школа четырёхклассная, очищена под затопление. Тут — и конец Иркутской области, дальше — Красноярский край. А Заболотнов, 63 года и со старухой больной, никуда не пошёл: тут, мол, мои батюшка с матушкой похоронены, не уйду. Ну, пока его оставили. И вот по новому времени, без колхоза, взялся фермерствовать. По ту сторону Ангары это не берег, два острова, за ними ещё протока. На скалистом островке держит недойный молодняк, на обильном кормовом — дойный скот. Молоко — по реке увозят, катером. Жена уже никуда, так на рассвете он через реку гребёт и сам доит. И пашенка у него тут.

— И всё один?

— Нет, и два сына с ним, вон один и наличники покрасил. А невестки в Новом Кеуле, на лето приедут, семерых внуков привезут. Да вон он.

Уже и шёл откуда-то, с долгим в рукеременчатым поводом наотвис. В холщовых штанах, в дешёвой разрисованной трикотажке, а в кепке чёрной, ворсистой, полумеховой — так себе, невзрачный мужичок, корявенький, но походкой твёрдой. Уже издали всю кучку оглядел, понял, что начальство.

Подошёл.

— Здоровы будете! — голос не стариковский.

Безбородый, и бритьё не запущено. Лицо и шея коричневые, крупная бородавка на щеке.

Один Иван Иваныч ему руку протянул, пожал.

— Ну, расскажи, Никифорыч, сколько голов у тебя?

— Да-к выращивал триста. А теперь, коли сдатый скот не верстать, — семьдесят осталóсь. И лошадей два десятка.

Поверить бы нельзя, как он это всё ворочает.

— И как же ты справляешься?

— Да-к справлялся б и пуще, да изгальство от спекулянтов. Райкоопы разломились, мясокомбинат обманыва'т, молкомбинат обманыва'т. Надо купца доброго искать, а где его? И двигателéй не добыть.

Иван Иваныч спрашивал-то Никифорыча, а поглядывал на начальника.

— А хлеб откуда берёшь?

— Да я, быва'т, с гектара 30 центнеров сниму, после пара, буде с нас. Сами и мелем, сами и печём.

— А сыновья твои где?

— А — на островах.

— Двое?

— Было трое. Один утонул. В шестнадцать лет. — Вздохнул. — Лодка перевернулась. — Вздохнул. Глаза его, и без того некрупные, смежились. — Бог дал, Бог и взял.

Замолчал — и все перемолчали из вежливости.

А Никифорыч — как не было их тут никого наехавших, как не стал видеть никого, онезрячел, — самому себе и закончил, тихо, себя уговаривая:

— Бога — люблю.

И стало всем — неудобно, неловко. Опять же молчали.

А вот подковыливала и старуха его, в тёмной юбке, бурой тёплой кофте. Несла, не споткнуться, глиняный жбанчик и две кружки. Поставила на широкую колоду.

Поклонилась:

— Вот, молочка парного, может отведаете?

Валентина Филипповна:

— И ещё как, мамаша. Спасибо.

Налила, и стала пить, даже глаза закрывая:

— В городе теперь этого не попьёшь.

Ко второй кружке никто не тянулся — и из заднего ряда вышел тихий капитан, с невинным лицом.

Однако переглянулся с Валентиной Филипповной заговорщицки.

Налил молча, стал пить.

А Иван Иваныч нашёлся, как дальше:

— А скажи, Василий Никифорыч: как ты теперь новую жизнь рассматриваешь?

Тот — уже в живые глаза:

— Да как, в правильную сторону повернулась. Отца мово не кулачили, но в 75 лет подчинили бригадиру-мальчишке. И говорил отец: я — хозяин! — а под сопляка подогнули? От огорченья и помер.

Но Заболотнов пока там отвечал, а сам уже смекнул, что — и не к нему эти гости, не его расспрашивать. А тогда — и ясно, по какому делу. Сам и встрял:

— Такой весёлый люд у нас был, работная деревушка.

И по всем берегам — ровень, какие пашни. Жилово́е место. Рожь стояла по два метра высоты. И на кажном островке — зелене́’т. Покосы, посевы. Картошка у нас растёт — сам-тринадцать. А теперь — все всё бросили. Безнадёга. Спину горбишь, а не зна’шь, чего будя.

Да начальник — видно, прислушливый, всё и понимает, кивает. Да чего тут не понять? Такую благодать — и взабрось, под стоячую мелкую воду? А ответил с осторожкою:

— У правительства есть свои соображения. Отсюда не видно.

Заболотнов не сробел:

— А чего Москва? Был я раз и в Москве. Небо там — низкое. И люди — в стаде.

Так и стояли кучкой на случайном неровном месте, кто выше, кто ниже, и подле двух ям. А снизу, от берега, где уже стряпали уху и шашлык, тянуло пахучим дымком.

Заболотнов ещё размыслил:

— Каково русло определёно — реке ли, человеку — и быть должно. Оно.

А грязный дыбоватый моторист вдруг вышел иззади, обошёл других и сдерзил, глядя в министра:

— А мы — какое слово имеем?

Начальник готовно вертнул отзывчивой головой:

— Конечно имеете. У нас демократия теперь. Да на то и избирательная кампания.

Литого моториста комары совсем, видать, не брали — из-за его ли запаха? да и Никифорыча — по-свойски облетали.

— А без кампании? Медведь корову задерёт — он свежее мясо прямо не ест: полежать ему даёт, чтобы с душком.

Министр не понял, повёл бровями:

— Вы — по какому вопросу?

Лохматый моторист, и сам дороден, — развязно упёрся взглядом в такого ж дородного, только ростом повыше, министра с аккуратно уложенными волосами:

— Да вопросов у нас — выше той ржи, что тут росла. Хотите — про Леспромкомбинат, зачем его на сорок предприятий разорвали? Теперь — и все остановились. На одного ра́ба три прораба, и все без работы. А кому нужно — тот себе миллионы нахапал. И — не в рублях. Воруют по-крупному, не то что мы, — и умеют прикрыться, их не ловят.

Робкий капитан — с укоризной на моториста, да тот не

видел. Так и боялся, что взъерихорится, бешеный, испортит. Уже налаживается, и приступчив начальник, — так и говори с ним поласковей. И не про всё же сразу, в одну охапку.

От губ министра — две уверенные волевые складки. А в голосе впервые — броня:

— Без прямых доказательств — не имеете права так заявлять.

А Хрипкин — и ничуть не смутясь:

— Да заявляй не заявляй, нас никто не услышит. Теперь вот: осталась от Ангары лишь одна серединка, так и её догноить? Кто бы голову имел — от этой реки можно электричество вырабатывать на простом крученьи колёс, безо всяких плотин. А их — уже забор наставили. И теперь — ещё добивать? А вода для рыбы и так не прогревается.

Валентина Филипповна впилась в лицо министра. Нет, он не безучастен, его зацепило? Не мог же не пронять его обречённый распах этой гордой реки, вот на этом плёсе? Что-то он чувствует?

Наверняка чувствовал начальник укусы комаров, потому что прихлопывал по ним, — но и то рука не дёргалась нервно, а как будто была уверена, что настигнет и раздавит.

А этому чумазому задире? Всего не объяснишь, и почему именно ему?

Да комары уже донимали и других — а тут как тут расторопный Сцепура доложил тихо: готово, мол. Но — и комары, и чтоб лишних не звать — перейдём в салон?

Стали спускаться к берегу.

Никифорыч как стоял, так и стоял, расставив ноги. Не шевелясь. И не дивясь.

Здешнев успел ему:

— Может, старик, чего и добьёмся.

А моторист — капитану, на тропинке, в салон их не звали:

— Этот ездун? Не-е, Анатоль Дмитрич, знать их породу надо. Ничего они не отменят, всё равно.

А печальный капитан — надеялся!

Валентина Филипповна шла неуверенно, опустив голову, да и каблук не подвернуть.

А уже на берегу начальник подравнялся с ней — и, негромко, с сочувствием:

— Не горюйте, все ваши аргументы зафиксированы. Будут учтены.

Вскинула голову на министра счастливо:

— Спасибо!

Развернулся катер и пошёл против течения.

Опять потянулись вдали, потом стали сближаться береговые высотки. Дальше и скала угловатая.

У мужчин в салоне под водочку уха бойко пошла.

И громче всех козырял Сцепура:

— Да-а! Я был, как говорится, руководитель с перспективой. А вот — подломили теперь.

Кого не разберёт водка под уху и шашлык? Смягчилось, раскраснело, ещё помолодело и лицо министра. Да просто, при высоком положении, держаться надо с достоинством. Ну, а уж тут — все мы люди, и горяченькое.

— Служебных неприятностей, — гремел Сцепура, — досталось мне выше моего возраста! Но я хвост не поджимаю. И мне обидно слышать, как теперь говорят: *то всё* — было не нужно, ошибочный путь. Ка́к ошибочный? А все наши победы? А хоть наши Братск и Усть-Илимск?!

В конце концов, получилась хорошая речная прогулка. А вечером на самолёт, и в Москву. Там, через пару дней, — загранкомандировка. А эти возражения, сомнения — конечно, они все со смыслом. Но — вдруг вспомнил, вспомнил, сказала эта женщина: «*последнее* распоряжение правительства»?..

— А когда оно? — спросил у иркутского.

— Три месяца назад. В подтверждение прежнего.

Э-э-э, так и не кидаться же на верхи, доказывать — только сам себя подобьёшь.

Что ж, он не знает обстановку в *сферах*? если решение принято, да ещё раз и подтверждено, — всё равно не изменить его никому. Всё пойдёт, как начертано.

1993; 1995

НА ИЗЛОМАХ

1

Кто в тот год не голодал? Хоть отец и был начальник цеха, но *не брал* ничего никогда сверх, и никого к тому не допускал. А в семье — мать, бабушка, сестра, и Димка на 17-м году — есть-то как хочется!! Днём у станка, ночью с товарищем с лодки рыбу ловили.

А цех у отца какой? — снаряды для «катюш». На харьковском Серпе-Молоте доработались — прервать нельзя! — до того, что город уже горел, чуть к немцам не попали, уезжали под бомбёжкой — и закинулись до Волги.

Война? как будто катила она к концу, фронты уходили — но что там дальше будет? А ещё сяжок — и призыв. И уже узнав складность своего характера и ума — на весну этого, 44-го, сдал Дмитрий экстерном сверх 9-го и за 10-й класс, да «с отличием». И с сентября можно ринуться в институт. А куда? Добились с другом до такой справочной брошюрки: «ВУЗы Москвы». Ох, много названий, ещё больше — факультетов, отделений, специальностей, — а что за ними скрывается? чёрт не разберёт. И — как бы решали? и — как бы решились? — но в Энергетическом, Шоссе Энтузиастов, прочли: «трёхразовое питание»! И это — всё перевесило. (А по себе сам намечал: юридический? исторический?) Ну, такая в ногах легколётность — покатили!

И — приняли. Общежитие в Лефортове. Только трёхразовое — как считалось? Щи — это уже раз, уполовник пюре из гниловатой картошки — это уже два... А хлеба — 550 плохого. Значит: днём учись, уж там как, вечерами-ночами — грузчиками. Заплатят папиросами — иди на рынок, меняй «дукат» на картошку. (Ну, отец помогал.)

А год Двадцать Шестой — уже весь заметали в армию. А год Двадцать Седьмой — качался, туда ли, сюда. Но — удержался. Да кончилась война, оттого.

Война и кончилась — она и не кончилась. Объявил Сталин: теперь — *восстанавливать!* И пошла жизнь по тем же военным рельсам, только без похоронок, а: и год, и два, и три — восстанавливать! значит — и работать, и жить, и питаться, как если б война продолжалась. Уже был на 4-м курсе, отложил себе 400 рублей — новые брюки купить, а тут — громыхнул слух: будет *реформа*! И — кинулись люди в сберкассы, сразу две очереди, одни сдают, другие берут, не угадаешь, как надо. И Митя Емцов — не угадал, прогорели и брюки. Но сразу и выигрыш: ни стипендии, ни зарплаты не разделили на 10, и карточек — больше нет. И на январскую стипендию накупали ржаного хлеба — в обжор, да ещё и чай с сахаром. А директор их института — была солидная, властная женщина, жена Маленкова, нахлопотала ещё и повышенных стипендий, получил и Емцов. Так он — креп.

Да креп не только от питания, и не только в учёбе. (Отбирали на атомную энергетику и на автоматику-управление авиационные — выбрал второе, ещё долго не догадываясь, что иначе б заперся на годы и годы как в тюрьме.) Креп он — и на общественной, комсомольской работе.

Это приходит незаметно и не по замыслу: чего мы стоим — мы узнаём только с годами и по тому, как окружающие воспринимают нас («нерядовой»). Все замечают, что ты по природе динамичен, что ты подаёшь самые быстрые предложения, как с чем быть коллективу; что твои мнения одерживают верх над другими. Так — садись в президиум собрания! Сделаешь доклад? Отчего бы нет? И слова в речи легко сцепливаются. Кого там поддержать, кого разоблачать? И ребята аплодируют. И за тебя голосуют. И так это гладко, само из себя: комсомольский вожак; с 3-го курса — секретарь факуль-

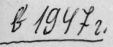
в 1947 г.

тетский; с 5-го — заместитель общеинститутского. (Но для этого уже надо быть кандидатом партии. Однако распоряжение ЦК: с 48-го года прекратить приём в партию — то есть за войну слишком много напринимали. А вот — «в виде исключения принять товарища Емцова»? На партийном собрании сидят же и фронтовики, зароптали: почему — его? почему — исключение (для щенка)? Зал — против. Но встаёт директорша, представительная, уверенная — да чья жена? кто этого не знает? — и веско опускает в зал: «На то — *есть соображения.*» И — всё. Проголосовали и фронтовики.)

А вскоре — ты ещё не кончил института, уж никакого тебе «распределения» — взяли в московский горком комсомола — замзавотделом студенческой молодёжи. (А что там в институт осталось доезживать — зачем на трамвае? позвонил в горком — и едешь на «победе»; вызываешь второй раз — и из института, уже на квартиру, не в общежитие, опять на «победе».)

Да, взветрили тебя пыхом-духом — но перед ребятами нисколько не стеснительно, потому что в том нет никакой кривины: ты ничего не добивался, не хитрил, а вот — вынесло, само. И ещё в том, что комсомольское дело — честное, верное, даже священное! (Первый раз вошёл в горком комсомола — ну, как верующий в церковь, с замираньем.) И что это — бьющая живая струя нашей ослепительной общей жизни: после такой всемирной победы — и как вливаются в страну восстановительные токи! и как гремят отовсюду успехи грандиозных строек! и ты — этого часть, и направляешь своё студенческое поколение — туда, в эти замыслы и в эти свершения.

И с гордостью написал отцу (тот и остался так, на своём цехе, и на Волге, уже в Харьков не возвращали их). Отец может взвесить, что значит выбиться своими силами. Сам сын кузнеца — а поднялся в инженеры. И жену взял из полтавской дворянской семьи, искавшей защитного крыла в ранние Двадцатые. (А потом сильно сердился, когда та с матерью разговаривала по-французски). В 1935 он перенёс злополучие ареста по клевете (семью сейчас же стеснили, шредеровский рояль стал в подвале на боку) — но через полгода оправдали, — и дивность этого освобождения ещё больше укрепила пролетарскую веру отца в добротность нашего строя, его отродную преданность ленинскому пути.

Да только, вот, в горкоме комсомола что-то стало меняться? Не все тут благоговели, войдя. А у кого и в идейном горении сказывалась недохватка — наигранность проступает, не спрячешь. Да и правда, своим интересам чуть отдайся — утягивают с силой. А кто-то кого-то подсиживает, занять пост повыше. Вдруг — второго секретаря горкома застали в кабинете на диване с секретаршей. Ну, и оргвыводы...

Гори не гори, а вдвигаются в нашу жизнь ещё и *факты*. Вот — Факт: начиная с замзавотделом и вверх, ежемесячно вдвигается в пальцы тебе — длинноватый конверт болотного цвета, всегда одинаковый. И называется он — *пакет*. А внутри — ещё раз твоя месячная зарплата, но уже точная, без вычетов, налогов, займов. И солжёшь ты, если станешь уверять, что тебе это не-приятно, не-нужно, не-приемлемо. Оно как-то именно — приемлемо, деньги-то всегда пригодятся к чему-то.

Женился на сокурснице — но и медового месяца нет: ведь в горкоме надо дежурить до двух-трёх часов ночи, как и вся служебно-партийная Москва не спит по воле и привычке Сталина. На этой «победе» приехал в четвёртом часу домой — ну как жену будить? Ей в 6 часов вставать, чтоб ехать на электричке на работу.

А дела и обязанности — расширялись в размахе. И учреждали Международный союз студентов (там общался с самим Шелепиным), и включали его во всеобщую борьбу за мир, ну тут и подсобная работа — писать речи для крупного начальства, вроде: «Не допустим, чтоб ясное небо родины снова застлали клубы войны!» Какая работа скрытая, какая нескрытая, — а был на виду, и голову носил высоко.

И тут — приехал к нему в отпуск отец. Пожил неделю. Послушал сына, присмотрелся. Но не выразил той отцовской гордости, как Дмитрий ждал. Хуже. Вздохнул и сказал: «Эх, в погонялы ты подался. А надо бы — самому ворочать, на производстве. *Дело* — это только производство.»

Дмитрий был уязвлён, обижен. Он чувствовал себя — в постоянном полёте, а если земли касался, то ходил — тузом. И вдруг — погоняла?

Да отец и читал только «За индустриализацию». И жил — «для счастья народного», как повторял не раз.

Сын отверг — как ворчливость отцовскую. Но текли недели — и что-то стало внутри — сверлить, подавливать. Отцовское осуждение — оно, оказывается, гирей на сердце ложится. От кого бы другого — отмахнулся легко. А тут?..

А не прав ли отец: какое «дело»? И сам видишь: трёп да трёп, да подсидки, да интриги, да пьянки. Оглянуться на сотрудников — ведь колоробые они. И чиновники. А если есть у тебя способности — куда на большее? (Только — на что именно? Ещё непонятно.)

Но — уже нелегко расстаться и с пакетами, и с «победой». Точило в нём, точило. А решиться нелегко.

Вдруг — как-то с маху, необдумчиво, — накидал заявление об уходе. И подал.

Но — к а к о е такое заявление? Как это член партии может писать *заявление*? Против воли Партии? Так это — неустойчивый элемент в нашей среде! И — такую подняли баламутину и такую задали Емцову прокатку, и так отмордовали на партсобрании — сидел варёным раком, и только признавал и признавал свою вину.

Да может и к лучшему. Карьера выправилась опять. (И вот такие поручения-загадки: в одном институте студенты создали, якобы в шутку, «Общество защиты гадов и пресмыкающихся». А если посмотреть проницательно? — ведь это политическое подрывное дело.)

А тут — крупная перетруска в Москве: на пленуме МК—МГК партии её привычного первого секретаря Попова — такого прочного, импозантного, неколебимого — вдруг свалили. (Интрига была — Мехлиса, его врага, а решение — Сталина, прочистить тех, кто в войну зажирел, а в обвинениях не поскупились: почему асфальтную дорогу за город провёл как раз до дома своей любовницы, и не дальше?) Вместо Попова назначили Хрущёва.

А тут подкатил день комсомольского юбилея. Комсомольский актив принимали в Георгиевском зале, банкет. Живой и щедрый Хрущёв, с круглой, как обритой, головой, пообещал: «Старайтесь! старайтесь — и все будете в секретарях ЦК!»

И вдруг какой-то бес повернул язык — Емцов безоглядчиво выскочил:

— Никита Сергеич! А можно вопрос?

— Можно.

— Вот два года, как кончил я институт, а диплом мой лежит в тумбочке. Люди на производстве — разве не нужны? Готов идти, куда пошлёт партия.

НА ИЗЛОМАХ | **417**

(А звучало-то как! — в Георгиевском зале. Сам своей отвагой полюбовался.)

Хрущёв, недолго думая, боднул подвижной лысой головой:

— Товарищ Сизов, я думаю — просьбу можно рассмотреть?

«Рассмотреть»! — из руководящих уст — это уже приказ! (Не ожидал такой крутой бесповоротности! Поспешил, выскочил?..)

Сизов вызвал на собеседование. Расположительно: «Да зачем же ты так? Сказал бы нам. Да мы б тебя ещё в ЦК продвинули.» Ну уж, упущено. «И куда ж ты хочешь?» — «В авиационную технику.» — «ВИАМ? ЦАГИ?» — «Да нет, на прямое производство!»

А пошло через министерскую аппаратную — и назначили на периферию. Правда, выбрал город, откуда и приехал, где родители. Замысловатые, замаскированные у нас названия: «Агрегатный завод» — пойди разбери, что за этим скрывается? А за этим — и авиационное электрооборудование, автопилоты, дозировка топлива, но туда же и ширпотребский заказ: наладить производство бытовых холодильников, позор нам с таким разрывом отставать от Европы!

По славе, что «сам Хрущёв его направил», — довольно быстро стал начальником цеха. (А от горкомовской зарплаты с пакетом — падение сразу в 5 раз, ой-ой! уже ощутимы даже 30 рублей «хлебной надбавки».) Только цеху его как раз — выпуск холодильников! Вот, стоит английский образец, всего только задача: точно скопировать. Но, чёрт его знает, скопировали в точности, а секреты какие-то не ухватили: в контуре то трубка какая засоряется, то от холода своего же и замерзает начисто. Покупатели — возвращают с жалобами и проклятьями, «не холодит!», магазины — с рекламациями.

Но облегчало работу, что и в эти годы, начало 50-х, ещё сохранялась на заводе беспрекословная дисциплина, как если б война и сегодня шла, — даже на их «пьяном заводе», как в городе звали (на промывку аппаратуры отпускали им много спирту).

Смерть Сталина — сотрясла! Не то чтобы считали Его бессмертным, но казалось: он — Явление вечное, и не может *перестать быть*. Люди рыдали. Плакал старый отец. (Мать — нет.) Плакали Дмитрий с женой.

И все понимали, что потеряли Величайшего Человека. Но нет, и тогда ещё Дмитрий не понимал до конца, к а к о - г о Великого, — надо было ещё годам и годам пройти, чтоб осознать, как от него получила вся страна Разгон в Будущее. Отойдёт вот это ощущение как бы всё продолженной войны — а Разгон останется, и только им мы совершим невозможное.

Был Емцов, конечно, не рядовой, не рядовой. Нерядового ума, энергии. На заводе не столько уж требовались институтские знания, сколько живо справляться с оборудованием и с людьми. Дома опять почти не бывал. А ведь уже и сын родился, — а когда воспитывать? времени ни чутельки. Но главный урок жизни он получил от директора Борунова.

Директоров сменилось несколько, держались по году, по полтора. Последнего, и с ним главного инженера, сняли «за выпуск некачественной продукции»: нагрянули комиссии от безжалостного Госконтроля, от прокуратуры, завод остановили, допросы по кабинетам, все в жути. И вот тут новым директором вступил Борунов — рослый самодородный красавец, лет сорока. Не улыбкой, нет, но чем-то светилось на его лице уверенное превосходство: что он з н а е т, к а к исправить любое положение.

И — да, поразительно! За две-три недели и весь завод и цех холодильников стали — другими. Люди как будто попали в мощное электромагнитное поле: их всех как повернуло в одну сторону, и они все смотрели туда, и понимали — одинаково. Про нового директора передавали басенные эпизоды, подробности. (Тут Емцов был неделю в отгуле, уезжал на зимнюю рыбалку, не явился по вызову, а когда явился, секретарша Борунова: «Сказал: больше в вас не нуждается.» И три дня не допускал до лица своего!) Вдруг объявил в январе: «С 1 февраля завод будет работать ритмично!» И на демонстрационных досках за каждый день каждому цеху стали рисовать или красный столбик (выполнил план), или синий (провалил). И такой пошёл порядок, что при синих столбиках и жизни нет никому в цеху. Значит, цепляйся, когтись! Вот, как будто, пошли холодильники? а из гальванического цеха не успевают доставить решётчатые полки к ним. Мелочь, тьфу! — а сдать без них нельзя. Начальник гальванического умоляет: «Ты подпишись, что сегодня принял, а я тебе завтра утром доставлю.» И другой раз, и третий, — а нехватка всё дальше.

Емцов отказался, и тому поставили синий. На следующей планёрке Борунов: «Емцов — вон отсюда!» Емцов даже руки вскинул просительно: ведь прав же! Нет, как перед скалой. Подсёкся.

Приглядывался на планёрках: чем Борунов берёт? ведь не криком, не кулаком. А: уверен он, что — выше любого своего подчинённого. Интеллектуально. Скоростью перехвата мысли. Остроумием. Разящей меткостью приговора. (Но все эти качества — Емцов находил и в себе!) С Боруновым — невозможно было спорить. Невозможно — не выполнить.

А вот возможно: обогнать в догадке — и предложить своё? Вот, стали приходить перебивчиво и срывали весь план реле из Курска. Додумчиво — к Борунову: «Дайте мне самолёт! денег! Лечу с бригадой монтажников в Курск?» Просиял директор, сразу дал. На курском заводе Емцов и свою бригаду посадил регулировать релешки, и тамошнее совещание и митинг собрал. Сколько б нам ни обошлось! — а пошли одни красные столбики.

Недолго директором пробыл и Борунов. Только — не сняли его, а возвысили в секретари обкома.

Но за эту недолгую школу Емцов внутренне сильно вырос и усвоил: тут — не лично в Борунове дело, а Борунов (или всякий другой, или ты) идёт на гребне великого сталинского Разгона, которого хватит нам ещё на полвека-век. Вот единственное Правило: *никогда не надо выслушивать ничьих объяснений* (сомлеешь в объяснениях, скиснешь, и дело погубишь). А только: *или дело сделано — или не сделано.* Тогда берегись!

И людям — деваться некуда!! Выполнение — беспрекословное! А вся система — высокоуправляема.

И вскоре был уже главным технологом завода, ещё прежде своих 30 лет. А чуть за 30 — главным инженером.

Вот задача Партии: наладить выпуск магнетронов — мощных генераторов сверхвысокочастотных колебаний, они пойдут в противовоздушную оборону, в локаторы. Образцы? получите: вот — немецкий, вот американский. Копируй сколько хочешь, но с магнетроном задача похитрей, чем с холодильником: а как отводить тепло? а как снимать мощность? И мало просто генерировать высокую частоту — нет, надо в самом узком диапазоне, иначе не распознать целей. (На всё то сидели теоретические группы в конструкторских бюро.)

Шли годы — оборонный комплекс, раскиданный по стране, но связанный безотказными каналами поставок, решал одну за другой задачи, ещё недавно, казалось, невыполнимые. Уже передавали слова Хрущёва (крестного отца...): «Да мы теперь ракеты делаем как сосиски на конвейере.» Но чтоб эти ракеты летали по точнейшему курсу — вот задача с гироскопами: для быстроты запуска ракеты они постоянно включены — но оттого изнашиваются, и когда появился в технике лазер — домозговали до лазерного гироскопа, без трущихся частей и чья готовность мгновенна. И Емцов, уже привыкнув не застывать, всегда двигаться без понуждения, самому искать новые направления, — предложил приехавшему на завод министру и зав. оборонным отделом ЦК: поручите лазерную аппаратуру нам! (Шаг был — отчаянный! но понесло его, как камикадзе.)

Принято. И сразу вослед — в свои 33 года! — стал директором завода.

Было это в апреле 1960. А на 1 мая — сшибли нашей ракетой самолёт Пауэрса.

Но — как? Через несколько дней было крупное совещание у Устинова — тогда уже зампредсовмина, зам Хрущёва по обороне, но ещё всеми боками за своё прежнее министерство оборонной промышленности. (И молодой свежий директор первый раз попал на такую верхоту.) А от министерства обороны пришли во главе с Байдуковым, и тот с захрипом, тяжеловесно выкладывал обвинения, что военно-промышленный комплекс проваливает советскую оборону.

Эти растреклятые американские У-2 (насмешливое совпадение названия с нашими низковысотными фанерными «кукурузниками») летали на высотах, недостижимых для наших истребителей, ещё и путая локаторы созданием фальшивых мишеней, бросали металлические ленты, наша система не различала уверенно характер целей, и сама наводка ещё была неточна, — зелен виноград сбивать эти самолёты.

И сейчас — Пауэрс беспрепятственно миновал наши системы противовоздушной обороны, пролетел даже прямо над зенитным полигоном Капустин Яр на Нижней Волге, из Ирана пересек половину СССР, по нему лупили — а сбить не могли. (Вместо него — сбили свой один.) И только на Урале в него улупили, по сути случайно. (А Пауэрс предпочёл плен обещанному по контракту самоубийству иглой. Потом и книгу воспоминаний издал, деньги получил.) Тогда весь случай подали публично так, что Хрущёв сперва, из милосердия, не хотел сбивать. Но сами-то знали: куда годны?

Видно было, как Устинову тяжело, неприятно, — Емцов сидел совсем неподалеку, но не за главным столом, а в пристеночном стульном ряду. Устинов, с подёргиванием своего долговатого лица, явно искал, чем оправдаться, кому для этого слово дать, чтобы находчивые аргументы привёл?

И тут — Емцова внезапно взнесло, как когда-то перед Хрущёвым, или когда взялся выпускать лазерные гироскопы, — сразу и страх и бесстрашие, как в воздухе бы летел без крыльев — вот взмоешь или разобьёшься? — поднял руку просить слово, вверх и с наклоном к Устинову! (А внутри: ой, хоть бы не дал! На таких высоких совещаниях — опасней, чем на поле боя, чем на минном: чуть неосторожное выражение или малый перелом голоса уже могут тебя погубить. Впрочем, свои инженеры убедили его, что решение — уже близко.)

Устинов видел руку, однако сухопарому выскочке не рисковал давать: чего ляпнет, по молодости? Выступали один генерал, другой генерал, один директор, другой директор. И теперь уж каждый раз Емцов поднимал (хотя внутренне — ещё робел). Устинов посмотрел ему пытливо в глаза — и тут Емцов ощутил, как в глазах его зажглось — и пошло уверенным сигналом к Устинову. И Устинов явно понял, принял сигнал. И — дал слово.

Емцов вскочил пружинно, и заговорил энергично. Подталкивал его и тот опыт с гальваническим цехом: да, иногда надо признать сделанным — ещё и не сделанное! и с Курском: провал потом наверстаем, а красный столбик — должен стоять непременно! И хотя он знал, что Селекция движущихся целей всё не налаживалась, — но она *должна* наладиться! должна — по закону великого Разгона!

И самонадеянно тряхнув головой — заверил генералитет, звонко:

— Проблема селекции высоколетящих целей — у нас уже решена. В короткие сроки она будет уже в практике.

Застыли, даже рты приоткрыли.

И на этом бы остановиться? Нет, ещё не полная победа. Теперь — очень озабоченно, но и надменно:

— По-настоящему мы уже заняты другой проблемой, и она

стоит для всех: создать систему обнаружения низколетящих целей. Американцы то и дело снижают высоты...

Сотряс Совещание! В перерыве Устинов усмехнулся наградно: «Ну, не посрамил ВПК.» А ещё один видный генерал схватил Емцова под руку (Емцов не успел рассчитать — почему он? потом узнал — тот терял значение, хотел укрепиться) и повёл его в какую-то чуть не маршальскую группу: «Вот, мы...»

Так-то так, приятно, но и страшно: *а если не получится?* Да, могло б и не получиться... М о г л о б ы, если бы не Разгон! Ещё летом пришлось ему повторить и на другом совещании (шефы ВПК *горели*), что будто идёт как надо, — а всё ещё не было сделано!

Да тут не то что карьеру сломят — посадят...

Но у него был опыт Борунова: оказаться быстрей и проницательней своих подчинённых, не отдать им инициативы (а всё умное — тотчас подхватывать). Действовать на подчинённых психологически: синие столбики не могут появиться ни по каким причинам! Он уже ощущал себя — лютым производственником и озарённым директором. То и дело ночью к нему домой машина: «конвейер остановился!» или там что, — и он несётся на завод. (Уже и о нём рассказывают басенные эпизоды.) И он поверил в творимость чудес. Казалось бы, по естественным законам природы, — такой процесс нельзя заказать вперёд, такое сооружение может и не держаться, но есть и психологический закон: «Вытянем во что бы то ни стало!!»

И — вытянули. За 4-й квартал того же года завод получил знамя ЦК и Совета Министров, директор — Героя Социалистического Труда.

А дальше — взлёт, и взлёт, и взлёт. (Да по глазам и повадкам любой заводской девушки — а много ль мы шагаем, не задевая в себе этих струн? — ощущал непреклонную свою победность. Да ведь у него и дворянская кровь текла — видна в окате головы и как держал её.) Завод его, шифрованно переименованный в «Тезар», — теперь воздвигался в новых и новых корпусах, набирал новые тысячи рабочих. Он выпускал — СВЧ-генераторы, сердца локаторов, и сложные системы питания к ним, а кто-то другой — волноводы к антеннам, а кто-то ещё — вычислительные комплексы для локаторов. (Посылаемые на поиск сигналы должны быть переменной частоты, чтобы противник не успевал к ним привыкнуть и защититься.) Строилась первая противоракетная оборона. Уже был создан «московский зонтик»: по 140 устройств на каждую из четырёх сторон света (через Северный полюс особенно ждали) с обнаружением летящих ракет за тысячу километров — и устройства эти в три пояса: внутренние потом добирают то, что пропустили внешние. И — тысяча целей обрабатываются одновременно, — а дальше электронно-вычислительными машинами распределяются по стрелебным комплексам: кому по какой цели стрелять. (И тут мы, в этом зонтике, — обогнали американцев!!)

Дальше пришла пора разделяющихся головок — поспевали мы за американцами и в головках. И по возвратным локаторным сигналам научились различать головки боевые от показных беззарядных.

И — сыпались на Емцова награды. И счёт потерял он этим высоким совещаниям, куда летал, и высоким кабинетам, куда, как говорится, чуть не любую дверь открывал ногой (не любую, конечно). Даже входил в комиссии по редактированию постановлений ЦК. И сколько этих физиономий с обвислыми щеками и подбородками, почти без мимики лица и глаз, а губы открывающих лишь чуть, по неизбежной необходимости произносить фразы, — сколько их, навстречу Дмитрию Анисимовичу, нехотя меняли своё отродно неприязненное выражение. (Чужой был им этот оборонный директор — слишком молодой, худой, подвижный, с воодушевлёнными блистающими глазами и аристократическим лбом.) А Дмитрий Фёдорович Устинов — просто полюбил Емцова.

(Но — и надломился хребет карьеры: близкий друг Емцова, учёный-электронщик, посвящённый во множество наших секретов, поехал в Европу на конференцию — и не возвратился! — взбунтовался против Системы! И — Емцов закрепился *невыездным* — на два десятка лет! А могло бы и сильно хуже, и свергли бы вовсе. И, вот, как понять тебе этот непредупреждённый внезапный поворот друга? *Понять* его — вообще нельзя, потерял голову. Не ради западных же благ, и тут ему хватало. Свободы? — но в чём таком ему не хватало свободы? А *лично* — предательство? Да что — «лично»! Из-за беглеца пришлось по всей системе противоракетной обороны менять все коды, номера, названия...)

А за эти 20 лет — «Тезар» всё разрастался. Заводоуправление — мраморный дворец. Но и новые цеха — загляденье, роскошные здания. Строили — денег не жалели. Это был уже не завод — а пять заводов вместе, в одном каменном обносе, и три Особых конструкторских бюро (ещё секретнее самих заводов). И 18 тысяч рабочих и служащих. И вот в одном и том же директорском кресле (перенеся его несменно и в новое здание) просидел Емцов — скоро четверть века. Сохраняя всё ту же сухость фигуры, лёгкость походки и быстрый умный взгляд. Волосы — выпадали, а остаток на теменах не проседел. Распоряжался — только повелительно, и умел осадить любого. Было ему за пятьдесят.

В таком возрасте уже не жена приносит тебе второго сына. Но сам сын ещё насколько гордостней, и горячей, и сгусток надежд, и обещанье продолжить тебя насколько дальше в годы! Ты — вместе с ним как будто ступаешь первыми ножками! Старший сын уж давно сам по себе, и не так пошёл, — но вот э т о т, через двадцать лет от первого, пойдёт каково! И сколько же дальнего смысла он добавляет в твою жизнь.

А Тезар всеми фундаментами только врастал и врастал в приволжскую землю, ещё прихватывая и прихватывая расширенным забором соседние жиловые и луговые гектары, — но продукцией своей, но назначением и делом своим всё более впитывался в нашу оборону как всесоюзный гигант. С ним — и его безупустительный директор, не уставая застолблять всё новые направления поисков и производства. (А всё так же — *невыездной:* ему верило ЦК, ещё бы не верило! — а осторожность Спецуправления тоже не лишняя?..)

Да, оборона советская — и нападение же! — стояли всё так же несокрушимы и действенны. Но уму, знающему тоже и подробности секретных донесений из-за океана, притом уму живому, — с начала 80-х годов, от Рейгана, стало проясняться, что мы в гонке — уже не те, приотстаём. Этого нельзя было допустить, нельзя было дать себе остановиться! — но вот эти развислые в креслах, с мёртвыми глазами, нахлобученными бровями, прищурые, слушающие вполуха, неприязненные ко всякому, кто ниже их по должности, — как их протронуть? можно ли что довести до их мертвеющего сознания? (К старости не тот уже стал и Устинов.)

И вдруг — появился, проявился — Гор-ба-чёв! От первого же пленума ЦК — разбудил надежды. Оживём! Рядом с ним — и Лигачёв, и он дал Емцову даже выступить на Политбюро!

А в Дмитрии Анисимовиче, ещё с затонувшей косыгинской реформы, — теплилось понимание, как уже тогда, в 65-м, приходило нам время перестраивать экономику — но трусливо, расслабленно, равнодушно упустили всё. А тогда — тогда промышленники чувствовали себя в боевой форме, и поверили в лозунг: теперь планировать — по-новому! стимулировать труд — по-новому! И Емцов — не одного себя выражал, когда горячо взялся читать доклады партийным аудиториям, даже в высшей партийной школе: что такое новая экономическая система и как она спасёт страну. Слушали — удивлялись. Тогда пригласил его и местный университет на курс лекций: «Основы экономической политики социализма» — и Емцов принял вызов, пошёл. А сам для себя уже тогда был погружён и в любовь к запрещённой кибернетике, зачитывался Эшби, — включил в свой курс и элементы кибернетики, какие успел перенять. Удивлялся и сам: ко всему, ко всему подходить с системных позиций! — а?.. (От благодарного университета получил кандидатское звание.)

Но потом — весь надув реформы выдохся как проколотый. И охолодел — на 20 лет. Ну, ничего, как-то жили. Наш век доживём и без реформы?

Нет, вот она! Горбачёв! Уже охладелая вера снова стала набирать накал. По старым, но обновлённым тезисам — пошёл Дмитрий Анисимович в университет читать лекции о современной системе управления промышленностью (однако уже без былой примеси кибернетики, разве угонишься за ней 20 лет?)

Но — Горбачёв? — о чём вы говорите? Этот близорукий несуразец — что он делал? Какие разрушительные спускал приказы, ляп за ляпом? Вводятся Советы Трудовых Коллективов! — и этот СТК рассматривает и *либо одобряет, либо не одобряет* план, спущенный министерством!? Да я вас поймаю на слове: какая кухарка у себя на кухне такое допустит? — не то что директор могучего прославленного комбината! Нет, слушайте, ещё лучше: так называемый «трудовой коллектив» отныне будет *выбирать директора*! Да моя деятельность наполовину проходит вообще вне завода: все поставки, внешние связи, верховные органы, валютные закупки — и кто в трудовом коллективе, и какая шушваль может об этом всём судить? Бредятина! И ещё какая-то газетёнка, да притом литературная, открывает рубрику: «Если бы директором был я...» Шлите пожелания... Бывало в нашей жизни и раньше? У вас, может быть, и прекрасная память. Но у меня есть свойство обобщать. Так вот: это — к о н е ц!

Но какой ни конец — а всё живое должно жить. (А у тебя же — второй сын, растёт. Это — какая музыка в душе? Теперь-то и жить! И — сколько ещё жить!)

Так — и хлюпались, пять лет «перестройки». Находили решения «методом тыка», как говорят экспериментаторы. И уже — сами, по дальности от тех, кто верхоправит, без каждого поклона в Москву. К концу 80-х годов все связи между предприятиями в СССР настолько распались, что уже нельзя было надеяться ни на какого поставщика. И монстр Тезар искал, как изготовить для себя побольше самим.

Но ещё и тогда — не знали настоящего горя. А вот когда узнали — когда разогнали Партию. Да! я — первый не любил этих вислобровых на самом верху, не смотрите на мои ордена, не считайте мои золотые звёздочки или сколько раз я выступал в прежнем ЦК, — рассматривайте, что я скромный человек, просто профессор кибернетики. Так. Но — партия была наш Рычаг. Наша Опора! А её — вышибли.

И кинулись в великую Реформу, как старый рыбак сказал у проруби: на́балмошь.

А до Тезара дошло так. Ровно через три недели после мозговитого начала реформы, позднеянварским пасмурным днём, подали Емцову телеграмму из министерства обороны: «Отгрузку продукции, шифр такой, шифр такой, остановить отсутствием финансов.»

Один в своём большом кабинете, но в издавнем кресле, — сидел Дмитрий Анисимович над телеграммой — и ощутил мурашки в волосах.

Как будто злой дух, демон, над самой головой низко-близко пролетел.

Или как будто великий красавец-мост через реку шире Волги — рухнул в минуту, только бетонный дымок ещё оседал.

Сорок один год, от Георгиевского зала, Емцов был производственник. Тридцать два года, от Пауэрса, — директор Тезара. А эта телеграмма вестила: в с е м у к о н е ц...

Если у министерства обороны у́же через 3 недели от старта «реформы» нет финансов на т а к о е — то их уже и не будет. И мудрый человек обязан видеть всё насквозь — и до последней задней стенки. Это, действительно, всему конец. И самое неразумное — это защитно барахтаться, слать умолительные телеграммы, обманывать самого себя, оттягивать развязку. Да, сказано только «прекратить отгрузку», не сказано «прекратить производство», и в цехах и в складах ещё есть места, можно изготовлять и дальше.

Нет. Обрезать — сразу. Не длить агонию.

Он — час так просидел? не зажигал света, и вот уже полные сумерки в кабинете.

Зажёг настольную лампу. Вызвал трёх ведущих. И скомандовал отрешённо, мёртво, как уже не о своём: по шифру такому, шифру такому — немедленно прекратить выдачу материалов цехам.

А значит, Великий Разгон — кончен.

В те недели из ста военных директоров девяносто пять ринулись в Москву доказывать: «Мы потеряем технологию! Дайте госзаказ, а мы пока будем работать на склад!» И боялись одного: только б не выключили из казённого снабжения, «только б меня не отбросили в приватизацию». Разрушительное это слово пугало, как морское чудовище.

А Дмитрию Анисимовичу стало ясно как при температуре Абсолютного Ноля, минус 273: Электроника наша — кончилась. Высокие технологии погибнут безвозвратно, ибо не смогут сохраниться отрасли или заводы по отдельности: всегда до нужного комплекта будет чего-то не хватать. Система будет деградировать *вся целиком*, никак иначе. Наша высокая военная техника начнёт рушиться, рушиться — а потом никто её не восстановит и за десятки лет.

А ведь реформа Гайдара-Ельцина-Чубайса — гениально верна! Без горбачёвской половинчатости: надо разрушить всё — и всё — и всё — д о к о н ц а! И только когда-нибудь потом, уже не нами, Карфаген будет восстановлен, и уже совсем не по нашему ладу.

Но когда этой заметавшейся компашке казённо-сплочённых директоров Емцов заявил: «А я — иду на приватизацию!» — «Да ты белены объелся! — взгневались оборонщики. — Да как это можно в нашем деле даже вообразить: приватизация? Да пока мы живы — никакой приватизации!»

— Д-да? — усмехался Емцов со своей неизречённой уверенностью, хоть и горькой. — Хорошо, давайте рассуждать, я вас сейчас разгромлю. Если я вас правильно понял: у нас зато, например, продолжает расти металлургия? Гоним дешёвые стали, а спецстали загублены? У вас прекрасная память на прошлое. Но надо его забывать. Ни штаба ВПК, ни штата ВПК — больше не будет. И из продукции нынешнего уровня мы уже скоро ничего никогда не повторим.

Да среди всех дурацких лозунгов — «перестройки», «ускорения», «социалистического рынка», потом «реформы» (неизвестно по какой программе) — был один проницающе разумный, если его не упустить. К директорам заводов обратились: «Становитесь хозяевами производства!»

Верно! Схвачено! Вот оно, заложено тут.

Но если ты номинально «хозяин производства» — почему же не стать им реально?

Однако стать *хозяином* — как это?

По неизведанному пути — первому всегда трудней. Но — и выигрыш времени, вот, для переконструкции Тезара.

Правда, нашлось ещё сколько-то подобных — «партия экономической свободы». Вступил к ним. Но: болтовня одна или политической власти хотят. Нет, не через политику решается.

Сперва Емцов поверил в содействие западных инвесторов. В гости на Тезар услужливо и доверчиво принимал приезжающих западных банкиров, широко по-русски их угощал. Очень вежливые, улыбчивые, хорошо ели икру, — а ни цента не предложили в содействие.

Но от государства — тем более одни шиши. Надо торопиться.

При теперешнем свободном выезде — поехал в Америку сам. Встречали очень хорошо — как «прогрессивного предпринимателя». И встречи, и консультации, и деловые завтраки-обеды. А вложений — и тут ни гроша не дали. Но давали, но дали всё один и тот же верный совет: такого монстра, как ваш Тезар, никто инвестировать не будет, на нём можно только проиграть. Вам надо разгромоздить его на много отдельных предприятий — и пусть каждое выбивается своими силами.

С полтавского детства хорошо помнил Гоголя: «Я тебя породил — я тебя и убью.»

В Совете Министров — суета, вертея, каждый добивается,

друг друга отталкивают. Так втиснулся Емцов с вице-премьером в самолёт, и пока на конференцию летели — получил резолюцию на приватизацию Тезара и дробление его.

Да, если живое тело разрубить на части — они будут корчиться в поисках друг друга. А иного выхода нам не оставлено.

И вот теперь будет мой принцип: никаких нам ваших дутых госзаказов! — платите вперёд, тогда и заказ. Деньги раньше товара — не принято? А нам выхода не оставили: денежки — вперёд! Оборонную часть Тезара довёл до 5 процентов — до запчастей для противоракетной обороны, крохи. Раздробил Тезар на шестьдесят дочерних фирм, но надо всем и всеми — ты остаёшься генеральный директор. В их уставных фондах — что-то от прежнего Тезара, а на остальное — ищите богатых держателей, сами ищите. У каждой ячейки — свой самостоятельный интерес выжить, вот и корчитесь. Все шесть десятков — юридически равноправны, а генеральный директорат своё имеет, это по-новому называется «холдинг», держание.

Принцип для всех: отныне нам *всё равно, на чём зарабатывать деньги!* Высокую частоту на обработку гречки? Хорошо. А печи СВЧ, каких у нас не видано, в домашний быт? Гоните! Кто-то налаживает видеомагнитофоны? Великолепно. Пластмассовые оконные рамы, детские игрушки. А кто ничего не наладил, и нечем зарплату платить? Значит, не плати́те. Значит, увольняйте рабочих.

Загудел весь город: «Радиоэлектронный завод перешёл на выпуск граблей!» (Недалеко от истины.) А кто знал о деле побольше — инженеры-электронщики или оборонные директора по всей стране: «Емцов разваливает империю Тезар!» Ещё не уволенные рабочие, но второй-третий месяц без зарплаты, и уже уволенные кипели неутишимым гневом. Толпились, кричали у заводоуправления, проклинали директора. Емцов назначил — идти в клуб, на собрание.

И — такой же и в старости тонкий, гибкий как тростничок, с ясным взглядом и лицом — вышел под бурю. И ощущал в себе ту залихватскую дерзостную находчивость, которая уже несколько раз в жизни так пригодилась ему. Знал, как сейчас их ошеломит.

Зал — рычал. Емцов вскинул тонкую руку с длинными пальцами как учительскую указку и сколько ещё оставалось звонкости в голосе:

— А к т о виноват? Сегодняшний Верховный Совет — к т о выбирал? Директора? или трудящиеся? З а к о г о вы голосовали? Выбирали вы — директоров, организаторов, хозяйственников, тех, кто знает дело?! Нет!! Вы кинулись выбирать новообъявленных демократов, да всё больше преподавателей марксизма-ленинизма, экономики, кабинетных доцентов и журналистов... Хасбулатова, Бурбулиса, Гайдара, Чубайса, да я вам тридцать таких назову, — кто выбирал?! Вот теперь — берите свои красные знамёна — и топайте к этим педагогам, ищите справедливости! А я — предусмотрительно с п а с а ю вас! Я оставляю вас безработными, да, — но запомните: в 92-м году, а не позже! Вы, с Тезара, ещё успеете найти работу или приладиться к новому. А кто потопает со знамёнами за зарплатой — вот тот и останется с носом.

Легко перестраивать жизненный путь, взгляды, замыслы — молодому. Но — в 65 лет?

И ты — уверен, что прав. А в горле — жёлчь ото всего обвала.

Надо иметь неутерянную, выдающуюся гибкость ума: сразу перемениться ото всего и изо всего, в чём ты прожил жизнь. Как будто всё то была трын-трава, а ты, вот, бодро зашагал по-новому.

И спотыкаешься же на каждом шагу. И печи СВЧ и видеомагнитофоны — лучше и дешевле тезаровских — хлынули из Японии. Значит, нечего и барахтаться, надо и эту самодеятельность прикрывать. (И ещё — увольнять, увольнять. Да и сами инженеры, служащие, рабочие уходили, не ожидая увольнения, — и кто уходил? Сперва самый талантливый слой, потом второй сорт. Осталась серая масса и балласт, из былых 18 тысяч — только 6.)

Год прошёл — и четвёртая часть осколков Тезара обанкротились, лопнули, распущены. А кто-то — вывернулся, находил прибыли. Надо всматриваться, искать никем не проложенные, не предусмотренные, не увиденные пути, да саму землю рыть — и под землёй искать, а хоть и в космосе. Вот мелькнула новинка: переносные, подручные телефонные аппараты, работающие через спутники, — подхватываем! строим для них базовые станции, коммутаторы и продаём абонентные номера, вот и прибыль! Да простые газовые счётчики, каких и у Газпрома нет, а всем нужны, — прибыль!

Да господа-товарищи, нам ничего не надо стесняться, нам подходит любая торговля! — хоть и граблями, хоть и шляпами, хоть и сдавать в аренду любые наши роскошные помещения, — наши дворцы и наши детские садики — хоть под магазин скандинавской мебели! хоть под супермаркет! под казино или под прямой бардак! (Только быт — и продавать, а старые цеха — кто у нас купит? А что — и государство, отказавшееся от нас, ещё и заберёт — за долги, за энергопитание.)

Но самая плодоносная идея была — создать свой банк, в сращении с успешными осколками Тезара. По своей-то поворотливости и не упустили короткую пору, когда банки открывались гроздьями, — а опоздавший пусть потом ногти грызёт. Банк — это нервное сплетение всего живого и творящего! И, сами не ожидали: через три года банк при Тезаре получил американскую премию «Факел Бирмингама». (В том штатном Бирмингаме когда-то началось возрождение в Великий Кризис, оттуда и премия.)

Те оборонные директора, которые и год и два всё ждали государственных заказов или производили в долг, — теперь жалко барахтались, как лягушки на песке. А Емцов — не только всё успел вовремя, но даже нисколько не расслабился от излома, но даже расхаживал по прежним своим территориям по виду ещё властней и гордей, чем прежде, знаменитым тогда красным директором. Проходя казино, иногда и морщился: «этим импотентам, недоросткам, ещё сам заплатил бы, чтоб не слышать их музыки». Он опять был — победитель, хоть и спрятал в дальний ящик стола свои прежние ордена и золотые звёздочки Героя. Гибкость ума и нестареющий деловой азарт — и ты никогда не пропадёшь! Говорил:

— У меня такая идея, что делать деньги — оказалось интересное занятие. Никак не меньше, чем отбивать пульс ВПК или, скажем, соображать в кибернетике.

А сынок подрастает — пусть-ка поучится за границей.

2

В доме по улице Карла Маркса № 15 произошло покушение на банкира. Это был взрыв во входном тамбуре дома, но сам банкир остался жив и тут же уехал, с женой, на автомобиле.

В областное Управление по Борьбе с Организованной

Преступностью сигнал о происшествии поступил поздно вечером. Дежурный лейтенант должен бы тотчас ехать на расследование, но, даже прихватив двух автоматчиков, ночью можно попасть в положение опасное: где один взрыв, там хоть и второй, и третий. Поэтому лейтенант подождал до рассвета — февральского, не раннего, — тогда и поехали.

Дом оказался кооперативный, самими жильцами были устроены внешняя стальная дверь и за ней тамбур. На двери и сейчас сохранился примагниченный остов одной из двух разорвавшихся мин. Внутренняя деревянная дверь была прорвана взрывом на уровне человеческой груди, и весь тамбур вкруговую иссечен осколками, усыпавшими пол: по предупреждению лейтенанта домовая служба ничего за ночь не тронула, а вечерние возвратные жильцы проходили с великой опаской. Лейтенант произвёл все замеры, составил описание случая. Самого банкира (по фамилии Толковянов, ещё молодой человек) в доме не оказалось. Из его квартиры — стандартной, двухкомнатной, что удивило лейтенанта, — никто на звонки не отозвался: они с женой так и не вернулись после взрыва, а двухлетний ребёнок, объясняли тут, наверно у бабушки.

На том закончив пока расследование, лейтенант спешно вернулся к себе в Управление, чтоб успеть до утреннего прихода на работу майора и других сотрудников. Успел. Но майор почему-то всё не шёл — а в 10 часов приехал сам подполковник Косаргин. Лейтенант рискнул пойти доложить прямо ему.

Подполковник был сорока лет, сейчас в гражданском костюме, но с явной военной выправкой, подтянут. Он 15 лет прослужил в Органах, ушёл оттуда года полтора назад. И уже с год был вот здесь.

Лейтенант всё доложил, показал и схематический рисунок. Один раз Косаргин поднял бровь, тоже усумнясь насчёт скромной квартиры.

— Что прикажете, Всеволод Валерьяныч?

Лицо Косаргина было худощавое, энергичное, и выраженье его всегда — готовность к немедленному делу.

— Как Толковянова зовут, вы узнали?

— Да. Алексей Иваныч.

— А сколько ему лет?

— Двадцать восемь.

По гладкому лбу Косаргина пролегла косоватая складка — раздумья? вспоминанья?

— Я, пожалуй, займусь этим сам. Звоните в банк, найдите Толковянова.

Лейтенант готовно повернулся, облегчённый, что ночное промедление не поставлено ему в вину, пошёл исполнять.

А Косаргин так и сидел. Его профессиональная память отлично держала: Алексея Толковянова привелось ему допрашивать в Восемьдесят Девятом, когда были волнения здешних университетских и столкновение с ними, через улицу напротив, курсантов пограничной школы: взялись курсанты, одними кулаками, поставить студентов на место. О Толковянове были данные, что он если не вожак студенческий, то из главных затейщиков. Тогда — допрос направлялся строго: вы не слишком очаровывайтесь «гласностью» и какие мерзости дозволяют теперь печатать в газетах-журналах; ещё перехватите чуть-чуть — и таких, как вы, будем сажать, да в такой лагерёк, что там и подохнете.

Тогда... Тогда — Косаргин ещё не мог бы вообразить, к а к оно всё покатится. И куда закатится. Да с какой быстротой и развалом! — дрогнули и сами Органы внутри себя, и самые умные и самые деятельные из чекистов стали — по отдельности — чего-то нового себе искать, и даже *уходить*. И — куда? Да в новые эти коммерческие компании, правления, чуть ли не и в те же банкиры, возбуждая естественную досаду у оставшихся и отставших... А вот — и студент подался туда, и без промаха успел, не то что ты? Этого кругообращения рассудок не мог охватить.

Но тем более нынешнее дело хотелось доследовать, даже для себя самого.

Толковянов оказался на месте, в банке, — и уже ждал к себе гостей из Управления.

И Косаргин поехал. На тихой улице оставил шофёра у нового семиэтажного, густо остеклённого здания банка с мудрёным названием, как это теперь выдумывают, пошёл внутрь. На втором этаже располагался и зал для клиентов, по западной манере неостеклённый барьер. А, ещё от вахтёра, определили пришедшего сразу, несмотря на его штатскую одежду, — и вот ещё некий молодой человек встречал, и сразу повёл к председателю правления банка. Тот — и сам вышел навстречу, на комнату раньше.

Да! От того допроса скоро шесть лет, но Косаргин узнал с первого взгляда: он. Такой же высокий, и что-то простоватое в лице, как приодетый деревенский пастушок. Но не в костюме, как естественно бы возглавителю банка, а в небрежно-просторном оливковом свитере, правда с выложенным воротничком рубашки, посветлей, того же тона. На пальце — узкое золотое кольцо, как теперь носят обручальные.

А пришедшего — не заметно, чтоб узнал.

Вошли в директорский кабинет. Тут была смесь мебели: и современная, толстющие низкие кожаные кресла около журнального столика, но и несколько старомодных, или поддельных под старину, стульев — жёстких, с высокими прямыми фигурными спинками, в обстав стола под зелёным сукном. А на стене — старинные же часы с бронзовым маятником и с мягким вкрадчивым боем, как раз пробили.

Косаргин отказался от кресла, с тонким портфеликом сел к зелёному сукну, банкир — за свой письменный стол, поперёк зелёному.

Хорошо собой владел: на лице не было страха, ошеломления от пережитого, а строгое внимание. Не упустил и в это утро побриться. Продолговатость лица ещё выявлялась продолговатыми же, высокими прилегающими ушами.

Косаргин назвал лишь — откуда он, не фамилию, — Толковянов не попросил удостоверения, и вот только в этом проявилось его рассеяние или растерянность.

Обстоятельства? Было так. Стальную дверь отпер — и вступил войти, а жена — сзади, следом. Вдруг подумал: ещё одну сумку у неё перенять, и — это секунда? полсекунды? — шагнул назад, когда уже должен быть в тамбуре, стальная дверь снова почти прикрылась — и внутри раздался взрыв. Кто послал сигнал — поспешил на эти полсекунды, счёл, что жертва как раз будет в тамбуре.

Улыбнулся кривовато, как бы извиняясь.

Простоватость его лицу придавал и самый простой начёс волос набок, по-мальчишески.

— И какие у вас предположения? Кто заказал убийство? Кто — взорвал?

Толковянов посмотрел глаза в глаза. Внимательно. Раздумчиво. Взвешивая.

И тут — узнал! — Косаргин враз понял по выражению. Но сам — не пошёл навстречу, не напомнил.

И тот — ничего не назвал.

А — ещё задумался.

И, складывая раздвинутые вкруговую пять пальцев с пятью, как полушария, складывая — и как бы с усилием разрывая, складывая — и разрывая, ответил:

— Я не уверен, что ваше ведомство может эффективно в чём-то помочь.

Алёша не представлял, не предчувствовал, что на него будет покушение, и даже вот-вот.

А между тем, вступая на изломанный путь в этом потёмочном мире, — надо было и давно ждать, и всегда ждать.

Кто *заказал* — Алёша подозревал, хотя не доказать ничем: головка фирмы Элломас. Отношения с ними были в неустойчивом состоянии, требовали большой оглядчивости, и сейчас Алёша, кажется, понимал, где и в чём промахнулся. Бывает, одна неосторожная фраза — а выводы из неё потекли против тебя. Кто взялся за финансовое дело — тому никогда нельзя дать волю чувству, сорваться.

А кто *исполнял* — того ещё трудней найти? И вовсе не догадаться. Хотя только через *того* и можно начать разматывать.

Если ещё браться за этот розыск? А может быть перетерпеть?

И откуда вселяется в нас такое неотчётливое, непонятное движение: почему не перенял вторую сумку у Тани раньше, а вот именно в эти полмгновения?

А могли — и вдвоём успеть войти в ловушку...

Распорядок же дня у Алёши так регулярен, что ничего не стоило убийце и подгадать момент.

Но почему так сложно? не из пистолета просто, в упор?

А наверно, был замысел повести следы по-ложному: не здесь, в областном городе, но в Б*, откуда Алёша когда-то и приехал учиться в здешний университет, — в Б* недавно было два убийства, и оба так: взрыв мины дистанционным сигналом. Неплохо рассчитали.

Но кого убедишь, что с Б* — ни счётов, ни расчётов никаких нет, только нежные воспоминания детства и юности.

Нежные — это не только колодец в сохранившемся провинциальном дворе; ещё не вытоптанная травка кой-где по двору; целый квартал одноэтажных домиков с резьбой на посеревших издряхлевших фронтонах, и мальчишки этого квартала. (С ними чего только не вытворяли: расклеивали по городу листовку «Бей попов!» и смекали, как бы им взорвать последнюю в Б* церковь. А повеяло, не будет ли с нами воевать Китай, — так если дойдёт до Урала, то здесь, в Приволжьи, по лесам будем создавать группы партизан.) И школа же — до чего интересное приютище от первого порога и с первого дня. А спустя пять лет — физика! а ещё спустя — химия! — что за дивные предметы, до сих пор не развиденные, не угаданные тобой в окружающем мире, а они всё время с тобой тут и были. По химии — замечательная учительница, да какая красавица! Химию учили все с воодушевлением, а Алёша и обогнал: с 9-го класса погнал вперёд и шире программы — и углублял своих же десятиклассников. Но — физика? Учитель был совсем никудышний, вялый, он просто не понимал о своём предмете, какое переливчатое вещество ему досталось в небережные руки. А уж опытов — совсем не умел ставить, всё готовил за него Алёша. И поперву, пройдя ещё до уроков за таинственную перегородку физического кабинета, он там бродил и грезил — среди этих вертимых кругов, искророждающих стержней из бока тёмной закрытой катушки, пришкаленных воронёных стрелок за стёклами приборов, стеклянных мензурок и трубок с насечками, всех видов пружин... Какое-то невидимое струение шло через это всё, и уже никакое кино со скачущими всадниками, пожалуй, не стояло рядом с этим завораживающим миром.

Но скоро, чуть постарше, огляделся Алёша, что всё это устарело, детскость: ворожебный поток физики нёсся куда быстрее, и не здесь. Старшие надоумили его читать журналы — «Наука и жизнь», «Знание — сила», «Природа», — стал он бегать в городскую библиотеку и зачитываться там. Что делалось в мире! что делалось или было уже на пороге: электронно-вычислительные машины, миллионы операций в секунду, — без человека управляющие большими заводскими процессами! электронно-вычислительные, самопроизводящие подобных себе! они же — в радионавигации! перевод тепла в электричество без механических устройств! солнечные батареи! бурное развитие квантовой электроники, лазеры! видение и съёмка в полной темноте!! Как будто все отрасли физики, подобно гончим, одноминутно сорвались с привязей и кинулись по всем направлениям вперегон. Молекулярные часы. «Пограничные науки», физико-химический синтез веществ с заранее заданными свойствами. Вот-вот, на пороге — управляемый термоядерный синтез. Биотоки. Бионика: технические устройства, копирующие биологические системы. А в астрономии: теория Большого Взрыва! — Вселенная отнюдь не вечна: она *создана* – враз? И Чёрные Дыры, бесследно и безвозвратно поглощающие материю — в ничто??

А Алёшка — терял время в малокровности школьного кабинета, учил какую-то старь по параграфам!

Весь мыслящий мир нёсся, летел, кружился, преобразовывался в таком бешеном движении — нельзя было больше, нельзя было дальше задерживаться в отсталом городе Б*, хоть и в нём теперь есть заводы. Ну не успеют же открыть, изобрести всё, всё до барьера, до рубежа, что-то же и на алёшину долю останется?

С отличным аттестатом ринулся сюда, в университет, на физфак, и все первые два курса жадно засматривался по ждущим его направлениям. Надо будет захватывать — больше чем одно направление, — и потому что жгуче интересно, и потому что чем множественней они — тем шире будет дальше выбор для удачи.

И эти два года — счастливейшие в его жизни! — Алёша учился с неистовостью и старался узнавать и услеживать, сколько только удавалось.

Да ещё и такое уверенное билось в груди: за что бы, за что бы я ни взялся, любое дело, каким займусь, — во всём будет успех! (Успевал быть и в активистах комсомола, не отдыхал никогда, а заглатывался делами. Даже восставил из полного хлама совсем уже выкинутую кем-то автомашину, «судорогу», аккумулятор каждый вечер тащил на третий этаж общежития заряжать, утром — вниз, ребята смеялись-издевались, но и сами же просили: подвези, опаздываем!)

И вдруг после двух курсов, в Восемьдесят Шестом, — да когда только-только стронулись общественные надежды! — как отрубили жизнь: взяли в армию на два года.

Или уж раньше бы? или по окончании? — но почему как раз посередине??

Перегороженный вдох.

И, может быть, — невосстановимый.

Армия — и всегда не сахар, а тут был — самый разгул «дедовщины». А от «дедов» жалости не жди. Но в те годы и Алёша был не худ, как сейчас, а тяжёл и плотен, удар немалый, себя отстоял.

В армии взяли его на радиосвязь. Ещё и там пытался читать книги по физике. Да где уж... Покинул...

Потом стал почитывать газеты, смотреть телевизор — надо же и готовиться к жизни, которая так круговёртно изменилась за два его армейских года. Кипели какие-то *неформалы,* какая-то общественная самодеятельность, невиданное что-то!

Вернулся из армии на третий курс университета — своего? а уже и не своего. Тот? а уже и не тот. (Хотя понимал, что среди множества наплодившихся теперь дутых вузов, вузов, да хоть и НИИ, — их Университет ещё держал традиционную свою высоту.) Как будто армия вынула из души стержень живой — жажду к науке. Получал всё так же пятёрки, пятёрки, а утерял вот что: постоянное ощущение к р а с о т ы в науке, когда даже прознобь берёт. Осталась уже не красота, а только возможность практического применения. Или более выгодного самоустройства, как и во всём нашем быте теперь?

А тут же бурлили в студенчестве эти разрешённые теперь самочинные общества, движения, и многих утягивало в них — потянуло и Алёшу: если можно искать для людей Справедливость — то как остаться в стороне? — это же с детства сидит в тебе святой мечтой: не жить же только для себя, но — для всех! А все структуры кругом — отяжелевшая рухлядь и так и просятся дробить их молодым размахом. И — собрания, союзы! одних разрешают, других нет, протесты, с лозунгами на улицу, теперь это можно, но тоже когда как. Много кипения на это ушло, и до драки с соседними курсантами, потом и допросы в ГБ. (Раньше — дали бы срок тут же, без звука.)

Да жизнь разнообразно потекла многими потоками. Вот появился закон, разрешено создавать кооперативы. Только открыть кооператив, получить разрешение — нельзя без *мохнатой лапы.* А тут — как раз те студенческие волнения, когда Толковянова таскали в ГБ, — и в университет приехал первый секретарь обкома. Разрешил задавать вопросы — Толковянов и потянулся: университет ремонтируется неэкономно, с перерасходом и пропажей средств; разрешите студенческий кооператив — мы отремонтируем лучше и дешевле. И — разрешили! Кидко бросились ребята. Первая хозяйственная смётка, и работа от души, и реальный доход, — но уже катила по стране обратная волна: душить кооперативы все вообще! И — задушили.

Да это и не кооператив — на голом месте, без начальных денег. «Кооператив» удавался тем, кто им прикрывал уже готовые, только скрытые, деньги. А тут — хоть наладили хитрые замки к металлическим дверям, или дверные звонки с разными мелодиями, или даже антенны-тарелки, ловить через спутники, — так и берут их, но и не берут, не доверяют «советским» товарам, ищут, ждут заграничных.

Тем временем — унылые накатывали сведения от уцелевших прежних алёшиных однокурсников, теперь кончавших. Выпуск престижного физфака — это всегда был уверенный шаг хоть в уголочек нашей триумфальной науки, под величественные своды её мысли, в отдельную державу ведущих научно-исследовательских институтов. Но, вот, ребята искали, примерялись — и поникали: что-то случилось в Большой Науке, из неё как выпустили дух (прежде того — поджали все финансы). А ещё в большем обомлении — аспиранты. Вакантных мест? стало даже больше? — а потому что учёные оттуда *уходили, уезжали.* Что-то огромное рухнуло, произошёл обвал и загородил дороги, и отнимал дыхание. Пустели коридоры институтов, в лабораториях углы затягивались паутиной, на столах наслаивалась пыль.

В это нельзя было поверить?.. Это был обрыв всей жизни! Оскорбление! — з а ч т о??

Алёша, понеся надлом ещё от армейских лет, — теперь был лучше подготовлен перенести хоть и этот.

Да, видно, придётся жить как-то по-новому.

А уже началась эра «купи-продай» — неслыханные «фирмы»! фирмы! угадывали, как торгануть государственным же, но в рамках ещё неопытных законов, и сразу крупно нажиться. А от этой эры — как отстать? да и жить же на что, да и квартиру надо купить, чтоб жениться (на Тане, с 5-го курса литфака).

Пытался Алёша прибиться к одной фирме, к другой, — на обочине их, на подхвате, — и какое же ощущение отвратной пустоты, некделья. И отдать свою жизнь в такую пустомолку, «гонять воздух», ни на что творческое уже не надеясь, — невозможно?..

Однако по нынешнему времени — невозможно иначе. И только изумляться можно было, как иные партийные чины — прежде недоступные, каменноподобные на страже «народной собственности», — вдруг перелицевались в оборотистых, поспешных, усмотрительных, где можно поживиться, и хватать, хапать взахлёб.

А ещё эти *биржи*, биржи отовсюду, как грибы? Первыми посещениями их Алёша был оглушён до очумления, неразборно гудела голова: брокеры, маклеры, азартные скупщики и продавцы ваучеров, бумаг, валюты, мигающие табло, быстросменчивые надписи, — и все куда-то кидаются (и ещё каждый бережёт свой портфелик-дипломат — не пойдут ли потом по пятам за удачником и пришьют?) — да как вообще можно так жить?

А привыкать — придётся. Компания их сколотилась из трёх мысловатых друзей — ещё одного физика и ещё математика. Все — почти ровесники, сходны мысли, надежды, понятия жизни. Идей было много, но идеи — не деньги. Вот, видели, зарождаются коммерческие банки, иногда и мелкие. Ну совсем непривычное, чужеродное дело — однако отчаянно перспективное и гибкое: при прежнем жёстком государственном кредитовании никакому развитию не состояться. А мелкому банку — стать на ноги трудно, его шатает от каждого ветерка в экономике или политике. Да раньше: надо иметь немалые деньги — уплатить взятку за лицензию на открытие банка. А открывшись — надо иметь начальный капитал. К счастью, нашёлся, по-теперешнему, «спонсор», помог стартовать, имея-то цели свои. Назвались сразу раскатно: «Транс-Континентальный банк». А ютились сперва в двух подвальных комнатах — и удивлённым первым клиентам объясняли: «Да это — временно, у нас в главном доме сейчас ремонт.»

И вышло б дальше что? — но встретился Алёше старый его однокурсник Рашит, который потом университет бросил, но и в армии не был. Когда-то дружили. Теперь сошлись, выпили раз, выпили два — и Рашит сам вошёл в «Транс-Континентальный», а за ним стояли его земляки, — здесь, в этом городе, спаянные по землячеству, крепче обычного; землячество их освоило и в области сильные финансовые позиции, и уже вереплёт с областной администрацией, тоже искавшей *новые пути.* И в короткое время отгрохали семиэтажное здание, пять верхних этажей сдали в аренду, а банк поместился в двух нижних.

У Рашита были крепкие связи, у Алёши светлая голова, они дополняли друг друга, и зажили в ладу, все четверо, а доли — разные. Ступал Толковянов по неведомой почве, как первый космонавт по Луне. Но домозговался и тут: как чисто и быстро применить клиринг при распаде советских торговых связей — чтоб они продолжали служить. Ну, а главное, конечно, был шанс — с постоянно прыгавшей валютой, и при правильном предчувствии это давало потрясающие прибыли. И тут тоже — оказался Алёша успешно угадчив.

А успех как покатит — то только держись, волна взносит и взносит. (Что-то надо было знакомым плести: кто тебе так помог?..)

А на душе — гадко. Видно же, что вмазываешься в одно, другое, третье не вовсе чистое, а то и нечистое дело. А без этого не продвинуться. И ты же не один, член четвёрки, дело общее. Но может быть — до некоторого рубежа, а потом удастся, став на ощутимых деньгах, эту грязь с себя стряхнуть, и дальше бы — только честно? получить и проявить свободу действий? Если бы удалось — начал бы тогда делать и добрые дела: первое — школьному образованию помочь; может быть, где когда поддержать бастующих рабочих, чтоб своего добились, или, наоборот, поддержать полезный заводик, чтоб не развалился, вот сушку овощей сверхвысокими частотами? Живём не одним днём, где-то пожертвуем, а где-то выиграем.

Только вряд ли когда вырваться из этих втягивающих прокрутов. По делам уже и таких грязнохватов коснулся — озноб от них.

С Таней — обсуждали не раз. Она — и советчица, и бывает вперёд твоих мыслей, и поперёк им. Ей — ещё больше хотелось, чтобы — чисто. Но и она понимала, как это невозможно, как это невылазно. И не бросить же теперь всё чистоплюйски и — что? кануть в нищету?

А потом ещё — отношения с властями. Проигрывая вкруговую везде и во всём, государственный аппарат сохранял только цепкость душить немыслимыми, несуразными, нигде в мире не применёнными налогами, и сдавливал правилами, разбухающей документацией, — сам толкал всех в единственном направлении: обходить закон и обманывать. Так и пошли, на косых, не быть же редкими дураками. (Хотя и тут как бы хорошо: уже бы став сильно на ноги — платить государству честно: ведь в нём живём и через него живём. Но и от государства бы ждать не грабежа.)

И вот — взрыв.

Обсуждали с ребятами советно, но решать-то Алёше.

Если уж начали убивать — то и продолжат? И — кроме собственных пистолетов, ну автоматчика в банковском коридоре, — никто не прикроет, не защитит. И меньше всего — Борцы с Преступностью?.. Вон, в Элломасе — там, знал Толковянов, состоит клин не только собственно коммерсантов, но — и от этих Борцов, и от прямых криминалов, — это всё теперь переплелось неразрывно и сородственно.

А мы, в своём кругу, уж наверняка ли от них начисто убереглись?

Надёжно защититься? — только если Алёше немедленно и прямо укостылять за границу. И деньги на то — есть.

Такого — и ждали все. Весь город, кто знал, — такого и ждал, никто бы не удивился.

Но — бросить уже трёхлетнюю свою структуру? Тотчас разнесётся слух о бегстве главного банкира, вкладчики кинутся расхватывать вклады — и разлетелось всё предприятие в беспомощные дребезги. Сила банка — это сумма привлечённых средств.

Выдалось у них с Таней несколько тяжёлых вечеров.

Говорили. Молчали.

Так — и сынишку взрывом угробят?

Ещё молчали.

Вдруг Таня сказала, как будто некстати:

— Моя бабушка говорила: иглы служат, пока уши, а люди — пока души.

А, кажется, тут всё и было. Да ещё же: за границей, если не ставить на разбой и на контрабанду — то и не развернуться. Русские учёные? — пожалуй, там нужны. Да не мы, нéдоросли.

Внешне жизнь течёт как текла. Никому не видимая борьба в душе, никому не внятное решение: остаюсь, как ни в чём не бывало!

Между тем домовый кооператив постановил: Толковянов

должен за свой счёт починить обе входные двери и отремонтировать тамбур. Поскольку всё — из-за него...

Вот это — обидело: людям всего-то и дела? И — для кого же тогда стараться?

В эти самые недели — одного за другим убивали и в Москве, и — видных. Кого — пулями, кого взрывом.

Каждый день и ждёшь. Ещё б не жутко.

Стал носить бронежилет, ездить с автоматчиком.

А теперь же появилась и такая мода: «Награда тому, кто укажет...» Попробовать?

И дал объявление в газетах: кто укажет причастных к покушению — 10 тысяч долларов.

Не надеялся, просто так. Но, удивительно: уже через день подкинуто письмо: укажу! За 11 тысяч.

Удивила — малость этой разницы. Казалась насмешкой или провокацией.

Но предложена дневная встреча — в центре города, в людном сквере.

Да не тебе ж самому! — компаньон Витя, школьный друг, он и взялся пойти. (Ещё один — следить за встречей со стороны.)

И обошлось — без подвоха. Тот — готов назвать. Но нет, не 11 тысяч, а 25.

А вот это — было уже правдоподобно. Хотя Витя высмеял: нет, только 12 с половиной. Назвать заказчиков, назвать исполнителя. И фотографии принести. (Это — понадёжней.)

Тот — замялся. Замялся. Подумал — согласился.

Пока, за начало сведений — задаток. Заказчик служит в фирме Элломас. Исполнителя — не знаю. Заказчика — назову.

Расплатились.

Так Алёша и подозревал: Элломас! Но ведь кто-то постарше, из директоров.

А — дальше теперь? На совете дружков единодушно решили: дальше без Органов ничего не сделаем.

Не этично?

А по отношению *к кому*?

И Толковянов — позвонил Косаргину.

Да, в этом молодом человеке что-то было. Нынешняя встреча с ним отпечаталась в Косаргине. Так вот пойди угадай: был какой-то диссидентствующий долговязый студент, которого заслать бы подальше, куда-нибудь в Якутию, да и с концами. А вот — какой семиэтажный стеклянный отгрохал и какими делами ворочает, к нему хозяйственники льнут за поддержкой, помоги прореху в бюджете закрыть до срока. В это новое смурное проклятое время он ввинтился, как будто в нём и рождён.

А тебе, потому ли, что уже за сорок лет, и привык к порядку, — ох, не извернёшься легко, не втиснешься.

Органы!! Что́ виделось вечней и неколебнее их! Что было в позднем СССР динамичней, зорче, находчивей? В андроповские годы сколько же хлынуло сюда отборных с высшим образованием! Сам Всеволод Валерьянович кончил лишь юридический, но рядом с ним там трудились и физики же, и математики, и психологи: попасть работать в КГБ было и зримым личным преимуществом, и интересом, и ощущением, что ты реально влияешь на ход страны. Это были смышлёнейшие мальчики при уже стареющих, костенеющих ветеранах. (Зато и сколько же опыта у тех.)

И вдруг всё это здание — стройней и красивей московских высотных — не рухнуло, нет, но как-то стало дырявиться, просвёживаться — недоумениями, сомнениями и даже утечкой дрогнувших, кто по собственному желанию, кто по сокращению штатов, кто в правление Союза Ветеранов. А кто — и в ту же коммерцию. Этих — понимали сперва как изменников Делу, а потом — завидовали им как ловкачам, удачникам, да нельзя ли успеть за ними?

Если б такое чудо — чтоб Органам вернулась прежняя Сила. Значение.

Но может ли такое случиться? Упущены моменты.

А — куда всё, в с ё покатится? Не хватает ума предвидеть.

Косаргин презирал этих беглецов, запретил себе им подражать. Но щели — открывались всё шире, в прежнем прочнейшем здании продувало насквозь всё невозвратней. И главное — упало самосознание, потерялась Высшая Задача. И — не в бегство, нет, но как выбор всё-таки преимущественной позиции в вихрях нового сумасшедшего времени — Косаргин перешёл на борьбу с организованной преступностью. (Совсем уж не отозваться на зов времени? что же, остаться деревянеть чуркой, где, может быть, никогда уже и никому не понадобишься?)

Так вот, этот мальчик. Удивило в нём, что не просил помощи. По старой обиде? Или собирался бежать, скрыться? — тоже вроде нет.

Впрочем, отклонил помощь не надолго. Через малые дни позвал.

А штат Косаргина — формально, вяло, но следствие открыл само собой. Теперь Косаргин опять поехал сам. Опять в тот кабинет. Только на зелёном сукне застал три-четыре разбросанных увеличенных копии стодолларовых бумажек, обтянутых плёнкой, — шутейные подставки?

И опять подтвердилось приятное впечатление недавней встречи с Толковяновым: какое-то простодушное деревенское лицеочертание его, а взгляд прямо в глаза, внимательный, с нахмуркой, но безо всяких метаний. И всё время тихий, ровный голос — не повысится, не разгорячится. И это — не поза, без усилия над собой, не состроено, — в обычае у него так? Каждый день могло повториться покушение — а страха не выдавал ничем.

Обсудили операцию захвата. Пара переодетых бойцов пошла в тот сквер, близ следующей встречи, — неужели тот так потерял осторожность, ничего не предусмотрел? По сигналу толковяновского друга — легко взяли.

Да, так замутился, растерялся, никакой подстраховки не имел. Ещё того неожиданней: сам-то он и оказался убийца, дальше — с а м себя выдал!

Случай обнаружился — ничтожный, анекдотический. И опять-таки физик! — в цвет закруженного этого Времени. И — полный неудачник, уже два уголовных срока отсидел, оба раза выпустили прежде досидки. Жалкий-жалкий у него вид был, мзгляк. Всё ему — не удавалось, погряз в долгах, жена проклинала — и она же принесла от шурина, брата своего, предложение: убить, за 10 тысяч долларов, но — чтобы методом взрыва, обязательно. От безденежья, от жениной грызни задыхался — и взялся, 5 тысяч вперёд, в задаток. И вот — неудача. А разозлённые заказчики — как неосмотрительно связались с размазнёй, так и мелочно потребовали с него: за неудачу вернуть не взятые пять, а вдвое — десять. А тут — объявление, как и получить десять. Одурённой головой сляпал: одиннадцать, потом очнулся — двадцать пять. Вот — и фотографию шурина принёс.

Молодчики Косаргина кинулись за шурином — а уж нет его, начисто исчез. След остался, не сотрёшь: в Элломасе он и служил, но не на видном месте. А звено выпало — и ничего не докажешь. Остался в руках живой преступник, его показания, фотография ближайшего заказчика, предположения потерпевшего да соображения следствия. В таком виде и передали в суд.

Пока там текло — Толковянов дважды приезжал в Управление, опять встречались. У Косаргина было профессиональное ощущение, что всё-таки попали на жилу, и она могла бы даже и далеко повести.

Далеко?.. Уже Косаргин наталкивался: *далеко* — силы сверху не пустят.

Говорили по делу — стали говорить и помимо дела. Потерявши в жизни свою уверенную твёрдую поступь, Косаргин потянулся понять этого успешливого молодого — а через то, может быть, в чём-то перенаправиться и самому? Нет уверенности, что и сейчас не зеваешь, не упускаешь какого-то выбора.

— А не выпьем? — вдруг предложил молодому человеку, да уже и протягивая руку к шкафчику в стене.

Тот повёл головой. Согласился.

Завязался разговор между ними на прямовщину. Как в их городе переслоились скрытые силы с тяжёлой валютой, и выскочки-грязнохваты, и прямые бандиты, — и как, и вообще ли можно когда в будущем это всё искоренить? И возможно ли у нас честное предпринимательство, когда именно и только его давит государство.

Тогда — и о самом государстве. А тогда, перелилось по сообщённым сосудам, — почему и не о самих Органах? — какие они суть сегодня и какими же им быть дальше? Для себя одних только? Или всё-таки, может, и для России?

У Толковянова в разговоре была манера: на опёртых локтях составлять изо всех десяти пальцев какие-то живые фигуры, с лёгкими перемещениями их, — как бы строил конструкцию? — помогал себе найти решение? не без напряжённости у бровей и лба. Потом переводил смышлёные, но спокойные глаза на собеседника. Ему — интересен был этот разговор, видно.

За все эти дни не проявилось в нём выражения гонимости, торопливости, испуга.

И как-то незаметно перешло, что Всеволод Валерьянович этому недавнему щенку стал сообщать свои заботы вовсе не служебные, а умозрительные: что же делать? ведь разворуют Россию до конца? и какие миллиарды уходят! (Наверно, смешновато звучало это от чуть не главного в их области Борца с Организованной Преступностью.)

А Толковянов всё это знал, но оценивал спокойно: что утекающие из России деньги всё равно через несколько лет, в следующие десятилетия, сами же к нам и вернутся, и будут вертеть наши же российские колёса.

Как это? вырубленные леса — не вернутся. И выгребанное из недр — не вернётся.

— И наворованное — останется у воров? — искренно возмущался Косаргин. Он дрожко ненавидел теперь этих хапуг. (А всокры́те — и завидовал им?..)

— Хоть и у них, — размышлял Толковянов. — А вернётся, и войдёт в нашу валовую сумму. Да, конечно, сегодняшних криминалов уже не избыть. Но всё это перестирается в одном корыте, вместе и с иностранными инвестициями.

Нет! Такого *благополучного* выхода — Косаргин не мог принять никаким сердцем.

А Толковянов пытался успокаивать и дальше:

— И мозги многие-многие, хоть и не самые лучшие, тоже вернутся, не все они там пристроятся.

А видно было, как он заножён, что, вот, бегут, бегут искать на тёплой стороне. А у нас стипендия аспирантов стала теперь — 10 долларов.

А что на улицах? Эти раскормленные морды в мерседесах встретятся на перекрестке и запрут всё движение: им поговорить на-до! А милиционер трусливо уходит в сторону. Как — такое видеть *кадровому*?

Над рюмками, когда они всё больше друг друга понимали, Косаргин обмолвился даже так:

— Алексей Иваныч. Но вот вам, человеку с научно-техническим образованием... как вам кажется: что же в этой распроклятой обстановке делать н а м? Ну, вот... н а м... — пояснял он, не находя решимости выговорить т о слово, т е буквы, а имея в виду своих прежних застрявших сослуживцев. И даже — вообще?..

Толковянов не дал себе улыбнуться, и с большой рассудительностью стал искать варианты разумного поведения.

Домой Косаргин ехал мимо известного памятника Борцам Революции — заострённо вскинутой скалы, из корпуса которой веером выдвигались три головы — рабочего, солдата и крестьянина. Этот памятник, от какого-то уличного острослова, во всем городе называли «Змей-Горыныч». (И правда, что-то похожее.)

И усмехнулся: как же умеют меняться времена!

Да, самые невообразимые пути: вот — Косаргин. В ихней конторе по Борьбе сидят с автоматами бритоголовые мордени, — но это не всё же их лицо? Совсем не глуп Косаргин и, кажется, у своего прежнего подопечного готов чему-то и поднаумиться? Да кто умней — не может не понимать, что одно самоустройство — ничего не решает: займи ты хоть самую лучшую каюту — а если корабль тонет всё равно?

Да только: могут ли *они* меняться? Вспомнить его на допросах. Однако и не думать об общем деле России — никак нельзя, и нынешним гебистам тоже. Не всё — о себе. Хотя вот те *фирмачи* из Элломаса — у них ума только и хватает, что если б ещё и во власть пролезть, тогда их капиталы быстро учетверятся.

...Так прожили, от покушения, два месяца — и благополучно. И вкладчики верили в их «Транс-Континентальный», не забирали вкладов, даже увеличивали. Приезжали из районов сельхозобработчики — и те шли к ним сюда, а не в государственный, и не в финансовое управление.

А вот что: в конце апреля, оказывается, попадала Пасха. И Таня всхлопоталась, чего раньше не было, печь куличи и красить яйца.

— Нет, — взмолился Алёша, — только не крась, пожалуйста, не могу этих красных в руки брать. Куличи ладно — только не вздумай их святить, не буду есть.

— Да почему уж так? — кольчая прядка свесилась ей на лоб. — А бабушка всегда святила, и красила. Что ж это, не наша вера?

«Наша вера»? Они не говорили так раньше, но как будто и так, — а какая ж другая?

Ну, да, может быть религия и способна вывести человека из мрачного состояния, однако при чём тут свячёные куличи?

Таня к нему — щека к щеке:

— А ты не понимаешь, что мы были обречены? Что нас

спасла какая-то Высшая Сила? И вот эти месяцы бережёт — Она же?

Да, можно сказать — и так. Но есть — и теория вероятностей. И виртуальные варианты любого опыта.

Впрочем — был же и Большой Взрыв.

Есть — и Чёрные Дыры.

И — непостижимая предусмотрительность молекул ДНК.

А ещё через несколько дней был суд над убийцей. И даже Косаргин изумился: при полном сознании преступника в покушении да и всех вещественных доказательствах — осудили его не за попытку убийства, а за «незаконное хранение оружия», 4 года лагерей, и не строгого режима.

Значит, хорошо подмазано.

Вот тут Толковянов сильно встревожился.

Попросил Косаргина получить из дела, в копии, — фотографию шурина.

А она-то — вот как раз она — пропала из судебного дела бесследно. Хотя числилась в описи...

На суде имена главных директоров-заказчиков не назывались, они могли и не знать, что Толковянов *знает*. Но вот столкнулся с одним из них на улице — в насмешку около университета, шёл посидеть на научной конференции, иногда потягивало туда, — еле заставил себя только взглядом скользнуть, а не выразить.

Бежать за границу? — конечно было спасением и жены, и сына, и себя. Но Алёша — н е м о г бежать.

Таню берёг, как хрупкое стекло. А бежать — не мог.

Сам себе удивлялся: каждый день ходишь в этом тяжком бронежилете, мелькает свой дежурный автоматчик, появилась и вторая квартира, для манёвра... Кого теперь не убивают? Кредиторов — по одному поводу, должников — по другому. И заморочена голова вкладами, инвестициями, отчислениями, подсчётами баланса, налогами, поддержкой предприятий, — но во всей этой напряжённой замороченности, даже на измоте сил, сохранялся внутри, в груди, — неуничтожимый стерженёк: хоть по случаю, по чьему-то пересказу, по прогляженной научной статье, а следить: что в физике? Достиг слух об успешных опытах группы наших ребят: радиоактивным облучением повышают октановое число бензина. Это колоссально! — уменьшится мировая потребность в нефти. Арабы узнали — тут же кинулись: закупить изобретение и задушить его. От *наших* — никакой поддержки, им — всё спустя рукава, лишь бы свои карманы набить. И ребята — продали.

А всё-таки — н а ш и, русские придумали! Нет, не умерла ещё ни русская наука, ни русское умельство.

«Погоди! — говорил он мысленно кому-то. Кому-то? сильно расплывался образ, но был ненавистен и гадок. — А мы ещё поднимемся!»

Однако — нет, проглядывалось так, что не банкир Толковянов будет русскую науку поднимать. Прочертили «валютный коридор» — не стало тех бешеных игр и прибылей. Государство допустило банкам наплодиться — но вовсе не думало их поддерживать. Напротив, надвигался регламент — на достаточность капитала, на устойчивость, на ликвидность. И стали слабые банки агонизировать. Ну, пока ещё держал рынок ценных бумаг, сколько-то обеспеченный государством. Или у кого были важные именитые клиенты — да не подслужив был Толковянов к этим оборотням из номенклатуры, слегка тебе кивающим изволительно. И самое больное: в этом, кажется, тупике — начался разлад, потом и раскол с друзьями-компаньонами. Куда отлетел их недавний энтузиазм, когда они росли на дрожжах своего успеха, в дружных беседах весело ставили пивные кружки на эти стодолларовые игровые подставки? Теперь один, и другой разногласили: нет, не так искать накоплений; нет, не так расходовать. Рашит первый, затем и другой потребовали отделить свою долю, а она и была главной. Деньги соединили их — деньги и разъединили.

Эти ссоры расстраивают — хуже упадка дел. Темно на душе.

Где касается денег — нет предела ни страстям, ни мести.

Вокруг Алёши поредел кружок близких. Вся финансовая ситуация стала — тьма, и не знаешь, где обнажится яма под ногами, или откуда высунется в тебя остриё. Шёл наугад: купил одно здание городского рынка; завёл два своих магазина; завёл десяток обменных валютных лавочек. А оборотных средств — не хватало, нужен ещё кредит. Где его взять? Пошёл просить у Емцова, тот покровительствовал Алёше: надо же смену растить.

Но покровительствовал всегда с весёлой развязностью:

— А, молокосос пришёл? Ну, как твои дела сосунковые?

Под семьдесят ему уже было — а всё тот же жизнелюбец, и женщин глазами не пропускал, и такой же подвижный фигурой и умом. И как он мог всё перенести? Ведь с каких высот свалился — а, по сути, *кто* теперь?

Никакой тупиковости Дмитрий Анисимович не видел: приняли путь — и пойдём, не робей! В стенку упрёмся? — ещё иначе повернём.

— Увязаешь? Тебя подкрепить? Ну, можно.

Но если тебе — ещё нет тридцати? И могут тебя прикончить? И отпадают друзья? И — сколько ещё нужно извилин мозговых на этот переменчивый лабиринт? И — вообще ли выбьешься?

И так — пожалел-пожалел-пожалел свою обнадёжную молодость, два первых курса физфака до армии. А может быть — надо было тогда устоять, не сворачивать? не соблазниться? Далеко-далеко виделся свет, и слабел.

А, ведь, фосфоресцировал.

1996

ЖЕЛЯБУГСКИЕ ВЫСЕЛКИ

1

Четвёртый день, как мы вдвинулись в прорыв на Неручи. Прошлые сутки моя центральная стояла в *трубе* под железнодорожным полотном, там крепкая кладка, хороша от бомбёжки. Ещё и крестьянских баб с детворой там набилось до нас, да два десятка откуда-то взявшихся цыганок и цыган угнездились, — странно было после нашего двухмесячного стоянья в гражданском безлюдьи. А этой ночью в 3 часа дали моей батарее отбой: продвинуться. Пока свернули все посты — уже и свет. И, ещё до самолётного времени, перекатили в Желябугские Выселки.

Это называется — перекатили. Звукобатарее полагается по штату шесть специально оборудованных автобусов, у нас же — драные трёхтонка и полуторка. Они везут только боевое и хозяйственное, да при том нескольких сопроводителей, остальная батарея нагоняет пешим ходом. Её ведёт обычно лейтенант Овсянников, командир линейного взвода, а командир измерительно-вычислительного Ботнев, как и я, — гоним, в кабинах, выбирать центральную станцию.

Это — захватный момент: весь боевой порядок определяется выбором центральной станции. Чем мгновеннее выбрать её — тем быстрей и безопасней развернёмся. Но и выбрать — безошибочно, она — сердце батареи; осколок в сердце — и всей батареи как нет. Вкопать и брезентом перекрыть — в поле ржаном и так бывало, но это — с горя и накоротке.

Я четвёртые сутки обожжён и взбаламучен, не улегается. Всё, всё — радостно. Наше общее большое движение, и рядом с Курской дугой, — великанские шаги.

И какое острое чувство к здешним местам и здешним названиям! Ещё и не бывав здесь — сколько раз мы уже тут были, сколько целей пристреливали из-за Неручи, как выедали из карты глазами, впечатывали в сетчатку — каждую тут рощицу, овражек, перехолмок, ручеёк Берёзовец, деревню Сетуху (стояли в ней позавчера), Благодатное (сейчас минуем слева, уже не увидим), и Желябугу, и, вот, Желябугские Выселки. И в каждой деревеньке заранее знали расположенье домов.

Так, правильно: Выселки на пологом склоне к ручейку Паниковец. И мы — уже тут, докачались по ухабистому съезду с проезжей дороги. Пока самолётов нет — стали открыто. И — ребятам в кузова:

— Дугин! Петрыкин! Кропачёв! Разбегайся, ищи, может где подвал.

И — прыгают горохом на землю, разбежались искать. В Выселках уже кой-кто есть: там, здесь грузовики, вкопанные передами, наклоном, в аппарели. Миномёты (уезжают вперёд). Дивизионные пушки — правее, на той стороне лощинки. А я пока — по карте, по карте: куда пускать посты. Перед нами на запад — Моховое, оно крупное; у немцев до него ещё на той неделе доходили и поезда, разгружались. Моховое — будут держать, тут, наверно, постоим.

Приблизительно намечаю посты. (Точно выберет только Овсянников.) Они по фронту должны занимать километров пять (по уставу даже и до семи, но мы устав давно поправили, никогда шесть постов не разворачиваем, лишнее, а по нужде-спешке так и четыре; сейчас — пять). А впереди постов нужно найти место нашему наблюдателю — посту-предупредителю. Он должен стоять так (частенько в окопах пехоты), чтобы каждый звук от противника слышал раньше любого из крайних постов и — по выбору своему, тут искусство, — решал, на какой звук нажать кнопку, запустить станцию — а на какой не нажимать.

— Нашо-о-ол! — кричит на подбеге кто же? наш «сын полка», 14-летний Митька Петрыкин, подобранный от начисто разорённого войной Новосиля — когда-то уездного, сейчас холмового белокаменного немого стража у слияния Неручи с Зушей. — Тааш старш... лет... по-о-огреб! Хороший!

Мы с Ботневым быстро шагаем туда. Как строят здесь — не под домом, а отдельно, с кирпичным обвершьем, дальше дюжина ступенек вниз. Но погреб не прохладный, душный: надышали за ночь-другую-третью ночлежники — хозяева ли, соседи — прячутся тут и вещей же натащили. Зато арочный кирпичный свод — лучше некуда.

Так нам странно и так радостно видеть живых русских крестьян, около домов — огороды живые, а в поле — хлеба. По советскую сторону фронта все жители, из недоверия, высланы на глубину километров двадцать, третий год ни живой души, ни посева, все поля заросли дикими травами, как в половецкие века.

(Но ту — обеспложенную, обезлюженную — ещё щемливее любишь. Приходит отчётливо: вот за э т о т о Среднерусье не жалко и умереть. Особенно — после болот Северо-Западного.)

А по немецкую сторону едва мы шагнули и видим: живут!

В погребе смотрят на нас с опаской. Нет, не выгоняем, свои:

— Придётся, друзья, придётся потесниться вам поглубже. А спереди — мы тут займём.

Бабы — мужиков нет, старик древний, ребятня — мягко охают: куды подвигаться? Но лица все такие родные. И рады, что не гоним вовсе.

— Да щас вам ребята мешки-корзины туда перекинут повыше, один на один. Давай, ребята!

Как ни теснись, а места надо порядочно: и для самого прибора и для четырёх малых столиков складных. Но, кажется, поместимся.

Выбрать место центральной — это был первый подгоняющий вихрь. Теперь второй: скорей спускать станцию в подвал. На это с нами и силы приехали: Дугин и Блохин, два сменных оператора на центральном приборе, и ещё из вычислительного взвода.

Пошёл наверх.

С востока обещательная розовость уже поднялась до вершины неба. И так выявились, до тех пор не видные, редкие перистые облачка.

Но — обещательно же возникает и самолётный гул. Как надоели, проклятые, до чего пригнетают.

А — нет. Нет-нет! Н а ш и летят!

С этой весны — наши всё чаще в небе. И мы распрямляемся. В обороне стояли — ночами, в далёкий бомбовый налёт, с гружёным гудом всё чаще плыли большими группами наши дальние бомбардировщики. (И что мы так рады? ведь это — по нашим же русским городам.) Когда по Орлу — то и видели мы за шесть десятков вёрст: пересечённые прожекторные лучи, серебряные разрывы зениток, красные ракеты и молненные вспышки от бомбовых взрывов. А недавно узнали мы и торжествующие волны низкого возврата с ближней операции — «илов», штурмовиков, — и «ура» кричали им под крылья, это — прямая нам помощь тут, рядом.

Пролетают наши в высоте. Рассчитано точно, чтоб немцев заслепило: как раз выплывает край солнца.

Вычислительный взвод — слаженно работает, привыкли. Осторожно сняли из кузова центральный прибор, понесли вниз. И — столики за ним, и всё измерительно-чертёжное. А линейщики снаружи у подвала штабелюют проводные катушки с бирками постов: подключаться будем — тут, все линии потянем — отсюда. А старшина Корнев, распорядительный хозяин, выбрал для кухни местечко — пониже в кустах, не слишком прикрыто, но одаль от изб: по избяному порядку вполне пройдутся сверху пулемётами. И около ж кустов указал шофёрам рыть аппарели для машин — и сам, здоровяк, им помогает: главно — хоть сколько-то принизить моторы в землю. Всё б это нам успеть поскорей.

Хожу, нервничаю, курю. Бессмысленно разворачиваю планшетку и снова, снова смотрю карту, хоть почти на память знаю.

Солнце взошло на полную. Облачка тают.

По склону от нас поднимается одна улица Выселок — уже и на ней нарыто свежих густо-чёрных воронок. А за малым овражком направо — плоская вторая улица. Там — батарейка семидесяти-шести развёрнута. Избы — как неживые: кто по погребам, кто в перелески подался. Ни одного дыма.

Ну же, ну же, Овсянников, да не столько же тут ходу.

А ведь идут! — открытой вереницей поднимаются из котловинки. И без бинокля чую, что — наши. Бодро идут, Овсянников ход задаёт. И вот сейчас, приблизятся, будет третий вихрь: каждый звукопост разберёт свою аппаратуру, катушки, свои вещмешки, свой сухой паёк — и за эти считанные минуты Овсянников должен по карте, уже на свою прикидку, уточнить места звукопостов; смеряя силы команд, назначить, кому первый, второй... пятый, и каждому начальнику звукопоста промахнуть отсюда по местности направление, как ему вести, чтоб не сбиться, азимут. А предупредителю — ещё особо. И вот эти десять-пятнадцать минут, пока вся батарея сгущена, — самые опасные. Рассредоточимся, не все шестьдесят в кучке, — будет легче.

Подходят наши, подходят — а дальше как по писаному, заученное. Посты хватко собираются на развёртывание.

С Овсянниковым садимся на поваленный ствол — поточней прикинуть места постов.

Кто-то перебранивается из-за катушек, чужую хорошую утащил, оставил с чиненым проводом.

Лица у всех — невыспатые, примученные. Пилотки на головах сбиты у кого как. Но движенья быстры, всех держит это сознание: мы — не просто в какой-то безымянной местной операции, мы — в Большом Наступлении! Это много сил добавляет.

Линейные привязали концы — и потянули двухпроводные линии.

А от немцев уже летит — благородно хлюпающий крупный снаряд — через головы наши — и ба-бах! Наверно по Сетухе, при большой дороге.

И — первая сегодня «рама», двухфюзеляжный разведчик «фокке-вульф», высоко, устойчиво завис, погуживает, высматривает, по кому стрелять. Наши зенитки не отзываются, да в «раму» почти бесполезно бить, всегда уклонится.

И — ещё туда, на Сетуху, несколько тяжёлых пролетело.

Пока утро прохладное — нам бы и засекать. Не вовремя нас передвинули.

На каждом звукопосту — 4-5 человек, а нести — тяжело и много, от одного аккумулятора плечо отсохнет; катушек бывает нужно по восемь, а то и больше десятка; звукоприёмник — не тяжёлый, но трудноохватный куб, и ещё береги его пуще уха, повредишь большую мембрану, а то — осколком просечёт? Ещё трансформатор, телефон, другая мелочь. И автомат, у кого карабин, сапёрные лопатки — всё и тащи. (Противогазов уже давно не носим, все в кузова сбросили.)

Коренастый Бурлов повёл своих на первый, левый; компас у него на руке, как часы, он азимут всегда сверяет, точно идёт. У него в команде — и долговязый, всегда невозмутимый, всепереносный сибиряк Ермолаев, — на крайние посты Овсянников подбирает самых крепких. И Шмаков, как бы полуштрафник: в противотанковой не выдержал прямого боя, сбежал куда глаза, попал на наш порядок. А у нас тоже от дезертиров недостача, комиссар махнул, сказал: «Бери его!» И — верно служит.

Сметливый Шухов (в ефрейторы мы его повысили, вместо сержанта раненого) повёл своих на второй. — Угрюмый чёрный Волков — на пятый, правый, северный, тоже дальний. — А средним звукопостам линия будет покороче, катушек меньше, у них и людей по четверо.

С конопатым хмурым Емельяновым советуемся и по карте (когда бывает лишний экземпляр, то — и для него): предупредитель — работа тонкая, почти офицерская, а по штату ему так и ходить старшим сержантом и всегда попереди всех. На каждый нужный звук выстрела ему надо не упустить и полсекунды, и на слух определить калибр. (Потом, кто поближе к разрыву, ещё подправит.)

Оживился передний край — миномётная толчея с обеих сторон. Из наших Выселок семидесяти-шестёрки уже и палят — а мы ещё когда будем готовы. А спрос — не терпит.

У Овсянникова — ноги зудят обогнать крайний пост: важен не только последний выбор ямки для звукоприёмника (а солдаты выбирают, где им легче устроиться, да ближе к воде) — но и ближайшее окружение чтоб не экранировало. (Был случай: шёл дождь, так в сарай занесли, а мы удивляемся, что за чёрт: все записи не резкие?) И — пошагал догонять Бурлова.

Сзади — ещё одна группка пешая к нам. По полосатым шестам, по треножникам видно — топографы. Вот вы — давайте скорей! эт-то нам надо!

Группку привёл командир взвода лейтенант Куклин, милейший мальчишек, и лицо мальчишеское, и рост. Мой Ботнев, не намного взрослей, выговаривает ему:

— Вы что долго спите? Без вас наши координаты на глазок, кому годятся?

И правда: нас проверяют придирчиво, и все промахи в целях, в пристрелке — на нашу голову. А кто пошагает проверять топографов? — такого не бывало. Ошибутся они в привязке — и будем все цели ставить не там.

Присел я с Куклиным показать ему, где будут посты. Прошу:

— Юрочка, нет, не торопись. Но сделайте сперва три ближних поста, хоть для первой засечки. И сразу гони нам цифры.

Говорит: видели на ходу наш 3-й огневой дивизион, сюда близко перекатывает, ещё не стали.

Куклин повёл свою цепочку к первому ясному ориентиру, от него пойдёт на шуховский. (Ориентир — он с карты снимается, это тоже неточно. А тригонометрической сети в перекатных боях никогда недохватит.)

Не скажешь, у кого на войне работа хуже. Топографы вроде не воюют — а ходить им с теодолитами, с нивелирами, ленты тянуть по полям — прямо, как ворона летает: не спрашивай, где разминировано, где нет, и в любой момент под обстрел попадёшь.

А — уже нашли нас бригадные связисты. И тянут кабель на центральную, катушечники их поднимаются к нам от запруженного ручья.

Да кто — нашли? Не от огневых дивизионов, с которыми работать, те сами в переходе. Тянут — от штаба бригады, конечно, — и вот-вот оттуда начнут требовать целей.

Да только б и засекать нам с утра, пока воздух не разогрелся. Уже и долбачат немцы: вот один орудийный выстрел, там — налёт, снарядов с десяток, — так мы ещё не развёрнуты. А дневная работа будет сегодня плохая: станет зной, уже видно, и создастся *тепловая инверсия*: верхние воздушные слои разредятся от нагрева, и звуковые сигналы будут не загибаться вниз, к земле, а уходить вверх. Да это и на простой слух: снаряды, вот, падают, а сами выстрелы всё слабее слышны. Для звукометристов золотое время — сырость, туман, и всегда — ночь напролёт. Тогда записи исключительно чёткие, и цели — звонкие ли пушечные, глухие гаубичные — тут же и пойманы.

Но начальство никак этого закона не усвоит. Были б с умом — передвигали б нас днями, а не ночами.

Мы, инструментальный разведдивизион, — отдельная часть, но всегда оперативно подчиняют нас тяжёлой артиллерии, сейчас вот — пушечной бригаде. Сегодня нам будет парко: сразу два их дивизиона обслуживать: 2-й — правей, к Желябуге, 3-й — левей, к Шишкову.

У Ботнева в погребе уже втеснились: включили, проверили. Большой камертон позуживает в постоянном дрожании лапок. Чуть подрагивают стрелки на приборах. Все шесть капиллярных стеклянных пёрышек, охваченные колечками электромагнитов, готовы подать чернильную запись на ленту. У прибора сейчас — худощавый, поворотливый Дугин. (Он — руковитый: каждую свободную минуту что-нибудь мастерит — кому наборный мундштук, кому портсигар, а мне придумал: из звукометрической ленты шить аккуратные блокноты, для военного дневника.)

Сбок прибора на прискамейке уткнулся телефонист, разбитной Енько. На каждом ухе висит у него по трубке, схвачены шнурком через макушку. В одну трубку — предупредитель, в другую — все звукопосты сразу, все друг друга слышат, и когда сильно загалдят — центральный их осаживает, но и сам же до всех вестей падок: где там что происходит, у кого ведро осколком перевернуло.

А сразу за прибором — столик дешифровщика. За ним вплотную, еле сесть, столик снятия отсчётов. А к другой стене — столик вычислителя и планшет на наклонных козлах. В подвальном сумраке — три 12-вольтовых лампочки, одна свисла над ватманом, расчерченным поквадратно. Готовы.

Федя Ботнев в военном деле не лих, не дерзок — да ему, по измерительно-вычислительному взводу, и не надо. А — придирчиво аккуратен, зорок к деталям, как раз к месту. (Да даже к каждой соседней части, к технике их любознателен, при случае ходит приглядывается. Кончил он индустриальный техникум.) Любит и сам стать за планшеты, прогнать засекающие директрисы.

Но весь ход каждого поиска зависит от дешифровщика. У нас — Липский, инженер-технолог, продвинули мы и его в сержанты. Когда в работе не спешка — его единственного в батарее зову по имени-отчеству. (С высшим образованием у меня в батарее и ещё есть — Пугач, юрист. Очень убедительный юрист, всегда лазейку найдёт, как ему полегче. Не во всякий наряд его и пошлёшь: то «помогает политруку», то «боевой листок выпускает».)

В глубине погреба бормочут глухо:

— Ну, стуковня! Ну, громовня...

— Да как бы мне пойтить глянуть: брадено у меня чего аль не брадено? Один таз малированный остался, чего сто́ит.

— Всего имения, Арефьевна, не заберёшь. Утютюкают напрямь — смотри и избы не на́йдешь.

— Ну, дай Бог обо́йдится.

А снаружи — разгорается, уже в светло-жёлтом тоне, солнечный, знойный день. И те крохотные облачка растянуло, чистое-чистое небо. Ну, *будет* сегодня сверху.

У Исакова в кустах кухня уже курится.

Шофера усильно кончают вкопку своих машин, помогают им по свободному бойцу. Ляхов — высокий, флегматичный, никогда и виду не подаст, что устал, не устал. А маленький толстенький Пашанин, нижегородец, разделся до пояса, и всё равно мохнатая грудь и спина потные, лоб отирает запястьем. Имел он неосторожность рассказать в батарее о горе своём: как бросила его любимая жена, актриса оперетты, — и стал он общий предмет сочувствия, однако и посмеиваются.

Ещё ж у меня Кочегаров околачивается, политрук батареи, а в напряжённый момент, когда все в разгоне, — ну не к чему его пристроить, и работать не заставишь. Сам-то был на гражданке шофёр, да только — райкома партии, и теперь взять лопату на помощь Пашанину — не догадается.

Первый звонок — с третьего поста, ближнего: дотянули, подключились, вкапываемся. На них и аппарат сразу проверили: хлопайте там (перед мембраной). Так. И выстрелы пишет. Порядок.

Но когда над одним постом пролетит самолёт — то уж, с захватом, испортит запись трёх постов.

От погреба расходящиеся веером линии — вкапывают линейные, каждый свою. На полсотни метров, чтобы в сгущеньи ногами не путаться — и чтоб хоть тут-то оберечь от осколков.

А уж — летят!! Летит шестёрка «хеншелей». Сперва высоко, потом снижают круг левее нас. Хлоп, хлоп по ним зенитки. Мимо. Отбомбились, ушли.

Наши тут несколько квадратных километров вдоль передовой густо уставлены: миномётами лёгкими и тяжёлыми, пушками сорокапятками и семидесяти-шести, гаубицами ста-семи, всякими машинами полуврытыми, замаскированными — бей хоть и по площади, не ошибёшься.

Меж тем в погребе ещё три места надо найти — для телефониста бригадного и от двух дивизионов. От поваленной липы отмахнули наши пилой — без двуручной пилы не ездим — три чурбачка, откатили их туда, вниз.

Ляхов — ввёл свой приопустевший ЗИС в аппарель.

И пашанинский ГАЗ спустили. Ну, теперь полегче.

Со второго поста Шухов докладывает, чуть пришипячивая: дошли!

И их проверили. Порядок.

Доходят-то они все приблизительно, и ещё любят сдвинуться, себе поудобней. Но пока Овсянников не проверит — копать им, может, и зря.

Из погреба крик:

— Таащ комбат, вызывают!

Ломай быстро ноги по кирпичным ступенькам.

Так и есть, бригада: сорок второй, ждём целей!

Отбиваюсь: да дайте ж развернуться, привязаться, вы — люди?

А — доспать бы, клонит. Смотрю на ребят в погребе — и они бы.

— Ну, пока нет работы — клади головы на столы!

И приглашать не надо — тут же кладут. Это последний льготный получасик.

Солнце поднимается — жары набирает.

Подключился и четвёртый пост, и предупредитель. На трёх постах уже можно грубо прикидывать — хоть из какого квадрата бьёт.

От начала работы у центральной дежурят двое линейных: бежать по линии, какую перебьют — сращивать. А от каждого поста — бегут навстречу, так что на один перебив два человека, никогда не знаешь, ближе куда. Починка линий — всего и опасней: ты открыт и в рост, как ни гнись, а при налёте — шлёпайся к земле. Когда огневого налёта в зримости нет — дежурный линейный и сам бежит, дело знает. А при горючей крайности — кто-то должен решить и послать. Если Овсянников здесь — то он, а нет — так я. Но по смыслу работы — и без офицеров, сержант от центрального прибора сам гонит, он отвечает: не хватит звукопостов, не засечём — может быть больше урона. А каждый такой гон может стоить линейному жизни, уже потеряли мы так Климанского. А как раз когда порывы, когда снаряды летят — тогда-то и засечка нужна.

Сейчас — Андреяшин, вот, дежурит. Сел на землю, спиной об кирпичную арку. Проворный смуглёныш, невысокий, уши маленькие. Только-только взятый, с 25-го года. Я прохожу — вскочил.

— Сиди, не навстаёшься!

Но, уже вставши, сверкает тёмными просящими глазами:

— Таащ старштенант! А вы меня в Орле часа на три отпустите?

Он — из Орла. Рос беспризорником, а какой старательный в деле. Хоть бессемейный, а есть же и ему в Орле кого повидать, поискать.

— Ещё, Ваня, до Орла добраться. Погоди.

— А — когда дойдём? Я — нагоню, нагоню вас, не сомневайтесь!

— Отпущу, ладно. Да может — и надольше. Неужели ж мы в Орле не постоим?

— И бурловский! — из погреба кричат навстречу мне. Крайний левый! Теперь мы — в комплекте.

Дугин руки потирает:

— О то розвага! Ве-се-ло!

Отдаётся ему из глубины:

— Хорошая у вас весельба.

Ну, теперь не пропадём, засекаем. Привязку бы. (До привязки посты на планшете поставлены пока грубо, как наметили их по карте.)

На передовой — толчёный гуд перестрельной свалки. Но — всплесками. И если артиллерийский выстрел попадает в промежуток — то мы его берём.

У Исакова — каша готова. Побежала посменно центральная с котелками.

А в воздухе — зачастили, закрылили и наши, и немцы — но наших больше! Схватки не видно, те и другие клюют по передовым. Там — большая стычка, и по земле взрывы отдаются, вот и засекай.

Емельянов с предупредителя:

— Пока сидим с пехотой, своего не отрыли, не дают. И покрывать нечем. Пташинского — как не поцарапало? — пуля погон сорвала.

Пташинский, его сменщик на предупредителе, — ясный юноша, светлоокий, очень отчётливый в бою.

Всё-таки две цели мы пока нащупали, уже и пятью постами, — 415-ю и 416-ю. Наша задача — координаты; калибр — это уж по ушному навыку, да и по дальности можно догадаться.

Из бригады донимают:

— Вот сейчас по Архангельскому, — (это там со штабом рядом), — какая стреляла?

— От Золотарёва-третьего, 415-я.

— Давайте координаты!

— Без привязки — пока не точно...

Отвечают матом.

Дошагал Овсянников с постов, километров десять круганул. Пошли с ним хватнуть горячего. Сели на лежачую липу.

Простодушного Овсянникова, да с его владимирским говорком, — люблю братски. Курсы при училище проходили вместе, но сдружились, когда в одну батарею попали. На Северо-Западном, в последний час перед ледоходом на Ловати, он сильно выручил батарею, переправил без облома. Или тот хутор Гримовский нас скрестил — весь выжженный, одни печные трубы стоят, и немцами с колокольни насквозь просматривается. Центральная вот так же в погребке, а мы с ним сидим на земле, ноги в щель, между нами — котелок общий. Так пока этот суп с тушёнкой дохлебали — трижды в щель спрыгивали от обстрела, а котелок наверху оставался. Вылезем — и опять ложками таскаем.

Тут-то, за нашим склоном, Желябугские Выселки немцу прямо не видны, только с воздуха. Кручу махорочную цыгарку, а Виктор и вообще не курит. Рассказывает, как и где посты поправил. Кого, по пути идучи, видел, где какие части стоят. В Моховом у немцев виден сильный пожар, что-то наши подожгли.

— Натя-агивают. Будем дальше толкать, не задержимся.

Не докурил я, как слева, от главной сюда дороги, — колыхаются к нам, переваливаются на ухабинках — много их! Да это — «катюши»!

Восемь машин полнозаряженных, дивизион, они иначе не ездят. Сюда, сюда. Не наугад — высмотрел им кто-то площадку заранее. И становятся все восьмеро в ряд, и жерла — поднимаются на немцев. От нас — двадцать метров, в такой близи и мы их в стрельбе не видели. Но знаем: точно сзади стоять нельзя, вбок подались. И своим — рукой отмахиваю, предупреждаю, все вылезли лупиться.

Залп! Начинается с крайней — но быстро переходит по строю, по строю, и ещё первая не кончила — стреляет и восьмая! Да «стреляют» — не то слово. Непрерывный, змееподобный! — нет, горынычеподобный оглушающий шип. Назад от каждой — огненные косые столбы, уходят в землю, выжигая нацело, что растёт, и воздух, и почву, — а вперёд и вверх полетели десятками ещё тут, вблизи, зримые мины — а дальше их не различишь, пока огненными опахалами не разольются по немецким окопам. Ах, силища! Ах, чудища! (В погребе от катюшиного шипа бабы замерли насмерть.)

А крайняя машина едва отстрелялась — поворачивает на отъезд. И вторая. И третья... И все восемь уехали так же стремительно, как появились, и только ещё видим, как переколыхиваются по ухабам дороги их освобождённые наводящие рельсы.

— Ну, щас сюда по нам жарнёт! — кто-то из наших.

Да и не жарнёт. Знают же немцы, что «катюши» мигом уезжают.

Идём с Овсянниковым досиживать на липе.

Чуть передых — мысли лезут пошире.

— Да! — мечтаю. — Вот рванём ещё, рванём — и какая ж пружина отдаст в Европе, сжатая, а? После такой войны не может не быть революции, а?.. это прямо из Ленина. И война так называемая отечественная — да превратится в войну революционную?

Овсянников смотрит мирно. Помалкивает. С тех пор как он нашёл у немцев бензинный порошок, — уже не верит, как пишут в газетах, что немцы вот-вот без горючего остановятся. А беспокой у него — о предупредителе:

— Им там — головы не высунуть, не то что кипятку. — Окает: — Плохо им там. Посмотримте по карте: на сколько я могу перенести их вбок? назад? Я их быстро перетяну, даже без отключки.

Померили циркулем. Метров на триста — четыреста можно.

Пошёл — шагастый, неутомимый.

А Митька Петрыкин, вижу, ладит, как бы ему в пруду искупаться. Зовёт свободных вычислителей, те щели роют.

А вот и притянули к нам: справа — от 2-го дивизиона, слева — от 3-го. Вкапывают свою подводку и они. Наша центральная станция, по проводам, — как важный штаб, во все стороны лучами. В погреб втиснулись теперь и они все трое, на чурбачки, а телефоны уж на коленях.

И сразу — меня к телефону. Из 3-го, комбат 8-й Толочков. Нравится он мне здорово. Ростом невысок, отчаянный, и работе отдаётся сноровисто, всё забывает. Хорошо с ним стрелять.

— Цели, цели давай! Скучаю.

— Ну подожди, скоро будут. Ждём привязки. Вот 418-ю щупаем.

Без звуковой разведки — артиллерийскую цель и найдёшь редко: только в притёмке, по вспышке, прямым наблюдением — и если позиция орудия открытая.

И из 2-го дивизиона — сразу же мне трубку. По голосу слышу — сам комдив, майор Боев.

— Саша, у нас серьёзная работа сегодня, не подведи.

— Сейчас продиктуем несколько, но пока без привязки.

— Всё равно давай. А вот что: вечерком приходи ко мне в *домик*.

В штаб дивизиона, значит.

— А что?

— Там увидишь.

Я было наружу — а сюда по ступенькам Юра Куклин почти бегом. И суёт мне лист — со всеми нашими координатами.

— Если постоите — ещё уточним.

— Спасибо, ладно. — И сразу передаю планшетисту Накапкину.

Он тут же набирает измерителем с точностью до метра по металлической косо разлинованной угломерной линейке — и на планшете с крупной голубой километровой сеткой откладывает икс и игрек для каждого звукопоста, исправляет прежние временные.

Теперь — заново соединяет точки постов прямыми, заново перпендикуляры к ним, а от них заново — ведёт лучи на цели. Начиная с 415-й все цели теперь пошли на новую откладку.

По ленте центрального прибора для каждого звукопри-ёмника течёт своя чернильная прямая. Там, на посту, колыханье мембраны отдаётся здесь, на ленте, вздрогами записи. По разнице соответственных вздрогов у соседних приёмников и рассчитывается направленье луча на планшете. И в идеальных условиях, как ночью и в холодную сырость, эти три-четыре луча все сходятся в одну точку: то и есть — место вражеского орудия, диктуй его на наши огневые!

Но когда много звуковых помех, да ещё эта, от зноя, отгибающая звук инверсия, — то всё звуковое колебание расплывчато, искажено или слабо выражено, момент вздрога нечёткий, откуда считать? А не так угадаешь отсчёты — не так пойдут и лучи на планшете. И желанной точки — нету, растянулась в длинный треугольник. Ищи-свищи.

Кажется, так и сейчас. Ботнев нависает над Накапкиным, хмурится.

С Ботневым — тоже у нас немало за плечами. Шли, как обычно, на двух машинах. К назначенному месту не проехать иначе как по этому просёлку на Белоусово. Но стоп: воткнут у дороги шестик с надписью: «Возможны мины». Да блекло и написано как-то. А на боковые дороги переезжать — далеко отводят, даже прочь. Э-э-эх, была не была, русский авось. На полуторке Пашанина — рву вперёд! Ногами давишь в пол — как бы удержать, чтоб мина не взметнулась, глазами сверлишь дорогу вперёд: вот не под этой кочкой? вот не в этой разрыхлёнке? Прокатили метров триста — слышим сзади взрыв. Остановились, выскочили, противотанковая пешему не опасна, смотрим назад: у ляховской машины сорвало правое колесо, крыло, но остальное цело, и Ляхов, и в кузове бойцы, — только Ботнев, с его стороны взорвалось, — тоже цел, но куда-то бежит, бежит по холмику вверх. И там очнулся в одичалом непонимании, полуконтуженный. (Но первая машина и дальше прошла, достигла места; остальное, что надо, донесли на руках.)

Не-ет, треугольник порядочный. Где-то, где-то там 415-я, а не даётся. А она явно — ста-пятидесяти, и не одиночное орудие. И — дальше надо ловить, но и из записей, взятых, суметь же высосать. Утыкаюсь в ленты 415-й.

По размытым началам — отсчётов не взять, но искать какой другой — пичок, изгиб? — и взять отсчёты по ним?

На местных тут, в подвале, мы даже не смотрим, иногда

прикрикнем, чтоб не галдели. А вот мальчишка, лет десяти, опять к ступенькам пробирается.

— Ты куда?

— Смотреть. — Лицо решительное.

— А огневой налёт, знаешь такой? Не успеешь оглянуться — осколком тебя продырявит. В каком ты классе?

— Ни в каком, — втянул воздух носом.

— А почему?

Война — нечего и объяснять, пустой вопрос. Но мальчик хмуро объясняет:

— Когда немцы пришли — я все свои учебники в землю закопал. — Отчаянное лицо. — И не хочу при них учиться.

И видно: как ненавидит *их*.

— И все два года так?

Шморгнул:

— Теперь выкопаю.

Чуть отвернулись от него — а он по полу, на четвереньках, под столиком вычислителя пролез — и выскочил в свою деревню.

Меня — к телефону. Помощник начальника штаба бригады нетерпеливо:

— Какая цель от Золотарёва бьёт, дайте цель!

Да я же её и ищу, дайте подумать. Мне бы легче — ткнуть иглой в планшет, они десяток снарядов сбросят и успокоятся. А при новом обстреле сказать — это, мол, новая цель. Но не буду ж я так.

Который раз объясняю ему про помехи, про самолёты, про инверсию. Потерпите, работаем.

А меня — к другому телефону. Из 3-го дивизиона, начальник штаба. Тот же вопрос и с тем же нетерпением.

Этого, капитана Лавриненку, я хорошо узнал. Хитрый хохол. Один раз зовёт пристреливать: кладём первый снаряд, корректируйте. — Сообщаю им разрыв: теперь надо левей двести метров и дальше полтораста. — Кладём второй, засекайте. — Нету разрыва. — Как может быть нету? мы выстрелили. — Ах, вон что: записали мы разрыв, но на полкилометра правей. Куда ж это? Вы там пьяные, что ли? — Ворчит: да, тут ошиблись немножко, ну засекайте дальше. — И с одного же раза не поверил. Другой раз скрытно дал связь и к 1-й звукобатарее, моя 2-я, и обеим сепаратно: засекайте пристрелку! И — опять же сошлось у двух батарей. Теперь-то верит. Но вот теребит: когда ж координаты?

Да, кладёт тяжёлая, ста-пятидесяти, разрывы левее нас, между штабом бригады и штабом 3-го — она и есть, наверно, 415-я, но такой бой гудит, и по переднему краю и от двух артиллерий, — не возьмёшь: при каждой засечке цель на планшете ускользает куда-то, треугольник расплывается по-новому.

То и дело предупредитель запускает ленту. Одной неудачной сброшенной ленты ворох покрыл Дугину все ноги по колена. Уже большую катушку сменили.

А надо — кому-то поспать в черёд. Федя, иди в избу, поспи. А я пока буду здесь, догрызать 415-ю.

Енько с двумя трубками на голове, а балагур. Доглядел: там, глубже, какая ж девушка прелестная сидит.

— А тебя, красуля, как звать?

Кудряшки светлые с одного боку на лоб. И живоглазка:

— Искитея.

— Это почему ж такое?

Старуха с ней рядом:

— Какое батюшка дал. А мы её — Искоркой.

— И сколько ж тебе?

— Двадцать, — с задором.

— И не замужем??

— Война-а, — старуха отклоняет за молодую. — Какое замужество.

Енько — чуть из трубки не пропустил, одну с уха отцепляет мне:

— Лейтенант Овсянников.

Сообщает Виктор с предупредителя. Ползком пришлось. Перетащил их назад немного. Тут два камня изрядных, за ними траншейку роем. Но всё равно горячее место.

— А вообще?

— А вообще: справа на Подмаслово наши танки два раза ходили. Вклинились, но пока стоят. По ним сильно лупят.

— Ну ладно, хватит с тебя. Возвращайся да отдохни. Ещё ночь какая будет.

— Нет, ещё с ними побуду.

Всё-таки других целей мал-помалу набирается. Прямо чтобы в точку — ни одной. Но по каким треугольник небольшой — колем в его центр тяжести и диктуем координаты обоим дивизионам. А 415-ю — каждый раз по-новому разносит, не даётся.

А эта Искорка — тоже непоседа, пробирается на выход. Платье в поясе узко перехвачено, а выше, ниже — в полноте.

— Ты — куда?

— А посмотреть, чего там у нас разобра́то. Всё хозяйство порушат.

— Да кто ж это?

— Ну да! И ваши кур ла́вят, — глазами стреляет.

— А где ваша изба?

Лёгкой рукой взмахнула, как в танце:

— А по этому порядку крайняя, к лозинам.

— Так это далеко, — удерживаю за локоть.

— А чего ж делать?

— Ну, берегись. Если подлетает — сразу наземь грохайся. Ещё приду — проверю, цела ты там?

Порх, порх, вертляночка, по ступенькам — убежала.

Изводим ленту. Слитный гул в небе, наших и ваших. Ах, рычат, извизгивают, на воздушных изворотах, кому достанется. И ещё друг по другу из пулемётов.

Сверху, от входа, истошно:

— Где ваш комбат?

И наш дежурный линейный — сюда, в лестницу:

— Товарищ старший лейтенант! Вас спрашивают.

Поднимаюсь.

Стоит по-штабному чистенький сержант, автомат с плеча дулом вниз, а проворный, и впопыхах:

— Таащ стартенан! Вас — комбриг вызывает! Срочно!

— Где? Куда?

— Срочно! Бежимте, доведу!

И что ж? Бежим. Вприпуск. Пистолет шлёпает по бедру, придерживаю.

Через все ухабы отводка просёлочной к Выселкам. Во-он виллис-козёл стоит на открытой дороге. Подъехать не мог? Или он это мне впроучку? Бежим.

Подбегаем. Сидит жгуче-чёрный полковник Айруметов. Докладываюсь, рука к виску.

Испепеляя меня чёрным взором:

— Командир батареи! За такую работу отправлю в штрафной батальон!!

Так и обжёг. За что?.. А и — отправит, у нас это быстро.

Руки по швам, бормочу про атмосферную инверсию. (Да никогда им не принять! — и зачем им что понимать?) А на постороннюю стрельбу вздорно и ссылаться: боевой работе — и никогда не миновать всех шумов.

Слегка отпустил от грозности и усмехнулся:

— А бриться — надо, старший лейтенант, даже и в бою.

Ещё б чего сказал? но откуда ни возьмись — вывернулись поверх леска два одномоторных «юнкерса». И как им не увидеть одинокий виллис на дороге, а значит — начальство? Да! Закрутил, пошёл на пикировку!

А тот связной — уже в козле сзади. А зоркий шофёр, не дожидаясь комбригова решения — раз-во-рот! раз-во-рот!

Так и не договорил полковник.

А первый «юнкерс» — уже в пике. И, всегда у него: передние колёса — как когти, на тебя выпущенные, бомбу — как из клюва каплю выранивает. (А потом, выходя из пике, — как спину изогнёт, аж дрожит от восторга.)

Отпущен? — бегу и я к себе. И — хлоп в углубинку.

Позади — взр-р-ыв! Оглушение!

Высунулся, изогнулся: виллис у-дул! у-драпал, во взмёте дорожной пыли!

Но — второй? Второй «юнкерс» — продолжил начатый круг — и прямо же на меня? Да ведь смекает: у виллиса стоял — тоже не рядовой? Или с досады, в отместку?

Думать некогда, бежать поздно — и смотреть кверху сил нет. Хлопнулся опять в углубину, лицом в землю, — чем бы голову прикрыть? хоть кистями рук. Неужели ж — вот здесь?.. вот так случайно и глупо?

Гр-р-ро-охот! И — гарь! Гарью — сильно! И — землёй присыпало.

Цел?? Они таки часто промахиваются. Шум в голове страшный, дурная голова.

Бежать! бежать, спотыкаясь по чёртовым этим ухабинам. Да ещё — на подъём.

Как бы и Выселки не разбомбили, а у нас тут все линии веером. Да и погреб ли выдержит?

Нет, отвязались «юнкерсы»: там, наверху, своя разыгрывается жизнь, гоняются друг за другом, небу становится не до земли.

А от слитного такого гула — и вовсе ничего не запишешь. Иди в штрафбат.

Соседняя батарея семидесяти-шести — снимается из Выселок, перетягивают её вперёд, пожарче.

Ох, и гудит же в голове. Голова — как распухла, налилась. Да и сама же собой: ото всего напряженья этих дней, оттого что в сутках не 24 часа, а 240.

Но сверх всех бессонниц и растёт в тебе какое-то сверхсильное настроение, шагающее через самого себя, — и даже легкоподвижное, крылатое состояние.

— Михаил Лонгиныч, отдайте мне все ленты по 415-й, я сам буду искать, а вы — остальные.

Послал Митьку принести мне мой складной столик, ещё есть, сверхштатный. Поставил его близ погреба, в тенёчек под ракитой.

— Табуретку найди, из какой избы.

Притащил мигом.

Сижу, разбираюсь в лентах. Думаю.

Уставный приём: снимать отсчёты по началу первого вздрога каждого звукопоста. Но когда начала размыты, не исправишь, — научились мы по-разному. Можно сравнивать пики колебаний — первый максимум, второй максимум. Или, напротив, минимум. Или вообще искать по всем пяти колебаниям однохарактерные места, изгибы малые — и снимать отсчёты по этим местам.

Делаю так, делаю этак, — а Митька таскает ленты в погреб, на обработку. Когда треугольник в пересечениях уменьшается — Накапкин зовёт меня смотреть планшет.

Между тем 2-й дивизион требует от нас корректировки. Близко справа стали ухать пушки 4-й и 5-й батареи.

Мы, сколько разбираем, выделяем их разрывы из других шумов и диктуем координаты. Они доворачивают — мы опять проверяем.

С 5-й батареей Мягкова всё ж умудрились пристрелять и покрыть 421-ю. Звонит с наблюдательного, доволен, говорит: замолчала.

И — какая ж благодарность к прилежному вычислительному взводу.

Белые мягкие руки Липского — на ленте, разложенной вдоль стола. Левой придерживает её, правой, с отточенным карандашом, как пикой, метит, метит, куда правильно уколоть, где вертикальной тончайшей палочкой отметить начало вздрога. (А бывает — и фальшивое. Бывает — и полминуты думать некогда, а от этого зависит лучший-худший ход дела.)

Сосредоточенный, с чуть пригорбленными плечами, Ушатов прокатывает визир по линейке Чуднова, снимает отсчёт до тысячных долей.

Вычислитель Фенюшкин по таблицам вносит поправки на ветер, на температуру, на влажность (сами ж и измеряем близ станции) — и поправленные цифры передаёт планшетисту.

Планшетист (сменил Накапкина чуткий Кончиц), почти не дыша, эти цифры нащупывает измерителем по рифлёным скосам угломера. И — откладывает угол отсчёта от перпендикуляра каждой базы постов. Сейчас погонит прямые — и увидим, как сойдётся.

И от совестливой точности каждого из них — зависит судьба немецкой пушки или наших кого-то под обстрелом.

(А Накапкин, сменясь, пристроился писать, от приборных чернил, фронтовую самозаклейную «секретку» со страшной боевой сценой, как красноармейцы разят врага, — то ли домой письмо, то ли девочке своей.)

А наши звукопосты пока все целы. Около Волкова была бомбёжка, но пережили, вот уже и вкопаны. Два-три порыва было на линиях, всё срастили.

У сухой погоды своё достоинство: провода наши, в матерчатой одёжке, не мокнут. Резина у нас слабая, в сырость — то заземление, то замыкание. А прозванивать линии под стрельбой — ещё хуже морока. Немцы этой беды не знают: у них красно-пластмассовый литой футляр изоляции. Трофейный провод — у нас на вес золота.

Между тем зовёт меня Кончиц: моя 415-я даёт неплохое пересечение, близко к точке. Решаюсь. Звоню Толочкову:

— Вася! Вот тебе 415-я. Не пристреливай её, лучше этого не поправим, дай по ней налётик сразу, пугани!

Эт-то по-русски! Толочков шлёт огневой налёт, двадцать снарядов сразу, по пять из каждой пушки.

Ну, как теперь? Будем следить.

Тут — сильно, бурно затолкло на нашем склоне. Смотрю: где верхние избы нашей улицы и раскидистые вётлы группкой, куда Искитея побежала, — побочь их, по тому же хребтику — рядком два десятка чёрных фонтанных взмётов, кучно кладут! Ста-пяти, наверно. Кто-то там у нас сидит? — нащупали их или сверху высмотрели.

Хотя в небе — наши чаще. Вот от этого спину прямит.

В погреб сошёл, говорят: трясенье было изрядное. А то уж средь баб разговор: чего зря сидим? идти добро спасать. Теперь уткнулись.

Но — опять, опять нутряное трясение земли — это, знать, ещё ближе, чем тот хребтик.

Дугин нервно, отчаянно орёт наверх:

— Второй перебило!.. И третий!! И четвёртый!!

Значит, тут — близко, где линии расходятся. А с постов — все три погонят линейных зря, не знают же.

Меня ж хватает сзади, тянет бригадный телефонист. Почти в ужасе:

— Вас *с самого высокого хозяйства* требуют!

Ого! Выше бригады — это штаб артиллерии армии. Перенимаю трубку:

— Сорок второй у телефона.

Слышно их неважно, сильно издали, а голос грозный:

— Наши танки остановлены в квадрате 74—41!

Левой рукой судорожно распахиваю планшетку на колене, ищу глазами: ну да, у Подмаслова.

— ...От Козинки бьёт фугасными, ста-пятидесяти-миллиметровыми... Почему не даёте?

Что я могу сказать? Выше прясла и козёл не скачет. Стараемся! (Опять объяснять про инверсию? уж в верхнем-то штабе учёном должны понимать.)

Отвечаю, плету как могу.

Близко к нам опять — разрыв! разрыв!

И сверху крик:

— Андрея-а-а-шина!!

А в трубку (левое ухо затыкаю, чтоб лучше слышать):

— Так вот, сорок второй. Мы продвинемся и пошлём комиссию проверить немецкие огневые. И если окажутся не там — будете отвечать уголовно. У меня всё.

У кого — «у меня»? Не назвался. Ну, не сам же командующий артиллерией? Однако в горле пересохло.

За это время — тут большая суматоха, кричат, вниз-вверх бегут.

Отдал трубку, поправляю распахнутую обвислую планшетку, не могу понять: так — что тут?

Енько и Дугин в один голос:

— Андреяшина ранило!

Бегу по ступенькам. Вижу: по склону уже побежали наверх Комяга и Лундышев, с плащ-палаткой. И за ними, как прихрамывая, не шибко охотно, санинструктор Чернейкин, с сумкой.

А там, метров сто пятьдесят, — да, лежит. Не движется.

А сейчас туда — повторный налёт? и этих трёх прихватит. Кричу:

— Пашанина ищите! Готовить машину!

Счёт на секунды: ну, не ударьте! не ударьте! Нет, пока не бьют, не повторяют.

Дугин, не по уставу, выскочил от прибора, косоватое лицо, руки развёл:

— Таащ стартенант! Тильки два крайних поста осталось, нэчого нэ можем!

Добежали. Склонились там, над Андреяшиным.

Ну, не ударь! Ну, только не сейчас!

В руках Чернейкина забелело. Бинтует. Лундышев ему помогает, а Комяга расстилает палатку по земле.

Ме-едленно текут секунды.

Пашанин прибежал заспанный, щетина чёрная небритая.

— Выводи машину. На выезд.

А там — втроём перекладывают на палатку.

Двое понесли сюда.

А Чернейкин, сзади, ещё что-то несёт. Сильно в стороне держит, чтоб не измазаться.

Да — не ногу ли несёт отдельно?..

От колена нога, в ботинке, обмотка оборванная расхлестнулась.

Несут, тяжко ступая.

К ним в подмогу бегут Галкин, Кропачёв.

И Митька за ними: тянет паренька глянуть близко на кровь.

И — тутошний малец за ним же, неуёма.

Про Галкина мне кто-то:

— Да он чуть замешкался. И он бы там был, его линия — тоже.

А Андреяшин, значит, сам вырвался, птицей.

Вот — и отлучился в Орле... Посетил...

Без ноги молодому жить. И отца-матери нет...

Подносят, слышно, как стонет:

— Ребята, поправьте мне ногу правую...

Ту самую.

Обинтовка с ватой еле держит кровь на культе. Чернейкин ещё прикладывает бинта.

Лундышев: — Он и ещё ранен. Вон — пятна на боку, на груди.

Осколками.

Вот и отлучился...

Лицо смуглёныша ещё куда темней, чем всегда.

— Ребята, — просит, — ногу поправьте...

Оторванную...

Неровное, мягкое, больное — трудно и поднять ровно. И в кузов трудно.

Капает кровь — на землю, на откинутый задний борт.

— Да и... — киваю на ногу, — *её* возьмите! Кто знает, врачам понадобится.

Взяли.

— Теперь, Пашанин: и скоро, и мягко!

По тем ухабам как раз.

Да Пашанин деликатный, он повезёт — как себя самого раненного.

И двое в кузове с Андреяшиным.

Закрыли борт — покатила машина.

Хоть и выживет? — ушёл от нас.

А к Орлу его — прямо и идём, прямёхонько в лоб.

Хмуро расходились.

Да, вспомнил: уголовно отвечать.

А Дугина — служба томит:

— Таащ старштенант! Так трэба сращивать? Як будэмо?

И линейные — сидят на старте, готовые. Со страхом. Тот же и Галкин, по случайности уцелевший.

А т а м — по нашим танкам бьют.

Кого беречь? Т а м — беречь? З д е с ь — беречь?

— По-до-ждите, — цежу. — Маленько ещё подождём.

И — как чувствовал! Выстрелы почти не слышны, и от шума, и от зноя, — а всей толчеёй! — полтора десятка стапяти-миллиметровых — опять же сюда! где Андреяшина пристигло, и ещё поближе — чёрные взмёты на склоне!

Одну избу — в дым. С другой — крышу срезало.

— Не говорите им там, в подвале.

Вот так бы и накрыли, когда тело брали.

Митька — снизу, от Дугина, ко мне с посланием:

— И предупредитель перебило! — так кричит, будто рад.

Так и тем более, извременим.

Как дедушка мой говорил: «Та хай им грець!» Одно к одному.

За всю армию — не мне отвечать. Да и командующий не ответит. А на мне — вот эти шестьдесят голов. Как Овсянников говорит: «Надо нам людей беречи, ой беречи».

Ещё сождём.

Курю бессмысленно, только ещё дурней на душе.

И — какое-то отупение переполняющее, мозг как будто сошёл с рельсов, самого простого не сообразишь.

Прошло минут двадцать, больше налёта нет. Теперь послал Галкина и Кропачёва — чинить. Раз перебиты все сразу — так тут и порывы, при станции, на виду. На боках у них по телефону — прозванивать, проверять.

А к телефонам нижним — меня опять звали.

Комбатам соседним объяснил: посты перебиты.

Толочков считает: 415-ю подавили, не проявляется.

А налёта — так больше и нет. Починили. Где и кровь Андреяшина.

Вернулись. Ну, молодцы ребята.

Только звуки немецких орудий — всё те ж нечёткие. Шпарит солнце — сил нет. Облака кучевые появились, но — не стянутся они.

Ботнев сменил меня на центральной.

Вернулся Овсянников. Умучился до поту, гимнастёрка в тёмных, мокрых пятнах. Про Андреяшина уже по проводу знал. На возврате и он попал под налёт. Перележал на ровнинке, ничем не загородишься. Предупредителю, хоть и за камнями теперь, — тяжело, головы не высунешь.

И у самого — пилотку потную снял — голова взвихрена, клоки неулёжные, дыбятся. А порядливо так рассказывает обо всём, с володимирским своим оканьем.

— Иди, Витя, поспи.

Пошёл.

А текут часы — и ото всего стука, грюка, от ералаша, дёрганий твоё сверхсильное напряжение начинает погружаться в тупость. Какой-то нагар души, распухшая голова — и от бессонницы, и от взрыва не прошло, голову клонит, глаза воспалены. Как будто отдельные части мозга и души — разорвались, сдвинулись и никак не станут на место.

А к ночи надо голову особенно свежую. Теперь пошёл спать и я, в избу. На кровати — грязное лоскутное одеяло, и подушка не чище. И мухи.

Положил голову — и нет меня. Вмертвь.

Долго спал? Солнце перешло сильно на другой бок. Спадает.

Ходом — к станции.

А тут — Пашанин с котелком, после обеда.

Вернулись?

Он — соболезным, траурным голосом, как сам виноват:

— В медсанбате сразу и умер. Изрешеченный весь.

Вот — так.

Так.

Спускаюсь к прибору, о работе узнать.

Все наши — угнетены. Уже другая смена за всеми столами.

И бабы не галдят: покойник в доме.

— На 415-ю нет похожей?

Кончиц от планшета: — Нету такой.

За это время, оказывается, наши дважды крупно бомбили немецкий передний край, и особенно — Моховое. А я ничего не слышал.

И порывы были там-сям, бегали чинить.

А Овсянников где?

На правые посты ушёл.

Неутомный.

Что-то и дёргать нас перестали.

Но отупенье — не проходит. Вот так бы не трогали ещё чуть, в себе уравновеситься. И до темноты.

И обедать не стал, совсем есть не хочется.

А от Боева звонили, напоминали: в двадцать ноль-ноль ждёт сорок второго.

Вот ещё... Да тут километр с малым, можно и сходить.

Да уже скоро и седьмой час...

Как-то и стрельба вся вялая стала. Все сморились.

Не продвигаемся.

И самолётов ни наших, ни их.

Сел под дерево, может запишу что в дневник? От вчерашних цыган — не добавил ни строчки.

А мысли не движутся, завязли. И — сил нет карандашом водить.

За эти четыре дня? Не приспособлен человек столько вместить. В какой день что было? Перемешалось.

Вернулся Овсянников, рядышком на траву опустился.

Помолчали.

Об Андреяшине.

Молчим.

— А когда Романюк себе палец подстрелил, это в какой день было?

— Дурак, думал его так легко спишут. Теперь трибунал.

— Колесниченко хитрей, ещё до наступления загодя сбежал.

— И пока с концами.

Пошли вниз к ручью, обмылись до пояса.

Ну, к вечеру. Солнце заваливает за наши верхние избы, за гребень, скоро и за немцев. Наших всех наблюдателей сейчас слепит.

Полвосьмого. Часа через полтора уже начнётся работа настоящая.

А что — полвосьмого? Что-то я должен был в восемь? Ах, Боев звал. Пойти, не пойти? Не начальник он мне, но сосед хороший.

— Ну, Ботнев, дежурь пока. Я — на часок.

А голова ещё дурноватая.

Дорога простая: идти по их проводу. (Только на пересеченьях проводов не сбиться.)

Перенырнул лощинку, на ту возвышенную ровную улицу. В ней — домов с десяток, и уцелели, все снаряды обминули её. И по вечеру, понадеясь, там и здесь мелькают жители, справляют хозяйственные дела, у кого ж и животина есть.

А дальше — хлебное польце, картофельное. И склон опять — и в кустах стоит боевская дивизионная штабная машина, ЗИС, с самодельно обшитым, крытым кузовом. Видно, прикатил сюда травной целиной, без дороги.

У машины — комбат Мягков и комиссар дивизиона, стоят курят.

— А комдив здесь?

— Здесь.

— Что это он меня?

— А поднимайся, увидишь.

Да и им пора. По приставной лесенке влезаем внутрь, через невысокую фанерную дверцу.

С делового серединного стола, привинченного, сняты планшет, карты, бумаги, всё это где-то по углам. А по столу простелены два полотенца вышитых — под вид скатерти, и стоит белая бутыль неформенная, раскрыты консервы — американские колбасные и наши рыбные, хлеб нарезан, печенье на тарелке. И — стаканы, кружки разномастные.

У Боева на груди слева — два Красных Знамени, редко такое встретишь, справа — Отечественная, Красная Звезда, а медалек разных он не носит. Голова у него какая-то некруглая, как бы чуть стёсанная по бокам, отчего ещё добавляется твёрдости к подбородку и лбу. И — охватистое сильное пожатие, радостно такую и пожать.

— Пришёл, Саша? Хорошо. Тебя ждали.

— А что за праздник? Орла ещё не взяли.

— Да понимаешь, день рождения, тридцать без одного. А этот один — ещё как пройдёт, нельзя откладывать.

Комбат 4-й Прощенков и ростом пониже, и не похож на Боева, а и похож: такая ж неотгибная крепость и в подбородочной кости и в плечах. Мужлатый. И — простота.

Да — кто у нас тут душой не прост? До войны протирался я не средь таких. Спасибо войне, узнал — и принят ими.

А Мягков — совсем иной, ласковый. При Боеве — как сынок.

Тут все фамилии — как влеплены, бывает же.

А комбат 6-й — за всех остался на наблюдательном.

И душа моя грузнеет устойчиво: тут. Хорошо, что пришёл.

К боковым бортам привинчены две скамьи. На них и спят, а сейчас как раз вшестером садимся — ещё начальник штаба, капитан.

Пилоток не снимая.

Пыльные мы все, кто и от пота не высох.

Боев меня по имени, а я его — «таащ майор», хотя моложе его только на четыре года. Но через эту армейщину не могу переступить, да и не хочу.

— Таащ майор! Если тосты не расписаны — можно мне?

Не когда шёл сюда, а вот — при пожатьях, при этом неожиданном застолье на перекладных, и правда, кто куда дойдёт, где будет через год, вот и Андреяшин мечтал, — рассвободилось что-то во мне от целого дня одурения. Никакие мы с Боевым не близкие — а друзья ведь! все мы тут — в содружестве.

— Павел Афанасьевич! Два года войны — счастлив я встречать таких, как вы! Да *таких* — и не каждый день встретишь.

Я с восхищением смотрю на его постоянную выпрямку и в его лицо: откуда такая самозабывчивая железность, когда сама жизнь будто не дорога? Когда всякую минуту вся хватка его — боецкая.

— И как вам такая фамилия выпала? — лучше не припечатаешь. Вы — как будто вжились в войну. Вы — как будто счастье в ней открыли. И ещё сегодня, вот, вижу, как вы по той колокольне били...

Рядом с тем хутором, где мы с Овсянниковым из-за колокольни голов поднять не могли, так и вижу: под тем же прострелом зажгли, догадальщики, ловкачи, рядок дымовых шашек. Заколыхалась сплошная серая завеса, но не надолго же! — выехал Боев сам с одной пушкой на прямую наводку. Оборотистый расчёт, надо ж успеть: из походного положения — в боевое, зарядили, — успеть развидеть верхушку колокольни в первом же рассее, и бах! перезарядили, и второй раз — бах! Сшиб! И — скорей, скорей опять в походное, трактор цеплять — и уехали. И немцы грянули налётом по тому месту — а опоздали. И — прикончился их наблюдательный.

— ...Для вас война — само бытие, будто вы вне боёв и не существуете. Так — дожить вам насквозь черезо всю...

Боев с удивлением слушает, как сам бы о себе того не знал.

Встали. Бряк-бряк стеклянно-железным, чем попало.

И — все занялись, подзажглись.

А водка после такого дня — о-о-ой, берегись!

Какие яркие, мохнатые дни! И — куда всё несётся?

Большое наступление! Да за всю войну у нас таких — на одной руке пересчитать. Крылатое чувство. Доверху мы переполнены, уже через край. А нам — ещё подливают.

И опять встаём-чокаемся, конечно же — за Победу!

Мягков: — Когда война кончится — то сердце закатывается, представить.

Ну, и потекла беседа вразнобой, вперебив.

Боев: — Затронули нас, пусть пожалеют. Дадим жару.

Начальник штаба: — Нажарим им пятки.

Комиссар: — Эренбург пишет: немцы с ужасом думают, что ожидает их зимой. Пусть подумают, что ожидает их в августе.

Все с азартом, а — без ненависти, то — газетное.

— Попробуешь с немцами по-немецки, а они переходят на русский. Здорово изучили за два года.

— А вот: поймут ли нас, когда мы вернёмся? Или нас уже никто не поймёт?

— Но и представить, сколько ещё России у них. Чудовищно.

— Почему Второго Фронта не открывают, сволочи?

— Потому что — шкуры, за наш счёт отсиживаются.

— Ну всё ж таки в Италии наступают.

Комиссар: — Капиталистическая Америка не хочет быстрого конца войны, прекратятся их барыши.

Я ему вперекос:

— Но что-то и мы слишком отклоняемся. От интернационализма.

Он: — Почему? Роспуск 3-го Интернационала — это совершенно правильно.

— Ну, разве как маскировка, тактический ход. — И отклоняю: — Не-нет! Мне больше нельзя, у меня сейчас самая работа начнётся.

Прощенков рассказывает сегодняшний случай из стрельбы. Считает, что 423-ю сокрушил: от того места — ни выстрела больше.

— А может, она откочевала?

Да, вот ещё про *кочующие* орудия. Как у немцев — не знаем, а нашему иному прикажут кочевать с орудием — так он, дурья голова, по лени с одного места бьёт и бьёт, пока его не расколпачут.

Да мало ли глупостей? А как стреляют наобум, чтобы только расходом снарядов отчитаться?

Бывает...

Прощенков: — К вечеру хорошо вкопались. Хоть бы эту ночь не передвигали.

Через оконца кузова уже мало света, зажгли аккумуляторную лампочку под потолком.

— А славная у нас штабная халабуда? — озирается Боев. — Как бы её, старуху, в Германию дотянуть?

Стали перебирать, кто и сам не дотянул. Одного. Второго. Третьего. А четвёртого засудили в штрафбат, там и убили.

Бывал я в компаниях поразвитей — а чище сердцем не бывало. Хорошо мне с ними.

— Да-а-а, и ещё друг друга как вспомним...

Явственно раздался гнусный хрип шестиствольного миномёта.

Завыли мины — и в частобой шести разрывов, в толкотню.

— Ну, спасибо, братцы, и простите. Мне пора.

И правда, снаружи уже сумерки. До темноты дойти, не сбиться.

Линии наши все целы.

Емельянов с предупредителя: — Вот теперь вкопаемся, как надо. Правда, немец ракеты часто бросает.

Они и нам, в Выселки, отсвечивают то красным, то бело-золотистым, долгие.

Шестиствольный записали, но не так чётко, миномёты всегда трудно записывать. А вот пушка была, наверно семидесяти-пяти, одиночный выстрел, цель 428, — сразу хорошо взяли, в точечку.

Прибор — в порядке, все стрелки в норме. И ленты новый рулон заправлен. И чернила подлиты в желобочки под капилляры. И смена — выспалась, бодрая. Три маловольтных лампочки освещают всю нашу переднюю часть погреба. Белеют бумаги, посверкивает блестящий металл.

Двое дежурных линейных с телефонами на ремнях, с запасными мотками кабеля, фонариками, кусачками, изоляционной лентой — тоже тут. Вот кому ночью горькая доля: по одному концу придёшь к разрыву, а найдёшь ли второй, оторванный?

А в глуби погреба — темнота, дети спят, бабы тоже располагаются, лиц не видно. Но слышу по голосу — там батарейный мой политрук. Где примостился — не вижу, а разъясняет певуче, смачно:

— ...Да, товарищи, вот и церковь разрешили. Против Бога советская власть ничего не имеет. Теперь дайте только родину освободить.

Недоверчивый голос: — Неуж и до Берлина дотараните?

1943 г.

— А как же? И там всё побьём. И — что немец у нас разрушил, всё восстановим. И засверкает наша страна — лучше прежнего. После войны хоро-ошая жизнь начнётся, товарищи колхозники, какой мы ещё и не видели.

Пошла лента. Это — предупредитель услышал.

А вот и посты: пишут.

И до нас донеслось: закатистый выстрел. Ну, сейчас поработаем!

2

И вот через 52 года, в мае 1995, пригласили меня в Орёл на празднование 50-летия Победы. Так посчастливилось нам с Витей Овсянниковым, теперь подполковником в отставке, снова пройти и проехать по путям тогдашнего наступления: от Неручи, от Новосиля, от нашей высоты 259,0 — и до Орла.

А в Новосиле, совершенно теперь неузнаваемом от того пустынно каменного на обстреливаемой горе, посетили мы и бывшего «сына полка» Дмитрия Фёдоровича Петрыкина — вышел к нам в фетровой шляпе, и фотографировались мы со всей его семьёй, детьми и внуками.

Подземный наш городок на высоте 259,0 — весь теперь запахан, без следов, и не подступишься. А вблизи — лесистый овражек, где была наша кухня, хозяйство, и где убило невезучего Дворецкого (даже не за кашей пришёл, а к санинструктору, с болячкой) — маленьким-маленьким осколочком, но в самое сердце. Тот двухлопастный овражек и лесок очень сохранились — по форме, да и по виду: ежегодная пахота не дала древесной поросли вырваться наружу из овражка.

Но что стало с урочищем Крутой Верх! Был он — версты на три длины, метров на пятьдесят глубины — слегка извилистый, как уверенная в себе река, — и так проходящий по местности, что как раз и давал нам просторный, удобный и от наземных наблюдателей вовсе скрытый подъезд к самой передовой. Так что пешее, конное, тележное движение шло тут и весь день не прячась, а ночами — и грузовики со снарядами, снабжением, а к утру уходили в тыл или врывались носами в откосы оврага, прикрывались зелёными ветками, сетками. Зев Урочища, ещё завернув, выходил прямо к Неручи — тут и был подготовлен, накопился прорыв нашей 63-й армии, к 12 июля 1943.

Но как же Крутой Верх изменился за полвека! Где та крутизна? где та глубина? да и та цепкая твёрдость одерневших склонов и дна? Обмелел, оплыл, кажется и полысел, и жёстких контуров нет — не прежнее грозное ущелье. А — он! он, родной! Но уж, конечно, ни следа прежних аппарелей, землянок.

А за Неручью, на подъёме, шла тогда немецкая укреплённая полоса — да каково укреплённая! какие непробивные доты, сколько натыкано отдельно врытых бронеколпаков. И это, незабываемое: разминированный проход, тотчас после прорыва. Десятки и десятки убитых, наших и тех, наши больше ничком, как лежали, ползли, немцы больше вопрокидь, как защищались или поднялись убегать, — в позах, искажённых ужасом, обезображенные лица, полуоторванные головы; немецкий пулемётчик в траншее, убитый прямо за пулемётом, так и держится. И местами — там, здесь — ещё груды, груды обожжённого металла: танки, самоходки — с красным опалением, как опаляется живое.

И блиндажи у них не по-нашему, помнишь? Уж как глубоки! И где-то там, под десятью накатами, — окошечко, а за ним — цветочки посажены, и для того пейзажа вырыт туда ещё и узкий колодец. А в блиндажах — какой-то запах неприятный, как псиный, — оказывается, порошок от насекомых. И — яркие глянцевые цветные журналы раскиданы, каких не бывало у советских, а в журналах — где про доблесть и честь, а где — красавицы. Чужой невиданный мир.

А как, чтоб на день единственный задержать наступление на Орёл, бросили на нас — от зари и до заката — сразу две воздушных армии? Этого не забыть. Ни на минуты не оставалось небо чистым от немецких самолётов: едва уходила одна стайка, отбомбясь, — тем же курсом, на тот же круг, уже загуживала другая. И видим: на участках соседей — то же самое. Непрерывная самолётная мельница — и так весь день насквозь. А где наши? — в тот день ни одного. От волны до волны едва успеваешь лишь чуть перебежать, где там разворачиваться. Всё же я рыскал по Сафонову, куда бы станцию уткнуть. Перемежился в хилой землянке — а там трое связистов только-только открыли коробку американской колбасы, делят и ссорятся. Тоска! Убежал дальше. Через десяток минут возвращаюсь — той землянки уже нет, прямое попадание.

Но то — днями позже. А пока — в таком же джипе-козлике, в каком тогда наезжал на меня комбриг (конструкция за полвека не сильно изменилась), везут нас в Желябугские Выселки. В таком же джипе, но с твёрдой крышей, едут глава районной администрации и глава местной — долг гостеприимства.

Да ни на чём другом в Выселки, наверное бы, и не проехать. Дорога — из одних рытвин, хорошо, что закаменевшие, давно не было дождя. Не едем, а переваливаемся всей машиной с бока на бок, за поручни уцепясь.

Да! вот и склон, так и стоящий в памяти, он-то не изменился. Да наверху, на гребне, и вётлы же стоят, как стояли. И там — избы три около них. А сюда, книзу, уличный порядок сильно прорежен: какие избы — ещё война убрала, какие — время долгое, новые не построились. Улица — уже не улица, избяными островками, и не дорога: средняя полоса её заросла травой, остались от колей — как две тропинки рядом.

А направо за лощиной, повыше, вторая улица — тянется сходно с прежней. Но и на ней что-то не видно жизни.

На открытом месте склона, сбочь и от дороги, стоит разбитая телега, на какой уже не поедешь: три колеса, одна оглобля набок свёрнута, ящик разбит. И колёса обрастают молодой травой.

А центральная станция наша? Вот — тут бы должна быть, тут.

Но — нет кирпичного надземного свода, да и остатков ямы не видно. Все кирпичи забрали куда? а яму засыпали?

Машину мы покинули, администраторы в своей остались, не мешают нам вспоминать.

А внизу — вон, пруд, отметливое место.

Спустились к пруду.

Берег залядел резучей, широколистой травой.

И — чья-то исхудалая лошадь одиноко бродит, без уздечки, как вовсе без хозяина. И кажется: печальная.

Отдельно стоит решётчатый скелет из жердей — под шалаш? И покосился.

Застоялая, как годами недвижимая вода. От соседней яркой майской зелени она кажется синей себя. На воде — бездвижная хворостяная ветка, присыпь листьев — значит, прошлогодних? таких новых ещё нет. Никто тут не купается.

Через ручей — лава из горбыля. И торчат четыре-пять копыльев, руками перехватываться.

А вот — ландыши. Никому не нужные, не замечаемые. Срываем по кисточке.

Медленно-медленно поднимаемся опять по склону, теперь — дальше, наверх. Мимо той телеги.

Мимо Андреяшина...

Три избы кряду. Одна — беленая, почище. Две других — из таких уже старых, серых брёвен, чем стоят? Изсеревшие корявые дранковые крыши. Можно и за сараюшки принять.

Откуда-то тявкает собачка слабым голосом. Не на нас.

Несколько кур прошло чередой, ищут подкормиться.

Людей — никого.

За теми избами — опять пустырь. На нём отдельно — даже и не сарайчик, наспех собран: стенки обложены неровными кусками шифера, покрыт листом жести — а уже покошен, и подпёрт двумя брёвёшками. Не поймёшь: для чего, кому такой?

А в небе — какая тишь. Тут, может, и не пролетают никогда, забыт и звук самолётный. И снарядный.

А тогда — гремело-то...

На длинной верёвке привязана к колу — корова, пасётся. Испугалась, метнулась вбок от нас.

Подымаемся к самым верхним избам.

А тут, между двумя смежными берёзами, — перекладина прибита, как скамейка, ещё и посредине подпорка-столбик. И на той скамеечке мирно сидят две старухи — каждая к своей берёзе притулясь, и у каждой — по кривоватой палке, ошкуренной. У обеих на головах — тёплые платки, и одеты в тёплое тёмное.

Сидят они хоть и под деревьями, а на берёзах листочки ещё мелкие, так сквозь редкую зелень — обе в свету, в тепле.

У левой, что в тёмно-сером платке, а сама в бушлате, — на ногах никакая не обувь, а самоделка из войлока или какого тряпья. По сухому, значит. А облаженного посоха своего верхний конец обхватила всеми пальцами двух рук и таково держит у щеки.

У обеих старух такие лица заборозделые, врезаны и запали подбородки от щёк, углубились и глаза, как в подъямки, — ни по чему не разобрать, видят они нас или нет. Так и не шевельнулись. Вторая, в цветном платке, тоже посох свой обхватила и так упёрла под подбородок.

— Здравствуйте, бабушки, — бодро заявляем в два голоса.

Нет, не слепые, видели нас на подходе. Не меняя рукоположений, отзываются — мол, здравствуйте.

— Вы тут — давнишние жители?

В тёмном платке отвечает:

— Да сколько живы — всё тут.

— А во время войны, когда наши пришли?

— Ту-та.

— А с какого вы года, мамаша?

Старуха подумала:

— На́б, осьмсыт пятый мне.

— А вы, мамаша?

На той второй платок сильно-сильно излинял: есть блекло-синее поле, есть блекло-розовое. А надет на ней не бушлат, но из чёрного вытертого-перевытертого плюша как бы пальтишко. На ногах — не тряпки, ботинки высокие.

Отняла посошок от подбородка и отпустила мерно:

— С двадцать третьего.

Да неужели? — я чуть не вслух. А говорим: «бабушки, мамаша» — на себя-то забываем глядеть, вроде всё молодые. Исправляюсь:

— Так я на пять лет старше вас.

А лицо её в солнце, и щёки чуть розовеют, нагрелись. В солнце, а не жмурится, оттого ли что глаза внутрь ушли и веки набрякшие.

— Что-то ты поличьем не похож, — шевелит она губами. — Мы и в семьдесят не ходим, а полозиим.

От разговора нижние зубы её приоткрываются — а их-то и нет, два жёлтых отдельных торчат.

— Да я тоже кой-чего повидал, — говорю.

А вроде — и виноват перед ней.

Губы её, с розовинкой сейчас и они, добро улыбаются:

— Ну дай тебе Господь ещё подальше пожить.

— А как вас зовут?

С пришипётом:

— Искитея.

И сердце во мне — упало:

— А по отчеству?

Хотя при чём тут отчество. Та — и была на пять лет моложе.

— Афанасьевна.

Волнуюсь:

— А ведь мы вас — освобождали. Я вас даже помню. Вот там, внизу, погреб был, вы прятались.

А глаза её — уже в старческом туманце:

— Много вас тут проходило.

Я теряюсь. Странно хочется передать ей что-то же радостное от того времени, хотя что там радостное? только что молодость. Бессмысленно повторяю:

— Помню вас, Искитея Афанасьевна, помню.

Изборождённое лицо её — в солнышке, в разговоре старчески тёплое. И голос:

— А я — и чего надо, забываю.

Воздохнула.

В тёмном платке — та погорше:

— А мы — никому не нужны. Нам бы вот — хлебушка прикупить.

Тишина. Чирикают птички в берёзах. Доброе мягкое солнце.

Искитея, из-под набрякших век, остатком ослабевших глаз — досматривает меня, отчётливо или в мути:

— А вы что к нам пожаловали? Что ль, с каким возвестием?

Та, другая:

— Може, наше прожитбище разберёте?

Мы с Витей переглядываемся. А — что в наших силах?

— Да нет, мы проездом. На старые места посмотреть приехали.

— А тут — и начальство ваше. Может, оно...

В тёмном — подсобралась:

— Идé?

— Да тут где-то.

Невдали звонко пропел петух. Петушье пенье, что б вокруг ни творись, — всегда сочно, радостно, обещает жизнь.

Ну, а нам... нам что ж?.. Дальше?

Попрощались — пошли выше, через хребтик.

А сердце — ноет.

— Осталась наша деревня на голях, — окает Витя. — Как и была всю дорогу.

— Да, сейчас для людей не больше добьёшься, чем когда и раньше.

Во все стороны открытое место. Вот и Моховое близко. Да и ближе него теперь позастроено.

А поправей, ко второй улице, — с пяток овец пасётся. Без никого.

Присели на бугорочек. Смотрим туда, вперёд.

— Во-он там предупредитель наш был. Как он уцелел тот день?

— Но ночью потом — здорово засекали. И давили много.

— А утром — опять нас сорвали.

— Суетилось начальство. Здесь бы — больше сделали, зачем к Подмаслову совали?

— В Подмаслово не поедем?

— Да нет, наверно. Времени не остаётся.

Сидим, солнышко с левого плеча греет.

— Помогать им — по одной не вытянешь. Весь распорядок в стране надо чистить.

А — кому? Таких людей — не видно.

Давно не стало их в России.

Давно.

Сидим.

— А какой же я дурак был, Витя. Помнишь — про мировую революцию?.. Ты-то деревню знал. С основы.

Витя — скромный. Его хоть перехвали — не занесётся. И через какие строгости жизнь его ни протаскивала — а он всё тот же, с терпеливой улыбкой.

— Вот там, поправей, отмечали тогда день рождения Боева. Говорил: доживу ли до тридцать — не знаю. А до тридцати одного не дожил.

— Да, прусская ночка — была, — вспоминает Овсянников. — И какое ж безлюдье мёртвое, откуда бы наступленью взяться? Я через всё озеро перешёл — и до конца ж никого, ничего. И тут — Шмакова убило.

— Как мы из того Дитрихсдорфа ноги вытянули? Бог помог.

Овсянников — теперь уже с усмешкой:

— А от Адлига, через овраг, по снегу — бегом, кувырком...

Смотрим: слева, в объезд Выселок, по без дороги, — сюда два наших джипа переваливаются.

Забеспокоились, куда мы делись.

Оба администратора — в белых рубашках и при галстуках. Местный — куда попроще, и куртка на нём поверх костюма дождевая. На районном — галстук голубой, хороший серый костюм в редкую полоску — и ничего сверху. Лицо же — широкое, сильно скуластое, с хмурким выражением. Волосы — смоляно-чёрные, жёсткие, густы-перегусты, и с чёрным же блеском на солнце.

Говорим: — Забросили их тут.

Районный: — А что от нас зависит? Пенсии платим. Электричество им подаём. У кого и телевизоры.

А местный — это то, что прежде был «сельсовет», — видно, из здешних поднялся, до сих пор в нём деревенское есть. Долговатый лицом, длинноухий, волосы светлые, а брови рыжие. Добавляет:

— Есть и коровы, у кого. И курочки. И огород у каждой. По силам.

Садимся в джипы и — администраторы впереди — едем по грудкой дороге через саму деревню, по нашему склону вниз.

Но что это? Четыре бабы тут как тут, пришли и стали поперёк дороги заплотом. И деда — с собой привели, для подпоры, — щуплого, в кепочке.

И с разных сторон — ещё три старухи с палочками доковыливают. Одна — сильно на ногу улегает.

И — ни души помоложе.

Значит, про начальство прознали. И стягиваются.

Ехать — нет пути. Остановились.

Чуть повыше андреяшинского места, шагов на двадцать. Местный вылез:

— Что? Давно больших начальников не видели?

Перегородили — не проедешь. Уже шесть старух кряду. Не пропустим.

Вылезает и районный. И мы с Витей.

Платки у баб — серые, бурые, один светло-капустный. У какой — к самым глазам надвинут, у какой — лоб открыт, и тогда видно всё шевеленье морщинной кожи. На плечо позади остальных — дородная, крупная баба в красно-буром платке, стойко стала, недвижно.

А дед — позади всех.

И — взялись старухи наперебив:

— Что ж без хлебушка мы?

— Надо ж хлебушка привозить!

— Живём одна проединая кажная...

— Этак нена́далеко нас хватит...

Сельсоветский смущён, да при районном же всё:

— Так. Сперва Андоскин вам возил, от лавки.

В серо-сиреневом платке, безрукавке-душегрейке, из-под неё — кофта голубая яркая:

— Так платили ему мало. Как хлеб подорожал, он — за эту цену возить не буду. Целый день у вас стоять, мол, охотности нет. И бросил.

Сельсоветский: — Правильно.

Голубая кофта: — Нет, неправильно!

Мотнул головой парень:

— Я говорю, что — так было, да. А теперь, на отрезок времени, должен вам хлеб возить — Николай. За молоком практически приезжает — и хлеб привозить.

— Так он тоже завсяко-просто не возит. Сперва молоко сдай — а на той раз хлеб привезу.

В тёмно-сером — наша прежняя, знакомая. Напряглась доглядеть, доуслышать: чего же скажут? выйдет ли решенье какое?

В светло-буром:

— А кто молоко не сдаёт, тому как? Просишь: Коля, привези буханочку! А он: у меня зарплата — одна. У меня уже набра́то, кому привезти.

В серо-клетчатом, с живостью:

— Мы, выселковские, вдокон пришли. Житьеца не стало, йисть нечего.

В капустном, маленькая:

— Конечно, к нам езду нету...

Сельсоветскому — край оправдываться, скорей:

— А я у него всегда интересуюсь: Николай, ты возишь? Говорит — вожу.

Голубая кофта и подхватилась, залоскотала:

— А вы — у нас поинтересовались? Когда-нибудь приехали сюда? Вы, председатель сельсовета, — хоть бы распрона-единственный раз... С давних давён никого не было.

И поварчивают другие:

— Повередилось не до возможности...

— О нас и вспомятухи нет...

А бритый дед во втором ряду стоит молча, малосмысленно. То жевал, а то — раздвинул губы, и так со ртом открытым.

Овсянников голову свою лысеющую опустил. Болит его деревенская душа.

— Минуточку, — спешит сельсовет, — а почему вы прямо сразу не сказали, как он возить не стал?

В капустном: — Не посумеем мы сказать.

Искитея: — Опасаемся.

Тут — вступил районный, сильным голосом:

— А я вам говорю: надо говорить. Вот боимся мы сказать Николаю, вот боимся Михал Михалычу, боимся сказать мне, а чего бояться?

Голубая кофта: — Да я б не побоялась, приехала. Да уж я — никуды, ехать. И дед мой тем боле никуды.

А в красно-буром как оперлась на палку левым локтем, согнула, к плечу кулак приложила, глаза совсем закрытые: «Не видать бы мне вас никого...»

— А я к вам, вот, разве не приехал? Я спрашивал Михал Михалыча: хлеб возят? Возят, каждый день. Почему же вы не говорили?

В серо-клетчатом, рукой рубя:

— Вот теперь молчанку нашу взорвало!

— Уж как измогаем, сами не знаем.

У нашей той, в тёмно-сером платке, руки причернённые, в кожу въелось навек и чёрные ободки вкруг ногтей, — руки сплелись на верху палки, так и стоит. Морщины, морщины — десятками, откуда стольким место на лице? Теперь — потухла, уставилась куда-то мимо, так и застыла.

Районный уже решил:

— Давайте договоримся так. Теперь целую неделю к вам будет ездить Михал Михалыч...

— Да кажедён — по что? Хоть через день ба...

— Да хлебушка хоть раз бы в три дни...

— Я не говорю, чтоб каждый день возил хлеб. Но в течение недели, вот, до праздника Победы, 50 лет, каждый день будет приезжать и проверять, как вы обеспечены.

(Только успевай записывать...)

— ...Мы его избрали здесь, голосовали за него в сельскую администрацию, так пусть он выполняет свой долг как глава местного самоуправления. Пусть хотя бы хлебом обеспечивает. Мы не говорим, чтоб он дома́ строил, дома — конечно уже нельзя сделать по нашей жизни.

— Дома-а-а... Где-е-е...

— ...А вода — у вас есть. Да вот — хлеб. Чтоб самое необходимое. Он обязан это сделать.

Стоном:

— Да хлебушек бы был — мы бы жили, не крякнули...

— Вся надея и осталась...

— А ржаной хлеб — он убористый...

Оправился и сельсоветский:

— Давайте договоримся так. Не только у вас будет хлеб, но каждую неделю автолавка будет приезжать.

Поразились бабы:

— Ещё и автолавка на неделе? Ну-у-у!..

Тут в серо-клетчатом не зевает:

— А вот и такая есть надоба. Давняя. Пока фронт воевал — мы тут, иные, и на фронт поработать успели...

Искитея: — От августа сорок третьего, как фронт прошёл...

А серо-клетчатая — как помоложе других: веки не набрякшие, глаза открытые, серые, живые. Сыпет бойко, да только зуб в нижнем ряду мелькает единственный:

— Я, например, чуть не три года отработала на военном заводе. Город Муром, Владимирской области. Мы, значит, на кого работали? И праздников не знали, без выходных, без отпусков. Нам тогда что говорили? Ваш труд — будет наша победа, быстрей покончится война и упокоится страна. А почему ж вы нас забыли, которые трудились, а? Теперь даже пенсии меньше какой другой старухи получаем...

Районный пригладил чуб свой смоляной:

— Да, впервые в этом году вспомнили тех, которые работали в тылу. Вот я почти каждый день теперь вручаю юбилейные медали своим матерям. Они — до слёз... Каждый день получают юбилейную медаль и плачут. Говорят, наконец-то нас вспомнили, потому что весь фронт вынесли на своих плечах. Вручную пахали, сеяли, последние носки отдавали солдатам. А если вы действительно трудились — согласно Указа вам нужно или документы найти, что вы трудились, или надо хотя бы двух свидетелей...

— Да вот нас тут двое и есть. Мы друг другу свидетели.

— Ещё третью нужно.

— В Подмаслове есть.

— Если вы до 45-го года работали в тылу больше шести месяцев и найдёте документ·или свидетельские показания — мы вам обязательно вручим медаль. И согласно медали полу-чите льготы, которые положены.

А сельсоветский-то, оказывается, законы лучше знает. И — к районному, остережённо:

— К сожалению, я вас перебью. Значит, если только будет какая поправка, — а то сейчас в Указе свидетельские показа-ния не берутся во внимание. И если в трудовой книжке нет отметки, то юбилейной медали не дают. Вот о чём мы подыма-ли всегда...

Районный хмурится, слегка смущён:

— По-моему, поправки должны быть.

Серо-клетчатая — с новым напором:

— Как так?? Мы — военкоматом были мобилизованы и как военные девушки считались. Которы наши девушки ухо-дили с работы — тех военный трибунал судил. Понимаете, какие мы были?

Искитея только кивает, кивает: — Да, да.

Сельсоветский: — Тогда надо делать запрос через военко-мат.

Районный: — Да. Составим списки, официально сделаем запрос, пусть поднимают документы сорок третьего года. Такие вопросы очень многие возникают.

Вижу — Овсянникова аж перекосило: слушал-слушал, со-всем голову повесил, и одной кистью держится за неё безна-дёжно.

А в капустном, маленькая, выступила, пока ей перебоя нет:

— А у меня, вот, есть медаль за военные годы. Конечно, у меня её нет, но документ на неё есть, справный. И — льготы у меня какие, за свет половину плачу. Конечно, неведь какие ещё мне могут быть положены. Поехала в правление, отве-чают: колхоз у нас бедный, нету вам. И даже зярно моё оста-лось неполученное, председатель машины зярна не пригнал для пенсионеров.

— Льготы? Теперь — всё заложено в районном бюджете. И через районный бюджет обязательно оплотим, кому чего отпускать за пятьдесят процентов. Но, конечно, я не могу каждый день у вас бывать...

— Это мы понимаем... — сразу в три улыбки.

И тут решилась Искитея. И тем старчески-мягким, ненастойчивым голосом, как говорила со мной под берёзой:

— А вот мой муж был и участник войны. И инвалид. И льготы были. А как умер он — за всё плачу безо льготы.

Подполковник Овсянников встрепенулся возмущённо. И, сильно окая:

— Должны быть! Все льготы, которые даны были вашему мужу, и если вы не вышли замуж за другого...

Искитее — самой дивно, губы в слабой улыбке:

— Да где-е...

— ...то все эти льготы сохраняются за вами! И неважно, когда он умер.

— А — восьмой год его нет...

— Ну, — встрепенулся районный, посмотрел на часы. — Вопросы, которые касаются вас, наших ветеранов, наших матерей, — я буду лично решать. Если не смогу я — тогда будем выходить на область. А Москвы — мы не затронем, не должны.

1998

АДЛИГ ШВЕНКИТТЕН

Односуточная повесть

1

В ночь с 25 на 26 января в штабе пушечной бригады стало известно из штаба артиллерии армии, что наш передовой танковый корпус вырвался к балтийскому берегу! И значит: Восточная Пруссия отрезана от Германии!

Отрезана — пока только этим дальним тонким клином, за которым ещё не потянулся шлейф войск всех родов. Но — и прошли ж те времена, когда мы отступали. Отрезана Пруссия! Окружена!

Это уже считайте, товарищи политработники, и окончательная победа. Отразить в боевых листках. Теперь и до Берлина — рукой подать, если и не нам туда заворачивать.

Уже пять дней нашего движения по горящей Пруссии — не было недостатка в праздниках. Как одиннадцать дней назад мы прорвали от наревского расширенного плацдарма — то пяток дней по Польше ещё бои были упорные, — а от прусской границы будто сдёрнули какой-то чудо-занавес: немецкие части отваливались по сторонам — а нам открывалась цельная, изобильная страна, так и плывущая в наши руки. Столпленные каменные дома с крутыми высокими крышами; спаньё на мягком, а то и под пуховиками; в погребах — продуктовые запасы с диковинами закусок и сластей; ещё ж и даровая выпивка, кто найдёт.

И двигались по Пруссии в каком-то полухмельном оживлении, как бы с потерей точности в движениях и мыслях. Ну, после стольких-то лет военных жертв и лишений — когда-то же чуть-чуть и распуститься.

Это чувство заслуженной льготы охватывало всех, и до высоких командиров. А бойцов — того сильней. И — находили. И — пили.

И ещё добавили по случаю окружения Пруссии.

А к утру 26-го семеро бригадных шофёров — кто с тягачей, кто с ЗИСов — скончались в корчах от метилового спирта. И несколько из расчётов. И несколько — схватились за глаза.

Так начался в бригаде этот день. Слепнущих повезли в госпиталь. А капитан Топлев, с мальчишеским полноватым лицом, едва произведенный из старшего лейтенанта, — постучал в комнату, где спал командир 2-го дивизиона майор Боев, — доложить о событии.

Боев всегда спал крепко, но просыпался чутко. В такой постели дивной, да с пышным пуховиком, разрешил он себе снять на эту ночь, теперь натягивал, гимнастёрку, а на ковре стоял в шерстяных носках. На гимнастёрке его было орденов-орденов, удивишься: два Красных Знамени, Александра Невского, Отечественной войны да две Красных Звезды (ещё и с Хасана было, ещё и с финской, а было и третье Красное Знамя, самое последнее, но при ранении оно утерялось или кто-то украл). И так, грудь в металле, он и носил их, не заменяя колодками: приятная эта тяжесть — одна и радость солдату.

Топлев, всего месяц как из начальника разведки дивизиона — начальник штаба, уставно, чинно откозырял, доложил. Личико его было тревожно, голос ещё тёпло-ребяческий. Из 2-го дивизиона тоже на смерть отравились: Подключников и Лепетушин.

Майор был роста среднего, а голова удлинённая, и при аккуратной короткой стрижке лицо выглядело как вытянутый прямоугольник, с углами на теменах и на челюсти. А брови не вовсе вровень и нос как чуть-чуть бы свёрнут к боковой глубокой морщине — как будто неуходящее постоянное напряжение.

С этим напряжением и выслушал. И сказал не сразу, горько:

— Э-э-эх, глупеньё...

Стоило уцелеть под столькими снарядами, бомбёжками, на стольких переправах и плацдармах — чтоб из бутыли захлебнуться в Германии.

Хоронить — да где ж? Сами себе место и выбрали.

Пройдя Алленштейн, бригада на всяк случай развернулась на боевых позициях и здесь — хотя стрелять с них не предвиделось, просто для порядка.

— Не на немецком же кладбище. Около огневой и похороним.

Лепетушин. Он и был — такой. Говорлив и услужливо готовен, безответен. Но Подключников? — высокий, пригорбленный, серьёзный мужик. А польстился.

2

Земля мёрзлая и каменистая, глубоко не укопаешь.

Гробы сколотил быстро, ловко свой плотник мариец Сортов — из здешних заготовленных, отфугованных досок.

Знамя поставить? Никаких знамён никто никогда не видел, кроме парада бригады, когда её награждали. Всегда хранилось знамя где-то в хозчасти, в 3-м эшелоне, чтоб им не рисковать.

Подключников был из 5-й батареи, Лепетушин из 6-й. А речь произносить вылез парторг Губайдулин — всего дивизиона посмешище. Сегодня с утра он уже был пьян, и заплётно выговаривал заветные фразы — о священной Родине, о логове зверя, куда мы теперь вступили, и — отомстим за них.

Командир огневого взвода 6-й батареи, совсем ещё юный, но крепкий телом лейтенант Гусев слушал со стыдом и раздражением. Этот парторг — по легкоте проходимости политических чинов? или, кажется, по непомерному расположению комиссара бригады? — на глазах у всех за полтора года возвысился от младшего сержанта до старшего лейтенанта, и теперь всех поучал.

А Гусеву было всего 18 лет, но уже год лейтенантом на фронте, самый молодой офицер бригады. Он так рвался на фронт, что отец-генерал подсадил его, ещё несовершеннолетнего, на краткосрочные курсы младших лейтенантов.

Кому как выпадает. А рядом стоял Ваня Останин, из дивизионного взвода управления. Большой умница, и сам хорошо вёл орудийную стрельбу за офицера. Но в сталинградские дни 42-го года — из их училища каждого третьего курсанта выдернули недоученного, на фронт. Отбирал отдел кадров, на деле Останина стояла царапинка о принадлежности к семье упорного единоличника. И теперь этот 22-летний, по сути, офицер носил погоны старшего сержанта.

Кончил парторг — Гусева вынесло к могилам, на два шага вперёд. Хотелось — не так, хотелось — эх! А речь — не высекалась. И только спросил сжатым горлом:

— Зачем же вы так, ребята? Зачем?

Закрыли крышки.

Застучали.

Опускали на верёвках.

Забросали чужой землёй.

Вспомнил Гусев, как под Речицей бомбанул их «юнкерс» на пути. И никого не ранил, и мало повредил, только в хозмашине осколком разнёс трёхлитровую бутыль с водкой. Уж как жалели ребята! — чуть не хуже ранения. Не балуют советских солдат выпивкой.

В холмики встучали надгробные столбики, пока не крашенные.

И кто за ними надсмотрит? В Польше немецкие военные надгробья с Пятнадцатого года стояли. Ищуков, начальник связи, на Нареве выворачивал их, валял, — *мстил*. И никто ему ничего не сказал: рядом смершевец стоял, Ларин.

Гусев проходил мимо затихшей солдатской кучки и слышал, как из его взвода, из того же 3-го расчёта, что и Лепетушин был, подвижный маленький Юрш поделился жалобно:

— А — и как удержаться, ребята?

Как удержаться? в том и сладкая косточка: думаешь — пройдёт.

Но — промахнуло серым крылом по лицам. Охмурились.

Командир расчёта Николаев, тоже мариец, очень неодобрительно смотрел суженными глазами. Он водки вообще не принимал.

А жизнь, а дело — течёт, требует. Капитан Топлев пошёл в штаб бригады: узнать, как похоронки будем писать.

Начальник штаба, худой, долговязый подполковник Вересовой, ответил с ходу:

— Уже комиссар распорядился: «Пал смертью храбрых на защите Родины».

Сам-то он голову ломал: кого теперь рассаживать за рули, когда поедем.

3

Ошеломительно быстрый прорыв наших танков к Балтийскому морю менял всю картину Прусской операции — и тяжёлая пушечная бригада никуда не могла поспеть и понадобиться сегодня-завтра.

А комбриг уже не первый день хромал: нарыв у колена. И уговорил его бригадный врач: не откладывать, поехать сегодня в госпиталь, соперироваться. Комбриг и уехал, оставив Вересового за себя.

Ни дальнего звука стрельбы ниоткуда. Ни авиации, нашей ли, немецкой. Как — кончилась война.

День был не холодный, сильно облачный. Малосветлый. Пока — сворачивались со своих условных огневых позиций, и все три дивизиона подтягивались к штабу бригады.

Тихо дотекало к сумеркам. Уже и внедрясь в Европу, счёт мы вели по московскому времени. Оттого светало чуть не в девять утра, а темнело, вот, к шести.

И вдруг пришла из штаба артиллерии армии шифрованная радиограмма: всеми тремя дивизионами немедленно начать движение на север, к городу Либштадту, а по мере прибытия туда — всем занять огневые позиции в 7—8 километрах восточнее его, с основным дирекционным углом 15-00.

Всё-таки сдёрнули! На ночь глядя. Да так всегда и бывает: когда меньше всего охота двигаться, а только бы — переночевать на уже занятом месте. Но поражало 15-00. Такого не было за всю войну: прямо на восток! Дожили. Привыкли от 40-00 до 50-00 — на запад, с вариациями.

Нет, ещё раньше разила начальника штаба потребность немедленно заменить перетравившихся шофёров. Запасных — почти не было. С каких рулей снимать и что оставить без движения? Больше всех пострадал 1-й дивизион, и подполковник Вересовой запросил штаб артиллерии оставить его на месте, за счёт него докомплектовать тягу 2-го и 3-го.

Выхода и нет. Разрешили.

Переломиться к ночному движению — трудны только самые первые минуты. А вот уже двадцать четыре крупнокалиберные пушки-гаубицы подцепляли тракторами — все нагло с фарами. За ними строились подсобные машины. Всё вокруг рычало.

Два комдива огневых в белых коротких полушубках и комдив инструментальной разведки в длинной шинели —

пришли к начальнику штаба получать точные места развёртывания и задачу.

А задачу — начальник штаба мог только сам домыслить. Разведданных от штаба армии нет никаких — да они и знать не могут при таком быстром прорыве и пасмури минувшего дня. «Семь-восемь километров восточнее» — это очень не всё. Топографическая карта, километр в двух сантиметрах, вот передавала складки местности, да не все, конечно; шоссе и просёлочные дороги, и какие обсажены, а какие нет; и извивы реки Пассарге, текущей с юга на север, и отдельные хутора, рассыпанные по местности, — да все ли хутора? а ещё сколько там троп? А хутора — с жителями, без жителей?

Подполковник наудачу прикинул: 2-й дивизион вот тут, поюжней, 3-й — вот тут, посеверней.

Разметили примерными овалами.

Майор Боев стоял с распахнутой планшеткой и хмуро рассматривал карту. Сколько сотен раз за военную службу приходилось вот это ему — *получать задачу*. И нередко бывало, что расположение противника при этом не сообщалось, оставалось неизвестным: начнётся боевая работа — тогда само собой и прощупается. А сейчас — ещё издали, за 25 километров от того Либштадта, — как угадать, где пустота, а где оборванный немецкий фланг? А главное: где наша пехота? и той ли дивизии, какая сюда назначена? Ведь наверняка отстали, не за танками им угнаться, растянулись — и насколько? И где их искать?

Но привычно твёрдый голос Вересового не выдавал сомнений. Стрелковая дивизия — да, наверно, та самая, что и была. Растянулась, конечно. Да немцы — в ошеломлении, наверно стягиваться будут к Кёнигсбергу. Штаб бригады — будет в Либштадте или около. Где-нибудь там и штаб дивизии.

А в чём был смысл — занять огневые позиции до полуночи? В темноте топопривязки не сделаешь, только по местным ориентирам, приблизительно, — такая приблизительная будет и стрельба.

Да при орудиях — сильно неполный боекомплект.

Тылы отстали. Что делать, подвезут.

Боев посмотрел на Вересового исподлобья. С начальством и близким не договоришься. Как и тому — со своим. Начальство — всегда право.

По зимней дороге, и с малым гололёдом, ещё надо дотянуться невредимо до этого Либштадта, часа бы за три. За тучами — луна уже должна быть. Хоть не в полной тьме.

Слитно рычали тракторы. Вся колонна, светя десятками фар, вытягивалась из деревни на шоссе.

Выбирались едва не полчаса. Потом гул отдалился.

4

А какой подъём от Победы!

И от тишины, глухоты, — всё это тоже знаки Победы.

И от этого — всюду брошенного, ещё тёплого немецкого богатства. Собирай, готовь посылки домой, солдат пять килограмм, офицер — десять, генерал — пуд. Как отобрать лучшее, не ошибиться? А уж сам тут — ешь, пей, не хочу.

Каждый дом квартировки — как чудо. Каждая ночёвка — как праздник.

Комиссар бригады, ну, замполит теперь, подполковник Выжлевский занял самый видный дом в деревне. В нижнем этаже — даже не комната, а большой зал, освещённый дюжиной электрических ламп с потолка, со стен. И шёл же откуда-то ток, не прерывался, тоже чудо. Здешняя радиола (заберём её) подавала, в среднем звуке, танцевальную музыку.

Когда Вересовой вошёл доложиться, Выжлевский — крупноплечий, крупноголовый, с отставленными ушами — сидел, утонувши в мягком диване у овального столика, с лицом блаженным, розовым. (Этой голове не военная фуражка бы шла, а широкополая шляпа.)

На том же диване, близ него, сидел бригадный смершевец капитан Тарасов — всегда схватчивый, доглядчивый, легко-подвижный. Очень решительное лицо.

Сбоку распахнута была в обе половинки дверь в столовую — и там сервировался ужин, мелькнули две-три женские фигуры, одна в ярко-синем платьи, наверно немка. А была и политотдельская, переоделась из военного, ведь гардеробным добром изувешаны прусские шкафы. Тянуло запахом горячей пищи.

Вересовой с чем пришёл? В отсутствие комбрига он был формально старший, и мог бы сам принять любое дальше решение. Но, прослужив в армии уже полтора десятка лет, хорошо усвоил: не решать без политруков, всегда надо знать их волю и не ссориться. Так вот насчёт перевозки штаба? — не сейчас бы и ехать?

Но явно: это было никак невозможно! Ждал ужин и другие приятности. Такой жертвы нельзя требовать от живых людей.

Комиссар слушал музыку, полузакрыв глаза. Доброжелательно ответил:

— Ну, Костя, куда сейчас ехать? Среди ночи — что там делать? где остановимся? Завтра встанем пораньше — и поедем.

И оперуполномоченный, всегда уверенный в каждом своём жесте, чётко кивнул.

Вересовой не возразил, не поддакнул. Стоял палкой.

Тогда Выжлевский в удобрение:

— Да приходи к нам ужинать. Вот, минут через двадцать.

Вересовой стоял — думал. Оно и самому-то ехать не хотелось: эти прусские ночлеги сильно размягчают. И ещё соображение: 1-й дивизион стоит разукомплектованный, не бросить же его.

Но и взгреть могут.

Тарасов нашёлся, посоветовал:

— А вы — снимите связь и с армией, и с дивизионами. И вот, для всех мы будем — в пути, в переезде.

Ну, если смершевец советует — так не он же и *стукнет?*

А ехать на ночь — и правда выше сил.

5

Весь вечер сыпал снежок, притрушивая подледеневшее шоссе. Ехали медленно не только от наледи, но чтоб и лошади не сильно отстали.

В Либштадте простились, обнялись с комдивом 3-го, он северней забирал.

В пути глядя на карту при фонарике: выпадало Боеву переехать на восточный берег Пассарге, потом ещё километра полтора по просёлочной, и поставить огневые, наверно, за деревней Адлиг Швенкиттен, — так, чтобы вперёд на восток оставалось до ближнего леса ещё метров шестьсот прозора и не опасно стрелять под низким углом.

Мост через Пассарге оказался железобетонный, целёхонький, и проверять проходимость не надо. Левый западный берег крутой, с него уклонный съезд на мост.

Тут — оставили маяка, для лошадиных саней. Никаких лошадей, ни телег моторизованным частям по штату не полагалось, и начальство мыслило, что таковых, разумеется, нет. Но ещё от орловского наступления и потом когда шли — все батареи нахватали себе бродячих, трофейных, бесхозных, а то и хозных лошадей и потянули на них подсобный тележный обоз. Во главе такого обоза ставишь грамотного сержанта — и он всегда свои батареи нагонит, найдёт. Трактора Аллис-Уильмерс, конечно, отличные, но с ними одними и пропадёшь. Потом, и особенно ближе к Германии, нахватывали вместо наших средних лошадок — да крепких немецких битюгов, лошадиных богатырей. Зимой меняли телеги на сани. Вот сегодня бы без саней — от огневых до наблюдательных, по снежной целине, — сколько бы на себе ишачить?

Снегопад поредел, а выпало, смотри, чуть не в полголени. На орудийных чехлах наросли снежные шапочки.

Нигде — никого ни души. Мертво. И следов никаких.

В меру посвечивая фарами, поехали по обсаженной, как аллейка, дороге. И тут никого. Вот — и Адлиг. Чужеродные постройки. Все дома темны, ни огонька.

Послали поглядеть по домам. Дома деревни — пустые и все натопленные. Часов немного, как жители ушли.

Значит, и недалеко они. Ну, одни бы молодки убежали в лес, — нет, все сплошь.

По восточной окраине Адлига вполне уставлялись восемь пушек, однако всё ж не двенадцать, да и бессмысленно бы так. Распорядился Боев комбату Касьянову ставить свою Шестую батарею — метров восемьсот поюжней и наискосок назад, у деревушки Кляйн Швенкиттен.

Но и до чего ж — никого. В Либштадте не поискали, а от самого Либштадта никого живого не видели. Где ж пехота? Вообще из братьев-славян — ни души.

И получалось непонятно: вот поставим здесь орудия — слишком далеко от немцев? Или, наоборот, зарвались? Может, они и в этом ближнем леске сидят. Пока — выдвинуть к тому леску охранение.

Делать нечего. Трактора рычали. Шестая утягивалась по боковой дороге в Кляйн. Четвёртая и Пятая становились рядышком, одним фронтом. Собирались расчёты каждый к своему орудию, переводить из походного в боевое и снаряды выкладывать. (А уж приглядывали себе, конечно, окраинные домики на пересидку и пересып.)

Домик — как игрушка, разве это сельская изба? Обстановка городская, расставлено, развешано. Электричества нет, прервано, а нашли две керосиновые лампы, поставили на стол. И сидел Боев над картой. Карта — всегда много говорит. Если в карту вглядываться, в самом и безнадежьи что-то можно увидеть, догадаться.

Боев никого не торопил, всё равно саней подождём. В беззвестье он, бывало, и попадал. Попадал — да на своей земле.

Радист уже связался со штабом бригады. Ответ: скоро выезжаем. (Ещё не выехали!) А новостей, распоряжений? Пока никаких.

Вдруг — шаги в прихожей. Вошёл, в офицерской ладной шинели, — командир звукобатареи, оперативно подчинённой Боеву. Давний приятель, ещё из-под Орла, математик. И сразу же свою планшетку с картой к лампе развёртывает. Думает он: вот, прямая просёлочная на северо-восток к Дитрихсдорфу, ещё два километра с лишком, там и центральная будет, туда и тяните связь.

Смотрит Боев на карту. Топографическую читал он быстрей и точней, чем книгу. И:

— Да, будем где-то рядом. Я — правей. Нитку дам. А топографы?

— Одно отделенье со мной. Да какая ночью привязка? Наколют примерно. И к вам придут.

Такая и стрельба будет. Приблизительная.

Торопится, и поговорить некогда. Хлопнули дружеским пожатием:

— Пока?

Что-то не сказано осталось. И своих бы комбатов наставить, так и они заняты. И — лошадей пождать.

И прилёг Боев на диванчик: в сапогах на кровать — неудобно. А без сапог — не солдат.

6

Для кого война началась в 41-м, а для Боева — ещё с Хасана, в 38-м. Потом и на финской. Так и потянулось сплошной войной вот уже седьмой год. Два раза перебывал на ранениях — так та ж война, а в родной край отпусков не бывает. В свою ишимскую степь с сотнями зеркальных озёр и густостайной дичью, ни к сестре в Петропавловск вот уж одиннадцатый год путь так и не лёг.

Да когда в армию попал — Павел Боев только и жизнь увидел. Что было на воле? Южная Сибирь долго не поднималась от гражданской войны, от подавленного ишимского восстания. В Петропавловске, там и здесь, — заборы, палисадники ещё разобраны, сожжены, а где целы — покривились. Стёкла окон подзаткнуты тряпками, подзатянуты бумагой. Войлок дверной обивки где клоками висит, где торчит солома или мочало. С жильём — хуже всего, жил у замужней сестры Прасковьи. Да и с обувью не лучше: уж подшиваешь, подшиваешь подошвы — а пальцы наружу лезут. А с едой ещё хуже: этого хлеба карточного здоровому мужику — ничто... И везде в очереди становятся: где — с пяти утра, а где набегают внезапной гурьбой, не спрашивая: а что́ будут давать? Раз люди становятся — значит, что-то узнали. И — нищих же сколько на улицах.

А в армии — наворотят в обед борща мясного, хлеба вдосыть. Обмундирование где не новенькое, так целенькое. Бойцы армии — любимые сыны народа. Петлицы — малиновые пехотные, чёрные артиллерийские, голубые кавалерийские, и ещё разные (красные — ГПУ). Чёткий распорядок занятий, построений, приветствий, маршировок — и жизнь твоя осмыслена насквозь: жизнь — служба, и никто тут не лишний. Рвался в армию ещё до призыва.

Так — ни к чему, кроме армейского, не приладился, и не женился, — а позвала труба и на эту войну.

В армии понял Павел, что он — отродный солдат, что родная часть ему — вот и дом. Что боевые порядки, стрельбы, свёртывания, передвижки, смены карт, новые порядки — вот и жизнь. В 41-м теряли стволы и тягу — но дальше такого не случалось, только если разворотит орудие прямым попаданием или на мине трактор подорвётся. Война — как просто работа, без выходных, без отпусков, глаза — в стереотрубу. Дивизион — семья, офицеры — братья, солдаты — сынки, и каждый своё сокровище. Привык к постоянной передряге быта, переменчивости счастья, уже никакой поворот событий не мог ни удивить, ни напугать. Нацело *забыл бояться*. И если можно было напроситься на лишнюю задачу или задачу поопаснее — всегда шёл. И под самой жестокой бомбёжкой и под густым обстрелом Боев не к смерти готовился, а только — как операцию заданную осмыслить и исполнить получше.

Глаза открыл (и не спал). Топлев вошёл. Лошади — притянули.

Боев сбросил ноги на пол.

Мальчик он ещё, Топлев, хлипок для начальника штаба. Но и комбата ни одного отпустить не хотелось на штаб, взял с начальника разведки.

— Позови Боронца.

Крепок, смышлён старшина дивизиона Боронец, и глаза же какие приёмчивые. Уже сам догадался: из саней убирает лишнее — трофеи, барахло. Трое саней — под погрузку, на три наблюдательных — катушки с проводом, рации, стереотрубы, гранаты, чьё и оружие, чьи и мешки, из взводов управления, и продукты.

— После Либштадта — кого видел по дороге? Пехоту?

Боронец только чмокнул, покачал большекруглой головой.

— Ник-к-кого.

Да где ж она? Совсем её нет?

Вышел Боев наружу. Мутнела пасмурная ночь, прибеленная снегом. Висела отстоянная тишина. Полная. Сверху снежка больше не было.

Все трое комбатов — тут как тут. Ждут команды. Один всегда — при комдиве, это Мягков будет, как и часто. А Прощенков, Касьянов — по километру влево, вправо, на своих наблюдательных, и связь с комдивом только через огневые.

Ну, уже многое видали, сами знают сынки. Сейчас самое важное — правильно выбрать места наблюдательных. Ещё раньше: на какую глубину можно и нужно внедриться. В такой темноте, тишине и без пехотной линии — как угадать? Мало продвинешься — будешь сидеть бесполезно, много продвинешься — и к немцам не чудо попасть.

— А всё ж таки понимай, ребята: вот т а к а я тишина, и т а к а я пустота — это может быть очень, очень серьёзно.

Топлеву:

— Ищи, Женя, пехоту, нащупывай всеми гонцами. Найдёшь — пусть командир полка меня ищет. Это уж... слишком такое... Из бригады — узнавай, узнавай обстановку. А я выберу НП — свяжусь с тобой.

И прыгнул в передние сани.

7

В отсутствие комбата старшим офицером 6-й батареи был командир 1-го взвода старший лейтенант Кандалинцев. А по годам он был и старше всех бригадных командиров взводов: под 40 лет. И росту изрядного, хотя без статной выправки, плечи не вразвёрт, голова прежде времени седая, и распорядительность разумная — его и другие комвзвода «батей» называли.

А Олег Гусев, хотя и вырос среди уличных городских сорванцов, — от Кандалинцева ещё много жизненного добирал, чего б ниоткуда не узнать.

Ещё раньше, чем поставили все четыре пушки в боевое положение, Кандалинцев распорядился выставить на 50 метров вперёд малым веером — охранение. А замолкли оттянутые от огневых трактора — разрешил расчётам чередоваться у орудий. Гусеву же показал на каменный сарайчик, близко позади:

— Пойдём пока, костям на покой.

Чуть сдвинув батарею, можно было поставить её и ближе к удобным домам, но отсюда стрелять будет лучше.

Да сменные в расчётах туда и побежали спать. Гусев тоже в два дома заходил и покрутил приёмники, надеясь, что попадётся на своём питании, заговорит, — нет, молчали глухо. Приёмники в домах — это была заграничная новость, к которой привыкали боязно: по всему Советскому Союзу они на всю войну отобраны, не сдашь — в тюрьму. А тут вот...

Очень уж хотелось Олегу узнать что-нибудь о нашем прорыве, какие б ещё подробности. А батарейные рации ловили только одну нашу станцию на длинных — и никакой сводки о прорыве не было.

Кандалинцева призвали в 41-м из запаса, два года он тяжко провоевал на Ленинградском фронте, а после ранения прислали сюда, в бригаду, уже скоро тоже два года.

Когда можно хоть чуть отдохнуть — Кандалинцев никогда такого не пропускал.

Пошли в сарайчик, легли рядом на сено.

А тишина-а-а.

— А может немцы в обмороке, Павел Петрович? Отрезаны, отброшены, к Кёнигсбергу жмутся? Может быть, вот так и война кончится?

Хотя Олег от войны совсем не устал, ещё можно и можно. Отличиться.

— О-ох, — протянул Кандалинцев.

И лежал молча. Но ещё не заснул же?

Молодым мечтается:

— Вот, говорят, после войны у нас всё к лучшему переменится. Свободная жизнь будет! Заживём! И, говорят, колхозы распустят?

Ему-то самому — что́ колхозы, но такими надеждами полна была вся воюющая армия. Отчего бы, правда, не пожить хорошо, привольно?

А Кандалинцев-то всё это знал-перезнал, он все партийные чистки на том прошёл. И — несупротивным, усталым голосом:

— Нет, Олег, ничего у нас не переменится. Смотри бы, хуже не стало. Колхозов? — никогда не отменят, они очень государству полезны. Не теряй время, поспим сколько.

8

Да, война — повседневное тяжкое бремя со вспышками тех дней, когда и голову легко сложить или кровью изойти неподобранному. Однако и на ней не бывает такого угнетённого сердца, как тихому интеллигенту работать в разоряемой деревне девятьсот тридцатого—тридцать первого года. Когда бушует вокруг злобно рассчитанная чума, видишь глаза гибнущих, слышишь бабий вой и детский плач — а сам как будто от этой чумы остережён, но и помочь никому не смеешь.

Так досталось Павлу Петровичу сразу после института, молоденькому агроному, принявшему овощную селекционную станцию в Воронежской области. Берёг ростки оранжерейной рассады, когда рядом ростки человеческие и двух лет, и трёх месяцев отправляли в лютый мороз санями — в дальний путь, умирать. Видишься и сам себе душителем. И втайне знаешь, ни с кем не делясь, как крестьяне против колхоза сами портят свой инвентарь. А то лучшие посевные семена перемалывают в муку на едево. А скот режут — так и не скрывают, и не остановить. Потом активисты сгребают последнее зерно из закромов, собирают «красный обоз», тянут в город: «деревня везёт свои излишки», а там, в городе, впереди обоза пойдёт духовой оркестр.

От тех месяцев-лет стал Павел Петрович всё окружающее воспринимать как-то не вполноту, недостоверно, будто омертвели кончики всех нервов, будто попригасли и зрение его, и смех, и обоняние и осязание — и уже навсегда, без возврата. Так и жил. В постоянном пригнёте, что райком разгневается за что — и погонят со службы неблагонадёжного беспартийца. (Хорошо, если не арестуют.) И гневались не раз, и теми же омертвелыми пальцами подал заявление в партию, и с теми же омертвелыми ушами сиживал на партийных собраниях. Да какая безалаберность не перелопачивала людям мозги и душу? — от одной отмены н е д е л и, понедельник-среда-пятница-воскресенье, навсегда, чтоб и счёту такого не было, «непрерывка»-пятидневка, все работают-учатся в разные дни, и ни в какой день не собраться вместе с женой и с ребятишками. Так и погремела безразрывная гусеница жизни, как косые лопатки траков врезаются в землю.

И с этими навсегда притупленными чувствами Павел Петрович не вполноту ощутил и отправку на войну в августе сорок первого, младшим лейтенантом от прежних призывов. И с тем же неполночувствием, как чужой и самому себе, и своему телу, воевал вот уже четвёртый год, и на поле лежал под Ленинградом, тяжело, пока в медсанбат да в госпиталь. И как до войны любой райкомовский хам мог давать Кандалинцеву указания по селекции, так и на войне уже никогда не удивлялся он никаким глупым распоряжениям.

Вот и война кончилась. Как будто пережил? Но и тут малочувствен оставался Павел Петрович: может, ещё и убьют, время осталось. Кому-то ж и в последние месяцы умирать.

Неомертвелое — одно чувство сохранилось: молодая жена, Алла. Тосковал.

Ну, как Бог пошлёт.

9

Сани шли без скрипа, по теплу. Чуть кони фыркнут.

Ночь становилась посветлей: за облаками — луна, а облака подрастянуло. Видны — где вроде лесочки, где поле чистое.

Прикрывая снопик ручного фонарика рукавом полушубка, Боев поглядывал на карту, — по изгибам их заметенной полевой дороги определяя, где расставаться с комбатами и каждый на свой НП, по снежной целине.

Кажется, вот тут.

Касьянов и Прощенков соскочили с саней, подошли.

— Так не очень от меня удаляйтесь, не больше километра. Работать вряд ли придётся, наверно с утра передвинут. Ну всё же, на разный случай, покопайте.

И — разъехались. Лошади брали уверенно. Местность — маловолнистая, тут и высотку не сразу выберешь. Если до утра не свернут — надо будет подыскать получше.

И всё так же — ни звука. Ни — передвинется какая чернота в поле.

Кого любишь, того и гонишь. Позвал сметливого Останина:

— Ванечка, возьми бойца, сходи вперёд на километр — какой рельеф? И не найдёшь ли кого? Да гранаты прихватите.

Останин с вятским причмоком:

— Щас в поле кого издали увидишь — не окликнешь. «Кто это?» — а тебя из автомата. Или, снарошки: «Wer ist da?», а тебя — свои же, от пуза.

Ушли.

А тут — вытащили кирки и лопаты, помахивали. Верхний слой уковало, как и на могилах сегодня. Лошадей отвели за кустики. Радист, рация на санях, вызывает:

— Балхаш, Балхаш, говорит Омск. Дай Двенадцатого, Десятый спрашивает.

Двенадцатый — Топлев — отзывается.

— Из *палочек* нашли кого?

— Нету палочек, никого, — очень озабоченный голос.

Вот так та́к. Если и вкруг Адлига пехоты до сих пор нет — и у нас её нет. Где ж она?

— А что Урал?

— Урал говорит: ищи́те, плохо и́щете.

— А кто именно?

— Ноль пятый.

Начальник разведки бригады. Ему б самому тут и искать, а не в штабе бригады сидеть, за тридцать вёрст. Да что ж они с места не сдвинулись? Когда ж — тут будут?

Копали трудно.

Ну, да окопчика три, не в полный профиль. Перекрывать всё равно нечем.

Проворный Останин вернулся даже раньше, чем ждался.

— Товарищ майор. С полкилометра — запа́д в лощину. И она, кажись, обхватом справа от нас идёт. А я налево сходил, наискосок. Вижу, фигуры копошатся. Еле опозналис:

заматерился один, катушка у него заела, — так и услышал: свои.

— Кто же?

— Правый звукопост. Тут до них одной катушки нам хватит, и будет прямая связь с центральной. Хорошо.

— Ну что ж, тогда тянем. Пусть твой напарник ведёт.

Да — по кому пристреливаться? И с какой привязкой, все координаты на глазок.

— А больше никого? Пехоты нет?

— И следов по снегу нет.

— Да-а-а. Двенадцатый, двенадцатый, ищи палочки! Разошли людей во все стороны!

10

Теперь стало повидней малость: и лесок, что от Адлига слева вперёд. И справа прочернел лес пораскидистей — но это уже, очевидно, за большой тут лощиной.

А штаб бригады перестал отзываться по рации. Хорошо, наверно уже поехали. Но не предупредили.

Топлев очень нервничал. Он и часто нервничал. Он-то был старателен, чтобы всё у него в порядке, никто б не мог упрекнуть. Он — малой вмятинки, малой прогрызинки в своей службе не допускал, ещё прежде, чем начальство заметит и разнесёт. Да часто не знаешь, что́ правильно делать.

И сейчас места не находил. То — цепочку охранения проверить. То — к пушкам 4—5-й батареи. Из каждого расчёта дежурят человека по два. А остальные — растянулись по домам. Ужинают? — есть чем в домах. Прибарахливаются? — тоже есть, а в батарейном прицепе всё уложится. (Осталось в деревне несколько стариков-старух, ничего возразить не смеют.)

Это просто — несчастье, что разрешили из Германии посылки слать. Теперь у каждого солдата набухает вещмешок. Да не знает, на чём остановиться: одного наберёт, потом выбрасывает, лучшего нашёл на свои пять килограмм. Топлеву было это всё — хоть и понятно, но неприятно, потому что делу мешало.

То — уходил к дивизионной штабной машине, на окраину Кляйн Швенкиттена. Там рядом, в домике, и кровать с пуховой периной, растянись да поспи, ведь уже за полночь. Да разве тут уснёшь?

За облаками всё светлело. Мирно и тихо, как не на войне.

А вот: поползи сейчас что с востока — как быть? Наши снаряды по сорок килограмм весу, с подноской-перезарядкой, от выстрела до выстрела — никогда меньше минуты. И убраться не успеешь — 8 тонн пушка-гаубица. Хоть бы какие другие стволы промелькнули — дивизионная, противотанковая, — никого.

В машину, к рации опять. Доложил майору: связь с Уралом прекратилась. И *палочек* нет, ищем, разослал искать.

И тут же — один посланный сержант сработал. По дороге, по какой сюда приехали, — лёгкий шум. Виллис. До последней минуты не различишь, кто да что.

Из виллиса выскочил молодо. Майор Балуев.

Топлев доложил: огневые позиции тяжёлого пушечного дивизиона.

У майора — и голос очень молодой, а твёрдый. И завеселился:

— Да что вы, что вы! Тяжёлого? Вот бы никак не ждал!

Вошли в дом, к свету. Майор — худощавый, чисто выбрит. А, видно, примучен.

— Даже слишком замечательно! Нам бы — чего полегче.

И оказался он — командир полка, того самого, из той дивизии, что искали. Тут Топлев обрадовался:

— Ну, как славно! Теперь всё будет в порядке!

Не совсем-то. Пока первый батальон сюда дошагает — ещё полночи пройдёт.

Присели к керосиновой лампе карту смотреть.

Топлев показал, где будут наши наблюдательные. Ещё вон там, в Дитрихсдорфе, — звукобатарея. А больше — ни одной пока части не обнаружено.

Майор, шапка сбилась на льняных волосах, впивчивым взглядом вонзился в карту.

Да нисколько он не был весел.

Смотрел, смотрел карту. Не карандашом — пальцем провёл предположительную линию — там где-то, впереди наблюдательных. Где пехоту ставить.

Раскрыл планшетку, написал распоряжение. Протянул старшему сержанту, какой с ним:

— Отдашь начальнику штаба. Забирай машину. Если где по

дороге какое средство на колёсах — старайся прихватить. Хотя б одну роту подвезти вперёд.

А двух разведчиков при себе оставил.

— Пойду к вашему комдиву.

Топлев предупредительно повёл майора в Адлиг. И к исходу пути:

— Вот прямо по этой санной колее.

Она хорошо видна была под ногами.

Всё светлело. Луна пробивается.

11

После лёгочного ранения на Соже — майора Балуева послали на годичные курсы в Академию Фрунзе. Грозило так и войну пропустить — но вот успел, и прибыл в штаб Второго Белорусского — как раз в январское наступление.

Оттуда — в штаб армии. Оттуда — в штаб корпуса. Оттуда — в штаб дивизии.

И нашёл его только сегодня днём — нет, уже считай вчера это.

А у них как раз за день раньше — убило командира полка, и уже третьего с этой осени. Так вот — вместо него, приказ подпишем потом.

С командиром дивизии досталось поговорить пять минут. Но и того хватило для опытного офицера: топографической карты почти не читает, видно по двум оговоркам, и по движениям пальцев над картой. И — выше ли того понимает всю обстановку? Мутновато мямлит. Да кого, бывает, у нас в генералы не возвысят? А тут ещё — и по обязательной квоте национальных кадров? равномерное представительство нацменьшинств.

После академической слаженности теоретической войны — вот так сразу плюхнуться, немного обалдеваешь. А отвык — бодрись.

Да кое-что из обстановки Балуев успел охватить ещё в оперотделе штабарма. За сорок четвёртый год вояки наши сколько прокатились вперёд, неудержимо! — как не обнаглеть. Наглостью отличной, красивой, победительной. С нею — и врезались в Пруссию. Уже отстали тылы, отстала пехота — но катит, катит Пятая танковая, катит — и аж до Балтики. Эффект — захватывающий, восхитительный!

Однако же — и размах такого швырка: на одну дивизию приходится вместо обычных трёх-пяти километров фронта — да сразу сорок!

Вот — и растяни свой полк. Вот и проси хоть пару пушек семидесяти-шести.

Но это и есть — армия в движении: переменчивая конструкция, то ли через сутки окаменеет во мраморе, то ли через два часа начнёт рассыпаться как призрак. На то ты — и кадровый офицер, на то и академический курс прошёл.

И в этой бурной неожиданности, колкости, остроте — сладость воина.

12

Всё светлело — а к часу ночи разорвало. И луна — ещё предполная, на всю ночь её не станет. С нехваткой по левому обрезу, и уже сдвинутая к западу, стала картинно проплывать за облаками, то ясней, то затуманенно.

Светлей-то светлей, но и в бинокль не многое можно рассмотреть на снежном поле впереди — только то, что оно, кажется, пусто — посверх лощины. Да ведь и перелесками там-сям перегорожено, могут накапливаться.

Луна имела над Павлом Боевым ещё с юных лет особую власть, и навсегда. Уже подростка — она заставляла остановиться, или сесть, или прилечь — и смотреть, смотреть. Думать — о жизни, какая будет у него. И о девушке — какая будет?

Но хоть был он крепкий, сильный, первый гимнаст — а девушки к нему что-то плохо шли, не шли. Голову ломал: отчего неудачи? Ну некрасив, губы-нос не так разлинованы, — так мужчине разве нужна красота? красота — вся у женщин, даже чуть не у последней. Павел перед каждой женщиной замирал душой, преклонялся перед этой нежностью, хрупкостью, уж боялся не то что сломать её, но даже дыханием обжечь. Оттого ли всего, не оттого — так и не женился до войны. (И лишь Таня, госпитальная, потом объяснила: дурачок, да мы хваткую власть над собой только и любим.)

Уже в спину светила. Оглядывался на неё. Опять застилалась.

И всё так же — ни звука ниоткуда. Здорово ж немцев шарахнули.

Между тем телефонные линии протянули с огневых на все три наблюдательных. Через звукопост имели связь и со звукобатареей в Дитрихсдорфе, а у неё ж левые посты ещё севернее, и вот звонил их комбат: никого-никого, потянули предупредитель ставить за озером, вперёд.

А озеро — уж чистый прогал, там-то немцев бы увидели, при луне. Значит, и ещё два километра на восток никого.

Ещё сказал: топографы, при луне, звукопосты уже привязывают, и в Адлиг тоже пошли, огневые привязать.

Ну, через час будет готовность к стрельбе! Да вряд ли тут останемся: перейдём.

А видно, оттепели не будет. Ночь тут стоять, взял из саней валенки, переобулся.

Но вот, Топлев докладывал: со штабом бригады связи нет как нет. Странно. Сколько им тут ехать? Не перехватили ж их немцы по дороге?

Тут вспомнил: комбриг в госпиталь днём уехал. Значит, там Выжлевский заправляет?

И всяких-разных политруков сторонился, не любил Боев как больше людей пустых. Но Выжлевский был ему особенно неприятен, что-то в нём нечистое, — оттого и особенно пустозвонское комиссарство. Натихую поговаривали в бригаде, что за 41-й год что-то у Выжлевского не сходилось в биографии: был в окружённой Одессе, потом два-три месяца тёмный перерыв — потом, как ни в чём не бывало, в чине, на Западном фронте. И как-то с этим всем был связан Губайдулин? отчего-то сразу из пополнения Выжлевский взял его в политотдельцы и быстро возвышал в чинах. (И Боеву в парторги навязал.)

От Топлева: связи с бригадой всё нет. Но нашёлся командир стрелкового полка, пошёл по следу на НП.

Ну, наконец. Теперь хоть что-нибудь поймётся.

13

— Товарищ старший лейтенант! Товарищ старший!..
— Что? — сразу несонным голосом отозвался Кандалинцев.
— Тут немец прибрёл! Перебежчик!
Это докладывал ефрейтор Нескин, вшагнувший в сарайчик. Немца задержало охранение — он прямо шёл через поле.

Услышал и Гусев. Дивная новость! Оба взводных командира с сенной копны соскользнули вниз.

Пошли наружу, смотреть. Светила луна, и хорошо было видно немецкую обмундировку и что без оружия. Шапка утеплённая.

Немец увидел офицеров — чётко руку к виску.

— Herr Oberleutnant! Diese Nacht, in zwei Stunden wird man einen Angriff hier unternehmen!

А немецкий-то оба, эге, так себе. Да оно и слова по отдельности, может, знаешь, а всё вместе не разберёшь.

А взволнован очень.

Всё равно с ним — в штаб дивизиона. Показали ему — идти. Вперёд — Нескин, а сзади — маленький Юрш с карабином, везде поспел — и докладывает офицерам на ходу: уже, мол, калякал с ним, на тары-бары. Он — и к нашему ближе умеет, а всё равно непонятно.

Что-то срочное хочет, а вот, поди.

До штабной машины тут, по Кляйну, недалеко. Пока шли — ещё спрашивали. И немец силился, стал не по-немецки, а по какому-то узнаваемому. Узнаваемому, а всё равно ни черта не поймёшь.

И одно слово отдельно повторял:

— Ангриф! Ангриф!

А это мы, кажется, знаем: наступление? Нападение?

Да этого и надо было ждать.

В штабной машине не спал радист, разбудил планшетиста, а тот немецкому учён. Да тоже не очень. Выкатился быстро, стал с немцем говорить — и переводит, но не с быстрым подхватом, не слово в слово.

— Это, вот что, немец — судетский. Он и по-чешски немного. Пришёл нас предупредить: через час-два тут, на нашем участке, начнётся общее, большое наступление немцев.

А — не дурит нас?

А зачем? ему же хуже.

Голос у немца — просительный, жалостный, даже умоляющий.

А — уже сильно в возрасте он, постарше и Павла Петровича.

И пожалел его Кандалинцев. Воевать надоело, горюну.

А кому за столько лет не надоест?

Бедняга ты, бедняга. И от нас — ещё когда семью увидишь?

Послал гонкого Юрша в Адлиг — искать капитана Топлева, доложить.

14

Допросив перебежчика через планшетиста и сам голос его наслушивая, дружелюбную готовность, поверил Топлев, что — не врёт. А перейти? — и нетрудно. Через пустое поле, без единой боевой линии — отчего и не отшагать?

Ладно, перебежчика держать при штабной машине.

Но если он не врёт и не ошибается — так наши пушки совсем беззащитны, пехоты же до сих пор нет!

А Топлев исполнителен — в стельку! в струнку! И всегда старался знать, вникать, успевать.

Но — что было надо сейчас? Что было можно делать сейчас?..

Скорей бы, скорей бы штаб бригады нашёлся!

Понукал радиста: вызывай их, вызывай!

Но — нету связи как нет.

Ну, что с ними? Необъяснимо!

Схватил телефонную трубку, комдиву звонить — да что это? И тут связи нет. Обстрела не было — откуда порыв? Послал линейного, ругаясь, только не матом, никогда. Телефонист — ворона! Проверять каждую минуту!

А по рации — как сказать? Прямым текстом — невозможно, а кода на такой случай никак же не предусмотрено. Радисту:

— Вызывай Десятого!

Услышал голос Боева — густой, всегда уверенный, надёжный — малость приуспокоился. Сейчас рассудит. И, поглядывая неотрывно на светящийся красный глазок рации, стал Топлев, извёртывая, объяснять.

Вот тут пришёл к нам дядя один... Совсем не наш... Ну, с той стороны... На вруна не похож, я проверил вдоль и поперёк. Говорит: через час-два... а теперь уже меньше осталось... Мол, *пойдут*! И — валом! Да, повалят... А Урал всё молчит... Что прикажете?

Боев — не сразу. Да он не говорлив. Думает. Ещё раз:

— И Урал — молчит?

Топлев, чуть не плача:

— Ну, ни звука!

Ещё там подумал.

— Давай вот что. Переведи всё касьяновское хозяйство — за реку. Немедленно. И там занять позиции.

— А этим двум?

Даже слышно, как вздохнул Боев, при клапане:

— А этим двум? Пока стоять. И — будь, будь начеку. А что — с линией?

— Послал, не знаю.

— Всем — в боевой готовности, и смотреть, и слушать. Чуть что — докладывай.

Спустя сколько-то прибежал линейный. Клянётся, божится:

— В лесочке — вот такой кусок провода вырезали, как ножом. И — следы сбоку.

Немцы?!

Уже тут?

15

Так, по санным колеям, и дошагал Балуев с двумя своими связными до темноватой группки людей на открытом снежном месте.

Назвал себя, и по должности.

Майор Боев — чуть пониже ростом, в коротком белом полушубчике.

Поручкались. Уж, кажется, у Балуева — крепкое пожатие, но у Боева — цепная хватка.

И с фронтовой простотой:

— Где ж твой полк?

Е г о полк! Он сам его ещё толком не видел. В ответ:

— Да кто ж ваши пушки так выставил?

Боев клокотнул усмешкой:

— Попробуй не выстави. Приказ.

Рассказал обстановку, что знал.

Хоть и луна — ещё фонариком по карте поводили.

— Петерсдорф? Да, мне в него и ткнули, для штаба. Тут бы — и вам близко нитку тянуть. А я б — на НП сюда пришёл.

Хотя — что за НП? на ровном месте, без перекрытия.

— Но пока у меня часа два запасу — я должен сам поразведать: где ж немец? Где передовую ставить?

Вот это бы — если б знать!

Боева отозвали к рации. Он там присел на корточки.

А Балуев водил светлым пятном по карте. Если всё это озеро — у нас, так что и ставиться тут? Надо вперёд.

Боев вернулся и басом тихим, от солдат, передал Балуеву новость.

— И вполне может быть, — без колебания сразу признал Балуев и такую обстановку. — Именно в первые сутки он и пойдёт, пока у нас не может быть обороны. Именно с отчаяния и попрёт.

И тогда — хоть по здешнему рубежу передний край поставить.

И когда ж успеть сюда хоть роту подтянуть?

Но Боеву, с тяжёлыми пушками, — несравнимо?

А — никакого волнения.

Балуев искренно:

— Год я на фронте не был — удивляюсь, какие ж мы на четвёртом году войны. Как раньше — нас не пуганёшь.

Да и сам Балуев в Пруссии всего четвёртый день — а уже опять в полном фронтовом ощущении.

— Всё ж я пойду вперёд, поправей озера. Что узнаю — сообщу тебе. И — где выберу штаб, тогда и нитку твою туда.

Сошлись в голом поле на четверть часа. Сейчас расстаться — до пока провод, до первой связи. А то — и никогда не увидеться, это всегда так.

— А величать тебя — как?

— Павел Афанасьич.

— А меня — Владимир Кондратьич.

И — сдвинулись тёплыми ладонями.

Зашагал Балуев со связными.

Луну — заволакивало.

16

Даже во Второй Ударной, весной 42-го, остался Володя Балуев жив, и из окружения вышел. А вот на сожевском плацдарме весь ноябрь 43-го сгнивали — так ранило за два часа до отхода немцев, когда они уже утягивались. Но ранило — возвратимо, два месяца госпиталя в Самаре. И тогда — на год в Академию.

В Академии теперь не обстрелянных, не обмолоченных мало, все уже знают, что на войне почём. А всё-таки год учёбы — другой мир: война, возвышенная до ясности, красоты, разума. А и трудно запретить себе поворот мысли: за год-то, может, война и кончится? может, хватит с меня?

Не кончилась. Но как уже близко! Через северную Польшу, через Пруссию догонял, догонял попутными машинами, от КПП набиты случайными военными. И поспевал уже радуясь, войти опять в привычное фронтовое. И в такой величественный момент — отхвата Восточной Пруссии! (И в такую глухую растяжку фронта...)

Шли в уброд по рыхлому снегу, по целине. Разведчики сзади молча.

Вёл по компасу.

Если вот-вот начнётся — то уже и Петерсдорф не годится, высунутый. Как успеть хоть не роту, хоть взвод рассыпать охранением пушек под Адлигом?

А дотащится ли сюда хоть одна рота? Может, так с устатка свалились, что и не встанут?

Только б эту одну ночь передержаться — уже завтра будет легче.

А вот что: по левую руку, к северо-востоку, километрах в четырёх-пяти, бесшумно возникло, не заметил минуты, небольшое зарево, пожар. И — горело.

А стрельбы никакой не слышно.

Постоял, посмотрел в бинокль. Да, пожар. Ровный. Дом?

Пожара на войне по-пустому не бывает. Оно — *само* загорается почему-то при действиях.

Или это — уже у немцев? Или кто-то из наших туда заскочил, сплошал?

Пошагали дальше, на восток.

И ещё вот: сон. Мама.

Володина мать умерла молодой, такой молодой! И Володе, вот, 28 — а уж много лет снится ему, ненаглядная. Несчастная была — а снится всегда весёлой. Но никогда не близко: вот только что была здесь — вышла; вот сейчас придёт; спит в соседней комнате; да вот проходит мимо, кивает, улыбается. И — никогда ближе.

Но от каких-то примеров, сравнений или чьих рассказов сложилось у Балуева: когда придёт время умирать — мама подойдёт вплотную и обнимет.

И минувшей ночью так и приснилась: мама дышала прямо в лицо да так крепко обняла — откуда у неё силы?

И так было тепло, радостно во сне. А проснулся — вспомнил примету...

17

Четыре пушки-гаубицы 6-й батареи вытянулись из Кляйн Швенкиттена, рычаньем своих тракторов нарушая всё ту же полную тишину вокруг. И, без фар, потянулись назад по той же обсаженной дороге, по какой притянулись несколько часов тому. За снарядными прицепами шла и дивизионная кухня, и хозяйственная трёхтонка, отправили и их. (И перебежчика-немца.)

Лейтенант Гусев сидел, как обычно, в кабине первого трактора второго взвода. Этот отход очень ему не нравился: какие б там ни тактические соображения, а считай отступление. И теперь — в каком-то накате боя поучаствовать не придётся.

Олег жил с постоянным сознанием, что он — не сам по себе, молодой лейтенант, но сын славного командарма. И каждым своим боевым днём и каждым своим боевым поступком он хотел оправдывать такое сыновство. Сокрушением было бы для него в чём-то опозорить отца. И награда ему была пока — Отечественная, 2-й степени, светленькая, так — за дело. (Отец следил, чтобы не было сыну перехвала по протекции.)

Езды тут было всего ничего, километра полтора, — и вот уже тот проеханный вечером железобетонный мост через Пассарге.

Одно за другим массивные орудия вытащились за своими тракторами на крутой подъёмчик после моста.

Там — вышла заминка, что-то впереди помешало. Потом опять зарычали во весь рык. И вытянули.

Олег спрыгнул, пошёл вперёд узнать.

Кандалинцев разговаривал с каким-то высоким полковником в папахе. Тот был чрезвычайно возбуждён и, кажется, сам не различал, что держал и держал в руке для чего-то вытянутый парабеллум.

А вытянул его, видно, — исключить неподчинение. Требовал он, чтобы пушки сейчас же, вот тут, развернулись в боевой порядок, стволами на восток. Для прямой наводки.

Дальше, за полковником, журавлино вытянулся ствол самоходки СУ-76. Несколько бойцов — на броне, и рядом.

Кандалинцев спокойно объяснял, что 152-миллиметровые не для прямой наводки: быстрей минуты не перезарядишь, это не противотанковые.

— А — других нет! — кричал полковник. — И не разговаривать!

Да дело было не в парабеллуме. В боевой обстановке, при отсутствии своего высшего начальника, каждый обязан подчиняться любому старшему по званию на этом месте. От своего ж они с этим переездом оторвались.

Да, собственно, и разницы не было: метров двести дальше они и думали занять позицию. Только вот, размыслительно-хладнокровно докладывал Кандалинцев полковнику, — тут, у моста, узко, четыре пушки фронтом негде поставить.

Полковник, как ни был возбуждён, отчасти внял старшему лейтенанту и велел поставить у моста лишь две пушки, по двум бокам дороги.

Нечего делать. Кандалинцев — не приказным тоном, тот ему слабо давался:

— Олег. Одно твоё орудие — слева, одно моё — справа.

Стали разворачиваться, разбираться.

Гусев поставил на позицию 3-й расчёт, сержанта Пети Николаева. Кандалинцев у себя назначил 1-й, старшего сержанта Кольцова — своих же лет, под сорок, донского казака.

Остальные пушки и грузовики протянули дальше метров на двести, где чернел господский двор Питтенен, с постройками.

А ещё ж перебежчика досмотреть.

Кандалинцев странно положил ему руку на плечо. И сказал:

— Гут, гут, всё будет гут. Иди с нашими, спи.

18

Перерезка провода не могла быть случайной, если выхватили два метра. Ясно, что им тут местность родная, они тут каждый ход знают, свои проводники, своя разведка — а лески и перелески там и сям. Мы — никак их не увидим, а они за нами следят.

Т а к Боев ещё не попадал. Переправлялся он через реки под бомбёжкой, сиживал в НП на смертных плацдармах под частыми клювами немецких снарядов и мин, и вылёживал огневые налёты в скорокопаной лёгкой щели, но всегда знал, что он — часть своей пушечной бригады и верный сосед пехоты, и раньше ли, позже — подтянется к нему дружеская рука или провод, или приказ начальства — да и свои ж соображения тоже доложить.

А вот — т а к?.. Ни звука, ни снаряда, ежеминутная смерть не подлетает, ничем не проявлена. Но пехоты — нет, и раньше утра не будет, хорошо, если утром. А свой штаб — как умер, уже полночи. Что это может быть? Рация испортилась? — ведь есть же у них запасные.

Облака опять плотно затянули, да луна там и сходит к закату. Мёртвое снежное поле, очень смутная видимость. С одним комбатом под рукой, при двух по сторонам, глухо сидеть в мелких ямках — и чего ждать? Может — да, вот-вот немцы начнут наступать, хотя ни тракторных, ни грузовых моторов не слышно ни звука, значит и артиллерия у них не подтягивается. А если обойдут пешком стороной — и прямо на наши пушки? Они беззащитны.

И — чего стоять? По ком стрелять? Зачем мы — тут?

Уже одну батарею Боев оттянул самовольно. Хотя в том можно оправдаться. (А вот что: Касьянову, раз у него к батарее линия теперь не достигает, — пусть-ка сматывается и идёт к своим орудиям, на тот берег. Скомандовал.)

Но оттянуть и две другие батареи за Пассарге? Это — уже полностью самовольная смена позиции, о т с т у п л е н и е. А есть святой принцип Красной армии: ни шагу назад! В нашей армии — самовольное отступление? Не только душа не лежит, но и быть такого не может! Это — измена родине. За это судят — даже и на смерть, и на штрафную.

Вот — бессилие.

Ясный, полный смысл: конечно, надо отступать, оттянуть дивизион.

И ещё ясней: это — совершенно запретно.

Хоть и погибай, только не от своих.

От Балуева, как ушёл, — ничего. Но новости подтекали. От комбата слева: метрах в трёхстах по просёлочной проскакал одинокий конный, на восток. А больше не разобрать. И стрельнуть не спохватились.

Так, это у немцев — разведка, связь, из местных?

Через тот же левый НП и через свой звукопост вызвал Боева комбат звукобатареи. Слышимость через два-три соединения — так себе. Тот сообщает: сразу за озером — немцы, обстреляли предупредитель, убили бойца.

— Саша! А что ещё видишь-слышишь?

— Слева — два зарева появились.

— А около тебя — наш кто есть?

— Никого. Мы тут — дворец прекрасный заняли.

— Я имею сведения: могут вот-вот пойти. А ты *коробочки* раскинул. Подсобрал бы, пока стрельбы нет.

— Да как же можно?

— Да что ими слушать?

Топлев докладывает: теперь и ему слева зарево видно. А Урал — не отвечает. Спят, что ли? Но не могли же — все заснуть?

Топлев — молоденький, хиловат. А ведь могут с фланга пушки обойти. Внушил ему: поднять все расчёты, никому не спать, разобрать карабины, гранаты. Быть готовым оборонять огневые напрямую. Держи связь, сообщай.

Останин пришёл:

— Товарищ майор! Хороший хутор нашёл, пустой. Метров пятьсот отсюда. Перейдём?

Да уж есть ли смысл? Пока линии прокладывать — ещё что случится.

19

И прошло ещё с полчаса.

Зарева слева, по северной стороне, ещё добавились. Близких — уже три, а какое-то большое — сильно подальше.

Но стрельбы — ни артиллерийской, ни миномётной. Ружейная может и не дойти.

А справа, откуда снял НП Касьянова, хоть никаких признаков не было, но рельеф, огибающая лощина — очень давали основание опасаться.

Тут и Останин вернулся из передней лощины, он по совести не может на месте усидеть. Говорит: на том склоне копошились фигурки, две-три. Почти наверняка можно б застрелить, да воздержался.

Пожалуй, и правильно.

С местными проводниками немцы тут и каждую тропу найдут. А за рельефом — и батальон проведут, и с санями.

Видимость всё меньше. Кого пошлёшь — до метров ста ещё фигура чуть видна, больше по догадке — и всё.

В темноте — пехотной массой, без звука? На современной войне так не наступают, невозможно. Такое молчаливое наступление организовать — ещё трудней, чем шумное.

А — и всё на войне возможно.

Если немцы сутки уже отрезаны — как же им, правда, не наступать!

Мысли — быстро крутятся. Штаб бригады? Как могли так бросить?

Отступать — нельзя. Но — и до утра можем не достоять.

Да бесполезно тут стоять. Надо пушки спасать.

Рискнуть ещё одну батарею оттянуть? Уже не признают за манёвр: самовольное отступление.

Ну, хоть тут пока: стереотрубу, рацию, какие катушки лишние — на сани. И сани развернуть, в сторону батарей. Мягкову:

— Вторые диски к автоматам взять. Гранаты, сколько есть, разобрать.

Да разговаривать бы ещё потише, ведь разносится гомон по полю.

Конечно, может и танк быстро выкатить. Против танка — ничего нет. И щели мелкие.

Телефонист зовёт Боева. По их траншейке — два шага в сторону.

Опять комбат звукачей. Очень тревожно: его левый звукопост захвачен немцами! Оттуда успели только: **«Нас окружают.** В маскхалатах.» И — всё.

— А у вас, Павел Афанасьич?

— Пока — не явно.

— У меня на центральной — пока никого. Но коробочки — сверну, не потерять бы. Так что — будьте настороже. И забирайте свою нитку.

Боев не сразу отдал трубку, как будто ждал ещё что услышать.

Но — глушь.

Это — уже бой.

Мягкову:

— Давай-ка всех, кто есть, — рассыпь охранением, полукругом, метров за двести. Оставь одного на телефоне, одного в санях.

Мягков пошёл распоряжаться тихо.

Рассыпать охранение — и риск: узнаешь — раньше, но отсюда стрелять нельзя, в своих попадёшь.

А держаться кучкой — как баранов и возьмут.

Волнения — нет. Спокойный отчётливый рассудок.

Проносились через голову: Орловщина, на Десне, Стародуб, под Речицей. Везде — разный бой, и смерти разные. А вот чего никогда: никогда снарядов не тратил зря, без смысла.

Ликование бобруйского котла. Гон по Польше. Жестокий плацдарм под Пултуском.

А ведь — одолели.

...До утра додержаться...

На северо-востоке — километра за два — протрещали автоматные очереди. И стихли.

А — примерно там, куда Балуев пошёл.

20

У Топлева на огневых — снаряды соштабелёваны близ орудий. Но стрелять, видно, не придётся раньше завтрашнего света. А вот приказал комдив всем расчётам карабины приготовить — их же никогда и не таскают, как лишние, сложены в снарядных кузовах. Для тяжёлых пушкарей — стрелковый бой не предполагается. Автоматы — у разведчиков, у взводов управления — они все на НП.

Не стало видно ни вперёд, ни в бока, всё полумуть какая-то.

Топлев и без того расхаживал в тревоге, в неясности, а после команды комдива разбирать карабины?..

Вот, стояли восемь пушек в ряд, как редко строятся, всегда батареи по отдельности, — и нервно ходил Топлев, маленький, вдоль этих громадин.

У каждой пушки — хорошо если полрасчёта, остальные разошлись по ближним домам и спят: сухо, тепло. Да кто и подвыпил опять трофейного. И шофера где-то спят.

Настропалил всех четырёх командиров взводов: разбирать оружие, готовиться к прямой обороне.

Одни подхватывались, другие нехотя.

Хоть бы был замполит при дивизионе, как часто околачивается, — его б хоть побоялись. Так и его комиссар бригады оставил по делам при себе до утра.

Но и нападать же не станут без артподготовки, хоть сколько-то снарядов, мин пощвыряют, предупредят.

А — тихо. И танкового гула не слышно.

Слушал, слушал. Не слышно.

Должно обойтись.

Пошёл — в Кляйн, к штабной машине. Ведь там — все, всякие документы. Если *что?*.. — тогда что?

Велел шофёру быть при машине. А радисту — Урал дозываться.

Пошёл опять в Адлиг, на огневые.

— Товарищ капитан! — глухим голосом зовёт телефонист, где примостился в сенях. — Вас комдив.

Взял трубку.

Боев — грозным голосом:

— Топлев! **Нас тут окружают!** Готовь оборону!

И ещё, знать, клапана на трубке не отпустил — услышался выстрел, выстрел!

И — всё оборвалось. Больше нет связи.

И Топлев ощутил на себе странное: коленные чашечки стали дрожать, сами по себе, отдельно от колена, стали попрыгивать вверх-вниз, вверх-вниз.

Да на всю огневую теперь не закричать. Вдоль пушечного ряда оббегал командиров взводов: готовьтесь же к бою! на комдива уже напали!

Теперь-то — и все зашурудились.

А штабная машина? если что? Послал бойца: обливать бензином, из канистр.

Не уйдём — так сожжём машину.

21

Верность отцу — была ключ к душе Олега. Мальчику — кто святей и возвышенней отца? И какая обида была за него: как его в один из тридцатых (Олегу — лет 10, понимал) беспричинно ссунули из комбрига в полковники, из ромба в шпалы. И жили в двух комнатах коммунальной квартиры, а в третьей комнате — стукач. (Причина была, кто-то, по службе рядом, *сел* — но это мальчик лишь потом узнал.) А с подростом: так и следовать в армейской службе? В 16 лет (в самые сталинградские месяцы) — добился, напросился у отца: натянул на себя солдатскую шинель.

Верность отцу — чтобы тут, у двух своих пушек, не посрамиться, не укорили бы отца сыном, лучше — умереть. Олег даже рад был, как это всё повернулось, что их поставили на мост охранять на невиданную для ста-пятидесяти-двух прямую наводку. И — скорей бы эти немецкие танки накатывали из полумглы!

Сегодня — небывалая для него ночь, и ждалось ещё большее.

Хотя по комплекту полагается на каждое орудие 60 снарядов — но сейчас и с двух взводных орудий набрали — половину того. И в расчёте — семь человек вместо восьми. (Вот он, Лепетушин...) Но не добавил лейтенант бойца из другого расчёта, это неправильно, достанется ещё и тем. Лучше подможет этому, своими руками.

Ни той самоходки, ни того грозного полковника уже и близко не было, а орудия 6-й батареи — стояли у моста, сторожили.

Впереди — пустое тёмное пространство, и, кажется, нет же там никаких наших частей — а стали люди набегать.

Несколько топографов из разведдивизиона — один хромает, у одного плечо сворочено. Послали их на топопривязку, когда луна светила, и застряли на тьму: ждали, может разойдётся. Вперебив рассказывают: странное наступление, только молча подкрадываются — кто лопатой, кто даже ножом, изредка выстрел-два.

А какие-то топографы — ещё и сзади остались.

Проехали сани звуковиков с разведоборудованием, успели утянуть. Только трофейные битюги и вызволили, а машина их — там застряла, вытаскивают.

Так это — ещё сколько там звуковиков?

— Павел Петрович, как же стрелять будем, если свои валят?

— Придётся подзадержаться.

Там, на восточном берегу, вглуби, — перестрелка то вспыхнет, то смолкнет.

Велел Кандалинцев двум свободным расчётам готовиться к стрелковому бою. И сейчас — послал в охранение, слева и справа.

Ещё подымались наши с моста.

А вот — несли́ раненого, на плащ-палатке. Полковые разведчики.

Еле несут, устали. Кто бы их подвёз?

Тут — поищем, снарядим.

Олег наклонился над раненым. Майор. Волоса как лён. Недвижен.

— Ваш?

— Полковой. Новый. Только прислали его вчера.

— Тяжело?

— В голову и в живот.

— А где же полк ваш весь?

— А ... его знает.

Наши батарейцы подменили носчиков, до господского двора.

Кандалинцев им:

— Пусть на наших санях довезут до Либштадта, и сразу назад.

Городок Либштадт, на скрещении шести дорог, пушечный дивизион беззаботно проехал вчера вечером. А если немцев туда допустить — у них все дороги.

— Павел Петрович, а ведь наш перебежчик — не соврал.

— Велел я его покормить, — проворчал Кандалинцев.

— А что наш комбат? И по рации не отвечает?

А — что весь дивизион?

От дальних зарев тоже чуть присвечивает. И глаза пригляделись в мути. Вон, чернеет ещё группка наших. Сюда.

И вон.

И вон.

Да, тут не постреляешь.

И вдруг: справа, спереди — да где наши 4—5-я батареи! — густая громкая пулемётная стрельба.

И — крупная вспышка! вспышка! — за ними взрыв! взрыв!

22

Из смутного ночного брезга, из полного беззвучья — грянуло на 5-ю батарею сразу от леса справа, но даже и не миномётами — а из трёх-четырёх крупнокалиберных пулемётов — и почему-то только трассирующими пулями. Струями удлинённых красных палочек, навесом понеслась предупреждающая смерть — редкий случай увидеть её чуть раньше, чем тебя настигнет.

И сразу затем от того же лесу раздалось — «hur-ra! hurra!» — густое, глоток не меньше двести.

И бежали на орудия — валом, чуть видимые при мелькающих красных струйках.

От пушек звукнуло несколько ружейных выстрелов — и

больше не успели. Красные струи перенеслись на левую, 4-ю батарею — а 5-ю уже забрасывали гранатами. Вспыхивало, вспыхивало огнями.

Атака застала Топлева на дальнем краю 4-й батареи — вот! готовились — сам их готовил — а и сами не верили. Да целую ночь уже на струне, ослабли, кто и заснул.

Да — и больше их втрое, чем нас!

Кричать? командовать? уже голос не дойдёт, и не он разбудит.

Всё это коротко — как удар ночным кинжалом.

Ни-че-го Топлев сделать уже не мог! Только — бежать? Бежать в Кляйн к штабной машине и поджечь.

И — побежал.

И слышал взрывы за собой, уже близко, — и прорезались меж взрывами крики — наши? ихние?

Ещё отличить: из карабинов бьют, это наши.

У машины планшетист и радист только и ждали: плескали на будку машины бензином! подносили и тыкали горящей паклей.

Ах, взялось с четырёх сторон! Ат-бегай!

Убегай!

Планшета нашего вам не видеть! И в документах не ковыряться.

Уже гранат на батарее не метали. Достреливал кто-то кого-то.

Бежали сюда, на пожар, пули просвистывали рядом, цель видна.

И Топлев — побежал со своими штабными солдатами.

Бежал — зная только направление верное, а весь смысл — потерял.

Кто-то ещё сбоку бежал, с батарей, не видно.

В голове проносилось: детство, школа — да с какой плотностью, да всё сразу.

Солдат приотстал, чтоб рядом с капитаном.

От задыха и не скажешь, понятно и так.

По дороге — на мост, как утянули, спасли 6-ю. Тут — километр.

Остановились, оглянулись. Высоко, над деревьями, краснело пламя от машины.

Говорил комдив: до Германии дотянуть её.

А где пушки остались — только автоматные достре́лы.

Кандалинцев и Гусев потом только вместе, помогая друг другу, — могли и не могли вспомнить, как же оно точно было? Что после чего? И чья именно пушка попала в первый танк? и в третий? и отчего горел бронетранспортёр?

Аж часов до шести утра нельзя было стрелять: впереди, по тот берег, трещала автоматная перестрелка, и всё время выходили наши люди из окружения. Как будто и частей наших там нет, а сколько их набралось в этой снежной мгле.

Но потом по левой дороге, от Дитрихсдорфа, стали помигивать подфарники танков и бронетранспортёров. Немцы пошли! Иногда коротко вспыхивали и фары, не удерживались не включать, — шла моторизованная колонна. И всё явней нарастал её гул, через последнюю автоматную стрельбу.

А вот оно — первое рыло и вылезло! Пора — и бить.

— Орудие к бою! — еле донеслось через шоссе справа от Кандалинцева.

— Прямой наводкой! — трубно заорал Олег и своему расчёту. — Огонь!

Наводил Петя Николаев. Рыгнуло наше орудие. И кольцовское рыгнуло.

И Олег бросился помогать расчёту со следующим снарядом, теперь всё в быстроте!

А немец не ожидал тут огня.

Стал расползаться в стороны.

Но и мы — не мимо! Фонтаны искр от брони! — значит, угодили, осколочно-фугасным!

Остановился танк.

А позадей — загорелось что-то, наверно бронетранспортёр.

А по дороге — колонна катила!

Но и мы свои снаряды — чуть не по два в минуту!

А наш снаряд — и «королевскому тигру» мордоворот.

И так получилось удачно — как раз перед мостом и на мосту — разворотили по танку, и пробкой закрыли мост.

Удивляться, что сам мост уцелел.

Немецкие танки били сюда, но оттого, что берег наш много выше, а они снизу, — снаряды их рикошетили и улетали выше. Расчёты падали влёжку в кюветы и тут же вскакивали опять заряжать. Николаев и Кольцов не отходили от орудий — и целы остались.

...Когда не думаешь ни о себе, ни о чём, ни о ком, а только как бы *вжарить*! как бы вжарить.

А немцы вперемежку стреляли и неразрывными болванками, как у них повелось ещё с осени: не хватает снарядов?

А от болванок — осколочных ранений нет, только во что прямо угодит.

Всё ж — ранило мятучего Юрша и двух из расчёта Кольцова.

И на орудии Николаева танковой болванкой перекосило колонку уравновеса.

Вот так — вспоминали потом, все вместе, но *что* именно за *чем* и от *кого* — уже никому не разобраться.

Потом — было разное. Подошёл-таки, ниоткуда возьмись, наш стрелковый взвод — и залёг по берегу.

Мост — на пристреле. Между подбитыми танками немцы поодиночке пытались сюда пробегать — тут их и укладывали.

А через лёд, да по круче, в снегу утопая, — кручу берега тоже не взять.

Ну и нам по мотоколонне на тот берег — нечем бить, снаряды кончились.

А тут, по свободной дороге сзади, вдруг подкатил наш танк с угловатым носом, И-эС, новинка, сильнейшая броня, из дивизионной по нему стрелять — что семячки бросать. Стал между пушками — и бабахнул предупредительно раза три по мотоколонне, два раза — по дороге на Адлиг.

И оттуда — не совались.

Моторы — оттянули немцы в лес.

А сзади ещё два И-эСа подошли.

Вот когда полегчало.

Ещё потом — выше, ниже по реке — через лёд, и на снежную кручу карабкаясь, — выходили из окружения.

Средь них — и свой комбат Касьянов, с подбитой рукой.

И — батарейцы с захваченных 4-й и 5-й, кто смог убежать, добежать. Не — много их.

И капитан Топлев, целенький.

Но про комдива — только и мог сказать, что его — *окружили*.

Как бы не насмерть.

Не поверил Олег, глянувши на часы: куда три часа ушло? Как они сжались, проскочили? Будто канули в бою.

Уже и светало.

Кухня кормила, кто тут был из наших.

Капитан Топлев — стыдливо растерянный перед командирами взводов. Но что он мог — лучше? Не умолкал, всё заново рассказывал Касьянову: как было, как неожиданно они подкрались — и нельзя было спасти пушки.

И капитан Касьянов, невиноватый, — как в чём виноват.

Спустя часок — от Либштадта, сзади, подкатило две легковых. На переднем, трофейном «опель-блице», — помначштаба бригады — майор, начальник разведки бригады — майор, ещё из штаба помельче. Верить не могли: вот за эти несколько часов? со вчерашнего тихого вечера? и — такое произошло?

Бросились радировать в штаб бригады.

А из второй машины — замполит 2-го дивизиона Конопчук, и парторг Губайдулин, отоспался, трезвый.

И — бригадный СМЕРШ майор Тарасов.

Столпились с офицерами: как и что? Негодовали, ругали Топлева, Касьянова: как можно было так прохлопать?!

Тарасов строго отчитывал:

— Понятия «неожиданность» не должно существовать. Мы должны быть всегда ко всему...

А задёрганный Топлев, теряя рассудок:

— Да ведь и знали. Предупреждение было.

— Да? Какое?

Топлев рассказал про перебежчика.

Тарасов — смекнул молнией:

— И где он?

Повели его туда, к барскому двору.

А остальные приехавшие огляделись, поняли: эге, ещё и сейчас тут горелым пахнет. Надо уезжать.

А в штабе бригады уже знали *сверху* о крупном ночном наступлении немцев, на севере, и пошире здешнего. Третий дивизион в полном окружении. Приказ: уцелевшим немедленно отступать через Либштадт на Герцогенвальде.

Привели к Тарасову перебежчика.

Несмотря на ночную перепалку, он, может, и поспал? Пытался улыбаться. Миролюбиво. Тревожно. Ожидательно.

— Ком! — указал ему Тарасов резким движением руки.

И повёл за сарай.

Шёл сзади него и на ходу вынимал ТТ из кобуры.

А за сараем — сразу два выстрела.

Они — тихие были, после сегодняшней громовой ночи.

Эпилог

От вечера 25 января, когда первые советские танки вырвались к Балтийскому морю, к заливу Фриш-Хаф, и Восточная Пруссия оказалась отрезанной от Германии, — контрнаступление немцев на прорыв было приготовлено всего за сутки, уже к следующему вечеру. Их танковая дивизия, две пехотных и егерская бригада — начали наступление к западу, на Эльбинг. В ходе ночи с 26 на 27 января к тому добавились ещё три пехотных дивизии и танки «Великой Германии», захватывая теперь левым флангом Вормдитт и Либштадт.

При стокилометровой растянутости клина к морю наши стрелковые дивизии не успели создать даже пунктирной линии фронта, из трёх дивизий одна оказалась окружена. Но Эльбинга, через нашу 5-ю гвардейскую танковую армию, немцы не достигли, — лишь на четыре дня захватили территорию от Мюльхаузена до Либштадта. С юга их остановила наша танковая бригада и подошедший от Алленштейна кавалерийский корпус — как раз по снегам сгодились, напослед, и конники.

2 февраля мы снова отбили и Либштадт, и восточнее, и разведка пушечной бригады вошла в Адлиг Швенкиттен. Пушки двух погибших батарей стояли в прежней позиции на краю деревни, но все казённые части, а где и стволы, были взорваны изнутри тротиловыми шашками. Этого уже не восстановить. Между пушками и дальше к Адлигу лежали неубранные трупы батарейцев, несколько десятков. Некоторых немцы добили ножами: патроны берегли.

Пошли искать и Боева, и его комбатов. Несколько солдат и комбат Мягков лежали близ Боева мёртвыми. И сам он, застреленный в переносицу и в челюсть, — лежал на спине. Полушубок с него был снят, унесен, и валенки сняты, и шапки нет, и ещё кто-то из немцев пожадился на его ордена, доложить успех: ножом так и вырезал из гимнастёрки вкруговую всю группу орденов, на груди покойного запёкся ножевой след.

Похоронили его — в Либштадте, на площади, где памятник Гинденбургу.

Ещё на день раньше командование пушечной бригады подало в штаб артиллерии армии наградной список на орден Красного Знамени за операцию 27 января. Список возглавляли замполит Выжлевский, начальник штаба Вересовой, начальник разведки бригады, ниже того нашлись и Топлев, и Кандалинцев с Гусевым, и комбат-звуковик.

Начальник артиллерии армии, высокий, худощавый, жёсткий генерал-лейтенант, прекрасно сознавал и свою опрометчивость, что разрешил так рано развёртывание в оперативной пустоте ничем не защищённой тяжёлой пушечной бригады. Но тут — его взорвало. Жирным косым крестом он зачеркнул всю бригадную верхушку во главе списка — и приписал матерную резолюцию.

Спустя многие дни, уже в марте, подали наградную и на майора Боева — Отечественной войны 1-й степени. Удовлетворили. Только ордена этого, золотенького, никто никогда не видел — и сестра Прасковья не получила.

Да и много ли он добавлял к тем, что вырезали ножом?

Тоже и командир стрелковой дивизии в своих послевоенных мемуарах — однодневного комполка майора Балуева не упомянул.

Провалился, как не был.

1998

СОДЕРЖАНИЕ

РАССКАЗЫ
1959—1966

ДВУЧАСТНЫЕ РАССКАЗЫ
1993—1998

Александр Исаевич Солженицын   **НА КРАЯХ**

Редактор	*В.П.Кочетов*
Художественный редактор	*С.А.Виноградова*
Технолог	*С.С.Басипова*
Оператор компьютерной верстки	*А.В.Волков*
П. корректоры	*В.А.Жечков, С.Ф.Лисовский*

Издательская лицензия № 065676
от 13 февраля 1998 года.
Подписано в печать 17.10.2000.
Формат 60 × 90/16.
Гарнитура Баскервиль.
Печать офсетная. Объем 34 печ. л.
Тираж 5000 экз. Изд. № 1435.
Заказ № 309.

*Отпечатано с готовых диапозитивов
в Государственном ордена
Октябрьской Революции,
ордена Трудового Красного Знамени
Московском предприятии
«Первая Образцовая типография»
Министерства Российской Федерации
по делам печати, телерадиовещания
и средств массовых коммуникаций.
113054, Москва, Валовая, 28.*

Издательство «ВАГРИУС».
129090, Москва, ул. Троицкая, 7/1.
Электронная почта (E-Mail) —
vagrius@vagrius.com

Получить подробную информацию
о наших книгах и планах, авторах
и художниках, истории издательства,
ознакомиться с фрагментами книг,
высказать свои пожелания и задать
интересующие Вас вопросы Вы
сможете, посетив сайт издательства
в сети Интернет:
http://www.vagrius.com;
http://www.vagrius.ru

Оптовая торговля:
Эксклюзивный дистрибьютор
издательства «Клуб 36'6»
г. Москва, Рязанский пер., д. 3, этаж 3

Тел./факс: (095) 265-13-05,
267-29-69 267-28-33, 261-24-90
E-mail: club366@aha.ru

**Фирменный магазин
«36'6 — Книжный двор»**
(мелкооптовая и розничная торговля):

Проезд: Рязанский пер., д. 3, этаж 1
(рядом с м. «Комсомольская»
и «Красные ворота»)

Тел.: (095) 265-86-56, 265-81-93;
523-92-63, 523-25-56

КОРФ «У Сытина»:
125008, Москва, пр-д Черепановых, д. 56

Тел.: (095) 156-86-70 Факс: (095) 154-30-40
Электронная почта: sytin@aha.ru или
shop@kvest.com
Интернет-магазины:
http:// www.kvest.com;
http://www.24×7.ru
Доставка в любую страну

ISBN 5-264-00431-5

9 785264 004315 >

Издательство ВАГРИУС

ВЫПУСТИЛО КНИГИ
СОВРЕМЕННЫХ РОССИЙСКИХ ПРОЗАИКОВ

Издательство ВАГРИУС

ВЫПУСТИЛО КНИГИ
СОВРЕМЕННЫХ РОССИЙСКИХ ПРОЗАИКОВ

Анатолий Найман
Славный конец бесславных поколений;
Любовный интерес

Олег Павлов
Казенная сказка

Виктор Пелевин
Жизнь насекомых; Чапаев и Пустота;
Generation "П"

Людмила Петрушевская
Дом девушек; Настоящие сказки

Евгений Попов
Подлинная история
"Зеленых музыкантов"

Вячеслав Пьецух
Государственное дитя

Эдвард Радзинский
...и сделалась кровь

Ирина Ратушинская
Одесситы

Анатолий Рыбаков
Тяжелый песок

Алексей Слаповский
День денег

Людмила Улицкая
Медея и ее дети; Веселые похороны

Марк Харитонов
Возвращение ниоткуда

Галина Щербакова
Год Алены;
Подробности мелких чувств

Асар Эппель
Шампиньон моей жизни

Сергей Юрский
Содержимое ящика

Борис Ямпольский
Арбат, режимная улица

Издательство 🦌 ВАГРИУС

ГОТОВЯТСЯ К ИЗДАНИЮ